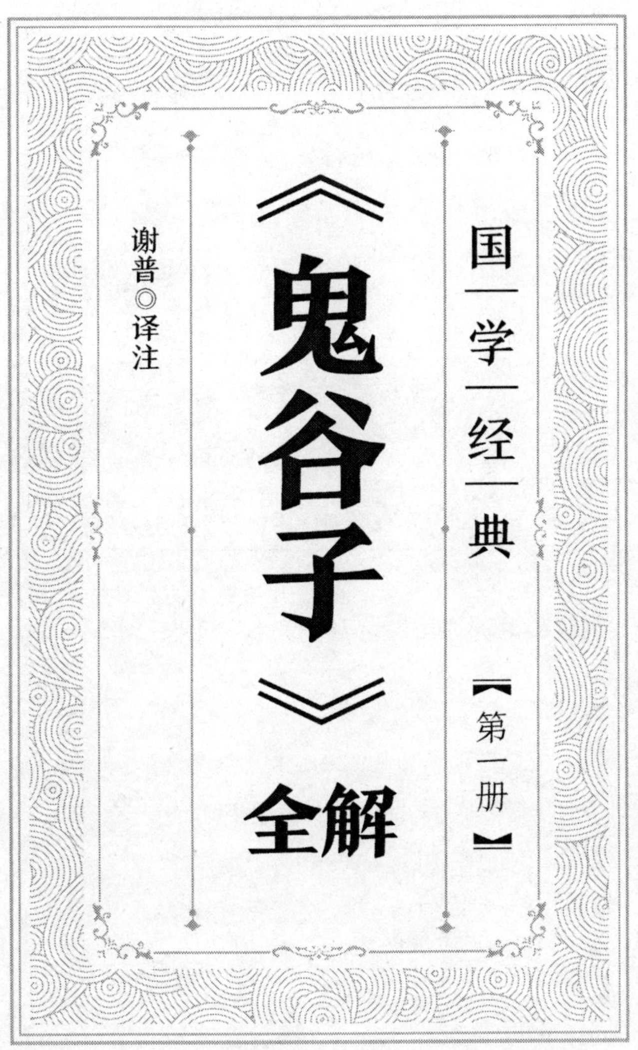

国学经典

【第一册】

《鬼谷子》全解

谢普◎译注

SPM 南方传媒

广东人民出版社

·广州·

图书在版编目（CIP）数据

《鬼谷子》全解 / 谢普译注 . -- 广州 : 广东人民出版社, 2024. 7. -- ISBN 978-7-218-17691-8

Ⅰ . B228

中国国家版本馆 CIP 数据核字第 2024EL2958 号

«GUIGUZI» QUANJIE

《鬼谷子》全解

谢　普　译注

出 版 人： 肖风华

责任编辑： 马妮璐
责任技编： 吴彦斌
装帧设计： 韩月朝

出版发行： 广东人民出版社
地　　址： 广州市越秀区大沙头四马路 10 号（邮政编码：510199）
电　　话：（020）85716809（总编室）
传　　真：（020）83289585
网　　址： http://www.gdpph.com
印　　刷： 天津海德伟业印务有限公司
开　　本： 620mm×910mm　1/16
印　　张： 56　　**字　　数：** 627 千
版　　次： 2024 年 7 月第 1 版
印　　次： 2024 年 7 月第 1 次印刷
定　　价： 498.00 元（全四册）

如发现印装质量问题，影响阅读，请与出版社（020-85716849）联系调换。
售书热线：（020）87716172

前　言

中华民族有数千年的文明历史，创造了光辉灿烂的传统文化。中华文化的博大精深、源远流长，充分显示了中华文明的深厚底蕴。其中，凝聚人类韬略比较丰富和集中的著作之一就是兵书。古代兵书在人类文明发达、社会进步的现代，仍闪耀着它的异彩。中国传统兵法著述，粗略统计有一千三百余种，但传世的仅有二百多种，其中称得上精品的更是为数不多。《鬼谷子》便是这少数精品中的一种。

在中国文化史上，鬼谷子是一位充满神秘色彩的人物，是我国春秋战国时期纵横家的鼻祖，传说苏秦与张仪就是他最杰出的两位弟子，他们曾以合纵连横之策游说各国诸侯，并以此奠定了秦与六国对峙及由秦统一中国的政治局面。

鬼谷子的主要著作有《鬼谷子》及《本经阴符七术》。《鬼谷子》又称作《捭阖策》，侧重于权谋策略及言谈辩论技巧，共有十四篇，其中第十三篇、第十四篇已经失传。本书所收的第十三篇、第十四篇的内容，是综合史料记载及百家争鸣的资料整理而成的。它开创了中国游说修辞的先河，提出了不同于儒、道、法等其他学派的哲学政治思想，曾被人们从不同角度去理解和运用。

纵横术充满了诈谋、阴谋、诡道，是外交家的权谋之术。这些智谋显示了古代政治、外交、军事中的诡秘术和投机术，表现诡辩的逻辑思维价值，尤其是为“阴谋术”提供了理论思维的依据。在我国春秋战国时期，纵横家用“阴谋”“诡计”认识世界，解决争端，指挥军政活动，在诸侯割据、群雄争霸的时代，曾横行于天下。尽管后来的儒士们把纵横术贬为“小夫蛇鼠之智，家用之，则家亡；国用之，则国偾；天下用之，则失天下”。但是，纵横术那充满智慧的谋略术，仍然在社会的政治、外交、军事、经济活动中发挥其难以取代的作用。《鬼谷子》着重于实践，具有完整的领导统御、智谋策略体系，堪称“中国第一奇书”。它不但谋略于政治、军事、外交，也是我国历史上第一部探索人性及心理活动规律，论述劝谏、建议、协商、谈判和一般交际技巧的书。“智用于众人之所不能知，而能用于众人之所不能”“主事日成而人不知，主兵日胜而人不畏也。圣人谋之于阴，故曰神；成之于阳，故曰明”。这应该就是《鬼谷子》的精髓所在。

在今天，鬼谷子的思想精髓被广泛应用于内政、外交、军事、商务及公关等领域，其著作成为当代政界、商界等领域人士所必读的智慧法典。本书以政治、军事、外交、商务、职场以及日常生活中的故事为典型案例，宽博地对《鬼谷子》进行解读。为了方便读者阅读，本书还对原文及一些生僻字作了详细的注释，分为原文、注释、译文、本章解读、趣味故事、解析和延伸阅读七个部分，深入浅出地向读者解读和剖析了《鬼谷子》的智慧精髓和谋略精华。本书秉承“取其精华，去其糟粕”的原则，力求将中华民族的优秀文化继承发扬，以便古为今用。

目 录

第一篇 捭阖术

第二篇 反应术

第三篇 内 揵

第四篇 抵 巇

第五篇　飞　箝

第六篇　忤　合

第七篇　揣

第八篇　摩

第九篇　权　术

第十篇　谋

第十一篇　决

第十二篇　符　言

第十三篇　本经阴符

第十四篇　持枢和中经

第一篇 捭阖术

捭阖，即开合术。捭，敞开。阖，合拢。《周易·系辞》：“一阖一闭谓之变。”阴阳相生，化成万物乃至众生。纵横驰骋，大开大合，乃天地之道，这是事物变化的普遍规律。捭阖这一观念，在鬼谷子的思想体系中占有重要地位，其思想基础与传统阴阳观相一致。以万千气象、浩荡胸襟游说各国诸侯，以助其君临天下，这是战国时纵横家的特有风采。

本篇是其后各篇的理论依据。其要旨是说：何时应敞开心扉，直言陈词；何时应冷静观察，沉默不语。人立足于社会，就要遵循捭阖之道，窥察人性卑微，洞悉虚实真伪，进而能够知人、御人。捭阖之道有助于认识事物变化的端倪及规律。不过，也有人认为此术是升官之道，阿谀奉承的诡计。其实乐山乐水，全在见仁见智。

第一章 阴阳契合，刚柔并济

【原文】

粤若[①]稽古[②]，圣人之在天地间也，为众生之先。观阴阳[③]之开阖以名命物[④]，知存亡之门户。筹策[⑤]万类之终始，达人心之理，见变化之朕[⑥]焉，而守司[⑦]其门户[⑧]。故圣人之在天下也，自古至今，其道一也。变化无穷，各有所归[⑨]，或阴或阳，或柔或刚，或开或闭，或弛或张。是故圣人一守司其门户，审察其先后，度权量能[⑩]，校其伎[⑪]巧短长。

【注释】

①粤若：粤，语首副词，引起下文。若，顺着。

②稽古：考察古代历史。稽，考察。陶弘景注：“圣人在天地间，观人设教，必顺考古道而为之。首出万物以前人，用先知觉后知，用先觉觉后觉，故为众生先。”

③阴阳：古代哲学概念，表示事物间的对立统一。万物皆由阴阳构成，孤阴不生，孤阳不长。凡天地、日月、昼夜，乃至人体脏腑、气血皆分属阴阳二气。

④命物：辨别事物。陶弘景注：“阳开以生物，阴阖以成物，生成既着，须立名以命之也。”

⑤筹策：谋划、预测。

⑥朕：征兆，迹象。陶弘景注：“万类终始人心之理，变化朕迹，莫不朗然玄悟，而无幽不测，故能筹策达见焉。”

⑦守司：掌控、管理。

⑧门户：通道、途径。陶弘景注："圣人既达物理终始，知存亡之门户，能守而司之，令其背亡而趣存也。"

⑨变化无穷，各有所归：尽管万物变化无穷，但"道"却始终贯穿于其中。陶弘景注："其道虽一，行之不同，故曰变化无穷。然有条而不紊，故曰各有所归也。"

⑩度权量能：权衡比较优劣短长。度，量长短。权，称轻重。量，比较优劣。陶弘景注："权谓权谋，能谓才能，伎巧谓百工之役，言圣人之用人，必量度其谋能之优劣，校考其伎巧之长短，然后因材而用。"

⑪伎巧：技巧、技术、技艺。

【译文】

纵观上古以来的历史，可以看出，圣人之所以生存在世界上，就是要以先知先觉的导师的姿态启示芸芸众生。通过观察阴阳、分合等自然现象的变化，对世间万事万物的变化进行辨别，并进一步了解和掌握事物的本质属性；从而推算和预测事物的发展过程，及时通晓人们内心变化的规律；以便及时发现事物发展变化的征兆，从而把握和利用事物发展变化的关键，以求因势利导。所以圣人生存在天地之间，从古至今，其立身处世之道都是统一在阴阳变化之中，遵循的规律都是一样的。

由此而论，虽然万事万物的发展变化无穷无尽，纷纭多端，然而最终都有其各自的规律和本质特征：有的归于阴，有的归于阳；有的以柔为特征，有的以刚为特征；有的归于开放，有的归于封闭；有的松弛不固，有的紧张难入。因此，圣人处理事务时，总是善于把握事物发展变化的关键，审慎地考察事务的来龙去脉和先后顺序。任用人才要估量其权谋和能力的优劣，然后取其所长，避其所短，因材而用。

【本章解读】

1．“粤若稽古，圣人之在天地间也，为众生之先。”粤若，即现代汉语中“如果”之意。稽是“考察”意。本句是说：如果考察古代历史，你就会发现，圣人生活在天地之间，乃是群众中的先知先觉者。作者在教导人们应效法圣人。

2．“观阴阳之开阖以名命物，知存亡之门户，筹策万类之终始，达人心之理，见变化之朕焉，而守司其门户。”观，是观察。阴阳，泛指事物矛盾对立着的两面。开阖，是指门户的两种对立状态。命物，是指辨识事物和利用事物。门户，是内外之间进出的通道，这是看得见的，如齐国与鲁国的边境，还泛指内外之间的某种联系，即那些决定事物存亡的关键性联系，如子贡出使齐国。筹策，是谋划计算意，如孔子谋划如何救鲁国。万类，泛指万事万物。朕，是预兆。守司，是掌握。本句是说：圣人总是通过观察事物矛盾的变化来认识事物，了解决定事物存亡之关键性联系，谋划计算事物发展的进程，通达人心之情理，预见变化的征兆，从而把握住事物存亡的关键。

3．“故圣人之在天下也，自古至今，其道一也。变化无穷，各有所归。或阴或阳，或柔或刚，或开或闭，或弛或张。”一，是指同一性，具有同一的目的。归，是归属意，可释为特色。本句是说：从古至今，圣人之道均是为了同一个目的，即为图存避亡。而如何图存避亡，手段具有多样性，变化无穷，各有特色。或阴或阳；或柔或刚；或开或闭；或弛或张。如子贡说齐救鲁，既是阴谋，又是阳谋，有刚有柔，有弛有张。本句是教导人们在守司门户时，要采取机动灵活的战略战术，达到避亡、图存、发展的目的。

4.“是故圣人一守司其门户，审察其先后，度权量能，校其伎巧短长。”一，是专一。其，是指认识世界和改造世界之类的大事。度权，是度量权衡事物。量能，是度量自己的能力。本句是接上句继续论述图存避亡的手段或方法：所以圣人总是专心致志地把握住事物存亡的关键，审慎地考察事物发展变化的先后，分清事情的主次、轻重、缓急，并度量自己的权力和能量大小，比较各种各样办事方案的技巧和短长，从而做出正确的策划。如春秋时期的孔子派子贡出使齐国的典故，孔子不仅权衡度量齐、鲁的力量对比，还度量了各学生的长短，最后才决定派子贡出使齐国，由于用人得当，确保了外交的成功。

总起来看，本章中心是论述兴邦济世之道。教导人们效法古代圣贤，掌握认识世界、改造世界的六步要诀：观、知、筹、达、见、守。特别要把握住存亡之关键，此乃捭阖的目的所在。如子贡救鲁，当时鲁国存亡的关键，在于如何对付齐国的军事进攻，只有把齐军进攻的矛头引向吴国，才能削弱齐军的实力，从根本上保卫鲁国的安全。

【趣味故事】

周文王狱中演《易经》，出狱奋发图强

周文王是中国商代末年西方诸侯之长。姬姓，名昌。周太王之孙，季历之子。商纣时为西伯，即西部诸侯（方国）之长。亦称西伯昌。相传西伯在位五十年，已为灭商大业做好充分准备，但未及出师便先期死去。周人谥西伯为文王。其次子姬发继位，是为周武王。

商纣时姬昌为西伯，建国于岐山之下，积善行仁，政化大行，因崇侯虎向纣王进谗言，而被囚于羑里。文王在囚禁中，精心致力“演易之六十四卦，各为象”。相传在上古时，伏羲氏创造了先天易（也叫先天八卦），神农氏创造成了连山易（也叫连山八卦），轩辕氏创造了归藏易（也叫归藏八卦），这些神奇的秘传没有专人去搜集整理。

只有在周朝时的文王八卦，因为诞生出了周公和孔子两个伟大的人物,经过他们的学习，推论解读，才流传了下来。所谓卦象，并无吉凶之分，它是分析说明人在顺境、逆境之中的正确态度、行为准则与处事方法，经过历代文人学者与统治阶层的传承，《周易》成了中国的圣经，诸子百家之源，乃至人们的日常生活都与之有着密切的联系。

周臣闳夭等人为营救文王出狱，搜求美女、宝马、珠玉献给纣王。纣王见了大喜：“仅此一物（指美女）就足够了，何况宝物如此之多！”于是下令赦免文王出狱，并赏给他弓、矢、斧、钺，授权他讨伐不听命的诸侯。这就是史书中说的文王“羑里之厄”。

周人以珍宝和美女将西伯赎出，文王出狱后下决心灭商。他一面向纣王献地，请求免除酷刑，取得信任，一面访贤任能，壮大国力。他出猎在渭水河边，巧遇年已垂老、怀才不遇的姜尚正在水边钓鱼。文王同他谈话，相互谈得很投机，文王了解姜尚确有真才，便让姜尚与他同车而归，立以为师，共同筹划灭商策略。在姜尚的辅佐下，西伯昌表面上耽于游乐，对殷纣十分驯服，实际上却更为积善修德，和悦百姓，大力发展生产，使更多的诸侯前来归附，进而征讨不归附的诸侯和商的盟国。

周文王的主要功绩是为灭商做好了充分准备。他是很有作为的创业主，勤于政事，重视发展农业生产，礼贤下士，广罗人才，拜姜尚为军师，问以军国大计，使“天下三分，其二归周”。文王

在位，以商朝的一个“方伯”的面目出现，表面上臣服商朝，暗地里却积极进行灭商的准备。他分化瓦解商朝的附庸，争取邻国，成功地调解了虞、芮两国的争田纠纷，使河东小国纷纷前来归附，诸侯都把文王看成是取代商纣的“受命之君”。

在虞、芮归附的第二年，文王向西北、西南用兵，为灭商建立了巩固的后方。接着向东发展，过黄河进攻耆、邗等国。他沿渭水东进，攻占了商朝在渭水中游的重要据点崇，扫除了周在东进道路上的一个障碍，并且据有关中的膏腴之地。在伐崇的第二年，文王在沣水西岸营建丰邑，把政治中心迁于丰（今西安市西南）。至此，文王已完成了对商都的钳形包围，周人对商朝已经形成咄咄逼人的攻势。

此后九年，周文王逝世。其子发继位，称武王。他继续以姜尚为师，周公旦为辅，召公、毕公等人为主要助手，继续文王未竟的事业，他将都城扩至沣水以东的镐京（今陕西西安市长安区境），积极做灭商的准备。两年后，武王在盟津召集八百诸侯会师盟誓。文王受命的第十一年十二月，武王兵出潼关，联合各方国诸侯，挥师东向，于次年二月甲子日在牧野打败商朝的军队，殷纣王自焚而死，史称武王灭商，建立了中国历史上最长的一个朝代——周朝。

【解析】

周文王的确是伟人，在位时他雄才大略，顺应时代的变化，励精图治为灭商做好充分的准备。当他不幸落入狱中时，也毫不怠慢，专心致志地推算《易经》。周文王出狱后，勤于政事，重视发展农业生产，礼贤下士，广罗人才，拜姜尚为军师，问以军国大计。为后来的“武王灭商”提供了有利的局势。

第二章 各量其才，各尽所能

【原文】

夫贤不肖、智愚、勇怯有差①，乃可捭，乃可阖；乃可进，乃可退；乃可贱，乃可贵。无为以牧之②。审定有无，与其实虚；随其嗜欲③，以见其志意；微排其所言，而捭反之，以求其实；贵得其指④，阖而捭之⑤，以求其利。或开而示之，或阖而闭之⑥。开而示之者，同其情也；阖而闭之者，异其诚也。可与不可，审明其计谋，以原其同异⑦。离合有守，先从其志。

【注释】

①有差：因层次不同而有差别。

②无为以牧之：以无为牧之。牧，管控、驾驭。陶弘景注："言贤不肖、智愚、勇怯，材性不同，各有差品。贤者可捭而同之，不肖者可阖而异之；智之与勇可进而贵之，愚之与怯可退而贱之。贤愚各当其分，股肱各尽其力。但恭己无为牧之而已矣。"

③嗜欲：喜好、欲望。陶弘景注："言任贤之道，必审定其材术之有无，性行之虚实，然后随其嗜欲而任之，以见其志意之真伪也。"

④指：通旨，宗旨。这里指真实意图。

⑤阖而捭之：先封闭，然后打开。意思是搞清事实，采取行动。陶弘景注："凡言事者，则微排抑其所言，拨动以反难之，以求其实情。实情既得，又自闭藏而拨动之，彼以求其所言之利何如耳。"

⑥或开而示之，或阖而闭之：或开诚布公，坦然相告；或严加保密，丝毫不露。

⑦原其同异：找到双方的异同之处。陶弘景注："凡有所言，有可有不可，必明审其计谋以原其同异。"

【译文】

世间之人，有贤良的也有不肖的，有聪明的也有愚蠢的，有勇敢的也有怯懦的，总之是有差别的。因而针对不同人品的态度和方法也就彼此不同，（对于贤德之人）可以迎为上宾，（对不肖之人）可以拒之门外；（对聪明的人）可以引进重用，（对愚蠢的人）可以废黜斥退；（对怯懦的人）可以使其卑贱，（对勇敢的人）可以使其尊贵；总之一句话，要顺应人的自然本性，遵循无为而治的原则加以控驭和掌握，可使人尽其才。要审定和选择贤才，必须考察此人才能的有无与大小，性格品行的虚实与优劣；可以先放任他的个人嗜好和欲望，让其肆意行事，从而观察其意趣和志向。在和对方辩论时，可以适当地贬抑或置疑对方的言论，以便诱导他展开话题，顺畅议论；待话匣打开后再进行反驳和诘难，从而探求出事情的原委，进而把握其真实意图。得知对方的实际情况之后，自己应该缄默不语以挑动对方畅所欲言，以便了解对方所说是否于己有利。全面把握了真实情况后，或者向对方敞开心扉，让对方知道自己的真实想法；或者封闭心扉，隐瞒自己的真实想法，不露心迹。敞开心扉，让对方明白自己的真实想法，前提是双方的意愿和志趣相同；隐瞒自己的真实想法，不露心迹，是要考虑双方的意愿是否相悖，诚意如何。要确定计谋是否可行，应该审慎地对计谋的不同方案进行仔细研究，这样才能弄清彼此的异同与优劣之处。在彼此的计谋中，有与自己的意愿

相悖的，也有与自己的意愿相契合的，如果都有其合理性和可行性，就应该在尊重对方意愿的前提下，确定自己的计谋主张。

【本章解读】

1.“夫贤不肖、智愚、勇怯有差，乃可捭，乃可阖；乃可进，乃可退；乃可贱，乃可贵。无为以牧之。”无为，是指顺乎客观规律运作。牧，是驾驭，包含养育和训练。本句是说：人总是难免有贤良与不肖之分，有聪明和愚笨之别，有勇敢和怯懦之差。对于不同的对象（对象，或是单位，或是组织，归根到底都是人），要采取不同的态度对策，或捭或阖，或进或退，或贱或贵，总之要因对象而有区别，对不同的人采取不同的态度对待，即要顺乎自然地驾驭他。如子贡对齐相国陈恒，对吴王、越王，均采取了捭的手法，捭开其心灵深处的意图，说之以利害；均采取了进的姿态，表示关心他们的命运；对吴王和越王的态度则有贵贱之别。

2.“审定有无，与其实虚，随其嗜欲，以见其志意；微排其所言，而捭反之，与求其实；贵得其指，阖而捭之，以求其利。”本句是接上句，为了顺乎自然地驾驭人，首先要知人。如何知人？这里介绍了四个办法：一是审察虚实，即要审察他的有无，有什么，没有什么，以便判明其虚实，如子贡审察陈恒有什么实力，是否真想夺取齐国的政权；二是随欲摸志，即顺着其嗜好欲望，进一步摸清其意志，如子贡顺着陈恒夺权的欲望，摸清他愿意伐吴，但苦于找不到移师伐吴的理由；三是捭反求实，即略微排贬其言论，并捭开其言词中的矛盾，加以诘难，以便进一步求得实情，如子贡首先表明此行不是为鲁而是为齐，并诘问为什么要伐难伐的鲁国，使陈恒最终暴露出内心阴谋；四是阖而捭之，又阖又捭，阖是采纳，即把对方的某个意见关在我的门内，捭是发问，即一步一步地剥开对方的心灵门户，挖掘对方意图，如子贡与陈恒的谈话，就是阖而捭之，终于摸清了陈恒对利害得失的考虑。

3.“或开而示之，或阖而闭之。开而示之者，同其情也；阖而闭之者，异其诚也。可与不可，审明其计谋，以原其同异。离合有守，先从其志。”闭，是关闭心扉。原，是指追本求源地考察。离，是表示不同意。合，是表示同意。守，是指原则性。本句是接上句，在认知对象之后，我应采取什么态度，无非是两种：或敞开我之心扉发表意见，或关闭我之心扉表示沉默。前者是认同其情，后者是怀疑其诚。可否敞开我之心扉表达意见，取决于是否审明了其人的计谋，是否考察清楚了其人在本原上与我之异同。是表示同意还是不同意，必须坚持一定之规，在我难以决断时，不妨暂时表示沉默。

总起来看，本章是论述如何运用捭阖之道，牧人御世。凡兴邦济世，总离不了文韬；凡文韬，均要通过人去实现，故兴邦济世均要依靠人。

【趣味故事】

刘邦知人善用取天下

刘邦出生于沛县丰邑，宽厚仁爱，性格十分开朗，平时不拘小节。年龄稍长后，也不喜欢下地劳动，所以常被父亲训斥，说他不如自己的哥哥会经营。公元前209年，秦末农民起义爆发，陈胜、吴广率领起义军攻占了陈州以后，陈胜建立了“张楚”政权，和秦朝公开对立。

这时，沛县令也想响应起义。萧何和曹参当时为沛县吏，他们劝县令将本县流亡在外的人召集回来，一来可以增加力量，二来也可以杜绝后患。县令觉得有理，便让樊哙去邀请刘邦，刘邦当时已拥数百之众。然而此时沛县令却又后悔了，害怕刘邦回来不好控制，弄不好还会被他所杀，等于是引狼入室。所以，他命令关闭城门，并准备捉拿萧何和曹参。二人闻讯赶忙逃到了城外，刘邦闻此，于是将一封信射进城中，鼓动城中百姓起来杀掉出尔反尔的县令，大家一起保卫家乡。

百姓对平时就不太体恤他们的县令很不满，杀了县令后开城门迎进刘邦。萧何、曹参都是文吏，担心身家性命，深恐举事不成，被秦朝诛灭九族，就竭力推举刘邦。大家推举刘邦为沛公，领导大家起事。刘邦便顺从民意，设祭坛，立赤旗，自称赤帝子，很快义军扩充到三千人。

此时，已经是公元前209年初冬，刘邦已经四十八岁了。秦末农民战争中还有一支强大的力量，就是原来楚国贵族的后代项梁和项羽。他们在吴中（今江苏苏州）起兵，兵力很快达到了近万人。

刘邦的势力也不断地强大。鸿门宴后，项羽便领兵西进，入咸阳，烧阿房宫，杀秦王子婴。项羽分封各路将军为王，刘邦被封为汉王，项羽自称西楚霸王，掌握军队最高统治权。

项羽刚愎自用，不听谋士的劝告，坚决主张衣锦还乡。而刘邦礼贤下士，文有张良、萧何、曹参等人，武有樊哙、韩信等人，形成一个强有力的政治集团。刘邦领兵入汉中，并烧毁栈道，以示再也无意东出，以麻痹项羽。但刘邦很快又明修栈道，暗度陈仓，重返关中，并一鼓作气，经过楚汉战争打败项羽，从此建立大汉朝。刘邦在洛阳的南宫开庆功宴，宴席上，他总结了自己取胜的原因："论运筹帷幄之中，决胜于千里之外，我不如张良；论抚慰百姓，供应粮草，我又不如萧何；论领兵百万，决战沙场，百战百胜，我不如韩信。可是，我能做到知人善用，发挥他们的才干，这才是我们取胜的真正原因。"

【解析】

每个人都有自己的优势和不足，所以我们在生活中要善于知人、自知，合理发掘别人的长处，并正确利用，同时改正自己的不足。从刘邦与项羽的结局就可见一斑了。

第三章　心思缜密　规划周全

【原文】

即欲捭之贵周，即欲阖之贵密。周密之贵微[①]，而与道相追[②]。捭之者，料其情[③]也；阖之者，结其诚也。皆见其权衡轻重，乃为之度数[④]，圣人因而为之虑。其不中[⑤]权衡度数，圣人因而自为之虑。故捭者，或捭而出之[⑥]，或捭而纳之[⑦]；阖者，或阖而取之，或阖而去之。捭阖[⑧]者，天地之道。捭阖者，以变动阴阳，四时开闭，以化万物[⑨]。纵横反出，反复反忤[⑩]，必由此矣。

【注释】

①贵微：贵在微妙隐秘。陶弘景注："言拨动之贵其周遍，闭藏之贵其隐密，而此二者，皆须微妙合于道之理，然后为得也。"

②与道相追：符合天道自然。

③料其情：了解情况的真伪、善恶、利害。陶弘景注："料而简择，结谓系束。情有真伪，故须简择；诚或无终，故须系束也。"

④度数：对谋略加以揣度，作出规划。陶弘景注："权衡既陈，轻重自分。然后为之度数，以制其轻重。轻重因得所，而为设谋虑，使之道行也。"

⑤不中：不能达成一致。陶弘景注："谓轻重不合于斤两，长短不充于度数，便为废物，何所施哉。圣人因是自为谋虑，更求其反也。"

⑥出之：取而用之。

⑦纳之：采纳。

⑧捭阖：即开合。指战国时纵横家的游说之术。纵横家认为“捭阖”是化成天下、四季运转、奇谋大略之道。捭，放开，即敞开心扉，以积极的姿态容纳各种才智为我所用。阖，闭合，即关闭心扉，包藏一切，以隐忍的态度暗中完成奇功大业。

⑨以化万物：指天地间的万千变化，犹如四季交替。陶弘景注：“阴阳变动，四时开闭，皆捭阖之道也。”

⑩纵横反出，反复反忤：或离，或归，或反。有学者认为此六字应为“纵横反复”，下接“必由此矣”四字。陶弘景注：“言捭阖之道，或反之，令出于彼；或反之，覆来于此；或反之于彼，忤之于此。皆从捭阖而生。”

【译文】

假如想要畅所欲言（和对方辩论），坦白自己的内心，抒发自己的见解，最重要的是严密周详；假如想要不露心迹，隐藏自己的观点，最重要的是要深藏不露、隐藏自己的真实意图。周详、保密的重要之处在于运用微妙而且可以谨慎地遵循客观规律的要求，与“道”有相通之处。之所以要畅所欲言地和对方激烈辩论，是为了全面了解和考察对方的真实情况；之所以缄默不语，隐藏自己的观点，是为了考验对方的诚心，找出与对方的共同之处。所有这些手段，都是为了权衡得失利害、轻重缓急，从而对对方的实力和计谋作出测度和分析，圣人会根据测度和分析的结果，谋划下一步行动的方略。假如这些分析有失轻重之理、不合度量之数，那么圣人也只好舍弃不用，另谋良策了。因此，同样是“开”，可以把自己的观点袒露进而实施，也可以把别人的建议纳入脑中而深藏起来；同样是“闭”，可以采纳别人的建

议并付诸实施，也可以拒绝采纳而弃置不用。“开放”和“封闭”是万事万物发展变化的基本规律。二者会导致阴阳处于对立统一的运动之中，构成春、夏、秋、冬四季交替，从而使得万物生死轮回、万事兴亡交替。万事万物的自然变化，或纵横，或返回，或翻覆，或忤逆，都离不开“开放”和“封闭”这两种基本运动形式的相互作用。开放和封闭的矛盾运动，是天地万物运行的基本规律。而就游说者的纵横辩论而言，也存在这样的方法，所以必须事先审慎地考察对方的不同变化。

【本章解读】

本章段可分五句释读：

1. “即欲捭之贵周，即欲阖之贵密。周密之贵微，而与道相追。”本句是阐述对捭阖的要求：如欲捭开对方的门户，贵在捭得周全；如欲关闭我之门户，贵在关得缜密。在策划捭阖的周密性时，要做得微妙，使人难于对抗；要做得合道，即合乎事物发展规律和战略目标。如子贡说齐，为说服陈恒，事前做了周全策划，而把削弱强齐的战略意图，隐藏得十分缜密。

2. “捭之者，料其情也；阖之者，结其诚也。”本句是指明捭阖的着眼点：捭是指捭开对方门户，为的是侦察判断其实情；阖是指应承对方的意愿，如同把对方的意愿关在我之门内，为的是表示与对方结交的诚意。如子贡表示支持陈恒的野心，取得陈恒的信任，并使其采纳自己所献计谋。

3. “皆见其权衡轻重，乃为之度数，圣人因而为之虑。其不中权衡度数，圣人因而自为之虑。”权衡轻重，如同过秤。度数，可释为分析和预测。虑，可释为策划。本句是紧接上句，指明捭阖的目的在于策划：如果完全摸清了对方的底细，则应做出分析

和预测，圣人就可以为其出谋划策；如果没有摸清对方的情况，或分析和预测的结果不中我意，则圣人就应为自己另行谋划。

4.“故捭者，或捭而出之，或捭而纳之；阖者，或阖而取之，或阖而去之。”本句指明我主动捭阖自己门户的目的：打开门户，或是为出，或是为纳。如我国实行对外开放，或是为外贸出口，或是为吸纳国外先进技术、人才、资本。关阖门户，或是为取，或是为去，如封锁海关，就是为了取利去害，把对我有利者关在门内，把对我有害者关在门外。

5.“捭阖者，天地之道。捭阖者，以变动阴阳，四时开闭，以化万物。纵横反出，反复反忤，必由此矣。”本句是从哲学上论述捭阖的普遍性。首先指出：捭阖是一对哲学范畴，乃宇宙间的普遍规律。继而指出：捭阖是事物发展的动力，它可以使事物内部对立的阴阳两面发生变化，决定春、夏、秋、冬四时的交替，从而导致万事万物的变化。最后得出结论：社会上出现的纵横、反复现象，一定是捭阖的结果。

总起来看，本章论述了捭阖谋略，其中包含对捭阖的要求、着眼点、目的和普遍性。

【趣味故事】

诸葛亮逆命而行过劳而死

公元231年春，诸葛亮第四次率军攻魏，包围了曹魏部署在祁山地区的贾嗣、魏平部，并用木牛运输粮草，以保障其后勤供给。

当时，曹魏的国家安全形势比较严峻，东南方向要防备东吴，西北方向还要防备鲜卑。而恰恰在此时，主持对蜀汉作战的大司马曹真生病，于是魏明帝曹睿将司马懿从荆州调来，让其坐镇长安，统一指挥张郃、费曜、戴陵、郭淮等部，主持抵御蜀军。对于这次军事行动，魏明帝对司马懿给予了高度信任，称“西方有事，非君莫可付者”。司马懿接受重任后，即以主力救援祁山。鉴于当时的军事态势和蜀军特点，司马懿认为蜀军远道而来，粮食有限，于是将此战的战略目标定位为：凭险坚守，不与蜀军主力决战，逼退蜀军就算完成任务。

诸葛亮得知司马懿进军的消息后，留下一部分将士继续进攻祁山，自己则亲自率军迎战司马懿。起初，司马懿部将郭淮、费曜等袭击诸葛亮，但被诸葛亮击败，蜀军乘机收割了上邽的麦子。随后，魏、蜀两军主力在上邽以东遭遇。此时，司马懿在初战不利的形势下，立即收兵据险防守，不与诸葛亮交战，诸葛亮只得率军退回。而司马懿也尾随诸葛亮到达卤城。

到了这年五月，司马懿派张郃攻击围攻祁山的蜀军，自己则亲自率中路军与诸葛亮正面对峙，在部将的纷纷要求下，司马懿率军与诸葛亮蜀军正面交战，不料魏军大败，被俘三千人。于是司马懿随即退军保卫大营，继续坚守不出。至当年六月，蜀军后勤补给困难的致命问题再度凸显，全军粮尽，诸葛亮只得退军。司马懿令张郃追击，但张郃在木门被诸葛亮设置的伏兵射杀。

此战役后，养精蓄锐数年的诸葛亮又卷土重来，出兵褒斜道。前几次北伐，诸葛亮大都是吃了军粮不继的亏，这次他有备而来，提前在四百多里长的褒斜道沿途修建了足够多的邸阁，用作粮草转运站。而在兵力上，诸葛亮出动了十万大军。要知道蜀汉只有九十四万人口，除了老弱病残妇幼，再剩下在家种地提供军粮的，诸葛亮的这次出征应该是举全国之力了。

就这样诸葛亮还不满足，他又联络孙权，约定同时大举，因

此孙权也出动了号称十余万的三路大军，分别进攻广陵、合肥和襄阳，而孙权本人则亲到合肥督战。诸葛亮屯兵五丈原，司马懿安营渭南，两军大营对峙，相距不过十里，一壶茶的工夫，就能冲到对方阵前。可是，司马懿却不想发动冲锋，而是下令开挖深沟，修筑高垒。司马懿深知，既然无法歼灭敌军，那就不让敌军前进，因此固守是最好的办法。诸葛亮本来是做好耗一耗的打算的，但是他没想永久地耗下去。

沉不住气的还是诸葛亮。他一次次地派使者到司马懿军营送战书，恳请一战。每一次，司马懿都轻轻松松回信，聊天聊地，就是不说打仗的事儿。一百多天过去了，双方的信件来来往往一大摞，正儿八经的仗一场没打。诸葛亮望着山里纷飞的黄叶，失去了耐心，顾不上一贯的正统形象，想出了一个不正统的法子。蜀汉的使者再次出现在司马懿的营帐，不过这次他呈给司马懿的不是挑战书，而是一套妇女衣服和巾帼。

曹魏大将震怒：这不是辱骂我家主帅是女人吗！司马懿却暗自乐开怀：哈哈，连这等招数都使出来了，看来诸葛亮真是没法了。就在几天前，蜀汉信使来送挑战书的时候，司马懿装作不经意地聊天，询问诸葛亮的起居情况。蜀汉信使一门心思要说自己主帅的好话，没想到透露了一个绝密情报：诸葛亮的饭量尚且不如一个孤寡老人。傻乎乎的蜀汉信使离开后，司马懿对人说："诸葛孔明食少事烦，难道能持久吗？"很快，诸葛亮就因积劳成疾病死五丈原。

【解析】

诸葛亮明知时运之势，仍然逆运而行，结果最终因过劳而死。而司马懿却对时局洞察清楚，不理会诸葛亮送妇人衣服的挑衅，最终取得了成功。

第四章 张弛捭阖，善始善终

【原文】

捭阖者，道之大化，说之变也[①]。必豫审其变化，吉凶系焉。口者，心之门户也；心者，神之主也。志意、喜欲、思虑、智谋，此皆由门户出入，故关之以捭阖，制之以出入。捭之者[②]，开也，言也；阳也；阖之者，闭也，默也，阴也。阴阳其和，始终其义[③]。故言长生、安乐、富贵、尊荣、显名、爱好、财利、得意、喜欲为阳，曰始。故言死亡、忧患、贫贱、苦辱、弃损、亡利、失意、有害、刑戮、诛罚为阴，曰终。诸言[④]法阳之类者，皆曰始，言善以始其事；诸言法阴之类者，皆曰终，言恶以终其谋。

【注释】

①道之大化，说之变也：道与说各有自己的原则。任何事情都因自身变化而走向成功或失败，纵横捭阖，便可促成事物的成功。大化，即变化；说之变，即采取灵活游说的原则。陶弘景注："言事无开阖，则大道不化、言说无变。故开闭者，所以化大道、变言说。"

②捭之者：意为用言语说服别人。

③阴阳其和，始终其义：变动阴阳当要协调配合，筹策终始当要符合道义。

④诸言：指前面的游说之言。

【译文】

捭阖之道是阴阳变化之道的演化，是游说他人随机应变的关键。必须事先考察并弄清这些变化，事情的吉凶与人们的命运密切相关。嘴巴，是心灵的门户。心灵，是精神的主宰。意志、欲望、思想和计谋都要通过嘴巴这一门户传达出来。所以，嘴巴是捭阖之道的关键，要能控制自己的言辞。通过“开启”或“闭合”之术可以有效控制他人。“开启”就是开放自己，表现为公开，可以用言词来表述，是阳谋；“闭合”就是封闭自己，表现为闭合，沉默不语，是阴谋。阴阳两方相互调和，才能始终符合捭阖之道。所以说长生、安乐、富贵、尊荣、显名、嗜好、财货、得意、情欲等，都表现为“阳”，可称之为“开始”；而死亡、忧患、贫贱、羞辱、毁弃、损伤、失意、灾害、刑戮、诛罚等，都表现为“阴”，可称之为“终止”。凡是依照“阳”行事的人，可以称为“开始”，他们以谈论“善”进行游说，促使对方接受自己的建议；凡是遵循“阴”行事的人，都可以称为“终止”，他们以谈论“恶”作为谋略的结果。

【本章解读】

本章可分三句释读：

1.“捭阖者，道之大化，说之变也。必豫审其变化，吉凶大命系焉。”这里的道，指道理，即事物的规律性。化，指变化。说，指说话。豫，同预。命，指命运。本句是说：捭阖，不仅是事物变化的动力，也是说话变化的策略，故必须预先审察说话可能引起什么后果，这关系到当事人的命运吉凶。

2.“口者，心之门户也；心者，神之主也。志意、喜欲、思虑、智谋，此皆由门户出入，故关之以捭阖，制之以出入。捭之者，开也，言也，阳也；阖之者，闭也，默也，阴也。”这里的“关”，是把关之意，不能局限为关闭。“制”，是控制之意。本句是说：口是人的心灵门户；心（大脑）是人的精神主宰。人的意志、喜爱、欲望、思维、智谋，均需通过口说，故必须用捭阖之道为口把关，控制这些知、情、意的出入。所谓捭，就是开口、发言、公布观点；所谓阖，就是闭口、缄默、隐匿思想。本句是教导人们务必要为口把关。

3. “阴阳其和，终始其义。故言长生、安乐、富贵、尊荣、显名、爱好、财利、得意、喜欲为阳，曰始。故言死亡、忧患、贫贱、苦辱、弃损、亡利、失意、有害、刑戮、诛罚为阴，为终。诸言法阳之类者，皆曰始，言善以始其事；诸言法阴之类者，皆曰终，言恶以终其谋。”这里的阴阳，是就言说的内容或方法来讲的，说之以利为阳，说之以害为阴；公开场合说为阳，私下说为阴。和，是“配合”意。终，指结束。始，指开头。义，指意图。法，是“效法、遵循”意。本句是论述言说的基本原则“阴阳其和，终始其义”，即要因人因事辩证地言说，从始到终，都要紧紧扣住说话的意图。凡是说之以利者，诸如长生、安乐、富贵、尊荣、显名、爱好、财利、得意、喜欲等，即可使人得到满足者，可以公开说，先说。凡是说之以不利不吉之事者，以私下说、后说较好；凡是遵循公开说利者，可称为始派，均以谈好事来开始言说；凡是遵循私下谈不吉利之事者，可称为终派，最后告之以祸害。

总起来看，第四段是把捭阖延伸到思想领域，中心是论述心灵的捭阖和言说谋略。

【趣味故事】

苏秦倍感炎凉奋发图强拜六国相

战国时期，苏秦曾求见秦王并向秦惠王推行自己的连横主张，试图分析当下秦国所拥有的有利之处说服秦惠王，并多次向秦惠王呈递表达自己想法的奏折。遗憾的是，苏秦这次的说秦举动并没有成功，他的连横主张没有被重视和采纳。雪上加霜的是，苏秦的钱财被用尽，他陷入穷困潦倒的状况中，因此，只好无奈地返乡。

苏秦外出游历多年，弄得穷困潦倒，狼狈地回到家里。兄嫂、弟妹、妻妾都私下讥笑他，说："周国人的习俗，人们都以治理产业，努力从事工商，追求那十分之二的盈利为事业。如今您丢掉本行而去干耍嘴皮子的事，穷困潦倒，难道不应该吗？"苏秦听了这些话，暗自惭愧、伤感，就闭门不出，把自己的藏书全部阅读了一遍。

然而，苏秦并未被说秦的失败与家人的冷漠所打倒。他振作起来，开始重新阅读他所有的书籍，并认真研究书籍中的内容，感叹财势对一个说客的重要性。苏秦刺股令人感慨的故事就是在这个过程中发生的，可见苏秦为自己的成功付出了很大的努力。在一年之后，苏秦终于完成研究，决定重新开始游说那些国家的君王。

苏秦首先前往燕国拜见燕文侯，向燕文侯详细分析了燕国在当下所面临的形势，并建议燕文侯与赵国联合。燕文侯听取了苏秦的建议，并资助苏秦前往赵国游说赵王。到了赵国之后，苏秦拜见赵王，提出赵国与其他国家联合抵抗强大的秦国，以此获取自身的安全，并详细分析了他提出这个主张的理由。赵王听完了苏秦的想法后，采纳了苏秦的意见，并资助他前往其他国家进行游说。之后，苏秦在各国君王的支持下循序游说各国，最终达成了六国缔结联盟的目标，登六国相位，执六国相印。

之后，他再一次回到了家乡，一改之前的落魄失意。这次苏秦的回乡算是功成名就后衣锦还乡了。回家后，等待苏秦的不再是冷漠相待。家人们也一改之前对待苏秦的冷漠态度，父母扫榻相迎，甚至奏乐摆酒席，还特意去郊外三十里的地方等待他的到来。

妻子在苏秦面前也不再爱理不理，嫂子也从之前的趾高气扬变成了卑躬屈膝。对于这些变化，苏秦再一次感叹世态炎凉，因为有了权力和财富就彻底改变了家人对他的态度。

【解析】

苏秦看清世间的冷暖炎凉，发奋图强，为自己的成功付出了很大的努力。苏秦在各国君王的支持下循序游说各国，最终达成了六国缔结联盟的目标，登六国相位，执六国相印。有了权力和财富就彻底改变了家人对他的态度。

徐文远如何保全自己

作为名门之后，徐文远幼年跟随父亲被抓到了长安，那时候生活十分困难，难以自给。他勤奋好学，通读经书，后来官居隋朝的国子博士，越王杨侗还请他担任祭酒一职。隋朝末年，洛阳一带发生了饥荒，徐文远只好外出打柴维持生计，凑巧碰上李密，于是被李密请进了自己的军队。李密曾是徐文远的学生，他请徐文远坐在朝南的上座，自己则率领手下兵士向他参拜行礼，请求他为自己效力。徐文远对李密说："如果将军你决心效仿伊尹、霍光，在危险之际辅佐皇室，那我虽然年迈，仍然希望能为你尽心尽力。但如果你要学王莽、董卓，在皇室遭遇危难的时刻，趁机篡位夺权，那我这个年迈体衰之人就不能帮你什么了。"李密答谢说："我敬听您的教诲。"

后来李密战败，徐文远归属了王世充。王世充也曾是徐文远

的学生，他见到徐文远十分高兴，赐给他锦衣玉食。徐文远每次见到王世充，总要十分谦恭地对他行礼。有人问他："听说您对李密十分倨傲，但对王世充恭敬万分，这是为什么呢？"徐文远回答说："李密是个谦谦君子，所以像郦生对待刘邦那样用狂傲的方式对待他，他也能够接受；王世充却是个阴险小人，即使是老朋友也可能会被他杀死，所以我必须小心谨慎地与他相处。我察看时机而采取相应的对策，难道不应该如此吗？"等到王世充也归顺唐朝后，徐文远又被任命为国子博士，很受唐太宗李世民的重用。

【解析】

徐文远之所以能在隋唐之际的乱世保全自己，屡被重用，就是因为他针对不同的人有不同的应对之法，懂得灵活处世。

第五章 认清规律，因势而导

【原文】

捭阖之道，以阴阳试之[①]。故与阳言者，依崇高[②]；与阴言者，依卑小。以下求小，以高求大。由此言之，无所不出，无所不入，无所不可。可以说人，可以说家，可以说国，可以说天下。为小无内，为大无外[③]。益损、去就、倍反[④]，皆以阴阳御其事。阳动而行，阴止而藏；阳动而出，阴隐而入。阳还终阴，阴极反阳[⑤]。以阳动者，德相生也；以阴静者，形相成也。以阳求阴，苞[⑥]以德也；以阴结阳，施以力也。阴阳相求，由捭阖也。此天地阴阳之道，而说人之法也。为万事之先，是谓“圆方[⑦]之门户”。

【注释】

①捭阖之道，以阴阳试之：或拨动之，或闭合之，以阴阳之道试探，便可获知实情。

②与阳言者，依崇高：与情之阳者，便谈论崇高的理想。不然则相反。陶弘景注：“谓与情阳者言，高以引之；与情阴者言，卑以引之。”

③为小无内，为大无外：指纵横之道，能大能小，能屈能伸。陶弘景注：“尽阴则无内，尽阳则无外。”

④倍反：背叛或复归。陶弘景注：“去而遂绝曰倍，去而复来曰反。”

⑤阳还终始，阴极反阳：指阴阳相生，事物之间相互转化。

⑥苞：通“包”，包容、容纳。

⑦圆方：指天地。陶弘景注：“天圆地方，上下之义也。理尽开闭，然后生万物，故为万事先，上下之道自此出入，故曰圆方之门户。”

【译文】

若要合理运用开放和封闭的规律行事，必须从阴阳两方面来进行论证和实施。因此，与处于“阳气”中的人谈论，可以用崇高的语言来说服他；与富有“阴气”的人交流，则要用低微的语言引导他。这样以低下求取卑小的认同，以崇高求取博大的宽容。照此而论，我们就可以根据不同的人采取不同的策略，当说则说，当停则停，出入自如，天下便没有解决不了的事情，没有人不能说服了。谋士可以用这样的方法去说服普通民众，可以说服一个家族，甚至可以掌控一个将相国侯，可以游说天下国君。若要成就小事，可以小到极限，没有更小的事；若要成就大事，可以大到极限，没有更大的事。所有的损害和裨益、离去和接近、背叛和复归，这些复杂的情形，都可以运用“阴阳”的规律加以驾驭和控制。面对阳势（有利的形势），就要积极运动前进；面对阴势（不利的形势），就要停止行动而隐藏。面对阳势，就要主动出击；面对阴势，就要退避隐藏。阴阳两者总是互动循环，阳势运动发展的终点是阴势，阴势运动发展的极致则是阳势。乘阳势积极主动的谋士，道德意志也会随之相生相长；乘阴势冷静处理局面的谋士，形势也会随之相辅相成。以阳势而求助于阴势，需要用道德加以包容；以阴势求助于阳势，则需要用外在的力量约束，以诚感人。阴势和阳势相互转化循环，遵循的正是开放与封闭的基本法则。这是世间万物阴阳变化的规律，同时也是游说之士所应遵循的基本法则。“捭”与“阖”“阴”与“阳”的相辅相成，是万事万物生长变化的先决条件，也就是所谓的天地“方圆”之门户。

【本章解读】

本章可分四句释读：

1. “捭阖之道，以阴阳试之。故与阳言者，依崇高；与阴言者，依卑小。以下求小，以高求大。由此言之，无所不出，无所不入，无所不可。可以说人，可以说家，可以说国，可以说天下。为小无内，为大无外。”这里的阴阳，如前段介绍，是就言说的内容或方式来讲的。本句论述如何运用捭阖之道言说。要试以阴阳，就是用说之以利或说之以害的办法试探对方。凡是对积极进取型的人（称为阳性之人），应把追求崇高作为谈话的基调；凡是对消极保守型的人（称为阴性之人），则应以避祸维持卑微安全作为谈话的基调。就是说，卑微的基调易于被志小者采纳，崇高的理想易于被志大者倚重。如果能根据不同人和不同心理的实际情况，施以言说，就可以达到无往而不胜的境地，即无所不出，无所不入，无所不可。这种言说之道，可以用来说服人，可以用来说服家庭，可以用来说服国家，可以用来说服天下。且不论其人的志愿小到什么程度，没有不可争取的；不论其理想大到什么程度，没有不可说动的。本句是教导人们，说话要看对象，要把握人的心理。

2. “益损、去就、倍反，皆以阴阳御其事。阳动而行，阴止而藏；阳动而出，阴随而入。阳还终阴，阴极反阳。”这里的益，是指收益。损，是指损失。去，是指离开。就，是指接近。倍，通“背”，背叛意。反，通“返”，返归意。阴，泛指消极行动或

阴柔的事物，或事物的消极面、阴柔面，如月亮、黑夜、秋冬、黑暗、雌性、反面、防守、被动，等等。阳，泛指积极行动或阳刚的事物，或事物的积极方面、阳刚方面，如太阳、白昼、春夏、光明、正面、进攻、主动，等等。本句是说：无论是收益或损失，离去或接近，背叛或回归，均应按阴阳之道驾驭之。何谓阴阳之道？阳动而行，阴止而藏；阳动而出，阴隐而入。以人类生活为例，当太阳升起时，就应起床、出门、劳作；当太阳下山时，就应收工、回家、休息。春夏来临就应播种、除草、施肥，秋冬来临，就应收藏、保温。阴阳总是周而复始地变化，当阴发展到极点，必会转阳。本句是教导人们要辩证地运用阴阳之道言说。

3.“以阳动者，德相生也，以阴静者，形相成也。以阳求阴，苞以德也；以阴结阳，施以力也。阴阳相求，由捭阖也。”苞，通“包”，包含意。形，形势。本句是接上句，论述如何以阴阳之道驾驭人：凡是为进取而行动者，必然包含着道德的增进；凡是为避害而追求安静者，必然是为形势所迫。所以，凡是以阳求阴者，如君求臣，上求下，男求女，改革者求保守者，多是包含着德爱；凡是以阴结阳者，如臣巴结君，下巴结上，女巴结男，保守者巴结改革者，多要施力做功。总之，阴阳相求，均要利用捭阖之道。

4. “此天地阴阳之道，而说人之法也。为万事之先，是谓‘圆方之门户’。”圆，指圆略；方，指方略。本句是本篇的结论：捭阖，既是天地阴阳之普遍规律，又是说人之方法，也是办好万事之首要，正是所谓圆略方略之关键。

总起来看，第五段是把捭阖延伸到阴阳，如何运用阴阳之道去说服人。

【趣味故事】

商鞅顺势变法，为秦国统一全国奠定基础

战国时期秦国的秦孝公即位以后，决心图强改革，便下令招贤。商鞅自卫国入秦，提出了废井田、重农桑、奖军功、实行统一度量和建立郡县制等一整套变法求新的发展策略，深得秦孝公的信任，并被秦孝公任命为左庶长，在公元前356年和公元前350年，先后两次变法。

公元前359年，秦孝公打算在秦国国内进行变法，又害怕国人议论纷纷，所以犹豫不决。秦孝公召开朝会命臣工商议此事。

旧贵族代表甘龙、杜挚起来反对变法。他们认为利不百不变法，功不十不易器。“法古无过，循礼无邪”。

商鞅针锋相对地指出：“前世不同教，何古之法？帝王不相复，何礼之循？”“治世不一道，便国不法古。汤、武之王也，不循古而兴；殷、夏之灭也，不易礼而亡。然则反古者未必可非，循礼者未足多是也。”从而主张“当时而立法，因事而制礼”。

商鞅变法的法令已经准备就绪，但没有公布。他担心百姓不相信自己，就在国都集市的南门外竖起一根三丈高的木头。告示：有谁能把这根木头搬到集市北门，就给他十两金。百姓们感到奇怪，没有人敢来搬动。商鞅又出示布告说：“有能搬动的给他五十金（古时的“金”实际为黄铜）。”有个人壮着胆子把木头搬到了集市北门，商鞅立刻命令给他五十两金。

在秦孝公强有力的支持下，商鞅吸取了李悝、吴起等法家

在魏、楚等国实行变法的经验，结合秦国的具体情况，对法家政策作了进一步发展，后来居上，变法取得了较大的成效。商鞅变法是战国时期一次较为彻底的封建化变法改革运动，顺应了封建历史发展的潮流，大大推动了社会的进步和历史的发展。

经过商鞅变法，秦国在经济上改变了旧有的生产关系，废井田开阡陌，从根本上确立了土地私有制；在政治上打击并瓦解了旧的血缘宗法制度，使封建国家机制更加健全，中央集权制度的建设从此开始；在军事上奖励军功，达到了强兵的目的，极大地提高了军队的战斗力，发展成为战国后期最强大的封建国家，为秦下一步的战略发展创造了有利的条件，为统一全国奠定了基础。

【解析】

在战国时期，秦国贫弱，急需强大，而秦孝公也求贤若渴，商鞅顺势在秦国推行变法。在强硬的手段和坚定的决心，以及秦孝公的坚决支持下，商鞅变法取得了成功，大大地推动了社会的进步和历史的发展。

精卫填海

传说，炎帝有个女儿叫女娃。女娃聪明伶俐，活泼可爱，美丽非凡，炎帝十分喜欢她。一天，她走出小村，找小朋友玩耍。看到一个大孩子把小孩子当马骑，小孩子都累趴下了，大孩子还不肯罢休。女娃走过去，指着大孩子的脑门怒斥道：“你这个人太坏了，欺负小孩子算什么本事，有力气，去打虎打熊，人们会说你是英雄。”

大孩子见女娃是个小姑娘，生得单薄文弱，根本不把她放在眼里。他从小孩子背上跳下来，走到女娃面前说：“我是海龙王的儿子，你是什么人？竟敢来管我！”女娃说：“龙王的儿子有什么了不起，我还是神农的女儿呢，以后你少到陆地上撒野，小心我把你挂到树上晒干。”

龙王的儿子说：“我先让你知道知道我的厉害，往后少管小爷的闲事。”说着动手就打。女娃从小跟着父亲上山打猎，手脚十分灵活，力气也不小，见对方蛮横无理，并不示弱，闪身躲开对方的拳头，飞起一腿，将龙王的儿子踢个嘴啃泥。

龙王的儿子站起来，不肯服输，挥拳又打，被女娃当胸一拳，打个仰面朝天。

龙王的儿子见打不过女娃，只好灰溜溜地返回大海。

过了些日子，女娃到海中游泳，正玩得十分开心，刚巧让龙王的儿子发现了。他游过来，对女娃说：“那天在陆地上让你捡了便宜，今天你跑到我家门前，赶快认个错，不然我兴风作浪淹死你。”

女娃倔强地说：“我没错，认什么错。”

龙王的儿子见女娃倔强，根本没有服输的意思，立即搅动海水，掀起狂风恶浪。女娃来不及挣扎，就被淹死了，永远回不去了。

女娃不甘心自己的死，她的魂灵变化为一只小鸟，名叫“精卫”。精卫长着花脑袋、白嘴壳、红脚爪，大小有点像乌鸦，住在北方的发鸠山。她被悲恨无情的海涛毁灭了自己，又想到别人也可能会被夺走年轻的生命，因此不断地从西山衔来一条条小树枝、一颗颗小石头，丢进海里，想要把大海填平。她无休止地往来飞翔于西山和东海之间。

可是那咆哮的大海嘲笑她道："小鸟儿，算了吧，就算你干上百万年，也别想将我填平！"

但是翱翔在高空的精卫坚决地回答说："就算干上一千万年、一万万年，干到世界末日，我也要将你填平！"

"你为什么恨我这样深呢？"

"因为你呀——夺去了我年轻的生命，将来还会有许多年轻无辜的生命要被你无情地夺去。"

"傻鸟儿，那么你就干吧——干吧！"大海哈哈地大笑了。

精卫在高空悲啸着："我要干的！我要干的！我要永无休止地干下去的！这叫人悲恨的大海啊，总有一天我会把你填成平地！"

她飞翔着，啸叫着，离开大海，又飞回西山去，把西山上的石子和树枝衔来投进大海。她就这样往复飞翔，从不休息，直到今天她还在做着这样的工作。

【解析】

文中的主人公女娃虽然其志气很让人佩服，但她却忽视了本身所具有的力量，自不量力地衔石块填海。可是茫茫大海岂是她能用石块填平的！她只能毫无用处，无止无休地继续做填海的工作。

自负的纣王最终灭亡

纣王是中国商朝最后一位君主。纣王年轻时天资聪明，文武双全，口才过人，行动敏捷，接受能力强，而且力气非常大，据说能空手与猛兽打斗。早在帝乙时，商的国力就已处于衰弱阶段。纣王在位时期，东夷叛乱，商朝派大军征伐。他继续用兵，在打退东夷后向外拓展，把商朝势力扩展到江淮一带，可结果却出现许多叛乱国。

他嗜好喝酒，特别宠爱妃子妲己。他多方搜集狗马和新奇的玩物，填满了宫室，又扩建沙丘的园林楼台，捕捉大量的野兽飞鸟，放置在里面。诸侯有的也背叛了他。于是他就加重刑罚，任用费仲等善于阿谀、贪财、毁谤、进谗言的佞臣管理国家政事。诸侯因此越发疏远他。当贤臣劝谏他时，他很自负地说："我生下来做国君，不就是奉受天命吗？"

他生活淫乱，毫无止息。微子曾多次劝谏，纣王都不听。微子就和太师、少师商量，然后逃离了殷国。比干却说："给人家做臣子，不能不拼死争谏。"就极力劝谏。纣王大怒，说："我听说圣人的心有七个孔。"于是剖开比干的胸膛，挖出心来观看。箕子见此情形很害怕，就假装疯癫去给人家当了奴隶。纣王知道后又把箕子囚禁起来。殷国的太师、少师拿着祭器、乐器，急急逃到周国。

周武王继位后四年，得知纣王统治集团分崩离析，王族重臣比干被杀，箕子被囚，微子出奔，而商军主力远征东夷，朝歌空虚，即率兵伐商。纣王惊闻周军来袭，只好仓促武装大批奴隶、战俘，连同守卫国都的军队总计十七万人，开赴朝歌以外四十里的牧野（今河南淇县西南）迎战。想不到这些由大批夷人、奴隶组成的军队，忽然一夜之间哗变，溃不成军。周人居然不费吹灰之力，长驱直入，兵临朝歌城下。纣王逃跑，退入城中，登上鹿台，把他的宝玉都穿戴在身上，自焚而死。纣王死后，周武王象征性地用黄钺砍掉他的脑袋，妲己也被杀。

【解析】

在纣王看来，他是天命所归，身上具有天子具有的一切才能，上天让他来到世间就是做君王的。于是他对自己放纵无度，最终导致了国家灭亡，而他自己也自焚而死。

【延伸阅读】

一、谋略聚焦

1．顺应时势，立足稳健

《鬼谷子》是一部千古奇书，它所阐述的观点，褒扬者可扬于天，贬抑者可抑于渊。悬殊之大，势如水火。有人说它是小人之书，充满狡诈权变，多有诡计多端和玩弄心机之嫌，唐代柳宗元劝人千万不可读此书。尽管如此，《鬼谷子》仍然不失为一部充满谋略和智慧的著作，是传统文化的宝贵遗产，它深厚的文化底蕴，值得发掘、整理、研究、深思。当然，书中所宣扬的变化多端、层出不穷的诡计心术，也未必光明磊落，这需要读者在阅读时加以注意。

《鬼谷子》认为，捭阖之道的本义是纵横开阖，这也体现了万事万物发展变化的规律。作为谋略之书，《鬼谷子》用“捭阖”来总领全书，其思想基础与中国的阴阳观相一致。而圣人之所以成为圣人，最根本的是“守司其门户”，即善于分析社会现实，进而顺应时代发展的趋势。

夏朝末年，王室不修内政，各国诸侯不来朝贺，阶级矛盾日趋尖锐，民不聊生，危机四伏。夏桀不思进取，骄奢淫逸。据《竹书纪年》记载，他“筑倾宫，饰瑶台，作琼室，立玉门”，到处网罗美女，日夜饮酒作乐。据说还造了个很大的酒池，甚至可以航船，醉而溺死的事时常发生。夏桀为了满足自己的奢侈享受，强迫民众无偿劳役，拼命压榨百姓，人们已经是忍无可忍：“时日曷丧，予及女偕亡！”

当时，商汤是南方的一个部落领袖，他任伊尹和仲虺为相，以亳州为据点，不断积蓄实力，准备灭夏。经过大小十一战，最终在鸣条打败夏桀。商汤以武力灭夏，打破君王永定的说法，史称“汤武革命”。汤建立商朝后，伊尹颁布了一系列措施，减轻征敛，鼓励生产，从而扩大了统治区域，影响远至黄河上游，不仅诸侯都来归附，氐、羌部落也来纳贡。汤便登上了天子之位，平定了全国。

商汤征伐夏桀建立商朝，是因为夏桀德行败坏，导致朝政腐败，人们恨不得与其同归于尽。而到了商朝末年，在商纣王的残暴统治下，同样是民不聊生。西边的周族兴起，通过周文王的领导，实力足以与商抗衡。然而，文王没有贸然兴兵东进，而是对内施以仁政，对外翦除商朝羽翼，同时扩大势力范围。武王即位后，仍然韬光养晦，耐心等待时机，在忠臣良将的辅佐下，不断增强实力。等到商朝统治集团内部矛盾激化，商纣王肆意妄为，残杀王族重臣的时候，武王把握机会，发动军队大举伐纣，经过牧野之战，一役而胜。

商汤伐桀和武王伐纣说明了顺应时势的重要性。所谓“时势”，就是历史的趋势，民心的向背。这也是本篇所说，观阴阳之开阖，知存亡之门户。只有冷静分析并顺应时代发展的趋势，最大程度地争取民心，才能立足稳健，把握时机，获得成功。

2. 周详缜密，攻守兼备

战国时代，周朝王室势力弱小，各国诸侯相互争霸。这就出现了独树一帜的纵横家，他们以周游列国游说君主为己任。《鬼谷子》一书的两大特点，一是以政治谋略为思考重心；二是有着独特的思辨风格，这都反映了战国时天崩地裂、诸侯争霸的时代特色。《捭阖》篇的要旨，在于收敛时要自守门户，韬光养晦，渡过难关，从而占据先机，一役而胜。若处理不好，反会门户大开，一败涂地。在历史进程中，凡能建功立业者，无不深谙此道。

人们常说“细节决定成败”，自然是经验之谈。只有注重细节，才能确保周详缜密，如此方可攻守兼备。所以，古往今来的胜者，不仅有开创大局的雄伟气魄，也有处理细节的缜密心思。意气风发的楚霸王自诩“力拔山兮气盖世”，却不能成为最后的胜者，就是因为他不懂“欲捭之贵周，欲阖之贵密”的道理。能成就大事，既要胆大也要心细，两者互补，缺一不可。

明成祖朱棣之所以能够登上皇位，是由于他善于审时度势，韬光养晦。他性格坚忍，行事周密，靠装疯赢得了时间，最终打败了建文帝，获取天下。

建文帝是太祖朱元璋的嫡长子次孙，其父是皇太子朱标。朱元璋死后，建文帝按照遗诏继位，成为大明王朝的第二位皇帝。他从小受儒家教育，温文尔雅，书卷气很浓。当时，由于各地藩王势力太大，威胁君权，建文帝决意削藩，燕王朱棣是重要目标。

朱棣是朱元璋的第四子，他带兵驻守北平一带，野心勃勃，势力强大。建文帝削藩时，朱棣的准备尚不充分。当他看到几个藩王先后被削后，明白如此下去无法逃过此劫，遂一边争取时间，一边积极备战。为了麻痹建文帝，朱棣先假装得病，大热天坐在炉边烤火，不停叫冷。由于属下被朝廷处死，他于是又装疯。王府长史葛诚密奏朝廷“燕王装病”。朱棣临机应变，立即逮捕前来监视的官员，以“清君侧”之名举兵南下，发动“靖难之役”，实是起兵反叛。经过近四年的拉锯战，朱棣越过山东防线，直接攻占应天府，如愿登上皇位，成为明成祖。

“观阴阳之开阖以命物”，如果有利就采取行动，不利就严密防守，在消极中持续抵抗。捭阖之术用于政治斗争，可使矛盾双方相互转化。在变化莫测的政治风云中，时时捕捉契机，乘虚而入。弱者通过严密自守，甚至装疯卖傻，能使强者放松警惕，时机成熟就能以弱胜强，一举成功，获取利益。

3. 善于变通，敢于创新

“捭阖者，天地之道。”《鬼谷子》认为，纵横开阖，阴阳变化，可以说是天地万物发展的规律。同时，它也是事物发展的原动力，决定了四时更替、日月运转。世间所有的除旧布新，可以说都是通过捭阖之道来实现的。变则通，通则久。圣人通达人心情理，窥见变化征兆，以此驾驭天下。

在一定的情况下，变通是智者的谋略。它能打开闭塞的通道，挖掘丰富的矿藏。善于变通，敢于创新，才能摆脱惯性思维的束缚，不拘于传统的思维定式。思考能力与应变能力体现了个人的素质，也体现了办事能力的高低。善于变通表现在对工作的细致划分上，懂得进退取舍，统筹兼顾。

在人类的文化行为中，谋略是至关重要的范畴，大到国家治理、政治斗争，小到人际交往，无不与之相关。从唯物主义哲学来看，变化是绝对的，不变是相对的。世间万物无一不是处在变化之中，捭阖之道的精神就在于灵活变通。纵观古今历史，能够成就大业的人，大多深明变通之道而不拘泥于传统。只有不拘于传统，善于变通，敢于创新，才能促进事物的发展。因循守旧、不肯变通，片面凭着经验去办事，往往事倍而功半，费力不讨好，甚至最终失败。

商朝建立时，国都在亳，即今河南商丘。盘庚是商朝第二十代王，他继位时社会动荡不安，王族内部一片混乱。为了躲避天灾人祸，挽救政治危机，盘庚决定迁都于殷，即今河南安阳小屯村。迁都是商朝中期的大事，大多数贵族因循守旧，反对迁都，甚至煽动平民闹事。在困难面前，盘庚没有动摇，最终冲破了反对势力的阻挠，带着平民和奴隶渡过黄河，迁都到殷。在那里，盘庚整顿朝政，发展经济，人民生活殷实起来。从此，商族部落不再迁徙。

通过迁都，商朝避开了水患和宗室内斗的乱局，甩掉了历史包袱，稳定了中央统治。之后，经过武丁时代的繁荣发展，到了中后期，社会经济和文化有了持续发展，生产技术、制作工艺有了相当成就，衰落的商朝出现了复兴局面，所以商朝又称殷商，或者殷朝。这是中华文明发展的里程碑，中国成为当时世界上的文明大国之一。

世上没有什么是一成不变的，商朝以武力夺取夏朝天下，打破了天子不可变的定律，是中国政治史上的一次变革。而盘庚迁殷也是商朝历史上的一次重大变革，通过这次变革，商朝从衰落走向复兴，创造了辉煌灿烂的文化。可见，在社会发展的过程中，变革是不可避免的，也是非常必要的。

战国时，赵武灵王勇于学习胡人先进的东西，为已所用，成就了独霸一方的大业。当时，中原军队一般使用战车，人们不习惯于骑马，在善于骑射的游牧民族骑兵面前，战车不够灵活机动，往往处于被动局面，这是其明显缺陷。

赵武灵王为了北御匈奴、南防秦国，实行“胡服骑射”的改革，以增强军事实力。穿了胡服，行动方便很多。接着，赵武灵王又命令大家学习骑射。不到一年，赵国就训练出了一支强大的骑兵队伍。实行胡服骑射的第七年，赵国收服了中山、林胡、楼烦等北方游牧民族，向北开辟了上千里的疆域，成为“战国七雄”之一。

4．隐藏自己，惑敌制胜

鬼谷子所处的战国时代，是一个天崩地裂、风起云涌的时代，各国诸侯纷纷争霸，以往的宗法制度和社会秩序被瓦解，只剩下现实中的激烈争夺、残酷吞并。因此，《鬼谷子》一书，可谓篇篇讲究政治谋略，而这些谋略又不完全建立在忠、信、仁、义之道的基础之上。作为一个国家的统治者，势必要有一定的决策能力，根据不同的形势采取不同的策略。环境有利，便使用“捭”的战略，大开大合，积极主动进攻，以取得胜利；形势不利，便采取“阖”的方式，隐藏自己，积蓄力量，蓄势待发。

在困难和险境面前，当忍则忍，当进则进，这是捭阖术的要旨所在。竞争是实力的较量，当力不如人时，唯有坚忍和退让，万不可逞一时之勇。必要的忍让是为了妥善准备，从而有效打击对手。

三国时，司马懿辅佐魏王曹芳。宗室曹爽咄咄逼人，司马懿采取“阖”的策略，以退为守，藏形隐迹，收敛锋芒，一退再退，把大权拱手让给曹爽，并以年老病弱为由，不问政事，使曹爽对司马懿毫无防备。

嘉平元年正月，魏帝曹芳率宗室及文武大臣，到城外祭扫魏明帝陵墓。司马懿认为时机已到，便立即采取了“捭”的策略。乘曹爽势力倾巢出动之机，将周密策划、精心准备的力量积聚起来，发动了政变。率部众以迅雷不及掩耳之势，占领了城门、兵库等战略要地和重要场所，并上奏永宁太后，免除曹爽大将军的职务，夺取了兵权。

从此，司马懿威震朝野，掌握了军政大权。司马懿的成功，正是在于利用了捭阖术，形势不利的时候隐藏实力，使对手放松警惕；一旦时机来临，便如猛虎下山迅速出击，一举打败对手。政变的酝酿时间很长，但实施时间却短，在对方全然没有准备时，打个猝不及防，速战速决，绝不拖泥带水。

5. 雄才伟略，能屈能伸

凡成大事者必能坚忍，能屈能伸，能进能退，不达目的决不罢休，这是强者的心态。形势不利的时候隐藏自己，形势有利的时候迅速出击。只有看得远、看得透，才能提高决策能力。善于忍耐，待时而动，正是“捭阖术”的妙用。

隋朝末年，社会动荡不安，各地农民纷纷起义，北方的突厥族逐渐强大起来，趁势南下抢掠。李渊镇守太原，奉命剿贼。这时，突厥数万骑兵攻打太原，李渊遣部出战，几乎全军覆没。经过深思熟虑，李渊决意西进关中。只有想办法稳住突厥，才能保障太原，为西进打下基础。因此，李渊向突厥称臣，提出了和亲的建议，并献上了大量美女珠宝。他与突厥可汗书信来往自持臣下身份，甚至对突厥使者也纳头礼拜。于是，双方停战修好，这为李渊西进长安提供了时机。不但如此，突厥可汗还为李渊提供了大量骑兵、粮草，使李渊的实力强大了起来，逐步夺下了不少地盘。

后来，隋朝在农民起义的打击下，走向灭亡。有人劝李渊结束与突厥的屈辱之盟，李渊没有答应。他认为自己的实力虽然有所提高，但还没有统一全国，和突厥决裂为时过早，于是依然和突厥交好，一直保障北方的安宁。后来，李渊建立了唐朝，唐朝的国力不断强大，到了李世民为帝的时候，派遣李靖带兵远赴西北大漠。这时，东突厥国内发生了变乱，经过几次战役，李靖终于生擒了突厥颉利可汗，不仅解除了唐朝西北边境的祸患，也洗刷了当年的耻辱。

古代纵横术，作为智谋权术的范本，蕴含有丰富的政治智慧以及睿智的谋略方法。唐高祖李渊不计一时名利，最终成就了帝业。这说明能屈能伸，能进能退，坚忍以待时机，正是捭阖术的一种谋略和手段。

6．善于言辞，讲究分寸

《捭阖》篇指出："口者，心之门户也；心者，神之主也。志意、喜欲、思虑、智谋，此皆由门户出入。"意思是说，嘴巴是心灵的门户，心灵则是精神的主宰。个体的意志、情欲、思想和智谋都要通过嘴巴出入。由此可见言谈的重要性，要掌握好分寸，才算有智慧。

俗话说"话说三分"，就是讲说话要掌握分寸，不要只图一时痛快而不顾别人感受。不该说时说个没完，该说时反倒惜语如金，这都是举止失当。《鬼谷子》认为，与人交谈要注意开合，抓住机会该说则说，不该说的一句也不多说。否则，轻者会得罪人，重者还会搭上性命。

西汉时的灌夫以勇猛为名，他在失去权位后闲居在家。灌夫为人尚游侠，性格急躁，做事鲁莽。一次，丞相田蚡举办婚宴，大臣都去贺喜。灌夫向田蚡敬酒，田蚡不喝。灌夫向灌贤敬酒，灌贤正跟将军程不识说话。灌夫便大骂道："我看程不识一钱不值，你居然咬着他的耳朵说话！"田蚡见灌夫骂人，于是说："你当众侮辱程将军，难道不给别人留点余地吗？"灌夫说："今天杀我的头，穿我的胸，我都不在乎，还顾什么程将军！"田蚡便下令扣留灌夫。有人劝灌夫赔礼道歉，他不但不肯，反而破口大骂。不久，灌夫被罗织罪名处死。因为醉酒而惹来闲气，只图一时之快，却遭遇杀身之祸，实在可悲。

日常生活中，不善言辞、过于直率的人往往被动而孤立，缺乏朋友相助。有时候，实话实说并没有错，但要考虑时间、地点及对方的感受。如果说话太冲太直，言辞过于生硬或激烈，就会伤害对方，招致误解和怨恨。因此，指出对方错误，也要反省自身，如果不讲究方式而引起不满，就要调整自我，克服过于直率的毛病。如果找到恰当的机会，婉转说出自己的想法，也许更会得到对方的理解，有利于问题的解决。语言是重要的沟通工具，说话水平和说话方式不同，给人的感受也会不同，沟通效果和回报也会不同。

一般来说，人们喜欢听好话，不妨为对方想想，不要只管自己说得痛快。言辞要讲究技巧，注意细节，说话得体，由此赢得好人缘。好的人际关系，会使内心轻松和愉悦，有助于事业的成功。《鬼谷子》认为，说话办事要因人而异，对待事物的态度各有不同，只有深刻了解对方，才能“得其指”，更好地实现“求其利”的目标。测得风向好使舵，与人谈话先揣摩对方的心意，然后投其所好。拥有了共同的话题，获得了对方信任，再适时提出要求，就容易实现目的。

7．以古为鉴，可知兴替

《反应术》篇曰：“事有反而得复者，圣人之意也，不可不察。”意思是说做事要反复探索，善于借鉴，才能把握事物的本质，这是圣人行事之道，必须予以足够重视。在这里，《鬼谷子》以纵横家的视角，阐明了“反以观往，复以验来；反以知古，复以知今；反以知彼，复以知己”的方法论。《诗经·小雅》提出：

“他山之石，可以攻玉。”个体的生命有限，不可能直接体验所有事物，他人的经验可以引为有效的借鉴。善于运用创造性的思维方式，就可以从间接经验中获取智慧，从而借鉴他人的成功经验，吸取他人的失败教训。

秦朝末年，天下大乱。刘邦率军攻破武关，长驱直入，歼灭了秦军主力。秦王子婴迫不得已，捧着传国玉玺，开城投降。刘邦入咸阳城，进秦宫，看到宫室富丽，美女珍宝不计其数，顿起羡慕之意，想留下享用。手下人极力劝阻，刘邦很不高兴。张良说：“只因秦王残暴，不得人心，我们才有今天的胜利。既然为天下除暴安良，就应该提倡节俭，改变奢侈淫逸之风。现在刚入秦宫，就像秦王一样享乐，那有什么差别呢？”刘邦听了，认为很有道理，于是撤出咸阳。

大臣魏徵死后，唐太宗李世民曾感慨地说：“以铜为镜，可以正衣冠；以古为镜，可以知兴替；以人为镜，可以明得失。”意思是说用铜镜作为借鉴，可以看到外部形象；以历史做借鉴，可以知道历史的兴替；以人为借鉴，可以知道得失。一般情况下，借古说今，更能令人警醒。借用他人的经验教训，可以更好地走过今天，迈向未来。

纵横家崇尚的是权谋策略及辩论技巧，其指导思想与儒家的仁义道德有所不同。因此，历来学者对《鬼谷子》推崇者少，而讥诋者多。其实外交政策是否得当，关系国家安危兴衰。苏秦凭三寸不烂之舌，合纵六国，配六国相印，统领六国共同抗秦。张仪凭其谋略与游说技巧，将六国合纵瓦解，为秦国立下了不朽功劳。所谓“智用于众人之所不能知，而能用于众人之所不能”。潜谋于无形，常胜于不争不费，此为《鬼谷子》之精髓所在。

8．委婉行事，渐寻良机

面对错综复杂的时势格局，《捭阖》篇提示我们，不论做什么事，都要把握心态和方法。当方则方，当圆则圆，方圆结合，以圆求方，这是正确的处世之道。从某种意义上说，谋略之术的运用，需要一定的道德涵养基础。委婉办事，实际上也是纵横术的一种运用。这是《鬼谷子》“纵横术”中不可或缺的一面。

日常交往，总有一些不便直说的事。于是，“遁辞以隐意，谲譬以指事”，意思就是故意说些相关的事物，含蓄表达自己的想法。这可以说是一种“缓冲”，让对方在舒适的氛围中接受意见。所谓委婉，就是用迂回曲折的语言含蓄表达本意。

安史之乱后，唐玄宗逃往四川，唐肃宗李亨在灵武即位。肃宗想请李泌来辅佐自己。李泌幼年便有神童的称誉，粗通儒、佛、道三家学识。成年后更是博学，精通《易经》，经常寻访名山大川，希望求得长生不死的方术。

唐肃宗知道李泌生性倔强，不会欣然从命，于是想了一套委婉巧妙的方法。首先，肃宗命人去请李泌，只说是会面叙旧。李泌应召前来。唐肃宗却说想任李泌为右丞相。李泌坚决推辞，却说可以常见面，帮忙参谋意见。唐肃宗听了很高兴，李泌能够答应参谋国事，事情就好办了。

自此，唐肃宗对李泌待以客礼，出门并骑，晚上同床，事事请教，有劝必从。这期间，李泌为肃宗起草了颁发各地的诏书，在一系列重大事件上提出了独到的意见。

当然，肃宗最终希望李泌穿上官服，成为辅国大臣，因而继续寻找机会委婉相劝。不久，肃宗诏令广平王李叔为兵马元帅，统帅诸将东征安禄山。李叔受命，请求给他一个谋臣。肃宗于是劝李泌披件朝服，出去参谋军事。李泌穿了官服来见肃宗，不料肃宗又说："穿了官服，岂能没有官位？"把一纸敕文递给了李泌，上面写道："军国元帅府行军长史。"李泌想拒绝又觉得不顾情面，心想，既然穿上了官服，何妨再加个官名呢？

"粤若稽古，圣人之在天地间也"。纵观历史，圣贤在社会发展过程中，起着重要的作用。他们不会随心所欲做事，而是遵循天地之道，身体力行，为人们作出良好的榜样。李泌以布衣的身份在朝为官，当隐则隐，当仕则仕，为平定"安史之乱"出谋划策，作出了应有的贡献。唐肃宗的慧眼识人，量才使用，同样体现了政治家的高超智慧。

二、古为今用

1．先圣如何兴邦济世

鬼谷子生活在战国后期，那时七雄争霸，战乱不止，存亡的威胁，降临到了每个人面前。鬼谷子正是在这种历史背景下写出《捭阖》篇的。

《捭阖》篇，一开头就号召人们，要效法古代圣贤兴邦济世。先圣先贤又是如何兴邦济世的呢？《鬼谷子》把先圣先贤的历史经验，总结成为六句话，或说是六字诀：

观，"观阴阳之开阖以命物"。此中包含四点哲学思想：其一，要从实际出发，不要从主观愿望出发，为此就要观察于前，调查于前，在观察和调查上下功夫。这也正是孙子兵法所强调的，要知彼知己，知地知天。其二，要从事物的阴阳对立中去观察事物，不要只看片面，如此才能掌握到全面的信息。其三，要动态地观察矛盾发展的全过程，不要静止地只看某个时刻，如此才能观察到规律性。其四，要做理性分析，即去粗取精，去伪存真，由表及里，深入研究和辨识事物的本质，从而达到认识和掌握事物变化规律的程度，不要鲁莽轻率。

知，“知存亡之门户”。为什么古代城门总是做得十分坚固，而且设置护城河与吊桥？为什么军营的大门总是警卫森严？为什么大礼堂总要设置太平门？为什么居家要装防盗门？因为门户乃进出的必经之地，也是生存危险之源。直观的门户不难发现，非直观的门户呢，如何发现？又如何认识它们与存亡的关系？这就不是仅靠眼睛观察所能解决的，必须占有足够的情报，并用心去思考和研究，从诸多通道中找出决定存亡的通道，从诸多联系中找出决定存亡的联系，从诸多条件中找出决定存亡的条件。例如决定企业存亡的因素很多，可能是产品滞销，可能是债务过重，可能是投资决策错误，究竟是什么，要因时因地作具体分析。“知存亡之门户”，此中包含的哲学思想是实事求是。而为了找到规律性，必须全面分析事物之间的联系。门户，本质上也是一种联系，必须全面分析这些联系中的矛盾，从中找出当时最主要的矛盾，找出解决问题的最佳途径。

筹，“筹策万类之终始”。中国兵法讲究运筹于帷幄之中，决胜于千里之外，未战而庙算胜。就是说：要在“观”和“知”的基础上，谋划和计算事物发展的全过程，为图存避亡做出周密的策划。例如当年抗日战争之初，中国人民筹策抗日方略，毛泽东发表《论持久战》，预测和规划持久战将表现于三个阶段之中：第一阶段，是敌之战略进攻、我之战略防御时期；第二阶段，是敌之战略保守、我之准备反攻的时期；第三阶段，是我之战略反攻、敌之战略退却的时期。预测和筹划一时一事不难，而要预测和筹划“万事之终始”，则是不易的。

达，“达人心之理”。这是对“筹策万类之终始”的重要补充。筹，讲求的是科学性；达，讲求的是人民性，要求所做的策划深得人心。如何才能得人心？首先，策划必须体察绝大多数人民群众的需求，代表他们的根本利益；其次，必须把策划告知人民群众，使他们理解并拥护；再者，要把策划变为人民群众的行动。大凡政治家，无不重视人心的向背，水能载舟，也能覆舟。

见，“见变化之朕”。策划贵在实践，然而在实践过程中，何时实施第二步、第三步、第四步的策划？在实践过程中如果发生意料不到的情况，怎么办？《鬼谷子》教导人们，在实践策划时，要谨慎从事，要密切注意事态发展，及时发现变化的征兆，掌握火候，顺乎自然地推进，必要时可调整原来的策划或部署。此中的哲理是，要顺乎量变和质变的发展规律，切不可做拔苗助长的蠢事。

守，“守司其门户”。事物的变化往往是错综复杂的，决定存亡的门户也是会转移的，高明的策划者或领导者，总是要从错综复杂的事务中，全力抓住当时的主要矛盾，牢牢地把握住存亡的门户。这是不易的，但又是领导者必不可少的本领。有不少人常常被复杂的现象所迷惑，分不清主与次、轻与重、缓与急，抓不住要害，正如俗话所说，“捡了芝麻，丢了西瓜”，岂有不败之理。

《鬼谷子》的六字要诀，实质上是兴邦济世的战略策划，是本篇的精华所在。它不仅继承了姜太公的《文韬》，而且发展了孙子兵法的“庙算”，是对战国时期关于战略策划的精辟概括。它不仅是兴邦济世的文韬武略，也是立身、做事、发家的智谋，值得人们学习和借鉴。

何谓战略策划？狭义是指对战争全局的策划和指导；广义是指为实现一定目标所做的全局性策划和指导。无论狭义或广义，均应具备前瞻性和必胜性，即要调查、测算、策划和准备于前，不打无准备之战，不打无把握之战，务求实现目标。为此就必须具备全局性，即要把握好全方位和全过程的诸多联系。

战国时期，祖辈们那么重视战略策划。21世纪的今天，经济全球化趋势加快，科技迅猛发展，国际竞争日益激烈，霸权主义和强权政治不断威胁我国生存发展，兴邦济世的战略策划至关重要。

2．捭阖门户，伐谋伐交

值得注意的是，在《鬼谷子》关于兴邦济世的六句话中，“观阴阳之开阖”“知存亡之门户”“守司其门户”三句直接提到门户开阖问题。“筹策万类之终始”，是从时间上筹策万物的开阖；“达人心之理”，是心灵的开阖；“见变化之朕”，朕，正是由阖转向开的中间表现。这六句，无一不涉及事物的开与阖问题，实质是从空间、时间、意识上来考察事物的开与阖，并从开阖的时、空、意的变化上，来全面认识事物的本质和发展规律，从而达到利用和驾驭事物的目的。

不难看出，本篇第一段，不仅总结出兴邦济世战略策划的六字诀，而且揭示出事物变化发展的一对基本哲学范畴——开与关。

宇宙中万事万物，无不具有开与关的功能和状态。以人为例，大脑、五官、皮肤、毛发、五脏六腑，哪一个没有开与合两种功能和状态？正是依靠不断开关、又开又关，才得以新陈代谢，维持机体的健康和活力。人如此，动植物亦然。其实，又何止生物有开与关，非生物也应有开与关，地球、月球、太阳以至于整个宇宙，都应有开与关，只不过人类对其开与关尚缺少认知。认清之日，就是利用之时。

人类的生存发展，既需要与外界保持联系，又需要与外界暂时切断联系。故建筑住房，一定要设计便于开关的门户，门户成了人与物进出的主要通道，非遇紧急情况，一般不会破墙出入。房屋的门户，是有形的，可见的。世界上还有许多门户，是看不见的，只能用显微镜去看，有些只能用思维去审视，如心灵的门户、历史的门户。用联系的观点看问题，门户实质上是最主要的联系渠道。最关键的联系，通常是唯一的联系渠道。

捭阖，是一对矛盾的动作，是建立在开与关这个矛盾现象之上的，是根据事物开与关的规律性实施的主观动作。捭，是主动打开门户；阖，是主动关上门户。捭阖，是鬼谷子学说的基本范畴。鬼谷子写《捭阖》篇，实质是教导人们运用捭阖伐谋伐交；运用捭阖图存、图发展。如何运用捭阖伐谋伐交、图存图发展呢？第二、三段做了系统回答，其要点有六：

（1）“一守司其门户”

从直观上来说，是专一守好进出门户，防止外敌侵犯。从广义上来说，是要专一处理好决定存亡的关键问题。从本质上来说，是一定要保存好自己，让自己立于不败之地。如子贡求鲁那个案例，就是守卫住鲁国通往齐国的门户，阻止齐国对鲁国的进攻。

（2）“无为以牧之”

无为，就是要顺乎客观规律，例如捭阖门户，当开则捭，当关则阖。伐谋伐交，也要顺乎客观趋势。如子贡救鲁，鲁国与齐国相比，实力相差太悬殊，军事对抗不了，只能靠伐谋伐交；齐简公一心想称霸，相国陈恒一心想扩张夺权，这些均不可改变，可能改变的只能是转移其矛头所向。子贡对齐伐交，正是“无为以牧之”，得以成功。

（3）周密策划

伐谋伐交，要想取得成功，绝不可轻率盲动，必须在事前进行周密策划。如何进行周密策划？“即欲捭之贵周，即欲阖之贵密。周密之贵微，而与道相追。”这四句话，可以说是周密策划的纲要。

①“捭之贵周”。捭开自己的门户，要防止坏人乘虚而入；捭开人家的门户，要考虑到因此带来的麻烦和危险，事先必须考虑周到。以子贡救鲁案例来说，子贡在捭齐、捭吴、捭越时，一环扣一环，均有周到的方案，如果哪个环节出了差错，就会前功尽弃。

②“阖之贵密”。阖关门户要严密，否则等于不关。以子贡救鲁案例来说，如果有谁把“转移祸水”的计谋泄露给了齐简公，则鲁国必危。子贡为了防止泄密，把整个伐谋伐交的计谋控制在自己一个人的头脑里。最好的保密室，莫过于自己的头脑。

③“周密贵微”。捭之贵周，阖之贵密，如何做到周密，不能只靠简单的周、简单的密，而要用计谋，巧周，巧密，最后达到众人难料的微妙境地。以子贡救鲁案例来说，子贡在游说相国陈恒时，先用“反陈利害”法，捭开陈恒关阖的门，引发陈恒的好奇心，想听大贤的高见；继而用“密陈利害”法，引诱陈恒转移矛头指向；进而为陈恒当说客，说吴，说越，创造出转移祸水的充分条件。其策划之周密，堪称微妙。

④“与道相追”。关于伐谋伐交的策划，在要求周密的同时，还要讲求“与道相追”，即要追随天理人心，追随战略目的。合乎天理人心，伐谋伐交，才容易成功。合乎战略目的，伐谋伐交，才有实际效益。以子贡救鲁案例来说，全部策划，均是为保卫鲁国的安全。抑强齐而扶弱鲁，符合“与道相追”，顺乎天理人心。

（4）皆见其情

“无为而牧”的前提，是知情；周密策划的前提，还是要知情。《捭阖》篇多处强调知情。

知哪些情？要“审察其所先后，度权量能，校其伎巧短长”；要“审定有无，与其实虚；随其嗜欲，以见其志意”；要“审明其计谋，以原其同异”；要有定性和定量的分析，达到能权衡轻重的程度。当达到“皆见其权衡轻重”之时，才能做出成功的策划。

（5）或捭或阖

捭阖，是伐谋伐交的基本范畴，也是获取情报的基本手段。如何运用捭阖获取情报？

①捭阖自己的心扉：或开而示之同其情，或阖而闭之异其诚。以己之言语或作为，捭阖对方的心扉，窥测对方的心灵。

②捭阖自己的门户：或捭而出之，或捭而纳之；或阖而取之，或阖而去之。以己之出、纳、取、去，捭阖对方的门户，刺探对方的内情。

以子贡救鲁案例来说，子贡在说齐、说吴、说越时，或捭或阖，当面摸清了对方的意志和顾虑。

（6）“变动阴阳”

运用捭阖伐谋伐交，归根到底是以捭阖“变动阴阳”。例如，在北方冬季吃不上新鲜蔬菜，采用温室大棚种植，就解决了这个问题。例如，齐国陈恒要攻打鲁国，子贡把军事矛头引向吴国，实质是把齐国与鲁国的矛盾转变为齐国与吴国的矛盾，以此削弱齐国实力，鲁国的危难就可以解决。《捭阖》篇在第三章结尾处说“捭阖者，以变动阴阳，四时开闭，以化万物。纵横反出，反复反忤，必由此矣”，强调的就是“变动阴阳”，还强调了“纵横反复”，就是说，要反复变动阴阳。这里的阴阳，是泛指矛盾。矛盾，实质是联系。变动阴阳，实质就是变动联系。“变动阴阳”的要妙，是承认矛盾，调节矛盾；或者说，是承认联系，变动联系。前者是坚持唯物论，后者是运用辩证法。就是“无为以牧之”。

3．捭阖口心，谨和智言

鬼谷子深知，无论是伐谋，还是伐交，均要通过人的思维、设计，均要通过人的口语言说，成在思维，败也在思维；成在口说，败也在口说。所以，继“捭阖门户，伐谋伐交”之后，又用第四、五两段，把“捭阖”这一对范畴，用之于人的口与心（即大脑），提出了一系列精辟的见解，旨在教导人们善于计谋，善于言说。其要妙有四：

（1）谨言——“关之以捭阖，制之以出入”

这是叫人们要谦虚谨慎，运用捭阖，把好口关，把好心关，控制其出入。为什么要把好这两关？因为，“口者，心之门户也；心者，神之主也。志意、喜欲、思虑、智谋，此皆由门户出入。”

大脑，是人的指挥中枢，如何捭阖它，使之越来越敏锐、聪明、大度？笔者认为，关键是要捭开自满，捭开闭塞，捭开懒惰，捭开迷信，捭开片面，捭开狭隘，捭开固执，多多开放，多多发散性思维，多多高瞻远瞩，多多阖进外部信息，多多阖进外部启发，多多阖进不同意见，多多阖进科学知识。一切正确的计谋，均不可能凭空产生，均不会从天而降，无不是将足够信息资源进行精加工的结果。如何制之以出入？要严格控制大脑受到错误信号的刺激，要严格控制大脑做出错误的决断和表现出错误的情绪。

口，是人说话的工具，是表达思想、意志、智谋和喜怒哀乐的关隘。俗话说“病从口入，祸从口出”，“口是祸之门，舌是斩身刀”。正因为语言是一把双刃剑，故世人多强调慎言。把好关口，控制出入，是非常重要的。朱伯庐《治家格言》说：“处世戒多言，言多必失。”老子曰：“多言数穷，不如守中（保持虚静）。”庄子曰：“狗不以善吠为良，人不以善言为贤。”

（2）和言——“阴阳其和，终始其义”

①和言于人。这里的阴，是指闭、默；阳，是指开、言。“阴阳其和”，浅译，是叫人们把言与默有机结合起来（言，是对人说；默，是听人说话，或观察人的反应）。深译，是叫人把言说与对方的心灵结合起来。只有相互沟通，思维互动，才能收到好的效果。有些人说起话来，像连珠炮那样，不计效果，不听反应，不尊重人家的态度，是不明智的。

②和言于义。“终始其义”，是叫人在说话时，要始终把握住意义和主题，言之有据，言之有理，不能胡说。有些人信口乱说，言之无物，言之无义，强词夺理，均违背了这个原则，当然不会带来好的效果。

③和于情理。“言善以始其事，言恶以终其谋。”这句话包含两个情理：其一，言谈要与人为善，帮人晓以利害。人皆有局限性，俗话说：“当局者迷，旁观者清。”若旁观者能及时为当局者做出利害分析，一般都是很受欢迎的。其二，言谈要照顾到对方的可接受性。对于人家爱听的善事，宜先说，并尽可能在公开场所说；对于人家不爱听的批评和丑恶信息，宜放在交谈的最后，且要尽可能隐秘地说。

然而，对于陌生人，不知其情理，如何进言？只能用言语试之，如何试？《捭阖》篇第五章，就是专门回答这个问题的。

“捭阖之道，以阴阳试之”。或沉默，或开言。或用阴类的说辞，如说以卑微、批评、贬抑等，观察其反应如何；或用阳类

的说辞，如说以崇高、表扬、鼓励等，观察其反应如何。两种说法、说辞试过之后，就有可能对该人做出一定的判断。

“与阳言者，依崇高；与阴言者，依卑小”。这是根据一般规律而言（不排除有例外）：凡是与位高权重或积极进取的人（曰阳）交谈，应以追求崇高境界作为谈话的基调；凡是与位低权微或消极保守的人（曰阴）交谈，应以避祸求生保平安作为谈话的基调。

（3）智言——“皆以阴阳御其事”

无论是为解决什么问题，无论是对什么人言说，都要讲求智取、智言。如何智取、智言？皆要运用阴阳之道去驾驭。所谓阴阳之道，是要对所要解决的问题和所要面对的人事先有一个定性的了解，即区分他属于哪一类，是属于阳性（如积极、进攻、雄刚、光明、白昼、男性、位高等），还是属于阴性（如消极、防守、雌柔、黑暗、夜晚、女性、位卑等），把准大概方向，以便运用阴阳相生、相克之理，见机而说。一般规律如下：

①“阳动而行，阴止而藏；阳动而出，阴随而入。”这是说：你的言行，一定要看准时间、地点、场合，见机而作。注意，阴阳是会转化的，“阳还终阴，阴极反阳”，有时你要耐心等待时机。

②“以阳求阴，苞以德也；以阴结阳，施以力也。”这是说：你的言行要看准对象而施，凡是以阳求阴者（如以上求下，以强求弱），一定要施之以德惠去笼络；凡是以阴求阳者（如以下求上，以弱求强），一定要用力做功去巴结。

“捭阖门户，伐谋伐交”“捭阖口心，谨和智言”，这两个问题，往往是交织在一起的。你要伐谋伐交，就不能不捭阖门户，也不能不捭阖口与心。古人如此，今人亦然。

“捭阖术”又叫“阴阳捭阖术”，早在春秋战国时期就得到了较为广泛的应用。当时，由于各国实力的不均衡，许多弱小的诸侯国便通过相互游说联合起来，以共同抵抗强大的诸侯国，从而保全自己。其中，最为著名的、被后世所津津乐道的，就是苏秦的“合纵”与张仪的“连横”。在战争中，“捭阖术”的应用也比较普遍，利用张弛、动静、刚柔、方圆等计策相互转化，从而找到克敌制胜的方法。在当今社会，“捭阖术”也同样得到了人们的喜爱，并被自觉或不自觉地运用到做人、办事或经商领域，而且效果极为显著。

三、做人之道

当今社会复杂多变，身处其中的每一个人都无法完全做到坦然和随心所欲，所以，适当地了解和运用一些“捭阖术”是很有必要的。当身边的环境对自己发展有利的时候，就应该采取“捭”的战略，开启自己，积极主动地进攻，以便获得更大的胜利。然而，当环境对自己不利的时候，就要果断地采取“阖”的战略，闭藏自己，积蓄力量，等待时机。但是，“阖”并不是说消极地等待时机的来临，而是应该主动去创造条件，用适当的战略使形势朝着对自己有利的方向转换。一捭一阖，一阴一阳，到达极点便归于合，而合到极点也会归于开，二者将循环始终。

1．卧薪尝胆，忍辱负重

在为人处世的过程中，少不了要运用“捭阖”之术，因为任何人都不可能一味地进攻，也不可能一味地防守，只有做到捭阖有度、攻守兼备，才可能在不利的情况下少受伤害，甚或说是不受伤害。

在实际生活中，运用“捭阖术”时，关键要掌握恰当的时机，切不可乱用或错用，否则也只能是自取其辱或自惹其祸。

在古代历史上，有一则比较著名的忍辱负重的故事，那就是“卧薪尝胆”。在这则故事里，越王勾践可谓是运用“捭阖”之术的典范。春秋后期，位于长江下游地区的吴国和越国，经常互不相让，战争不断，百姓苦不堪言。

公元前506年，吴国国君阖闾率兵攻打楚国时，由大儿子夫毅、二儿子夫差分属左右两路军。不料夫差私率部分军队返国，阴谋篡位，并派人向越国借兵求助，作为外应。阖闾打败楚国，回师平定内乱以后，对儿子夫差不问杀头之罪，反而非常痛恨越国，常想伺机报复。

公元前496年，越王允常死去，他的儿子勾践即位。吴国阖闾得到讯息便想乘乱攻打越国。伍子胥劝他不要做这种有损名声的事。阖闾不听，与儿子夫毅带三万名士兵浩浩荡荡地向越国进发。

越王勾践亲率士兵奋勇抗敌，吴国惨败。吴王阖闾因受重伤死于路上，不久夫毅也死了，夫差成为吴王。夫差即位后并未念及越国昔日借兵相助之恩，一心想报父仇，天天训练水兵、车兵和步兵。还要人每天问他一遍：“夫差，你忘记越国的杀父之仇了吗？”他应声答道：“没有，不敢忘。”这样坚持准备了近3年的时间。公元前494年，吴王夫差亲自统率大军攻打越国。

越国大夫范蠡对越王说，吴国准备了三年，如今发兵士气正旺，我们应当避其锋芒。文种也赞同范大夫的看法，并建议同吴国讲和。越王不听，认为讲和有失颜面，便出兵迎战。结果正如范蠡所料，大战一场之后，越国三万名士兵仅剩几千人，还被吴兵层层围困。勾践悔之莫及。这时文种说："主公，我们应该赶快与吴王讲和，否则连国家都保不住了。"勾践流着泪说："事已至此，恐怕他们不会同意了。"文种说："此事交给我来办吧。"

当晚，文种带着八名美女、大量黄金珠宝来到吴国大臣伯嚭营中，并说明来意。伯嚭看见礼单心里乐开了花，假意推辞一番，便应承下来。第二天，伯嚭见吴王，向他说了越王求和的意思。吴王说："越国指日可灭，我怎么能坐失良机呢？"伯嚭见吴王不答应，便进一步说："越王讲和，名声虽好，实际就是投降，他们的一切都由我们做主，越王也愿意做您的奴仆。答应求和，别国也会称赞我们仁义，这样名利双得的事我们何乐而不为？况且也有利于我们成就霸业。假如我们不同意求和，越国必拼死作战，其后果很难预料。"

吴王觉得很有道理，便答应下来。伍子胥一听越王派人求和，知道事情不妙，急忙求见吴王。听说吴王已答应讲和，大怒道："吴越向来势不两立，几年前您天天想着报仇，日日提醒自己不要忘了报仇，如今答应讲和，是何道理？吴国如果不灭越国，将来必定被越国所灭。"

伯嚭收了人家的礼物，生怕事情办砸了，赶紧说："相国此话言重了，当初你报了楚国的杀父之仇，最终不也答应同他讲和了吗？如今大王报了仇，你怎么就说三道四了呢？你这不是陷大王于不仁不义吗？"伍子胥正要反唇相讥，吴王道："大家不要再争了，相国你先回去吧，等越国送来贡品，我分给你一部分。"伍子胥心底一片苍凉，不禁叹道："吴国亡矣。"

正如伯嚭所说，越国名义上是求和，实际就是投降。勾践安排好文种料理一切国事后，便和范蠡一起去吴国服役。吴王将他们安排在简陋的石屋里居住，还让勾践到阖闾的墓地看坟喂马。夫差有时故意羞辱勾践，出门让他牵马，回来让他更衣、脱靴，甚至上厕所也让他伺候。勾践百依百顺，毫无怨言，始终表现出一副驯服的面孔，很讨夫差欢心。

一次，夫差病了，勾践让范蠡预测了一下，知道此病不久就会好。于是勾践就亲自去见夫差，探问病情，并亲口尝了尝夫差的粪便，向夫差说他的病很快就会好。夫差疑惑地问道："你如何知道？"勾践说道："我曾经跟名医学过医道，只要尝一尝病人的粪便，就能知道病的轻重。刚才我尝了大王的粪便，味酸而稍微有点苦，用医生的话说，是得了'时气症'，所以不是什么大病，很快就会好的，大王不必担心。"

果然没几天，夫差的病就好了。夫差认为勾践如同自己的儿子一样，甚至比儿子还孝顺，深受感动。又由于那几年文种始终不间断地贿赂伯嚭，伯嚭就不间断地向吴王说勾践的好话。经过三年的观察，吴王感觉勾践表现不错，决定放他回国。伍子胥不同意这么做，再三劝阻，可吴王对伍子胥很反感，没有理睬他。

勾践归国后，深为会稽之耻而痛苦，一心伺机报仇。他寝食难安，不近美色，不看歌舞，苦心劳力，对内爱抚群臣，对下教育百姓，经过三年的艰苦努力，越国的百姓都归顺了他。为了笼络群臣，每当有甘美的食物，他就分给众人，从不独自吃掉，有酒便把它分给人民共饮。勾践还自己耕种，穿妻子织的粗布衣裳。

为了坚持锻炼斗志，不过舒服生活，他连褥子都不用，床上铺着柴草，还备了一个苦胆，随时尝一尝苦味，以不忘所受之耻辱和辛苦。他还经常外出巡视，随从车辆装着食物去探望孤寡老弱病残，并送给他们食物吃。

经过多年的努力后，勾践召集诸大夫，向他们宣告说："我准备和吴国开战，决一生死，希望大家同心同力。我跟吴王夫差颈臂相交肉搏而亡，是我最大的愿望。如果这些办不到，从国内考虑，我们的国力不足以损伤吴国，与国外的诸侯结盟也不能毁灭它，那么，我将抛弃国家，离开群臣，手举刺刀，更换姓名，改变容貌，去当仆役，侍奉吴王，以便找机会刺杀他。我虽然知道这样做危险太大，要被天下人所羞辱，但我的决心已定，如果那种方法还不可行，我也一定要另辟蹊径实现自己的诺言！"

后来，越国与吴国在五湖决战，吴国军队大败，越军包围了吴王的王宫，攻下城门，活捉了夫差。在灭掉吴国两年后，越国称霸诸侯。越国之所以能够称霸诸侯，其实从一定意义上讲，要归结于越王勾践采用的"阖"的策略。在兵败吴国后，勾践便隐去锋芒，忍气吞声，暗中积蓄力量，用种种措施来慢慢转化不利形势。当形势一旦有利于自己时，勾践又立即采取"捭"的策略，主动征战，一举吞并了吴国。

由此可见，在社会中每个人都必须具备高度的忍耐力，因为不可能所有的事都按照自己的意愿进行。如果在做事不顺时沉不住气，便有可能不能取得最后的胜利。

2. 装疯卖傻，保命归国

在社会中，难免会碰到不利于自己的情形，此时如果硬取的话往往容易碰得头破血流。相反，如果能采取"阖"的策略，在表面上给人一种"疯傻、痴呆"的印象，而只要内心保持足够的清醒就可以做到圆融处世。因为，"疯傻、痴呆"的人，别人是不会与他计较的，而且也容易放松对他的警觉。这无疑就给自己赢得了一个喘息或脱身的时机。

只是，装疯卖傻有时却并非都能达到自己预期的目的，毕竟“装”也是一门不大不小的学问，需要每个人好好地去琢磨和把握。但是有一点是可以肯定的，只要能把握住精髓，表演得逼真，又不露什么破绽，就必然能高枕无忧。

慕容翰是东晋初鲜卑族首领慕容廆的庶生儿子。他作战勇猛，又善于安抚民众，在当时有很高的声望，被任命为建威将军，和弟弟征虏将军慕容仁、慕容昭并为名将。慕容皝因是嫡生子，被立为世子。东晋成帝咸和八年（333年），慕容廆病逝，慕容皝继位，后自称燕王，建立燕国。他继位之初，用法严峻，功臣将领心里都很不安。

慕容翰知道自己兄弟三人威名太盛，难容于嗣君，便对家人说：“我受先父委任，不敢不尽自己的全力。幸而仰仗先父的神威，每战都能立功，这是上天眷佑我国家，并非人力所能做到的，而别人却认为是我的功劳太大，又认为我心雄才高难以制服，我不能在家坐等大祸临头。”于是，慕容翰便和儿子出逃到段辽处。段辽一向仰慕他的将才，对他很是重用。

第二年，段辽派弟弟段兰和慕容翰一起攻打燕国，慕容皝派慕容汗和司马封奕率兵抵挡，结果大败而逃。段兰要乘胜追击，一举全歼燕军，慕容翰怕因此一战便灭了燕国，便劝阻段兰，说前面一定有埋伏，慕容汗等败逃乃是诈败，是用来诱引我方进入埋伏圈的。

段兰也是名将，自然看得出诈败与真败的区别，也隐约猜到了慕容翰的心意，便不听劝阻，执意要进军。慕容翰索性率自己的人马调头而回，段兰孤掌难鸣，也只好快快返回。段辽知道后，自然猜疑慕容翰是“身在曹营心在汉”，假如是徐庶一类人还不要紧，如果是慕容翰这样的大将，身处自己心腹肘腋之间，危险可就大了，便加以防范，更不予以重用。

慕容翰知道自己犯了脚踏两只船的大忌，便整日酣饮，酒后便露出种种狂笑，后来干脆变得疯了，有时竟躺卧在自己的便溺上，在路上遇到行人，便跪下叩头伸手去要食物。段辽先是怕他用诈，派人密查，一段时间后觉得不是装出来的，便不拿他当回事了。慕容翰便每天在外乞食，行遍了段辽的国土，把山川形势都牢牢记在心里，各处守关的士兵根本不去注意这个疯子。

燕王慕容皝很感激慕容翰在关键时刻放了自己一马，又认为他只是怕自己不容他而出奔，并非叛乱，便有心招引他回国，便派商人王车到段辽国做买卖来试探一下慕容翰的心迹。慕容翰见到王车，苦于无法说话，便用手摸着胸口，点头示意。慕容皝知道后，高兴地说："慕容翰想要回来了。"慕容翰用的是三石多的硬弓，所用的箭又长又大，慕容皝便为他制造了顺手的弓箭，埋在地里，上面画上记号，派人偷偷告诉慕容翰。慕容翰知道后，乘人不备偷了几匹名马，带着两个儿子，取出埋于地下的弓箭，逃回燕国。

段辽派骁勇的骑兵多人追赶，慕容翰说："我在你们国家客居很久了，如今想回归故国，现在既然上了马，就没有回头的道理，我以前的疯都是装出来骗你们的，我的武艺还和以前一样，你们不要逼我，自取死道。"

追兵们都很轻视他，根本不听，直前而上。慕容翰弯弓搭箭说："我在你们国家一度存身，不愿意杀死你们，你们去我百步开外立一把刀，我用箭射刀环，如果一箭射中你们就回去，如果不中你们就上来抓我。"追兵们不相信他有这本事，便在百步外立一把刀，慕容翰一箭正中刀环，追兵们吓得四散奔逃，唯恐被他的神箭射中。慕容翰回到燕国后，慕容皝如获至宝。

一般地说，采用“阖”的计策来达到最终保身的目的，是很不容易的事情。因为，装疯卖傻大都是在受到怀疑，即将有大祸临身时所用的最后一招，既属不得已，也是没办法时的办法。方法倒是简单，但要装得比真的还像也是很困难的事，既要演技上乘，又要有一股狠劲。而慕容翰无疑是深得“阖”术之要义的，他不但能“疯”，而且还“疯”到躺卧在自己的便溺中，这就让人不得不相信了。所以，慕容翰能够最终保全性命，回归到自己的国家，也是很自然的了。

3. 韬光养晦，静观其变

韬光养晦，是一种隐藏才智，不露真心，暂收锋芒，静观其变，然后再待时而动的谋略，实际上也就是一种纵横捭阖的策略。在生活中，学会运用这种策略，对于为人处世是大有好处的。古人就善于运用这种谋略。

春秋时期的楚庄王“三年不鸣，一鸣惊人”，就可以说是一个善用韬光养晦、阴阳捭阖之术的高手。

在楚庄王即位之前，楚国的内政可谓经历了长期的混乱。楚庄王的爷爷楚成王意图争霸中原，被晋国在城濮之战中打败，不久又祸起萧墙。起初，原定商臣为太子，但后来楚成王发现商臣眼如黄蜂，声如豺狼，认为这样的人生性残忍，想改立王子职为太子。商臣是个十分有心计的人，他听说了这个风声，就积极行动起来。为了把事情弄清楚，商臣故意设宴招待姑母，在宴上轻侮姑母，姑母果然愤怒地说：“怪不得你父亲要杀了你另立太子！”因为楚成王遇事总与妹妹商量，所以，商臣认为姑母的话证实了传言。商臣连忙向老师潘崇问计，潘崇问："你愿意侍奉王子职吗？"商臣说："不愿。"又问："你能逃出楚国吗？"回答说："不能！"潘崇最后问道："你能成大事吗？"商臣坚定地说："能！"

楚成王四十六年（前626年），商臣率领宫廷卫队冲进成王的宫殿，要杀掉他的父亲。成王喜吃熊掌，这时红烧的熊掌尚未烧熟，成王请求等吃了熊掌再杀他，商臣说："熊掌难熟。"商臣怕夜长梦多，外援到来，就催促成王上吊自杀了。商臣随之即位，是为楚穆王。

穆王在位十二年，死后由其子侣即位，是为楚庄王。楚庄王即位时很年轻，即位之始，他并未像其他新君上任那样雷厉风行地干一些事情，而是不问国政，只顾纵情享乐。他有时带着卫士、姬妾去云梦等大泽游猎，有时在宫中饮酒观舞，浑浑噩噩，无日无夜地沉浸在声色犬马之中。每逢大臣们进宫汇报国事，他总是不耐烦地回绝，任凭大夫们自己办理。他根本不像个国君，朝野上下也都拿他当昏君看待。

看到这种情况，朝中一些正直的大臣都感到十分着急，许多人都进宫去劝谏，可楚庄王不仅不听劝告，反觉得妨碍了他的兴趣，对这些不着边际的劝告十分反感。后来干脆发了一道命令：谁再来进谏，杀无赦。

三年过去了，朝中的政事乱成一团，但楚庄王仍无悔改之意。在这期间，他的两位老师斗克和公子燮攫取了很大的权力。斗克因为在秦楚结盟中有功，楚庄王没给他足够的报偿，就心怀怨愤，公子燮要当令尹未能实现，也心怀怨愤，二人因此串通作乱。他俩派子孔、潘崇二人去征讨舒人，又把二人的家财分掉，并派人去刺杀二人。刺杀未成功，潘崇和子孔就回师讨伐，斗克

和公子燮挟持庄王逃跑。跑到庐地时，当地守将戢黎杀掉了斗克和公子燮，庄王才得以回郢都亲政。就是经历了这样的混乱，楚庄王仍不见有什么起色。

大夫伍举忧心如焚，再也忍不下去了，冒死去觐见庄王。来到宫殿一看，只见宫内一片纸醉金迷，钟鼓齐鸣，庄王左手抱着郑国的姬妾，右手搂着越国的美女，案前陈列美酒珍馐，面前是轻歌曼舞。庄王看到伍举进来，当头问道："你难道不知道我的命令吗？是不是来找死呢？"

伍举抑制住慌张，连忙赔笑说："我哪敢来进谏，只是有一个谜语，猜了许久也猜不出，知道大王天生聪慧，想请大王猜一猜，也好给大王助兴。"楚庄王这才放下脸，说道："那你就说说看。"伍举说："高山上有只奇怪的鸟，身披鲜艳的五彩，美丽而又荣耀，只是一停三年，三年不飞也不叫，人人猜不透，实在不知是只什么鸟？"当时的人喜欢说各种各样的谜语，称作"隐语"。这些"隐语"往往有一定的寓意，不像今天的谜语这样单纯，因此，人们多用这些"隐语"来讽谏或劝谏。楚庄王听完了这段话，思考了一会儿说："三年不飞，一飞冲天；三年不鸣，一鸣惊人。此非凡鸟，凡人莫知。"

伍举听后，知道庄王心中有数，非常高兴，就又趁机进言道："还是大王的见识高，一猜就中，只是此鸟不飞不鸣，恐怕猎人会射暗箭呀！"楚庄王听后身子一震，随即就叫他下去了。

伍举回去后就跟大夫苏从商量，认为庄王不久即可觉悟。没想到几个月过去后，楚庄王仍一如既往，不仅没有改过，还越发不成体统了。苏从见状不能忍耐，就闯进宫去对庄王说："大王身为楚国国君，即位三年，不问朝政，如此下去，恐怕会像桀、纣一样招致亡国灭身之祸啊！"庄王一听，立刻竖起浓眉，露出一副暴君的形象，抽出长剑指着苏从的心窝说："你难道没听到我的命令，竟敢辱骂我，是不是想死？"苏从沉着从容地说："我死了还能落个忠臣的美名，大王却落个暴君之名。如果我死能使大王振作起来，能使楚国强盛，我甘愿就死。"说完，苏从面不改色，请求庄王处死他。

楚庄王等待多年，竟无一个冒死诤谏之臣，他的心都快凉了。这时，他凝视了苏从几分钟，突然扔下长剑，抱住苏从激动地说："好哇，苏大夫，你正是我多年寻找的社稷栋梁之臣。"庄王说完，立刻斥退那些惊恐莫名的舞姬妃子，拉着苏从的手谈起来。两人越谈越投机，竟至废寝忘食。苏从惊异地发现，庄王虽三年不理朝政，但对国内外事情事无巨细都非常关心，对朝中大事及诸侯国的情势都了如指掌，对于各种情况也都想好了对策。这一发现使苏从不禁激动万分。

原来，这是庄王的韬光养晦之策。他即位时十分年轻，不明世事，朝中诸事尚不明白，也不知如何处置，况且人心复杂，尤其是若敖氏专权，他更不敢轻举妄动。无奈之中，想出了这么一个自污以掩人耳目的方法，静观其变。在这三年中，他默默地考察了群臣的忠奸贤愚，也测试了人心。他颁布劝谏者死的命令，也是为了鉴别哪些是甘冒杀身之险而正直敢言的耿介之士，哪些是只会阿谀奉承只图升官发财的小人。如今，三年过去，他年龄已长，经历已丰，才干已成，人心已明，也就露出庐山真面目了。第二天，他就召集百官开会，任命了苏从、伍举等一大批德才兼备的大臣，公布了一系列的法令，还采取了削弱若敖氏势力的措施，并杀掉了一批罪大恶极的犯人以安定人心。从此，这只"三年不鸣"的"大鸟"开始励精图治，争霸中原。

应当说，楚庄王确实是一个深谙"阴阳捭阖"之术的人。这只“大鸟”真的“一鸣惊人”了。在登基之初，形势危急之时，他先采用“阖”的策略，隐忍不发，甚至采取了自污以掩人耳目的做法，通过数年的暗中观察摸索，弄清了朝中大臣的真实心理和才干，也锻炼了自己，然后毫不犹豫地采用“捭”的策略，稳定了局势，也为以后成就霸业奠定了良好的基础。

4．办事之谋

在办事时，采用“捭阖阴阳术”切不可只用“阴”不用“阳”，或只用“阳”不用“阴”。正确的方法应该是把事物正反两方面都分析透，做到阴阳互用、灵活运用，如此这般才能抓住事物的关键，将事情办得完美无缺。

交际和沟通，对于成事来说是至关重要的一环。在办事过程中，如果遇到了问题或困难，千万别忘了采用“捭阖术”与别人多周旋。张仪在秦国，因为处理秦国与魏国的关系有功，一度担任了国相的职务。后来由于一次诸侯之间的会谈失败，被秦惠王免了职，回到魏国任国相。尽管如此，张仪的政治理想还是要以秦国为中心实现连横，他暗地里得到了秦王的鼓励和支持。

他后来复出后，便马上上奏魏王说：“魏国的土地方圆不到一千里，军队不过三十万。四周地势平缓，没有什么高山大川的阻隔。魏国的士卒，仅仅是在与楚、韩、齐、赵各国交界的边境哨卡上戍边，就已经用去十多万人，能够灵活调用的军事力量已经不多了。

“当初魏国接受苏秦的建议，与关东诸侯们在洹水上结盟，大家抱成一团相互支持，共同对抗暴秦，但是，这不是永远都靠得住的盟约。有些亲兄弟，还在为争夺钱财而相互残杀，何况是既不同姓又不同种的诸侯国呢？

“况且苏秦自己就是一个反复无常的人，现在苏秦已死，大家还想依靠他的影响，保持互不侵犯，显然是不可能的。大王不如抓紧时机与秦国交好，秦国要是挥兵进攻黄河南岸一线，占据我们的大片土地，抢占魏国的要塞阳晋，那时赵国的军队就不能南下，魏国也就无法北上；赵、魏被切成两面，合纵互援的关系就会化成泡影，那时，大王再想维持魏国的安全就不可能了。

“所以，我迫切地希望大王重新审定国家大计，否则，还是先让我辞职离开的好，我不想看到魏国灭亡的灾难。”

一番巧舌如簧的谗辞，可谓言明利害，晓以损益，处处为魏王着想。于是，魏惠王听从了张仪的意见，宣布脱离合纵联盟，并派张仪出使秦国。张仪带着魏王的意愿回到秦国，秦惠王很高兴，恢复了张仪的相位。

张仪的下一个游说目标是楚国。他用了近两年的时间来摆布昏庸、偏听的楚怀王，然后威胁他说：“合纵抗秦，等于驱使一群无力的绵羊去攻击猛虎，其后果是十分危险的。现在大王你不追随秦国，秦国一旦挟持韩国和魏国共同攻打楚国，楚国就危险了。大王如果能听从我的建议，与秦国结盟，国境就会安宁得多啊！”

楚怀王吃了张仪很多苦头，已经被他吓怕了，乖乖依言与秦国结盟。张仪见楚国已被说服，就到韩国向新继位的韩襄王说：“韩国地方多山，土地贫瘠，粮食产量很低，余粮积累不起来。军队也不超过二十万，只有包裹着严密的盔甲才能作战；而秦国一百多万神勇武士来攻打韩国这样弱小的国家，简直就像巨石压在鸟蛋上一样。大王如果不依附秦国，秦国出兵会把你的国家一分为二，宫殿和国土都不是韩国的了。因此，为大王考虑，不如依附秦国，攻打楚国，这是当前最好的办法。”

韩襄王果然被张仪的巧舌所迷惑。张仪回到秦国，惠王赏给他6块采邑，封为武安君。张仪稍事休息，又风尘仆仆地赶到数千里以外的齐国。当时的齐宣王是一个很有战斗经验的君王，齐国的国力也相对强盛。

张仪采取迂回的语气对齐宣王说：“据我了解，贵国倾向合纵的大臣们认为，齐国的西部有韩、赵、魏等国遮蔽着，与秦国隔得很远，而且齐国本身地大人多、兵强将勇，秦国力量再大，也奈何不了齐国。大王是否也这样认为呢？”齐宣王点点头。

张仪狡黠地一笑说：“大王是个聪明人，难道相信这种懒汉的思维吗？”齐宣王听了颇觉新鲜，他要张仪解释所谓“懒汉的思维”是什么意思。张仪似乎有些愤慨地说：“这都是大臣们对齐国命运缺乏高度责任心的说法。大王听了，无非是觉得这个意见正好符合自己止戈息兵的心理，而不去分析天下情势的变化，为齐国真正的安定作长远的打算。所以说这是懒汉的思维，是会误国害民的。”

齐宣王被张仪这么一说，反而来了兴致。张仪一看自己的关子卖成功了，才慢悠悠地说：“大王要知道，现在秦国与楚国已经通婚，一个嫁女儿，一个娶媳妇，相处得如亲兄弟一般。韩国已向秦国献出重镇宜阳，魏国交出了黄河以南一线的要地，赵国割出了黄河北岸的河间。这样一来，秦国的势力，实际上已伸展到离齐国不远的地方了。”

张仪看了看齐宣王的脸色说：“大王如果不看清形势，与秦国继续对立，秦国可以指使韩国和魏国进攻齐国的南部，同时协同赵国的军队渡过清河，直指博关，那么大王的都城临淄和要塞即墨就要易主了。”

齐宣王细细一想，觉得张仪的话句句说到点子上，不禁暗暗佩服张仪的见解，便同意与秦国联盟。接着，张仪去了赵国，一脸严肃地对赵武灵王游说：“大王当年组织关东诸侯一起抗击秦国，使秦国在十五年中不敢跨出函谷关半步。大王的威望震慑整个山东，秦国感到害怕，只有埋头在国内休整，积聚政治和军事力量。我们之所以能这样兢兢业业地自强不息，实在是大王严厉地督责逼出来的。以大王的力量，完全可以成为天下的霸主。”

张仪淡淡地看了看赵武灵王，接着说：“现在楚国已与秦国结为兄弟之邦，韩国与梁国已向秦称臣。作为秦国东方的羽翼，齐国也早已给秦国献出了一片盛产鱼、盐的沿海之地，这有如砍掉了赵国的右臂。一个没有右臂的人与别人作战，加上孤独一身没有外援，要想不遭到失败，可能吗？秦、齐、韩、梁四方已经互相约定，攻赵时一齐行动，打下赵国，由四家瓜分赵的土地，这是一个高度的军事机密。我今天来的真正意图，就是想让赵国能避免这场灾难。办法只有一个，就是赶快派出使者与秦王真心实意地联盟，表里如一地结为兄弟之国。如此一来，赵国就能度过这场危机了。”

赵王虽然心有不甘，但又不得不采取张仪的计策。张仪接着北上燕都，对燕王说：“不久前，赵王的使者已经到了秦国，向秦王献上了河间的土地，表示愿意追随秦国。如果大王不赶紧表明态度，秦国将出兵云中和九原，并调动赵国的部队一齐攻打燕国，那时易水和长城都将不再是大王的国土了。反过来说，大王如能追随秦国，就永远不用担心外敌侵犯……”

燕王随即答应以常山以南的五个县作为礼物，向秦求和。就

这样，最后几个残余的诸侯国都集中在秦国的旗帜之下。

张仪为什么能凭一张嘴说服六国，并将六国的“合纵抗秦”的阵线搞得支离破碎呢？其原因就在于，张仪善于运用“捭阖术”，懂得利用六国之间的矛盾和警戒，各个击破，从而成就自己不朽的功业。

5. 主动进攻，先发制人

在办事过程中，当自己面临不利的情况时，绝不能坐以待毙，而应该采取“捭阖”的策略，主动进攻，先发制人，只有这样才能增加办事成功的机会。

唐高祖李渊即位以后，封李建成为太子，李世民为秦王，李元吉为齐王。李世民是李渊的第二个儿子，从小勤奋学习，研修兵法，抱负远大，李渊起兵反隋就是在他的劝告和敦促下进行的。后来李世民率兵东征西讨，屡战屡胜，帮助父亲夺取了天下，可以说唐朝的建立，他的功勋最大。李建成的战功不如李世民，只是因为他是高祖的大儿子，才取得太子的地位。李世民不但有勇有谋，而且手下还有一批人才。在秦王府中，文的有房玄龄、杜如晦等，号称十八学士；武的有尉迟敬德、秦叔宝、程咬金等著名勇将。太子李建成自己知道威信比不上李世民，心里妒忌，就和弟弟齐王李元吉联合，一起排挤李世民。

李建成、李元吉知道唐高祖宠爱一些妃子，就经常在这些宠妃面前拍马屁送礼，讨她们的欢喜。李世民就没有这样做。李世民平定东都之后，有的妃子私下向李世民索取隋宫里的珍宝，还为她们的亲戚谋官做，都被李世民拒绝了。于是，宠妃们怀恨在心，常常在高祖面前说太子的好话，讲秦王的短处。唐高祖听信宠妃的话，跟李世民渐渐疏远起来。

有一次，李建成请李世民到东宫去喝酒。李世民喝了几盅，忽然感到肚子痛。别人把他扶回家里，他一阵疼痛，竟呕出血来。李世民心里明白，一定是李建成在酒里下了毒，于是赶快请医服药，总算慢慢好了。李世民虽然深知李建成一心想置他于死地，但因抓不到其把柄，只好静观其变，等待时机。

李建成、李元吉想害李世民，但是又怕李世民手下勇将多，真的动起手来，占不到便宜，就想先把这些勇将收买过来。李建成私下派人送了一封信给秦王手下的勇将尉迟敬德，表示要跟尉迟敬德交个朋友，还给尉迟敬德送去一车金银。尉迟敬德跟李建成的使者说："我是秦王的部下，如果私下跟太子来往，对秦王三心二意，我就成了个贪利忘义的小人。这样的人对太子又有什么用呢？"说完，他把一车金银原封不动地退回了。

李建成、李元吉一计不成，又生一计。那时候，突厥进犯中原，李建成向唐高祖建议，让李元吉代替李世民带兵北征。唐高祖任命李元吉做主帅后，李元吉又请求把尉迟敬德、秦叔宝、程咬金三员大将和秦王府的精兵都划归自己指挥。他们打算把这些将士调开以后，就可以放手杀害李世民。

有人把这个秘密计划通报给了李世民。李世民感到形势紧急，连忙找长孙无忌和尉迟敬德商量。李世民虽然多次遭受迫害，但他以大局为重，又念及骨肉亲情，便多次忍让。但李渊屡次断事不明，对李建成也不加处置，这次李渊又答应了李建成的要求，要削去李世民的兵权。眼看情势十分危急，这个时候，如果还是一再忍让，就只能对自身不利。长孙无忌和尉迟敬德两人都劝李世民先发制人。李世民说："兄弟互相残杀，总不是件体面的事。还是等他们动了手，我们再来对付他们。"尉迟敬德、长孙无忌都着急起来，说如果李世民再不动手，他们也不愿留在秦王府白白等死。李世民看他的部下十分坚决，就下了决心。当天夜里，李世民进宫向唐高祖告了一状，诉说太子跟李元吉怎么谋害他。唐高祖答应等明天一早，叫兄弟三人一起进宫，由他亲自查问。

李世民就在玄武门布下伏兵。玄武门守将常何原是李建成的心腹，已经由李世民晓以利害，将其收服，答应效力，但李建成并不知实情。李建成和李元吉浑然不知李世民已经布下了天罗地网，当他们走入玄武门时，常何迅速把城门紧闭。

李建成、李元吉心知不妙，赶紧掉转马头，准备离开此地。这时李世民从玄武门里骑着马赶了过来，高喊道："殿下，别走！"李元吉转过身来，拿起身边的弓箭，就想射杀李世民，但是心里一慌张，连弓弦都拉不开了。李世民眼疾手快，射出一支箭，把李建成先射死了；紧接着，尉迟敬德带了七十名骑兵一起冲了出来，一箭把李元吉也射下马来。

东宫和齐王府的将士听到玄武门出了事，全部出动，猛攻秦王府的兵士。尉迟敬德站立城墙，将李建成和李元吉的人头扔到城下。士兵们见主子已死，大势已去，无心攻城，便纷纷散去。李世民一面指挥手下控制大局，一面派尉迟敬德进宫。

唐高祖正在皇宫里等着三人来朝见，尉迟敬德手拿长矛气喘吁吁地冲进宫来，说："太子和齐王发动叛乱，秦王已经把他们杀了。秦王怕惊动陛下，特地派我来保驾。"高祖这才知道外面出了事，吓得不知道该怎么办才好。宰相萧瑀说："建成、元吉本来没有什么功劳，两人妒忌秦王，屡次施用奸计加以陷害。现在秦王既然已经把他们消灭，这是好事。陛下把国事交给秦王，就没事了。"到了这步田地，唐高祖要反对也没用了，只好听左右大臣的话，宣布李建成、李元吉的罪状，命令各府将士一律归秦王指挥。过了两个月，唐高祖让位给秦王，自己做太上皇。李世民即位，是为唐太宗。

这次事变，历史上称之为“玄武门之变”。其实，这次事变从当时整个政治形势、力量对比来看，确实是一次极其大胆和冒险的行动，李世民成功的把握并不大。关键就在于，李世民和他的谋士敢于采取主动进攻、先发制人的“捭阖之术”，他们选择了一个别人想象不到的地方，细心谋划，长久准备（收买禁军将领，必非一日之功），突然下手。当然，李世民也别无办法。就像下围棋一样，全面处于劣势的一方，只能紧紧咬住一个可能的机会，置生死存亡于不顾，全力搏击，以求一胜。当然，李世民成功了，他笑到了最后。

在生活中，有时候只采用一套“阴阳捭阖术”还未必能达到完美办事的目的，而若采用一套连一套的方式，则可以把事情办得恰到好处。历史上使用连环套式“阴阳捭阖术”的例子不胜枚举，下面就是一例。

战国时期，中山国王同时宠爱着两个妃子阴姬和江姬。两人都想做王后，故明里暗里用手段，经常争斗。纵横策士司马熹见有利可图，便暗中派人游说阴姬说：“做王后的事可要重视。争到手，一人之下，万人之上；争不到手，性命不保，还会祸延九族，早晚被对方收拾掉。要想胜利，最好找司马熹出主意。”阴姬闻言，便请司马熹献策，并许以重金谢礼。司马熹答应下来，便施展出连环“阴阳捭阖术”。

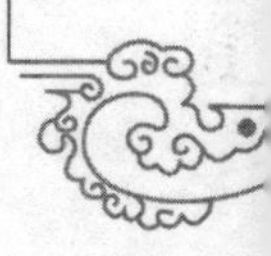

司马熹先找中山王，说要外出到邻国走走，刺探对方消息，再回来谋划强国之策。中山王自然高兴，给他备上礼物，让他先去赵国。司马熹见过赵王，闲谈中说：“原听说贵国出产美人，可我转了几天，没见过一位超过我国那位阴姬的。”赵王一听，来了兴趣，忙问阴姬长得怎样？司马熹绘声绘色地描述道："阴姬眉清目秀，明眸皓齿，眼似秋波戏潭水，腰如杨柳舞轻风。真乃倾国倾城之貌！"赵王一听，恨不得马上把阴姬弄到手里，忙问司马熹："可不可以把她弄到这里来？"司马熹故意顿了一下，悄声说："她是我们大王的宠妃，我怎敢添言？请千万别声张出去是我讲了这些，否则，我的脑袋就保不住了！"赵王冷笑一声，咬了咬牙，下定了非把阴姬弄到手不可的决心。

司马熹一见目的达到，忙离开赵国跑回中山国，向国王报告："赵王昏庸至极，又残暴无比，只知道杀杀、攻攻，道德极差，沉于酒色，迷于音乐，只知道玩女人。我已得到可靠消息，说赵王看中了阴姬，正想方设法把她搞去！""岂有此理！"中山王一听，勃然大怒，骂道："竟敢到我碗里抢食！"司马熹故作焦急地说："大王冷静，目前赵国比我们强大，我们能打得过他们吗？赵王硬来索取，不给吧，我国就亡国；给吧，大王您就会被天下人耻笑，连自己的妃子都保护不了。""该怎么办呢！"中山王何尝不明白形势，也是又气又急，便急不可耐地打断司马熹的话头，向他求教。司马熹故意顿了一下，凑近前说："我看有一个办法可以打消赵王的这个念头。大王立刻把阴姬册封为王后，让赵王死了心，还没有哪个人敢索要别人的王后做妻子的。若有此举动，必引起列国公愤，别国也会出兵帮助我们。""好！就这么办。"中山王如释重负地笑了笑，马上传令封阴姬为王后。赵王听后，果然也死了心。阴姬对司马熹千恩万谢，自然给了他不少好处。

在这一处心积虑的"阴阳捭阖"计谋中，司马熹连用了四个连环成套的"阴阳"手段。司马熹放风给阴姬，帮她谋上王后之位是"阳"，这在他和阴姬的范围内是公开的；但其真正的目

的是取得好处，自己谋利这是“阴”，是最隐秘的。这是第一套。紧接着司马熹使出了第二套，他告诉中山王，去邻国考察以谋兴国之策是“阳”，这在他与中山王、阴姬，甚至某些大臣的范围内是公开的；但其暗中目的却是为阴姬获王后位子寻求外在压力是“阴”。这第二套之后，见赵王，是第三套。他说阴姬美、漂亮是“阳”，这是公开的；其暗中目的却是逗引赵王意图霸占阴姬以造成对中山王的威胁是“阴”。第四套是见中山王，把赵王谋夺阴姬的消息报告给中山王是“阳”，这是公开的；其暗中目的却逼迫中山王立即册封阴姬为王后是“阴”。通过这四套“阴阳”手段，使用“捭阖”之法，大开大合，搅动大浪，凭空制造国外压力，终究达到自己的真正目的，即那最阴暗、最秘密的愿望——通过阴姬，捞取好处。

四、经商之技

在经商活动中，如果遇到比较强硬的对手，就要敢于采取“捭”的战略，主动进攻，以势压人；如果遇到比较弱小的对手，就要善于采取“阖”的战略，闭藏自己，以德服人。总而言之，对付比自己实力弱小的商人应采取和平手段；对付比自己实力强硬的商人则应采取高压手段。如果能做到这一点，在经商过程中必然能始终处于主动地位，该进则进，该退则退，从而纵横商海，立于不败之地。

1．不惜血本，薄利多销

在商场中，许多厂商打着“不惜血本”的旗号，一个劲儿地降低价格，以增强竞争能力。所谓“不惜血本”并非不赚钱，而是厂商在刻意地采用“捭阖术”，或进行薄利多销，或降低成本来维持利润。当然，采取这种方式与工厂的管理水平不能分割。

于1906年成立于天津的大来木行是我国木材行业中首屈一指

的厂家，其出售的木材以价低质优、使用方便而赢得市场。1940年其营业额达到二十亿美元，纯利润七亿多美元，该木行为何能价低而质优呢？就在于其管理得法，“捭阖”有道！

木材的种类很多，不但质地有别，而且长短粗细不一，仅花旗松一项就有五百多种尺码。大来木行以水泥的坐垫，对所进的木材，按尺码进行分类堆放，这样不仅使顾客感到方便，而且进销对路，减少消耗，降低成本。

当时，各地建筑楼房，使用地板很多，若用规格不同的树木来锯成地板料，势必耗工耗料，成本昂贵。别的厂商就是这么做的，其售价之高，使用户“望物兴叹”。而大来木行倚仗其雄厚的经济实力，从美国进口杉木的内层下脚料，将其加工成地板，使进价低廉的落脚货摇身一变成为上等地板板材。进销价之差额简直不成比例。

如果使用一般木材做地板，其售价是按板材计算的，实际使用时则要经过锯刨等加工顺序，又需花去工钱。大来木行将板材直接按地板尺寸制成，只需稍加磨光就可使用，但尺寸仍按板材使用，用户则可省去工钱，厂商则可节省材料，仅此一项又使大来木行降低了近50%的成本，批量大、成本低，从而大大提高了大来木行的竞争能力。别的厂商为了维持业务，以降低价格来与大来木行竞争，而大来木行价格则降得更低，这样别的厂商在竞争中纷纷倒闭，而大来木行虽然标榜“不惜血本”，实际上还是有利可图的。

同时，大来木行采取灵活的经济手段，以“优惠价”和高回扣打入使用木材量多的矿井和铁路等市场，使他们的生意越做越兴旺，不仅资本薄弱、经营不善的华商木行被挤出市场，就是洋商也无法与之匹敌。

经过一阵激烈的价格竞争后，其他木材商行的“血”几乎出光了，而大来木行的“血”则越来越旺。于是有人提出建议，成立木商联合会，统一价格。这一提议更合大来木行的心意，他们以最大的木材商行的地位，当之无愧地坐了联合会主席的位置。由此，这家木行就垄断了木材市场，控制了木材价格，别的厂商只能吃他们的剩汤残羹了。

2. 抢先一步，抓住商机

生意中存在着很多变数，如果在恰当的时候没有抓住机会，就可能让生意泡汤。所以，一旦时机降临，就要果断地采用“捭”术，以迅雷不及掩耳之势抓住它，这样才可能打一个漂亮仗。在同时与几个竞争对手竞争一宗买卖时，抢先一步绝对是最佳的选择。这里有一则多年前的案例。当时正在德国考察的天津市技术改造办公室的同志从一位来访的德国朋友那里得知，有家“能达普”摩托车厂倒闭了。我方立即向该厂表示：我们准备买下这个厂，但需回国后研究确定，一周之内，必有回音。与此同时，印度、伊朗等几个国家的商人也准备购买该厂。

回国后，天津市政府领导拍板决定购买全部“能达普”厂的设备和技术，并立即通知德方。随即组成专家团，准备赴德进行全面技术考察，商谈购买事宜。就在这时，联系人从德国发来急电：伊朗人抢先一步，已签署了购买“能达普”的合同，合同上规定付款期限为2000年10月24日，如果24日下午3时伊朗汇款不到，合同便告失效。

事情有点猝不及防。天津市领导分析了整个情况后认为，国际贸易竞争中也存在偶然因素，虽然伊朗商人在签订合同方面抢先，但能否付款尚属悬案。如果伊朗方面逾期付款，我方还有争取主动的机会。10月22日上午10时，天津市果断地使用“捭”术，立即派团出国，从伊朗人手中抢回了这条生产线。代表团用了十一个小时办完了要办十五天的出国手续，10月23日，飞到了慕尼黑，立即与德方联系。10月24日下午3时，当打听到伊朗方面款项尚未到达的消息时，中国代表团成员立即奔赴“能达普”摩托车厂。中国人的突然出现，使德方人员深感吃惊。慕尼黑市债权委员会主管倒闭企业事务的米勒先生面带笑容地接待了中国代表团。他说：“伊朗商人因来不及筹款已提出延期合同的要求。如果你们要购买，请现在就谈判签订合同。”原来，债权委员会已规定，“能达普”的财产必须于10月30日前出售完毕，以保证债权人的利益。如果逾期，将被迫拍卖，就是把全部固定资产拆散零卖，这不仅使厂方蒙受巨大的经济损失，而且会使这个有六十七年历史的、生产名牌产品的工厂化为乌有。我方意识到对方急于卖出的迫切心理，但又不能干闭着眼睛买外国设备的蠢事。经过几个回合的交涉，终于达成了中国专家先进行全面技术考察后再谈判的协议。

25日早晨，中国专家来到“能达普”厂，对全厂的设备、机械性能、工艺流程进行了全面考察。最终结论是：该厂设备先进，买下全部设备非常合算。25日下午2时整，合同谈判在中国专家驻地正式举行。经过紧张的讨价还价，在次日凌晨签订了合同。天津专家团以一千六百万马克的价格，买下了“能达普”厂的2229台设备和全套技术软件。后来得知，这个价格比伊朗商人所要支付的价格低二百万马克，比另一些竞争对手准备支付的价格低五百万马克。（《孙子兵法　三十六计全集》，孙武、毛佩琦、徐昌强、徐枫，煤炭工业出版社2015年版）

在现代企业经营中，要想抢先一步，获取最大的利益，就必须不断捕捉信息，利用信息作出预测，做好谋划。机会人人都有，就看能不能发现，能不能抓住。

3. 先予后取，以退为进

在经商活动中，一定要树立“先予后取，以退为进”的意识。道理虽然简单明了，但是在具体经商的过程中，还是有不少商人无法真正做到这一点。其实，“先予后取，以退为进”的要领就在于不计当前利益，着重长远利益，吃小亏，占大便宜，所有的退却都是为将来更大的发展做铺垫的。只要能掌握这些要领，就必然能牢牢地把握“先予后取，以退为进”的精髓。

20世纪初，世界最大的石油垄断组织，洛克菲勒财团的美孚石油公司开始向中国各地倾销它的石油制品，尤其在向中国城乡推销煤油方面取得了很大的经济利益。其手段相当简洁，然而却十分有效。在中国大部分地区尚处在点蜡烛照明的时代去推销其煤油产品，那是很困难的。为此，美孚公司采取的主要手段就是“先予后取，以退为进”的“阴阳捭阖”的广告策略。

它雇用大量走街串巷的小贩，沿街宣传点煤油灯比点蜡烛优越，谁家愿意，还可奉送一只煤油灯和一瓶煤油试用，分文不取。这样，久而久之，人们开始认识到点煤油灯确实比点蜡烛好，它没有烟，风吹不灭，还可调节火苗，更主要的是点灯不花钱或少花钱。慢慢地，煤油不再白送，而要用钱买，不过很便宜，几个铜钱就可买一瓶，而且服务上乘。人们终于放弃了点蜡照明的习惯，民族蜡烛工业被挤垮了，除了婚丧之事外，人们不再用它照明。美孚石油公司通过“先予后取，以退为进”的“阴阳捭阖”策略，终于占领了中国照明燃料市场，把中国的竞争者——蜡烛工业挤垮了。从那以后，煤油的价格开始不断上升，等人们感到消费煤油是一项重要的负担时，已经难以改变点煤油灯的习惯，也就只好忍耐了。就这样美孚石油公司牢固地占领了中国的市场。

无独有偶。日本丰田汽车公司为了确保汽车在日本的销售市场，深谋远虑，从解决城市的汽车与道路的矛盾入手，成立了“丰田交通环境保护委员会”；在东京车站和品川车站首次修建了“人行道天桥”；还投资三亿日元在东京设立了一百二十处电子计算机交通信号系统，使交通拥挤现象得到缓解；另外，还投资创立了汽车学校，培养更多的人学会开车；还为儿童修建了汽车游戏场，从小培养他们学习驾驶的本领。丰田的良苦用心最终如愿以偿，汽车销量日益增多，公司效益也相当可观。

在企业经营的过程中，在局面打不开的情况下，有时采用“阴阳捭阖”的方式走迂回道路，反而比走直路更容易达到目的。丰田的成功正是因为采取了“先予后取，以退为进”的“阴阳捭阖”营销策略。从表面上看，他们所做的种种工作与汽车销售本身风马牛不相及，但此乃“醉翁之意不在酒”，这是一种“捭阖术”。

试想，假如丰田公司一味地从正面宣传自己的产品如何好，结果很可能是多花了冤枉钱，销路也不会顺畅。而他们采取的“先予”，表面上好像是离开了汽车销售这一主题，事实上，这正切实达到了占领市场而“后取”的真正目的。

第二篇　反应术

与人交往或辩论时，先听听对方说什么，然后再做取舍，不要轻易亮出底牌。给自己留足思考的空间，才不会被抓住疏漏之处。抓住了对方的把柄，则可以攻其一点，不及其余，使对方节节退让，最终为我所用。通过言谈来控制对方，把握对方，这便是鬼谷子的钓言之道。

《反应术》篇阐释了一种思考方法，这可以说是关于获取有用信息的专论。鬼谷子认为，在辩论或游说时，要“重之、袭之、反之、复之”，运用“象比之辞”，或用象征性的事物加以说明，或引用相关事件启发他人。这种道理其实就是，对游说对象进行回环往复地考察和观察，由此接近事实真相，达到目的。假如游说不能奏效，就要“为之变”，只有这样，才能把握对方的真实意图。

有了相当的阅历和经验，可以度权量能，通过对比从而立势制事。运用“反应”的前提是了解自己，认清自己，否则就不能游说他人。

第一章　认清形势，正确分析

【原文】

古之大化者①，乃与无形②俱生。反以观往，覆以验来；反以知古，覆以知今；反以知彼，覆以知己。动静虚实之理，不合于今③，反古而求之。事有反而得覆④者，圣人之意也，不可不察。

【注释】

①大化：指广泛深远的教化。化，教化。

②无形：没有形迹。这里指道。陶弘景注：“大化者，谓古之圣人以大道化物也。无形者，道也。动必由道，故曰无形俱生也。”

③于今：现在。

④反而得覆：调查过去，寻求真理。主张观往验来，是古代哲学常见的命题。如《道德经》：“反者，道之动也。”回顾过去，验证将来；考察历史，把握现在；了解对方，返照自己。这样就能举无遗策，一举成功。

【译文】

古时圣人，以大道教化万物，与道同生共长。因此，他们回首以往，便能验证将来；考察历史，就会了解现在；观察对方，能够返照自身真实。对于动静虚实的真相，如果和当今的情况不符，就要回到过去探求前人的经验。对事情的考察，经历由此及彼，由彼及此，由古到今，由今到古的反复探求，才能得到答案，这是圣人的思维方式，不可不仔细考察。

【本章解读】

本章的中心是论述“鉴古知今”之法：

1．“古之大化者，乃与无形俱生。”“大化”，是指社会大变革。“大化者”，是指领导社会大变革的圣贤明君。“无形”，是指道，用现今的话来说，就是指自然和社会发展规律。“俱生”，是共生的意思，即始终遵循。本句是说：古代领导社会大变革的圣贤明君，总是始终遵循自然和社会发展的规律。

2．“反以观往，覆以验来；反以知古，覆以知今；反以知彼，覆以知己。”本句接上句，因为万事万物的发展变化，均有规律可循，这就给人们提供了一种认知的方法：即反观过去，可以判断和检验未来；反观古代事，可以测今天；反知他人，利于回过来知己。

3．“动静虚实之理，不合于今，反古而求之。”这是接第二句说：如果你对事物动静与虚实的判断，不符合今天的情况，不应轻易怀疑鉴古知今的方法，而应更深入地研究过去，从而求得符合发展规律的认识。

4．“事有反而得覆者，圣人之意也，不可不察。”此句是本章的结论，其意是说：圣人教导我们，研究过去，可知今天；研究今天，可知未来。这种认识世界的方法，不可不认真考察和把握。

【趣味故事】

刘邦请教郦食其

秦朝灭亡后，项羽和刘邦开始了长期的楚汉战争。公元前

204年，项羽猛攻刘邦的驻地荥阳，刘邦形势危急。一天，刘邦请教郦食其，问他该怎么办。

郦食其说："从前商汤讨伐夏桀，封他的子弟于杞地；武王打败商纣之后，封他的子弟于宋地。现在，秦朝不顾信誉，连年侵伐诸侯，灭掉六国之后，使这些国家的王室后裔没有了立锥之地。现在，陛下如果能恢复六国，分封他们的子弟，给他们复国的印章，六国的君臣百姓，必然会感谢陛下的大恩大德，都会来归顺大王并向大王称臣。那时大王就能完成霸业，连项羽也得前来朝贡了。"

刘邦听了觉得有道理，便要郦食其携印去分封，恢复六国。当刘邦把这项决策告诉张良以后，张良说："你要按郦食其说的去做，那你的事业就快完了。"刘邦一听，大惊失色，慌忙问道："怎么会呢？"

张良道："以前商汤讨伐夏桀时，分封他的子弟于杞地，是因为他估计能把夏桀打败，并置之于死地。而如今，陛下您有把握打败项羽，置他于死地吗？"刘邦摇摇头："不能，至少现在还看不出来！"

张良接着说："这是第一个不行的原因。当年，周武王讨伐商纣王时，很有把握能取下商纣王的性命。而如今，陛下您有把握能取下项羽的性命吗？"刘邦说："不能。"

张良又说："这是第二个不行的原因。武王攻下殷都以后，能够给商人以重赏，把箕子从监狱里放出来，重筑比干的坟墓。而如今，陛下您能够重筑圣人的坟墓，重赏贤明的人，给智者大开方便之门吗？"刘邦说："不能。"

张良又说："这是第三个不行的原因。武王战胜以后，能够将商朝仓库里的粮食发放给饥饿的人，把纣王国库的钱拿出来给贫穷之人。如今，陛下你现在能把国库里的钱拿出来施舍给穷人吗？”刘邦说：“不能。”

张良接着说：“这是第四个不行的原因。武王夺取天下后，把所有的兵器用虎皮盖住收藏起来，表示以后再也不对天下用兵，发动战争。如今，陛下您能做到弃武从文，不再用兵吗？”刘邦道：“不能。”

张良说：“这是第五个不行的原因。还有，武王能够把牛都赶到桃林之中，表示不再劳役人民。如今，陛下您可以做到这一点吗？”刘邦说：“不能。”

张良说：“这是第六个不行的原因。如今天下有志之士离开他的亲人，跟着陛下您征战，日日夜夜都想有一个容身之地。如今，你要分封各国的后代，那么天下的志士就都有了存身之地，那谁还会跟着你呢？这是第七个不行的原因。所以，如果用这个策略的话，你的事业就要完了。”刘邦听完，连忙召回郦食其，不再提分封之事。

【解析】

张良劝说刘邦不分封的言辞就是“戚言”。张良站在君主的立场之上，以史为鉴说出不可分封的七个原因，使刘邦心服口服，随即改变了主意。政随时迁，制随俗变，刘邦找到了正确的应对方法，最后成就了一代帝业。

第二章　听其言辞，找到对方的真实意图

【原文】

人言者[①]，动也；己默者，静也。因其言，听其辞。言有不合者，反而求之，其应必出。言有象[②]，事有比[③]，其有象比，以观其次。象者，象其事，比者，比其辞也。以无形求有声。其钓语[④]合事，得人实也。其犹张罝网[⑤]而取兽也，多张其会[⑥]而司之。道合其事，彼自出之，此钓人之网也。常持其网驱之，其言无比，乃为之变[⑦]。以象动之，以报其心，见其情，随而牧之。己反往，彼覆来，言有象比，因而定基。重之袭之，反之覆之[⑧]，万事不失其辞。圣人所诱愚智，事皆不疑。

【注释】

①人言者：对方发言。陶弘景注："以静观动，则所见审；因言观辞，则所得明。"

②象：凡形于外者皆曰象。

③比：比照类推。

④钓语：犹如钓鱼投饵，诱而取之。交谈时给对方以诱饵，以引出对方话题。这里的"钓言"术，是鬼谷子谋略之一。陶弘景注："得鱼在于投饵，得语在于发端；发端则语应，投饵则鱼来。故曰钓语，语则事合，故曰合事；明试在于敷言，故曰得人实也。"

⑤罝网：捕兔子的网，此处指捕野兽的网。

⑥会：聚集。陶弘景注："张网而司之，彼兽自得，道合其事，彼理自出，理既彰，圣贤斯辨，虽欲自隐，其道无由，故曰钓人之网也。"

⑦"常持"句：用一种钓语的方式诱使对方入网，对方有所觉察便会加以防备不再说话，以致无法获取实情，这时就要改变策略，变换说法。驱，驱使。

⑧重之袭之，反之覆之：指谋划再三，没有疏漏，才能万无一失。陶弘景注："谓象比之言，既可以定基。然后重之、袭之、反复之，皆谓再三详审，不容谬妄。故能万事允惬，无复失其辞者也。"

【译文】

对方说话，表现为动；自已沉默，表现为静。从动静的哲学看待交往双方的言谈。根据对方的话语揣测他的真实意思。如果对方言语有不合情理处，随即加以责问，对方一定会做出回应。

话语可以表现在外，称之为象；事物之间可以类比，称之为比。对方说话有象，所说之事也有则例，就要观察其后要说的话。所谓象，就是模仿事物。所谓比，就是类比言辞。运用象比手法可以在无形中获得对方回应。用象比之词引诱对方说话，如果和现实相符，可以获知对方实情。就像张网捕兽一样，在野兽出没处多设一些网，等待野兽落网。如果把这个方法用到人事上，对方就会自动说出实情，这就是钓人实情的网。

如果常用一种钓人之网去诱使对方，对方就会有所觉察，进而拒绝回应或者说一些话，不合类比的规范，这时就要改变方法。用形象化的手法触动对方，使言辞暗合对方内心的想法，以此获知对方实情，进而将其控制。反过去考察对方，对方就会作出回应，所说的话有了轮廓，事理就可以比较类推了，进而能够确定其根本。一来二去，反反复复，再三详审，不容谬错，灵活使用这种方法，就能辩说得当。圣人用不同的方法，诱导愚者和智者，所获皆为实情，不会有疑惑。

【本章解读】

本章是论述以静观动、听言知人的方法：

1．“人言者，动也；己默者，静也。因其言，听其辞。言有不合者，反而求之，其应必出。”因，是依据之意。反，是指反问。应，是指反应。本句是说：让人发言，是使人处于动态之中。我沉默不语，是使自己处于静态之中。想了解人，我应保持沉默，静听人家发言，依据其言，听其辞意，了解其人的思想。如果发现人家讲的话有假，不合乎实情，可用反问的办法，对其诘难，其人必有反应。可从其对诘难的反应，进一步了解其人。

2．“言有象，事有比，其有象比，以观其次。象者，象其事；比者，比其辞也。”象，是指形象。比，指比喻或类比。本句是说：言语可以形象地描述说，事物可以相互地比较说。用象形法或类比法，可以引申人家之言语，听其在说什么，可观其就里。所谓象，是指用形象说其事；所谓比，是指用比喻或类比述其辞意。例如古代孟子，在游说各国君王时，常常用象比之法，引申对方所说的内容。

3．“以无形求有声，其钓语合事，得人实也。”钓，是“引诱”意，如以饵钓鱼，为的是诱鱼上钩。合事，是指钓饵要合乎事理人心。实，是指隐藏着的实情。本句是论述“以钓求实”法。如何引诱人家说出隐藏在内心的实情？要用巧妙无形的办法引诱人家说话，如果钓语合乎其事理和心理，则不难从其话语中，窥测到其内心实情。

4.“其犹张罝网而取兽也，多张其会而司之。道合其事，彼自出之，此钓人之网也。常持其网驱之，其言无比，乃为之变。以象动之，以报其心，见其情，随而牧之。”会，同“绘”，指绘成五彩的图案，用来吸引野兽，这里指吸引对方。司，是操作的意思。道，是指张网的方案。彼，在捕兽中指兽，这里是泛指对方。牧，是驾驭的意思。本句是论述“张网探情”法。如何更多地了解人家的情况？可仿效张网捕兽的办法。多置一些能吸引人的彩绘网，并密切注视和掌握。如果你设网的方案合乎情理，人家自然会被你网住，向你推心置腹，这就是钓人之网。经常用这种钓人之术驱人入网，逼使对方吐出真情。如果你说出的比喻他不明白，可换另一种比喻，也可用形象打动对方，窥其心，见其情，与对方心投意合，得知真情，从而驾驭之。

5.“已反往，彼复来，言有象比，因而定基。重之袭之，反之复之，万事不失其辞。圣人所诱愚智，事皆不疑。”基，指基础。重，重复意。袭，是因袭，照样做的意思。本句是说：要通过交谈沟通心境，我接着对方的话说，对方接着我的话谈，言谈有形象，有比喻，因而就有交流的共同基础。如果双方交谈能够做到相互同意，相互因袭，你来我往，则万事万物均没有用言辞说不清的。无论对方是聪明或是愚笨，圣人均可引诱他说出真情。

【趣味故事】

迂回说理成己愿

战国时，赵烈侯十分喜好音乐，他每天都要欣赏音乐，还经常在全国征集歌伎。有一天，赵烈侯对相国公仲连说："我最喜爱的人，可以让他成为贵人吗？"公仲连不知何意，就说："大王，使他富起来行，但使他贵起来却不行。"赵烈侯说："既然这样，那就赏赐给郑国的歌伎枪和石每人各一万亩田吧，他们是我最喜爱的人。"

公仲连大觉诧异，这么做众大臣心里会怎么想？但他还是口头答应了赵烈侯，实际上并未执行。过了一个月，赵烈侯向公仲连问起赏赐田地的事，公仲连推辞说正在寻找合适的田地，目前还没有找到。又过了一个月，赵烈侯又问起此事。公仲连始终认为这样做不妥，几番搪塞之后，他索性声称自己有病，不能上朝。

番吾君听说这件事，对他说："您的用心我非常明白，只是您的方法不妥当。您有没有想过向国君推荐一些合适的人才呢？"公仲连说没有找到。于是番吾君说："牛畜、荀欣、徐越这三个人都很好，他们各有特长，名声也非常好。"

公仲连就把他们推荐给了赵烈侯。等到再次朝见时，赵烈侯又问公仲连："给歌伎赐田的事究竟办得如何？是不是拖得太久了？"公仲连回答道："这不是小事，应当慎重，臣正在选择满意的地方。"

公仲连推荐的那三个人也开始为这事婉转地做赵烈侯的工作。牛畜在赵烈侯身边侍候，他总是以仁义、王道等言语说给赵烈侯听，赵烈侯听后觉得十分舒适。第二天，荀欣又说了一套推举贤士、任用能人的话语，赵烈侯听了非常喜悦。第三天，徐越又说了一番勤俭省用、考察功绩德政、赏赐适当等言语，赵烈侯听了也很高兴。

当又一次上朝时，赵烈侯对公仲连说："赏赐田地的事暂时停止吧。"说完，他又任命牛畜担任师职，荀欣担任中尉，徐越担任内史，并赏赐相国公仲连两套衣服。

【解析】

劝谏时的言辞可以多种并用，公仲连在劝谏赵烈侯时便做到了这一点。公仲连开始以"佞言"对赵烈侯下达的命令进行"冷处理"，拖延不办。接着他选拔贤士，一齐向赵烈侯进谏，其中也必定有"谀言""戚言"等。所谓"三人成虎"，小人们惯用散布谣言，君子也可依靠多种言辞达成己愿。

第三章　随机应变，以退为进

【原文】

古善反听者，乃变鬼神[①]以得其情[②]。其变当也，而牧之审也。牧之不审，得情不明；得情不明，定基不审。变象比，必有反辞，以还听之。欲闻其声反默，欲张反敛，欲高反下，欲取反与[③]。欲开情[④]者，象而比之，以牧其辞。同声相呼，实理同归。或因此，或因彼，或以事上[⑤]，或以牧下[⑥]。此听真伪、知同异，得其情诈也。动作言默，与此出入，喜怒由此以见其式，皆以先定为之法则。以反求复，观其所托[⑦]。故用此者，己欲平静，以听其辞，察其事，论万物，别雄雌[⑧]。虽非其事，见微知类。若探人而居其内，量其能射其意[⑨]也。符应[⑩]不失，如螣蛇[⑪]之所指，若羿[⑫]之引矢。

【注释】

①鬼神：鬼，隐秘难测。神，事理玄妙。

②以得其情：善于听言的人能洞见幽微，把握事物本质。

③“欲闻”句：意思是说钓言之道要运用策略，想听对方发言先保持静默，想要对方敞开心扉自己先收敛内心，想高大反而卑下，想夺取先给予。这与老子思想有相通之处。陶弘景注：“此言反听之道，有以诱致之，故欲闻彼声，我反静默；欲彼开张，我反敛欲；欲彼高大，我反卑下；欲彼收取，我反施与。如此则物情可致，无能自隐也。”

④开情：诱导对方敞开心扉。陶弘景注：“欲开彼情，先设

象比而动之。彼情既动，将欲生辞；徐徐牧养，令其自言，譬犹鹤鸣于阴，声同必应，故能以实理相归也。”

⑤事上：侍奉上级。

⑥牧下：管理下属。

⑦托：依托。陶弘景注：“反于彼者，所以求复于此，因以观彼情之所托，此谓信也。知人在于见情，故言用此也。”

⑧“故用”句：只有使自我内心虚静，才能去客观考察对方；只有逐步深入，才能全面地把握对方。

⑨射其意：准确猜中对方意图。

⑩符应：古代的迷信说法，指天降祥瑞与人事相合，称为符应。

⑪螣蛇：传说中一种能飞的蛇。《荀子·劝学》：“螣蛇，无足而飞。”

⑫若羿：传说中的神箭手后羿。陶弘景注：“闻其言，则可知其情，故若探人而居其内，则情原必尽，故量能射意，乃无一失，若合符契，螣蛇所指，祸福不差，羿之引矢，命处辄中，听言察情，不异于此，故以相况也。”

【译文】

古代善于反复窥察对方的人，可以像鬼神一样变化莫测，进而得知实情。应变之术恰当，就能详尽考察对方。如果考察不详尽，就不能获知实情；不能获知实情，就不能确定根本。不断变化使用象比之词，对方必定说出反应之词，认真聆听对方言辞以获知实情。想要对方开口说话，自己先沉默不语；想要对方张开，就先自己收敛；想使对方高傲自大，自己先谦恭低下；想要获取利益，就先学会付出。想使对方敞开心扉，就要运用形象和类比的方法，以便控制其言辞。言辞像同声一样产生共鸣，双方看法一致就会心理契合，进而获知对方实情。

与人对话或论辩，可以用在这个地方，也可以用在那个地方；可以侍奉上级，也可以管理下属。通过辩论，分清真假，知道异同，考察对方是真诚还是狡诈。对方的外在手势、言辞话语或沉默不言，内心的喜怒哀乐，都可以在论辩之中得以展现。所有这些都要事先确定法则。用反复探求的方法得到对方的反应，以便洞察其性情所依托。

所以，听言之道的要旨，在于先使自己保持平静。自己平静了，然后才能通过对方言辞，考察对方情况，进而评论万物分别雄雌。虽然不是同一事物，但可以根据细微的征兆探索出其类别、特征和趋势。考察对方就要深入人心，估量其能力，猜测其意图。像对应的兵符一样没有差错，像螣蛇占卜祸福一样准确，像后羿张弓一样射之必中。

【本章解读】

本章论述主动刺激反应法：

1.“古善反听者，乃变鬼神以得其情。其变当也，而牧之审也。牧之不审，得情不明；得情不明，定基不审。变象比，必有反辞，以还听之。”“反听”何意？反同“返”，反听，是指我主动刺激对方，使之做出回应，我再通过收听其返回的信息，判得其实情。这就是雷达的原理。牧，是驾驭意。审，是审核确实的意思。本句是论述“主动探测反应法”：古代凡是善于运用“主动探测反应法”者，总是像鬼神一样，变着法儿刺激对方，使之吐出真情。如果法儿变化得当，就能驾驭对方，得到确实的情况。若驾驭不住对方，则得到的情报就不明。若得到的情报不明，则制订的交谈基调就不确实。此时，我应不断改变言辞的形象和比喻，对方必有言辞反应，我可通过听取对方反应的言辞，探测其真情。

2.“欲闻其声反默，欲张反敛，欲高反下，欲取反与。”本句是接上句的，中心是说如何改变刺激手法，可使用“欲擒故纵”法：如果想听取对方言声，我应保持沉默；如果想使对方敞开心扉，我应反而收敛；如果想使对方高傲自大，我应反而谦恭低下；如果想从对方得到什么，我反而应给予点什么。

3.“欲开情者，象而比之，以牧其辞。同声相呼，实理同归。或因此，或因彼，或以事上，或以牧下。此听真伪、知同异，得其情诈也。”开，是打开。同声相呼，是共鸣意。实理同归，是理论与实际一致。本句是接第一句的，中心是说如何改变刺激手法，可使用“共鸣法”：如果想打开对方的情怀，可用象形和比喻，驾驭对方的言辞，使彼此共鸣，使理论与实际一致。或因此共鸣，或因彼共鸣。或以共鸣法，侍奉上司；或以共鸣法，驾驭部下。这也是分辨真与假、了解同与异、判断真情与狡诈的有效方法，如果是假、是异、是诈，则很难达到心理共鸣的境地。

4.“动作言默，与此出入，喜怒由此以见其式，皆以先定为之法则。以反求复，观其所托。”本句是接以上三句说的，究竟采用哪种探测方式，应根据情况，预先制定基本法则。式，指探测方式。其意是说：无论是动作、发言或沉默，以及与此相关的出或入，以及为与此探测方式相配合所表现出来的喜与怒，均应预先设计，确定出基本法则。总之，是要以反听之法（即“主动刺激探测法”），求得对方的回应，观其回应，判断它承载的信息。

5.“故用此者，己欲平静，以听其辞，察其事，论万物，别雄雌。”本句是回答：“主动刺激探测法”应如何接收和处理对方回应的信息。讲了五字诀：一要“静”，自己的欲望要平静，即平和冷静。平和，才能做到客观，而不带个人情绪和偏见。冷静，才能做到心明、耳聪、眼亮。二要“听”，不仅听其言，还要听其言的辞意。三要“察”，从中观察其所做的事。四要“论”，即要从对方回应的信息出发，加以推论，由此及彼，由表及里，论及万物。五要“别”，辨别雌雄，即在推论基础上，做出判断，判别是雌是雄，是真是伪。

6．“虽非其事，见微知类。若探人而居其内，量其能射其意。符应不失，如螣蛇之所指，若羿之引矢。”本句是论述“见微知类”的推断法。符，指符合。螣蛇，是古代人崇拜的一种有灵气能飞翔的蛇。羿，是指古代传说中的神箭手后羿。本句的意思是：虽然你得到的对方信息，并非事物的全部，但你要善于从细微的迹象中，预见其发展趋势，即从量变预知其质变。“见微知类”这种认识事物的方法，好比探测人而住到他的室内，能度量其能力而判断其心意。其判断结果应与实际相符而不失真，如同螣蛇之所指，如同后羿之射箭，能百发百中。

【趣味故事】

庄公计擒太叔

春秋时，郑武公娶申侯之女姜氏为妻，生了两子，长子叫寤生，次子叫段。寤生是在梦中出世的，姜氏很讨厌他；次子段长得气宇轩昂，很得姜氏宠爱。

姜氏时常在丈夫面前说长子的坏话，赞次子能干，劝他改立段做继承人。

武公却说："长幼有序，不可紊乱，况寤生又无过失，依情依理，说不过去！"即立寤生为世子，只以一个小小的共城（今河南辉县）给次子为食邑。

及至武公去世，世子寤生即位，叫郑庄公，袭父职为周朝卿士。姜氏见到次子屈居在一个小城，毫无权威，心里十分不悦，便对庄公说：

"你今日继承了父业，但太（共）叔段只有几百里土地。同胞弟弟困守在一个偏僻的小城里，你于心何忍？"

庄公说："母亲的意思要怎样？"

"那还用说？"姜氏一副教训的口气说，"当然给他一个大城了，把制邑封给他吧！"

庄公告诉她说："制邑是一个险要地方，父亲遗命是不能封给任何人的。除了这个地方之外，什么地方都可以！"

"那么把京城（即河南京县）封给他亦可！"姜氏说。

庄公听此一说，默不作声，沉思起来，不表同意，也不反对。

姜氏生气了，袖子一拂，悻悻地说："你再不同意的话，那把老二赶出国去好了，落得干干净净！"

"不敢，不敢！"庄公连声告罪，"孩儿遵命。"

第二天，庄公上殿，宣布封太（共）叔段于京城。大夫祭足上前启奏："不可！天无二日，民无二主。京城是一个险要之区，地广人多，其政治军事价值不下于皇城。何况太（共）叔段是夫人爱子，若以大邑封给他，无形中有了两个国君，一旦他恃宠生娇，后果真不堪设想！"

庄公无可奈何地说："不要说了，这是母命！"遂封太（共）叔段于京城。

太（共）叔段在走马上任前，入宫向母亲辞行。姜氏屏退左右，暗地告诉太（共）叔段："这次封邑是很勉强的，将来一定会变卦，你应及早打算。到京城之后，你要聚兵积粮，时刻准备着，一旦有机可乘，我会给你做内应。只有推倒了寤生，才能慰我平生之愿。"

太（共）叔段领命出城，趾高气扬地赴任去了。太（共）叔段即位视事之日，附近的西鄙和北鄙的首脑赶来庆贺。太（共）叔段对二人说："你两人管辖的，属于我的封地，此后，所有税收进贡，要到我处交纳，军马要听我指挥，不得违误！"

两人已知道太（共）叔段是国母的爱子，有做国君的希望，又见他气宇轩昂，人才出众，自然不敢违抗，乐于听命。从此，太（共）叔段积极训练军队，扩充编制，借故侵袭鄢邑及廪延两地，属地领土一天天地扩大，实力一天天地增强。

情报人员把此事奏报庄公，庄公笑而不答。班中有一位官员高声大叫："可速诛太（共）叔段！"庄公抬头一看，原来是上卿公子吕，便问："卿家有何高论？"

公子吕说："从来被封子不能过问军事，有拥兵自重的必杀无赦。今太（共）叔段内挟母后之宠，外恃京城之固，日夜谈兵练武，不是想篡位是什么？请授权给我，率兵征讨，以除后患！""但太（共）叔段未见有反叛行动呀！"庄公答。

公子吕愤愤地说："今两鄙被收，廪延被取，这不是叛变行动？国家土地，岂可以被这样蚕食下去！"庄公笑起来，说："太（共）叔段是母后爱子，是我的弟弟，宁可失地，不可伤兄弟之情，拂母后之意！"公子吕复进一步说："我不是怕失地，实怕失国。今人心已惶惶惴惴，见太（共）叔段势力日强，都存观望态度，若再容忍下去，怕一发不可收拾。主公今日容得太（共）叔段，将来太（共）叔段未必容得主公！"

“不得乱说！”不等公子吕说完，庄公愤然制止他，说：“我会设法感化他！”立即起身退朝。公子吕出外，对祭足说：“主公念私情，忽略了国家大计，我为此很担心。”祭足告诉他：“主公是一个足智多谋的人，断不会忽略这点，不过在大庭广众之下，不便泄露。你是他的亲戚，不妨私下去见见他，他一定会有真心话说出来的。”

公子吕听了祭足的指点，乃入宫去见庄公。庄公问他有什么事，公子吕便说：“我就是为了刚才在朝廷上说过的那件事再来拜请。主公当日继承王位，大家都知道并非国母的意见，她是属意太（共）叔段的。今日太（共）叔段的横行嚣张，必然是一种夺权阴谋，万一内外合谋，发动政变，恐怕——”

庄公说：“此事闹起来，怕碍着国母面子呀！”“岂不闻周公诛管蔡的事吗？当断不断，反受其乱，到那时，后悔都来不及了！”公子吕说。庄公忽然长叹一声，说：“唉！这件事我早已想到了。太（共）叔段虽然有夺权阴谋，却没有公开叛变行动，如果我把他镇压了，国母必会从中作梗，又惹外人议论，说我没有兄弟情义，骂我不孝！我现在只是装聋作哑，任他所为，等到他真的有叛变行动时，就可以明正其罪了。”

公子吕这才恍然大悟，说：“主公远见，非臣所及！但恐怕日复一日，促成他势力庞大，便会尾大不掉了。不如及早设法挑他起来，使他提前暴露，及早镇压便了。”这话正中庄公下怀，庄公连忙问：“计将安出？”

公子吕再详告：“主公久已未入过周朝，无非是太（共）叔段的缘故。现在不如乘机说要入朝去见周天子，故意引他起事，带兵前来。我却预先伏兵在京城附近，待他出动，便乘虚而入占领他的根据地，然后主公返师进攻，那时他飞也飞不出去了。”

庄公听说，点头称善："好计，好计！"公子吕辞出宫门，才暗叹一声："祭足可谓料事如神矣！"次日早朝，庄公假传一道命令，委托大夫祭足代理国政，自己要朝见周天子去。姜氏得此消息，认为机会已至，即秘密使人带信给太（共）叔段，约他在五月初起兵袭郑。这时是四月下旬，公子吕早已先差人伏于要道，把那个带信的人杀了，将信送给庄公看，庄公说："自作孽的人，必会自食其果的！"便另遣心腹假称姜氏亲信，把信带交京城，并得太（共）叔段回信，说及决定在五月五日起事，并要于城楼竖起一面白旗，以便接应等语。

庄公得书大喜，说："证据在此，看你还有什么话说！"立即入宫辞别母亲，说要入朝谒见天子，姜氏也敷衍几句好话。庄公率领仪仗队，浩浩荡荡地朝廪延方向慢慢前进。这时公子吕已部署好伏兵在京城附近，专等猛虎离山。太（共）叔段自得了姜氏密报，立即准备，他派儿子公孙滑到卫国去借兵，自己便动员所有属军，托言庄公出国，要往监政。于是祭旗犒军，得意扬扬地朝皇城进军。

这时，公子吕的便衣队已混进了京城，见太（共）叔段的军队已经出动了，便在城楼放起火。城外伏兵，一见信号，立即杀进去，占领了京城，出榜安民，揭发太（共）叔段的阴谋。太（共）叔率军行到路上，就得到了京城失陷的消息，心里着慌起来，即命回军，屯扎城外，准备反攻。

可是军心开始动摇了，士兵纷纷交头接耳，议论纷纷，都说太（共）叔段心怀不轨，要篡夺朝政。原来公子吕已派密探混入了军营，散布消息，顷刻间一传十，十传百，整个军营都哄闹起来，一夜之间，军队散去大半。太（共）叔段着了慌，便率领残兵，跑到鄢邑去，想再行招兵买马，重整旗鼓。

不料庄公早已占领了鄢城，此路已行不得，不得已又跑回自己过去的封地共城去闭门自守。但庄公和公子吕的追兵逼近了，这区区一个小城，无险可守，怎挡得住这两路大军的夹攻呢？这时他已感到面临绝路，叹道："都是妈妈害了我，有什么面目再见兄长呢？"遂自刎而亡。庄公搜出了姜氏和太（共）叔段的来往密信，使人带回郑国，叫祭足转交姜氏，并送她去颍地安置。姜氏看了信件，羞惭无措，自觉亦无颜与庄公见面，即刻离宫搬到颍地去了。

【解析】

庄公明知太（共）叔段早有谋反之心，却佯装不知，以免被姜氏抓住把柄，反咬一口。于是便采取了引蛇出洞的钓术，以朝见周天子为名设下圈套，等待太（共）叔段起兵反叛，然后便名正言顺地除掉太（共）叔段。

第四章　明察自我，方能更知对方

【原文】

故知之始己，自知而后知人[①]也。其相知也，若比目之鱼[②]；其伺言也，若声之与响；其见形也，若光之与影也；其察言也不失，若磁石之取针，如舌之取燔骨[③]。其与人也微[④]，其见情也疾。如阴与阳，如阳与阴；如圆与方，如方与圆[⑤]。未见形，圆以道之；既见形，方以事之。进退左右，以是司之[⑥]。己不先定，牧人不正，事用不巧，是谓"忘情失道"；己审先定以牧人，策而无形容[⑦]，莫见其门，是谓"天神"。

【注释】

①知之始己，自知而后知人：先了解自己，才能知道对方。《道德经》曰："知人者智，自知者明。"

②比目之鱼：一种鱼类，眼睛生于身体一侧，经常两鱼并游。陶弘景注："我能知己，彼须我知，必两得之，然后圣贤道合，故若比目之鱼。圣贤合则理自彰，犹光生而影见。"

③燔骨：燃烧骨头。

④微：幽深精妙。

⑤如阴与阳，如阳与阴；如圆与方，如方与圆：这是中国传统的哲学思维，认为万物皆对立而生，强调事物内部对立面的相互依存，不可分割。圆，指圆通、灵活。方，与圆相反。陶弘景注："上下之道，取类股肱，比之一体，其来尚矣。故其相成也，如阴与阳；其相形也，犹圆与方。"

⑥进退左右，以是司之：这里是说用人之道，或升或黜，或贬或崇，皆根据圆方之道。

⑦形容：形体和容貌。指做事周密，没有蛛丝马迹可寻。陶弘景注：“已能审定，以之牧人。至德潜畅，玄风远扇，非形非容，无门无户。见形而不及道，日用而不知，故谓之天神也。”

【译文】

所以，知人必先知己，不了解自己，就无从了解对方。人们之间的相知，像比目鱼一样形影相随；获得对方的言辞，像声音和回声一样呼应；弄清对方的实情，像光生而影见；侦察对方的言辞，绝无失误，像磁石吸引钢针，像舌头吮食肉骨。

圣人与人相处，言行幽深、精妙。窥察实情，迅疾有道。既像阴阳变化，又像圆方转化，相互依存。在对方形迹未显前，用圆滑的方法诱导其说出实情；在对方形迹已显后，对其已有充分了解，不妨用已定的原则对待他。

作为君主，无论提升还是罢黜属下，都要贯穿这一原则。假如事先没有原则，不能确定方法，就无法驾驭对方。做事不先预备，就是忽略了真情而没有方法。先确定原则和方法，再去管理对方，所用策略就不会被发现，对方看不到有关策略的蛛丝马迹，这样的统治者或管理者可称之为“天神”。

【本章解读】

本章论述“知人”的四项法则：

1．“故知之始己，自知而后知人也。”本句介绍“知人必先知己”的法则：首先要知己，具有自知之明，才可能知人。为什么这么说呢？因为按照“主动刺激探测法”，必须由我先发出信号，例如问话、启发、诱导等，都要刺激对方，使之做出反应，再根据其回应信号，判断其实情，这是主观与客观之间的信息交流过程，故必须自知发出的信号特征，然后才能知人。譬如用雷达探测目标，若未能先知我发射信号的强度、方位和信号特征，即使收到了目标反射的回波，也无法判断其所携带的信息。

2．“其相知也，若比目之鱼；其伺言也，若声之与响；其见形也，若光之与影也；其察言也不失，若磁石之取针，如舌之取燔骨。”这里的伺，是守候意。燔，是焚烧意。在前一句强调“自知”之后，本句介绍“主动性”法则。用了四个比喻，强调主体要有“主动性”。主体要主动知晓客体，应如同比目鱼那样；主体守候对方发言，应如同发声之后等待回响那样；主体欲见客体之形象，应如同阳光与影子那样；主体欲侦察客体而不失误，应如同磁石吸铁针那样，如同用舌尖品尝肉骨那样。

3．“其与人也微，其见情也疾。”本句介绍“微”与“疾”法则。“与人”，是指我给予对方信号。“见情”，见同“现”，是指我发现对方回应情报。这两句是说：当用言语或其他信号刺激对方时，应做得微妙隐蔽，不要被人察觉；而在接收和捕捉信息时，则要迅疾，以防遗漏和迟延。

4．“如阴与阳，如阳与阴；如圆与方，如方与圆。未见形，圆以道之；既见形，方以事之。进退左右，以是司之。”本句介绍圆方辩证法则。其意是说：自知与知人，这两者的关系如同阴与阳，阳与阴；如同圆与方，方与圆，互为条件，相反相成。自知者，才能知人；知人者，更能自知。正因为它们具有这种相互依存的关系，如果尚未侦察清楚对方的情况，我应以圆略对之，圆略便于全面防御，利于化解对方的进攻；如果已经侦察清楚对方的情况，我应以方略对之，方略可有针对性，较易成功。总之，无论是前进或后退，无论是左移或右动，均应以上述圆方之道处置。

5．“己不先定，牧人不正。事用不巧，是谓‘忘情失道’。己审先定以牧人，策而无形容，莫见其门，是谓‘天神’。”本句强调原则先定，也是对本章的概括。其意是说：如果自己不事先设计，定下与对方交谈的原则，则“牧人不正”（这里“正”同“征”。征，征服），就是说想驾驭人而不能征服，做事用人均不可能巧妙，这就叫作“忘情失道”，即情不相投，道不相合。如果能审明自己，事先设计定下原则，再考虑驾驭别人，则你的策略就可能微妙而无影无形，使他人无法窥测到你的门户，如同“天神”。

【趣味故事】

街亭失守

诸葛亮挥泪斩马谡的故事，让我们认识到“知己知彼方能百战不殆”，以及一个人不了解自己的真正水平就冒险行动必将失败的道理。

诸葛亮到了祁山，决定派出一支人马驻守街亭，作为据点。让谁来带领这支人马呢？当时他身边还有几个身经百战的老将，可是他都没有用，单单看中参军马谡。马谡确实读了不少兵书，平时很喜欢谈论军事。诸葛亮找他商量起打仗的事来，他就谈个没完，也出过一些好主意，因此诸葛亮很信任他。但是刘备在世的时候，却看出马谡不太踏实。他在生前特地叮嘱诸葛亮，说：“马谡这个人言过其实，不能派他干大事，还得好好考察一下。”

但是诸葛亮没有把这番话放在心上。这一回，他派马谡当先锋，王平做副将。

马谡和王平带领人马到了街亭，张郃的魏军也正从东面过来。马谡看了地形，对王平说："这一带地形险要，街亭旁边有座山，正好在山上扎营，布置埋伏。"王平提醒说："丞相临走的时候嘱咐过，要坚守城池，稳扎营垒。在山上扎营太冒险。"马谡没有打仗的经验，自以为熟读兵书，根本不听王平的劝告，坚持要在山上扎营。王平看一再劝马谡没有用，只好央求马谡拨给他一千人马，让他在山下临近的地方驻扎。张郃率领魏军赶到街亭，看到马谡放弃现成的城池不守，却把人马驻扎在山上，暗暗高兴，马上吩咐手下将士在山下筑好营垒，把马谡扎营的那座山围困起来。马谡几次命令兵士冲下山去，但是由于张郃坚守营垒，蜀军没法攻破，反而被魏军乱箭射死了不少人。魏军切断了山上的水源。蜀军在山上断了水，连饭都做不成，时间一长，自己先乱了起来。张郃看准时机，发起总攻。蜀军兵士纷纷逃散，马谡要禁也禁不了，最后，只好自己杀出重围，往西逃跑。王平带领一千人马，稳守营盘。他得知马谡失利，就叫兵士拼命打鼓，装出进攻的样子。

张郃怀疑蜀军有埋伏，不敢逼近他们。王平整理好队伍，不慌不忙地向后撤退，不但一千人马一个也没损失，还收容了不少马谡手下的散兵。街亭失守，蜀军失去了重要的据点，又丧失了不少人马。诸葛亮为了避免遭受更大的损失，决定把人马全部撤退到汉中。诸葛亮回到汉中后，经过详细查问，知道街亭失守完全是由于马谡违反了他的作战部署。马谡也承认了自己的过错。

诸葛亮按照军法，把马谡下了监狱，定了死罪。马谡自己知

道免不了一死，就在监狱里给诸葛亮写了封信，说："丞相平日待我像待自己的儿子一样，我也把丞相当作自己的父亲。这次我犯了死罪，等我死了以后，希望丞相善待我的儿子，我死了也没牵挂了。"诸葛亮杀了马谡，想起他和马谡平时的情谊，心里十分难过，流下了眼泪。以后，他真的把马谡的儿子照顾得很好。

【解析】

马谡是无自知之明、不自量力的典型。他在出征前甚至立下了军令状。诸葛亮曾叮嘱他，要在平地上扎营，阻击魏军。可马谡却自恃聪明，硬要在山上屯兵，结果被魏兵围困，导致大败，丢失街亭，掉了脑袋。马谡本身属于那种会动脑但缺乏实践经验、不会实际操作的人，如果只是在军营中做一个参谋，为主帅出谋划策，或许还能发挥他的才干。或者他先参加一些小的战斗逐渐培养实战经验，待经验丰富之后，再将理论与实践结合，没准也能成为一代良将。历史上和现实中许多惨痛的悲剧和沉重的代价就是由于将帅不了解自己的真正水平，冒险而为造成的。

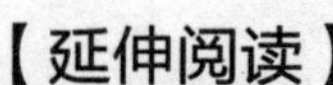

【延伸阅读】

一、谋略聚焦

1．张网得实，虚静以待

鬼谷子认为，与人交谈的最终目的，就是旁敲侧击，诱使对方多说话，通过察言观色，从而窥测对方实情。就像张网捕猎，若能沉心静气严阵以待，就能捕获猎物。理性对待鬼谷子这种"钓语术"，无疑可以学到更多的知识，从而丰富自己待人处事的本领。

《反应》篇曰："其钓语合事，得人实也。其张罝而取兽也，多张其会而司之。道合其事，彼自出之，此钓人之网也。"得鱼在于投饵，得语在于发问；投饵则鱼来，发问则语应，故为"钓语"。鬼谷子认为，犹如设饵钓鱼、张网捕兽，想了解对方的情况，就要使用手段或动之以情，或投之以利，诱其暴露真实想法和需求，从而达到自己的目的。

"钓语"的关键在于巧妙隐秘，手段要多种多样。鬼谷子的"钓人之网"，尽管有人认为是在行奸使诈，但可以理解为一种沟通方法，从中获取想要的信息。同样，有人认为"用间"是卑劣、阴险的行为。然而，随着社会的发展，这种观念也得到改变。"用间"并不是单一破坏敌手，而是谋略思想的重要内容，可以查看敌情，知己知彼。可以分化对手，在对抗中获取胜利。

当今世界，信息已成为一种重要资源。谁先掌握了信息，谁就能把握时机抢占市场，就能寻找到对方弱点，发挥己方优势，进而击败对手。参与市场竞争必须耳目灵通，作为经营决策者而言，需要通过各种渠道获取信息。企业获取信息及时，就能提高竞争力，有利于调整产业结构和经营策略。高明的企业家，深悉"用间"是"张网得实"的重要手段，他们在"用间"与"用人"的结合上深谋远虑，敢于打破常规大胆实践。

2．听话听音，言之有据

俗话说"听锣听声，听话听音"。这个"音"不是指口音，指的是弦外之音，意思是说听别人说话，要明白其言外之意。当然，对于那些空话、大话，即使天花乱坠，也要保持理智，绝不可轻信。在谈话时抓住机会提问，通过有效诘难，就可以深入了解对方实情。轮到自己说话，则要简洁有力。

战国时，齐国田婴为了发展家族势力，准备在他的封地薛大建城池，但是这样做就远离了齐国朝廷，不利于国家利益，最终也不利于个人发展。因此，他手下的门客纷纷劝阻。田婴于是下令："凡来劝阻者，一律不予通报。"这时，有一个人冒险前来，让下人通报："我只有三个字，多一个字，愿受烹煮之刑。"这引起了田婴的好奇心，于是接见了他。拜见完毕，那人说："海大鱼！"然后掉头就走。田婴忙说："且留下，把话说完！"那人说："我可不敢拿性命当儿戏！"田婴说："不碍事，请讲。"

那人说："你没听说过海里的大鱼吗？渔网钓钩对它无能为力，一旦离开了大海，蝼蚁也能随意摆布它。以此相比，齐国就像殿下的'水'，如果永远拥有齐国，要薛地有什么用呢？如果失去了齐国，即使将薛地的城墙筑得跟天一样高，也没什么用。"田婴听了，称赞说："对。"于是停止了在薛地筑城的工程。

那个齐人为了勾起田婴的好奇心，让他倾听自己的言论，用充满悬念的言语诱惑他，用"海大鱼"这样一个形象的比喻，表达了"龙游浅滩遭虾戏"的意思，使田婴意识到自己思虑不周，犯了错误。

现实生活中，有人说话很直接，有人说话很委婉。虽然无所谓对错，但有时太直接的话，会让人觉得不便，或抹不开面子。为了起到好的作用，就要使用一些隐语。不过，使用这种方式，一定要确保对方能够听明白，否则就是白费心思。

看一个人是善是恶，要看眼神；看一个人是智是愚，要听言观行。在与人的交谈中，适当运用比喻，或加上一段长长的议论，就会把握谈话的主动权。出色的语言表达，可以使人内心感动；善于说话的人，会获得更多机会。当对方形迹未显，或不太了解时，不妨采取圆通的方式，使其渐渐失去戒心，脱去外壳。有了充分了解，再用既定的原则来对待。这是鬼谷子在《反应》篇中所讲的谋略思想。

3．声情并茂，引起共鸣

说话要声情并茂，善于借助谈话技巧，引起对方的共鸣，由此了解对方的实情，以决定下一步行动。这是游说的最高境界。达到这种境界，就能顺利完成任务，取得不战而屈人之兵的效果。

东汉顺帝时外戚梁冀专权，长达二十多年，政治黑暗，民生艰难。梁冀是历史上十大奸臣（庆父、赵高、梁冀、董卓、来俊臣、李林甫、秦桧、严嵩、魏忠贤、和珅）之一。因质帝称梁冀为“跋扈将军”，次年即被他毒杀，另立桓帝即位。他独揽东汉王朝大权，结党营私，大封梁氏一门为侯为官。

这时，广陵人张婴不堪暴政，在当地聚众起义，抗击官府，纵横徐、扬一带几十年。朝廷屡剿无功，深感头疼。朝中有一位御史，名叫张纲，廉洁刚正，得罪不少权贵。于是梁冀上奏汉顺帝，任张纲为广陵太守，让他平息暴动，企图借刀杀人。

张纲来到广陵，独自一人去了张婴大营。张婴十分惊讶，便问：“太守大人屈尊来到贼营，不知有何见教？”张纲站起身，施礼说：“将军何出此言？下官办事不周，不恤民情，以致陷民于水火之中。俗话说‘官逼民反’，将军清廉自律，行侠仗义之举，实令下官敬佩不已。”听到这番话，张婴很意外，连忙起来赔罪，说：“太守早来十年，我张婴何至于此？我是草莽之人，不知礼仪，无法结交朝廷，我也自知是釜底游鱼，苟延残喘而已，哪能活得长久？今天大人到此，请为我指点迷津！”于是，张纲通过安抚的办法，不动一兵一卒，经过反复协商、妥善处置，终于平息了广陵暴乱。

《孙子兵法》云："不战而屈人之兵，善之善者也。"张纲采取攻心之法说服张婴，不靠威压和利诱。首先承认朝廷的失职，将责任揽到自己身上，然后称赞张婴为民赴险，打动了张婴，攻破了其心理防线。这正是"攻心为上"的原则。张纲在任期间，深受当地百姓爱戴。张纲死后，张婴等五百余人披麻戴孝，扶柩至四川武阳，安葬完毕才挥泪而去。

规谏失足之人要采用适当的话语，使之产生共鸣，进而达到说服的效果。对于那些看似冥顽不化的人，也要以诚相待尽力去感化。若能将心比心，生活中就会多一些宽容和谅解，少一些纠纷和矛盾。心灵感化的力量比刑罚更大。懂得这个道理并付诸行动，世间的纷争就会少一点，世界也会变得更加美好。

4．知之始己，自知知人

《孙子兵法》云"知己知彼，百战不殆",《反应》篇所称"知之始己，自知而后知人"，也有"知己知彼"的意思。鬼谷子所强调的是，通过对自身的深刻反省，进而了解别人，把自知作为知人的前提，这可以说是很有见地的。

战国时，秦昭襄王派大将白起率兵进攻韩国，占领了野王，截断了上党郡和韩国都城之间的联系。上党形势危急，韩国不愿投降，派使者带着地图把上党献给了赵国。

赵孝成王派军接收了上党。两年后，秦国派王龁再次进攻上党。赵国派廉颇率军前去救援。等赵军到了长平，得知上党已被秦军攻占，王龁正要向长平进攻。廉颇于是坚守长平，修筑堡垒深挖壕沟，跟秦军对峙以作长期打算。

王龁多次向赵军挑战，廉颇就是不交战。王龁无奈，怕长期消耗粮草不足。秦国相国范雎派人行使离间计，到赵国都城邯郸散发言论："秦国就是怕赵括带兵，廉颇不中用，眼看快投降啦！"

赵括是名将赵奢之子。他从小学习兵法，讲起来头头是道，自以为天下无敌。赵王听了秦国奸细散发的言论，于是拜赵括为大将，去长平替代廉颇。蔺相如劝说："赵括只懂读他父亲的兵书，用套路，临场应变能力不行，不是将才。"赵王不听。

于是，赵括领兵到了长平。廉颇验过兵符，办了移交，回邯郸去了。大军由赵括统率作战，气势相当壮观。赵括来后，将廉颇制定的号令全部废除，并下令说："秦国再来挑战，应给予当头痛击。非杀他们个片甲不留不可。"

范雎得知反间计成功，赵括替换了廉颇，就派大将白起去指挥秦军。白起是当时的优秀军事家，他深通兵法，极富韬略，与廉颇、李牧、王翦并称"战国四大名将"，并居于首位。白起到了长平，设好埋伏，故意打了几个败仗。赵括不知是计，拼命追赶，结果被引到秦军埋伏好的地点。白起派精兵切断了赵军后路，另派骑兵直冲赵军大营，把赵军切成两段。赵括才知中了秦军之计，只好筑起营垒坚守，等待救兵。白起又派兵把赵国的援兵和运粮的道路切断。

内无粮草，外无救兵，赵军苦守四十多天，士兵饥饿不堪，无心作战，甚至自相残杀。赵括走投无路，集结军队几次突围都没成功，最后率精兵出战，结果被秦军的弓箭手射死。赵军听到主将被杀，纷纷扔了武器投降。后来，四十万赵国降卒全被白起坑杀，只放回两百四十多个小兵。长平之战，惨绝人寰。赵国军队就这样因为赵括纸上谈兵、缺乏经验而全军覆没。

先哲老子曾在《道德经》中说："知人者智，自知者明。"意思是说能够了解别人是一种智慧，能够自知才算明智。而那些没有自知之明、不自量力的人，历史上从来就不少见。或许他们并非愚钝之人，但缺乏经验、不懂变通又自恃高明，不具备将帅之才却傲视一切，肩负重任却不了解自己，往往意气行事冒险而为，从而造成惨痛的悲剧，付出沉重的代价。

5. 反弹琵琶，欲扬先抑

世间的一切事物，总以各种方式存在着广泛的联系，因此，鬼谷子主张了解事物、观察事物，要有一定的高度，要在一个广阔的空间去思考问题，不可忽略事物之间更深层次的联系。《反应》篇曰："欲闻其声反默，欲张反敛，欲高反下，欲取反与。"在言谈或论辩时，反弹琵琶，欲扬先抑，往往能够吸引他人，获得较好的说服效果。所谓"反弹琵琶，欲扬先抑"，就是利用逆向思维，指导言谈和行动，走与目标相反的道路，然后回到真实论点。这是鬼谷子在本篇告诫我们的道理。

三国时，曹操打败了盘踞荆州的刘备，企图一举吞并江东。诸葛亮为了联吴抗曹，来到东吴面见孙权。舌战群儒后，鲁肃叮嘱他千万不要说曹操兵多势大，以免孙权顾虑太多。诸葛亮笑着答应了。不料见了孙权，诸葛亮即大谈曹军兵力强大，说："曹军骑兵、步兵、水军，合起来不下百万！"孙权听了大惊，忙问："其中有诈吧？"鲁肃在旁使眼色，诸葛亮装作没看见，具体分析了一番，得出的结论是曹兵超过了百万，最后说："我只讲百万，是怕吓倒江东人士！"

孙权问："那么是战是降，请先生决断！"诸葛亮说："你应根据实力来决断，如果自认为能与曹操抗衡，那就及早断绝往来；如果自认敌不过，不如听从众谋士的意见，投降曹操。"孙权大怒，反问："照你这么说，刘皇叔为何不投降？"诸葛亮等的就是这句话，于是说："田横，齐国一壮士而已，尚能守节不辱，况刘皇叔是皇室后代，盖世英才，怎能甘心投降呢！”诸葛亮这句话显然小看了孙权，孙权脸色大变，怒道：“刘皇叔败军尚不投降，我堂堂东吴岂肯受人控制！”至此，心有不服的孙权被诸葛亮的反话“激”了起来，决心发兵抵抗。于是形成了孙、刘联盟共同抗曹的局面。

诸葛亮深知孙权是有为之主，绝不甘心受制于人，所以故意把曹操说得很强大，然后逐步激起孙权的斗志，最终达到了联吴抗曹的谋略。

当世界都向右的时候，为何自己偏偏向左呢？这看起来很荒唐，也不合情理。但实际上，这种欲扬先抑的思维方式，在现实中往往能够取得出奇制胜的效果，使矛盾双方在一定条件下相互转化，这充分体现了唯物主义辩证法的精神。

6．胸怀韬略，预定计谋

观往以验来，知古以论今，是战国时许多哲人的主张。《反应》篇曰：“己不先定，牧人不正。事用不巧，是谓‘忘情失道’。”意思是说如果不事先确定策略，就不能正确管理别人，做事也就没有合适的技巧，这叫“忘情失道”。只有知己知彼，借古鉴今，才能预定良谋，达到最高的境界，使人无从把握自己的策略，做到天衣无缝。

在战争中，军事力量固然重要，但通过外交或政治手段，同样可使敌人不战自退，既完成了战略目的，又达到了战争效果，而且不费一兵一卒，以最小的损耗获得最大的胜利。鬼谷子认为，论辩谋略要完善细节，虽然也有急中生智的情况，但不可把它作为一种追求。为了最大限度保证成功，就要努力控制谈话中的细节。说话、做事没有周密计划，就会欲速而不达。不能预先设定谋略，就会迷失自我。急躁者遇到挫折，往往容易灰心，不

能冷静分析，接下来的行动也会连连失误。

对事情进行迅速分析并采取正确对策，这是个人素养的表现。具备了这种高深的涵养，才能事业有成。古往今来的杰出人物，尤其是领袖人物，无一不是对细节格外重视。提前准备材料，设计每一句话，甚至睡觉都琢磨。这是他们为此付出的艰辛努力。

预测未来不能离开对过去的回顾，了解今天必须回头看历史；要知道自己，应该去了解对方。如此思考，方是圣人之道。只有加强涵养，才能从容不迫，内在的东西决定了人的行为模式。涵养不是生来就有的，主要来自日常的修为。平日严格要求、修己省过，遇事不急躁、不冲动，就能镇定自若、谈笑风生。

7. 欲张反敛，欲取反与

“欲擒故纵”是“三十六计”中的重要计谋，这在鬼谷子《反应》篇中也有体现。“欲闻其声反默，欲张反敛，欲高反下，欲取反与。欲开情者，象而比之，以牧其辞。”意思是说，倾听对方讲话，自己先保持沉默；想要对方敞开心扉，自己先闭声收敛；想要高调，先要低调；想要获取，先要付出。

“欲张反敛”“欲取反与”，这是鬼谷子的重要谋略思想之一。这种谋略思想在现实各种斗争中可有多种运用。比如，战国时，张仪破坏了齐、楚之盟，又获得了楚国的城邑，就是抓住了楚怀王的贪婪之心，虚言与之，然后取之。

张仪出使楚国，运用计谋使齐、楚联盟瓦解。楚怀王愚昧无知，张仪利用了其贪婪的心理，以六百里封地为诱饵，有效瓦解了齐、楚之盟，使秦国坐收渔利。想从对方那里获取利益，就先投其所好，以丰厚的诱饵使之动心，真给也好，假与也罢，只要达到目的就是成功。

8．和光同尘，方圆并用

很多时候，一个人的内心想法往往决定个体的言行举止。因此，要留心观察对方的兴趣、爱好，明白其意图，理解其心思，才能投其所好，对症下药。人的内心千变万化，但即使再变也有迹可循。只要用心揣摩，就能掌握其变化，进而掌握其心、控制其人，使其自愿跟随。这是灵活反应、驾驭他人的手段。鬼谷子认为，若是尚未掌握全局，就应以“圆略”诱惑对手；待掌握全局，再以“方略”战胜对手。

老子倡导“和其光，同其尘”，其实也是一种圆融处世之道。“能容物者，物乃能容”，有涵养的人不念旧恶，从而获得广泛的支持。矛盾往往因时因事而转移，总把思路放到过去的恩怨，是不明智的表现。一个人若是自命清高，处事严苛，或拒人于千里之外，或责难他人轻微小错，就会四面楚歌、处处树敌。

当然，与人相处不可过于苛刻，也不可过于亲近，一定要掌握分寸。我们常说对人要真诚，但也要坚持一定的原则。交朋友要宁缺毋滥，初次见面忌“交浅言深”。如何对待别人的错误？这是学习圆方之略的重要问题。若是别人打扰了自己，或做了对不住自己的事，很多人会表示愤慨，继而大发雷霆。这样做只会加深矛盾，使事情越来越糟。忍住一时的怒火，学会宽容别人，结局就会不同。宽容别人的过错，给予他人理解和尊重，于人于己都有好处。

俗话说“兵不厌诈”，察觉对方有“诈”时，并不当面揭露而是不露声色，抢先一步解决难题，这种做法十分高明，达到了鬼谷子所赞许的“与人也微，见情也疾”的境界。商业讲究诚信，不讲信用就无法长久立足。因此，商场上的“诈”，可以是机智，是谋略，它应用于市场竞争，可以是“你无我有，你有我优，你优我廉”，但不应是欺骗和糊弄，这是我们要切记在心的。

二、古为今用

1．谋事必先谋知

世人多重视谋略，小则谋个人之生活、学习、就业、婚姻、家庭、社交、成就、前途等，大则谋群体、地区、国家以至世界的和平、安全和发展。然而怎样才能谋得合理，谋得科学，其前提条件是什么呢?

本篇告诉我们，谋事必先谋知。古今中外，凡是成功的政治家、军事家、外交家、实业家，无不如此。如果是盲人骑瞎马，夜半临深池，而又无人提供情报，则难免有灭顶之灾。

在鬼谷子之前，军事家孙武曾提出过“谋战必先谋知”的思想，他说:“知彼知己，胜乃不殆；知地知天，胜乃可全。”又说:“故知兵者，动而不迷，举而不穷。”鬼谷子继承并发展了孙武的思想，从战争扩展到一切事物，专门写出《反应》篇，实质是教导人们，谋事必先谋知。

为什么谋事必先谋知？只有先谋知，谋求知晓其事的内部联系以及变化的规律性，才有可能科学地谋事，做出正确的决策。本篇一开头就指出:“古之大化者，乃与无形俱生。”就是说：圣人领导社会大变革，总是首先研究客观规律，并始终遵循客观规律，达到“俱生”即同生的境界。

谋知，谋划认知，要害在“谋”字。有许多人常把“认知”看得很简单，以为只要用眼看、用耳听就行，他们轻视了认知的困难。认知，必须解决主观与客观之间的矛盾，必须解决有形与无形的矛盾，所以离不开谋划。要想改造自我，必须首先认识自我；要想改造世界，必须首先认识世界。谋知，是做人必不可少的聪明，是领导者必备的基本功。为了说明这个问题，请看以下案例。

美、英联军在伊拉克为何陷入窘境？2003年3月20日，美、英联军不顾法、德、俄的反对，不顾中东一些国家的反感，在土耳其不配合的情况下，未经联合国授权，擅自发动了对伊拉克的战争。先是根据可靠情报，采取了“斩首”行动，原以为一下子就能斩去伊拉克之首，达到“擒贼先擒王”的目的，结果没有奏效。接着又采取了“震慑”行动，天上飞机、巡航导弹狂轰巴格达，地上大军直逼巴格达，原以为这下子可以震慑住伊拉克，伊军会纷纷投降，伊人民会欢迎“解放”之师，伊反对派会立即行动起来，联军可以“零伤亡”“不战而屈人之兵”。但事与愿违，伊拉克军队不但没有投降，反而是顽强抵抗；伊拉克人民不但没有出来欢迎联军，反而报之以自杀性爆炸，联军死伤众多，战争进程受阻。国内哗然，美、英之间以及美国文武官员之间相互埋怨，两国不得不进行战略调整。后来还是依靠特工收买伊军将领和利用高科技破坏伊军的通讯指挥，才得以实现对伊的军事占领。在布什宣布对伊战争结束之后，美、英联军遭遇游击战抵抗，伤亡惨重，民怨沸腾，陷入了泥潭。英国《独立报》的文章说：“‘知己知彼，百战不殆。’这是公元前4世纪的中国军事家孙子说过的不朽箴言。联军最大的失误是忘了‘知己知彼’。”仅仅是忘了吗？美、英经过了1991年那次海湾战争，对伊拉克制裁了12年，侦察了12年，怎是忘了“知己知彼”！是美国侦察手段不高明吗？在当今世界，数美国的侦察手段最齐全、最先进。此例足以说明认知艰难，认知人心难，认知被侵略国的人心更难。

认知难在何处？难在立场不同，主客观的矛盾不易解决；难在心境不同，有形与无形的矛盾不易解决。先说主客观矛盾。所谓主观，是指人的意识。所谓客观，是指除认识主体之外的一切客观存在。理想的状况是：主客观一致，即主观对客观的认识能完全正确地反映客观存在。这叫作真理性的认识，然而这是很不容易的，主客观矛盾是经常发生的，有如下几种情况：因为人的主观认识总是有局限性的，或受到不同利害的驱使，或受到主观认识能力的限制，或受到历史条件的限制，或受认识的时间、地点、条件的限制，因而只能得到客观事物的局部信息。局部信息不能反映客观事物的全部，必然导致认知的偏差。在前述案例中，美、英联军为什么对伊拉克的抵抗估计不足，因为他们发动的这一场战争，违背了联合国宪章，破坏了中东的和平与国际秩序，与1991年那场解救科威特的海湾战争性质不同，理所当然要遇到激烈的抵抗。然而他们站在霸权主义立场，当然看不清这一点。怎么解决认识的局限性？首先要承认自身的局限性，突破局限性，尽可能做全面调查。（《亲历战后伊拉克》，聂晓阳，中信出版社2005年版）

因为客观事物总是在不断变化发展的，而人的主观反应，总是滞后于客观事物的变化。虽然可以根据客观规律进行预测，但预测仍然具有设想的成分，还够不上真理性的认识。解决的办法是承认这种滞后性，及时做追踪调查。

因为人的认识过程，总是先认识表面，而客观事物常有表里不一，这就难免会发生认识错误。解决的办法是不满足于对事物表面的认识，一定要做由表及里和去伪存真的思索。因为在对立斗争的情况下，对方总是千方百计封锁信息，施以伪装，制造虚假信息，这就更难于达到真理性认识。解决办法是承认信息战，充分运用间谍、公关、相敌、火力侦察等多种手段，全面收集、分析、处理情报。

因为客观规律总是隐藏于大量实践和大量变化之中，表现虽有形，规律却无形，看不见，摸不着，很难认识和把握。只有通过大量实践活动，并对事物的发展变化进行系统观察与记录，才有可能逐步认识并把握它。

总之，知己不易，知彼不易，知敌更难，把握自然和社会发展规律最难。正因为难，所以需要依靠智慧去谋划。本篇正是为解决这个难题而作。其谋知的思路是利用“反应”原理，而利用“反应”，则必须有足够的灵敏度。

2．谋知须灵敏

所谓反应，是指有机体受到体内或体外的刺激而引起的相应活动。譬如人，受体内疾病或外界风寒、病毒等的刺激，引发呕吐、头痛等病理反应；受喜怒哀乐支配的情感反应；受理智支配的语言反应；受动机支配的行为反应，等等。这些反应无不体现着人的特性。探测其人的反应，就可能认知其人。

人类生活的地球，在地球内部的作用和太阳系的作用下，无时无刻不发生反应。正是依靠其反应，才给人类和无数生物提供了生存条件。人正是生活在地球的反应场中。地球反应场在宇宙力和人为力的作用下，不断变化，如气候变暖、变冷，臭氧层被破坏，生态环境恶化等。如我国1998年的大洪水，也可以说是对我国几十年来急功近利、盲目改造山河发出的黄牌警告。认真探测和研究地球的反应，才能更好地保护人类生存的环境。

人类生活的社会，在内外作用下，也是时时发生反应。正是这些社会反应，构成了人类社会丰富的历史。例如19世纪以来，世界列强一再侵略、欺侮中国，导致中国人民做出反应——进行新民主主义革命。再如1997年以来，国际金融投机家制造亚洲金融风暴，必然促使亚洲国家对世界经济一体化做出新的反应。研究社会做出的各种反应，才能认识社会发展的规律，才能适应社会的发展变化。

比较来说，有机体在受到作用后，反应来得较快。而自然和社会在受到作用后，反应来得较缓慢，通常需要经历一个较长的滞后过程。

探测事物做出的反应，接受其反应信息，是认识事物的一种重要方法，是解决主客观矛盾和有形与无形矛盾的主要途径，也正是本篇的中心思想。鬼谷子把《反应》篇列为第二，足见他对谋知的特别重视。

如何探测事物做出的反应？本篇着重论述了两种探测法：一种是被动侦察法，或曰消极侦察法；再一种是主动探测法，即主动刺激事物发生反应。无论哪种探测法，均需要接收反应信号。如何确保接收到目标的反应信号？这就需要本身具有较高的敏感性，在无线电学中叫作接收灵敏度。如何从接收到的目标信号中，获取到目标的真实信息，则不仅要有足够的接收灵敏度，而且要有一定的信息处理和分析鉴别力。学会探测客观反映，增强自身的敏感性和分析鉴别力，是十分重要的。这是一种才能，也是一种修养。

作为一个社会人，要想处理好公共关系，一方面必须具备控制自身反应的意志和修养，无论出现什么外界刺激，都要尽可能以理智控制自己。如果只知放任自己的个性，或者虽不想放任，但缺乏自制力，则必然会经常做出无理智的反应。如有些人在遇到挫折时，就受不了，或胡说八道，或乱发脾气，或整日酗酒，等等，其后果必然不好。这种人很难担当重任。另一方面，必须能敏感地觉察到客观对自己的反应，从而不断从客观反应中吸取教益，及时调整自己的行为与作风。如果客观对自己的反应不好，而自己还麻木不仁，自我感觉甚好，仍然自以为是，仍然自鸣得意，则迟早会碰钉子，这种人往往要被聪明所误，难以长进。

作为一个领导者，仅有上述敏感性不够，还必须具备对历史时代和社会气候的敏感性，鉴古而知今，见微而知著，见叶落而知秋，如此才能高瞻远瞩；还必须具备对群众利益和群众情绪的敏感性，如此，才能体察到民情，执政为民，受到群众拥护。

作为工商业经理，必须具备对顾客需求的敏感性，以及对商品市场变化的敏感性。高明的经理，只要参加几次商品博览会或订货会，就能大体把握住市场变化的脉搏。他们在培训管理人员时，也特别注意培育人员对市场的敏感性和洞察力。据说，韩国三星集团，曾派遣三十四位高层经理到美国沃顿商学院参加研习会。会后，公司要求他们从东岸的费城分乘十七部车，开到西岸的加州搭机回国。最特别的是，公司要求每一部车必须经过至少十五个州，以最实际的方式来了解美国的乡土民情及各地市场的需要，为的是收集商情，培育他们对市场的敏感性。

认知灵敏度如何，将在相当程度上决定着人的生存发展。一个人，必须具有对环境的灵敏度，善于根据客观需求，主动调节自己的思想行为；作为领导干部，必须具有较高的社会灵敏度，根据社会需求，主动调节自己的政见和策略；作为经理，必须具有较高的市场灵敏度，根据市场需求，主动调节企业经营方向和战略。在培养和选拔人才时，必须把反应的灵敏性作为首要条件。

3．鉴往知来

鬼谷子说："反以观往，复以验来，反以知古，复以知今。"讲的就是鉴往知来、鉴古知今的谋知法。

在世界上，凡是联系越多的事物，其变数越多，矛盾就越是错综复杂。例如人类社会历史，就是如此。要认识它，极为不易，比起那些联系少、矛盾单一的事，难知得多。社会的今天，有许多未知数，至于社会的未来，全是未知数。要想把握今天的脉搏和预测未来的发展，则是很难的。鉴往知来，鉴古知今，是一种有效而可行的办法。春秋时代著名政治家管子说："疑今者察之古，不知来者视之往。"孔子叙述自身体验说："我非生而知之者，好古，敏以求之者也。"战国时代墨子告诉人们一个增智的办法："谋而不得，则以往知来，以显知隐。"鬼谷子的鉴古知今法，正是前人智慧的总结。

为什么鉴往可以知来、鉴古可以知今？因为以往的事，包括古代的事，均是人类社会已经发生过的反应，如果留下了足够的记录，就是可知的。而以往与未来，古与今，总是有联系的。或是因果联系，以往种下的因，可能在未来结果；或是继承性联系，未来，总是建立在以往创造的条件之上；今，总是古代的延续和发展。再说，万事万物均有其自身之发展规律性，只要你善于沿着其发展规律去思考，就可能鉴往以知来，鉴古以知今。

这种认知方法的要害，在于把握事物的规律性。例如某人身居军营，受到严格的组织纪律约束，以往一贯遵纪守法，品德高尚，只要环境不发生大变化，这个人在未来，一般都会保持节操。但如果此人的环境发生了大变化，周围对他的金钱诱惑很大，而其自制力又不强，则此人被腐蚀的可能性是存在的。注意，这种认知法，切忌简单化。

对人，鉴往知来，尚较容易，而对社会发展鉴往知来，则是最难的，也最为重要，这已引起社会学家的高度重视。例如19世纪的马克思，根据生产关系一定要适应生产力发展的原理，借鉴以往的社会变迁史，研究资本主义的发生和发展，预言资本主义必然要被社会主义代替。再如20世纪美国未来学家丹尼尔·贝尔，他以生产力的发展规律为线索，鉴于人类曾从农业社会进入工业社会的历史实践，又根据工业社会的种种矛盾，预言人类社会必然要进入后工业社会。他认为，在农业社会里，土地和劳动力是主要资源，农场和种植园是社会活动的主要场所，地主和军人是社会的统治人物。在工业社会中，机器是主要资源，企业是社会的主要活动场所。

在后工业社会，理论知识将成为社会战略资源，大学和研究所将成为社会的主要活动场所，服务经济将取代商品经济的统治形式，白领将取代蓝领的主导地位，对技术将要进行规划与控制，智力技术将成为制定决策的主要工具。与丹尼尔·贝尔的理论相似，美国未来学家托夫勒鉴于历史上发生的农业革命浪潮和工业革命浪潮，预言人类必将出现第三次浪潮，即信息革命。还有如美国未来学家提出的大过渡理论。这些鉴往知来的预测，曾经引发全世界的争论，但随着时间的推移，信任者越来越多。联合国经济合作与发展组织把未来的经济定义为“知识经济”，即“建立在知识和信息的生产、分配和使用之上的经济”。当今各国无不积极准备，迎接知识经济的到来。

正因为鉴往可知来，鉴古可知今，故古今中外政治家无不重视学习历史，研究历史。唐太宗李世民提出了“三镜论”：“夫以铜为镜，可以正衣冠；以古为镜，可以知兴替；以人为镜，可以

明得失。”

4. 以静观动

无论对国家、对企业、对个人，都应在其动态中观察，如此，方能看到其历史过程，看到画面，看到其矛盾运动和本质，而不是只看到一个点、一个片面和一些表现。这里所说的动，是广义的动，泛指一切变化。如何以静观动？本篇指出了两个要点：

（1）因其言，听其辞

人的言论，无不是其思想的反映，故因其言，听其辞，是了解其人思想企图的有效方法。当今人事招聘提倡面试，就是这个道理。只要精心设计好面试题，听其言，观其情，思其辞，就不难测知其人的学识、才干、品德、信仰、应变、为人处世以及其世界观和方法论。

因言听辞，要特别注意其人之言，是正话还是反话？是真话还是假话？说真话，是其思想的反映；说反话，说假话，也是其思想的反映。这里的难点在于分辨正反、真假。

能否听出言辞之意，能否听出正反与真假，关键在于自己能否做到“静”，静听其言，静观其情，静思其辞，分辨其真假，静待其变化，静制自己的喜怒哀乐。一个“静”字，是相当有学问的。

（2）张网探情

一次因言听辞，只能得到一次信息。若想得到全方位、全过程的信息，则必须全面地连续不断地听其言辞、观其行动，这就需要张网探情。如同猎人张网捕兽那样，在目标经常活动的场所，多多设置并张开天罗地网，连续观测记录，再把记录数据加以综合处理，就不难发现其变化规律。例如在现代宾馆、超市等公共场所，设置监视器，全天候录像，就是一种局部张网探情。再例如，美国发射了许多侦察卫星上天，并不断派遣侦察飞机进行高空侦察，对一些国家连续不间断地实施监测，从而掌握了各国的情报。美国的卫星和侦察飞机，就是全太空的张网探情。

无论是因言听辞，或是张网探情，均是以静观动，均是被动地接收目标发出的信号。为了确保接收到目标发出的信号，自身一定要冷静，冷静地听，冷静地观察，不给对方以任何干扰，不使对方警觉，如同潜艇关闭动力，坐沉海底，听测敌舰的噪声那样。专注地听测，不放过对方的每一句话，每一个表情，每一个语气，每一个动作，并冷静地分析思考其言、其辞、其情、其意，以做出科学的判断。用这种方法接收到的信号，较为真实。但以静观动有一个前提，就是目标必须是不间断地发出信号，这种信号通常是其内部矛盾作用于外部的反应，如舰艇主机开动时，难免要发出噪声，难免要发出热辐射。但如果对方为了规避我的侦察，故意保持沉默，隐蔽自身对外的反应，如潜艇关闭主机改用电池航行那样，那么以静观动的办法就不灵了。此时，就得改用主动探测法。

5．主动探测法

主动探测法，就是主动刺激对方，使之做出反应，我接收其反应信号，从中获取信息。如同雷达，向一定方向发射强脉冲电磁波，当电磁波遇到敌人舰艇时，就会发生反应，反射一定数量的回波，我只要接收其回波，就可以探测到敌舰艇在哪个方位，在哪个距离，是什么样的性质。

主动探测法，在本书中叫“反听”，妙在如何刺激对方，使之做出反应，暴露真情。如对人，可用言、默、喜、笑、怒、骂、问、冷、热、远、近、亲、疏等刺激之；如对企业，可用业务、价格、情报、广告、收购、联合、赞美、批评等刺激之；如对敌军，可用惊扰、进攻、退却、迂回、示弱、示强、信使、喊话、离间、宣传、情报等刺激之。鬼谷子曰："古善反听者，乃变鬼神以得其情。"妙在一个"变"字，要善于用变动刺激手法。如何变？要利于保存自己，要利于掌握主动权，调动对方。本篇着重从两个层次论述主动探测法：

（1）以钓求实

这是钓鱼的启示。钓鱼者研究鱼的喜好，投其所好，把食饵放入水中，刺激鱼做出前来吃饵的反应，把鱼钓到手。如何钓实？鬼谷子列举了几种钓法：

①道合其事。是说你的言行和钓法，要投其所好，合乎其利益、其事业、其爱好、其兴趣，则"彼自出之"，人家才会消除戒心，把你视为朋友，与你推心置腹。

如何合其事？这就必须研究其人为何不吐实情的症结。如果是顾虑利害，则应以利诱之；如果是情感障碍，则应以情动之。无论用何钓语，最好不露企图，正如鬼谷子所云，要"以无形求有声"。

②反而求之。如果钓语设计不当，不合人意，则应改变钓语之方向，"言有不合者，反而求之，其应必出。"且举以下案例说明之。

案例：公孙鞅如何根据反应说动秦孝公。

战国时期，卫国人公孙鞅，先到较强的魏国谋事，不得志，转而到最强的秦国推销政见。第一次晋见秦孝公，公孙鞅说以尧舜为帝之道，孝公不感兴趣，认为其政见迂腐无用；第二次晋见秦孝公，公孙鞅说以夏禹、商汤、周文王和周武王等人的称王之道，孝公仍不感兴趣，认为王道不适用于当时；公孙鞅请求再次晋见。第三次晋见时，公孙鞅改说以霸术，即称霸诸侯之道，正合秦孝公需求，秦孝公非常感兴趣，两人谈得十分投机，长谈三天三夜。秦孝公很佩服，遂拜公孙鞅为左庶长，主持变革，成就了历史上著名的商鞅变法。

③欲擒故纵。在设计钓鱼时，通常采用“擒人”的思路，一心想擒住对方，探得实情，对方必然千方百计逃避擒拿。如果对方逃脱了擒拿，怎么办？此时，应反而求之，不妨改用“放纵”的办法，“欲闻其声反默，欲张反敛，欲高反下，欲取反予”，使对方放松警戒，吐出实情。且举下述案例说明之。

某地发生一起凶杀案，经周密侦查，抓到了一名杀人嫌疑犯，但他坚持攻守同盟，拒不交代凶杀的主犯。公安人员对他多次审讯，均未能突破其攻守同盟，于是改用欲擒故纵的办法，一连几天，既不审他，也不问他，只是丢给他一句话：“你已经错过了立功的机会，你不交代，自有人交代，你就等着判死刑吧！”嫌犯因此误认为公安局已经抓获了主犯，且主犯已交代了罪行。于是他就大骂主犯不守誓约，坑害了自己。就这样，在不知不觉中，他把主犯交代出来了。

④象比观次。“言有象，事有比，其有象比，以观其次。”“欲开情者，象而比之，以牧其辞。”这都是说，在设计钓语时，可运用形象和比喻的手法，刺激对方，逼问对方，观其反应。可运用启发性象比，使对方与我“同声相呼，实理同归”。且举以下案例说明之。

战国时期，齐宣王一心想效法齐桓公、晋文公称霸诸侯，招贤纳士。孟子也来投奔齐宣王，当上了客卿。齐宣王问孟子：“可否给我讲讲齐桓公、晋文公之事？”孟子不赞成霸道，一心推行王道，故有意回避说："孔夫子的门生从不谈齐桓公、晋文公之事。"并立即把话题引到王道上。齐宣王问："我能实行王道吗？"孟子用象比手法曰："听说你在祭神时，舍不得杀牛，说明你有爱心，可以实行王道。"齐宣王不解地问："此心为何合于王道？"孟子再用象比反问："如果有人对你说，'吾力足以举百钧，而不足以举一羽；明足以察秋毫之末，而不见舆薪'，你相信吗？"齐宣王曰："当然不信。"孟子马上抓住机会象比曰："一羽之不举，是不用力；舆薪之不见，是不用明。今齐王对禽兽施恩，而不对百姓施德，是不为也，非不能也。今齐王劳民伤财，兴甲兵，危士臣，构怨于诸侯，难道是以此为乐吗？"齐宣王辩解曰："不是为乐，而是为远大抱负。"孟子追问："有什么远大抱负？"齐宣王笑而不答。孟子用象比法反驳曰："难道是齐王吃得不够好？穿得不够暖？声色不够享受？宠妃不够多吗？"齐宣王曰："均不是。"孟子曰："那就是为了称霸诸侯，统一中国。但这好比是'缘木求鱼'，根本办不到。"齐宣王不服气："能有那么严重吗？"孟子曰："比这更严重！缘木求鱼，虽然得不到鱼，但无后灾。而今齐王兴甲兵，想称霸，后必有灾。"齐宣王问："有何灾难后果？"孟子抓住机会为齐宣王做利害分析，使齐宣王心有所动，请求孟子为他出谋划策，"愿夫子辅吾志，明以教我"。孟子，是中国历史上著名的辩说家，尤其擅长使用象比手法，引出别人的心思，形象地推销自己的学说。

（2）反复互动求明

以钓求实，是主动探测法的基本层次。而运用之妙，还在于反复互动。

①反复。刺激，仅靠一次刺激，其反应难以显示出规律性，

必须跟踪反复刺激，如同雷达探测目标，必须循环不断地发射脉冲电磁波，方可在荧光屏上显出目标的图像。

②互动。主动探测法能否有效地探测到目标的真实情况取决于三：一是我发出的刺激信号如何，是否具有足够强度，是否能对准目标，是否能反复进行；二是目标的反应特性如何，会不会把电磁波吸收掉，是否能有回波；三是我的接收特性如何，是否具有足够的接收灵敏度。而这三个条件，均需要互动，在互动中创造最佳效果。

互动，首先要自知。有自知之明者，方有知人之明。如雷达，其荧光屏上目标图像之大小、形状、强弱，均与雷达性能密切相关，故必须先知我雷达性能，方可通过荧光屏上的图像，正确辨识目标。这个道理，可以推广到一切主、客观关系。人贵有自知之明，方可用好刺激反应法，去了解人，尊重人，团结人；企业贵在有自知之明，方可用好刺激反应法，去了解市场，服务市场，占领市场；一个国家贵在有自知之明，方可正确行使外交，了解世界，学习世界，利用世界，自立于世界之林。

然而，仅仅孤立看自己，易于孤芳自赏，夜郎自大，很难有自知之明，必须把自己置身于客观环境变动之中去。一个人，必须走入社会，多多了解社会矛盾，才能自知长短。古人提倡“读万卷书，行万里路”，就是这个道理；一个企业，必须走入市场竞争，才能自知本企业的长短和命运。为什么中国的民营企业比国有企业有活力，就是这个道理；一个国家，必须对外开放，走入国际社会，多了解世界各国，才能自知本国在世界上的位置，才能学会利用世界市场和世界资源，为什么改革开放大大促进了中国的发展，就是这个道理。

反复互动求明，是主、客观互为反应、相互促进的过程，既可改造客观世界，又可改造主观世界。科学试验要这样，社会变革也要这样，人的一生也要这样。

“反应术”是鬼谷子关于获取对方情报的一种方法。这里的“反应”，与我们现在常说的反应有一定的区别，它专指经过刺探对方发生的变化，以了解对方的实际情况。这就犹如张开了一张大网，等待着对方落入，或者将对方完全罩住。只是在现实生活中运用“反应术”时，要善于通过小事推测出大事，刺探情况应准确而迅速。而且，使用“反应术”还要着重把握这样三点：一是知己知彼，百战不殆；二是博学多识，随机应变；三是刚柔并济，张弛有道。只要能做到这些，无论是做人、办事还是经商，都不再是问题。

三、做人之道

一般地说，一个人的言谈举止必将反映出其心声，透露出其喜怒哀乐，这是性情决定了的法则。因此，在现实生活中，在与人交往时，能抓住别人这些细微动作的变化，就可以观察到对方的真实情感。所以说，采用“反应术”对于做人处世是很有必要的。然而，有一点需要多加注意，那就是要让自己做到尽可能地镇定自如，这样才能鉴貌辨色，明察秋毫。

1. 以柔克刚，因势利导

“反应术”又叫作“钩言术”。在具体运用的过程中，就是要“以柔克刚，因势利导”，即在劝谏别人时要因人而异，切不要盲目规劝。

古人就十分善于运用“以柔克刚，因势利导”的劝谏原理。春秋战国时期的晏子，针对齐景公良知未泯而又喜欢享乐胡闹的性格，采取“以柔克刚，因势利导”的行动方法，使得君主心悦诚服，乐于接受，而自己又免于遭受伤害，真可谓是君臣和睦、皆大欢喜。

齐景公贪图享受，喜欢饮酒。有一次，他喝得大醉，神志不清，过了三天才能从床上爬起来。晏子十分担忧，就去见齐景公，问道："大王是不是因为喝酒太多病倒了呢？"齐景公很不好意思地说："是的。"晏子说："古人饮酒，喝到心情舒畅也就行了。所以，男人们不能因为群聚欢乐而妨碍了办理正事，女人们也不能因为群聚而影响了做手中的活计。古代的规矩，男女一同聚会，轮流敬酒应当不过五次，超过了就要受到处罚。当君王的，当然就更应该身体力行，为民众做出表率，这样才能在外没有人对国家的政治表示不满，在内没有人敢于胡作非为。如今您一日饮酒，三天卧床不起，外面对国家的治理抱怨不已，身边的近臣则趁机在内胡作非为。您这样做，对于那些依靠法制自我约束、自我防范的人，是鼓励他们任意妄为；对于那些希望得到奖赏和称赞而以此自勉的人，是诱使他们懒得行善。如此下去，君王背离了德行，百姓轻视赏罚，那就要失去立国之本，所以希望大王一定要节制饮酒。"

有一次，齐景公叫人修了一个大水池。池塘里的水很深，塘边建起一座高大的房屋，房屋横梁上刻着龙蛇，立柱上刻着鸟兽，显得十分豪华。齐景公上穿花团锦簇的礼服，下穿白色绣花的袍裙，一身五彩斑斓，腰带上缀满了玉石，头戴帽子，披散着头发，面向南站在那里，一副趾高气扬的傲慢神态。晏子来见齐景公，齐景公问道："您是不是知道，当年管仲辅佐桓公称霸时是什么样子的呢？"晏子仰首不答。齐景公再次问道："当年管仲称霸的时候是什么样子呢？"晏子说："我听说，只有精通水性的人才能与龙蛇为伍。现在您在横木上雕龙蛇，立柱上刻鸟兽，也不过就是为了建造一座房屋而已，哪有心思经营霸王之业呢？您炫耀居室的华美，炫耀衣服的美艳，一身衣服五彩具备，腰缀玉球，披头散发，也不过一间房子就能包容了。您身为一国之王，万众之君，却不务正业，一心用在邪门歪道上，君王的魂魄早已荡然无存了，还拿什么来图谋霸王之业呢？”

齐景公听了晏子的这一番话，觉得十分惭愧，就走下堂来，来到晏子身旁，不好意思地说：“梁丘据、裔款告诉我这所房子修好了，我这才私下里套上这身服装，实际上是想与梁丘据开开玩笑，也叫先生来此。我现在就去别的屋子换下这套衣服，听从先生的指教，如何？”晏子说：“梁丘据等人迷惑大王，让大王做些邪恶无聊的事情，大王哪里知道实情呢？再者，如果伐木不去其根，再生的枝条还会长出来，大王为何不就此除去他们二人，以使今后您不再受他们迷惑呢？”

还有一次，齐景公头戴巨大的帽子，身穿很长的袍子，一副奇形怪状的样子。他上朝听政，洋洋得意地站在朝堂上，满脸盛气凌人的样子，扫视群臣，天色很晚了也不散朝。晏子走上前，对齐景公说：“圣人的衣服都做得适中合体，而不过分华贵，这样他的形象可以作为民众的榜样，去引导和影响民众。他的行动合乎道德礼仪，有利于养生，百姓也争相学习他的举动仪容。现在您的这身衣服过分华贵，不能用来引导民众；盛气凌人、满脸傲慢地站在朝堂上，也不利于养生；天色晚了也不知道散朝，不符合礼制，您还是及早安息吧！”齐景公说：“我听从您的劝告。”随后就宣布散朝，并脱去了那身衣帽，以后再也没穿过。

晏子对齐景公的劝谏实在是无时不有，无处不有，无奇不有，竟然还始终得到了齐景公的信任，不仅没有被杀头，还能得

以善终，身后殊荣无量。即使在今天看来，这也不能不说是一个奇迹。因此，晏子应该算是够幸运的了，比起那些一言不慎就被杀头灭族的大臣，他还能要求什么呢?

晏子不但敢于劝谏，而且手段也相当高明。在当今社会也是一样，提建议是必要的，但要讲究技巧。假如遇到了像齐景公那样的上司，你非来个死谏的话，对上司对自己都不会有益处。所以应懂得用水的特性，以柔克刚，因势利导地提建议，这才是生存处世的好办法。

2．方圆并用，树立皇权

《鬼谷子·反应》篇曰："如阴与阳如阳与阴；如圆与方如方与圆。未见形，圆以道之；既见形，方以事之。"这段话的大意是："就像阴变阳，又像阳转阴；像圆变方，又像方转圆一样自如。在情况还未明朗以前，就要用圆的策略来诱惑对手；在情况明朗以后，就要用方的策略来战胜对手。"

从鬼谷子的这段话中，应该明白这样一个道理：做人应懂方圆之道。这早在古代就已经得到了充分的印证。而且只要对历史有所熟识的人都会知道，赵匡胤就比较善于运用方圆之道。

"淝水之战"是我国历史上著名的以弱胜强、以少胜多的战例，留有八公山下风声鹤唳，草木皆兵，投鞭断流等成语。

前秦之主苻坚在淝水之战中失败的原因主要是骄傲自大、一意孤行、轻率开战，内部不稳，意见不一，降将思乱，舍长就短，缺乏协同，初战受挫失去信心，加上不知军情、自乱阵脚，给敌人提供可乘之机！对朱序等人的间谍活动没有觉察，让对手掌握己方情况，使得自己陷入被动地位。

谢玄等人的东晋军的胜利原因主要就是临危不乱、从容应敌、君臣和睦、指挥若定，深知敌情之实和知己知彼、士卒精干。

《资治通鉴》中寥寥数语："其走者闻风声鹤唳，皆以为晋兵且至，昼夜不敢息，草行露宿。"千年而后我们似乎依然能够听到晋兵的喊杀声，看到秦兵仓皇逃跑的狼狈模样！

这样一场大战，实在是发人深思啊，现实生活中每个人都会遇到自己的"淝水之战"，无论自己是弱势的晋军还是强势的秦军，都能修炼到以一颗平常心对待，从容应敌，知彼知己，方能百战不殆。

每当我们处于一件事情的弱势之时，平常之心对待是最好的，然而一般人往往自怨自艾，担心自己实力不足惶恐自己的前途，其实并不是敌人打败了自己而是自己首先就已经气馁，自己已经把自己列入了失败者的行列，怎么还会有勇气去与强大的敌人战斗呢！

当我们处于一件事情的强势之时，也应以平常之心待之，然而一般人往往骄傲自大，不能够俯下身子倾听各个方面的声音，导致一意孤行、麻痹大意，最终导致失败，其实并不是没有能力取胜，并不是没有勇气取胜，而是过于自大，轻视敌人导致了失败，其根源还是自己打败了自己。或者轻敌，或者失误，或者就在决定输赢的瞬间莫名其妙地倒下了！这样的输家比弱势一方的输家更让人扼腕叹息啊！

公元370年，前秦苻坚统一了北方，只有南方的东晋与它对峙。383年夏，苻坚不顾群臣的反对，决意攻晋。他颁布诏令，进行全国动员，不到一个月的时间就征集了百万大军。这一年八月，前秦大军浩浩荡荡南下，共计步兵六十万、骑兵二十七万，前后连绵千里，向东晋边境逼近。东晋形势十分危急。

当此之时，东晋朝廷命谢石为征讨大都督，谢玄为前锋都督，领兵八万抗击前秦军。敌军八十七万，东晋军仅八万人，兵力悬殊，要想取胜必须施展计谋。谢玄知道叔叔谢安很有韬略，临行前便去请教锦囊妙计。哪知进了相府，谢安只说了句“退敌之事已有安排”，便不再说下去。谢玄不好再问，只好告辞。他越想心里越不踏实，便托老朋友张玄到谢安那里探问底细。

谢安见了张玄，硬拉他到郊外与亲朋好友欢聚。路途上，他与张玄谈天说地，论古道今，时时发出爽朗的笑声。当时，京城里人心惶惶，路人见谢安的神情这样谈笑自如，顿时将恐慌之心消去。相爷出游的消息很快传开，京都的秩序迅速得以安定。

当天夜里，谢安把将帅们全部召集起来，详细进行军事部署。将帅们见他如此镇定，布置得如此周密，一个个精神振奋，增强了必胜的信心。

龙骧将军给胡彬的任务是率领五千水军火速增援寿阳，胡彬受命后立即领兵前往。到了硖石(今安徽凤台西南)，闻报寿阳已经失陷。胡彬当机立断，下令驻守硖石这一要地。

前秦将领苻融一面挥军围困硖石，一面派部将梁成率领5万人马猛攻洛涧(今安徽怀远东南)，准备切断胡彬水军的退路。洛涧失陷后，胡彬的水军成了孤军，他几次领兵突围都没有成功，只好退回营寨固守。

过了几天，粮官向胡彬报告：粮食只能维持几天了，情况十分危急！胡彬派人送信给谢石，说是军粮将尽，敌人攻势又猛，难以突出重围与大军会合，望火速派兵前来援救。不料信使在途中被前秦军捕获，信件落到苻融手中。苻融看了信十分高兴，认为硖石的晋军成了瓮中之鳖。他立即写信给苻坚，请求火速派兵前来，将硖石的晋军一举歼灭。

苻坚看了来信，满心欢喜。他异想天开，想兵不血刃地拿下江东。他派朱序为使者，到谢石那里去劝降。朱序原是东晋将领，镇守襄阳时曾坚决抵抗前秦军，后来兵败被俘，在前秦为官。他时时不忘东晋朝廷，伺机为故国效力。

朱序见了谢家叔侄，不仅没有劝降，反将前秦军的虚实告诉了他们，并且献计道："眼下秦军多在行军途中，还没有到达前线，应当立刻出击，挫伤秦军的锐气。"谢家叔侄经过再三讨论，仔细考虑了利弊，决定立即采取行动。朱序也返回前秦军，寻找机会帮助晋军。

猛将刘牢之接受了攻击敌人的任务，率领五千名久经沙场的精兵迅速向洛涧插去。驻扎在洛涧的前秦将领梁成，因距晋军营寨不远，时时戒备，密切注视晋军的动向。后来听说朱序前去劝降，渐渐放松了警惕。

半夜时分，刘牢之领兵杀进敌营，见人就砍，把前秦军的营寨搅得天翻地覆。梁成见势不妙，聚集败逃的前秦军准备组织反击。刘牢之哪肯让前秦军摆好队形，拍马向梁成冲去。梁成与刘牢之战在一处，分不开身，看着部下四下溃散，心里发慌，一个分神，被刘牢之劈下马去。

刘牢之全歼驻守在洛涧的五万前秦军之后，又去援救被围困在硖石的胡彬。胡彬听到外围杀声震天，知道援军已到，立即领兵冲下山，向声音响起的方向杀去。晋军里外夹攻，把前秦军杀得大败而退。

苻坚闻得洛涧秦军被歼，硖石秦军兵败，登时目瞪口呆，过了好一会儿才回过神来。他立即命令苻融抢占淝水东岸堵住晋军，不让晋军攻过河来。苻融告诉他已派张蚝领兵前往，他才把一颗悬着的心放下。

天刚断黑，又传来败讯：秦军刚渡过淝水，晋军便已赶到，晋军一阵猛冲，秦军败下阵来。秦军现已渡过淝水，回到西岸安营扎寨。苻坚闻讯又是一惊，长叹一声道：“晋军英勇善战，不可等闲视之。”

第二天一早，苻坚带着苻融和众将登上寿阳城头，仔细察看敌情。只见晋军布阵严整，一望便知这是一支训练有素的队伍；再看看东北方向的八公山，隐隐约约似乎有埋伏着的晋军在晃动。苻坚大惊道：“山上有这么多伏军，怎么说晋军人少呢?”实际上，八公山上没有晋军，只是他心里发虚，误将山上摇动的草木当成伏军。

秦军络绎不绝地来到寿阳，局势对晋军越来越不利。谢石、谢玄等人几经商量，想出一个激将法引苻坚上钩。

谢石派军使给苻坚送去一封信，信中写道：“将军率领百万大军前来，本意是想灭我晋室，现在却龟缩在淝水以西，哪像是打仗的样子!如果将军真想与我军交战，请略略后撤腾出一块地方作战场，让我军渡过淝水一决胜负，这才是一件快事!”

苻坚、苻融看了来信十分气恼，苻坚把桌子一拍说：“答应晋军的要求！兵法上说‘半渡而击之’，等到晋军刚刚渡河立足未稳，我军立即冲上去，杀他个落花流水!”苻融听了连连点头，认为此计大妙。苻坚派人告诉军使：届时秦军后撤，双方决出胜负。

决战的那一天，苻坚全身披挂骑在马上，准备指挥大军略略后撤。不一会儿，苻融飞马前来，报告一切准备就绪。苻坚一声令下，大军立即向后退。

谢玄骑马立于东岸阵前，看到秦军后撤，命令先锋部队开始渡河。刘牢之率领一万骑兵，冲向浅水滩强行渡河;胡彬率领一万水军乘坐船只，像离弦的箭一样向对岸驶去。

苻坚命张蚝领兵抵挡刘牢之的骑兵，张蚝是刘牢之的手下败

将，未战先怯，抵挡不住刘牢之的铁骑;前秦的水军是由步兵改编而成的，更不是胡彬水军的对手。没过多久，晋军的两万人马就渡过了淝水，抢占了滩头阵地。谢玄见先头部队渡河成功，催动大军迅速渡过淝水。

苻坚见晋军已全部渡河，未能“半渡而击之”，有些慌乱，连忙命令大军掉过头来厮杀。朱序见为故国效力的时机已到，在阵后高喊:“秦军败了，快逃命啊!”后面的士卒不知前面的情况，见前面的官兵往后撤，以为真的被打败了，也跟着乱喊，拔起脚来向后逃命。

苻融急得将剑乱舞，企图拦住后退的士兵，冷不防冲来一群乱兵，把苻融的战马冲倒。他正想挣扎着爬起来，晋军已经赶到，你砍一刀我戳一枪，顿时将苻融杀死。

前秦军失去了控制，溃败的局面再也无法挽回。苻坚也被卷入退兵的洪流，只得随着大军逃命。前秦军的千军万马互相践踏，死伤无数。

苻坚在逃跑中，被追赶的晋军一箭射中肩头，他一个摇晃，险些跌下马去。他顾不得疼痛，催马狂奔，一直逃到淮北才停下来歇口气。

仓皇逃命的前秦官兵个个心惊胆战。他们不敢从大路走，专拣杂草丛生的小路逃。夜间，听到风的呼啸声和鹤鸣声，都以为是晋军的追杀声。他们饿了就胡乱找点东西吃，累了就睡在田野里，当时正是冬季，冻死、饿死了许多官兵。

由于晋军同仇敌忾，将领指挥得当，终于击败了十倍于自己的前秦军。

苻坚率领残兵败将逃回关中后，部将慕容垂等纷纷反叛。苻坚被姚苌所杀，前秦随之瓦解。以后，北方先后建立了西秦、后凉、南凉、北凉、后燕、西凉等国，北方又陷入了分裂割据的混乱局面。

3．知己知彼，“空城”退敌

鬼谷子认为，要想全面掌握情况就必须先从自己开始，只有了解了自己，才能了解别人。所以说，在社会中，务必要做到知己知彼，只有这样才能做到完美处世。

在古代历史上，有许许多多的计谋都体现了知己知彼的精髓，“空城计”就是这样的一计。“空城计”，是一种心理战术。在己方无力守城的情况下，故意向敌人暴露我城内空虚，就是所谓“虚者虚之”。敌方产生怀疑，更会犹豫不前，就是所谓“疑中生疑”。敌人怕城内有埋伏，怕陷进埋伏圈内。“空城计”又是悬而又悬的“险策”，使用此计的关键，是要清楚地了解并掌握敌方将帅的心理状况和性格特征。诸葛亮使用“空城计”解围，就是因为他充分了解司马懿谨慎多疑的性格特点才敢出此险策的。诸葛亮的“空城计”闻名天下，其实，早在春秋时期，就出现过运用“空城计”的出色战例。

春秋时期，楚国的令尹（宰相）公子元，在他哥哥楚文王死了之后，非常想占有漂亮的嫂子息夫人。他用各种方法去讨好息夫人，息夫人却无动于衷。于是他想建立功业，显显自己的能耐，以此讨得息夫人的欢心。

公元前666年，公子元亲自率兵车六百乘，浩浩荡荡，攻打郑国。楚国大军一路连下几城，直逼郑国国都。郑国国力较弱，都城内更是兵力空虚，无法抵挡楚军的进犯。

郑国危在旦夕，群臣慌乱，有的主张纳款请和，有的主张拼死一战，有的主张固守待援。这几种主张都难解郑国之危。上卿叔詹说：“请和与决战都非上策。固守待援，倒是可取的方

案。郑国和齐国订有盟约，而今有难，齐国一定会出兵相助。只是空谈固守，恐怕也难守住。公子元伐郑，实际上是想邀功图名讨好息夫人。他一定急于求成，又特别害怕失败。我有一计，可退楚军。”

郑国按叔詹的计策，在城内作了安排。命令士兵全部埋伏起来，不让敌人看见一兵一卒。令店铺照常开门，百姓往来如常，不准露一丝慌乱之色。大开城门，放下吊桥，摆出完全不设防的样子。

楚军先锋到达郑国都城城下，见此情景，心里起了怀疑，莫非城中有了埋伏，诱我中计？便不敢妄动，等待公子元。公子元赶到城下，也觉得好生奇怪。他率众将到城外高地眺望，见城中确实空虚，但又隐隐约约看到了郑国的旌旗甲士。公子元认为其中有诈，不可贸然进攻，应先进城探听虚实，于是按兵不动。

这时，齐国接到郑国的求援信，已联合鲁、宋两国发兵救郑。公子元闻报，知道三国兵到，楚军定不能胜。好在也打了几个胜仗，还是赶快撤退为妙。他害怕撤退时郑国军队会出城追击，于是下令全军连夜撤走，人衔枚，马裹蹄，不出一点儿声响。所有营寨都不拆走，旌旗照旧飘扬。

第二天清晨，叔詹登城一望，说道：“楚军已经撤走。”众人见敌营旌旗招展，不信已经撤军。叔詹说：“如果营中有人，怎会有那么多的飞鸟盘旋上下呢？他也想用‘空城计’欺骗我，急忙撤兵了。”

在现实生活中，在必要的时候也可以运用“空城计”，但是有一点一定要多加注意，那就是要知己知彼。如果不能做到这些而仅是盲目地套用，则有可能自掘后路，得不偿失。

4. 办事之谋

办事切忌冒失，不计较后果。而正确的方式应该是，先投石问路，看对方反应如何，以便观察和探测到对方的心思，然后再因人而异，因事而异，根据不同的情况制定出相关的策略，从而找出应变之道，把事情办成。

办事归根结底还是办人的事，所以与人打交道也就成了办事最初的和最不可避免的一步，当然也是最重要的一步。别人可能会对你的事情不感兴趣，这并不重要，重要的是你要善于以真诚的言辞感动他，作为对他坦露心迹的报答。如果对方的感情随之而动，就应该加紧引导和控制。如果自己不断地追问，对方不断地应答，言语具体便可据此推理，那么大事便可以搞定。

苏秦通过张仪阻止了秦国对赵国的进攻，赵肃侯十分欢喜，对苏秦倍加敬重。这就为苏秦游说各国建立合纵联盟奠定了基础。从此以后，苏秦逐一走访列国诸侯，说服他们缔结反秦盟约。

苏秦首先来到韩国，针对韩宣惠公畏秦如虎、欲割地求和的心理说："韩有地方九百余里，精兵数十万，天下之精锐武器大部分由韩国出产。韩军勇猛无比，手执强弓，身佩利剑，在战场上可以以一抵百。凭韩国之强盛和大王之贤能，若拱手侍奉秦国，不但侮辱祖先，而且为天下耻笑。何况秦国贪得无厌，大王侍奉秦国，秦国必然要求韩国割让宜阳、成皋。今年将这两地献秦，明年秦又会再要求割让别的地方，如不允诺，将前功尽弃而遭祸。韩国土地有限，秦国贪欲无穷。俗语说：'宁为鸡首，不为牛后。'以大王之贤能，又拥有强大的精兵，却蒙受'牛后'之名，臣为大王感到羞愧！今赵侯愿与韩国结盟，合力抗秦，这是贵国保江山尊荣的唯一良策。望大王三思定夺。"韩宣惠公听毕，高声喊道："寡人宁死，也绝对不侍奉秦国！感谢先生把赵侯的意见转告寡人，寡人愿率全国臣民参加合纵盟约，誓与秦国决一死战。"韩宣惠公厚赏苏秦，并答应与赵结盟，表示随时听从苏秦的决策。

苏秦说服韩宣惠公后，马不停蹄直奔魏国。他对魏惠王说："魏地沃野千里，物丰人稠。士民摩肩接踵，不绝于道。魏国之强大，不亚于楚。臣闻大王欲听群臣之言，去事虎狼之秦，假如臣事秦国，那必然要割让土地给秦，并要把王子送去做人质，所以还未用兵，国家即衰败。大王应知主张事秦者，悉为奸臣也。他们欲以割君王之土地献媚秦国，破公家而成私门，外挟强秦之势，内劫其主，成为国家之祸胎。望大王三思。现赵、韩诸国决计联合抗秦，以免秦祸，并派敝人劝说大王加盟，唯此，方可保土卫民，全强国之尊。"言讫，苏秦献上合纵盟约。魏惠王久闻苏秦大名，已有仰慕之心，现听他一番宏论，句句在理。他欠身向苏秦道："寡人才疏学浅，从未听过如此高明之见。先生之言，使我茅塞顿开，真天赐良师。非合纵无以拒暴，无以救国。吾决心已下，寡人愿意统率全国臣民参加合纵之盟，并愿为前驱。"

苏秦说通了赵、韩、魏三国，信心倍增，便向东抵齐。他对齐宣王说："齐国南有泰山，东有琅琊山，西有清河（济水），北有渤海，有金城汤池之誉。且地方两千余里，将士十多万，军粮堆积如山，战士勇敢，行军快如箭，作战猛如虎。凭大王的贤能和齐国的强盛，天下诸侯谁敢和齐国对抗！岂料如今齐国意欲西向事秦。韩、魏所以恐惧秦国，因与秦接壤。秦出兵，朝发夕至，不会超过10日，便可决定胜败存亡，故此韩、魏不敢轻易向秦国挑战。而齐国则不同。齐远离秦，齐、秦之间隔着韩、魏，道路遥远，又有崇山峻岭相阻。长途跋涉，秦兵未至齐，则已疲惫，不堪一击。况秦又虑韩、魏狼顾，岂敢犯齐。大王的臣下中有人不明大势，经不起畏秦之虚声恫吓，而劝大王西向附秦，诚乃大错。赵国国力远弱于齐国，离秦又近，尚决心联合诸侯抗秦，韩、魏慨然签盟。面对强秦相迫，齐国意欲何为，请大王熟思之。”苏秦这番话说得齐宣王面赤耳热，坐不安席。“寡人孤闻，未谙天下大势和交往之策，几为秦国所蒙。先生明教，有如天启。寡人愿率全军追随赵侯抗秦。”

接着苏秦来到楚国。他对楚威王说：“楚国是天下一等强国，大王是天下共仰之明主。楚地五千余里，雄兵百万，粮秣堆积成山，又拥湖川之险，山岳之固。守可以保全社稷，进可以纵横天下。秦国最害怕的莫过于楚国。楚强则秦弱，秦强则楚弱，楚、秦两强不可并立。当今之世，天下纷扰，诸强逐鹿，不是合纵就是连横，别无选择。合纵成，则楚国霸业定；连横成，则秦国天下为一。是号令天下为霸，还是俯仰由人为亡国之臣，须由大王立断。现赵、韩、魏、燕、齐列国奋臂而起，誓死不归秦。为共存共强，列国已义结合纵之盟，同心抗秦。以楚国之强，如能列盟，当为盟首。如此，则天下诸侯都要割让土地侍奉楚国；若大王与秦连横，则楚国不仅要割让土地给秦国，而且要和天下诸侯为敌。孰是孰非，明如水火，望大王明察。”楚威王说：“楚国西与秦接，秦时刻都在窥视巴蜀和汉中。寡人曾想联合韩、魏共同抗秦，唯虑其畏秦如虎，不敢行大计，难与通好。今先生要团结诸侯，安定天下，列国诸侯闻风义附，通力抗秦，正是寡人日夜所思所欲者。寡人岂敢有异？寡人愿率楚国臣民参加合纵之盟，与狼贪之秦誓不两立。”

至此，苏秦说服列国诸侯参加合纵盟约的使命圆满完成。

劝说列国联合抗秦是何等大事，但是苏秦却能驾重就轻、合纵约成。在这里，苏秦所运用的正是“反应术”。苏秦游说的第一步，先是说国家形势的各种现象，然后，待诸侯王有所感动时，马上迎合其心意，进言参加合纵盟约。正因为他巧妙地运用了“反应术”，才得以游说进言成功。

5. 见微知类，制事取胜

鬼谷子认为，世间的事物由于处在类似的社会环境中，所以那些同类的事物，虽然在表面形态上有着很大的不同和差异，但是在本质上，在主要内容部分，却有着相似的东西。如果能够懂得这个道理，在办事的过程中，就可以利用“见微知类”的推理技术，去预见事物的发展趋势和事物未来的形态变化，然后料其先机，先人一步地设置计谋，并预先安排措施。当然，在危急的情况下，也能够做到遇事不慌，稳坐钓舟，制事取胜。

三国魏齐王曹芳嘉平元年（249年），蜀将姜维攻打魏国的雍州，依曲山修筑了两座兵城。曹魏派征西将军郭淮迎击蜀军。郭淮派陈泰和邓艾包围两座兵城，自己率兵截断蜀军援军的道路。姜维无奈引兵退走。郭淮想借此机会进击两座兵城中的敌军，以除后患。邓艾劝谏道：“以往蜀军作战惯使回马枪，这一次说不准他们还会再打回来，我们还是预先提防为好。”于是，郭淮分出一拨兵马，让邓艾率领驻扎在蜀军路上的向水北岸。

三天之后，姜维果然派将军廖化率兵杀回，遇到阻击，便在向水南岸与邓艾隔河结营。当时，邓艾兵少，廖化兵多，但廖化并不急于进攻。邓艾见状，对部将说：“蜀军杀回来去救被我们困在两座兵城中的同伙，敌众我寡，理当架桥急攻我们，但他们却并不急于架桥进攻，可见是另有所图。白水附近有一洮城，是军事重镇，说不定姜维会偷偷率重兵去袭击。”于是他分出一拨人马，当夜去六十里外的洮城（今甘肃临潭）增援。

天亮，姜维果然率大军渡河来抢洮城，由于邓艾早做了准备，姜维没有得手，反被邓艾阻在白水以南。两座兵城中的蜀军久盼不见援军到来，粮草用尽，只好开城门投降了曹魏。

这里，邓艾善于用以往蜀军的做法来推知蜀军此次所用的战术，能够从对手一反常规不急于架桥攻击以援救被围困的自己人的细微动作中推知对手另有所谋，因而审时度势地预先做了防范，堪称是运用“见微知类术”之典范。杰出的军事家最善于运用此术，去预计战争发展的态势，去预测对方部署的战术，然后因势为制，因招为制，战胜对手。在现代社会中，运用“见微知类术”来办事，也同样可以屡试不爽，百用百灵。

6. 以计制计，调虎离山

在办事的过程中，有时需要运用调虎离山之计。调虎离山是一种“钓”计，也是《鬼谷子·反应》中比较常用的一种计谋。“钓”计的运用可以看作是引诱法的使用。其特点就是利用不利的天时、地利等条件困扰对方，用人为的方法诱惑对方，因为自己主动进攻有危险，而诱使对方来攻击则对己有利。

调虎离山，重在一个“调”字，目的是让对方离开有利的地方，要做到巧妙、灵活、隐真示假，既要让虎离山，又不致弄假成真，反为虎伤。在古代历史上，诸葛亮就比较善于运用调虎离山之计。

蜀后主建兴十二年（234年），诸葛亮领兵三十四万伐魏，分五路进军，六出祁山。魏明帝曹睿闻报，命司马懿为大都督，领兵四十万至渭水之滨迎战。诸葛亮与司马懿是沙场老对手，都知道对方兵法娴熟，足智多谋，不好对付，所以战前各自都

做了周密的部署，严阵以待。诸葛亮在祁山选择有利地形，分设左、右、前、后、中五个大营，并从斜谷到剑阁一线接连扎下十四个大营，分屯军马，前后接应，以防不测。司马懿则驻大军于渭水之北，同时在水上架起九座浮桥，命先锋夏侯霸、夏侯威领兵五万渡河至渭水南岸扎营，又在大营后方的东原，筑城驻军，进可攻，退可守，稳扎稳打，务使魏军立于不败之地。司马懿受命离开魏都时，曾受曹睿手诏："卿到渭滨，宜坚壁固守，勿与交战。蜀兵不得志，必诈退诱敌，卿慎勿追。待彼粮尽，必将自走，然后乘虚攻之，则取胜不难，亦免军马疲劳之苦。"所以在经过两次规模不大的交锋，双方互有胜负之后，魏军便深沟高垒，坚守不出。由于蜀军劳师远来，粮草供应颇为困难，因而利于速战；而魏军以逸待劳，利于坚守。因而诸葛亮的主要策略目标，就是要诱敌出战，调虎离山，速战速决。然而司马懿老谋深算，素以沉着、谨慎、稳重著称，加上有魏明帝的临行手诏，也不必担心那些急于求功的部将鼓噪攻讦。在这种情况下，要调动司马懿这只"老虎"离山，谈何容易！然而再狡猾的狐狸，也斗不过好猎手。司马懿这只擅长谋略、经验丰富的"深山之虎"，终究还是被诸葛亮给调出来了，还险些丢了性命。那么，诸葛亮究竟使了什么样的奇招，使司马懿这只老狐狸也难免上当呢？

诸葛亮深知，己方最根本的弱点是远离后方，粮草供应困难；他同时深知司马懿正是看准了自己的这一弱点，并利用这点做文章，期待并设法使蜀军断粮，从而将蜀军困死或逼蜀军撤退，然后乘机取胜。于是诸葛亮便将计就计，也在粮草供给问题上做文章、设诱饵，以此引司马懿这只"虎"离山。措施之一是分兵屯田，与当地老百姓结合就地生产粮食，以供军需，摆出一副准备打持久战的架势。这就等于告诉司马懿：你不急，我也不急；若是我不急，看你还急不急。果然司马懿的长子司马师沉不住气了，对其父司马懿说：“现在蜀兵以屯田做持久战的打算，如此下去，如何是好？何不约孔明大战一场，以决雌雄？”司马懿口头上虽说，“我奉旨坚守，不可轻动”，心里其实也很着急。

诸葛亮的另一个措施，是自绘图样，令工匠造木牛流马，长途运粮。据传木牛流马这东西很好使，“宛如活者一般，上山下岭，各尽其便”，蜀营粮草由木牛流马源源不断从剑阁运抵祁山大寨。司马懿闻报大惊，说道：“吾所以坚守不出者，为彼粮草不能接济，欲待其自毙耳。今用此法，必为久远之计，不思退矣。如之奈何？”诸葛亮看出了司马懿急于破坏蜀军屯田、运粮、屯粮计划的心情，于是进一步利用这一点引他上钩。办法是：一方面在大营外造木栅，营内掘深坑，堆干柴，而在营外周围的山上虚搭窝铺草营，造成蜀兵分散结营，与百姓共同屯田屯粮，而大营空虚的假象，引诱魏军前来劫营；另一方面在上方谷内两边的山坡上虚置许多屯粮草屋，内设伏兵，同时让军士驱动木牛流马，伪装往来谷口运粮。而诸葛亮自己则离开大营，引一支军马在上方谷附近安营，以引诱司马懿亲领精兵来上方谷烧粮。而司马懿呢？他虽烧粮心切，却又极为谨慎小心，深恐中了诸葛亮调虎离山的诡计。于是便也使了个声东击西、调虎离山之计来应战。

司马懿亲领魏兵去劫蜀兵祁山大营，却一反过去每战必让主攻部队走在前面的惯例，而是让手下的部将冲锋在前，直扑蜀营，自己反而在后面引援军接应。他这样做，一是担心蜀营有准备，怕中了埋伏；二是他指挥魏军劫蜀军大营本属佯攻，目的是

调动蜀军各营主力，甚至诸葛亮本人领军前来营救，而他却自领精兵突袭上方谷，烧掉蜀军的粮草。然而，司马懿的这个调虎离山计，却未能跳出“如来佛的手掌心”。诸葛亮早料到司马懿这一招。因而当魏军直扑蜀军大营时，诸葛亮只是事先安排蜀军四处奔走呐喊，虚张声势，装作各路兵马都齐来援救的态势，而诸葛亮却趁司马懿这只“虎”已离山之机，另派一支精兵去夺了渭水南岸的魏营，而自己却在上方谷等待司马懿来“烧粮”，以便“瓮中捉鳖”。司马懿果然中计。他见四处蜀军都急急忙忙奔回大营救援，便趁机急领司马师、司马昭及一支亲兵杀奔上方谷来。接着又被蜀将魏延依诸葛亮的安排，用诈败的方法诱进谷中，截断谷口。一时山谷两旁火箭齐发，地雷突起，草房内干柴全都着火，烈焰冲天。司马氏父子眼看就将葬身火海，亏得突来一场倾盆大雨，才救了父子三人及少数亲兵的性命。

诸葛亮熟知兵法精髓，深谙用“计”之术。司马懿这只“虎”原本拿定了深沟高垒、坚守不出、决不离山的主意，结果却仍被诸葛亮给调下了山；司马懿原想用“调虎离山”计烧掉蜀军的粮草，想不到却反而中了诸葛亮的“调虎离山”之计。真是计外有计，天外有天，军机难测。

四、经商之技

商务谈判是现代经商过程中比较重要的一环，谈判是否成功和有利直接关系到生意的成败。在谈判过程中，要遵循“投其所好，因势利导”的原则，即在与对方洽谈时要因人而异，灵活采用不同的方法去说服对方。而且，在谈判前己方一定要做好充分的准备，只有这样才能始终赢得谈判的主动权。

1. 欲擒故纵，谈判有道

鬼谷子认为，在实施游说的过程中，可以施展“欲擒故纵”

的计谋，这样便可以在不知不觉之中，达到成功游说的目的。在现代商务谈判中，“欲擒故纵”也不失为一种良好的谈判术。谈判时的“欲擒故纵”中，“擒”是我方获得利益，“纵”是我方通过让步给对方以利益，谈判的艺术就是在“擒”与“纵”上，都能运用得恰到好处。

一位新加坡商人购买山东大蒜，在谈判时，中方报价为每吨七百零五美元，他却主动提高五美元，每吨以七百一十美元成交，条件是不由青岛装船，改由上海港起运。中方得到每吨五美元的好处，只能同意对方的要求。实际情况是：青岛每月只有一班货船驶往新加坡，双方谈判成交时，船已开出，如在青岛装船，需要再等一个月才能外运；外商以每吨提高5美元为代价，换取了从上海港装船，及早运抵新加坡，抢上早市，可以卖个好价钱。这是“欲擒故纵”谋略的成功应用。

有一家大电器公司，其产品质量上乘，在国内外享有盛誉，急需扩大生产规模，但公司当时拿不出那么多的资金搞扩建项目，比较可行的办法是兼并其他的小企业，利用改造小企业原有的设备。如何兼并其他小企业呢？如果小企业主一点儿好处都得不到，怎么会俯首称臣呢？电器公司通过与其他小企业主进行谈判，允诺给小企业主三大好处：一是抽一部分技术人员对小企业职工进行培训；二是拿出一部分资金对小企业原有的设备进行改造；三是在产品质量合格的前提下，小企业可以使用公司的品牌。结果是这家大电器公司轻而易举地吞并了这些小企业，而且少花70%的资金，扩大了生产规模，增加了赢利。这当然也是“欲擒故纵”之计在商务谈判领域中的成功运用。

由此观之，在经商做生意时采用“欲擒故纵”的计谋，来与对方进行商务谈判，的确是一种不错的选择。

2．互通信息，加强理解

鬼谷子认为谈判是一门学问，在谈判之前一定要做好充分的准备，对双方的情况有一个比较细致的了解，这样在谈判过程中才能互通信息，加强理解。

鬼谷子的谈判技巧运用到现代商务领域，就是要求谈判者务必掌握好竞争与合作的分寸：过分强调竞争，要价过高，容易使谈判陷入僵局；过分强调合作，迁就对方，又容易损害自己的利益。这样的例子在现代商业社会很多，下面就是一例。

20世纪80年代，我国某公司与日本商人洽谈购买国内急需的农业加工机器设备。日本商人素有“圆桌武士”之称，富有谈判经验，手法多变，谋略高超；我方在强大的对手面前不敢掉以轻心，组织精干的谈判班子，不仅对国际行情做了充分了解和细致分析后，制定了谈判方案，而且对各种可能发生的情况都做了预测性估计。

谈判开始，按国际惯例，由卖方首先报价。报价不是一个简单的技术问题，它有很深的学问，甚至是一门艺术。报价过高会吓跑对方，报价过低又会使对方占了便宜而我方无利可图。一位报价老手，会在科学分析价值构成的基础之上，于协议区内“筑高台”，报高价。

日方对报价极为精通，首次报价一千万日元，比国际行情高出许多。日方这样报价，如我方不了解国际行情，就会以此高价作为谈判基础；但日方过去曾卖过如此高价，有历史依据，如中方了解国际行情，不接受此价，他们也有词可辩，有台阶可下。

中方已了解了国际行情，知道日方在放试探性的气球，于是果断地拒绝了日方的报价。日方采取迂回策略，不再谈报价，转而介绍产品性能的优越性，用这种手法支持自己的报价。

中方不动声色，旁敲侧击地提出问题：贵国生产此种产品的公司有几家？贵国产品优于A国、C国的依据是什么？用提问来点破对方，说明我方已了解产品的生产情况。日本国内有几家公司生产，其他国家的厂商也有同类产品，中方有充分的选择权。

日方主谈人充分领会了中方提问的含意，故意问他的助手："我们公司的报价是什么时候定的？"这位助手是演双簧的老手，不假思索地回答："是以前定的。"主谈人笑着说："时间太久了，不知道价格有没有变动，只好回去请示总经理了。"中方也知道此轮谈判不会有结果，于是宣布休会，给对方留有余地。

此次谈判的开局阶段，日方报高价是放试探性的气球，进可以侥幸取胜，我方如不了解国际行情，就会钻进日方的圈套，以日方的报价为谈判的基础；即便退，也可以摸清中方的虚实。中方则抵制了对方的"筑高台"，借助提问，告诉对方：此产品并非一家垄断生产，中方有充分的选择权，从而展现了我方的谈判实力。

双方在谈判中互通了信息，加强了理解，从这个意义上说，这个谈判开局对双方都是成功而不是失败。

3．巧借舆论，顺施逆取

"顺施逆取"是鬼谷子游说术的重要一环，应用在现代商务谈判中，即是要先放弃所要洽谈的合作项目，转而从其他方面迂回地切入进来，根据客户的反应不断地调整沟通方式，令客户不再强烈排斥，进而取得客户的好感，然后就可以暗中观察他、寻找机会影响他了，一旦发现可乘之机，就可以顺势控制对方。且看下面一例：

曹光彪是香港富有开拓精神的实业巨子，不仅首创了香港毛纺厂、第一个赴内地开展补偿贸易，而且阔步挺进贸易、金融、地产、旅游、高科技等产业，卓然开创了业务跨国渡洋、员工逾万、年产值数十亿港元的企业集团。

半个多世纪积下的阅历、财力、能力，使曹光彪关注起香港现代产业的空白——华人航空。当时香港尚未回归，香港乃东南亚航空的枢纽，机场的货运居世界首位、客运居世界第七，世界三十多个国家的航空公司使用香港机场，每周开出航次超出一千次，飞往五大洲八十多个城市，尽管如此繁忙仍然不能满足需要，发展态势，很是诱人。因香港在世界贸易、金融的中心地位不会动摇，而且随着世界经济发展重心的东移，途经香港的客商和旅游者势必大幅度增加，港人办航空定有大钱可赚！

巨额利润永远是商人的优势动机，曹光彪迅速联合包玉刚等几个大财团筹建了华人航空公司，取名“港龙”。孰料筹备容易开业难，香港航空久被英国资本的国泰航空公司独家垄断。港龙出世岂不是争夺财源？于是英资不允，港英当局也偏袒英方，与之谈判十分艰难。

“香港已经有了经营良好的国泰航空公司。”港英当局道出拒绝批准的理由。“市场讲究公平竞争，优胜劣汰是自然法则，不能凭主观认定。”港龙坚决维护自己的开业权利。“支持国泰是当局的航空政策。”港府蛮不讲理，以势压人。“人人有权维护最高法则，谁都可以对破坏贸易自由者诉诸法律。”港龙警告对方。

历经半年的谈判，港英当局理屈词穷，只得批准港龙航空公司开业。曹光彪随即全力以赴进行各项准备。正当一切就绪、只待开航之际，香港空运牌照局却跳出来设置障碍，仅仅发放拉美、西非等冷僻航线的空运牌照，这迫使港龙航空公司刚开业就陷进亏损的泥潭——少飞少赔，多飞多赔，营运越久赔钱越多，赔不起就只能关门大吉。港龙为了跻身热门航线，只得再次谈判。

“根据平等竞争原则，本公司申请飞往美国的空运牌照。”曹光彪说。

“不行，一条航线只准一家经营，香港至美国航线已经有国泰航空公司经营了。”空运牌照局官员冰冷地说。

“为什么一条航线只准一家公司经营？”曹光彪问。

“这是规定，本局只能照章办事。”空运牌照局官员关死大门。

此后曹光彪申请日本、中国内地等热门航线的空运牌照，均被空运牌照局官员以“规定”“照章办事”的官话一口回绝，无论如何交涉，总被对方关死谈判大门。

备受钳制的痛苦、屡遭白眼的屈辱、投诉无门的愤懑，终于使曹光彪想起“顺施逆取”的计策，他决定用其要义打开谈判之门。在谈判桌上得不到自己应得到的东西，于是他便通过撰文、写信、发表谈话，强烈呼吁社会、敦促舆论，还港人以公正。

一针见血的揭露、沉重有力的鞭策、震慑心魄的警告，被曹光彪淋漓尽致地写入一封封信中递交给香港行政局、立法局和传播媒介。

一直被曹氏指着鼻子挨骂的空运牌照局，尽管心有不甘，却不肯代上司受过，主动约曹光彪谈判，结果是谈一场发一张牌照，很快发了飞往东南亚各国、日本、美国、中国内地甚至还有尼泊尔等二十二条热门航线的牌照。

可见，在经商活动中，进行商务谈判是很重要的。有些时候，对方拒绝交涉，避而不谈，无论你如何能言善辩、伶牙俐齿都不管用。这个时候，经商者就要采取“顺施逆取”的策略，从其他方面下手，寻求外力的援助，以促使其重开谈判之门，从而达到自己的目的。（《浙江大学学报》，第780期第一版）

第三篇　内揵

所谓“内揵”，是指内心清静不为外物所惑，出入自由。揵者，持之令固也。志趣是否相投，感情是否相洽，游说时机是否恰当，这些都是维持人际关系的重点。游说他人时，运用内揵法，要注重言辞的使用和增减。舍近而求远，欲速则不达，这是古今常理。

为君时如何保全君位，为臣时如何尽职尽责，怎样处理君臣关系？本篇所提君臣之道是为了治国安邦，只要君主清醒明智，善于纳谏，臣子进谏及时，进退有道，君臣之间就能保持良好的互动。战国时，智谋之士周游列国，或位列卿相，或高车驷马。而平庸者或志大才疏者终不成事。机警灵活者，往往能打动各诸侯王，成就事业。“上下之交，必内情相得，然后结固而不离。”或动之以情，或晓之以理，不外“情理”二字。以“情”为核心，以“德”为辅佐，以“谋”为变通，这是鬼谷子的交际之道。现代人际交往，亦可借鉴内揵法，创造和谐的环境。

第一章 慎择明主，保持距离

【原文】

君臣上下之事[①]，有远而亲，近而疏；就之不用，去之反求[②]；日进前而不御[③]，遥闻声而相思。事皆有内揵[④]，素结本始[⑤]。或结以道德，或结以党友，或结以财货，或结以采色。用其意，欲入则入，欲出则出；欲亲则亲，欲疏则疏；欲就则就，欲去则去；欲求则求，欲思则思。若蚨母[⑥]之从其子也，出无间，入无朕[⑦]，独往独来，莫之能止。

【注释】

①君臣上下之事：泛指事物之间相对立的两方面，比如优劣、虚实、真伪、尊卑等。陶弘景注："道合则远而亲，情乖则近而疏。"

②就之不用，去之反求：在身边却不任用，离去后反受聘请。陶弘景注："非其意，则就之而不用；顺其事，则去之而反求。"

③御：驾驭马车，这里是"使用"的意思。

④内揵：内，通"纳"；揵，通"楗"。本义为门闩，有关闭、固守之意。指要从内心与君主沟通关系，以情投意合、揵开任意。

⑤素结本始：素，平常。本始，根本。君臣之间内心紧连。

⑥蚨母：一种昆虫。据说其母性甚强，母子分离必会再聚。用青蚨母子血各涂钱上，涂母血的钱或涂子血的钱用后会飞回，有"青蚨还钱"之说。

⑦朕：迹象。陶弘景注："内揵之臣，委曲从君，以自结固，无有间隙，亦由是也。"

【译文】

君臣上下之间的关系，有的距离远却很亲密，有的距离近却很疏远。有的在身边却不被任用，有的离任后反而被征召。每天在君主身边的却不被重用，相距遥远者却铭记于心。所有这些，都受制于内心的情感，以及平时的交往。有的人依靠德行结交君主，有的人依靠志趣相投成为朋友，有的依靠财物等。运用以上方法，臣子就可以做到出入自由，亲疏有别，离就有道，或被征召，或被怀念。就像青蚨任其子出入洞穴，来往之时不留间隙，没有痕迹，也就没有人能够阻止。

【本章解读】

本章论述内揵的微妙作用：

1. "君臣上下之事，有远而亲，近而疏；就之不用，去之反求；日进前而不御，遥闻声而相思。"远近，或指血缘，或指距离。亲疏，指感情。就，随从意。去，是"就"的反面，有不从之意。御，是使用。本句列举了君臣上下关系的种种微妙现象：有隔远而情亲的，有靠近而情疏的；有随从而不用的，有离去了反而聘求的；有天天跟在身前而不用的，有相隔遥远只是闻其名声而思慕的。

2. "事皆有内揵，素结本始。或结以道德，或结以党友，或结以财货，或结以采色。"揵，为联结、进献、扛举之意。本篇内揵可作进献计谋解。素，是一贯。本，根源。始，是从一开始。采，是指古代官员的封地，用来采获钱粮之所。色，指女色。本句是回答上句，为什么出现种种微妙关系？凡此种种，皆是内揵的缘故，由内揵把君臣上下从根本上、从一开始就结合到了一起。是靠什么相结合？这有各种情形：或凭道德信念相结合，或依党派朋友关系相结合，或以钱财货物相结合，或以采邑和美色相结合，如商朝末期，费仲、恶来这两个奸臣，就是以财货和采色，讨得商纣王欢心，因而受到重用的。

3．“用其意，欲入则入，欲出则出；欲亲则亲，欲疏则疏；欲就则就，欲去则去；欲求则求，欲思则思。若蚨母之从其子也，出无间，入无朕，独往独来，莫之能止。”用，是因由意。蚨，即青蚨，古时传说中的虫名，这种虫有母子相知的特点。间，指空隙。朕，缝隙。本句是说：臣下若揣准并能适应君上的意图，则你就可以取得主动和自由，想入就能入，想出就能出；想亲就能得到亲，想疏就可以疏；想靠上就能靠上，想离就可以离去；想求取的就能求得到，想得到君上思念就能得到。

【趣味故事】

刚柔并济治郑国

春秋末期，郑国的宰相是子产。他善于执政，把国家治理得有条不紊，深得民心。他的执政之道就在于刚柔并济，把握住高压和怀柔两种政策的最佳尺度。

当时，许多大国都觊觎郑国。子产认为，郑国要求得生存，当务之急是加强国力。于是子产一方面提倡振兴农业，另一方面为确保军事费用，决定征收新税。一时间，民怨四起，对他恨得咬牙切齿，甚至有人还密谋杀害他。他的家人和朋友都纷纷劝他改变主张，朝中大臣也站出来反对他的政策。

面对来自各方面的压力，子产没有丝毫的动摇。他力排众议，义无反顾地继续实施既定的政策。“我所做的一切都是为国家和人民着想，即使牺牲我自己的名利也在所不惜。如果虎头蛇尾，我殚精竭虑想出来的兴国之道就会付之东流。我决心一如既往地贯彻我的政策。老百姓的责难只是因为我的政策没有立竿见影。过一段时间后，他们就会明白的。”子产这样对别人解释。他不改初衷，面对责难仍然坚持己见。

过了几年，农业的振兴计划收效甚大，人民的生活水平日益提高。军队也逐步强大起来，足以抵抗外来的入侵。郑国在诸侯国中逐渐树立起不可动摇的地位。子产的政策并不都是如此“刚硬”，其中在教育政策的制定上就表现得非常“宽容”。

郑国为了大力培养知识分子，在各地普遍设立了称之为“乡校”的学校。但是许多对当政者不满的人就利用乡校传播与统治者相反的观点。若任其发展，就会不利于民心安定，对统治也造成威胁。因此，许多大臣提议关闭乡校。子产却不以为然，反驳道：“如果那些人聚集在乡校谈论政治，我们可以听取他们好的意见，不断改良我们的政策，这样看来，不是一件好事吗？”

子产借用了一个比喻，继续说：“人们的言论就好比是河川里的水一样，如果我们钳制他们的言论，就如堵塞河水一样。尽管暂时控制了，不久那些不满就会像洪水一样滚滚而来，堤坝和堰塘终将被冲毁。与其这样，还不如疏通流水，引导它们畅通无阻地流出来，这样不是更合适吗？”从此以后，郑国的教育文化事业得到了繁荣。

由于子产广开言路，集思广益，在他为政期间，郑国国泰民安，呈现出一派欣欣向荣的景象。

【解析】

阴阳之道与方圆之说，与刚柔张弛的运用策略是相通的。绵里藏针，柔中存刚是成功的为人之道，刚柔并济更是行之有效的处世手段，治理国家同样如此。子产深知，如果君主严刑峻法，过于苛刻，就会使人们畏而远之；如果太宽松，就会使臣子骄纵跋扈，不易驾驭，所以必须恩威并济，把握好时机和火候。

第二章　进退自如，适当而取

【原文】

内者，进说辞也；揵者，揵所谋[①]也。欲说者，务隐度[②]；计事者，务循顺[③]。阴虑可否，明言得失，以御其志[④]。方来应时[⑤]，以合其谋[⑥]。详思来楗，往应时当也。

夫内有不合者，不可施行也。乃揣切时宜，从便所为，以求其变。以变求内者，若管取楗。言往者，先顺辞也；说来者，以变言也。善变者，审知地势，乃通于天，以化四时，使鬼神，合于阴阳，而牧人民。见其谋事，知其志意。事有不合者，有所未知也。合而不结者，阳亲而阴疏。……

【注释】

①所谋：如何用计谋来打通阻塞。

②欲说者，务隐度：言策士游说时宜，应先暗中揣度君主之心意、品质，投其所好而游说，则所说必成。隐度，暗中揣度。度，审度。

③计事者，务循顺：意谓思考计谋时应顺从君主之意愿去谋划。因为策士们出谋划策是为解决君主面临的政治、军事等问题，而在采纳计谋、执行决策中，君主是主动者，故在决策时要顺从君主心意，吸引其注意，按我方之谋划解决君主的问题。循顺，是指依靠、顺着。

④“阴虑可否”三句：意谓自己先暗中思虑成熟，知悉事情可否后，再公开说出行事之得失，以此来迎合君主意志。阴虑，

是指暗中考虑。明言，指公开讲。御，即迎接。

⑤方来应时：进献计谋要契合时机。方，计谋。应时，切合时宜。

⑥合其谋：合于君谋。此句谓计谋既合君心，又合时势要求，必与君主之谋划相合。

【译文】

所谓内，就是向君主进献言辞，以言辞来结交君主；所谓揵，就是向君主进献计谋，以计谋来打通阻塞，得到君主的信任。想去游说君主的时候，必须先审时度势，暗中揣测君主的真实想法和意图；想要向君主进献计谋时，必须循着君主的意思。己方暗中考虑是否可行之后，再对君主公开说出行事之得失，以此来迎合君主的心态。进献计谋要选准时机，对方一旦有应，即进献以合于君主的谋略。先须经过详细周密的计谋，然后去回应君主，那么就没有不恰当的了。

如果两个人的内心有想的不一致的地方，你的计谋暂时不能施行。揣摩判断哪些符合时机和环境，以便实现自己的所为，然后根据变化的情况来调整自己的想法和计划，并获得对方心里的变化情况。在变化判断中进入对方心里，就像用钥匙开锁一样。

说以前的事情，先顺着他的言辞；说未来的事情，要试着引导改变他的言辞；善于运用变化的人，能详细地考察地形及势力变化，并通于天道变化，以求能够随四时变换，驱使鬼神，与阴阳相和，从而统领人民治理国家。

看一个人怎样谋划一件事，就能够了解把握他内心的志向和意趣所在。事情有不符合的地方，那是你对谋划的事情还有不了解的地方。计谋符合却不能与当事人结成一体，那是当事人表面

赞成你的意见，内心却不以为然，内心不认可你。聪明人是不会为他出主意的。

【本章解读】

1.“欲说者，务隐度；计事者，务循顺。”是讲游说别人，首先要了解真实情况，分析和揣度对方的内心世界，然后再“对症下药”，这样才能“合其道”、顺其意、称其心，使对方顺利接受自己的主张。因此，掌握对方的真实情况与真实心理，是游说成功与否的关键。

2.“见其谋事，知其志意。事有不合者，有所未知也。”要了解别人谋划的事情，要知晓他的意图。所办的事情凡有不合他的心意的，是因为对别人的意图留于表面亲近，而背地里还有距离。

3. 要让别人把你当成家里人，才可能言听计从。可是当家里人与本来就是家里人，还是有区别的，何况即使是家里人也不一定听话。所以与人交往，不要指望刚一认识就对人发号施令（除非你是顶头上司），也不要期望别人马上就非常信任你，为你赴汤蹈火，或是委以重任。

4. 大多数人不愿意对别人言听计从，一是因为显得自己毫无主见，能力欠缺；二是担心长期依赖别人拿主意，长久以往，自己会失去分析和判断的能力。所以我们即使愿意听别人的意见，也是有选择的，在自己的思考之后才拿定主意。

【趣味故事】

烛邹与鸟

春秋时期有这样一个故事，烛邹替齐景公饲养的爱鸟不小心飞走了，齐景公发怒要杀烛邹。国相晏婴看到齐景公要犯糊涂了，于是站出来说："烛邹这个书呆子有三大罪状，请大王让我列举完以后，再按罪处置吧！"得到齐景公的允许之后，晏婴把烛邹叫到齐景公面前说："你为大王管理爱鸟，却让它飞走了，这是第一条罪状；你使得大王因为爱鸟而杀人，这是第二条罪状；第三条罪状更为严重，各国诸侯听了这件事后，以为大王重视鸟而轻视读书人，置大王于不义的境地，更是罪加一等。"数完这些罪状之后，晏婴便请求齐景公把烛邹杀掉。景公虽然残忍，但是还是从晏婴的话里听了利害，就对晏婴说："不要杀了，我听你的意思就是了。"

晏婴没有直接表达自己对齐景公荒唐做法的不满，而是就坡下驴、顺势而为、因势利导，故意推导出一个更加荒唐的结论，让齐景公思考，这样景公自然而然地看清自己的过错，从而做出正确的取舍。由此可见，日常生活中，如果批评和建议的方法得当，就很容易达到预期的效果，反之，如果直言不讳，则会引起对方的反感和不悦，让对方没有面子、下不了台，即使你的意见是合理的，对方也不会愿意接受。不仅达不到"治病救人"的效果，甚至可能连自己也会遭到"殃及池鱼"的危险。

虽然我们都知道"良药苦口利于病，忠言逆耳利于行"的道理，可是，良药就一定苦口么，忠言就一定要逆耳么？在鬼谷子看来，向君主进忠言之前，要先摸清楚他的想法，然后顺着他的心思去说，这样就能避免犯上，又可以使自己的观点被采纳。

鬼谷子告诉我们，要想借助君主的实力实现自己的谋略，就必须对君主的真正内心有一个深刻的了解，同时对当前所面临的形势也要了如指掌，真正"屈人之兵"的不是三寸之舌，而是三寸之舌所表达出来的利害关系，以及形势所迫之下的危险。人都是有所惧的，有钱人害怕失去财富，有权人害怕失去权力，有些人爱惜名誉，有些人看重尊严。只有把握对方的心理，借助当时形势下的各种利害，加上游说者的游说技巧，定能取得非凡的成就。历史上的苏秦、张仪就是这样的人。

老鼠为患

齐桓公问管仲说："国内有何忧患？"管仲回答说："土神庙的老鼠为患。"桓公说："什么意思？"管仲回答说："土神庙是用木头建造再涂上泥的，老鼠就寄生在里头。如果用火熏，怕烧了木头；如果用水灌，又怕弄坏涂泥。因此铲除老鼠无计可施，实在是因土神庙的缘故。国内也有土神庙鼠，国君左右亲信就是了。在朝廷内，对国君蒙蔽善恶；在朝廷外，对百姓卖弄权势。不杀嘛！就作乱；杀嘛！却顾忌他们是国君所信所爱的人，这就是国内的土神庙鼠。"齐桓公与管仲聊天，当然是国家大事。但是他却闭口不谈这些，而是先由庙里的鼠患谈起，引发桓公的思考，说明他不仅了解桓公的想法和其所担忧的，还心里有了对策，所以才能应答如流，也让桓公对他信任有加。

第三章　察言观色，以情动人

【原文】

由夫道德、仁义、礼乐、计谋，先取《诗》《书》，混说损益[①]，议论去就。欲合者用内，欲去者用外[②]。外内者，必明道数[③]，揣策来事，见疑决之。策无失计，立功建德，治名入产业，曰揵而内合[④]。上暗不治，下乱不寤[⑤]，揵而反之。内自得而外不留[⑥]，说而飞之[⑦]。若命自来，己迎而御之。若欲去之，因危与之。环转因化[⑧]，莫知所为，退为大仪[⑨]。

【注释】

①先取《诗》《书》，混说损益：引用《诗经》《尚书》验证自己的观点，权衡利弊，加以褒贬。陶弘景注："混，同也。谓先考《诗》《书》之言，以同己说；然后损益时事，议论去就也。"

②欲合者用内，欲去者用外：君臣关系的疏密，全在于情。得情则就，失情则去。谋者应审时度势，权衡利弊。若欲去之，则不必动之以情。

③外内者，必明道数：决定内外大事，必须明确道理和方法。外内，指情外和情内，即有情和无情。道数，指方法谋略。陶弘景注："言善知内外者，必明识道术之数，预揣来事，见疑能决也。"

④治名入产业，曰揵而内合：使人民能够安居乐业，君臣之间才算真正实现感情相投。陶弘景注："理君臣之名，使上下

有序；入赋税之业，使远近无差。上下有序，则职分明；远近无差，则徭役简。如此则为国之基，故曰揵而内合也。”

⑤上暗不治，下乱不寤：君主昏聩不明事理，百姓愚昧而不觉悟。陶弘景注：“上暗不治其任，下乱不寤其萌，如此天下无邦，域中旷主，兼昧者可行其事，侮己者由是而兴，故曰揵而反之。”

⑥内自得而外不留：内心采纳意见，表面却不显露。

⑦说而飞之：以言辞引诱君主，以察言观色，判断其内心意图。陶弘景注：“言自贤之主，自以所行为得，而外不留贤者之说。如此者，则为作声誉而飞扬之，以钓观其心也。”

⑧环转因化：言辞婉转如圆环。

⑨退为大仪：保全自己的最大原则。陶弘景注：“去就之际，反复量宜，如圆环之转。因彼变化，虽傍者莫知其所为，如是而退，可谓全身大仪。仪者，法也。”

【译文】

君臣之间有了情意，才能施展政治理想，推行道德、仁、义、礼、乐、忠信以教化民众，进献治理国家的谋略。向君主进言，引用《诗经》和《尚书》来验证观点，根据实情增减言辞，权衡利弊决定去留。想接近君主就要打动其内心，想要离去就不必讲究情谊了。懂得了有情和无情的分别，揣测将来要采用的方法，及时发现可疑之处并作出决断。制定谋略保证没有失误，就可以取得成功。管理百姓，使他们从事生产，叫作内部安定，团结一致。

如果君主昏聩无道，臣子愚昧而不觉悟，那么，谋略之士就应该改变想法及时离开。如果君主下诏任命自己，就要迎合诏命侍奉君主。如果君主不想接纳进言，甚至会给自己带来危险，那么言辞之间，就要像圆环一样灵活转换，使君主看不清自己的真实想法，这样才是保全自己、全身而退的原则。

【本章解读】

本章是论述内揵与外离的抉择：

1．“由夫道德、仁义、礼乐、计谋，先取《诗》《书》，混说损益，议论去就。”由夫，是连接词，同“凡是”。礼乐，是指封建社会关于礼节和音乐的规范。《诗》，指《诗经》，我国最早的一部诗歌总集。《书》，指《尚书》，我国上古的历史文献汇编。混说，是兼顾，即全面分析正与反、得与失两面。本句是说：凡是关于道德、仁义、礼乐、计谋这一类重要问题，首先要借鉴《诗经》《尚书》的经典，兼顾损失与利益，议论去与就的利弊得失。

2．“欲合者用内，欲去者用外。外内者，必明道数，揣测来事，见疑决之。”外，是见外，是“内”的对立面，即把自己置于其团体事业之外。道，指事物发展规律，即形势与情理。本句提出了一个重要问题，你是置身于君王团体事业之内？还是置身其外？如果你想与之结合，则用内揵；如果你想离开君王，则用置身于外之法。在抉择内与外时，必须先搞明白其形势与情理，对未来发展做出预测，抓住疑问的焦点，分析利害得失，然后做出抉择。

3．“策无失计，立功建德。治名入产业，曰揵而内合。”如果你进献的计策没有失算，因此受到重用，则可立功建德。治理百姓安居乐业，这就可以说进献之计谋与君王的需求完全吻合。

4.“上暗不治，下乱不寐，揵而反之。”暗，昏暗。寐，醒悟。反，是指与内揵相反的思路，不一定是叫你公开反对。本句是说：如果君王昏庸腐败而不可救药，群臣作乱而不知醒悟，则你在进献计谋时，应该采取与内揵相反的思路，即促使其垮台。

5.“内自得而外不留，说而飞之。”自得，不是指君王自鸣得意，而应理解为该国只用自己的人才。本句是讲：如果你在进说辞过程中，发现该国君王只用本国人才，对外来人才一概排斥不留，则你在进说过后，应飞速离去。为什么要飞速离去？战国时期有一种恶毒主张：若发现人才不能为己所用，则杀之，以防为对手所用。

6.“若命自来，己迎而御之。若欲去之，因危与之。”命，命运，这里应指机遇。自来，指机遇自动降临到头上。御，驾驭利用。与，同“给予”。本句提出了一个常见问题，如何对待机遇？若机遇自动降临到头上，应善于迎接、把握和利用机遇。

7.“环转因化，莫知所为，退为大仪。”环转因化，是指围绕内揵采取过许多措施。之，代词，做宾语用。莫之所为，是说该做的都做过，再没有办法了。仪，通“宜”。本句是说，如果采用过很多办法，内揵仍不成功，则以退为佳。

本章的精髓是教导人们：在处理人际关系中，应正确抉择内与外。精句是：“欲合者用内，欲去者用外。”

【趣味故事】

恩威并施善待人

汉朝时，朱博因善于用人而名扬一时。有一次，他手下的府功曹对他说道：“长陵有一名叫尚方禁的富豪，颇有才华，现在供职于副守尉。以他的才能，完全可以当守尉。”

朱博听从府功曹的建议，派人去暗中调查他。调查的人回来说：“此人年轻的时候行为不检点，曾与别人的妻子私通，后被发现。现在他的脸上有一处刀疤，就是那时候被人砍伤的，府功曹可能是因为受了尚方禁的钱财，才为尚方禁说话的。”

朱博点头不语。过了几天，他又以了解治安情况为由把尚方禁招来，仔细看他的脸，发现果然有一处很深的疤痕。朱博命众人退下，独自留下尚方禁，问他脸上的伤是什么原因。

尚方禁如实做了回答，然后跪在地上请朱博饶恕。朱博大笑，对他说：“男子汉大丈夫，有一点过失算什么？我准备为你洗刷掉原先的羞耻，你看如何？”

尚方禁感动得泪流不止。朱博又趁机说道：“如果我为你洗刷了羞耻，你可愿为朝廷效力？”

尚方禁连连应诺，朱博就告诉他：“这次谈话你知我知，没有其他人知道。你以后的任务就是遇到奸邪之事就记录下来。”

然后朱博撤销了尚方禁蒙羞的案底，并张贴告示“澄清”尚方禁的冤枉。他在一天之内召见尚方禁三次，以表示亲近。尚方禁早出晚归，四处奔走，揭发了境内多数盗首及其亲信。短短一年，由尚方禁提供线索而侦破的案卷达两尺厚。朱博借机提拔尚方禁为遵县县令，尚方禁感恩戴德地赴任去了。

朱博又召见了那个府功曹，责问道：“你收受他人贿赂，依刑律该如何处置？”府功曹吓得脸色惨白，跪地谢罪。朱博便以将功折罪为由，命府功曹将历年来所受贿赂及其他不义之财，一文不少地记录下来交给他。那府功曹十分害怕，就把自己获得的

财物全部都写了下来，交给了朱博。朱博看了记录，知道他已老实交代，就对他说：

“此事只有你我二人知道，我有心惩治你，可又委实不忍；如果不给你一个罪名，如何对得起刑律和皇上，你看怎么办？”府功曹坐在那里，一言不发。朱博命令道：“你马上坐下来写一个改过自新的赦文，然后……”朱博扔给府功曹一把刀，“把你刚才所记的一切全部销毁。”

府功曹如逢大赦，急忙写完赦文，拿刀把刚才所记的竹简划烂。朱博便让他仍归旧职，府功曹从此以后小心谨慎，再也不敢做错事。

【解析】

从“如方与圆，如圆与方”中所得的启示是做事应明方圆之道，朱博在此就成功把握了这一点。金无足赤，人无完人。下属有错，必须纠正，但不必一棍子打死，否则便无人可用。朱博恩威并施，可谓深谙用人之道。看到尚方禁的羞耻心仍在，说明其良知未泯，仍然可救；府功曹虽贪婪却又惧怕刑法，免其罪责，他必不再敢犯错。可见，用方圆之道变通地对待他人，往往能激发其热情，更加忠诚地为自己做事。

【延伸阅读】

一、谋略聚焦

1．思维敏捷，随机应变

《内揵》篇的主旨所在，是为人们提供一些君臣相处之道。为君的明鉴清醒，纳言不苟，做臣的进谏及时，进退有序，君臣之间就能和谐相处。君臣关系的亲疏好坏，关键在于感情是否相合，志趣是否相投。

俗话说“伴君如伴虎”，陪伴君王随时有杀身之祸，因为皇帝拥有至高无上的权利，又经常喜怒无常，君威难测。关系好就会平步青云，关系不好就会惹来灾祸。确实如扬雄《解嘲》所说：“旦握权为卿相，夕失势则为匹夫。”智谋之士要游说君王，就要言行谨慎，头脑灵活。应付突然事件要随机应变，才能全身而退。这是鬼谷子在《内揵》篇中提到的思想观点。

有一天，晋文公举行晚宴。厨师上了一盘烤肉。晋文公正要吃，发现肉上绕有毛发，便把厨师叫来，厉声呵斥：“肉上绕着毛发，你想噎死寡人吗？”厨师大惊，赶忙磕头跪地请罪说：“我有三条死罪，请大王惩罚：用磨刀石磨刀，磨得非常锋利，切肉能断，毛发却切不断，这是其一；用木棍穿肉却看不见毛发，这是其二；用炽烈的炉火烤熟了肉，毛发却没烧掉，这是其三。”听到这里，文公明白了是有人在陷害厨师。

厨师无端被责骂，自知受冤，但很快冷静下来，自列罪状申诉冤屈。这种方式，显然比直接喊冤好得多。故事中的厨师，依靠随机应变躲过了灾祸。可见，面临突然事件，想办法把自己想说的，找机会表达出来，灵活控制局面才能有利于自己。

这种君臣之道，同样适用于现代社会的职场上。当不被上级看好，或遭到打击和羞辱，是据理力争，还是忍气吞声？一般情况下，需要忍耐一时反省自我，看问题到底出在哪里。因为，上级固然有猜疑、武断等毛病，但如果自己把握得当，定位准确，掌握沟通技巧，结果就会朝好的方向发展。这时，伴君未必是伴“虎”，也可能是伴“父”、伴“友”。

比如，上司注重结果，汇报工作就不要事无巨细；上司喜欢

控制流程，就不能办完事情才汇报。许多在职场获得提升的人，都是因为弄懂了“让上级放心才好做事”的道理。这需要多和上级接触，多让上级了解自己。平时接触少，犯错的概率就高。平日了解多，容忍犯错的弹性与授权的空间就大。

此外，作为领导的心腹爱将，大多深受领导信任和依赖，有“我办事，你放心”的存在感。凡心腹多少拥有如下特征：自信、和领导接触多、关系轻松、爱提建议、敢于表达不同意见、主人翁意识强、时刻维护领导。要成为上司的心腹，就要投其所好。心腹办事利落省心，能主动替老板分担压力；作为得力助手的同时，也是上级的盟友及安慰者。

2．择主而投，反对愚忠

提到儒家思想，人们就会联想到“忠心耿耿”，并以此作为信条。有座右铭曰：“待人应守儒家之忠诚，治世应持法家之严明，创业酌用兵家之权变，养心可奉释家之超脱，行文当如纵横家之灵活，读书当如墨家之兼爱。”纵观历史，忠诚可表现为对君主、对朋友尽心尽力，乃至赴汤蹈火，鞠躬尽瘁。《说文解字》中解释：“忠，敬也，尽心曰忠。”忠，是一种对人对事应有的品德修养和行为准则。其对象较为广泛，对分内之事，对亲、师、友、君所交代的事都要尽心。

当然，这忠并非无原则的忠。如果君主昏聩无能，朋友性劣无耻，对这样的人忠诚，那就只能说是愚忠了。对于愚忠，鬼谷子显然是持反对态度的。他认为，如果“上暗不治，下乱不寤”，就要“反”；自己不被重视，就要“飞”。一反一飞，表明了纵横家对于儒家思想“忠孝仁义”的批判态度。

末世无英才，贤者或隐于市，或被奸人陷害。一个朝代君主贤明，就会人才济济。治世之君大多能识正直之臣。有一次，唐太宗问谏议大夫魏徵："历代君主，为何有的明智，有的昏庸？"魏徵说："能够听取各方意见，就是明智；片面听取个别之言，就是昏庸。广泛听取意见，就能了解下情，不被蒙蔽。"

在明君面前，正人君子可以获取功名和威望。在昏君面前，这种正直就是找死，不会带来任何好处。当朝政黑暗，动乱形势不可逆转时，就要防止深陷其中，当机立断，该退即退，远离黑暗，隐身自保。若要逆流而上，只会受到损害。

比如，商纣王的叔叔比干，不断向纣王进谏，希望他回头是岸，最终却被纣王残害。总之，君子应有洞察先机之明，在事情还未发展成恶果时就有所觉察，并果断决策决定去留。就像倦鸟归巢，太阳刚刚落山，尚未收尽余晖时，就预做行动。并不是等到完全天黑后才往回飞，这样就会遭遇凶险。可见，作为纵横四方的游说之士，更应该吸取教训洞察先机，及时行动以求自保。

3．进退之间，适当取舍

良禽择木而栖，人要善于选择。一旦找到用武之地，就要积极进取，建功立业；如果局势不利，就要果断放手，急流勇退。沉迷于权势，陷入不切实际的幻想，终会引来灾祸。

春秋时期，吴王夫差打败了越王勾践。此后，越王勾践卧薪尝胆，在范蠡等人的辅助下，最终励精图治，复仇成功。吴王夫差被逼自杀。吴国灭亡后，范蠡早早辞掉了官职，远离了是非场所，泛舟河海之上，遁迹于江湖之外。据说定居于山东菏泽的"陶城"，成了有名的富商，是为"陶朱公"。

范蠡离开越国后，曾给好友文种写信，劝他放弃权势。信中说："飞鸟尽，良弓藏。狡兔死，走狗烹。"文种没有听取范蠡的建议，认为越王不会那么绝情。后来，越王听信谗言，怀疑文种不忠，真的逼他自杀了。范蠡和文种对待名禄的态度不同，结局也大相径庭。这对于热衷于功名的人来说，是有借鉴意义的。

越王勾践忍辱负重，卧薪尝胆十年，终报大仇。但他心胸狭窄，连同生死、共患难的大臣文种都不放过。范蠡有先见之明，深知勾践的为人，懂得急流勇退的道理，才在残酷的政治斗争中保全了自己。相比之下，文种的想法就未免太过天真了。

人是有思想的动物。懂得进退之道，能够适当取舍，就会生活愉悦，精神充实。反之，对于事物总有非分之想，企盼不属于自己的东西，就是修身养性的大敌。可以说，这是人性的弱点，如果不善于克制自我，任凭欲望的野草蔓延丛生，必然误入歧途，造成不必要的损失，葬送前程。

从古至今，贪心是人的大敌。在商业社会，赚钱发财似乎是大家共同的目标。但人人都欲海难填，想获取更多。一个人过于贪心，就会缺乏原则；官员过于贪心，将会丧失前途；商人过于贪心，就会失去伙伴，生意惨淡。所以，君子爱财，取之有道。当今社会，物欲横流诱惑多多，可以说到处是陷阱。因此，要学会克制自我，戒贪戒躁。

4．揣测心意，有效说服

《内揵》篇曰："欲说者，务隐度；计事者，务循顺。"意思是要想说服他人，必须暗中揣测对方心意；要谋划事情，必须顺势而为，顺其自然，才能水到渠成。"上下之交，必以内情相得，方不失为君臣相亲之道。"君臣相交，动机各不相同，必须以情为重，仁义宽容则产生情谊。这句话体现了本篇的旨要，也是鬼谷子施展谋略的思想基础。

战国时期，齐宣王一心想完成称霸大业，于是向孟子请教：

"怎样才能统一天下，我能否统一天下？"孟子说："能。我听说，有一次新钟铸成，准备杀牛祭钟，你看见牛在发抖，感觉不忍，不让杀牛，有这回事吧？"齐宣王答："是有这回事。"孟子说："大王，凭你这种恻隐之心，就可以行王道，统一天下。"齐宣王听了很高兴，孟子接着说："问题是你肯不肯干罢了。有人说：'我的力气能举起千斤之物，却举不起一根羽毛；我的眼睛能看清鸟兽毫毛，却看不见满车木柴。'您相信这句话是真的吗？"

齐宣王答："当然不信。"孟子说："大王的恩惠足以推到禽兽身上，却推不到百姓身上，这和不肯举一根羽毛和看不见一车木柴一样，同样叫人不能相信。如今百姓不能安居乐业，是因为你根本不关心，而不是不能做到。所以说，你能完成王道霸业，也能统一天下，问题是你愿不愿意去做，而不是做不到。"

齐宣王说："这有什么区别呢？"孟子说："要把泰山夹在胳膊下跳过北海，说我做不到，这是真的做不到。要为老年人折根树枝，说我做不到，这是不愿意做。大王你没有做到用道德来统一天下，不是不能把泰山夹在胳膊下跳过北海，而是不愿为老年人折树枝。'老吾老以及人之老，幼吾幼以及人之幼'，做到了这一点，天下便容易治理了。古圣贤因为善于推广自身的德行，所以远远超过众人。如今大王的恩惠能够施及动物，却不能施及百姓，这是为何呢？"

孟子在与齐宣王对话时，充分运用了论辩的技巧，既给齐宣王留够了面子，也使他领悟了其中的道理。宣扬保民而施行王道，例子生动，比喻形象，可见孟子善于揣摩听者之心，懂得取悦于对方以使谈话继续。然后从不同角度提出问题，问题有正反夹杂，有明知故问，变化多端；一接一问，使谈话的内容层层深人，具有极强的说服力。

5. 进献计谋，巧言连横

君臣之间的关系亲疏，与情谊是否相合，志趣是否相投不无关系。心有所属则情谊渐生，道不同则不相为谋，这是人之常情，事之常理。鬼谷子所说“内揵”，关键是拉近与游说者的距离，找准对方的心理契合点，让对方有认同感，从内心去打动对方，然后再提出建议和谋略，进而影响对方的决策。这是纵横家进献计谋的方法。

战国时期的张仪最善于运用“内揵术”。秦惠王时，张仪用“连横”的方式对付诸侯国的“合纵”策略，取得了巨大成功。张仪先后去魏国四次，劝魏惠王尊秦王为帝。接着，又瓦解了齐、楚同盟，迫使楚国与秦国结盟。然后说服燕王献上城池，亲秦弃赵，实现了连横策略。劝说赵国时利用外交上的优势，从全局分析。张仪巧施计策说服六国，破除“合纵”策略，是因为找到各国君主的软肋所在，揣测他们的不同心思，根据不同国家采取不同的突破口，这是他能取得成功的重要原因。

知己知彼，百战不殆。游说是为了让对方听从自己的建议，使局势为我所控。这就要知道对方内心所想，再从其利益出发，使对方认同自己的观点。这是“内揵术”的关键所在。鬼谷子认为，说话办事要想达到预期效果，就要调查研究掌握实情，然后根据实情制定策略。如果还没充分准备就盲目行动，必然遭遇失败。

《伊索寓言》中有一则故事。狐狸不小心掉进井里，爬不上去。正好山羊渴了，来到井边，发现了狐狸，便问：“井水好喝吗？”狐狸说：“井水很甜，赶紧跳下来喝吧。”山羊一听就相信了，于是“扑通”一声跳下来。

山羊跳下去后，才发现上不去了。狐狸说："我有个办法。你用前脚扒在井壁上，我踩着你跳上去，再拉你出来，我们就得救了。"山羊同意了。狐狸跳出井口，就不管山羊了。山羊骂狐狸不守信用。狐狸说："喂，伙计，如果你的头脑和你的胡须一样完美，就不会在没想到上来的办法前就跳下去了。"

事先不了解情况而盲目行动，就会陷入困境无法自救。聪明人在行动之前会把情况调查清楚，并预见到事情的结果。人际交往既存在矛盾，也存在合作。只有看透对方，才不至于陷入误区。在商业领域，鬼谷子的话同样适用。搞好调查研究，是正确决策的基础和前提。调查研究可以提高认识水平，由此更好掌握全局和指导工作。企业或个人在投资前，进行充分的调查研究，在掌握正确信息的基础上做决策，就会最大限度获取效益。

6. 内部和谐，团队协作

鬼谷子权术谋略的实施，以君臣之间感情融洽为基础。君臣上下相交，必须情感相得，才能彼此接纳意见，这是君臣相亲相近的至理名言，也说明了内部团结的重要性。《内揵》篇曰："欲合者用内，欲去者用外。外内者，必明道数，揣策来事，见疑决之。策无失计，立功建德。治民入产业，曰揵而内合。"

向君主提建议，要揣摩对方心理，切中时宜，才能方便自己，以灵活变化求得认同，就容易改进事宜，进献谋策。在谈话中找到突破口，寻找有意义的话题引起对方的兴趣，在互相了解的基础上进行感情交流，就有了心理基础，话就能够说到对方心里，进一步"通情"而"达理"。"得其情，乃制其术"，这是《内揵》篇提到的重要一点。掌握了信息或情报，就有利于制定对策，展开行动。这不仅适合于古代谋士游说帝王的活动，对于现代商战也有极高的实用价值。

工作中，有时候需要向上司提一些建议或计划。然而，人们常为进献计策不受重视、不被采纳而苦恼，特别是在上司断然拒绝后。问题的根源在于人们通常以“我”而不是“我们”的角度来陈述事情或者观点。这样做往往会引起听者对自我的防御性保护，没人愿意提携与自己一样自负的家伙。需要注意的是，运用“口才”一味奉承和附和上司，也不可能留下良好的印象。所以，要保持独立的人格，不要降低身份来争取上司的重视与尊敬。

要在人际交往中获得良好的沟通效果，除了以情理打动对方外，还要讲究策略，提建议时要尽量委婉一点。当他人遇到困难和挫折时，伸出援助之手给予帮助。委婉语言应用于生活的各个层面，不仅是人际交往的需要，更是协调人际关系和社会关系的重要手段。这是实现目的的有效表达方式，有利于表达思想，使沟通在轻松愉快的氛围中进行。

对于公司而言，只有内部团结，才能营造良好的氛围。团结就是力量，同事间互相配合，就会提高工作效率。如果总是勾心斗角，相处不融洽，就会影响工作。良好的人际关系有助于个人的发展，对职场人士来说，与同事的关系是和则双赢，闹则两败。只有经常沟通，才能建立良好的人际关系。做到这一点，除了互相帮助和谅解，也要注意恰当的语言表达。说话不够委婉，就会使对方误解，以致产生隔阂。

在同事关系紧张乃至不和睦时，不要急着去批评别人，要先想想自己的不足。良好的人际关系是双向互利的，给别人关心和帮助，自己也会得到回报。在群体生活中，我们都是相互依存的个体，面对共同任务时，要拧成一股绳加强团结，才能将工作做到更好。

7. 言近旨远，意味深长

《内揵》篇的核心是“情”字。以“情”为中心，就能拥有融洽的人际关系，即使批评指责也能使人欣然接受。这是领导者的一种语言艺术。

“人非圣贤，孰能无过。”人一生总免不了会犯错误，有时候很难自我省悟。当别人犯了错误，我们可以适当予以批评和指正。运用言近旨远、含蓄深沉的批评手法，其效果远远胜过狂吼和怒斥。

批评有时是动力，激发人向上的欲望；有时是转折，指引人走向成功的巅峰；有时是毒药，一不小心会毁了人的一生。批评他人采取什么样的方式才易于被接受？教育家马卡连柯说：“批评不仅仅是一种手段，更是一种艺术，一种智慧。”因此，尽管“批评”一词给人的印象总是那么严肃，其实批评也可以很温柔，并能收到事半功倍的效果。

首先对人要尊重，要有同情心。这样就不会吹毛求疵，反而会多加谅解。说话要温婉，不可故意刺激他人，如果说话又冲又直，令人无法忍受，即使对方嘴上认错，心里也不会服气。

纠正他人错误，言语越少越好。最好能一句两句就使对方明白，然后转至其他话题。不可滔滔不绝，使对方陷于窘境，从而招致反感。纠正他人错误，切忌采用命令的口气。可以旁敲侧击，暗中指出其错误，以保护对方的自尊心，使其自觉改正错误。总之，批评是为了纠正错误，方法很重要。

对于教育工作者来说，真诚而善意的语言，虽然包含批评的成分，却能让学生感觉到信任和肯定，在宽容中自责，决心改正错误。富有人情味的批评蕴含了教师人性的博大和境界的崇高，体现了“以人为本”的真谛。

8. 以谋为变，情感效应

君臣之间的关系亲疏，皆系于情。得情自合，失情自去，游说之士必须审时度势，权衡利弊。反之，如果想离开，就不必动之以情。以“情”为中心，以“谋”为变通，这是鬼谷子在《内揵》篇所表达的指导思想。发挥情感效应的方法很多，比如赞美、欣赏，这一方法适用于人际交往以及人事管理。

常言道：“赞美不蚀本，舌头打个滚。”赞美不是一件难事，有时只需片刻思索找到别人的优点，就能得到意想不到的回报。其实，赞美是人际交往中理解沟通的最佳方式，是一种有效的推动力，它可以鼓舞员工的斗志，激励员工创造更大的利润。

善于感情投资的人，花费不多却可以获得大家认同，这是十分高明的处世策略。作为领导者，除了维护自己的尊严和地位，在适当的时候，放下架子去赞美员工也是必要的。当然，赞美要出于真心，让员工看出自己的真诚，才会得到更多的信任。

三国时，刘备在荆州被曹操打败，他不听众将劝说，冒着被曹军追上的危险，命将士们扶老携幼带全城百姓出逃。刘备虽然大败，却赢得了民心。《贞观政要》中记载着李世民的一段话：“为君之道，必须先存百姓。若损百姓以奉其身，犹割股以啖腹，腹饱而身毙。”无论刘备还是唐太宗，他们用自己的言行验证一个道理：“得人心者得天下。”这可以说是统治者的领导艺术。

对普通人来说，大家都有爱的需求，感情投资不同于物质投资。感情需要慢慢培养，是先予后得。在自我意识愈加觉醒的今天，权威性或强制性领导很难受到欢迎，在事实上也越来越成为不可能。所以作为领导，必须进行情感投资，用真情打动员工，通过攻心来达到忠心。这是鬼谷子《内揵》篇所倡导的以“情”为中心的要旨所在。

二、古为今用

在读懂《内揵篇》之后，如果能把它和人生的遭遇联系起来思索，探讨经验教训，你就会发现：人的一生，关键在于内与外、进与退，成功在于营与销。《内揵》篇揭示的是人生哲理和交际学。

1. 人生的内与外

如何立身御世？怎样才能取得成功，避免失败？把握内与外的选择，是至关重要的。说来话长，这要从人的觉悟谈起。

人，无论什么人，男人，女人，中国人，外国人，均必须具有三个觉悟：对自然属性的觉悟，对社会属性的觉悟，对历史属性的觉悟。

人，总是自然人，总是在一定的自然条件下诞生和生长的，若离开一定的条件，如适当的温度、阳光、空气、水、食物等，人就不可能生存。因此，任何人都必须具备对自然属性的觉悟：从思想感情到举止行为，均必须置身于大自然环境之内，适应它，爱护它，培育它，改造它，使自己与大自然和谐共存，最终实现可持续发展。科学发展至今，人类还不能离开地球这个大自然，即使将来能够移居到其他星球去，仍然离不开地球这个大本营。令人遗憾的是，世界上仍有许多人，身在自然之中，心却在自然之外，对生我育我的地球不爱护。践踏树木花草，残杀野生动物，破坏生态资源，频繁发动战争，屡屡使用生化武器，污染自然环境，不断给大自然带来痛苦、呻吟、流血，自以为得计，其实是在摧毁人类的家园，摧毁人类的未来，坑害子孙。

人，总是社会人，谁也离不开社会，离开社会就难于生存。人从母胎中生下来之后，如果没有母亲或他人的保护，那就很难活下去。世间虽有过狼孩的传说，那毕竟只是一种偶然，却也从反面证明，人若离开社会，人则不成其为人，也就谈不上发展，更谈不上有所作为。抵抗大自然灾害和外族入侵，均须依靠社会力量。因此，每个人均必须具备对社会的觉悟，即要置身于社会之内，适应社会规则，服从社会需要，为社会服务，把社会建设得更加发达，更加文明。遗憾的是总有那么一些人，只顾自己，不顾社会，把自己置于社会之外。更有甚者，为了一己私欲，偷盗抢劫，制造恐怖，捣乱破坏，给其他人带来痛苦和灾难，对这种恶人，社会只有绳之以法。

人，总是历史人，是自然发展过程中的人，是社会发展过程中的人。人类历史，有多股伟大的群众性创造洪流，不断适应自然、改造自然；不断适应社会、改造社会；包括不断改造人类自己、发展人类自己，从而创造了物质文明和精神文明，构成了人类文明发展史。虽然各股创造洪流的进度不一，有快有慢，时而有曲折甚至遇到漩涡，但谁也不能阻挡，总的趋势是不断向前。各股创造洪流时而出现分化，但谁也无法阻挡社会创造洪流的汇合与交融。人的历史属性，是人的自然属性和社会属性的融合与发展。每个具体的人，无不面临一个问题：你是置身于社会创造洪流之内，还是置身其外？在年轻幼稚时，你不会意识到这个重要问题的存在，但当你走上社会，遇到各种机遇与挑战时，你才会意识到这个问题的重要，才会做出正确的选择，这就是对历史的觉悟。

作为具体的人，有先生与后生之分，后生者是置身于前人的事业之内，继承之，利用之，发展之，还是否定继承、割断历史、另起炉灶，这也是对历史的觉悟。现代人如果还要从钻木取火开始，未免是愚蠢的笑话。

当代人，对几千年文明史来说，是后生者。此时，社会已经划分为不同的国家民族，不同的党派社团，不同的社区，不同的群体。置身于大自然之内还是之外，置身于社会之内还是之外，置身于历史洪流之内还是之外，都是抽象的大概念、大选择。具体到个人，首先遇到的是家庭内外、学校内外、社区内外、党派团体之内外、某个特定事业的内外，进而面临国家民族之内外等问题，这都要面临选择。如何选择，选择得正确与否，对你的生存和发展关系极大。

如果你能选择到一个好学校，成为其中一名好学生，则你就可以受到良好教育，结交到一批优秀的老师和同学，无异于可以继承到优秀的历史文化遗产；在你完成学业之后，如果能选择到一个有利于干事业的群体，并能置身其中，成为一员，则你就有可能继承到该群体的既有资源，就可能利用这个舞台，演出威武壮丽的大业。正如格言所云：只有站在巨人的肩膀上，才能成为新的巨人。

选择，可以选择生活的社区，可以选择工作的单位，甚至可以选择定居的国家。但是否能被接受，在接受之后给你安排什么角色位置，这要取决于该社区、该单位、该国对你的选择。而被选择与被安排，往往取决于其领导班子与你的关系。在封建社会里，决定性的是君臣关系。就一般来说，通常是领导与被领导的关系，上下级的关系。如果你确实是一个人才，且能受到看重，则可能被安排较为重要的角色，被提供给较大的舞台，则你的发展就会比较顺利，事业比较容易取得成功，心情也会比较舒畅；若上下级关系疏远，轻则容易受到挫折，事业难成，重则危及生存。故搞好上下级关系，是立身创业不可忽视的重要问题。

然而上下级关系的内外亲疏取决于什么？取决于血统的远近吗？实际上常有“远而亲，近而疏”的现象；取决于找上门吗？常有“就之不用，去之反求”的现象；取决于催得紧吗？常有“日进前而不御，遥闻声而相思”的现象。为什么有这些矛盾现象呢？鬼谷子曰：“事皆有内揵，素结本始。”这句话指出了两个要点：第一，处理上下关系的重要手段是内揵，即要善于献计；第二，上下关系的结合，本质是上下利益需求的一致性。把两个要点连起来，归根到底，是你的才智、谋略、情感均须与其需要和意愿相结合。果能如此，则你就能得心应手，达到自如的境界：“欲入则入，欲出则出；欲亲则亲，欲疏则疏；欲就则就，欲去则去；欲求则求，欲思则思。”如同青蚨母子相依为命。

2．内揵的艺术

内揵，是交际的首务，是进身社会的阶梯，是成就事业的法宝，不可不研究。

先知——这是内揵的前提。

案例：孔孟游说为何失败？

孔子，中国儒家创始人，是历史上有名的大圣人。他生于鲁国，成名于鲁国，做了鲁国大臣，后为何辞职，而出走他国？从外因来说，是齐景公使了诡计。齐景公深知孔子是大贤才，担心鲁国重用孔子而称霸诸侯，故采纳大夫黎弥的美人计，分别给鲁定公和相国季斯各献一支女乐队，指望腐蚀他们的精神。在女色和音乐的陶醉下，相国季斯不上朝，鲁定公三日不问政，连一向隆重的郊祭大典，也马马虎虎。按传统，在郊祭大典后，鲁定公应给大臣颁赐胙肉，以示恩宠。由于迷恋女乐，颁赐胙肉的项目也取消了，令孔子心寒，弃官出走。从内因来说，既是鲁定公经不起腐蚀，也是孔子不知其中内情，故易于中计。

孔子从鲁国出走后，先是游说卫国。卫灵公问以战阵之事，孔子不感兴趣。对曰："丘未之学也。"卫灵公与夫人南子同车而出，叫孔子为陪乘。市人议论曰："同车者色耶，从车者德耶？"孔子听到议论后，觉着很丢脸，叹曰："卫君好德不如好色。"于是弃卫。第一次游说卫国不成，继而游说宋国，又遭宋国幸臣妒忌。再游说陈国、蔡国，遭陈国、蔡国的大夫联合围攻，绝粮三日，几乎饿死。再游说楚昭王，昭王想用他，又因遭到楚国令尹子西妒忌而未果。几国游说，都缺先知，屡屡碰壁，又缺深究，岂能不败？

孟轲，师从子思门人，儒家学说的又一位大师。他听说魏惠王好士，自邹至魏。惠王迎到郊外，礼为上宾。问以利国之道，孟子对曰："臣游于圣门，但知有仁义，不知有利。"惠王认为孟子过于迂腐，没有用他。不问需求，只知推销，岂能不败。

人的一生，如同行路，总有几个紧要处，譬如：十字路口，激流险滩。遇到紧要处，就看你怎么选择，选择好了，一片坦途；选择错了，荆棘丛生。选择，无非是内与外，进与退。

内揵是为了进。进，有三个层次：有指望进入某个国家，或某个地区，或某个组织，或某个公司，目标是成为其中的一员；有的还指望进入其管理层或领导层，甚至决策层，目标是借其全部的资源和条件，以便成就一番事业；还有，是想利用其庞大的舞台，推行自己的思想、政见和抱负，如孔子、孟子是为了推行儒家学说，商鞅是为了推行变法，苏秦、张仪是为

了推行合纵、连横战略。在这三个层次的目的中，有两种不同的思想境界：一种是为个人的权势和私利，另一种是为国为民。鬼谷子倡导的是后者："策无失计，立功建德，治名入产业。"在战国时期，强调立功建德，强调治名入产业，这是很先进的指导思想。

战国时期，诸侯纷争，各国竞相网罗人才，王公贵族竞相豢养门客。毛遂，是赵国平原君的座下客。时值赵括抗秦大败，秦将白起坑杀赵国降卒四十余万之后，秦国又派兵进攻赵国都城邯郸，赵国危急，派平原君到楚国请求军事援助。平原君想从门客中挑选二十个随从，条件是文武兼备，选来选去，只得十九人，没有挑上毛遂，平原君叹曰：我养士十年多，人才怎么这样难得！此时，从下座中走出一人，自荐曰："我可否充数？"平原君问其姓名，答曰："姓毛名遂，在你门下做客三年了。"平原君笑曰："凡有才能的人处在世上，如同锥子放在布袋里，迟早会显露出来。先生在我门下三年，未见显露，难道先生在文、武两方面一无所长吗？"

毛遂答曰："今天请您把我放入口袋，看我是否露尖。"平原君于是带他出使楚国，敦请楚考烈王担任纵约长，合纵抗秦。从日出一直说到日中，楚王因惧怕秦国，犹豫不决，谈判陷入僵局。在台阶下面的毛遂，目睹僵局，乃按剑拾阶而上，走向楚王与平原君，质问曰："合纵之利与害，极容易判断，今谈判半天，为何犹疑不决？"楚王怒问："你是何人？"平原君答曰："此臣之客毛遂。"楚王曰："寡人与汝君议事，哪有你说话的份，走开。"毛遂又走上几步，按剑说："合纵，乃天下大事，天下人皆得议之！平原君在前，你为何斥责我！"楚王态度稍微缓和，问："客有何言？"

毛遂曰："楚地五千余里，自文、武称王，至今雄视天下，号为盟主。一旦秦国崛起，数败楚兵，怀王囚死，鄢郢尽没，被逼迁都，此百世之怨，三尺童子，犹以为羞，大王独不念乎？今日合纵之议，是为楚国着想，不是为赵国。"楚王曰："是。"毛遂问："大王之意已决乎？"楚王曰："寡人意已决！"毛遂呼叫左右随从，快取歃血盘来，毛遂手捧歃血盘，跪进于楚王面前，曰："大王为纵约长，请先歃，次则吾君，次则臣毛遂，再次则阶下众人。"于是签订了合约。楚王派春申君率八万军队救赵。平原君回国，叹曰："毛先生三寸之舌，强于百万之师！我见识的人很多，这次未识毛先生之大才，屈为下座，今后，再也不敢自诩识才。"此后，平原君一直奉毛遂为座上宾。毛遂自荐，不仅参加了使团，施展了才华，更重要的是为赵国立功建德，赢得了一时的和平。毛遂自荐的故事，后来一直被国人传为佳话。

毛遂自荐的故事说明：社会对人的认识，有一个实践的过程，当你在实践中表现出了才能时，社会才会认识你。人的一生，应该学会推销，通过一定的言行，推销自己，推销政见，推销计谋。试想，毛遂被冷落了三年，若此次不趁机自荐，或在自荐中没有表现出一定的才能，岂不是要被继续埋没！人生不能老是被动地等待，不能苛求别人当伯乐，不能苛求社会高估你的价值，在怀才不遇时，更应积极反思自己，不要怨天尤人。

当年苏秦从失败到成功，就是一个营销的范例。苏秦辞别鬼谷子，下山回家，弟弟得知他学到游说之术，劝他就近游说周显王，说以自强之术。苏秦见过周显王后，周显王留之馆舍。由于苏秦出身农商之家，属于社会底层，周显王左右的人看不起他，均不肯在周显王前保举他。苏秦在馆舍等了一年多，依然未能讨个进身。在第一次游说失败后，苏秦气愤回家，尽卖家产，得黄金百镒，制黑貂裘为衣，置车马仆从，遨游列国，访求山川地形，人文风土，对诸侯各国的形势和矛盾有了详尽了解，又过了数年，未有所遇。

在第二次游说不遇之后，苏秦得知秦孝公重用商鞅，变法成功，于是西入咸阳。此时，孝公已薨，商鞅也死，苏秦乃求见秦惠文王，进献统一天下之策。此时，惠文王刚刚杀掉商鞅，从心底里厌恶游说之士，故没有明确答复，只说以后再议吧！苏秦不甘心，复将古三王、五霸攻战而得天下之术，汇成一书，有十多万字，次日献给秦王。秦王虽然浏览了该书，但没有起用苏秦之意。不得已，苏秦求见秦相国公孙衍，衍妒忌他的才能，不为引进。苏秦在秦国等了一年多，把所带的百镒黄金用光了，身上的黑貂裘也穿破了，只好把车马仆从卖了，作为路费，自己担着行李徒步回家。

父母看到苏秦狼狈归来，辱骂他无能；妻子正在织布，见他失败归来，不肯下机相见；苏秦饿急了，向嫂求饭吃，嫂推说无柴，不肯为他做饭。苏秦不觉伤心掉泪，叹曰："一身贫贱，妻不以我为夫，嫂不以我为叔，母不以我为子，皆我无能也！"苏秦在三次游说失败、屡受挫折的情况下，没有怨天尤人，没有气馁，而是寻求重新进取的韬略。他记起鬼谷子先生曾说过："若游说失意，只需熟通太公《阴符》，自有进益。"苏秦乃寻取该书，闭户探讨，务管其趣，昼夜不息。夜困欲睡，就用锥子刺股，血流到脚。后人把苏秦刺股传为苦读佳话。在读通《阴符》之后，苏秦又结合当时的列国形势，细细揣摩，如此又一年，对天下大势，如在掌中。在弟弟的资助下，再到各国游说。

苏秦本想再往秦国，七国之中，只有秦国最强，可以辅成帝业。但秦王已不肯收用在先，不得已，只好以合纵战略去联合六国抗秦。经过一国一国的艰难游说，打破了秦国的分化，终于把六国联合到一起，苏秦本人也被六国合举为“纵约长”，兼佩六国相印。为了确保合纵战略能维持一时，苏秦还设计促成秦王重用张仪，通过张仪的内助，延缓了秦国对赵国的军事进攻。

苏秦的事例说明：人的一生，要想立功建德，必须首先营销自己，使自己适合社会的需求，适合职务和角色变化的需求。

营销，最重要的是营，经营自己的知识，经营自己的才能，经营自己的眼界和胸怀。为什么有些人善于营销，而有些人就不行？笔者认为差别在于一个“悟”字。营销要“三悟”：

一要悟空，悟空自己。悟者，正确认识自己，正确处理主客观关系。空者，要彻底扫除盲目性，扫除盲目自满、自傲、自卑、自馁，虚怀若谷，虚心求教，如此，才能不断追求，才能不断吸取智慧；空者，还要彻底扫除贪欲和偏见，襟怀坦荡，光明磊落。如此，才能实事求是，坚持真理，修正错误。悟空自己，这实质是自己解放自己，是有效开发智能的前提条件。有些人具有较高学历和较多知识，为什么老是搞不好人际关系，老是过高估计自己，其中一个重要原因，是没有悟空自己，被盲目性和贪欲偏见封住了智慧的大门。

二要悟通，悟通先哲。只有站在巨人的肩上攀登，才能成为新的巨人。先哲，是先知先觉者，是具有科学世界观和方法论的人。与先哲相通，就能与人类智慧的海洋相通。通先哲，就是要认真学习和吸取中外古今之文明，就是要虚心向周围的能人学习，听取他们的高见，集中群众的智慧。仅通不够，还要悟。从先哲身上，从群众身上，悟出智谋，悟出科学的思维方法和工作方法，悟出远见卓识。

三要悟行，悟行于谋。悟空、悟通的着眼点在于行，在于实践，在于改造客观世界。不干事，不可能有效地开发潜藏智能。最有效的办法，是在行中悟。吃一堑，长一智，多思出智谋。行于谋，是说不能盲目地行，必须以智谋指导行。在行中增长智谋，遇事必谋，谋事中增智，成事中添慧，循环往复。

为什么有些人善于立功建德，而有些人成效甚微？笔者认为，差别在于一个“聚”字。立功建德要“三聚”：

一要在学习上聚向，把学习的方向集中一些，聚向现在从事的或将要从事的职业。人的兴趣很广泛，有的人易受外界诱惑，但人的时间和精力很有限，有些人过于强调兴趣爱好，什么都想学，什么都想干，或四面出击，或朝定夕改，没有明确的方向，不断分散精力与时间，当然不易成功。高明的人，总是慎重选择职业方向，一经选定，就集中全部精力与时间，为职责而学习，为职责而工作，朝如斯，夕如斯，执着追求，日积月累，铁杵磨针，水滴石穿，总能做出优异成绩。

二要在工作上聚焦，聚焦于主要矛盾。在职业定向之后，遇到的问题很多，要做的工作很多，工作总有主与次、先与后、轻与重、缓与急之分，而做事总是要受人力、财力和时间的限制。吃饭，只能一口一口地吃；走路，只能一步一步地走。有些人做事，喜欢凭一时冲动，随意性很大，不分主次，不分先后，不分轻重，不分缓急，没有计划性，效率很低，收效甚微。高明的人，总是认真分析事物发展的进程，分清主次、先后、轻重、缓急，对准自己的责任，找出矛盾的焦点，找出制约发展的瓶颈，有计划有步骤地集中人力、财力和时间，突破它。突破主要矛盾，其他矛盾就会迎刃而解。

三要在战略上聚合资源，聚合资源干事业。仅凭一人之力，能干的事业有限。高明的人，在充分发挥自己主观能动性的同时，总是根据事业发展的需要，着力聚合各个方面的众多条件，齐心协力做事，这不仅比较容易取得成功，而且往往能成就大事业。有些人习惯于个人奋斗，心胸狭窄，只相信自己，不相信别人，不愿与人联合，其结果可想而知。在21世纪世界经济智力化、一体化的时代，谁聚合的资源多，谁就能做成更加宏伟的事业。

鬼谷子在《内揵》篇中主要讲述了四层含义：一是介绍了君臣之间建立关系的种类；二是介绍了进谏者如何才能得到宠信，使君主接受自己所提出的建议；三是讲到了谋士或说客进谏应该掌握的技巧；四是提到了还应该善于根据游说环境的变化去灵活变通地改变说辞。在当今社会，鬼谷子所论述的这四层含义仍有很大的启迪和教益。总之，为了让别人采纳自己的计策，进谏者必须掌握分寸、进退有度，这样才能掌握主动权，可以进，可以退，可以坚持，可以放弃，可以进退自如。无论在做人、办事还是在经商领域，莫不如此。

第四篇　抵巇

抵巇，意思是弥补不足、堵塞漏洞。抵，是指抵御，防备。巇，本指缝隙，引申为矛盾、漏洞。祸患常起于细微，千里之堤，溃于蚁穴，要防患于未然，这是鬼谷子对我们的告诫。“物有自然，事有合离。”领略抵巇之道的人，会在矛盾的萌芽状态，做到审时度势，预测矛盾发展，抓住时机实施谋略，及时消除负面因素，成功处理问题，使矛盾迎刃而解。这就是“抵巇”。治国理政，为君做臣，皆当如此。

如何把握过去和将来，怎样真正了解现状？鬼谷子认为，现实生活中存在很多漏洞，如果不能深刻觉察，加以抵御和防备，就可能酿成大错，一谬千里，不可挽回。陶弘景注曰：“墙崩因隙，器壤因衅。而击实之，则墙器不败，若不可救，因而除之，更有所营置，人事亦由是也。”意思是说墙壁有了缝隙就会崩塌，器具有了裂纹就会碎裂。若是使之坚实，墙壁和器具就不会衰败，如果真到了不可补救的时候，就要趁机去除，然后加以更换，人事也是如此。

第一章　抵巇术的原理

【原文】

物有自然，事有合离[①]。有近而不可见，有远而可知。近而不可见者，不察其辞也；远而可知者，反往以验来[②]也。

【注释】

①合离：聚合与分离。

②反往以验来：考察过去，验证将来。陶弘景注："察辞观行，则近情可见；反往验来，则远事可知。古犹今也，故反考往古，则可验来。故曰：'反往以验来。'"

【译文】

世间万物都有自身的法则和规律，任何事情或聚或离，皆有其内在原因。有些事发生在身边却不被察觉，有些事距离很遥远却能知道。发生在身边却不被察觉，是因为对眼前的事习以为常，没有足够留心；距离很远却能知道，是因为善于反顾历史并预测未来。

【本章解读】

本章是教导人们把握规律性。

1.“物有自然，事有合离。”物，指物质。事，指事情。这句是说：万物均有其自然发展规律，万事均有分离与统合的状态变化。

2．“有近而不可见，远而可知。”远近，不仅指空间距离的远近，也包括时间上的远近。这是揭示认知的矛盾现象：有近前而不可见，有远离而可得知。说明认知规律并不容易，仅靠直观不行，要用心去认知。

3．“近而不可见者，不察其辞也；远而可知者，反往以验来也。”辞，泛指词语、思想。往，是指以往。来，指未来。本句是接上句，解释认知的矛盾现象：为什么近而不可见？主要是人心难测；为什么远而可知？因为通过反观以往，可以推验未来。

【趣味故事】

无所畏惧谏成帝

西汉后期，汉成帝执政以后，起用自己以前的亲信，尤其重用自己以前的老师张禹，并封他为安昌侯。但张禹是个道貌岸然的伪君子，实际上贪婪淫奢，位高权重之后，他对奢侈生活的追求更是登峰造极。人民都对他深恶痛绝。

朱云是当朝的一位官吏，是个敢怒敢言的硬汉子，他的这种名气朝中上下已是众所周知。他查实了张禹的种种罪行之后，立即上书求见皇帝。朱云当着满朝公卿的面慷慨陈词：“现在朝廷有些大臣，只图一己之利，上不能辅佐君主，下不能益于百姓，惹得民怨沸腾。微臣请陛下杀一儆百，斩一奸佞之人，以平民怨，以儆效尤！”

成帝好奇地问：“哦？竟有此等事！不知你要斩的奸佞之臣是何人？”朱云上前一步，毫不犹豫地说：“恕臣大胆，就是安昌侯张禹！他……”正当朱云打算一一陈述张禹的罪状时，成帝大声喝断，顿时龙颜大怒：“你这个逆臣，简直是不知天高地厚，竟敢以下犯上，公然在朝堂上侮辱我的老师！罪在不赦！来人！拿下！”

两边的侍卫立即奉命捉拿，朱云一路挣扎。待拉至金銮宝殿前，朱云死死地抓住栏杆不放，不料竟将栏杆折断。他大声呼叫道：“我能到九泉之下与已故的忠臣为友，也没有任何的遗憾！现在陛下任恶人大行其道，日后还能以圣明自居吗？”

汉成帝怒火正旺，听得叫声更烦，又下令道：“拉出去，斩首！”在一旁几次欲言又止的左将军辛庆忌摘去官帽，解下将军的大印，双膝跪地，对皇上说：“陛下息怒！陛下息怒！朱云这个人素来狂放不羁，说话做事喜欢直来直去，相信您也有所耳闻。今日他进谏也是为民着想，并无恶意。如果他所言属实，那岂不是杀错了；如果他是信口雌黄，也罪不该死！陛下何不查明真相后再做判决呢？今日我愿以死相救！”说罢，连连叩头，磕破了额头，染红了地面。汉成帝想想觉得有理，平息了怒气，收回了成命，并派人查证张禹之事，不再追究朱云。

后来，有人提议把折断的栏杆修整翻新，汉成帝连忙阻止：“栏杆勿修了，把那些坏的部分收拾一下就行了。我要让来来去去的大臣都知道朱云和辛庆忌不计个人得失而直言进谏的事迹。这种人是我一直都需要的啊！我差点犯下一个不可挽回的错误！”

【解析】

内揵中有“或结以道德”之交，朱云的劝谏就属于以臣子的

赤胆忠心之德感动了成帝。虽然劝谏的技巧性运用不多，但却是道德、仁义、忠信的具体表现。采用直谏的方法，最好知道君主是个圣贤明君，如果是个平庸无能的昏君，那很可能会招来杀身之祸。只有忠臣明君，才能做到以德相交。

从德行来看：对朱云而言，不计个人得失的正直和诚实永远不会过时；对于汉成帝而言，能够及时转变观念，吸取教训，控制自己，虚心纳谏，并做出“栏杆勿修”的决定，以示警诫，难能可贵。

第二章　抵巇术能化解危机

【原文】

巇者，罅[①]也；罅者，涧也；涧者，成大隙也。巇始有朕[②]，可抵而塞，可抵而却，可抵而息，可抵而匿，可抵而得，此谓抵巇之理也。事之危也，圣人知之，独保其用。因化说事[③]，通达计谋，以识细微。经起秋毫之末，挥之于泰山之本。其施外[④]，兆萌芽蘖[⑤]之谋，皆由抵巇。抵巇之隙，为道术用。

【注释】

①罅：裂痕，缝隙。

②朕：征。征兆，迹象。陶弘景注："朕者，隙之将兆，谓其微也。自中成者，可抵而塞；自外来者，可抵而却；自下生者，可抵而息；其崩微者，可抵而匿；都不可治者，可抵而得。深知此五者，然后善抵巇之理也。"

③因化说事：根据情况分析事情。陶弘景注："形而上者谓之圣人，故危兆才形，朗然先觉，既明且哲，故独保其用也。因化说事，随机逞术，通达计谋，以经纬识微，而预防之也。"

④施外：施之于外。意思是教给他人。

⑤兆萌芽蘖：兆萌，萌生细微征兆。芽蘖，植物的新生根芽。陶弘景注："言化政施外，兆萌芽蘖之时，托圣谋而计起，盖由善抵巇之理。故能不失其机，然则巇隙既发，乃可行道术。故曰抵巇，隙为道术也。"

【译文】

所谓“巇”，就是“罅隙”。小的裂痕会逐渐扩大，最终变得不可收拾。当裂痕开始出现的时候，会有一定的征兆。在裂痕刚出现时，可以通过“抵”使其闭塞，可以通过“抵”使其退回，可以通过“抵”使其停止，可以通过“抵”使其消失，可以通过“抵”而获取。以上就是“抵巇”的原则和方法。当事情危急时，圣人会有所察觉，并做到保全自身。根据客观情况分析事情，通晓各种计谋，制定行之有效的方法。观察事物间的细微处，无一不是起于秋毫之末，渐次发展而动摇泰山的根本。圣人施展计谋，教给众人防患于未然的道理，是从堵塞缝隙这个道理而来的。发现事物间的疏漏，并用“抵巇”的方法弥补，这是处理问题的根本方法。

【本章解读】

本章是说明巇的概念、抵巇的一般法则和利用：

1.“巇者，罅也；罅者，涧也；涧者，成大隙也。”巇，危险，或罅隙。罅，是陶器的裂缝。涧，两山之间的缝隙，可以流水。隙，指裂痕。本句是说明巇的概念。不仅指出了巇是什么，而且指明了巇的发展变化：巇的本义是指迹象、萌芽，可以是有形的迹象，如罅隙；也可以是无形的迹象，如危险征兆。巇发展了，变成罅；罅发展了，变成涧；涧发展了，变成大隙。

2.“巇始有朕，可抵而塞，可抵而却，可抵而息，可抵而匿，可抵而得，此谓抵巇之理也。”朕，指迹象、征兆。抵，抵抗，阻止意，即解决矛盾。塞，堵塞。却，退却。息，平息。匿，藏匿。得，得到，变为己有。本句是指出抵巇之理，即指出抵巇的基本原则。南北朝时期学者陶弘景对此曾做过如下注释："自中成者，可抵而塞；自外来者，可抵而却；自下生者，可抵而息；其崩微者，可抵而匿；都不可治者，可抵而得。"他是说：抵巇，要具体情况具体对待，如果是来自内部产生的缝隙，可堵塞之，譬如内部意见不合，有不满情绪等；如果是来自外部的离间，可打退之，譬如揭露外部谣言；如果是来自下面的矛盾，可平息之；如果矛盾只是萌芽，还很微小，可暂时隐匿，静观其变；如果什么办法都用了，仍不可治，那就利用矛盾，使之得到转化，弃旧图新。前四条，是把矛盾或危险征兆消灭于萌芽状态之中；后一条则是扩大矛盾，促成矛盾主要方面的转化，如企业破产、社会革命，等等。

3．"事之危也，圣人知之，独保其用。因化说事，通达计谋，以识细微。经起秋毫之末，挥之于泰山之本。"因，是指对巇隙的注意和利用。因化，是顺应事物的变化规律。说事，对事物做出具体分析。通达，由此及彼思考。经，通过。挥，摇动。本句是介绍古代圣贤如何抵巇：一是锐识，只要事物露出危险征兆，圣人就能敏锐察知，总是保持对危险征兆的注意和利用，并顺应事物变化规律做具体分析，提出计谋，进一步认识征兆的发展变化。二是善用，通过对秋毫之末的利用，可动摇泰山之根基。

4．"其施外，兆萌芽蘖之谋，皆由抵巇。抵巇隙为道术用。"其，指古代圣人。施外，指对外施加影响。本句接上句介绍古代圣人如何抵巇：不仅用之于对内，而且用之于对外，当对方出现祸害之萌芽时，就要抓住机遇，运用抵巇之道对付。总之，抵巇，是一种政治斗争的法术。

【趣味故事】

竭节忠职平恩怨

宋英宗在位时，一次受到惊吓，得了重病，暂时由皇太后处理朝政。许多大臣不想预立太子，便暗中向皇太后进言。

一天，韩琦在帘前奏事，奏事完毕，皇太后忽然问道："汉朝有一件昌邑王的事，究竟是怎么回事？你知道吗？"

韩琦顿时警觉，反问道："汉朝有两个昌邑王，不知太后所说的是哪一个？"

太后闭口无言。韩琦乘机奏道："您说这句话肯定有原因，不知谁在太后面前谈论过此事？"

太后急忙否认，韩琦趁机说："皇上的儿女中，没有一个是和您亲近的。皇上从小被抚养在宫中，皇后又是您的外甥女，这是上天的安排！太后怎么不加爱惜呢？"

不久，太后派人送给韩琦一封信，信上只有一句话：为孀妇做主。韩琦便带信拜见皇上，对他说："我有一封信献给皇上。皇上须知，您今日的一切，全都是当年太后爱护的结果，所谓'滴水之恩，必当涌泉相报'，希望皇上能侍奉太后，这样就自然不会有什么事。"宋英宗有些疑惑，仍说道："我一定记住你的话。"

韩琦拿出信说："这封信臣不敢私自保留，希望您看完后秘密烧掉。如果泄露内容，那么皇上与太后之间的矛盾就会被人利用，那就不好了。"

过了几天，韩琦独自去见宋英宗，宋英宗冷冷地对他说："太后待我已没有恩情可言。"韩琦劝道："自古以来，帝王中难道真的只有舜是孝子，其余的都是不孝之人吗？不是这样的。因为父母慈爱而儿子孝顺，这是平常的事，不值得称道。只有父母并不慈爱而儿子却依然孝顺，这才是真正的孝顺。”

宋英宗心有所悟，从此再也没说过对太后的不敬之词。韩琦还忧虑皇宫中会有事发生。一天，他趁进见太后时，对她说：“臣身在宫外，不能随时看见皇上，也不能随时保护皇上，因此宫中对皇上的保护，责任全在太后身上。假如皇上有什么不测，太后恐怕不能安宁。”

太后大惊，连忙说：“这是什么话！理当自己用心照料。”韩琦说：“太后照管得好，那么众人见太后如此慈爱，自然也会对皇上加倍照顾。”太后默然不语。朝中的众大臣听说此事，都说韩琦管得太宽，不近人情。

韩琦却说：“你们想一想，皇上与太后两宫之间素来相互猜疑，明争暗斗。假如有宦官或宫女拨弄是非，万一有什么不测，我们用什么来止息他们呢！”众人这才知道韩琦见识深远，为自己所不及。

【解析】

韩琦在事先猜测到了太后不预立太子的意图，但依然明知故问，探其虚实，而后以委婉的语言提醒太后应该爱惜子女。接着又动之以情、晓之以理去劝勉英宗应孝顺父母，才化解了母子之间的矛盾。其成功的关键就是韩琦进言的时机和方法都把握得恰到好处。

韩琦周旋在皇上与太后之间，目的是弥合他们之间的裂痕，以免他们相互残害，演变成宫廷血变。韩琦以下断上，干预皇室家事，这不但需要智慧，更需要忠诚与胆量。

第三章 灵活运用抵巇术能预防事态恶化

【原文】

天下纷错[①]，上无明主，公侯无道德，则小人谗贼；贤人不用，圣人窜匿[②]，贪利诈伪者作；君臣相惑，土崩瓦解，而相伐射[③]；父子离散，乖乱反目，是谓萌牙巇罅。圣人见萌牙巇罅，则抵之以法。世可以治，则抵而塞之；不可治，则抵而得之。或抵如此，或抵如彼；或抵反之[④]，或抵覆之[⑤]。五帝[⑥]之政，抵而塞之；三王[⑦]之事，抵而得之。诸侯相抵[⑧]，不可胜数，当此之时，能抵为右[⑨]。

【注释】

①纷错：混乱，分裂。

②窜匿：逃离隐匿。

③伐射：征伐相射。

④反之：任其背反，不加控制。

⑤覆之：使之颠覆，取而代之。陶弘景注："如此谓抵而塞之，如彼谓抵而得之；反之谓助之为理，覆之谓因取其国。"

⑥五帝：传说中的上古帝王，即黄帝、颛顼、帝喾、尧帝、舜帝。一说指伏羲、神农、黄帝、尧、舜。

⑦三王：这里指夏禹、商汤、周文王。因为夏商周有征伐之事。陶弘景注："五帝之政，世间犹可理，故曰抵而塞之，是以

有禅让之事。三王之事，世间不可理，故曰抵而得之，是以有征伐之事也。”

⑧诸侯相抵：指春秋五霸，即齐桓公、晋文公、宋襄公、楚庄王、秦穆公，互相抵制、对抗。

⑨右：上策。

【译文】

天下纷乱，国无明主，那么公侯缺乏道德约束，就会任由小人谗言害人；贤能之臣不被任用，圣人逃离隐遁，贪婪狡诈之人兴风作浪；君臣上下互相猜疑，国家就会土崩瓦解，诸侯之间互相攻伐；父子离散，没有规则，反目成仇。以上这些，都是国家出现轻微裂痕的状况。

圣人看到这些萌生的轻微裂痕，则会想方设法加以弥补。假如国家还有治理的希望，就用“抵巇”法去堵塞；假如国家乱到不可治理时，就用“抵巇”法使其崩溃并取而代之。或者采取措施，以防形势恶化；或者任其崩溃，计划取代；或者加以治理，使其步入正轨；或者将其彻底取代。五帝当政，虽然也有动荡之时，但圣人出来堵塞弥补，仍可延续；三王之时，天下大乱，只能取代前世君主，获取天下。诸侯间互相征伐，互相取代，这样的事不可胜数。在动乱的时代，采取措施，善用抵巇，才是国家发展的上策。

【本章解读】

本章接前段，专论政治抵巇，即政治斗争：

1.“天下纷错，上无明主，公侯无道德，则小人谗贼；贤人不用，圣人窜匿，贪利诈伪者作；君臣相惑，土崩瓦解；而相伐射；父子离散，乖乱反目；是谓萌牙巇罅。”乖，是不和谐。本句是列举古代社会出现巇罅的情景：天下分裂错乱，上面没有英明的君主领导，公侯大臣们缺乏道德，则小人们就会谗害忠良；贤人得不到使用，圣人被迫逃窜藏匿，贪利伪诈之徒乘机而起；君臣相互疑惑，国家土崩瓦解，相互爆发战争，以致父子离散，人们相互反目成仇。这就是社会巇罅的萌芽状态。

2.“圣人见萌牙巇罅，则抵之以法。世可以治，则抵而塞之；不可治，则抵而得之。或抵如此，或抵如彼；或抵反之，或抵覆之。五帝之政，抵而塞之；三王之事，抵而得之。诸侯相抵，不可胜数，当此之时，能抵为右。”法，对策。反，同“返”，是指维持既定秩序。覆，颠覆，改变旧秩序。右，古时崇尚右，即高明者。本句是述说圣人对社会巇罅的态度：圣人见到社会的萌芽巇罅，则根据不同的情况，采取不同的对策来抵抗。若世道可治，则想法堵塞巇罅；若世道不可治，则想法推翻它，取而得之。总之要解决矛盾，或这样补救，或那样解决；或弥补裂缝维持原状，或颠覆它取而得之。例如黄帝、颛顼、喾、尧、舜等五帝，对当时的社会巇罅，均是采取补塞的办法，故有禅让之举；而夏、商、周三朝，对当时的社会巇罅，均是采取颠覆办法，取而代之，故有朝代更替。春秋战国以来，诸侯之间，互相抵巇的事，多得数不清。当此之时，谁能善于抵巇，谁就能占上风，就能称霸。

【趣味故事】

盘庚迁都

商朝从建国到灭亡，历经五百多年。因为前期屡屡迁都，而最后的二百七十多年定都于殷（今河南安阳市），所以商朝又叫殷朝。太甲以后，商朝历代的君主和奴隶主贵族们过着腐化的生活。他们寄生在国人和奴隶身上，残酷地剥削人民和奴隶，任何事情都驱使奴隶去做。在奴隶和奴隶主之间，阶级矛盾十分尖锐，奴隶们不堪忍受折磨大批逃亡。在统治者之间，对王位的争夺也十分激烈，有的人说应当父死子继，有的人说应当兄终弟继，叔侄之间、兄弟之间、为争夺王位，常常展开你死我活的斗争。他们为了自己的私人利益把国家搞得混乱不堪。商朝被阶级矛盾和奴隶主内部的矛盾削弱，国力日渐减弱，有些小国和少数民族也起来反叛，加上水涝、干旱等自然灾害，内外原因使得商朝这个奴隶制国家简直到了崩溃的边缘。

照这样下去国家必定难以维持。盘庚为了挽救商朝的衰亡，经过激烈的斗争，决定把都城迁到殷。盘庚之所以选择迁都到殷，是因为：第一，殷地的土地比较肥沃，自然环境和现在的都城奄比起来，无论是建设都城还是发展农业生产，情况都要好；第二，迁都以后，一切都得从头做起，王室、贵族将会受到抑制，这样，阶级矛盾就可以得到缓和；第三，迁都可以避开那些叛乱势力的攻击，都城比较安全，外部的干扰少了，统治就可以稳定很多。

约公元前1300年，盘庚不顾旧贵族的反对，毅然将都城由奄（今山东曲阜）迁于殷（今河南安阳小屯）。可是奴隶主贵族们强烈反对迁都的决定，他们知道，到了新的地方不能像现在一样享乐。盘庚是个意志十分坚定的人，是不会因为有人反对就改弦更张的。他把奴隶主贵族召集起来，对他们进行训话说："我要效仿先王关心臣民的样子，关心你们，保佑你们，带着你们去寻求安乐的地方。你们如果怀有二心，先王的在天之灵便要降下灾难，惩罚你们。”他告诉大家迁都到殷的好处，告诫人们一定要规规矩矩地服从迁都命令，否则就要受到严厉的制裁。

盘庚用软硬兼施的手段，终于实现了迁都的计划，可是斗争并没有结束。老百姓到了一个新地方，好多方面不适应，于是就闹着要回老家。奴隶主贵族就乘机捣乱，煽动大家要求搬回老家去。盘庚用强硬的态度，毫不妥协地警告奴隶主贵族不要捣乱，否则必遭严惩。过了几年，局势才安定下来。奴隶们在这里被迫夜以继日地劳动，一个十分繁荣的都市出现在殷的土地上。从此，商朝的都城就永久地固定在殷城。由于盘庚的治理，商朝在这时政治上比较稳定，社会经济和文化因此有了更大的发展。

【解析】

盘庚迁都，使得殷商这个奴隶制国家摆脱了困境，并且得到了进一步的发展。近代在殷城发掘出的大量青铜器就是那个时代鼎盛的反映。迁都之后，殷商的生产力、生产技术都有了很大的进步和提高，成为我国文明发展史上一个重要的里程碑。

国学经典

《鬼谷子》全解

【第二册】

谢普◎译注

SPM 南方传媒

广东人民出版社

·广州·

第四章
符合自然规律的圣人之道——抵巇

【原文】

自天地之合离[①]、终始，必有巇隙，不可不察也。察之以捭阖，能用此道，圣人也[②]。圣人者，天地之使[③]也。世无可抵[④]，则深隐而待时；时有可抵，则为之谋。此道可以上合[⑤]，可以检下[⑥]。能因能循，为天地守神[⑦]。

【注释】

①合离：分合。陶弘景注："合离谓否泰，言天地之道。正观尚有否泰，为之巇隙，又况于人乎！故曰不可不察也。"

②"察之"句：陶弘景注："捭阖亦否泰也。体大道以经人事者，圣人也。"

③天地之使：指圣人在天地间，成为国家的主宰。陶弘景注："后天而奉天时，故曰天地之使也。"

④世无可抵：乱世之时，无可补救。

⑤上合：顺应时势治理乱世。

⑥检下：收拾乱局使天下归我所有。陶弘景注："上合谓抵而塞之，助时为治；检下谓抵而得之，束手归己也。"

⑦为天地守神：守神，指祭祀神灵。本句可理解为维持国家纲纪。陶弘景注："言能因循此道，则大宝之位可居，故能为天地守其神祀也。"

【译文】

自天地产生以来，聚合、离散是常见的事，其中必然会产生缝隙，不可不加以细察。考察社会就要用“捭阖”的方法，能用这种方法的人，就是拥有智慧的圣人。所谓圣人，可以说是人世的主宰。如果世道混乱不可挽救，圣人就会远离是非，隐遁江湖以待时机；如果世道还可以挽救，圣人就会为国家筹划谋略。运用“抵巇”可以顺应形势治理乱世，也可以收拾残局以夺取天下。能够因循此道，方可稳居帝位，保有对天地神灵的祭祀。

【本章解读】

本章褒扬善于政治抵巇的圣人：

1.“自天地之合离、终始，必有巇隙，不可不察也。”传说古代最初是混沌合一，不分天地，直到盘古开天地，天地才分离。本句是说：自开天辟地以来，自始至终，必有巇隙，不可不注意观察。这句话告诉人们：矛盾是永恒的，是始终存在的。这里所指的矛盾，包括自然界矛盾和社会矛盾。

2.“察之以捭阖，能用此道，圣人也。”怎样才能敏锐地发现巇隙并洞察巇隙？鬼谷子告诉人们：要用捭阖之道。捭者，捭开也，把静止的状态搅动开，把封闭的状态打开，让事物处于开放和变动之中，若有巇隙，必易暴露；阖者，关闭也，如封锁消息，断绝往来。一捭一阖，如果出现裂缝、危险、矛盾的征兆，就可能暴露出来。能用捭阖之道者，必有很敏锐的观察力和很高的领导艺术，所以鬼谷子称之为圣人。

3.“圣人者，天地之使也。世无可抵，则深隐而待时；时有可抵，则为之谋。可以上合，可以检下。能因能循，为天地守神。”使，使命。世，指社会。无可抵，是说处置的条件不成熟，不是说无巇隙。上，或指天意，即合乎社会发展规律；或指新生的统治者。下，指人民群众。检，是规范约束。因，是依据。循，是遵循。本句是接前一句，进一步阐述圣人的使命：何谓圣人？圣人是以挽救天下苍生为己任的人。当社会上抵巇的条件尚不成熟时，圣人便深深隐藏在人民中间，等待时机；一旦社会矛盾发展到需要解决之时，圣人则会挺身而出，为之谋划。这些谋划，可以上合天意，下约万民。这些谋划，能依据实际情况，能遵循客观规律，真可谓天地的守护神。

【解析】

此处苏秦知道了燕昭王身边有人说自己的坏话，这便是“得其情”，需要找机会在燕王面前澄清自己，于是便想到了智用妾喻的“制其术”。因为苏秦的策略非常有创意，巧用比喻，变被动为主动，重新取得了燕昭王的信任。

【延伸阅读】

一、谋略聚焦

1. 注重细节，以谋大事

世间万物都有自身的法则和规律，聚合离散各有内在原因。注重考察人们的言行，以观测其内心；反顾过去以预测将来，就会近情可见，远事可知。谈到事物间的征验，扬子《法言》中说：“君子之言，幽必有验乎明，远必有验乎近，大必有验乎小，微必有验乎著。无验而言之谓妄。”君子言说必须有所验证，不能验证而言说，称为虚妄。扬子提出“言必有验”的主张，其中“远必有验乎近”，这与鬼谷子在《抵巇》中所论大致相同。

鬼谷子认为："有近而不可见，远而可知。"为什么远处能看见而近处却看不见？因为近处的东西太平常，看多了就难以刺激视觉。生活中很多事都是如此，当人们形成了惯性思维，就会习以为常。而想成就大事的人，必须注重小节，从细微处做起。

古语说："不积跬步，无以至千里。"任何事物都要经历由量变到质变的过程。"勿以善小而不为，勿以恶小而为之。"即使人的本性是善的，但如果不注意修养自身，积善成德，也可能逐渐变坏。

周武王灭掉商朝自立为王，西戎派使臣送来一条名犬。召公担心武王痴迷于玩乐享受，就劝谏他。武王觉得不过是一条狗，没什么大不了。召公说："贤君应该给百官做出表率，随时注意自己的德行，哪怕是小节也应注意。大德是由小德积累而来，就像用土去堆一座很高的山。山很快要堆成了，只差一筐土的高度。如果这时停止了，就不能成功，不是太可惜吗？贤明的君主，可不能犯这种错误！"武王听了召公的劝告，就专心治理朝政，终成一代贤君。

正如召公所说，越是干事业的人，越要注意小节。俗话说"千里之堤，溃于蚁穴"，蚂蚁能使千里之堤毁于一旦。即使个人再强大，他身上任何一个弱点都能成为他人攻击的目标。

在别人能看到的时候，言行有节，这是容易的；在别人看不到的时候，依然不改操守，注重小节，这就很难做到了。真正的君子，做事不是为了虚名，而是为了坚持内心的信念。对自己诚实，有时比对他人诚实还要难。从一个人在处理小事的态度和做法，就能看出其能否成就大事。细节决定成败，小节影响大事。古人说“一屋不扫，何以扫天下”，正是这个意思。

2. 以小见大，防患未然

“抵巇者，防患于未然也”，可以说是《抵巇》篇所论要旨，体现了“以小见大”的道理。古今中外成大事者，莫不察觉事物间的细微征兆，从小处做起。

“事之危也，圣人知之，独保其用。因化说事，通达计谋，以识细微。经起秋毫之末，挥之于泰山之本。”当危险的征兆出现时，圣人能够敏锐察知，根据事物间的变化之理进行具体分析，制定行之有效的谋略，利用秋毫之末，动摇泰山根基。

俗话说：“小洞不补，大洞叫苦。”聪明的人能预察危机，愚蠢的人则对危机视而不见，处理事情要从细微处着眼。小事不管，就会酿成大矛盾；大矛盾不调解，离失败也就不远了。反之，要破坏某种事物，就要从小事入手，利用事端制造矛盾，从而达到目的。防微杜渐，渐次预谋，这是古圣贤应对社会危机的方法，意思是危机刚露出苗头时，就要采取办法解决问题，以防危机继续扩大。

抵巇，本是指堵塞漏洞而言，又可引申为国家大事。比如，天下刚刚安定，需要休养生息。当然，休养生息不等于“刀枪入库，马放南山”，而是要居安思危。危机往往蕴藏于平静之中，它的萌生，肯定有最初的诱因。防微杜渐，既适用于国，也适用于家。若小节不修，言行不信，虽是小事也能酿成祸端。《周易》曰：“君子藏器于身，待时而动。”一旦觉察到隐患萌生，就将之斩杀于摇篮之中，做到防微杜渐。

正如鬼谷子所说，“圣人见萌牙巇罅，则抵之以法”。危机发生前，可以采取措施有效避免或减轻危机。凡事预则立，不预则废。市场如战场，有备制人，无备则制于人。商业经营，

或抓住对手的疏漏，乘势攻击；或制造舆论，使客户转向自己；或收买人才，获取资料和情报。同时，自查缝隙，防微杜渐，使对方无可乘之机。这些都是运用“抵巇”的方式。

3. 因势利导，扬长避短

春秋末年，晋国政局发生大变。旧贵族退出权势中心，逐步被赵、韩、魏、智、范、中行六家取代，形成异姓大夫专权的局面。六卿之间，围绕统治大权和土地分割，展开了激烈斗争，相互间矛盾尖锐。其中，赵家一度凌驾于众卿之上，但自“下宫之难”，便一蹶不振，直到赵简子继位。赵简子励精图治，把刑书铸在大铁鼎上，颁布了晋国第一部成文法典，获取了国内新兴势力的支持。

后来，赵简子升任为晋国正卿，执掌国政。赵简子善于收买人心，在他的封地里，耕种者可以多打粮食少交税。甚至对新开垦的土地免税，对边区的人民格外减税。这些政策吸引了大批移民来垦殖。

有一次，阳城胥渠求见赵简子，说自己得了重病，只有用白骡的肝脏做药引，才能治好病。赵简子听了，于是找来厨师杀死了心爱的白骡。不久，赵简子发兵攻打狄人。阳城胥渠和他的手下勇士，争先恐后冲锋陷阵，率先攻上城头，砍下了敌将的首级。

当时，鲁国的家臣阳虎专擅国政，后来被鲁定公讨伐，只好出逃在外，齐、宋等国不敢收留他。阳虎逃到了晋国，赵简子把他接到府中并被任命为相。阳虎深受感动，始终不敢为乱，尽心尽力地为赵简子效力，在灭范氏、中行氏的斗争中积极谋划出力，立下了大功。

赵简子通过杀骡救人这件事，表明了他对臣民的态度，赢得了人心。鬼谷子认为，万物都起于秋毫之末，当德政推行，奸邪小人就会被排斥，乃至于消灭。赵简子具有兼容人才的胸怀，提出了用人不拘一格、不论品行的思想。对于所用之人，认真了解其善恶是非，以及才干特长，做到人尽其才。像阳虎这样善于窃夺权柄的人，也能得以重用，正是因为赵简子采取了因势利导、扬长避短的做法，使其不再继续为恶。

对于个人发展来说，因势利导、审时度势是很重要的。有的人品性耿直，敢于直言，遇到不平时能挺身而出，却不会审时度势，以致处处受挫。所以，审时度势反映了人的智力是否全面发展。智慧是人的理智程度，是人的洞察力、决策力、运筹力和前瞻性。拥有较高的素养，就能把握事物发展的本质联系，“运筹于帷幄之中，决胜于千里之外”。

4．巧妙周旋，据理力争

北宋前期的谏官制度是我国历史上的一项重要制度。当时的谏官，可以说是天不怕地不怕，敢于抗颜进谏，据理力争，被称为“殿上虎”，连皇帝对他们也畏惧几分，奈何不得。

有一天，宋太祖在园中用弹弓打鸟，一大臣称有急事请见，太祖连忙召见，他所奏报的却是普通事。太祖大怒而责问，他回答说：“我以为这件事比打鸟要着急。”太祖大为恼怒，把他的牙齿打掉两颗，大臣拾起牙齿放入怀中。太祖说：“你想告我吗？”大臣说：“我没有办法告你，但史官会记录下这件事。”宋太祖因此为“偶有误失，史必书之”而言行谨慎。

有一个大臣立了功，按制度应该升官。但宋太祖不喜欢这个人，就不同意，宰相赵普却据理力争。太祖怒道：“朕就是不升他的官，你能把我怎样？”赵普说：“刑以惩恶，赏以酬功。古往今来都是这样，况且刑赏是天下的刑赏，并不是陛下一人的刑赏，怎么可以凭个人喜好而决定呢？”太祖怒到极点，起身走开，赵普在后边跟着他；太祖入宫，赵普立在宫门前，很久没有离去。

宋太宗时，寇准为员外郎，所奏请的事情违背了太宗的初衷，太宗拂袖起身，想退朝回宫，寇准却用手拉住宋太宗的衣角，请他坐下来，“决其事然后退”。寇准的行为，可谓胆大包天。因为忌惮谏官与自己针锋相对，使自己颜面扫地，下不来台，宋太宗曾央告宰相：“朕若有过，卿勿面从。”

北宋中期以前，因为皇帝大度开明，谏官“未有知而不言，言而不行；亦未有言之不行而不争，争之不胜而不去者”，这在当时，对于防止朝政腐败发挥了重要作用。

当自己不被理解或被陷害时，有人退出纷争，有人则据理力争。历史经验证明，“以退让求和平则和平亡，以斗争求和平则和平存”。只有坚守原则，据理力争，才能赢得对手的尊重，实现平等对话与合作共赢。

5．陈平善谋，巧施离间

所谓抵巇，是在裂痕刚出现时，通过防御使其得以被控制，若是不可弥补就通过破坏的手段，使其彻底瓦解，然后重新建立。这里提出了两种做法，一是在力所能及的情况下尽量弥补；二是若不能恢复原样，就加以改造或另起炉灶。

堵塞小的缝隙，可以防患于未然。所谓缝隙，是指事物之中的缺点和疏漏。明察缝隙，可以窥察奸人，也可认清敌营中的隔阂，用离间计使缝隙变大，最终达到分化瓦解对方的目的。天下大乱时，就要靠“抵巇”取胜。比如，美人计出自《六韬》：“养其乱臣以迷之，进美女淫声以惑之。”对于用军事行动难以征服的敌方，使用“糖衣炮弹”，就可以在意志上打败敌方将帅，使其内部丧失战斗力，然后再行攻取。这与鬼谷子提出的“抵巇”法不谋而合。先找到对方主帅的“巇”，然后“抵而塞之”。统兵打仗，敌我交锋，必须信任自己人，倘若心有怀疑，便给了敌人可乘之机。这就是“用人不疑，疑人不用”的道理。

楚汉相争时，陈平用离间计挑拨项羽与范增的关系。范增一心要为项羽消灭刘邦。项羽却生性多疑，对范增不再信任。当范增督促项羽速攻荥阳，并把鸿门宴上的事重提，谈及利害相关，说如果再让刘邦逃脱，将后悔不及。项羽听了大怒，说恐怕不等攻下荥阳，自己的命就会被人送掉。范增摸不着头脑，想到必是有人进谗，因而大声请求辞退，说自己年迈不能行事，掉头径出。项羽也不挽留。

至此，范增终于绝望。他一路东行，想自己一心为楚，却落得如此下场，不由气闷交加，寝食不安。年过七十的老人怎禁得起这样打击，结果未到彭城，就背发恶疮而死。陈平利用了项羽的疑忌，巧施离间，使范增离开项羽。这正是《抵巇》篇所要求的，遇有缝隙，“时有可抵，则为之谋”。

古往今来，因多疑而酿成悲剧的事件不胜其数。因为多疑，导致判断乏力，进而偏听偏信。这就给了敌人可乘之机。或无中生有，巧进谗言；或推波助澜，挑起矛盾。如此一来，搅得人心涣散，内耗不已，危害不浅。由此可见，多疑小则害人，大可误国。了解以往，是为了把握今天。做人是这样，为官更应慎之。

6．革旧迎新，顺势而动

所谓抵巇，就是堵塞漏洞。鬼谷子将之引申为治国理政之道，论述国家存亡大事。“圣人见萌牙巇罅，则抵之以法。”并以“三王”“五帝”为例，阐明了“世可以治，则抵而塞之；不可治，则抵而得之”的深刻道理。

“抵巇术”的运用方法不是一成不变的，而是要见势而动。革旧迎新是历史发展的必然，不以人的意志为转移。荆轲不畏牺牲，刺杀秦王虽然被人称赞，然而换一个角度来说，荆轲的刺杀行动却是以阻止社会变革为目的，阻碍了社会进步，失败也有必然性。当时秦国攻灭燕赵，统一六国，符合社会的发展趋势，不是某个刺客的暗杀行动所能阻止的。

变革旧事物，发展新事物，需要经过时间的考验，然后才能被理解和接受。古代圣王变革都是顺应天命、大公至正，没有阴谋可疑之事，天下看得清楚，无不信服。东汉马融说：“虎变威德，折冲万里，望风而信”。可见“德”的重要性。推行变革时，若能做到德行天下，革道显明，自然云集响应，这样的变革前景当然美好。

周文王讨伐商纣王，就顺应了历史潮流，也符合民心向背，因此很多人纷纷投奔，连诸侯小国也来臣服，他们聚集到正义的麾下，为兴周灭商效力。这为武王伐纣，建立800多年周天下奠定了坚实基础。

当然，社会变革是循序渐进的过程，不可能一蹴而就，更不是靠一股热情就能奏效的。它要考虑天时、地利、人和等众多因素。变革需要热情，更需要冷静；需要勇敢，更需要智谋。要立足稳健，不宜贸然行动。如果不该变革而贸然行动，就会引来凶险，甚至适得其反。若到了该变革的时候不变革，就会错失良机，贻误大事。

变革成功后，对成果的维护也很重要。历朝历代在经济与政治改革获得成功后，一再强调要稳定。变革前，主要的问题是变革。变革成功后，主要的问题就在于守成，就是巩固胜利成果，持守正道，使百姓享受到变革的利益。

对于企业的发展来说，面对激烈的市场竞争，只有顺应形势积极改革。才能打败对手获得市场占有率。反之，若一味固守传统，就会掐断财富的萌芽。“当此之时，能抵为右”，这可以看作是鬼谷子对人们的忠告。

7. 韬光养晦，深隐以待

《抵巇》篇曰：“自天地之合离、终始，必有巇隙，不可不察也。”意思是说，聚合离散是常见的事，天地万物必然会产生缝隙，不可不加以细察。

“道变，法亦变。”几千年来，中国的志士仁人常在出世与入世之间徘徊。什么时候该入世，建功立业，造福社会；什么时候该出世，藏身山林，韬光养晦？这要求人能审时度势。世上很多事，时机不到就不能强求，否则会弄巧成拙，甚至功亏一篑。有时候，时机未到但巧妙运作，促使形势变化发展，然后进而图之，也不失为一种谋略。

鬼谷子认为：“世无可抵，则深隐而待时；时有可抵，则为之谋。”意思是说，世道混乱无可救药，就要“深隐以待时”；世道可以挽救，就要做事立功，广济天下。“深隐而待时”并非消极等待，而是砥砺自我，不断奋进，具有“韬光养晦”的决心。

树木经过剪裁才能成栋梁，个体自我约束才能发光芒。不怕有缺点，只怕看不见缺点。勤于耕耘，荒地会成良田。不然，良田也会荆棘丛生。创立事业，必在艰难困苦中磨炼心性，才能经受冲击，挽狂澜于既倒。

战国时，孔子漂泊半生，未能施展抱负，晚年读《易》，韦

编三绝，对“潜龙勿用”一语有精准论述，说：“潜龙比喻像龙一样有德有才而隐居的人。世俗改变不了他的节操，他也不追逐功名；隐遁于世不会忧伤绝望，不被承认也不苦闷。能实现抱负便入世行道，感到忧虑便出世隐遁。信念坚定从不动摇，这样的君子有潜龙的德性。”

“潜龙勿用”并非完全不用，只是说条件尚未成熟，不易盲动。古人反对盲目从政，因此，有志于政的人看到“大道可行”，就积极从政，为国家和民众效力。反之，就收敛言行，把自己隐藏起来，韬光养晦，保持节操。

孔明未遇刘备前，除了徐庶等好友，谁也不知他是一条“卧龙”。刘备三顾茅庐，诸葛亮一跃而风生水起，不但展示了雄才韬略，也成就了刘备的蜀汉政权，从而使天下三分，鼎足而立。

8. 谨言慎行，以防小人

抵巇的运用，是抓住人的把柄，进行利用并施行计谋。鬼谷子认为不同的计谋在于不同的运用，用在好人手中是积极的行为，用在坏人手中则会结出恶果。“抵巇”作为一种谋略，不只是圣人君子的招数，奸邪小人也会拿它当工具，以达到不可告人的目的。

小人向来阴险而诡诈。有道是“明枪易躲，暗箭难防”，人际交往难免会碰到小人，如果发现对方不地道，就要多留个心眼，不要随意透露隐私，这是保护自己的有效方法。纵览古今，很多人不经意间被诱入圈套，弄得苦不堪言，甚至送掉性命。这些例子可以说数不胜数，触目惊心。小人没有什么才干，但为了权力却施行奸诈，损人利己，对这类人不可不防。唯有头脑清醒，判断客观，才能正确识人，知道谁是君子，谁是小人。

对于奸佞小人，要远而避之。

对付小人，要有一定的原则、策略和技巧。首先居安思危，勤于检点，让小人无机可乘；其次处变不惊，从容镇定，以不变应万变；再次胸有成竹，进退自如，进则必胜，退则能忍。

职场小人喜欢造谣生事，通常另有目的，或为了升迁，或为了衬托自己，或为了丑化对手。职场小人喜欢挑拨离间，制造纷争和事端，鹬蚌相争结果渔翁得利。他们口才好，善于撇清责任，常常扮演和事佬。职场小人喜欢奉承，嘴巴甜又热情，让人陶醉而迷失方向。他们刻意亲近上司，伺机打小报告，因此备受宠爱。

小人往往表面恭敬和善，背后暗下杀机，令人难以提防。因此面对小人，千万不要得罪他，要与他保持距离，敬而远之。因为他们心胸狭窄，一不小心就会被得罪。对他们要说话谨慎，客套寒暄即可，不要有利益瓜葛，吃些小亏无妨，否则会没完没了。

在对外关系中遇到矛盾，可以运用别的方法解决。抵制不是唯一的选择，也不是最佳选择，抵制不是不可以用，而是不该轻易用，更不能滥用，应在必要的情况下，在合适的时间，对恰当的对象使用。在纷纭的局势中，看清楚事态发展；在错综复杂的斗争中，分清利益关系，才是真正的智者。倘若执迷不悟，只会撞得头破血流。

二、古为今用

1．如何利用矛盾和处置矛盾

人生充满着矛盾。在《内揵》篇解决了内与外、进与退之后，可能掌握一定的权责，此时，必然会遇到各种矛盾需要处置。《抵巇》篇没有就事论事，而是从哲学高度，论述矛盾的处置之道，如同授人以渔，可使人源源不断得到鱼。如同授人以万能钥匙，可使人打开各种关闭的锁。巇同隙，即今日常说的矛盾。抵，鬼谷子的用意很宽，似应理解为处置，包括承认矛盾、认识矛盾、分析矛盾、解决矛盾、利用矛盾。《抵巇》篇，是一篇绝妙的矛盾论。早在2300年以前，我们的祖先，就能如此辩证唯物地论述矛盾，实在令人惊叹不已，读者若能联系当今实际，从中深入思悟，其收益是不可限量的。

如何认识矛盾？鬼谷子曰："察之以捭阖，能用此者，圣人也。"矛盾在初始状态时，巇隙很微小，矛盾双方只有差异，不显对立，即使是差异，也多呈隐性状态，被统一性所掩盖，外人很难觉察出来。此时，只有用捭阖法，反复打破其稳定状态。捭，就是捭开事物的稳态，使之发生变化；捭开矛盾双方的差别，使之暴露，使之表现，如此，则较易认识矛盾的存在和性质。例如两支部队，在平时难分高下，但如果把他们投入战斗演习，或投入抗洪救灾，则比较容易暴露出各自的矛盾，也比较容易分出高下。

再如一个企业，在销售形势较好时，不易看出问题，许多问题都被掩盖着，一旦出现积压，或遭遇意外挫折，或出现亏损，或面临分配上的大调整，均会暴露出一些问题。改革、开发、检查、审计、工作试点、战斗演习，均是察之以捭。然而，仅以捭，尚不足以认清矛盾的程度和性质，还需要察之以阖。阖，是关闭，是调和，是掩盖，是促成对立双方和解。若巇隙尚能掩盖得住，矛盾双方尚能和解，则表明矛盾的统一性仍占主导地位，差别仍然不大，对立性仍属于次要地位，尚有补救的可能；若无法调和，则表明水火不容。

察之以捭阖，并非易事，必须善于调查分析，善用计谋，善于进说，且需敏锐的观察力，故鬼谷子要求，谋士要“因化说事，通达计谋，以识细微”，果能如此，就是了不起的圣贤。

认识矛盾，不仅是要认识矛盾的存在，更主要的是认识矛盾的性质和变化规律，这就是矛盾的特殊性。只有认清了矛盾的特殊性，才有可能对矛盾做出客观的分析，提出解决矛盾的方案。

2．抵巇之理

鬼谷子列举了五种抵巇方法：

（1）可抵而塞。如果出现裂缝是内部原因造成的，则可用堵塞的办法解决之，即首先堵住裂缝，避免事态扩大；继而查找引起裂缝的根源，加以消灭。例如，企业出现了不合格产品，应首先严禁不合格产品出厂，继而查找出是哪个部分不合格，是设计和工艺问题，还是原材料问题，或是生产加工的问题，问题出在哪个工序和哪个人，为什么出现了责任事故。要一直追到底，查清责任，对症施治。

（2）可抵而却。如果是由于外部原因，导致在我方出现裂缝，首要的是切断外界危险源，打退外力侵袭，避免事态继续或扩大。外因总是通过内因起作用，在切断危险源之后，还应找出内部原因，对症解决。

（3）可抵而息。如果是由于内部原因引发的事端，如纠纷、事故、分裂、闹事、罢工、混乱等，则应充分运用领导所掌握的条件，首先平息事端，避免事态扩大。在平息事态之后，一定要认真寻找根源，加以防治。这实际上是趁矛盾尚未扩大时，把矛盾消灭在萌芽之中，弥补裂缝。要注意，这类矛盾虽然表现在下面，根源可能在上层领导，甚至可能就在领导本身，譬如，情况不明，决策有误，政策不对，指挥不当，导致失去人心，众叛亲离，领导者务必要有民主作风和自我否定的精神。

（4）可抵而匿。如果矛盾刚刚萌芽，巇隙不仅微小，而且发展趋势不明，有可能自生自灭，此时，既不便解决，又不便张扬，则不妨暂时隐匿，但应注意观望，谨防扩大。

以上四种，均是在保持统一性的原则下，寻找解决矛盾的办法，目的在于维持相对稳定状态。在大多数情况下，只要矛盾没有激化到非对抗不可的程度，只要原有的事物还有发展的空间，就应该争取相对稳定，让事物在相对稳定中改革、改良，自然而然地进行量变。

（5）可抵而得。如果矛盾激化到不可调和，不可救药，则应以革命的手段，加剧矛盾发展，使其向新生力量方面转化，促进新生。

对于社会矛盾，鬼谷子主张：若"世可以治，则抵而塞之"，如中国古代黄帝、颛顼、喾、尧、舜等五帝时代，社会可以依靠改良而进步，统治者可以依靠禅让而更新。反之，若"世不可治，则抵而得之"，如商汤推翻不可救药的夏桀统治，建立商朝政权；周武王推翻不可救药的商纣统治，建立周朝政权。"世可以治"与"世不可治"的根本界限是什么？用现今历史唯物主义的观点看问题，根本界限是看其上层建筑对生产关系的态度和作用，是促进生产力的发展，还是阻碍生产力的发展；是看其对最广大人民的根本利益，是有利还是有害。

值得指出的是，鬼谷子在本篇中明确指出了战国动乱之害："天下纷错，上无明主，公侯无道德，则小人谗贼；贤人不用，圣人窜匿，贪利诈伪者作；君臣相惑……"预示天下必将大变。倡导人们学习抵巇之道："当此之时，能抵为上。"这是公开号召社会大变革，希望创建新社会。从这一段话不难看出，鬼谷子学说旨在匡世救民，并非图名图利，所以他设坛讲学，培植人才，宣传“捭阖”“抵巇”，指望其学生们运用他的学说，解决战国时的社会矛盾。

在社会矛盾的处置中，鬼谷子非常重视领导人才的作用。“圣人者，天地之使也。”他主张圣人要见机行事，知进知退。如果社会矛盾尚未成熟到需要解决，则圣人应该深深隐藏，保存自己，有所准备。一旦时局提供了解决矛盾的机会，则应出山为之谋划，可以上合君主，下合万民，遵循社会发展规律，领导社会变革。鬼谷子救国救民的宗旨和热情，溢于言表。

解决矛盾的方法，是否仅此五种？不然，由于矛盾的多样性和复杂性，解决矛盾的方法，也必然多种多样。抵巇之理，绝不是机械搬用上述五种方法，而在于要对矛盾做具体分析，找出矛盾的特殊性，不同的矛盾，采取不同的方法解决，这才是处置矛盾的精髓。一家公司内部发生员工与管理层之间的矛盾。员工认为管理层对他们的工作安排不合理，导致工作压力过大；管理层则认为员工存在工作纪律问题，不应该享受全部的薪酬待遇。在调解员的介入下，双方通过查阅相关法律法规和公司内部政策，最终达成了一个折中的解决方案：按照合同约定支付员工一部分薪酬，同时要求员工改正工作纪律问题。

3．抵巇竞争

抵巇，作为一种处理矛盾的哲学思想，其应用很广。两国对抗，两军交战，两商竞争，其成败取决于双方力量的消与长，通常都是长者胜，消者败。高明的指挥员，总是运用谋略，增强己方实力，削弱对方实力，最基本的谋略就是“抵巇”。越王勾践受吴王特赦回国后，卧薪尝胆，与民同劳苦，立志兴越灭吴，以文种治国政，以范蠡治军旅。一方面实行富国强兵战略：

尊贤礼士，敬老恤贫，鼓励生育，减免赋税，发展生产，制造武器，秣马厉兵；另一方面采用文种“削吴七术”：

“一曰捐货币，以悦其君臣。”这是利用吴国君臣的贪婪，促使吴国君臣做出有利于越国的决策，甚至成为越国的“内奸”。这一着棋很有效，吴王屡次对越封赏，大大有利于增强越国的实力。

“二曰遗之巧工良材，使作宫室，以罄其财。”越王派人在国内遍寻良木巧匠，献给吴王。这正迎合了吴国君臣骄奢淫逸的需求。吴王中计，决定借此建姑苏台，三年聚材，五年建筑，劳民伤财，百姓死于疲劳者，不可胜数。

“三曰遗美女，以惑其心志。”吴国建了豪华的姑苏台，正欲寻美女，越王勾践派人在国内遍寻美女，从美女中挑选出最美的西施和郑旦，令专人教以歌舞礼乐，然后献给吴王。吴王对西施宠幸备至，日夜游乐，无心理政，对越王勾践更加信任。

“四曰贵籴粟槁，以虚其积聚。”越国趁歉收之年，派文种贿赂吴国大臣伯嚭，求见吴王，声称越国因水旱灾荒导致人民饥饿，乞贷万石粮食，第二年谷熟即还。此计被在场的伍子胥识破，劝吴王拒贷，吴王不听。次年，越国大丰收，勾践问文种，如何还粮？文种献计：选择精粮，先蒸后还，引诱吴国用越国所还的粮做种子，必然颗粒无收。果然，吴国中计，导致大饥荒。

“五曰遗之谀臣，以乱其谋。”越国谋臣对吴王身边的人，从不放过侦察，对喜欢阿谀奉承者，不断赠送珠宝财物，进行收买，使他们为越国说话办事，破坏吴国的正确决策。例如吴国的太宰伯嚭，多次破坏伍子胥的忠谏，对越国削吴计谋的实施，起了重要的促成作用。

“六曰彊其谏臣以自杀，以弱其辅。”越国的削吴计谋，多被伍子胥识破，而伍子胥的忠谏，又屡遭奸人离间，未被吴王采纳，最终被吴王赐死。这个计谋，后来被历代统治者广为应用，如刘邦用陈平的离间计，制造谣言，挑拨项羽和范增的关系，对于项羽的垮台起到了重要作用。

“七曰积财练兵，以承其弊。”勾践派范蠡治军旅，铸剑造弩，招聘勇士，请高手教习，日夜练兵。增强了越国的实力，对于改变吴、越的实力对比，是非常重要的。

抵巇，在现代战争中也被广为应用。例如2003年3月美英联军发动的攻打伊拉克战争，仅用二十一天就推翻了伊拉克萨达姆政权。萨达姆的众多军队特别是其精锐的卫队到哪里去了？巴格达为什么陷落得那么快？为什么不见城市保卫战？许多人以为是美国新式武器的作用，错！实际上是美国运用抵巇计谋的成功。

从1991年海湾战争以后，美国采用了各种办法削弱伊拉克，先是禁运、封锁，从经济上削弱伊拉克；继而是持续不断的核武器检查；进而逼迫伊拉克销毁导弹；收买和支持伊拉克的反对派；不断以武力制裁相威胁；离间伊拉克与阿拉伯各国的关系，孤立伊拉克。在十年的抵巇中，他们把伊拉克的秘密摸了个透，把萨达姆的阵营搅乱。早在武力进攻前，就派进了一万名特工，又利用国际上的“人体盾牌”混进特工，伊拉克一些将军和要人的家庭住址、电话、手机号码和行踪，均被特工掌握得一清二楚。一些高级将领被美国收买，下令不抵抗，并散布萨达姆丧生的谣言，瓦解军心，使美军不战而进巴格达。（《亲历战后伊拉克》，聂晓阳，中信出版社2005年版）

如何利用抵巇制胜于战场？鬼谷子说：“其施外，兆萌牙蘖之谋。”“经起秋毫之末，挥之于泰山之本。”就是说，应抓住对方营垒中矛盾的萌芽，制造之，扩大之，利用之，把敌营中一切可以利用的矛盾挑逗起来，收集起来，为我所用。如果运用得好，从秋毫之末入手，也可动摇泰山之基。

抵巇，不仅是制胜于战场的谋略，也是制胜于市场的竞争哲学。高明的企业家，即使市场已经饱和，他也能凭着一双慧眼，找到市场的巇隙；即使暂时找不到巇隙，他也能运用捭阖之道，引导消费，制造市场空当，把潜在的市场，转变为实际的市场。且举一例以明之。

案例：中国企业如何抵巇美国市场？

从1997年起，海尔冷柜公司就开始研究美国市场。他们调查发现美国生产的冷柜都在二百升以上，厂家不愿生产一百六十升以下的冷柜，因为劳动力价格昂贵，生产成本高。获得这个信息后，海尔将其视为市场巇隙，马上设计研制出了从六十升到一百六十升的小型冷柜。通过美国经销商在市场上试销，结果一抢而空，于是收到了美国经销公司的大批订单。1998年，海尔冷柜已打进美国最大的商业连锁超市。（《海尔管理模式》，党书国，武汉大学出版社2006年版）

当你想改革旧的管理秩序时，则应“可抵而得”。抵，就是改革，革除那些已不适于新形势的落后管理，代之以先进管理。然而自己创建的秩序，要由自己亲手打破，这是很痛苦的；自己创造的成就和荣誉，要由自己来说“不行”，说“不如人”，是难抹面子和很难启齿的。许多管理者，在做出伟大成绩之后，迷恋于“过五关，斩六将”的功绩，不想改革，多是被“成绩”和“光荣”的包袱压掉了进取心。自己不起来改革，社会和群众就只好起来改革你。高明的管理者，总是战战兢兢，如履薄冰，生怕落后于时代，总是不断对自己做辩证否定，不断改革，所以能永葆青春活力。

变革型抵巇与保守型抵巇相比较，在时间掌握上，应该相反，即变革型抵巇之于矛盾成熟状态，如同瓜熟蒂落，水到渠成。如果变革过早，则不仅会缩短稳定发展期，且不易被群众接受，平添诸多阻力，可能导致变革失败。

4．启示型抵巇管理

高明的管理者，既善于保守型抵巇，利用矛盾的量变过程，获取最多效益；又善于变革型抵巇，利用矛盾的质变过程，实现飞跃和新生；而且善于研究吸取他人的抵巇经验或教训，受到启示，达到先知先觉，预防发生他人已发生而我尚未发现的问题。如此，则可避免走弯路，大大减少损失。且以案例说明之。

案例：从亚洲金融危机看中国的抵巇。

自1997年夏季以来，亚洲一些国家，先后爆发了金融风暴。先是泰铢大量贬值，泰国股市大跌，政府救市失败，金融机构倒闭，企业倒闭，生产下降。尔后出现多米诺骨牌效应，波及印尼、马来西亚和菲律宾。近十年来发展较快的亚洲“四小虎”，无一幸免，均陷入了金融危机。

同年11月，亚洲“四小龙”之一的韩国也爆发了严重的金融危机。接着是日元大量贬值，引发了日本的金融震荡，又加剧了亚洲金融危机。其严峻性、持久性、广泛性，为20世纪之最，引起了人们的注意，有人将其列为启示性抵巇管理的研究课题，记下了当时中国政府和专家学者所做的一些探讨，现辑录整理如下：

为什么会发生这场金融危机？总起来说，是内因与外因相互作用的结果，是世界经济一体化激发的一次大浪潮。就外因来说，是国际货币投机商掀起的金融风暴。在东南亚金融危机出现后，马来西亚总理马哈蒂尔公开谴责美国证券商索罗斯，指责他有计划、有目的地冲击东南亚国家货币市场。

索罗斯，何许人？生于匈牙利犹太人家庭，毕业于英国伦敦经济学院，进入英国证券界。1956年移居美国，进入美国证券业，1969年与号称“奥地利股市之父”的罗杰斯联手，成立了量子基金会，投资股票、债券、货币、黄金、房地产、期货、期指、期权等。他看准了金融市场充满混乱和无政府状态，发明了一套“折射”理论，专攻“病态”股票，专攻弱者；他看准了房地产市场大起大落的规律，设计了一套“走在曲线前面”的炒作技术。用抵巇理论来看，索罗斯正是利用市场的巇隙，抵巇而发财：20世纪70年代，他利用阿以战争的巇隙，炒军工股票得手；1992年，他乘意大利和英国经济不景气时，大炒里拉和英镑，一个月净赚十五亿美元，创世界金融纪录，打垮了英国中央银行，使欧共体国家损失六十亿美元；1994年，他又乘墨西哥金融危机，大炒比索，赚了一笔；1997年，他发现泰国房地产疯狂攀升，大炒房地产，大炒泰铢，使泰铢汇率下滑，房地产股票大跌，在泰国造成恐慌，从而促使国际投资商撤资，纷纷抛售泰铢，兑换美元，逃离泰国，他从中渔利。

据美国《商业周刊》公布的资料显示：仅在1997年7月，索罗斯量子基金的增长率从14%突然上升到27.1%，总资产增加了二十亿美元。索罗斯及其量子基金，只是国际货币投机商的一个代表。国际货币投机商在泰国炒作得手后，随即挥师，以同样的手法，向亚洲其他国家和地区的货币发起攻击，引发了东南亚和韩国金融危机。

为什么在世界上会出现货币投机商？为什么在20世纪末，能让他们频频得手？这正是世界经济一体化与国际经济政治化表现在金融领域的特征。20世纪末，全球每天的外汇交易多达1.5万亿美元，而实际需求至多只需300亿美元，大量虚拟的金融资本在无限制地增长，金融资产的总量及其增长率与实际生产总量及其增长率之间的差距越来越大。世界短期游资已达7.5万亿美元，相当于全球年经济总值的20%。发达国家鼓吹的服务贸易和浮动汇率制，为这些虚拟的金融资本与游资创造了投资的国际条件；信息技术的发展，为这些投机提供了快捷和便利。哪个国家一旦出现金融巇隙，国际游资就会冲向那里。

在发展中国家和地区，出现金融危机，对该国、该地区是一次沉重打击，但对于发达国家来说，一般是利大于弊。他们多是听之任之，趁机收购廉价商品、廉价原料、廉价人才，只有在危及其经济和政治利益时，才会出面干预，而这种干预，又往往包含有控制和教训的成分，是福是祸，还很难说。

为什么国际货币投机商能在那些国家和地区得手？俗话说："苍蝇不叮无缝的鸡蛋。"撇开政治不说，就经济来讲，是发展中国家的先天弊端所致：（1）这些国家急于摆脱贫困和早日实现现代化，在经济发展过程中，急躁冒进，片面追求经济增长速度和规模扩张，房地产过热，以致出现泡沫经济和虚假繁荣，从而造成金融机构不良债权过量，这是导致金融危机的经济根源。（2）这些国家由于资金短缺，导致举借外债，外债比重过高，有的国家外债占国内生产总值的比重超过50%，且多为短期债务，多是投入房地产和股市，投机性大，随时可撤，且其数量超过国家外汇储备存底。另一方面，这些国家的产业结构调整普遍滞后，出口缺乏竞争力，导致国际收支恶化。这就成了国际投机商兴风作浪的风洞和浪头。（3）这些国家又过早地开放了国内资本市场，可自由兑换，可自由举借外债，而政府金融改革滞后，监管混乱，这就为国际货币投机商炒作金融大开了方便之门。由于外汇储备不足，当金融风暴突然袭来时，无力保持联系美元汇率，被迫实行浮动汇率，致使金融风暴越刮越烈，难以收拾。

无论从经济上还是从政治上，国际货币投机商均不会放过中国金融市场。1997年10月20日，索罗斯与其他国际金融投机商一起，调动巨额资金，向港元发起全面进攻。面对投机商咄咄逼人的攻势，香港金管局不惜采取对经济发展有消极影响的提高利率的方法，来对付国际投机家，成功地捍卫了港元的币值。

至于内地，因为中国只开放了人民币在正常项目下可兑换，未开放资本项目自由兑换，投机家难以炒作；因为中国政府严格控制着外债规模，外债余额89%为中长期，大部分为直接投资，投资难以撤走；因为连年顺差，外汇储备充足，1997年达一千四百亿美元；因为中国对盲目投资、重复上马、房地产热，已采取一些整顿措施；因为国家实行了适度从紧的财政政策。这些举措，均有利于中国抵制国际投机商的炒作，得以平安度过亚洲金融危机给中国造成的困难。设想，如果中国没有采取这些预防风险的抵巇举措，将会如何？

在亚洲金融危机袭来时，中国政府一方面从稳定亚洲经济的大局出发，顶住外部压力，克服自身困难，坚持人民币的汇率不变，协助邻国渡过难关；另一方面是吸取邻邦教训，采取启示型抵巇管理，如：（1）补充银行资本金，将国家银行的资本充足率提到巴塞尔银行委员会所要求的8%的水平，从而提高

了国有商业银行抵御金融风险的能力；（2）加强了金融监管，严肃处理了金融机构违法违规经营的责任人；及时关闭违规经营、不能支付到期债务的金融机构，保护了债权人的合法利益，维护了金融体系的稳定；颁布了《非法金融机构和非法金融业务活动取缔办法》；（3）实行贷款风险管理，推行贷款质量五级（正常、关注、次级、可疑、损失）分类法，减少不良债务；（4）根据中国当时的特殊国情，为避金融风险，对银行、证券和保险仍然实行分业管理，推迟进行混业经营；（5）成立中共金融工委，有助于金融机构建立垂直领导体制；（6）三次调低利率；（7）提高退税率。

从这个案例可见，中国政府的反应是很敏锐的，采取的措施是果断有力的。如果没有这些启示型抵巇管理，其后果不堪设想。（《亚洲金融危机风云录》，景学成，中国金融出版社2005年版）

世界上有许多事，是不可逆的。人死了，不能复生；资源毁灭了，不能再生；生态破坏了，恢复很难；社会搞乱了，难以稳定。对那些事关人民和国家民族生死存亡的大事，一定要特别谨慎，一定要特别注意从他人他国的事故中吸取教训，实行启示型抵巇管理。敏锐地从他人他国吸取启示，是领导者必备的反应能力。

鬼谷子认为：万事万物都起于秋毫之末，一发展就像泰山的根基一样大；圣人的事业都会遇到小人的破坏，都需要“抵巇”；尤其着眼于天下治理中的“抵巇”，认为天下纷乱之时，朝廷无明主，公侯乏道德，小人猖狂，忠良放逐，圣人隐居，结果上下猜疑，纲纪混乱，百姓相残，父子离散，夫妻反目，这些都是裂痕，需要以一定的法术来进行治理，或者弥补，或

者征服。因此，“抵巇术”便被纵横家们在各个方面加以运用。在现代社会，“抵巇术”同样可以被广泛地运用，比如在做人、办事和经商领域都可以运用此术，关键是要用得好、用得合理。

三、做人之道

世间万物均有“巇”存在。而“巇”者，一般说来，可视为矛盾、漏洞，或有待解决的问题。在社会中做人处世，当然需要面对“巇”，而且还要善于“抵巇”。“抵巇”就是用一定的法术来治理。治理有两种方法：一是弥补，二是征服。“抵巇术”在政治上多以利用为主，也就是所谓的投机取巧、乘虚而入。其手段主要就是通过对使用对象的弱点或缺陷加以利用来达到自己所要实现的目的，比如利用对方贪财、贪色、贪名等本身具有的“巇”，或是利用对方生性多疑、刚愎自用等缺点来制造“巇”等。

在为人处世中，明智的人都善于发现小漏洞、小矛盾、小冲突，然后尽力地进行弥补和调解。蔺相如就是这样的一位智者。

蔺相如，战国时期赵国人，谋略过人，为人胸襟宽广。渑池会见结束后，蔺相如回到赵国，因为他的功劳较大，赵王便任命他为上卿，官位在廉颇之上。廉颇说：“我作为赵国的将军，有攻城野战的大功，而蔺相如仅仅耍弄了嘴皮子，官位却在我之上；而且蔺相如一向是低贱的人，我感到羞耻，不情愿在他之下。”并扬言说：“我见到蔺相如，一定要当面侮辱他。”蔺相如听说后，就故意躲着他，不肯与他会面。蔺相如每当上朝时，常常借口有病，不想与廉颇争位次。

有一次，蔺相如外出，望见廉颇，就驾车改道躲避。于是，他的门客一起对他说：“我们之所以离开亲戚来侍奉您，只是因为仰慕您的崇高道义。现在您与廉颇官职相同，廉颇散布了一些难听的话，而您畏惧躲避，显得非常害怕，这种事连一般的人尚且觉得羞辱，何况对于将相呢？我们没出息，请让我们告辞离去。”

蔺相如坚决地挽留他们说:“你们看廉将军比秦王怎么样？”

门客们回答说：“不如秦王。”

蔺相如说：“以秦王的威势，我却在宫廷上呵斥他，羞辱他的大臣们。我虽然愚拙，难道单单害怕廉将军吗？只是我考虑到强大的秦国之所以不敢进攻赵国，只是因为有我们两个人在。现在两虎相斗，势必不能共存。我之所以这样做，是把国家安危放在首位，而把私人恩怨放在后面。”

后来，廉颇听说了此事，觉得很是惭愧，便袒露上身，背着荆条，让宾客带着到蔺相如府上谢罪，说：“我是个粗鄙浅薄的人，不知道将军对我宽容到这种程度。”蔺相如赶忙上前扶起他，并与他和好如初，更结成了生死之交。蔺相如善于在小漏洞出现之时加以弥补，善于调解小矛盾，确实是一位深谙“抵巇术”的政治家。当今社会中人，也应该如此！

1. 宁惹君子，不惹小人

鬼谷子认为，任何事物都会出现矛盾，如果不加以控制就会由小变大，到时想补救都来不及了。控制事物最好的办法就是事先预防，具体到现实生活中就是不要轻易得罪那些得意的小人。

所谓小人，就是那种人品差、气量小、不择手段、损人利己之恶徒。他们动辄溜须拍马、挑拨离间、造谣生事、结仇记恨、落井下石。在待人处世中，谁都不愿意与小人打交道，可不管你愿意还是不愿意，谁都不可避免地会碰到小人。因为那些生活在我们身边的鼠辈小人，他们的眼睛牢牢地盯着我们周围所有大大小小的利益，随时准备多捞一份，为此甚至不惜一切代价，用各种手段来算计别人，真是令人防不胜防，说不定什么时候就会在背后给你一刀。

李林甫是唐玄宗手下常伴随其身边的一个奸臣，心胸极端狭窄，容不得别人得到唐玄宗的宠爱。唐玄宗有个喜好，就是比较喜欢外表漂亮、一表人才、气宇轩昂的武将。有一天，唐玄宗在李林甫的陪同下正在花园里散步，远远看见一个相貌堂堂、身材魁梧的武将走过去，便感叹了一句："这位将军真漂亮。"并随口问身边的李林甫那位将军是谁，李林甫支吾着说不知道。此时他心里很慌张，生怕唐玄宗喜欢上那位将军。事后，李林甫暗地里指使人把那位受到唐玄宗一句赞扬的将军调到一个边远的地方，使他再也没有机会接触到唐玄宗，当然也就永远丧失了升迁的机会。从这里也可以看出，小人的行为真是让人莫名其妙，其心胸极狭窄，为一点儿小荣辱就会不惜一切，干出损人利己的事来。

小人是琢磨别人的专家，敢于为芝麻大小的小恩怨付出一切代价，因此在待人处世中如何与小人打交道，还真得有一套行之有效的方法才行。待人处世之道认为：如果你既不想把自己降低到与小人同等的地步，也不想与小人两败俱伤的话，那就把脸皮磨厚点，或者睁只眼闭只眼，不理了事；或者惹不起躲得起，尽量不与小人发生正面冲突。一句话，如果不是非有必要，那就别招惹小人。

为大唐中兴立下赫赫战功的唐朝名将郭子仪，不仅在战场上攻城略地得心应手，而且在待人处世中还是一个特别善于对付小人的高手。郭子仪与小人打交道的秘诀就是"宁惹君子，不惹小人”。

平定“安史之乱”后，立下大功并且身居高位的郭子仪并不居功自傲，为防小人妒忌，他反而比原来更加小心。有一次，郭子仪生病了，有个叫卢杞的官员前来拜访。此人乃是中国历史上声名狼藉的奸诈小人，相貌奇丑，生就一副铁青脸，脸形宽短，鼻子扁平，两个鼻孔朝天，眼睛小得出奇，时人都把他看成是个“活鬼”。正因为如此，一般妇女看到他这副尊容都不免掩口失笑。郭子仪听到门人的报告，马上下令左右姬妾都退到后堂去，不要露面，他独自等待。卢杞走后，姬妾们又回到病榻前问郭子仪：“许多官员都来探望您的病，您从来不让我们躲避，为什么此人前来就让我们都躲起来呢？”郭子仪微笑着说：“你们有所不知，这个人相貌极为丑陋而内心又十分阴险。你们看到他万一忍不住失声发笑，那么他一定会嫉恨在心，如果此人将来掌权，我们的家族就要遭殃了。”郭子仪对这个官员太了解了，因此在与他打交道时总是小心谨慎地行事。后来，这个卢杞当了宰相，极尽报复之能事，把所有以前得罪过他的人统统陷害掉，唯独对郭子仪比较尊重，没有动他一根毫毛。这件事充分反映了郭子仪对待小人的办法既周密又老练。

在待人处世中，与小人打交道时务必多留个心眼，最好不要与其发生正面冲突。因为同情弱者是人的天性，在男女争斗的情况下，同情女性也是人的天性。人们会想，弱者明知打不过强者，为什么会反扑？当然是被逼急了。被逼迫的人理当获得同情。这就好比当一只小猫扑向大狗时，无论小猫是不是在撒野，总能得到喝彩。同样的道理，当比你弱小的小人决定拼命时，即使你的实力强得多，又有无数个道理支持你，也最好不要跟他正面冲突。不错，你很强，你可以一刀砍下他的头，而他顶多只能砍你一条腿。到头来，你一定赢，他一定死。问题是，你非但赢得不光彩，而且当你断了一条腿之后，还能称得上是英雄吗？

“小人”每个地方都有，这种人常常是一个团队的纷扰之所在，他们的造谣生事、挑拨离间、兴风作浪很令人讨厌，所以有些人对这种人不但敬而远之，甚至还抱着仇视的态度。仇视小人固然能显出你的正义，但这并不是正确的处理方式，反而显示了你的正义不切实际，因为你的“正义”公然暴露了这些小人的无耻和不义。

再坏的人也不愿意被人认为自己“很坏”，总要披一件伪善的外衣，这是人性。而你特意显露出的“正义”，却照出了不少人的原形，这不是故意和他们过不去吗？

不要说，君子不畏流言、不畏攻讦，也不怕他们对你展开反击。也许你不怕他们的反击，也许他们也奈何不了你，但你要知道，小人之所以为小人，是因为他们始终在暗处，用的始终是不正当的手段，而且不会轻易罢手。你别说你不怕他们对你的攻击，看看历史的血迹，有几个忠臣抵挡得过奸臣的陷害？

所以说，还是不同小人一般见识为好。和他们保持距离，不必疾恶如仇地和他们划清界限，他们也是需要自尊和面子的。此外，当你发现面对的小人不惜牺牲自己的生命、亲人的生命而与你周旋到底的时候，就算你有理，也最好避一避此等不要命的小人。避开小人完全是因为你根本不值得把太多的精力浪费在一些没有价值的争斗上。否则，一旦把握不好自己的行为界限，得罪了小人，他就会想方设法来琢磨你，破坏你的正事，分散你的精力，使你不能安心工作、学习和生活。

2．未雨绸缪，防微杜渐

鬼谷子认为，任何事物都会出现裂缝，小的裂缝会酿成大的裂缝。而裂缝的出现是有征兆的，所以鬼谷子又主张防微杜渐，即在裂缝的萌芽状态时就要“抵”住。在现实生活中，我们确实要做到未雨绸缪、防微杜渐，因为事情的发展往往都是一环套一环的，如果对某一个环节没有处理好，便有可能就此留下裂痕，给自己的将来埋下祸端的种子。

汉惠帝时，辟阳侯审食其得幸于吕太后，但他行为不端，引起了公愤。惠帝借故将他捕入大狱，准备处死。审食其虽被拘狱中，但有恃无恐，认为吕太后定会出面援救。吕太后闻知审食其被捕，心急如焚，但又不好直接向惠帝说情，只望朝中大臣代为救免。众臣都知审食其平日的劣迹，恨不得立即将他杀掉，以申国法，竟无人出面相救。审食其在狱中得知自己的处境后，这才焦急起来，思来想去，只有平原君朱建昔日曾受自己的厚惠，或许能为自己出谋划策。于是，乘着探视的机会，审食其叫家人去求助朱建。

朱建，楚人。曾为淮南王黥布相，黥布欲反时，朱建曾极力劝阻，黥布不听。等到黥布被诛，刘邦得知此事，故封朱建为平原君，朱建也因此得名。及徙居长安，公卿大臣多愿与其交往。辟阳侯审食其，当时得宠于吕太后，闻朱建之名，也欲与之交结，但朱建为人刚正，多次将其拒之门外。不久，朱建之母不幸病亡，因朱建平日清廉，家无余资，无钱安置其母。朱建的朋友陆贾听说了这件事，忙找到审食其，向他道贺说：“平原君之母不幸病亡。”审食其十分不高兴，不待说完，就说：“平原君母死，与我何干？”陆贾道：“君曾欲与平原君交识，平原君因老母在堂，不敢轻受君惠。今其母已亡，你若厚礼相馈，平原君必感君盛情，将来您遇到什么难事，平原君必以死相报，这岂不应贺？”审食其素知朱建行不苟且、受惠必报的秉性，听了陆贾的这一番话，觉得十分有道理，立即派人送去一百两金子，助朱建葬母。朱建正愁治丧之资，只得暂时收下。一些趋炎附势的朝臣，闻审食其厚赠朱建，也乐得乘机与朱建交结，便向朱建赠送财资，少则数两金子，多则十多两金子，统计约有五百两金子之多。及朱建丧事办完，不得不亲往道谢，审食其便乘机与朱建相识，且有往来。

朱建知道审食其家人前来拜见的意思，说：“朝廷要严办此案，我不敢入狱相见，烦请转告辟阳侯。”审食其闻知，认为朱建不肯出面相救，憎恨他负恩忘德。朱建打发走了审食其的家人，心中十分关切。他想若救审食其，必须说动惠帝的幸臣，但朝中重臣因不齿审食其的为人，不肯出面相救，看来只有设法说动内侍。朱建对一位极受惠帝宠爱的内侍说：“辟阳侯下狱，外人皆云为足下所谗，究竟有无此事？”这位内侍听后，大惊道：“我与辟阳侯素无怨仇，谗他何用？”朱建道：“众口籍籍，难下定论，但恐今日辟阳侯死，明日足下大祸将至！足下得宠陛下，而辟阳侯得幸太后。今天下重臣，名归陛下，实为太后所握，试想，辟阳侯被诛，太后能放过足下吗？太后不会把皇帝怎么样，难道不会拿你们这些得宠的人出气吗？”内侍顿时吓得目瞪口呆，忙问：“君有何计，能使我免此灾祸？”朱建道：“事到如今，足下只有在陛下面前求情，放辟阳侯出狱，如此太后必感足下，足下亦可得两主欢心，会更加富贵。”内侍听后，点头道：“劳君指教，我一定照办。”朱建见目的达到，便起身告辞退出。

数日后，朝廷颁下诏令，赦审食其无罪，释放回家。审食其出狱后，始知为朱建所救，遂备下重礼，往谢朱建。这件事，审食其做得还算不错，但问题是他不能将未雨绸缪的意识永久地贯彻下去，这就难免有杀身之祸了。

淮南厉王刘长，为刘邦少子，他的母亲原为赵王张敖的美人，赵姓。汉高帝八年（前199年）时，刘邦讨伐匈奴，经过赵地，张敖把赵美人献给了刘邦，得刘邦所幸，生子，即刘长。

汉高帝九年（前198年），赵相贯高因为觉得自己命运难测，欲谋杀刘邦，事泄之后，赵氏与赵王张敖、赵相贯高等，一齐被捕押在长安。赵氏遂将怀孕的事通过有关的官吏告诉了刘邦。当时，刘邦正因贯高等人的谋杀之事迁怒于张敖，对赵氏未加理睬。赵氏之弟赵兼见此，忙往拜辟阳侯审食其，想托他言于吕后。吕后对赵氏本来就十分忌妒，听后不肯转告刘邦，审食其也就没有坚持。

不久，赵氏生下厉王，因怨而自杀身亡，刘邦得知后，才觉得后悔，遂将厉王交给吕后抚养，葬赵氏于真定。汉高帝十一年（前196年），刘长被立为淮南厉王。刘邦驾崩以后，刘长在吕后的抚养下长大成人，渐渐地从母舅赵兼口中得知自己的母亲冤死狱中，辟阳侯审食其不肯尽力救母。自此，他就对审食其怀恨在心，欲伺机将他杀死。但审食其为吕后的宠臣，又是朝廷的老臣，一时无法下手，只有耐心地等待时机。

吕后死后，文帝刘恒即位。刘长自以为与文帝十分亲善，就渐渐地骄横起来，经常不奉法令。文帝觉得他是自己的幼弟，自小失母，就对他格外宽容。汉文帝三年（前177年），刘长从淮南来到长安，常与文帝外出射猎，往往与文帝同乘一辇，且不顾名分，直呼文帝为大兄。文帝知道他的性格脾气，也就不与他计较。刘长看到皇帝这样对待他，心中暗喜，心想，我此次来都城，本意就是斩杀审食其，为母报仇。若报于陛下，陛下必定不肯让我杀掉先帝的旧臣，我不如先斩后奏。陛下待我甚厚，我造成了既成事实，陛下也不会加罪于我。他定下了这个主意，便伺机而动。

一日，刘长在袖中暗藏着铁锤，带领数人，乘车拜访审食其。审食其忽闻淮南王来访，不知是什么缘故，慌忙迎到门外，俯首作揖。刘长并不搭话，翻身下车，走到审食其面前，猝然下手，手起锤落，击在审食其头部。审食其未加防备，当时就被击倒在地，脑浆迸裂。刘长立即命令手下割下其首级，登车而走。

审食其家人因事发仓促，救护不及，而且杀人的是皇帝的亲弟弟，也不敢追捕，只好往报朝廷。审食其的家人尚未到达文帝那里，刘长已驱车来到宫前，求见文帝。文帝闻刘长匆忙求见，便传令召入。刘长步入大殿，长跪不起，肉袒请罪。文帝见他这个样子，十分吃惊，忙问："出了什么事，使你如此惊慌？"刘长道："臣母前居赵国，与贯高谋杀先帝的事毫无牵连。辟阳侯明知臣母冤枉，却不在吕后面前全力相救，这是第一条罪状；赵王如意母子，本来无罪，枉遭杀害，辟阳侯得幸吕后，没有设法相护，这是第二条罪状；吕后封诸吕为王，欲危刘氏，辟阳侯又默不言语，这是第三条罪状；辟阳侯身受国恩，不一心为公，专门营私，身犯三罪，未加治罪。现在，臣为天下诛贼，上除国蠹，下报母仇，只是事前未曾征得陛下的同意，擅诛罪臣，臣实在有罪，故伏殿自陈，肉袒请罪。请陛下治罪。"

文帝本来就不大喜欢审食其，听到被刘长杀死，也觉得出了一口气。虽先斩后奏，一则理解刘长为母报仇之心；二则自己现存只此一弟，遂不加治罪，令他赶快回到自己的封地去。

审食其有小聪明而无大智慧，可谋一时而不能谋终身。根据当时的情况，审食其是完全可以预见到自己的结局的，也完全有时间有机会为自己设计出路，但他不能左右逢源，终于在险恶复杂的封建官场中败下阵来，被捶得脑浆迸裂，也只能是他不善预谋的结果。

俗话说："一朝天子一朝臣"，这的确是历代统治者的经验总结，也是封建官场的根本特征之一。实际上也并非完全如此，如果善于官场经营，也许可以屹立于官场而不倒。当然，这需要具备一种未雨绸缪、防微杜渐的做人本领。

3. 办事之谋

事物一旦出现裂缝、矛盾时，就要运用"抵巇"来消除。但是，成功地运用"抵巇术"并不是一件简单的事情，它需要运用者必须顺应事物发展变化的规律。唯有如此，才能灵活运用"抵而塞之"或"抵而得之"的策略，使自己不断完善，从而找到克敌制胜的办事方法。

"抵巇术"是鬼谷子纵横八术中的重要一术。通过"抵"使缝隙闭塞，通过"抵"使缝隙减少，通过"抵"使缝隙停止，通过"抵"使缝隙消失，最后达到自己的目的。可见，"抵巇术"的确是成功办事的重要谋略。

田单是齐国人。当田单成为齐国第一功臣时，他不恃功骄傲，仍尽心尽力地帮助齐襄王处理朝政，致力于恢复民生，富国强兵。然而，齐襄王却是个心胸狭窄的人。他终日忧虑重重，唯恐德高望重、战功累累的田单有一天会篡夺王位。

一次，田单因事渡淄水，见一老人蹚水过河，上岸后因寒冷而瑟缩成一团，便立即脱下自己的衣服给老人穿上。齐襄王听到此事，非常不快地说："田单之施于人，以取我国乎？不早图，恐后之变也！”

还有一次，由田单推荐给齐襄王的貂勃，奉命出使楚国，被楚王留住款待，数月不返。襄王身旁的几个佞臣乘机诬陷田单，说他“内抚百姓，外怀戎翟”“其志欲为不善”。在佞臣的挑唆下，齐襄王认为楚王是看在田单的面子上才隆重接待貂勃的，于是对田单更加嫉恨，极欲除之。田单见状，不知所措。在朝见襄王时，田单不得不“免冠、徒跣、肉袒而进”，以示赤诚之心。貂勃返国后，知道了这件事，激愤地对齐襄王说：“在燕人兴师袭齐的时候，大王弃国逃走。唯安平君‘以惴惴即墨三里之城，五翌之郭，敝卒七千人，禽（擒）其司马（即骑劫）而反（返）千里之齐，安平君之功也’。如果那时安平君自立为王，谁能阻拦得了？但他没有那样做，而是迎大王您恢复王位，这足以表明他根本没有称王的野心，您凭什么去怀疑他呢？”齐襄王闻言，恍然大悟，于是杀佞臣，加封田单采邑万户，对其信任如初。

田单为相以后，随着社会地位的提高，生活的富有和安逸，他的进取精神大为减弱，军事指挥能力也逐日下降。一次，齐襄王命田单带兵攻狄。行前，田单去拜访鲁仲连。鲁仲连说：“将军攻狄，不能下也。”田单一听，生气地说：“臣以即墨破亡余卒，破万乘之燕，复齐之墟，今攻狄而不下，何也？”遂不辞而去。果然不出所料，田单攻狄“三月不克”。他不得不回来向鲁仲连请教。鲁仲连说：“将军在即墨时，坐则织蒉（盛土用的草包），立则仗锸（掘土工具）。现在将军既拥有万户采邑，又有游乐之所，黄金玉带荣耀国内，有生活之乐，无必死之心，所以打仗不能取胜。”鲁仲连的快语直言，使田单猛然醒悟了。他马上振奋地说：“我过去的雄心壮志，又被先生激励起来了。”

第二天，田单又拿出了即墨之战时的那种战斗精神，冒着檑石箭雨，亲自擂鼓助战。在他的带领下，齐国将士勇猛进攻，终于攻占了狄城。

公元前265年，秦军攻赵，田单奉命率军救赵，打退了秦军。接着，田单又指挥赵军攻打燕国和韩国，连下数城，为赵国开拓了国土。从以上可以看出：齐襄王由于心胸狭窄，疑忌心重，对德高望重、战功卓著的田单的所作所为总是持怀疑态度，担心他篡夺王位，再加上佞臣的诬陷，齐襄王对田单越发不信任，极欲除之。这时在齐襄王与田单之间出现了比较大的裂缝，貂勃发现后，立即进言齐襄王，使齐王醒悟，解除了疑虑和加害之心，并对田单信任如初。这是貂勃对鬼谷子所谓的“抵巇术”的成功运用，经过治理，堵塞漏洞，终于让它恢复了原状。

在成事的过程中，对“抵巇术”的运用，在中国历史上非常多见。而且，运用的形式也各种各样，不一而同。通过连续不断的“用间”，以“抵”而得之，其实质上也是对鬼谷子“抵巇术”的一种活用。“用间”对成事的重要性是无须多说的。在古代战争中，“用间”的实例，比比皆是。下面就是一则“用间”用得比较成功的例子。

东汉以来，我国大西北一带的各少数民族逐渐向长城以内迁徙，开始在辽西、幽州、并州以及关陇等地生活。到了西晋时期，这些少数民族贵族已与汉族人民杂居在一起，许多少数民族贵族深受汉族文化的影响，不同程度地走上了封建化的道路。西晋统治集团是建立在剥削与压榨人民基础之上的腐朽统治，激化了当时的阶级矛盾与民族矛盾。随后不久爆发的“八王之乱”，使得汉族与少数民族人民的生活更加处于水深火热之中，人民纷纷起来反抗西晋政权的统治。

这一时期，四川爆发了流民暴动，流民起义的队伍占领了成都；北方一些少数民族的首领这时也趁着西晋政权的摇摇欲坠而起兵反晋。匈奴贵族刘渊便是在流民占领成都的同年起兵。当时他已自立为汉王，集结军队，立志要创立如冒顿单于一般的事业。与他几乎同时起兵的还有汉人王弥、羯人石勒。他们共同推举刘渊为主，给西晋统治者以有力的打击。同时，他们也都拥有自己的割据势力，想在打败晋军的同时，发展自己的势力，以便有朝一日取代西晋王朝的统治。他们当中的石勒后来吞并了王弥，战胜了拥兵幽州的西晋大臣王浚，摆脱了刘氏集团的控制自立为赵王（历史上称为后赵），成为中国北方出现的十多个少数民族政权之一（即历史上的“十六国”之一）。石勒“用间”智取王浚之事发生在他自立为赵王之前。

石勒字世龙，羯族人，其家族世代为部落小帅。到石勒这一代，部落小帅已无什么待遇可言。为了生活，石勒给商人与地主当过田客,后被西晋并州刺史司马腾捉住并送到冀州，贩卖到一个叫师欢的地主家里当耕奴。师欢见这个20多岁的胡人相貌不俗，善于射骑，又勇敢有谋，怕他鼓动其他耕奴造反，就把他放了。石勒离开师欢家，投奔了西晋朝廷的养马地——马牧的小头目汲桑，并在茌平县一带组成“十八骑”。他们常常出入于专门繁殖名马赤龙、骐骥的场地，到远处劫掠金银财宝，拿回来贿赂汲桑。

当成都王司马颖挟持晋惠帝失败被废后，他的部将公师藩等起兵攻打赵、魏，要为司马颖报仇。石勒和汲桑就率牧人乘马场的马匹数百骑前往响应。公师藩攻打邺城失败被杀，石勒与汲桑逃回马牧。他们在马牧劫掠郡县，释放囚犯，聚集了一批山泽亡命之徒，势力得到扩充。石勒、汲桑在一次战斗中失败，汲桑被晋军杀死，于是石勒带领自己的队伍投奔已在左国城称汉王的刘渊。

石勒投奔刘渊后，在三四年的时间内东征西讨，攻城略地，为汉国立下汗马功劳，成为维护汉国统一的一支劲旅。石勒的势力也在征战中不断发展、壮大。投奔刘渊的王弥在其势力得到扩大后，密谋要杀掉石勒，想吞并他的势力。石勒知道后，设计杀掉王弥，兼并了他的全部人马。随着实力的不断增强，石勒称王的野心渐起。但是他表面上仍然遵从汉主，同时在他的统治范围内实行优待汉族地主及汉族知识分子的政策，把一批富有统治经验的汉族地主阶级和知识分子吸收到自己麾下。他的军师张宾就是其中之一，张宾为石勒建立“后赵”政权起了极为重要的作用。

石勒打败王弥后，将攻击目标转向了西晋幽州刺史王浚。王浚在与石勒交战失败后，曾求助于鲜卑、乌桓人，但鲜卑、乌桓人没有响应。这时，石勒的军师张宾分析了王浚兵势衰弱的境况，指出如果石勒表示归顺王浚，那他一定会喜出望外。因此，张宾建议石勒智取王浚，而不要硬拼。张宾要石勒写一封措辞谦恭的信，表示与他和好的诚意，并愿意隶属他，扶助他当皇帝。等到王浚对石勒疏于防备时，再乘其麻痹一举消灭他的势力。石勒同意了他的建议，并且马上开始依计行事。

石勒派他的门客王子春、董肇等人带着书信和许多珍宝，去见王浚。石勒在信中推崇王浚为天子，而自己只是一无名小胡，“我所以投身于兴义兵除暴乱的事业，正是要为您当皇帝扫除障碍。所以诚心希望您顺应天意民心，登基称帝。我石勒崇敬拥戴您就像对自己的父母一样，您也应明察我的诚意苦心，

将我当儿子一样看待”。在给王浚上疏献宝的同时，石勒还要王子春以重金笼络了王浚的心腹枣高。王浚见石勒归顺于他十分高兴，把王子春等人封为列侯，并派使者以地方特产答谢他。王浚的司马游统阴谋叛变王浚，派使者骑马向石勒请降，石勒杀了使者，并送给王浚，以此表示自己的诚实无欺。王浚此时更加信任石勒，对他不再存有什么疑心。

不久，王子春等人与王浚的使者一同回来，石勒下令隐藏起强壮的精兵和武器，显示出仓库空虚和军队软弱的样子，面向北拜见王浚的使者，接受王浚的书信。王浚送给石勒的拂尘，石勒装作不敢拿，把它挂在墙上，每天早晚都要敬拜这尊拂尘。石勒还派董肇向王浚上疏，约定日期亲自到幽州去奉上皇帝的尊号。王浚的使者回到幽州，就其所见陈述了石勒将寡兵弱和对王浚诚心不二的情况。王浚大喜，认为他的确是可以信任的。

石勒见王浚已相信了自己，便开始准备袭击王浚。他先叫回王子春，打听幽州的情况。王子春说：“幽州自从去年遭了大水灾后，人民吃不到一粒粮食，而王浚却把百万粮食屯聚在仓里，不用来救济百姓。他的刑罚又极为苛刻残酷，对百姓征税纳赋十分频繁，残害贤臣良将，诛杀排斥进谏的谋士，下属因不能忍受，逃亡叛变的很多。鲜卑、乌桓人在外与他离心离德，枣高、田矫等人在内贪婪横暴，人心忧惧而动摇，军队虚弱而疲敝，而王浚却还要高筑台阁，排列百官，大言不惭地说汉高祖、魏武帝都不足以与他并论。”石勒又听王子春谈了幽州。但他又怕并州刺史刘琨从背后袭击他，于是他与张宾商量如何应付刘琨。张宾建议利用刘琨与王浚的矛盾，写信与刘琨讲和，请求刘琨允许他以讨伐王浚来将功补过。石勒便按张宾所说，办妥了这件事，稳定了刘琨，解除了后患。

石勒拟发兵袭击幽州，便率领轻骑兵日夜兼程向幽州进发。石勒军到达易水时，王浚的督护孙纬立即派人给王浚送消息，请示准备抵抗。王浚对他们说："石公到这儿来，正是要拥戴我当皇帝的，谁再说抗击的话，立刻杀头。"于是，王浚设宴等待石勒的到来。石勒在早晨赶到蓟县，呵斥守城的人开门。石勒因怀疑城内有埋伏，就先驱赶几千头牛羊，声称是献给王浚的礼品，实际上是堵塞街巷，使王浚的军队不能出战。王浚这时才意识到大势不好，开始坐立不安了。石勒派手下抓住了王浚，将他送回襄国（石勒的都城，在今河北省邢台市西南）杀死。石勒占据了幽州，吞并了王浚的军队，为不久以后自立为赵王奠定了基础。

石勒吞并王浚的过程，实际上也就是连续"用间"的过程。石勒的门客王子春作为离间人，被石勒派往王浚营中，一方面投书讨好王浚，一方面侦察王浚在幽州的政治、军事情况；石勒还以重金笼络、收买了王浚的心腹枣高，枣高作为石勒的内间，巩固了王浚对石勒的信任，使王浚对石勒的归顺更加深信不疑；石勒在王浚的使者来访时，制造了一些假象让使者回去报告王浚。由于石勒较成功地连续"用间"，使得王浚完全陷入了错误的认识与判断之中。石勒则因"用间"而比较全面地掌握了敌军的情况，把握了战机，为他最后的胜利奠定了基础。

在办事的过程中，难免会与别人产生矛盾和冲突，其实这也未必就是什么坏事情，关键要看如何对待它。面对矛盾，有些人不知所措，而有些人却可以加以利用。

春秋战国时期，齐威王机敏聪颖，天下闻名。但有的时候他也不免糊涂而陷入他人的算计中，为渊驱鱼。当时，邹忌为相，田忌为将，二人不和，互相猜忌，倾轧不已。后来，一位名叫公孙阅的人给邹忌出了一个主意。公孙阅说："大人何不向齐王建议讨伐魏国？如果胜了，是您谋划高明，可以领功受赏；如果败了，则是田忌指挥不力，不肯舍命。即使他不死在战场上，也可以找个罪名除掉他。"

邹忌认为这个主意甚为巧妙，于是劝说齐威王讨伐魏国。齐威王同意后，田忌督师伐魏，三战三捷。邹忌不悦，又去找公孙阅讨教计策。公孙阅派人携带200两黄金，到闹市上去卜卦，对卜者称："我是田忌派来的人。将军三战三捷，威震天下，想推翻齐王，自立为王，请先生算一下前景如何？"

公孙阅派去的人走后，邹忌立即向齐威王告密。齐威王捉来卜者审问，果然如此。铁证如山，田忌无奈，只得弃职，逃奔到了楚国。邹忌独揽大权，更加得势，但又担心田忌借楚国的力量重返齐国执政，心中不安。杜赫对他说："大人放心，我会使田忌留在楚国。"

于是，杜赫南下到达楚国，对楚王说："齐国的邹忌，之所以仇恨楚国，就是因为担心田忌会借楚国的力量卷土重来。大王您为何不把田忌封于江南，向邹忌表示田忌绝不会返回齐国呢？这样，邹忌就会与楚国睦邻友好，和睦相处。再说，田忌亡命楚国，得到江南的封地，必然对大王感恩戴德。如果他将来有机会归国，也会尽心竭力，报答大王。这是一箭双雕之计，使田忌与邹忌同时为大王所用。"

楚王点头同意，于是把田忌封在江南。邹忌与田忌有"巇"，公孙阅和杜赫便为邹忌出谋划策，想方设法驱逐田忌，运用的便是鬼谷子所谓的"抵而得之"的方法。其最终结果不但将田忌逐出了齐国，还使他在楚国得到重用，让田忌没有东山再起的机会。

四、经商之技

商场变幻莫测，无时无刻不存在一些巇隙——危机。这就要求广大经商者必须重视危机的存在，并尽早地制订周密的应急计划，而且还要善于把握这种危机。在没有危机时不能强行出击，有危机时又不果断地与之一搏，也是很大的失策。只有将危机研究透彻，并做到心中有数，才能将危机“抵”掉，并将其所带来的严重后果降到最低点，并善加利用，促使其向有利的一面发展。

1. 瞄准空隙，乘隙出击

鬼谷子的“抵巇术”在现代商战中，也被经常地借用，而且效果都不错。下面一例就是善用“抵巇术”的例子。

二战后，美、日汽车生产和技术水准差距极大。美国素有“汽车王国”之誉。可是，在几十年后的今天，力量对比却发生了显著的变化。日本汽车工业蓬勃发展，雄视世界，不仅日益扩大了对美国市场的占有份额，同时还向全球的汽车市场进攻。日本人向美国人发动“汽车战”是在20世纪的60年代。

日本人在调查研究中发现，美国人对汽车的需求已有变化：过去美国人偏爱大型的、豪华的汽车，但由于美国汽车越来越多，城市越来越拥挤，大型汽车的操作及停放都很不方便，加上油价上涨，人们感到用大型汽车耗油量大，不合算，因此，美国人的偏爱已转向小型汽车，即喜欢价廉、耐用、耗油少、维修方便的小汽车，并要求容易驾驶、好停车、行驶平稳、腿部活动空间要大，等等。

丰田公司正是根据美国人的喜好和需要，制造了一种小巧、价廉、维修方便、速度更快、乘坐更舒适，受到美国顾客欢迎的美式小汽车。由于这种经过改良的小汽车正符合美国顾客所

喜所需，于是迅速在美国市场上树立起物美价廉的良好形象，终于打进了美国市场。

打入美国市场后，日本汽车公司没有满足，而是不断调整、不断改进、不断提高质量，满足顾客的需求，因而不断扩大市场占有率。在20世纪50年代，美国人是瞧不起日本货的，“汽车王国”的统治者们根本不担心日本汽车的竞争，盲目自大，总是认为自己制造的汽车“顶呱呱”，也无须了解美国顾客之所爱与所恶，也没有想到为了满足顾客需求而改进自己的汽车制造技术。这就给日本汽车商进军美国市场留下了一个大大的空隙。

日本汽车业敢于向先入为主的美国汽车业挑战，并能“反客为主”，取得后发制人的胜利，其关键就在于他们了解对方的致命弱点——麻痹大意，看准了小汽车市场这个空隙，乘隙出击，生产出质高价低的小型节油车，从而稳操胜券。（《汽车营销革命从日本、美国到中国》，吴开诚，机械工业出版社2008年版）

2．面对危机，当机立断

当今世界，企业所面对的外部环境越来越复杂，外部环境中的不可控因素也越来越多，尽管许多企业为了应对变化而采取了一些措施，但有时还是难免要陷入突然而来的危机之中。可以说现代企业面对危机，就如同人们必须面对死亡一样，已经成为不可避免的事情。

危机处理不好，要么严重地影响企业的正常经营，要么严重地损害企业的公共形象。如何平稳地度过危机呢？这就要求企业管理者应果断地采用鬼谷子处理矛盾和危机的战略方针——“禁漏术”，即“抵巇术”，以便巧妙地解决企业的危机。

曾几何时，我国某品牌口服液公司的创始人吴××靠三十万元起家创造了中国企业史上的一个奇迹，鼎盛时期的该公司建成了仅次于中国邮政网络的营销网络，被誉为“××神话”。××公司1994年销售额达1.25亿元，1995年销售额达二十三亿元，1996年销售额达八十亿元，1997年销售额为七十亿元。然而一则人命官司却让该公司快速衰亡。

1996年6月，身患冠心病、肺部感染、肥大脊柱炎、低钾血症等多种疾病（二审法院已查明）的77岁老人陈××，经医生推荐服用了该口服液。后来陈××皮肤出现病状，当年9月在一家诊所治疗无效后病故。1996年12月，陈××之子向常德市中级人民法院起诉该集团。1998年3月31日，湖南常德市中级人民法院做出一审判决：消费者陈××喝了该口服液后导致死亡，由该公司向死者家属赔偿29.8万元，并没收该公司非法所得一千万元。

该公司的“人命官司”震惊全国，各种媒体纷纷予以报道。“8瓶口服液喝死一老汉”“谁来终结‘××’？”“××红旗还能打多久”等爆炸性“新闻”不时出现在两百多家报纸、杂志上。对这一突发性意外事件缺乏经验的该公司，1998年4月份（即审判后的第二个月）其口服液的销售额就从上年的月销售额两亿元下降至几百万元，十五万人的营销大军，被迫削减为不足两万人，生产经营陷入空前的灾难之中，总裁吴××也被重重击倒。据该公司介绍，官司造成的直接经济损失达四十多亿元。

而美国强生公司的做法则完全不同。“泰莱诺尔”药片是美国强生公司的主导产品，该药曾经控制了美国35%的成人止痛药片市场，年销售额达4.5亿美元，占强生公司利润的15%。然而，1982年9月29日和30日，在芝加哥地区发生了有人因服用美国强生公司生产的含氰化物的“泰莱诺尔”药片而中毒死亡

的事故。事故最先的报道是有三人因服用此药片而中毒死亡。随着消息的扩散，新闻媒介推波助澜，据媒体宣称美国各地有二百五十人因服用此药而得病或死亡。一时间，“泰莱诺尔”的销售陷入了绝境。面对如此景况，强生公司对八百万片药剂进行了重新检验，发现所有受污染的药片只源于一批药，总共不超过七十五片。经查实，最终死亡的人数为七人，且全在芝加哥地区。

最值得指出的是美国强生公司在对待“泰莱诺尔”药片危机事件的态度。公司针对危机事件马上成立危机处理领导小组着手调查，并针对“泰莱诺尔”药片承诺“首先考虑公众和消费者的利益”。公司一方面通过新闻媒介把调查结果和公司为此所作的努力告诉给社会公众，另一方面宣布从市场上收回了全部的“泰莱诺尔”药片，同时推出带有易于识别的“防污染包装”的全新药品，并向受损失的公司和个人免费提供。

事件的结局是：强生公司虽然损失了五十万美元，但公司的诚意和努力得到了社会公众和新闻界的认可。当时的《华尔街日报》报道说：“公司选择了自己承担巨大损失而使他人免受伤害的做法。如果它当时昧着良心干，将会遇到更大的麻烦。”美国一家舆论调查公司的负责人指出：“对药品的全部回收是一个深谋远虑的营销决策，当今盛行的市场营销做法，是把利润与消费者的利益联系在一起，而不是过去的把利润仅看成是销售的结果。”事故发生五个月后，“泰莱诺尔”就夺回了原来市场的70%。“泰莱诺尔”在危机中获得了新生，美国公关协会为其颁发了银钻奖。

面对几乎相同的危机事件，不同的处理方法有着截然不同的结局。企业在面对各种矛盾冲突和危机事件的时候，如何能

够冷静应对，客观把握，并最终化危机为转机，开创公司发展的新局面，这需要企业的管理人员正确认识矛盾冲突和危机事件的性质，把握企业危机发生的规律性，并未雨绸缪，做好处理危机的准备。（《企业公共关系危机管理》，张岩松，经济管理出版社2000年版）

3．经历苦难，等待商机

鬼谷子在讲到使用“抵巇”时说：“世无可抵，则深隐而待时；世有可抵，则为之谋。”鬼谷子的这种“深隐待时”的“抵巇术”在现代社会也有着较为广泛的运用。

在现代社会中，经商渐渐地成了一种时尚，只要仔细地观察一番就可以发现周围有许多生意人，而且还有一些正欲投身商场的潜在生意人。但是，经商并不是一件容易的事情。有时候，为了取得经商的成功，需要经商者“深隐待时”，甚至受尽一生的苦难和折磨。但是，这些往往都是必要的，而且也是成功的商人所必须经历的。

在美国纽约州的一座村庄，生活着一个名叫希瓦勒的邮差。他每天步行二十多公里，无论风吹雨打，还是雪飘冰冻，都按时将邮件送到村民手中。就这样，他干了二十多年的邮差工作。

有一天，希瓦勒在崎岖的山路上被一块石头绊倒了。他很生气，站起来用脚朝那石头踢去，不料石头太硬，反把他的脚趾踢痛了。他发现踢的是一块形状十分奇特的石头，便好奇地俯下身子将石头捡了起来，左看右看，有些爱不释手了。

于是，他将那块石头放进了自己的邮包里。村子里的人看到他的邮包里除了信件之外，还鼓鼓的，都感到很奇怪。

人们好奇地问他：“邮包里装的是什么？”他说：“石头。”

人们不禁会心地笑了，说：“只有你这样的人，才会将石头

放在邮包里。”他回到家后，将那块石头放在了自己的桌子上。他忽然感觉那样美丽的石头，放在桌上真是有些可惜，应该将它雕刻成一件艺术品。

于是，他拿起了雕刻刀，在那块石头上刻了起来，他发现那块石头竟然十分好刻，稍一用力，雕刻刀就在石头上刻出了美丽的花纹。他越刻越有兴趣，连续几天，除了送信之外，他所有的时间都用来雕刻那块石头。一个多星期后，一个美丽的雕塑诞生了。

他将这个雕塑拿到当地一位很有名气的老雕刻家那里，请他评价。老雕刻家看到他的作品后，眼睛为之一亮，他立即告诉希瓦勒：“这是一个有灵性的石头，你所雕刻的这个作品是一件艺术品，它有很大的升值空间。”

老雕刻家进一步告诉他：“如果你有兴趣，你可以将这种石头运到城里，我会帮你办一个展览，我相信这种石头会引起人们极大的兴趣。”

希瓦勒为这块石头办了一个展览，并将它命名为“希瓦勒之石”。前来观赏的人络绎不绝，有人甚至出了天价购买这块石头，可希瓦勒都将它拒绝了。

希瓦勒通过这块石头引起了人们对山村里那些奇异石头的注意。他向政府申请，将这些石头开辟为旅游胜地，并建造了到那里的公路。随着游客的增多，那个在地图上找不到的小山村很快闻名世界。

希瓦勒从一块绊脚石上发现了商机，并因此取得了巨大的成功。

在美国加利福尼亚州的一个小镇上，生活着一个名叫罗伯特的人。有一次，他陪祖父去山上砍伐圣诞树。祖父告诉他：

“每一棵圣诞树都蕴藏着一个梦想。”他好奇地问：“梦想？圣诞树怎么会有梦想？”

祖父说：“你想想看，一棵圣诞树从树苗长成参天大树，要经历多少风雨，可它始终不会动摇，因为它的心中有一个坚定的梦想，就是要成为一棵圣诞树。正因为有了这个梦想，它才能忍受风雨的侵袭，最终长成参天大树，并接受人们的赞美。”

祖父的话让他豁然开朗，他下定决心，将来一定要成为一名出色的园艺师。可他的学习成绩并不好，在高考时，他没有考上大学。他沮丧地回到家里，不知道该怎么办才好。

祖父看到他有些灰心，就问他：“你知道一棵圣诞树完成梦想的最后一个步骤是什么吗？”

他茫然地摇了摇头。

祖父说：“就是接受砍伐。”

他一听，顿时愣住了。

祖父说：“一棵圣诞树，从树苗长成参天大树，要经过数十年的时间，可成为圣诞树却只需要短短的一个多月。你知道为什么吗？”

他摇了摇头。

祖父说：“那是因为有了梦想，它就能忍受被砍断的痛苦。没有了梦想，它也许早就枯死了。”

祖父的话让他豁然开朗。他忽然明白，自己不能就这样放弃梦想。

于是，他一边打工，一边学习园艺知识。他每天只睡四个小时的觉，其余的时间，全都用来学习。经过努力，他终于在一个社区里谋到了一份园艺工人的工作。他勤勤恳恳地工作着，并在工作之余，将自己的园艺知识整理成笔记，以便将来能够用到。

一年之后，他辞去了那份工作，开始自己创业。他租了一块地，专门培育圣诞树和各种花卉。由于他培育的圣诞树和各种花卉造型别致，深受人们的喜爱，他的生意十分火爆。

二十年后，他成了全美国最著名的园艺师，他培育出的圣诞树和各种花卉，成了圣诞节的热销产品，他因此成了美国最富有的人之一。

在谈到自己的成功时，他说：“每个人心中都有一棵圣诞树，只要有了梦想，并努力去追求，圣诞树上就会结出累累硕果。”

第五篇　飞　箝

如何做到任贤唯能，这对统治者来说是一个难题。贤能之士的使用关系到天下兴亡、国家兴衰。识人不易，用人尤难。通过观察人的言辞行为，进行排比分类，优缺点自然显露。通过考察人对于金钱美色的态度，在此基础上决定去留、任用。本篇讲述了征贤纳士的原则和方法，以及如何辨别人才的优劣贪廉。

飞，指称颂，夸奖。箝，本指挟持，引申为牵制。所谓飞箝，是指先用言语褒扬对方，令其有所显露，由此考察其才识，决定去留。陶弘景注："取人之道，先作声誉，以飞扬之。彼必露情竭志而无隐，然后因其所好，牵持缄束，令不得转移。"作为一种说服辞令，飞箝可用之于天下、用之于国、用之于家、用之于人。根据不同对象采取不同方法，运用得当就能随意操纵他人，"可箝而纵，可箝而横""可引而反，可引而覆"。

第一章　箝住人才

【原文】

凡度权量能[①]，所以征远来近[②]。立势而制事[③]，必先察同异之党，别是非之语，见内外之辞[④]，知有无之数，决安危之计，定亲疏之事，然后乃权量之。其有隐括[⑤]，乃可征，乃可求，乃可用。

【注释】

①度权量能：揣度权谋，衡量能力。权，计谋。

②征远来近：征召远近有才之士。

③立势而制事：控制局面，制定赏罚措施。陶弘景注："言远近既至，乃立赏罚之势，制能否之事，事势既立，必先察党与之同异，别言语之是非。"

④内外之辞：内是实质，外是表面，指事情的正反两面。可理解为内在的真实之辞和外在的浮夸之辞。陶弘景注："外谓浮虚，内谓情实，有无谓道术能否，又必见其情伪之辞，知其能否之数。"

⑤隐括：矫正竹木弯曲的工具。引申为订正、修改之意。陶弘景注："权之所以知其轻重，量之所以知其长短，轻重既分，长短既形，乃施隐括，以辅其曲直，如此则征之亦可，求之亦可，用之亦可。"

【译文】

运用人才，凡能做到权衡其优劣长短，就能招致远近人才为我所用。根据形势，制定赏罚措施，考察其异同之处，辨别其信息真伪，了解其内心与言辞是否一致，弄清对方是否有自己需要的才识，进而决定事关安危的计谋，确定关系亲疏。做到这些，然后权衡度量，根据情况调整和修改，使之达到完善，最终做到征其人，求其谋，用其人。

【本章解读】

本章论述如何辨识人才和网罗人才：

1．“凡度权量能，所以征远来近。”度，揣度。权，权谋。能，才能。征远，征召远方人才。来近，近地人才来归。本句是说：在历史上，凡是要想收罗远近人才，为我所用，则应该善于揣度人之权谋和估量人之才能，而加以使用，如此，就能征召到远近的人才来投奔。这也就是说：作为领导者，必须具有度权量能的识才、引才和用才的本领。

2．“立势而制事，必先察同异之党，别是非之语，见内外之辞，知有无之数，决安危之计，定亲疏之事。然后乃权量之。”如何吸引人才和辨识人才？本句正是回答这个问题。

“立势而制事”，何意？依笔者理解，这是一句非常精辟的话，其意是说：凡是领导者，要树立旗帜，造就引力势场，制定事业目标，这是网罗人才的前提，如此才能形成聚集人才的核心，才有吸引力，才有辨识人才的标准。

如何辨识人才？在“立势而制事”的前提下：

“必先察同异之党”，首先考察清楚此人与哪些人是同党，与哪些人是异党。

“别是非之语”，这包含两层意思：一是鉴别此人所说语言的是与非；二是考察此人对是与非的判断。

"见内外之辞"，考察其对内与对外的言辞有什么差别。

"知有无之数"，考察其人有什么？有多少？无什么？缺多少？包含智、财、情、交等各方面；

"决安危之计"，提出安与危的情景，令其设谋决断，考察其人的计谋与决策能力。

"定亲疏之事"，问以亲谁疏谁之事，令其决断，考察其处理人事亲疏的情感、能力和魄力。

然后，把以上考察情况综合起来，加以权衡度量，就可以大体判断出此人的智商、情商和权商。

3. "其有隐括，乃可征，乃可求，乃可用。""隐括"，矫正、剪裁、塑造之意。本句是回答如何对待人才？鬼谷子不仅强调其要辨识人才，而且强调其"可塑性"，可塑之才，方可为我所用。对于可塑之人才，可以征召，可以远求，可以使用。

【趣味故事】

夸奖他人戴高帽

袁枚是清朝非常有名的才子，名满天下。他对为人处世之道也很精通，尤其善于给别人戴"高帽子"，且每戴一次都是"百发百中"。

他考取功名后，被朝廷任命为地方县令。赴任之前，他特地去向老师尹文瑞辞行。老师问他："你现在年纪轻轻就受到朝廷重用，一定要谨慎行事，做好充分的准备。不知道你此次赴任前都为自己做了哪些准备工作啊？"袁枚说："老师，我已准备好了一百顶高帽子，其他方面没有什么。"

尹文瑞是乾隆时期的一位名臣，不仅学问好、知识渊博，而且德行、操守堪称一流。他听了袁枚的话，很不高兴地说："年轻人怎么搞这一套？太庸俗了！"袁枚对老师恭敬地说："现在社会上人人都喜欢戴高帽子，不准备不行。说句真心话，世上有几个人能像老师这样富有德行和操守，不喜欢别人送高帽子呢？"

尹文瑞一听，不禁频频点头，认为他说的很有道理，脸上也转嗔为喜了。当袁枚从老师那里回来后，同学们纷纷问他与老师谈得怎么样？袁枚把经过述说一遍，感慨道："看来，多准备些高帽子的确不错。老师那里我已送出一顶了！"

【解析】

在飞箝术中，飞的意思就是运用褒扬之辞去夸奖、表扬对方，也就是俗称的"拍马屁""戴高帽"。主要就是使用者以恭维、抬举对方为手段，把不是出自内心实感的话讲给别人听，以消除与对方的矛盾与争端。从其运用方法上来看，使用的是引诱法，其关键便是抓住了世人皆有爱好美名、美食、美色的特点，而美言也不例外。

第二章 用飞箝之术发掘人才

【原文】

引钩箝之辞[①]，飞而箝之。钩箝之语，其说辞也，乍同乍异[②]。其不可善者[③]，或先征之，而后重累[④]；或先重以累，而后毁之[⑤]；或以重累为毁，或以毁为重累[⑥]。其用或称财货、琦玮[⑦]、珠玉、璧帛、采色[⑧]以事之，或量能立势以钩之，或伺候见峒而箝之[⑨]。其事用抵巇。

【注释】

①引钩箝之辞：为了诱使或挟持他人归顺自己而说的话。钩，弯曲金属所做的钩针。陶弘景注："钩谓诱致其情，言人之材性，各有差品，故钩箝之辞，亦有等级。故引钩箝之辞，内惑而得其情曰钩，外誉而得其情曰飞。得情即箝持之，令不得脱移，故曰钩箝，故曰飞钩箝。"

②乍同乍异：或同或异。指钩箝之辞，或捭而同之，或阖而异之。

③不可善者：即使运用钩箝之法也达不到目的，套取不到真实情况。

④先征之，而后重累：先征用而后通过其言论排列比较。重累，指重叠。这里指排列比较。《诗经》曰："将欲毁之，必重累之。"

⑤先重以累，而后毁之：比较其言语短长，然后进行毁谤。

⑥或以重累为毁，或以毁为重累：通过反复考验，使对方瓦

解，最终受我钳制，为我所用。

⑦琦玮：一种美玉。

⑧采色：本指容颜、表情。这里指美女。陶弘景注："其用，谓人既从化，将用之，必先知其性行好恶，动以财货采色者，欲知其人贪廉也。"

⑨见峭而箝之：抓住对方的错误而进行钳制。陶弘景注："量其能之优劣，然后立去就之势，以钩其情，以知智谋。谓伺彼行事，见其峭而箝持之，以知其勇怯也。"峭，缝隙，引申为疏漏、失误。

【译文】

借助对方所说的言辞，引诱对方说出实情，进而做到控制对方。这种用来游说他人、套取实情的"钩箝之辞"，要根据不同情况灵活运用。如果用了"钩箝之辞"也达不到目的，就要先征用其人，将其所谈相互连缀而得其条理。通过排列比较，就其所短而谤之。或者通过所谈言辞排列比较，使其短处自现。或者通过排列比较，发现其优点。以上所述，最终都是为了控制对方。那些通过考察并加以任用的人，有时还可用财物、宝石、美玉、丝帛和美女来试探，看其是否动心，或者衡量其才能高低、才识优劣，从而决定去留；或者抓住对方疏漏进而控制。控制对方要使用"抵巇"的方法。

【本章解读】

本章论述如何运用钩箝招得人才，为我所用：

1. 首先要稳住人才，如何稳住人才？

"引钩箝之辞，飞而箝之。钩箝之语，其说辞也，乍同乍异。”箝，同“钳”，具有夹住的功能。钩箝，具有可钩可箝的功能，钩还有绳抛的可能。飞，具有高、快、突然和飘飘然的特点。什么叫“钩箝之辞”？什么叫“飞而箝之”？辞源引用古代陶弘景之注曰：“内惑而得其情曰‘钩’，外誉而得其情曰‘飞’。得情即箝持之，令不得脱移。”“内惑而得其情”，是说要了解对方的情况，并针对其内心的疑惑点，来用话来说服，如此则能钩住其心。“外誉而得其情”，是说要了解对方的情况，并抓住其心理来劝说，进行褒扬，赢得其高兴。这里的“钩”与“飞”，均是指人与人之间的信息交流和情感交流。有人把“飞”理解为拍马屁，笔者不以为然。其实，充分肯定别人的长处，加以褒扬，实有鼓励和学习之意，不可等同于拍马屁。再说，这里的“飞箝”，对应第一段的“征远来近”，可能含有远箝和速箝之意。

“钩箝之语，其说辞也，乍同乍异。”乍，是作的本字。如何用钩，如何用箝，作为说辞，应根据谈话情况而定，或作同，或作异。这句是告诉人们，究竟用何辞，没有什么死规矩，要因人、因时、因地、因情而灵活运用。

2. 如果钩箝之辞产生的结果“其不可善”，即钩不来，箝不住，怎么办？

“或先征之，而后重累。”征是征召，“重累”何意？有的学者理解为重用，笔者不以为然。既然用钩箝之辞，尚不能挽留住，此人未必接受重用，你也未必敢马上重用。在辞海中，累通“缧”，有联系之意就是说，先把此人征召来，再与之紧密地联系感情，以便感化之。至于如何联系感情，那要因人而异。

“或先重以累，而后毁之；或以重累为毁，或以毁为重累。”毁是何意？颇费思量。有人理解为“毁灭”“诋毁”，笔者不以为然。既然是需要网罗的人才，除非此人具有很大的危害性，一般

不能毁灭，也不忍毁灭；再说诋毁其人，只会使其离心，更不会为你所用。以此理解，从辞意未尝不可，但无论从求才的谋略和聚才的道德来说，均不符合鬼谷子的精神。在中国辞典里，“毁”字，除破坏和诽谤之义外，又通“燬”，有烈火燃烧之义。若从此义，则毁可理解为使该人才充分发挥其能量作用。

“先重以累，而后毁之”，可理解为：先紧密地联系感情，再充分发挥其作用。“或以重累为毁，或以毁为重累”，是说：或通过感情信任而激发其发挥作用；或因其发挥重大作用而倍加信任。

【趣味故事】

宋太祖雪夜访客

赵匡胤在陈桥兵变，黄袍加身，便派人同守卫开封的禁军将领石守信、王审琦联系共同造反，宰相范质无奈，只得帮助赵匡胤举行了禅让仪式。赵匡胤在后周曾任归德军节度使，他的任所在宋州，所以就以“宋”为国号，史称北宋。赵匡胤不惜一切代价收揽人心，兵不血刃占领开封，又对前朝重臣大加笼络，个别反对他的藩镇节度使也因不得人心，很快被镇压下去。赵匡胤很快稳定了北宋的统治。

北宋建立政权后，剩下的问题便是如何统一南北。一天夜里，赵匡胤苦思冥想，怎么也想不出一个统一全国的合理策略。他辗转反侧，不能安睡，干脆起身出门，找到弟弟赵光义，两人一起去找赵普，想听听他的意见。

赵普闻讯急忙出迎，看到二人立在雪中，惊讶不已，赶紧将二人请进屋内。赵普问：“夜深雪大，皇上为何还来找我？莫非有什么事情？”赵匡胤叹道：“现在一榻之外，净是他人的地方，我如何能够安心啊？所以来找你商量对策！”

赵普说：“陛下现在统一中国，时机当然成熟，但不知陛下打算怎么办？”赵匡胤犹豫不定地说：“我想先打太原。”赵普沉默片刻说：“这不是我所预料的。”赵匡胤忙问为何。赵普说：“太原地处南北两边，如果占为己有，那么，辽兵南下之患就要由宋来独挡。如果暂留太原作北方屏障，等平定南方诸国之后，太原不攻自破。”

赵匡胤听完，长出了一口气：“我早有此意，只是不敢轻易下结论。今天听您一席话，我下定决心，先南后北。”

【解析】

从飞箝术的运用来看：宋太祖以“钩箝之语，其说辞也，乍同乍异”为方法，去试探、诱导赵普，虽然自己早就有意采用先南后北的战略，因为这是完全符合当时形势的，但他仍然冒雪拜访赵普，以明知故问的方式来探听一下赵普的意见。这种求贤若渴的诚心深深打动了赵普，使他十分感动。后来赵普成为宋太祖手下的重臣，并献计以历史上著名的“杯酒释兵权”解除了统军大将石守信的兵权，为宋朝的巩固立下了汗马功劳。从另一方面也可以看出宋太祖的深谋远虑不是常人所能比拟的。

第三章　灵活运用飞箝术

【原文】

将欲用之于天下[①]，必度权量能。见[②]天时之盛衰，制[③]地形之广狭，岨险之难易，人民货财之多少，诸侯[④]之交孰亲孰疏、孰爱孰憎。心意之虑怀，审其意，知其所好恶，乃就说其所重[⑤]，以飞箝之辞，钩其所好，以箝求之。

【注释】

①用之于天下：运用“飞箝术”来治理天下。陶弘景注：“将用之于天下，谓用飞箝之术，辅于帝王。度权量能，欲知帝王材能可辅成否。天时盛衰，地形广狭，人民多少，又欲知天时、地利、人和，合其泰否。诸侯之交，亲疏爱憎，又欲知从否之众寡。”

②见：明察或明鉴。

③制：控制或掌握。

④诸侯：先秦对中央政权分封各国国君的统称。周朝分公、侯、伯、子、男五等。

⑤说其所重：游说其所重视的问题。

【译文】

运用“飞箝”的方法来治理天下，则要权衡人才的优劣长短，善加运用。明察各种势力的兴亡盛衰，掌握山川地理形势，弄清险要地形是否宜于攻守，以及各国人口的数量和经济状况，各诸侯国之间的亲疏爱憎。心中所虑以及心中所想，经过仔细审查，便知哪些为善、哪些为恶。了解这些，然后从对方最看重的事入手加以游说，运用“飞箝之辞”使其透露心中所好，进而对其加以控制。

【本章解读】

本章论述如何飞箝诸侯，得以使自己用之于天下：

1. 论如何选择诸侯

“将欲用之于天下”中,“将”是将要之意，不可理解为将领。如果想为天下做一番大事业，则必须慎选已经握有最大权势的统治者，如战国时代谋士慎选诸侯。

“必度权量能”，必须对各诸侯的权力和能量做一番调查分析，看谁有能力成就大业，而且有可能用你。如当年苏秦先是选择秦国，因为秦国最强，然而秦国不用，只好退而求其次，选择六国合纵。

“见天时之盛衰”，即要考察各诸侯国的自然和社会气候，看其盛衰的趋势如何。

“制地形之广狭,岨险之难易”，岨同“砠”，有石的土山。即要考察各诸侯国的山川地理的广狭、岨险，并知道如何控制其难易。

“人民货财之多少”，即要考察各诸侯国人民的贫富和经济形势如何。

“诸侯之交孰亲孰疏、孰爱孰憎”，即要考察各诸侯国的外交和睦邻环境如何。

把以上各种情况综合起来分析研究，选择出自己的最佳投靠对象。

2. 如何飞箝诸侯

“察心意之虑怀，审其意，知其所好恶”，（注：原文本句前疑漏了一个“察”字，现加上）这是说：应该对各诸侯做一番调查和心理分析，即应考察对方心中正想些什么，有什么顾虑，有什么胸怀大志，审察其意向的必要性与可行性，了解他好什么、恶什么。

“乃就说其所重，以飞箝之辞，钩其所好，以箝求之”，这是告知如何说服对方：要抓住对方最注重的问题，晓以利害得失，投其所好，使之高兴，使之信任你，求得重用。

【趣味故事】

巧施借刀杀人计

三国时期，曹操带领八十万大军，进攻江东孙权。不料初次交锋，曹操便被周瑜打败，他心里忧闷，便召集文武官员，商量进兵之策。手下蒋干和周瑜是同学，自告奋勇要求去东吴说服周瑜投降，曹操答应了他。

蒋干过江，直奔周瑜的营寨。周瑜正在帐中议事，听说蒋干来见，心中暗道：曹操的说客到了，我要做好准备。接着，周瑜压低声音，把他的计划告诉众人，各位将领听完后就去执行命令。

周瑜迎接蒋干进帐，让文武官员和他相见，接着大摆酒席，招待蒋干。周瑜将盔甲和宝剑交给属下，并告诉所有人，蒋干是我的同窗好友，今天只叙友情，不谈军事。如有人违犯，定斩不饶。蒋干一听，吓出一身冷汗，哪里还敢提劝降的事！

宴会结束后，周瑜留蒋干同宿。周瑜脚步踉跄，没脱衣服，就上床睡觉了，只一会儿，便鼾声如雷。蒋干心中有事，望着桌上灯烛，哪里睡得着。三更时分，他悄悄起床，只见桌上放着许多来往的信，里面竟有一封“蔡瑁、张允”来的信。蒋干大吃一惊，打开一看，竟是曹营水军都督蔡瑁、张允暗中勾结东吴，并打算割了曹操的头来献给周瑜。

这时，周瑜翻了个身，蒋干连忙把信藏在怀里，周瑜含糊地说着梦话。下半夜时，蒋干听到有人进来小声地唤醒周瑜，周瑜迷迷糊糊问：“谁睡在我床上？”来人说：“都督自己请蒋先生一起睡的，怎么倒忘了？”来人又低声说了一句：“江北有人来了。”周瑜连忙喝住，回头轻声叫唤蒋干，蒋干不应，周瑜就悄悄下床，走出屋子和那人说话。蒋干假装睡着，却竖起耳朵，隐隐约约地听到有人说，张、蔡两都督说，一时还不能下手……之后声音越来越低，就听不清楚了。

一会儿，周瑜回来，又唤了几声“蒋干”，蒋干仍装睡不应。周瑜见蒋干睡得正香，才放心地上床睡了。蒋干怀揣书信，哪里还睡得着，暗想：周瑜心细，天亮发现书信不见，必然怀疑我。于是连夜渡江向曹操复命，拿出信向他报告。

曹操听过报告，看完信，大怒：“叫蔡瑁、张允进来见我。”蔡、张两人进来后，曹操问道：“我想让你们领兵攻打东吴。”蔡、张说：“水军还没有训练好，不能轻易出战。”曹操厉声说：“等水军操练好了，我的脑袋就要搬家了！”不等他们答话，就下令杀了他们。等刀斧手捧着两人脑袋上来，曹操才突然醒悟，知道中了周瑜的反间计。但他死不认错，又令毛蚧、于禁做水军都督，代替两人统领水军。

消息传到东吴，周瑜非常高兴，对众人说：“这两人久住江东，熟悉水战，不除掉他们，是我的心腹大患啊！”

【解析】

要将引诱法成功运用，就必须摸清对方的性格特点和意图。周瑜之所以能够成功，就是预料到了蒋干前来的目的是劝降，便提前设下圈套等蒋干来钻。

周瑜在此运用的便是飞箝制人术的另外一种：铲除前进道路上的绊脚石。欲破曹操八十万水军，必须先除掉水军都督蔡瑁、张允这两个心腹大患。从飞箝术的运用方法来看，周瑜运用的是引诱法，其计谋成功的关键人物便是蒋干。周瑜先以同学之情留蒋干同宿，引诱其“偷看”书信，而后又在半夜引诱蒋干“偷听”军情，进一步使其深信不疑，并最终借曹操之手计杀了蔡瑁与张允。

第四章　以假求真，以虚求实

【原文】

用之于人[①]，则量智能，权财力、料气势，为之枢机[②]，以迎之随之，以箝和之，以意宣之，此飞箝之缀[③]也。用之于人，则空往而实来[④]。缀而不失，以究其辞。可箝而纵，可箝而横；可引而东，可引而西；可引而南，可引而北；可引而反，可引而覆。虽覆能复，不失其度[⑤]。

【注释】

①用之于人：将“飞箝术”用于人际交往。

②枢机：指事物的关键。枢，门轴。机，枢纽。《易·系辞》：“言辞，君子之枢机。枢机之发，荣辱之主也。”

③缀：连接。也可解释为补充。用之于人，谓用飞箝之术于诸侯也。陶弘景注：“量智能、料气势者，亦欲知其智谋能否也。枢所以主门之动静，机所以主弩之放发，言既知其诸侯智谋能否，然后立法镇其动静，制其放发，犹枢之于门，机之于弩，或先而迎之，或后而随之，皆箝其情以和之，用其意以宣之。如此则诸侯之权，可得而执，己之恩又得而固，故曰飞箝之缀也。谓用飞箝之术连于人也。”

④空往而实来：用好听的空话，套取对方的实情。陶弘景注：“用于人，谓以飞箝之术任使人也。但以声誉扬之，故曰空往，彼则开心露情，归附于己，故曰实来，既得其情，必缀而勿失，又令敷奏以言，以究其辞，如此则纵横东西，南北反覆，惟

在己之箝引，无思不服。”

⑤虽覆能复，不失其度：运用飞箝术和人沟通交流，只要善于引导就可使对方受我控制。陶弘景注：“虽有覆败，必能复振，不失其节度，此箝之终也。”

【译文】

运用“飞箝”的方法游说他人，要衡量对方的智慧和才能，权衡对方的实力，估量对方的气势，这是至为关键的事。进而运用“飞箝”的方法迎合对方，顺从对方，从而控制对方，用对方的意图来宣传自己，这就是妙用“飞箝”以控制他人的手段。

运用“飞箝”的方法游说他人，实际上是用言辞来套取对方的实情。控制对方可以用合纵的方法，也可以用连横的策略；可以引对方向东，也可以引对方向西；可以引对方向南，也可以引对方向北；可以使对方从原路回去，也可以再引导他回来。当然，运用这种方法灵活恰当，即使对方有所反复，自己也可加以控制，使之恢复，这便是“飞箝”的准则。

【本章解读】

本章主要讲述如何为人所用：

1.“用之于人，则量智能、权财力、料气势。”量，衡量。权，权衡。料，预料。这是说：如果想为人所用，则首先要了解此人，权衡其智力、能力、财力、气度与势力如何，决定是否投靠。

2.“为之枢机，以迎之随之，以箝和之，以意宣之，此飞箝之缀也。”枢，门户之轴。机，弩机。枢机，指事物之关键。宜，指合适、相称。和，指和合的回答。缀，连接。这是说：如果决定投靠，则应迎合其需求，随和其心意，为其提供解决关键问题的方案；以钩箝之语相和，以敬意之情相适，这是用飞箝之术连接住对方的心，即把自己连缀到对方的事业上。

3．“用之于人，则空往而实来。缀而不失，以究其辞。可箝而纵，可箝而横；可引而东，可引而西；可引而南，可引而北；可引而反，可引而覆。虽覆能复，不失其度。”空，何意？学界多有争议。空同虚，指精神的东西，如建议、计谋等。实，指行为、落实战略决策、执行计谋等。究，是研究。辞，是指对方的言辞。度，是指把握矛盾转化界限。本句的中心是说：要想为人所用，则在提出计谋之后，要做出可见的实际业绩；要紧紧与对方的事业和意志相连缀，不可离失；要经常研究对方的言语，揣度对方的意图。在这些前提下，可以箝住对方或纵或横；或东或西；或南或北；或反或覆。但有一条戒律不能忘：“虽覆能复，不失其度。”即无论箝着对方做什么，不能过度冒险，均必须能回到安全状态，即使倾覆，也能再翻覆过来，保证对方的事业和生命财产不受损失。

【延伸阅读】

一、谋略聚焦

1．慧眼独具，鉴人有术

飞，指放纵言辞、纵横跌宕。箝，指钳制、挟持。飞箝，有纵横开阖之意，指用言语来牵引对方，使其有所显露，由此考察其才识，决定是去是留。《飞箝》篇：“用之于人，则量智能，权财力，料气势，为之枢机。”做到知人善用，关键在于衡量其才识、能力，以作取舍。作为统治者而言，如果不能有效鉴识人才，哪怕身边人才济济，也会视而不见。识别人才，可用钱财、玉石、美女来试探，检验其是贪婪还是廉洁。

楚国有个叫卞和的人，曾两次向楚王献玉。他所献的玉石朴实无华，当时的楚厉王、楚武王有眼无珠，不识宝玉，还砍去了卞和的双足。楚文王即位后，召卞和进宫。这块玉石由此呈献，并被雕琢出来，称为“和氏璧”。

真正有才能的人，就像和氏璧一样，看上去平淡无奇，实则拥有珍贵的价值，只有被发现和任用，才能展现其才华和价值。人们常说，“千里马常有，而伯乐不常有”，伯乐相马的故事说明，难得的是有一双慧眼，善于识人。治理国家需要人才，这关系到国家的兴衰。墨子云：“国有贤良之士众，则国家之治厚。贤良之士寡，则国家之治薄。”可见人才的重要性。人才是一种资源，更是一种财富。

古代杰出的政治家大都善于用人，唐太宗李世民便是如此。唐太宗认为“致安之本，惟在得人”，所以重视选拔人才。他选人不论出身，只求任人唯贤，既有原秦王府的臣僚，也有政敌和出身低微的寒士。由于唐太宗能“拔人物不私于党”，以才取人，破格用人，所以太宗时人才济济，如房玄龄、杜如晦、魏徵等。人才的使用，促成了政治稳定、经济繁荣，进而形成了“贞观之治”的盛世局面。

纵观历史，因为用人不当而导致失败的事也有很多。北宋王安石在神宗的支持下变法，起初轰轰烈烈，最终却归于失败。失败的原因，除了社会、政治原因外，王安石识人不准、用人不当也是原因之一。王安石的重要支持者与助手，多属于人品不正者。可以想象，用一些人品不好、胸怀私心的人进行变法，再好的设想也得不到正确实施。

清代时曾国藩统帅湘军攻占南京，平定了太平天国起义，挽回了清王朝的垂危命运，战功卓越。他之所以取得成功，最重要的便是重视人才的使用。他认为“国家之强，以得人为强”，并说善于审视国运的人，“观贤者在位，则卜其将兴；见冗员浮杂，则知其将替”。这就将人才问题提到了关系国家兴亡的高度，把选拔、培养人才作为挽救统治危机的重要措施。

作为领导者，要想成功，必须善于发现人才，网罗人才，礼贤下士，并且大胆使用人才，因才授职，尽其所长。如果不善用才，即使人才多如过江之鲫，在实际中也发挥不出应有的作用。

2. 形势不利，保全自己

所谓立势以制事，必须察同异，别是非。处于险境时，面对强大的对手，不要鸡蛋碰石头，以硬对硬。有时候，无望的抗争不如默默等待。只有暂时屈从才能使形势朝有利的方向发展，这是趋利避害，保存自身。相反，不顾现实，盲目自大，只有死路一条。在敌强我弱、形势不利的情况下，保全实力、东山再起，这是一种计谋，也是明智之举。

秦朝末年，刘邦先行入关，占领了秦都咸阳。按照先前项羽与各路义军的约定，“先入关中者为王”，刘邦喜不自禁，大家也欢呼雀跃，振臂响应。萧何却提醒刘邦不要轻信约定，而忘了强敌的存在。群雄争霸，实力最重要。项羽拥兵数十万，野心最大，如果贸然称王，他自然不服，其他群雄也不会相让。

这时，项羽的谋士范增摆下鸿门宴，以便借机除掉刘邦。刘邦带着随从，硬着头皮前去拜见项羽，赔礼道歉说：“我虽入关，但一切事务并不敢擅作主张，只等将军发落。将军勇猛无敌，天下敬仰，这是人心所向。”项羽听了很高兴，终于没有痛下杀手。

过了一会儿，刘邦借上厕所离开宴席，终于逃脱了大难。刘邦能够逃离虎口，靠的是屈从和恭维。通过恭维，使对方难以下手，以此来钳制对手。在弱肉强食的社会，强者尊贵，弱者低下，这是不争的事实。强者以其雄厚的实力做依托，一时的屈从与恭维会搅乱其戒备之心，麻痹其心智。

鬼谷子认为，用飞箝的方式对付他人，首先要审察、揣摩他的心意。探知对方的好恶后，当强则强，当弱则弱，便能进退从容，轻松实现目的。有时候，以弱者的身份与人交往，更能打动他人获取成功。靠示弱来保存自己，最后击败对手取得胜利，是妙用飞箝之术以牵制对手的方式之一。当然，以退为进，以弱制胜是一个漫长的过程，需要耐心等待时机。

以“飞箝”的方法达成妥协，表面屈服对方，暗中伺机行事。“留得青山在，不怕没柴烧”，忍计一时，把眼前的灾祸消除，才能担起更大的责任。

3. 运用计谋，收揽人心

在现实社会，无论政治、经济，还是军事、外交，掌握和运用“飞钳术”，仍然具有重要的意义。使用巧妙的言辞套住对方，以控制对方的言行，但要注意不要使对方察觉。先用“飞”的方法诱出对方爱好之所在，再用“钳”的方法控制住对方。比如，论辩时通过言语激怒对方，使其产生情绪变化，这既是一种计谋，也是一种手段。

所谓飞箝，就是通过言语以及策略来收服人心，使对方为我所用。正确运用可以纵横驰骋，建功立业。古往今来，许多人凭此身显一时，名垂青史。作为统治者而言，要心怀宽广有所包容，才能天下归心。统率他人要发挥自身的影响力，虚怀若谷既是重要的思想作风，也是一种谋略手段。“君子之德如风”，宽容大度必能感召部属，赢得尊敬。

鬼谷子认为："用于人，则空往，而实来。"仅仅用语言赞美使对方打开心扉只是一方面，还要拿出诚意使对方感动。与人交往，诚信是重要的品德。以诚待人，以信取人，这也是传统美德。抛弃智计，推心置腹，便能使人信服。反之，用高压措施无法征服人心，终会徒劳无功。

用人、制人、巧使人，是一种计策，更是一门艺术。如能巧妙使用，必能呈现强大的功效。凡能掌握鬼谷子"飞箝"之术的人，必能掌握问题的实质，把握处理问题的度，从而做到该紧则紧，该松则松，该柔则柔，该刚则刚，使事物朝着有利于自己的方向发展。

4. 欲成大业，善用人才

解决实际问题，要对他人多加宽容。这是一种积极的心态，体现了个人的修养和内涵。宽容是一种处世哲学，也是一种思想境界。"海纳百川，有容乃大；壁立千仞，无欲则刚。"能容纳世界，才能得到世界。与人方便，自己方便，有助于开启成功之门。

欲成大业，人才的重要性不言而喻。若是缺乏人才相助，或有人才而不能善加运用，必然难以成就事业。如何让各种人才为己所用，这是领导者要面对的重要问题。在《飞箝》篇中，鬼谷子认为以正确的方法控制人才，是使用人才的有效手段。

汉高祖刘邦曾是个地方小吏，甚至还有点好吃懒做、不务正业的毛病。然而，他却能够成为汉朝的开国皇帝，是因为有张良、萧何等人的辅佐。知人善任并能驾驭，方可成就大业。刘邦善于使用人才，张良、萧何等人甘愿受其驱使。韩信、陈平等曾是项羽的部下，归附刘邦后都受到了重用。

刘邦和项羽争夺天下，逐渐由劣势转为优势，于是领兵追

击楚军，派人与韩信、彭越约定日期会师。到了约定日期，韩信、彭越的军队却没有到来。刘邦孤军深入，只好坚守壁垒。张良分析了当时的形势，说："楚军眼看要完了，韩信和彭越还没得到封地。两人功勋卓著，本应封王，如果允诺灭楚后封王，他们必定会前来助战。这样，几路大军联合，消灭楚军就易如反掌了。"刘邦依计而行，韩信、彭越很快出兵，几路大军会师垓下，十面埋伏消灭了项羽残部，逼得项羽自杀。刘邦终于登上了皇帝宝座。

贤明的君主必能审时度势，从谏如流，刘邦具备了这两点，并用感情投资的方式，维系了自己与大臣的关系，这也是张良等人甘愿效力的原因。滴水之恩，当涌泉相报，"生当陨首，死当结草""士为知己者死"，等等，无一不是"感情效应"的体现。

刘备三顾茅庐，诸葛亮心怀知遇之恩，尽心竭力辅佐他。最后六出祁山，北伐中原，积劳成疾，病死五丈原。诸葛亮的一生，可谓是"鞠躬尽瘁，死而后已"，这固然是他匡扶乱世之志，而刘备的善施恩德也发挥了重要作用。

感情投资不是收买人心的把戏，它包含着一些基本原则。只有让人们切实获益，才会得到真心拥护，并发自内心跟随。总之，要想留住人才，就必须善于感情投资。当今社会，感情投资是一种有效的手段，也是一切投资的最终境界。通过财物所投资的，也会无形中转化为感情投资。聪明的管理者给员工以恩惠，让员工有"大树底下好乘凉"的感觉，富有人情味的上司必能获得衷心拥戴，由此调动员工的积极性，激发他们去努力工作，为事业发展尽心尽力。

5. 将欲取之，必先予之

老子在《道德经》中说："将欲去之，必固举之；将欲夺之，必固予之。将欲灭之，必先学之。”大意是想要夺取，必须给予。这句话流传至今，变成了“将欲取之，必先予之”。

简简单单的八个字，道出了亘古不变的处世哲学。想从别人那里得到东西，必须先给予他想要的，这样得到的东西，心里才踏实。先期付出的成果如何，直接关系到目标的实现。鬼谷子认为，首先接近对方，从他的喜好入手，就会获得好感和信任，然后采取行动，才能收到效果。这是屡试不爽的方法。

一般而言，对利益的追逐是人们出来做事的目的，要想从他人那里获得利益，必须保持稳定的平衡关系。在利益问题上不能一头热，让对方一味付出，在付出前或付出后要有适当回报，不限于物质上的，也包括精神上的、感情上的。基于这种关系，就有了欲取先予的做事方法。当然，“欲取”的目标必须隐藏不露，在未露之前投其所好，先给对方点甜头，感动对方以后再提要求，就容易被接受。

人生是变化多端、难以预测的，采用“先予后取，以退为进”的谋略，不计当前利益，着重长远利益，吃小亏占大便宜，是为了更大的发展。对企业的发展来说，任何“单向忠诚”都是不存在的。企业需要信任知识型员工并合理适度地授权以增强员工的责任感和使命感，从而提升他们对企业的忠诚度。

同样，企业若想从消费者身上获得利益，就要对消费者尽心服务，这是为了将来从他们身上得到更多。一个企业的售前服务，体现了其综合能力。予人方便，自己方便，把这种效能提高到购买产品前或使用产品前实现，是棋高一着的表现。

6．全身而退，当止则止

本篇提到的“缀而不失”，意思是说找到了好的平台，应该尽力施展才华，努力做出成绩。若是空逞口舌之能，就会有纸上谈兵的嫌疑。“坐议立谈，无人可及；临机应变，百无一能。”没有真才实学，只会讲形式来装点门面，这样的人往往成事不足，败事有余。

孙武向吴王进献《孙子兵法》十三篇，由此得到重用，被任命为大将。后来，孙武率兵“西破强楚，入郢，北威齐晋，显名诸侯”，为吴国霸业立下赫赫战功，赢得了“兵圣”的美名。

古代辅佐帝王的将相，有“进不求名，退不避罪，唯民是保，而利合于主”的精神，以此保持良好的君臣关系。一旦被君主重用，就要尽力作出贡献，诸葛亮“鞠躬尽瘁，死而后已”，就是如此。“木秀于林，风必摧之。”大多数情况下，有才能的人成就，容易引起他人的嫉妒，甚至引起君主的猜忌。这时，就要学会权衡利弊，灵活运用飞箝术控制局势。当功名升到一定程度，就要停止进取，学会全身而退。否则容易遭到妒忌，也会受到君主的猜忌。如果当止不止，很可能会引火烧身。

战国时，秦孝公任用商鞅实施变法。通过变法，秦国很快强盛起来，国库充盈，将士作战勇猛，威震六国。商鞅因变法有功，受封商地十五邑。在变法过程中，商鞅不畏权贵，执法如山，因此得罪了不少人，甚至太子也对商鞅恨之入骨，欲除之而后快。孝公驾崩后，太子继位，史称惠文王。有人诬陷商鞅谋反，惠文王下令逮捕商鞅。商鞅被抓回咸阳，受车裂之刑而死。商鞅尽管功劳很大，却因为得罪了太子而被处死，实在可悲可叹。

在社会上生存，岂能轻易安身立命？遇到危难时，要格外谨慎，但也不能不思进取。过分谨慎而不进取，易变为保守；过分进取而不谨慎，易变为冒进。两者之间权衡利弊，善加把握才能处理得当。

二、古为今用

1. 如何造就贤才兴旺的大势场

飞箝，顾名思义，飞而箝之。飞箝什么？飞箝人才。飞，有高、快、远的含义。箝，有留住、夹住的含义。飞箝人才，意味着尊重人才，面向社会，不分远近，迅速网罗人才，充分发挥人才的作用。

本篇题目为飞箝，实际上是专论人才、贤才。在中国武侠小说中，大侠崇尚飞镖取人；在诸侯纷争的战国时代，政治家崇尚飞箝取才。飞箝，是贤人必备的基本功，是统治者成功的要诀。所以鬼谷子也特别重视，继捭阖、反应、内揵、抵巇诸篇之后，在第五篇专论人才问题，足见他对人才的重视程度。

21世纪是经济的时代，人才已成为社会第一资源。经济竞争、科技竞争、文化竞争，归根到底，都是人才竞争。充分发掘《飞箝》篇的内涵，古为今用，是很有意义的。为了抛砖引玉，姑且献上我的三点思悟：

（1）贤旺国兴

战国时代，燕昭王即位后，立志振兴燕国，誓报齐国破燕之仇，以重金招贤。那个时代，各国都说招贤，有的是真招，有的则是沽名钓誉。大臣郭隗出了一个主意："今王诚欲致士，请先从隗始。"其意首先起用身边的贤才，做出样板。如果连身边的人都不能用好，远地的贤才怎能相信你呢！昭王认为有理，于是为郭隗建筑宫殿，以师礼事之，筑黄金台，广告四方，招聘天下贤士。贤士闻之，纷纷来投。乐毅自魏国来，邹衍自齐国来，剧辛自赵国来。燕昭王礼贤下士，吊死问孤，与士卒同甘苦，燕国日益富强。遂以乐毅为上将军，联合赵、魏、韩、秦，讨伐齐国，大败齐兵，攻下齐国都城临淄。若不是后来遇到田单的火牛阵，齐国险些被灭亡。

这个案例说明，贤才旺，则国兴。鬼谷子写《飞箝》篇，正是对春秋战国历史兴衰的感发。秦国为什么能兼并诸侯统一中国？通观周王朝的历史，在先后分封的七十一个诸侯国中，以姜太公所封的齐国和周公旦所封的鲁国为尊。《左传》记事，均以鲁国作为编年的依据，足见其在诸侯中的地位。而秦国是嬴姓，非姬周的宗亲，且受封晚，乃周朝第八代周孝王所封的附庸国，地位低于众多诸侯。为什么后来统一中国的，不是鲁国或齐国，而是秦国呢？这是一个比较复杂的问题，至今未见权威结论，但不可否认与人才的得失有关，贤旺国兴，贤离国亡。

鲁国，姬姓，位尊，诸侯不敢轻犯，外忧较少。俗话说："生于忧患，死于安乐。"这些优势，没有成为鲁国的动力，反而成了包袱。其国君多好声色享受，不思进取，贤君极少，这是鲁国没有发展的一个重要原因。虽有周公礼贤下士、制礼作乐、明德慎罚的政治文化传统，但缺乏如其邻邦齐国有管仲、晏子那样的经济管理贤才，也缺乏如孙武、司马穰苴那样的军事家，这是鲁国经济和军事落后的一个重要原因。孔子创儒家学说，继承并发展了周公旦的政治思想，造就了七十二贤人，照说利于兴鲁，可惜鲁国缺乏尊贤的明君，连本国的一代大贤尚不能箝用，他国的贤人怎敢来投，又何谈飞箝各国贤才，这是鲁国衰弱的一个重要原因。再加上孟孙、叔孙、季孙三氏的大分裂，鲁国岂能不衰？国无可与诸侯角逐之才，岂能不亡？

秦国，非姬姓，受封晚，地位低，偏西隅，这些虽是劣势，但却成了国家历代追求发展的动力，其中值得称道的有好几次：

第一次是秦襄公。周幽王烽火戏诸侯，犬戎大闹镐京，周幽王被杀，秦襄公率师勤王，出奇计，会同卫、郑、晋三国军队，大败犬戎，共立周平王，助平王东迁，受到平王嘉奖。从原附属国升为秦伯，位于诸侯之列，受命负责继续驱逐犬戎。平王许诺：凡收复土地，尽以赐秦。秦襄公本是大贤才，不出三年，杀得犬戎七零八落，远遁西荒，秦得以辟地千里，遂成大国。

第二次是秦穆公。他重用本国的公子絷，先是根据公子絷的推荐，从晋国聘请到公孙枝和丕豹；继而采纳公孙枝的贱赎计，用五张公羊皮从楚国赎来年届七十的百里奚为左庶长；旋又按百里奚的推荐，远从宋国农村聘请年过七十的蹇叔为右庶长；后来又依照百里奚引导，用抵巇之计，从西戎挖得大贤才繇余为亚卿；尔后又通过这些贤才引荐到西乞术、孟明视、白乙丙等将才。最终得以称霸诸侯，降服西戎。

第三次是秦孝公招贤。卫国人公孙鞅，素好刑名之学，乃当世奇才。他入魏求仕，相国病危时推荐他接任，魏惠王看不上这个年轻人，搁置不用。适逢秦孝公招贤，公孙鞅西行应试，被重用为左庶长，主持变法。正是依靠变法，才得以大大提高秦国的经济和军事实力，把秦国变成超过众诸侯的强国。

第四次是秦惠文王，重用魏国人张仪为相，采用其连横战略，扩大了疆土，分化了诸侯联盟，使诸侯各国不得不西面事秦。

第五次是秦昭襄王，重用楚国人范雎为相，对内清除腐败势力，对外实行远交近攻，各个击破，得以蚕食诸侯，不断壮大秦国。

试想：如果没有一代又一代地飞箝各国的人才，使秦国不断发展，哪能成就秦国后来的统一帝业。春秋战国的历史证明：贤旺则国兴，贤离则国亡。

（2）改造自然离不开人才

人，是大自然的产物，也是改造大自然的动力。由于先天遗传、生活环境、身体素质和受教育的机会不同，劳动才能有大小之分。在改造自然过程中，其作用也就不同。

人，在改造自然的过程中，谁也离不开一定的劳动资源。搞农业生产离不开水土、种子、农具，搞工业生产离不开厂房、机器和原材料，搞科研离不开实验条件。社会劳动资源被掌握在什么样的人手里，其结果大不一样。如果被有才能的人掌握，则创造的财富就多，科学技术进步就快；如果被掌握在才能低下甚至懒汉手里，则创造的财富就少，科学技术的进步就慢。

中国有四大发明，在科学技术上曾经领先于世界，为什么没能保住科技领先的地位，后来还远远落后于西方资本主义国家，直接原因是重权轻才，根本原因是封建主义的经济体制作怪。自然经济，小农生产，重农抑商，教育落后。

在自然经济条件下，小农生产，社会对人才的需求不旺，尊官重权，轻视人才，以致教育落后，人才稀缺。社会资源多掌握在封建剥削阶级手里，人才往往得不到生产和实验的物质条件。中国历史上一些发明家，几乎都是历尽坎坷，很少得到好报。如此社会，科学和技术怎能不落后！国家怎能不穷！

（3）改造社会离不开贤才

人才，有贤德和奸佞之别。社会权力掌握在什么人手中，结果大不一样。如果社会权力掌握在贤才手中，一心为国为民，则必育贤、招贤、纳贤；则必使能者上，庸者下；则必尊贤除奸。如果社会权力掌握在奸佞手中，一心以权谋私，则必欺压善良，压制贤才；则必勾结奸恶之徒，结成狐群狗党，形成黑暗势力，为非作歹。

在封建专制社会里，奸佞之才以迎合统治者的私欲为己任，而贤德之才总是以为国为民为天职，水火不容，两者相争，除革命时代外，多是奸佞得势。而奸佞当道，社会就不会有公平，人才就会受到压制，生产力就会受到破坏。这种社会，人民怎能不穷！国家怎能不弱！

2. 双向飞箝

如何使人才得到尊重？如何使贤才得到重用？鬼谷子在本篇开出的药方，实质是双向飞箝。

（1）主帅箝贤才

这是对当时的诸侯国君来说的。用今天的话来说，是针对所有领导者来讲的。领导者，不管你原来出身如何、学历高低，只要你当上了领导者，掌握了一定权力，承担了一定的社会责任，你就必须努力学习，把自己变成一个贤才，做到德才兼备。这是领导者的基本条件。领导者，即使你自身的才能很高，也必须学会招贤、识贤和用贤。如果自知先天不足，则更要靠善于用贤来弥补。

①招贤。就是要跳出局部圈子，放开眼界，招引社会贤才来投。如果你能招引到社会贤才前来投奔你，为你所用，何患事业不成，何患不能超过竞争对手。治国如此，管理企业亦然。

如何吸引到远近贤才来投？鬼谷子主张要“立势而制事”。何谓“立势”？笔者理解，要害是旗帜、事业、目标。靠旗帜招引人，靠事业吸引人，靠目标激励人。不仅要有旗帜，有事业，有目标，而且要把这三者见诸实践，见诸舆论，形成一定社会势场。如“燕昭王求士”，重用郭隗，筑黄金台，均是立势之举。如青岛啤酒集团在2003年公开招聘“海归”人才，从五十多位报名者中脱颖而出的五人，全是从知名跨国公司中任高管的人才，其中有的月薪三万元之多。令人惊异的是，青啤给他们确定的最初月薪最高只有五千元。青啤有什么魅力能让这些“海归”人才甘降“身价”，加入青啤？应聘者答曰：看重的主要是青啤的人才价值实现环境。这就是青啤依靠旗帜、事业和目标等所整合出的魅力势场。

何谓“制事”？笔者理解，是指在人事上，要有尊重贤才、鄙弃奸佞的舆论、制度和行为。舆论是氛围，制度是保障，行为是榜样，三者缺一不可。

②识贤。招贤，总是具有吸引人的条件，如官位、权力和较高的待遇。应聘者难免鱼目混珠，这就存在一个识贤的问题。贤才，既要有才，又要有德。为官者的德，必须体现在执政为民。才能的高低，不难识别。最难识别的是德。执政为谁，在没有执政实践之前，只能分析预测。鬼谷子在本篇中所列六条识人之法，在当今招聘人才时，仍是值得参考的。

一曰先察同异之党。即要考察此人与哪些人是同党，与哪些人是异党。俗话说：“物以类聚，人以群分。”人的社会行为，不仅受自己的思想支配，而且会受到党羽左右。从其党交中，大体可以看出其思想道德体系和未来的行为倾向。

二曰别是非之语。即要考察此人所说的真与伪和是与非，由此可以判断其诚信度和思想认识水平；还可以提出一些似是而非的问题，考察此人的分析能力和判别是非的能力。

三曰见内外之辞。即要收集此人在对内场合与对外场合所说的言语，从中不仅可以看出其政治态度和政治思想，看出其为人处世的原则和风格，而且可以大体判断其表里是否如一。

四曰知有无之数。即要考察决定此人思想行为的财产、党羽、知识、才能的有无。请注意，在重视人才的当今，这种考察，不能侵犯其隐私权。

五曰决安危之计。即应对此人问以安危之事，请他出谋划策，考察其战略意识和策划能力。

六曰定亲疏之事。即应问以人际关系之事，或使他处理人际关系问题，考察其社交才能和处理人际关系的本事。

“然后乃权量之。”即把以上六条综合起来，全面权衡，并与其他人对比权衡。如此，不仅可以识别其是否是贤才，而且可以识别其属于哪类、哪个量级上的贤才。

③驭贤。招贤、识贤，均是为了驭贤。你招贤，他人也招贤，怎样使贤才选择你，而不选择他人？贤才应聘于你，又如何能使其为你所用，最大化地发挥其才智，做出一番事业？在有外界“猎头”暗中不断来挖你单位的贤才时，如何长久留住人才，达到箝贤的目的？鬼谷子在本篇中提出了五条举措，即使到今天，仍有参考价值。

一曰以辞引之。即要体察其需求和心理，以钩箝之辞吸引之。所谓钩箝之辞，是指能钩箝住其心其意的介绍、鼓动和许诺，如理想、事业、环境、目标、待遇、尊重、信任等，均可成为钩箝之辞。

二曰以情累之。即从物质和精神两方面，建立利益和感情的纽带，从利益和情感上箝贤。

三曰以业燃之。即创造条件，让贤才得到工作平台，有充分施展才智的机会，从共同的事业上箝贤。

四曰以势钩之。即要造成一种大氛围、大势场，使贤才受到大势之箝，心甘情愿留在共同的事业内，棒打不散。

五曰以巇抵之。即抓住其矛盾之处，利用矛盾，解决矛盾，告之以利害得失，使贤才甘愿受箝于你的共同事业。如魏文侯抵乐羊。

（2）贤才箝主帅

这是对贤才来讲的。作为贤才，你是孤芳自赏，还是投身于时代？你是被动等着别人使用，还是主动谋求施展才智之所？如果只会孤芳自赏，只知要求别人当伯乐，又何以证明你是贤才呢！是否有才，是否贤德，终究要接受社会实践检验，终究要靠社会评价。自诩、自吹、自封均是无济于事的。再说，任何社会，总有贤德和奸佞之人，问题是让谁掌握国家的权力。奸佞者，必千方百计弄权以排贤，售奸以争名利。如果贤才为一己之名节，只知隐退，而世人又靠谁来救国救民！

春秋战国史，是一部诸侯竞争的历史，也是一部人才竞争的历史，更是一部贤与奸争胜的历史。也正是得益于这些竞争，才造就了诸子百家学说。鬼谷子深知这个历史情结，故在本篇中，不仅针对诸侯国的统治者，用两段篇幅，专论了如何箝贤；而且还针对贤才，用两段篇幅，专论了贤才如何飞箝那些有权有势的人，主动求得发挥作用。这里贯穿了一种豪气：天生我材必有用，世创我能必作为，贤必胜奸。且举孔子为例。

春秋末期的孔子，时人尊为圣贤。他所在的鲁国，当时外有强齐侵略之患，内有三家分鲁之忧。孔夫子立志兴鲁，苦于为权贵者所忌，但他百折不挠，力求施展。先是经学生推荐于叔孙氏，被用为中都宰，中都大治。鲁定公闻知其贤，召为司空，设谋粉碎了阳虎叛乱；又保鲁君在对齐国的谈判中赢得了胜利，被升为大司寇，摄行相事，使鲁国大治。在鲁国国君被齐国美人计腐蚀而不行其道时，毅然周游列国，主动飞箝诸侯，寻求施展才学、推行仁政的机会。虽然游说失败，但游说飞箝的精神和途径，后来为更多人所仿效，一直为后人所称颂。孔子在官场几经挫折之后，转而专心从教，培育贤才，让众弟子去飞箝诸侯和权贵；并著书立说，从而依靠儒家学说，在更广阔、更深远的时空上飞箝历代统治者。

鬼谷子也有过飞箝失败的经历，深知贤才要想施展抱负，必须战胜社会的愚昧无知和奸佞的阻拦，必须拿出智慧和勇气，在飞箝事业上下功夫。故在本篇用了两段篇幅，专论贤箝，即贤才如何飞箝掌权者？所论四条，至今仍有参考价值。

一曰度权量能。古语云：“良禽择木而栖，贤才择主而事。”即要慎择投靠对象。

首先，要度量其事业，是进步的还是反动的，人心向背如何。“见天时之盛衰”，看“人民财货之多少”，察“诸侯之交孰亲孰疏、孰爱孰憎”，都是看其事业性质和人心向背。为社会进步事业效力，方可流芳百世；为反动事业卖命，难免遗臭万年。其次，要度量当权者，是否尊贤爱才，可否成就一番事业。古代，伊尹弃夏从商，姜尚弃商从周，孙武去齐投吴，终成大业，都是慎择主公的范例。在今日市场竞争中，企业慎择人才，人才也要慎选企业，不仅要度量企业当前效益，还要预测其产业发展前景，更要权衡企业董事会和总经理的事业心和胸怀。

二曰钩其所好。在选好了投靠对象之后，为了确保录用，首先“察其心意之虑怀，审其意，知其所好恶。”用今日的语言来说，就是要预先调查清楚招聘单位对人才的需求、标准与好恶，从而为面试做好充分准备。

然后，“乃就说其所重，以飞箝之辞钩其所好。”用今日的话来说，就是在面试过程中，要迎合其所看重的条件（如：有的看重创新，有的看重稳健可靠；有的看重营销本事，有的看重技术水平；有的愿支付较高报酬，有的要求廉价，等等），满足其所好，使他们认为你正是他们心目中的理想人才，从而一

心想得到你。

三曰为之枢机。既已受聘，就应研究其“智能、财力、气势”等各种情况，为之出谋划策，提出解决关键问题的方案。如此，则不仅可发挥自己的聪明才智，且可取信于人，证实你的才能，用之不疑。

四曰缀而不失。既已取信，就应始终与之保持密切感情而不离，始终保持谦虚谨慎而不骄，兢兢业业而不懈。如此，方可始终受到重用，达到“可引而东，可引而西”的地步。如果在取信之后，忘乎所以，或以权谋私，或怠于职守，或盛气凌人，岂能不缀！

3．旺贤机制

从春秋战国时代到21世纪，人类社会已经走过了农业经济时代和工业经济时代，进入了智力经济时代；已经走过了自然经济的家庭化，商品经济的区域化，进入了经济全球化时代。人才的智力大大提高了，人才的流动加快了，人才的活动舞台和空间扩大了，人才的竞争更加激烈了。谁能整合的人才资源多，谁的经济、科学、文化、教育就会发展得快；哪个国家能总是把贤才推向权力的金字塔，那个国家就会成为人间的天堂。而这就必须在全社会建立旺贤机制。

鬼谷子在本篇中提出的双向飞箝，虽可有利于贤才，但仍局限于人治的范畴，随意性很大。如果统治者不箝贤，而箝奸，虽圣贤也无可奈何！如果贤才飞箝不到统治者，且屡遭排斥，又能奈何！要想在一个国家或一个地区实现旺才旺贤，归根到底，还是要从多方面建立起旺贤机制，即对人才的选聘和干部的使用，要从人治走向法治。具体来说：一要在全社会建立公平的市场竞争机制。公平的市场竞争，优胜劣汰，谁要想制胜于市场，就必须不断整合人才资源，提高人才的竞争力。如此，就会促进社会科技发展和经济腾飞。只要对比一下改革开放前后的20年，就不难看出市场竞争机制的伟大作用。

二要在全社会建立民主法制的政治机制。市场经济的一切活力，均来自公平竞争。商家的共同要求，是公平竞争，但出于私利的驱动，商家又有冒险牟取暴利的自发倾向，“只要有200%的利润，就不惜铤而走险。”为了牟取暴利，商家会千方百计收买官员，为其不法行为开“绿灯”，这种官商勾结，一旦成风，就会破坏公平竞争，祸国殃民。市场经济一刻也离不开民主法制的政治机制做保证。一个国家，仅有市场经济体制远远不够，还必须建立起民主法制的政治体制。一方面，依靠市场经济的发展，促进民主法制政治的建立和完善；另一方面，依靠民主法制的政治保证，促进市场环境的改善和竞争的公平。

民主法制政治体制，关键在于建立民主法制的吏治。从上到下的任命制，很难避免任人唯亲。吏治的英明，是社会最大的英明；吏治的腐败，是社会最大的腐败。理想的吏治，一是贤与权对应，大贤执大权，小贤执小权，奸佞不得权，一切权力都用来执政为民，杜绝贪官污吏；二是贤官辈出，人人争做贤官。官吏的贤与才随社会发展而发展。

任何一位高明的统治者，均不可能始终认准忠与奸，均不可能时时监督所有的官吏。归根到底，要靠民主，要靠法制；要完善选举、任期、辞职、罢免和退休制度；无论是选拔、推荐和任命，均要承担责任，均要追究责任；要建立闭环控制系统，使任何人、任何权力、任何党派，均要受到人民的监督和法律的约束，不能允许有任何特权，不能允许在任何环节上出错。要想建立接近于理想的吏治，绝非某个领导所能为，必须一代又一代不断坚持健全和完善国家的民主和法制，特别是吏制。

中国虽有很丰富的政治统治经验，但多是在封建社会积累的，不可避免地夹杂封建意识。而对于适应中国市场经济的社会主义民主法制政治，还是全新课题，还很陌生，有待不断学习和探索。

三要倡导开放，鼓励地区之间、国家之间的竞争开放，才能放开眼界，才能活跃思维，才能人才流动，这是造就高素质人才不可缺少的环境。我国唐朝因开放而繁荣，清朝因封闭而落后。只有开放，才能促进地区之间和国家之间的竞争。只有地区之间竞争，国家之间竞争，才能促进宏观调控，造就出战略型贤才；才能不断改善投资环境，造就执政为民的贤才。哪里奸佞弄权，哪里必然混乱和落后。

四要建立教育与经济互动的发展机制。经济发展依赖人才，培养人才靠教育，教育太重要了。改革开放以来，党和国家提出科教兴国战略，对国家的发展起着巨大的作用。国家要把教育作为全社会的公益事业，作为子孙万代的长远事业，不能等同于一般产业。兴办教育，是各级政府的责任和义务，是社会的百年大计，应该成为考核政府官员的一项重要指标。鼓励群众投资办学，是必要的，但要作为公益事业来办，不能允许急功近利而损害教育质量，更不能允许唯利是图而坑骗学生。

教育发展又要依靠经济。一个地区，一个国家，必须建立起教育与经济互动的发展机制。教育要面向经济发展，培养实用之才；随着经济发展，要相应地增加教育投入和提高教育科学水平。如此，方能做到人才辈出和经济持续发展双丰收。

“飞箝术”是鬼谷子论辩术的一个重要方法。鬼谷子认为，在与对手谈判论辩时，可先用策略引诱对方道出本意，然后赞扬他，使他沉溺于赞美之辞放松警惕，从而乘虚而入，击中对方的要害。同时，鬼谷子还认为，如果无法通过言辞诱导对方，还可以进行威胁、利诱，从而达到钳制的目的。在现代社会，“飞箝术”可以用之于人与人之间的关系，也可以运用到办事之中，还可以运用于经商领域。总之，只要能灵活运用，总会显示出其非凡的成效。

三、做人之道

语言交往是人类交往的重要方面。语言使用得当，就会给人留下极其深刻的印象。所以，在与人交谈时，要尽量赞美别人，引起对方的发言兴趣。但又不可让人漫无边际地讲下去，应随时抑制一下对方的话头。总之，有时应抬高对方，有时应贬损对方，有时应刺激对方，有时应压抑对方；在不同的场合采用不同的手段，随机应变，始终牵着对方的鼻子走。这便是做人的诀窍。

1. 不断施压，控制对手

鬼谷子认为，要想牢牢地控制对方，就不但要善于“飞”之，而且还要善于“箝”之。因为，只知道褒扬、赞赏对方未必就能控制住对手，这时候就要再抑制一下对手，向对手施加一些压力。鬼谷子觉得，这种既“飞”又“箝”的方法，如能用于诸侯各国，就能够与其建立密切的关系，达到合纵或连横的目的；若用于说服位高权重的人，也比较容易达到成功说服的目的。比如下面这个事例，就充分说明了这个道理。

赵奢担任赵国的田部吏时，负责征收农田租税。可是，赵王的儿子平原君借着自己特殊的身份，不肯向国家纳税。这件事在赵国造成了很大的影响，大家都想看赵奢的热闹。如果赵奢办不好这件事的话，他的税官也就当不下去了。

赵奢派人把平原君家的管事找来，管事根本就不把赵奢放在眼里。他傲慢地说道："天下都是赵家的，平原君交不交税，你赵奢根本就管不了！""不错，天下是赵家的。但是，你知道交税的规定是谁制定的？"赵奢的说话声音并不高，却很有力量。"这还用问，当然是赵王制定的。"管事轻蔑地说。赵奢紧接着问："那么，你知道不交租税有什么罪吗？"管事显得很不耐烦："不知道。不跟你废话了，我要走了。""抗拒国法，不交租税，该当何罪？"赵奢大声地问左右的幕僚。"杀。"幕僚们齐声回答。管事不以为然地说："你敢这样做吗？""有什么不敢！"说完，赵奢令刀斧手把管事推出去斩了。接着，第二个管事又被叫到赵奢衙中，依然拒绝交税，又被赵奢拉出去斩了。就这样，赵奢一连杀了平原君家的九个管事。

消息传到平原君那里，平原君拍案而起，大骂赵奢，发誓一定要杀了他，以解心头这口恶气。赵奢知道平原君要杀自己，赶忙来到平原君的府上，说："我这样做，完全是为了维护赵国的利益，其中包括维护您平原君的前途。""你一连杀了我九个管事，这难道是为我好吗？"平原君恨恨地说道。

赵奢解释说："在赵国，您是地位很高的公子，如果我不依法办事，纵容这种不交税的行为，大家一定会争相效仿。要是这样的话，赵王制定的国法就没有了威严，国库也会渐渐空虚。这样就会使赵国处于不利的境地，必然会遭到其他国家的侵略，如此一来，赵国轻则损兵割地，重则遭到覆灭。要是赵国完了，您平原君的一切不也就完了吗？相反，如果您能带头按国法交税，赵国上下都会令行禁止，国家就会强盛，赵国就会巩固。您平原君的一切利益，就不会受到丝毫损害。权衡利弊，您打算怎么做呢？"

平原君听到这里，完全理解了赵奢的忠心，马上交齐了拖欠的税款，又把他推荐给赵王。赵王提拔赵奢担任管理国家赋税的职务。在赵奢的不断努力下，赵国的国库日渐充实，老百姓也过上了安定的日子。

由此看来，赵奢可谓是一个善于运用“飞箝术”的老手。在当今社会，也不妨在必要的时候运用一下此术，它必将让你心想事成。

2. 美色之钩，不可不防

鬼谷子认为，利用“飞箝术”制人的方法很多，而“钩箝”就是其中的一种。而在采用“钩箝”制人的手段中，比较常见的一种就是利用“美人计”，以美女为“钩”，引人上钩后再从而箝之。在现实生活中，我们一定要注意识别他人的“美人计”，以防落入别人精心设置的陷阱。

自古以来，因贪恋女色而亡身亡国的，自然不在少数。据说女人亡国始自商朝的苏妲己。商纣王讨伐有苏氏，有苏氏为保社稷，就献上美女妲己贿赂纣王，从此纣王就对妲己集万般宠爱于一身。又据说，商纣王自幼聪慧过人，体格壮健，力大无比，能言善辩，本是一位有作为的君主，但自从宠爱苏妲己之后，就荒废国政，致使商朝走向了灭亡。

纣王原本有三位辅政大臣，也就是后世所称的三公：九侯、鄂侯、西伯。九侯的女儿是纣王的妃妾之一，她既然能被选入宫，必然是花容月貌，再加上父亲是三公之一，有高贵的家世，按说应十分得宠才是。可叹的是，闺房之中，爱是第一，敬是第二。实际上，她既得不到商纣王的宠爱，又和妲己之间有着太多的隔阂，自然大祸临头。有一天，她看纣王的暴虐统治太苛刻了，便劝了几句，不想一下激怒了纣王，在妲己的怂恿之下，纣王立即下令将她处斩。接着，纣王可能是迁怒，也可能是预防报复，又把她父亲九侯也处斩，而且剁成肉酱。鄂侯一瞧，如此君王，实在古来少有，极力规劝。但是，他忘了，暴君有缺少人性的一面。纣王一怒之下索性连鄂侯也一并剁成肉酱。九侯的女儿应是中国历代王后死于非命的第一人，并且是死于丈夫之手的第一人。

西伯侯姬昌听到九侯、鄂侯被纣王剁成肉酱的消息后，情不自禁地叹了口气，自言自语地说："帝辛啊帝辛，为了一个女人，你竟这样残害忠良，真是伤天害理啊！"不想有人把这句话报告给了纣王，纣王勃然大怒。多年来，姬昌行德政、施恩惠，被周部落称为"圣人"。纣王对他一直怀恨在心，这下正好被他抓住了把柄，于是下令将姬昌逮捕，囚禁于羑里（今河南汤阴）。并处死了姬昌的儿子伯邑考，将他剁成肉酱，再做成肉羹，然后派人把肉羹送给姬昌，强迫他吃下去。事后，纣王得意地在朝中宣称："都说姬昌是圣人，他连亲生儿子的肉也吃嘛！"

纣王整天陪着妲己吃喝玩乐，伤天害理，搞得天怒人怨，国势一天天衰落。纣王的叔父比干寒心极了，有一天，他不顾阻拦，一头闯进宫里，要与纣王理论。纣王在宫中正拥着妲己调情作乐，被叔父冲散了兴头，好不气恼，阴沉着脸问道："你有什么事非要在这时候来不可？"比干对纣王说："我有很多的话要说，但今天只说一句话，国家危急已到了极点。"

纣王一听这话，便破口大骂道："你这老东西，尽说些丧气话！"骂完，拉着妲己一走了之。倔强的比干，想以自己的行动感化纣王，以唤醒他的良知。纣王拂袖而去后，比干三天三夜，既不吃又不喝，一步也不挪地站在那里。沉醉三日醒来的纣王，见比干仍在宫中没有离去，一股无名之火直蹿脑门，"你这样顽固不化，竟然以绝食来要挟我。你当我会怜惜你？像你这样的人，死100个，对我也无关紧要”。

比干老泪纵横，哽咽着说：“大王，你终日嬉戏享乐，沉醉不醒。你已经众叛亲离了，知道吗？你不睁眼看看，西岐的姬发，对商朝虎视眈眈，大有一口吞灭我朝之势啊！”纣王不耐烦地打断了比干的话，说：“我是天子，有天命在身，任何人都奈何我不得，何况小小的姬发！他老子姬昌还不是被我制得服服帖帖，他还能翻天不成！你不要危言耸听，扰乱朝政，信口胡说，离散人心。”纣王说着，又冷笑了两声，搂着妲己，看到妲己因此事皱起了眉头，为了哄妲己高兴便对比干接着说：“满朝都说你比干是一个大贤人，人说贤人的心有七窍，可我们从来还没见过，今天倒想看看你比干，是真贤人还是假贤人？”比干气得浑身发抖，愤怒地喊道：“纣王啊！你这没人性的暴君，你……”话未讲完，纣王已对武士大喊：“快，把他的心挖出来，看看是怎么长的！”

武士们一拥而上，把比干绑在大殿的柱子上，用利剑划开了比干的胸膛，随即把一颗鲜血淋淋的心捧到了纣王面前。纣王看着还在跳动的心脏，用手指指着，对妲己说：“比干的心哪有七窍？他怎能妄称是贤人？这样的人，也要来教训我，太自不量力了！”比干之死，斩断了大臣们对商王朝的最后一丝希望。

这位丧失人性的暴君，对忠良的残害还远不止这些。他的另一个叔父箕子，对他的暴政不满，为了逃避迫害，装成疯子混在奴隶之中，也难免惨死的结局。他的兄长微子逃离王朝而隐居民间。最可恨的是纣王连自己的儿子都不放过，实在令人寒心。

据说这位暴君不仅贪恋美色，而且酷爱饮酒，居然能一连几天杯不离手，是一个真正的“海量”。他在沙丘（今河北巨鹿）扩建皇家御苑，投入巨大的人力、财力。一年之后，御苑竣工，只见苑囿相连，台闰相望，苑中布满了名贵花木，珍禽异兽。苑中开凿了一个大池，池底用颜色不同的鹅卵石铺砌，池中灌满酒，称为酒池。醇香的酒味，飘散空中，几里路以外都能闻到。酒池四周的树枝缠上锦帛，挂上一串串烤肉，称作肉林。以豪饮闻名的纣王带着妲己，泛舟于酒池之上，渴了，随手就舀酒喝，饿了，从肉林取肉吃，逍遥自在，尽情享受。不仅如此，他还为妲己修建了一个方圆三里、高千尺的鹿台。纣王每天和近臣们在鹿台上饮酒作乐，和美女们调情骂俏。酒足饭饱之后，便到鹿台四周的苑囿中划船、观景。

纣王的暴虐荒唐引起了朝中正直大臣们强烈的反对。为了对付这些大臣，他发明了一种叫“炮烙”的酷刑，即用铜铸成空心柱子，悬空架起，下面是烧红的炭火，铜柱外表涂上膏油，命武士举刀，逼着受刑者赤身裸体地从铜柱下往上爬，受刑者被铜柱烫得皮焦肉烂，爬不到一截便掉进炭火中，很快就被活活烧死。而纣王与妲己却高坐鹿台之上，一边饮酒，一边欣赏着这惨绝人寰的酷刑。

纣王的暴虐到了无以复加的程度。一天，他正与妲己在鹿台上饮酒赏雪，远远地看见两个人担柴过河，一个是二十多岁的青年，另一个是将近六十岁的老者。令人奇怪的是：那老者走到河边，毫不犹豫地脱下鞋子，从河中走了过去，好像水一点儿也不冷，那年轻人却犹犹豫豫，脱鞋试了几次，方才下水，过河后坐在地上，用衣襟包着自己的脚，揉搓了许久，方才穿上鞋子挑起担子而去，边走还边歪歪斜斜的。

纣王不解，问道：“这年轻人为什么比那老者还怕冷？”妲己答道：“这是因为，那老者是他父母在壮年得的子，腿骨里满是骨髓，所以一点儿也不怕冷。那年轻人则相反，是他父亲在年老时得的子，腿骨里是空空的，所以最怕冷。”

纣王想不到自己美人儿的学问竟然如此渊博，禁不住高兴地逗她道：“随便妄说，我却不信。”妲己瞟他一眼，平静地说：“你不信？把他二人的腿截下来一看，你就信了。”就这样，这一老一少的过路人，被无端地截去了双腿。

纣王的昏乱暴虐愈演愈烈，最终导致了天怒人怨，连太师、少太师都抱着乐器奔周。纣王已众叛亲离，彻底孤立。公元前1046年，周武王在岐山发兵，不久，直抵朝歌城下。纣王见大势已去，便登上鹿台，自焚而死。这位历史上著名的暴君终于成了亡国之君，历经554年的商王朝，至此告亡。

作为一国之君，不把心思放在治国上，却被一个女子钳制住，终日寻欢作乐。试想，这样荒淫无道的君主，国家岂有不亡之理？历史的教训是深刻的，所以对于那些“美色之钩”，一定要克制住、防止住，否则后果将不堪设想。

3．孟子雄辩，推销“仁政”

《鬼谷子·飞箝》中有这样一段话：“用之于人，则空往而实来，缀而不失，以究其辞。”其大意为：“如果把‘飞箝’之术用于外交，可用赞美歌颂的言辞迷惑对方让其说出实情，保持联系，来往不断，以便察究游说的辞令。”从鬼谷子的这段话中，我们可以了解到，待人处世必须讲究策略，针对不同的人采取不同的方法，切不可想当然地兜售自己的思想，硬要别人接受，而是要有技巧性地让别人在不知不觉中接受。

众所周知，孟子以雄辩而著称，但是他也不是胡辩。他非常注重把握对方的心理，然后采取有针对性的辩术与对方交涉。

孟子还是战国时期有名的大学者。他为人慈善，主张“仁政”，因此在与君王雄辩的过程中，总是不失时机地向对方推销自己的“仁政”思想。

有一次，齐宣王向孟子请教说：“齐桓公、晋文公都曾在春秋时代称雄做霸主，建立了旷世基业，您可以给我讲讲他们的事吗？”

孟子历来不主张霸道，于是他说：“关于他们的事我也没听说过。如果您一定要我讲，我就给您讲讲用道德的力量统一天下的‘王’道吧！”

齐宣王问：“道德还能统一天下吗？它真的有如此大的威力吗？要有怎样的道德才能统一天下呢？”

孟子说：“为老百姓的生活安定而努力，时时处处为百姓着想，这样就可以统一天下。”

齐宣王问：“像我这样的人，能够做得到吗？”

孟子说：“能够。”

齐宣王问：“您凭什么知道我能够呢？”

孟子说：“我曾听人讲过您一件事。那人告诉我说，有一次您坐在大殿上，看见有人牵着一头牛杀气腾腾地从殿下走过，您便问道：‘牵着牛干什么去？’那人回答说：‘准备杀了祭神。’您就说：‘放了它吧！看它那哆哆嗦嗦可怜的样子，它毫无罪过，却遭杀害，我实在不忍心。’那人便问：‘那么就废除祭神这一礼节吗？’您说：‘怎么可以废除呢？就用只羊来代替这头牛吧！’”

说到这儿，孟子看看齐宣王，又说：“不知道是否真有这回事？您还记得吗？”

齐宣王说：“是有这回事。”

孟子说：“凭这种好心就可以统一天下了。”

齐宣王不解地问：“我的不忍之心和王道相合，竟会这么神吗？这是什么道理呢？”

孟子说："假如有个人对您说：'我可以举起三千斤重的东西，却拿不起一根羽毛；我可以看见鸟的细毛，却看不见摆在眼前的一车木柴。'您肯相信这人的话吗？"

齐宣王说："我是不会相信的。"

孟子马上接着说："一根羽毛都拿不起来，这是不肯用力罢了；一车木柴看不见，只是不肯用眼睛而已。只要愿意，就能办得到。"

"如今您的不忍之心足以使那头牛得以不死，却不能使老百姓得到好处，这是为什么呢？依我看，百姓得不到安定的生活，只是您不肯施恩的缘故，您是有这个能力的。"

齐宣王问："那我该怎么办呢？"

孟子说："您应从根本上着手，彻底改革政治，施行仁德，使幼有所教，老有所养，百姓幸福太平。这样，天下的人都愿来齐国做官，庄稼汉都愿到齐国来种地，商人们都愿到齐国来经商，真能做到这样，又有谁能抵挡得了您呢？道德不就成就王道了吗？"

齐宣王听了，连声说："说得对，说得对。寡人立即照办！"

君王完全有能力施行"仁政"使老百姓得到幸福，只不过他们不愿意这样做罢了。如果他们有了恻隐之心，就有了施行"仁政"的基础。

齐宣王从主观上已经意识到了施行"仁政"的重要性，因此孟子才对他大谈这个问题。反之，如果他根本没有这个要求的话，孟子也不会枉费这一番口舌，因为谈了也没用。

显而易见，推销自己的主张，让别人了解你，首先要研究透对方的情况，掌握对方的心理，这样才能与对方不断地周旋下去，也才有可能得到对方最终的认同。

在具体办事的过程中，对于“飞箝术”的运用可以说是多种多样，但是归纳起来主要有三种：一种是引诱法；一种是重累法；一种是量能立势法。而这三种方法在实际运用中又要因人而异，因事而异。但不管怎么说，只要能灵活地掌握和运用“飞箝术”这种方法，明白“飞箝术”的目的，就可以做到对万事运筹帷幄，自身也可来去自如，从而达到一种灵活办事的最高境界。

关于如何吸纳人才，《鬼谷子·飞箝》中有一句话说得比较好，这句话是这样的：“凡度权量能，所以征远来近。”即便用现在的眼光来看，鬼谷子这句话也可称得上是真知灼见。

人才确实很重要，它直接关系到办事的成败。所以，办事者不但要会使用人才，而且还要会发现和寻找人才。但是，如何得到人才却又不是一件简单的事情，它要求办事者务必认真地对待。

3．唯才是举，知人善任

“飞箝术”首先讲到的就是要有知人善任的眼光，只有将贤能之士招到身边，才能让他们为自己出谋划策，成就一番事业。所以说，英明的办事者并非一味地苛求自身具备多么大的才能，而是他们知道该如何让那些身边的贤才聚集到自己的周围，为己所用。

在古代社会，治理国家很重要的一条便是官员的选拔和任用，这也是唐太宗治理国家的第一出发点。

在唐朝建立之初，从魏晋南北朝时期流传下来的重武轻文的传统还没有改变，许多大臣都是行伍出身，作战时勇猛无敌，但治理国家处理政务就不是内行了。因此唐太宗将选官的标准定在了两个重要方面：一是才干，二是德行。这从根本上影响了唐朝的选官制度和考核制度，唐朝六品以下官吏由吏部和兵部选拔，五品以上的官吏根据政绩考核，最后由皇帝亲自裁定。

除了这些选拔和考核的措施之外，唐太宗还利用了在隋朝便开始实行的科举考试制度，使选官的途径增多了，选择的范围也扩大了，为一般的读书人提供了良好的机会，比原来的推荐制度更具合理性。科举考试分两种，一是常举，定期举行；一是制举，由皇帝决定临时举行。考中后，原来有官职的人便可以升官，原来没有官职的由吏部考核之后再授予官职。

另外，唐太宗又精简机构。在隋朝时，中央的官员达两千五百多人，李渊建立唐朝后基本上没有变动。李世民命房玄龄负责调整精简机构，最后确定官员的编制为六百四十人，提高了办事效率，也大大地节省了政府的开支。

为严肃地方吏治，唐太宗还依照地理形势将全国分为十道，即关内、河南、河东、河北、山南、陇右、淮南、江南、剑南、岭南。然后从京城的高官中选任观风俗使，巡行四方，考核地方官，以定奖惩。

唐太宗用人唯才是举，不论亲贤远近，有一句话“内举不避亲，外举不避仇”，可以说是对他用人方针的生动概括。唐太宗虽然求贤若渴，但并不是滥选滥用，也有着严格的原则，凡是有才之士，不计较资历地位和亲疏恩怨都能够兼收并用，充分发挥他们的才能。对于自己的旧属和亲信，唐太宗也不滥加任用，而是量才授予官职。

大臣房玄龄说：“秦王府里的旧人，都是皇上的老部下了，那些没升官的，不免有些怨言。”唐太宗说：“设立官职，为的是选拔有才能的人，替百姓办事，不能以新旧分先后。新人有才干的，就要升官；旧人没有才干的，当然不能提拔。要不然，国家的事情怎么能办得好呢？”

尉迟敬德原是刘武周手下的大将，620年他和另一员大将寻相一起向李世民投降。时间不长，寻相便又叛乱，众将便疑心尉迟敬德也将要叛乱，就囚禁了他，还建议李世民杀掉他。李世民却说：“他如果真要叛乱，难道还会落在寻相的后边吗？”然后就放了尉迟敬德，安慰道：“大丈夫以意气相许，请不要将这点儿小误会放在心上，我绝不会听信旁人之言加害忠良勇士。”尉迟敬德深为感动，以后为唐太宗屡建奇功。

太宗用人不计前嫌。魏徵当年被太子李建成引用为东宫僚属，他看到太子与秦王李世民的冲突日益加深，多次劝太子要先发制人，及早动手。玄武门政变以后，李世民曾质问魏徵：“你为什么挑拨我们兄弟的关系？”魏徵并不求饶，反而倔强地说：“如果太子早听我的话，一定不会是今天的结局。”唐太宗很赞赏他的直率，便以礼相待，根据他耿直的秉性，让他任谏议大夫，并经常引入内廷，询问政事得失。

“唯才是举，知人善任”是唐太宗选人和用人的原则，当然其最直接的结果便是带来了朝廷人才济济、君臣和睦的局面。这些也是当时经济发展的重要原因。用人并非易事，而能用好人则更是不容易。如何让人才发出光亮，这是每一个渴望成功办事的人都必须好好深思的事情。

4．善于“拍马”，严嵩蹿升

在“飞箝术”中，“飞”的意思就是运用褒扬之词去夸奖、表扬对方，也就是俗称的“拍马屁”。可不要看不起这让有些人不屑一顾的“拍马屁”，其中的学问大得很。

在中国历史上，善于逢迎拍马的人不计其数，但是真正将这门本领运用到炉火纯青地步的则首推严嵩。

严嵩生于明宪宗成化十六年（1480年），字惟中，分州（今江西分宜）人，明弘治十八年（1505年）考中进士，先是以庶吉士的资格授为翰林院编修，后又为南京翰林院国子监祭酒。但直到六十多岁，碰上了明世宗即位这一机遇，他才备受宠幸，飞黄腾达。

世宗继承了他的堂哥武宗的皇位。因武宗荒淫嬉戏，中年身亡，没有子嗣，亦无其他的兄弟，所以皇太后与大臣们商量之后就迎立了世宗。

世宗即位之初，还是一个刚谙世事的少年，朝政委于一些较为正直的大臣，尚无大过，在年龄渐长之后，便渐渐露出了他昏庸的本色。因为世宗是继承了堂哥武宗的皇位，因此，武宗之父孝宗就不是世宗的皇考（皇父），按照封建正统观念，皇考是不能变的，世宗只能以孝宗过继子的面目出现，继承皇位后当然要尊孝宗为皇考。但因世宗在即位前并未行过继礼，所以他不愿承认孝宗为自己的皇考，而要把自己的亲生父亲兴献王尊为皇考，谥为兴献帝。这引起了那些正统大臣的恐慌，他们纷纷劝谏，阻止世宗。这样，就形成了一场风波，这在当时是一件大事，就是在中国历史上也是有名的事件。

这时，严嵩看见反对者的势力很大。他审时度势，也站在反对世宗的行列里，因此世宗未能成功。一年之后，世宗脚跟已经站稳，一些善于揣摩世宗心意的大臣又复提此议，并且专门写了一篇《明堂或问》给众臣看，并把极力阻止他改革皇考的吏部侍郎唐胄逮捕下狱。严嵩一见风向不对，便立即转向，变为坚决支持世宗改革皇考，并寻出根据，引经据典，极力证明世宗改革皇考的正确性。

但他深深地知道，如果仅是这样，并不能引起世宗的特殊好

感，他还积极主持策划制定了迎接世宗亲生父亲兴献王的神主入太庙的仪式。兴献王神主入太庙后，被谥为睿宗。这个仪式得以高质量高标准地实施，使世宗对严嵩另眼相待，赏赐了他许多钱帛，更重要的是世宗从此看上了他。

这便是明朝历史上有名的“大礼仪”事件。这件事在今天看起来荒唐可笑，但在当时却大有文章。经过这么一折腾，许多朝臣借机求宠，世宗的羽翼也就开始丰满了。严嵩知道，要想飞黄腾达，仅此一次献媚还不够，更当抓住这个机会，继续小心谨慎地努力，做长期的、艰苦细致的工作。

这时的严嵩已当上礼部尚书，他在神主入庙仪式结束后，还特意写了《庆云赋》《大礼告成颂》。这两篇文章的确写得富丽堂皇，再加上严嵩奏请世宗接受群臣拜贺，就使世宗通体舒泰。第二年，严嵩便升任太子太保，赏赐同辅臣（即内阁大臣）一样。

其实，在这以前，严嵩就已开始了献媚活动，只是成绩不够突出，未受重视而已。世宗嘉靖七年（1528年），严嵩以礼部侍郎的身份去世宗的生父葬地显陵祭告，回来以后，他向世宗说：“我奉命去显陵祭告，在恭上宝册和奉安神床之时，上天应时降雨，又应时晴天。产石地枣阳，有无数的鹳鸟绕集其上，等把碑运入汉水，汉水又突然暴涨。所有这些，都是上天眷爱，请陛下令内阁辅臣作文记载。”这马屁恰好拍在点子上，世宗听了，十分高兴。

但是这不足以打动皇帝，真正取得世宗信任和好感的，还是从趋奉世宗信仰道教开始。世宗崇信道教，其迷恋与狂热，在中国封建皇帝中，是极其少见的。他设醮坛，信方士，服丹药，中年以后，竟至不问朝政，专事玄修。一时之间，朝廷内外，奉道之风大盛。廷臣为了获得皇上的恩宠，竟不去慰劳守边的有功将士，反而说是鬼神保佑，是道士的祷告之功，给持祭道士加官晋爵。翰林院的文官们也不去读圣贤之书，多把《道藏》翻来阅去，不写流芳百世的宏文，却去写那些莫名其妙的玄文。一旦被皇上看中，就能指日高升。因此，朝臣多舍弃本职，供道事玄，希求重用。一时间，京师几乎成了一个大道场。严嵩看到这种境况，当然不会劝谏世宗，只会迎合奉承。

明代的冠制，皇帝和皇太子用乌纱折上巾，沿袭唐朝所谓的翼善冠，但世宗因崇信道教而不戴普通的皇冠，改戴香叶道冠，成天把自己打扮成道士的模样。世宗还命人刻制了五顶沉木香冠，送给夏言、严嵩等五个大臣。夏言是内阁首辅大臣，为当朝第一重臣，为人正直，不奉曲邪，不肯戴世宗给他的沉香冠，认为这有违祖制，况且君臣都戴着这样的帽子上朝议事，成何体统，岂不把朝廷变成了一群道士做法事的道场？于是，夏言就私下里对世宗进谏，要他稍远道教。

这自然使世宗极不高兴。但严嵩却恰恰相反，在世宗召见他时，不仅戴上世宗赐给他的沉香道冠，还在道冠之外笼上了一层轻纱，以示珍惜。世宗见了，自然大为高兴，觉得严嵩不仅公忠体国，还公忠体上。

严嵩见夏言逐渐失宠，知道自己取而代之的机会来了，于是就精心设计了一套方案。他首先是对夏言极其尊重，不论什么场合，都不对夏言有一句微词。有一次，他请夏言到自己家里吃饭，夏言拒绝了。严嵩回府后，不仅没有怨言，还对着夏言的座位跪拜。这件事被夏言知道了，也觉得很感动，认为严嵩对自己真是佩服和尊敬，也就不再提防严嵩了，从而给严嵩留下了可乘之机。

严嵩对待皇帝派去的使者与夏言的态度截然相反。世宗派内臣到大臣家里去传达诏令，夏言总是摆出一副大官的架子，把他们当奴仆对待，而严嵩则对他们毕恭毕敬，袖藏黄金，每次都慰劳他们。因此，这些内臣常在世宗面前褒严嵩而贬夏言。

世宗猜疑心很重，虽不像明朝的前代皇帝那样大搞特务统治和恐怖统治，但还是对群臣不放心，经常派一些内臣到一些重要的大臣家里或明或暗地察看动静。严嵩知道世宗的使者到来时，总是伏案翻看或写作青词。青词是道士的祭文，因用青藤纸朱字书写，故曰青词。因为严嵩经常得到太监的报信，在有人来监视时，他总是在审阅修改世宗的青词手稿，常常到深夜还不休息。而夏言则不同，一则是因为他年纪大了，再则是因为他对道教不感兴趣，所以，在严嵩发奋努力地为世宗撰写青词时，夏言往往是酣然大睡。这些情况一汇总到世宗那里，世宗当然会得出一个孰勤孰懒、孰优孰劣、孰忠孰奸的印象来。

世宗对祭醮道场的青词非常重视。由于严嵩加倍用心，所写青词往往能花样翻新，多能博得世宗的欢心；而夏言则惫懒无趣，经常让手下人代写，写完了他也不审阅就交稿，因此多有重复卑陋之处，世宗见了，愈加对夏言不满。

在各种因素的综合作用之下，严嵩觉得动手的机会成熟了，于是找到了夏言的对头、锦衣卫都督陆炳，找了个罪名，奏告世宗，对夏言进行诬陷，结果，世宗不问是非就将夏言罢了官。

严嵩在排斥异己、结交私党方面确有独到之处。夏言是严嵩仕途上一块巨大的绊脚石，他就想方设法地除掉夏言。严嵩先是取得了夏言的信任，然后派人诬陷他，致使夏言被罢官。后来内阁大臣死去几人，世宗就又起用了夏言入阁，位置仍在严嵩之上。严嵩见不害死夏言，无以升迁，便使用了绝招。当时，蒙古的鞑靼部落占领了河套地区，曾铣总督陕西之边的军务。在夏言的支持下，曾铣提出要收复河套地区。这个收复失地的策略，放在哪朝哪代都是正确的，可到了严嵩的嘴里，一下子就成了罪恶的行径。正巧，皇后去世，宫中失火，崇信道教的世宗惊慌害怕，以为是上天示警，不知应在何事。严嵩正好利用世宗害怕鞑靼人的心理，说夏言、曾铣要收复河套是“穷兵黩武”，是“好邀边功”，是伤了上天的“好生之仁”，等等，所以上天以异兆示警。世宗一听，立即下令罢免夏言，而议曾铣之罪，这种莫须有的罪名是跳进黄河也洗不清的。恰在这时，鞑靼人又进攻陕西的延安和宁夏的银川，世宗大惊，严嵩趁机说是因曾铣要收复河套激怒了鞑靼人，他们才加以报复。世宗立即罢免了曾铣，严嵩又诬告夏言曾受过曾铣的贿赂，世宗又下诏杀了夏言。

严嵩以礼部尚书兼武英殿大学士入阁参与机务，此时他已六十多岁。但此人十分怪异，身体极好，显出风华正茂乃至豆蔻年华状，旦夕随侍在世宗的左右，弄得世宗十分感动，越发地宠信他，赞他“恭顺敏达”，是少有的忠臣。

由此可见，严嵩的逢迎拍马之术，确实达到了登峰造极的地步。严嵩的拍马之道除了具有前人拍马逢迎的一般特点之外，还根据明世宗的性格，善于具体情况具体分析，摸索出适合世宗的一套逢迎方法，使得他入阁二十年，擅权二十载，直到八十七岁高龄才因病死去。

严嵩虽然以拍马屁之技而青云直上，但其为人却遭世人唾弃，入奸臣之列。

四、经商之技

在商务谈判中，不要老是一味地驳斥对方，该赞扬对方的时候也要大张旗鼓地赞扬，以诱导对方发言。只要引起对方发言的兴趣，就可以了解对方的意向，从而达到真正说服对方的目的。

但有时也要适当压制一下对方的话头，不要让对方太张扬。这样才能完全了解对方的真实意图，而后牵着对方的鼻子走，从而达到自己的预期目的。

1. 入乡随俗，才能“钩人”

鬼谷子的“飞箝术”，其实质上也就是一种“钩人术”。在现代经商领域，这种“钩人术”也经常被商家所运用。具体地说就是，商家刻意地做到入乡随俗，根据客户的嗜好、习俗来投其所好，然后再牵着客户的鼻子走。

一般地说，各个民族和地区对颜色、图案、数字都有喜好和忌讳，甚至对商品的名称、使用方法、使用时间都有不同的习俗。日本商人在这方面十分注重，如日本的电梯厂商，深知华人对数字很讲究，所以对中国或东南亚出口的电梯，在编制电梯的楼层数字时，凡遇到“4”字，就用“F”代替，因为在汉语、日语、朝鲜语等语言中，“4”是“死”的谐音，于是便改用“F”即英文4字的第一个字母。作为经商者，必须做到“入乡随俗”，才可能获得成功。

百事可乐公司就是因为没有详细考虑到“入乡随俗”问题，才在日本市场惨遭“滑铁卢”，败给了可口可乐公司。

百事可乐公司几乎是在与可口可乐公司的竞争中发展壮大的。在创立后的50多年时间里，百事可乐一直都是可口可乐的手下败将。但到1955年，百事可乐公司在罗杰·恩瑞可任总裁后，勇于改革，打破陈规，进行了五个方面的改革：一是改良本牌子饮料的口味；二是重新设计玻璃瓶的形状及公司的各种标识；三是增加广告的费用投入；四是集中力量攻占可口可乐所忽视的带回家饮用的广大市场；五是集中兵力攻占市场据点，选定本国的25个州和国外的25个地区为重点攻占目标，与可口可乐展开争夺战。

经过上述一系列改革和市场的策划后，效果果然显著。1960年，百事可乐饮料在市场占有率上已达到可口可乐市场占有率的一半左右。在此基础上，百事可乐公司实施第二阶段的市场开拓策略，彻底完成五项改革措施，同时实施市场创新战略，在行销上采取渗透通路的战术，以夺取竞争者的市场。

经过多个竞争战役，百事可乐的市场扩张目标逐步实现了。到20世纪80年代末，百事可乐在年销2700万美元以上的饮料消费市场的占有率已上升到40%左右，与可口可乐不相上下。到1997年，其销售收入达到292.92亿美元，盈利21.42亿美元，是当年全球最大的100家公司的第九十五位，其销售额和利润都超过了可口可乐。

然而，商场如战场，谁也不可能常胜。百事可乐在1960年后也有败给可口可乐的记录。百事可乐公司自20世纪60年代迅速发展后，大力拓展海外市场。在其强劲的攻势下，到20世纪90年代，它在世界150多个国家和地区已获得了较高的市场占有率。总的来说，百事可乐公司的海外市场发展战略十分成功。但是，在开拓日本市场时却遇到了“滑铁卢”，惨败给竞争对手可口可乐。

在日本极少有百事可乐的广告，而举目皆是可口可乐的广告。在饭店、饮料室乃至街边摆卖的饮料中，亦多为可口可乐，极少看见百事可乐。据统计，百事可乐在日本市场的占有率不及可口可乐的1/10。百事可乐为什么在日本市场落得如此凄惨的地步呢？原因是百事可乐公司在开拓日本市场时犯了一个明显的习俗忌讳错误，导致大多数日本消费者对其望而生畏，而可口可乐公司的包装却迎合了日本人的喜好和习俗。

日本的习俗是喜欢红色的，可口可乐的包装就是整体鲜红。相反，百事可乐的包装和标志颜色却使用黄、青、白、红四色，给日本人的印象是杂乱不悦目。黄色是百事可乐的主色，恰恰日本人最不喜欢的就是黄色。

百事可乐公司在设计自己的品牌时是立足于美国的。美国人是喜爱黄色的，甚至欧洲人也对黄色有好感。因此，美国很多产品包装和标志乃至各方面的文化、社会生活都呈现出金黄色泽。黄色缎带更是含意深远，它是美国南北战争时北军的识别色，亦可说是民族色。北军头上绑着黄色缎带，作为其民族性的表现。美国很多名牌产品、著名企业也采用黄色。柯达相纸的包装、胶卷的包装均是以黄色为主色。美国最大的计程车公司不仅名称叫“黄色计程车公司”，而且其所有的出租计程车也是黄色的。美国的电话簿都是采用黄色印刷，称为“黄页”。黄色可以说是美国的标准色彩。

而日本人却讨厌黄色，据说与该民族源于农耕之邦有关，他们每到秋冬时节，看到乡村遍是金黄的稻麦或油菜花，于是认为“黄”是植物“死亡的颜色”。对于以农为生的人，感觉黄色是悲伤的颜色，有“夕阳无限好，只是近黄昏”的感触。

西方民族把东方人称为“黄色人种”，日本人从心底里是不喜欢“黄色人种”这个词的。他们认为西方人将白人摆在首位，黑人殿后，黄色人种位于其间，这显然是对有色人种的歧视。

总的看来，日本人对黄色不喜欢是有其生活习俗的影响。而百事可乐饮料的包装和标志正冲着这个忌讳而来，所以它在日本没有市场的根基。而可口可乐饮料则顺应日本人喜欢红色的习俗，四处开展广告宣传，所以能在该国获得较大的市场占有率。

“入乡随俗”是营销的重要策略，是最终“钩人”的必不可少的手段。“随俗”的前提是对当地各种信息情况的深入了解。只有了解风俗民情，才能适应当地的情况。一知半解、浅尝辄止是不行的，盲目开拓某地市场更不可取。（《商战》，艾·里斯、杰克·特劳特，机械工业出版社2023年版）

2. 故弄玄虚，旁敲侧击

“飞箝术”有诸多变式，其中有一种是“故弄玄虚，‘飞扬己威’以‘钳制’他人”。这一招，目前在经商领域多被那些精明的商人所运用。这些商人绝不从正面攻击竞争对手，而是故弄玄虚从侧面伺机攻击。

美国的汉堡包市场早已被各大公司瓜分完毕：麦当劳约占45%，汉堡王约占30%，肯德基、比萨和丘陵等公司则瓜分了剩余25%的市场。而温迪公司则是美国快餐业的新手，成立于1969年。它以连锁店形式，装修风格独特、餐桌服务周到、新产品开发力量雄厚的特点意欲与老牌竞争对手比高低。按照中国的俗话，这叫“太岁头上动土”。然而依靠正面的攻击显然是螳臂当车，自不量力，温迪的招数是竞争对手们一贯采用的策略，10年的苦苦拼搏始终没有什么惊人之举。温迪公司面对强大的竞争对手，意识到正面交战显然不是对手，只能从侧面攻击，寻找市场空隙作为突破口。

恰在此时，机遇从天而降！美国农业部搞了一项正式调查，宣布麦当劳4盎司肉馅的汉堡包的含肉量从未超过3盎司，短斤缺两。此时的温迪公司终于抓到了麦当劳的破绽，并认为反击的时机已经来临，随即决定抓住这一千载难逢的契机，投入大量广告费用，利用特定的广告效果从侧面给对手以狠狠的打击。温迪公司反复推敲如何有意夸张公司产品多出零点几盎司肉馅，而狠刺对手的短斤缺两。经过精心策划，决定采用“牛肉在哪”为主题，挑选音色独特的女影星克拉拉·佩乐扮演“美貌挑剔的老太太”与“麦克唐纳叔叔”广告形象形成强烈反差，并采用幽默风趣的表现手法，造成观众捧腹大笑的宣传效果，同时又会令观众自然想到麦当劳短斤缺两的事件。

广告片开始，一个喜欢较真儿、好斗而貌美的老太太，面对桌上一只硕大无比的汉堡包眉飞色舞、笑逐颜开。她满心欢喜地撕开面包，却发现中间夹着的牛肉只有指甲盖那么大。她惊讶、好奇，盯着汉堡包左看右看，终于明白这个外表好看的巨型汉堡包只放了一丁点儿肉馅哄骗消费者。她气愤、恼怒，对着镜头嚷道：“（你的）牛肉在哪？”此言一出，立刻引起电视观众特别是汉堡包食客的强烈反应：先是好笑，斤斤计较不肯吃亏的老太太竟会遭人欺骗，花汉堡包的钱却买了个白面包！继而同情，生活节俭的老太太不该上当啊！

随之产生共鸣，美国人为维护自己的利益通常是好斗的，十分憎恶商人的弄虚作假。由于克拉拉表演得惟妙惟肖，虽是广告片，观众还是百看不厌，很乐意和她一起经历高兴、惊讶、好奇、大怒的情感变化过程，会在一声音色特殊的“牛肉在哪”之后开怀大笑。笑声中想起了“麦克唐纳叔叔”的短斤缺两，反衬了温迪多零点几盎司的诚实可贵。这则幽默广告给人留下的印象之深，致使“牛肉在哪”在许多场合竟成了弄虚作假产品的代名词。它被一年一度的国际广告CLIO大奖评为“经典作品”，克拉拉也由此成为蜚声美国的广告大明星。她给温迪公司带来的好处是大幅度提高了产品的知名度和美誉度。至此，温迪公司终于从美国的快餐业中突起，占据了美国汉堡包市场的15%，在同行业中排名第三。

精明的商人，大都知道自己的真实实力，他们从不会在自己的力量无法与竞争对手正面交锋的时候，而去与对手抗衡。他们总是想方设法寻找到适合自己的方法，从侧面去攻击竞争对手，以达到自己成功经商的目的。很显然，温迪公司就属于这一种。（《卧底麦当劳》，（美）杰里·纽曼著、但汉敏译，中国人民大学出版社2008年版）

3．“飞箝”成否，关乎胜败

经商做生意少不了要与客户谈判，谈判的成功与否自然也就关系到生意的成败。一般地说，要想达到成功做生意的目的，首先就必须得到对方的认同，使自己被对方喜爱。而要做到这一点，就必须找到对方的喜好所在，然后在与对方的谈话中以他所关心的事为话题，这样才能达到自己所期望的目的。

美国纽约有一家面包公司，在当地比较出名，而且面包也十分畅销。这家面包公司的经理约翰逊先生为了把自己工厂生产的面包卖给纽约的某家饭店，连续四年每天都要打电话给该饭店的那位年迈的经理，并多次参加该经理的社交聚会，甚至还在该饭店订了个房间，住在那儿，以便成交这笔生意，但是每次都以失败告终。

约翰逊先生并没有因此而气馁。在经过细致研究之后，他决心改变策略，先找出该经理最感兴趣和最热衷的是什么？经过一段时间的观察和了解，约翰逊先生发现这位经理是“美国旅馆招待者”协会成员，不仅如此，由于该经理为人真诚、做事热情还被选为协会的主席以及“国际招待者”协会的主席。不论协会在什么地方举行会议，这位经理一定会不远万里地去参加出席。

约翰逊先生非常高兴，他似乎已经胸有成竹了。接下来，他再次前去拜见该经理的时候，开始与他谈论那个招待者协会组织，结果令约翰逊先生十分吃惊：这位经理竟然与他谈了足足有半个小时，都是有关他的组织的，而且一反常态地对约翰逊先生十分客气，语调也充满了热忱。

约翰逊先生走在回家的路上，心中充满了喜悦，因为今天的拜访取得了可喜的进展：经理不仅饶有兴致地和他谈了很多协会组织的事情，在他离开办公室的时候，还“卖”给他一张会员证。

过了几天，那家饭店的大厨打电话给约翰逊先生，要他把面包样品和价目表送过去。约翰逊先生微笑着回复那位大厨说：“没问题。”

一周过后，约翰逊先生按照合同的约定把饭店订制的面包做好，大厨来取面包时，见到约翰逊先生奇怪地问：“真不知道你对那位固执的老先生做了什么，他居然同意你们长期为饭店供应面包，要知道在你以前已经有十几个人来找过他但都被拒绝了。”

约翰逊先生笑着说：“我根本没和老先生说一句面包的事。我只是了解他的兴趣所在，了解到他喜欢谈哪方面的话题，然后投其所好而已，就这么简单。”

在这里，我们可以看到，约翰逊先生最终取得成功，就是在于他灵活地运用了鬼谷子的“飞箝术”。他正是在“钩”住了纽约饭店的那位年迈的经理之后，才使自己面包公司的生意更加兴盛的。

第六篇 忤合

忤，抵触、背逆。合，顺应、符合。忤合就是以反求合的意思，指欲达目的，实现愿望，必曲折求之，或以此求彼，或欲取先予。这里指以忤求合，先忤后合。忤合的实质是指在游说的过程中，准确判定形势，灵活决定立场，知道联合谁、反对谁，做到知己知彼，进退自如，牢牢掌握主动权。陶弘景注："大道既隐，正道不得，坦然而行，故将合于此，必忤于彼，令其不疑，然后可行其意，即伊、吕之去就是也。"

世事纷杂，万物皆在不断变化发展，正所谓"世无常贵，事无常师"。一般来说，使用计谋难以两全，合于此则离于彼，反之亦然。如何才能做到万全之策呢？这便需要运用忤合之术了。运用此术的前提是要对自身的特长和缺点有充分了解，才能施之于人，用于不如己者，方能做到纵横开阖，进退自如。具体情况具体分析，把握事物的变化，主观能动性十分重要，只有巧用智谋，才可以改变事物的发展方向，取得正面难以达到的效果。

第一章
预知事情的发展方向，顺势而行

【原文】

凡趋合倍反①，计有适合。化转环属②，各有形势。反覆相求，因事为制③。是以圣人居天地之间，立身、御世、施教、扬声、明名④也，必因事物之会，观天时之宜，因之所多所少，以此先知之，与之转化⑤。

【注释】

①趋合倍反：趋向合一，相当于“合”。倍反，即背反，相当于“忤”。倍，同背。陶弘景注：“言趋合倍反，虽参差不齐，然施之计谋，理乃适合。”

②化转环属：事物变化转动如圆环，无论去留，各有其理。

③因事为制：根据事物变化作多方探究，根据情况确定应对方法。

④施教、扬声、明名：圣人处天地之间，存心治世，以施教扬名。

⑤以此先知之，与之转化：圣人预先察知存亡祸福之源，并加以转化推移，才能“得天下之权”，在纷繁的世事中立于不败之地。陶弘景注：“所多所少，谓政教所宜多、所宜少也。既知多少所宜，然后为之增减，故曰以此先知，谓用倍反之理知之也。转化，谓变以从化也。”

【译文】

事物之间的关系有正有反，有顺有逆，制定谋略时要根据情况，使之符合事理。事物间运转如环，各有形势，要反复探求，根据具体情况制定措施。所以，圣人生活于天地之间，存身治世，施行教化，宣扬名声，必须因循事物发展的机遇，天时的变化和趋势，以及国家的有余和不足。圣人依据忤合之术，预知事情的发展方向，根据形势变化以作相应调整。

【本章解读】

本章提出忤合这对矛盾范畴：

1．“凡趋合倍反，计有适合。”倍，通背。趋合与背反，是矛盾对立的两个方面。这是说：无论是联合，还是悖逆，均要有适合实情的计谋。

2．“化转环属，各有形势。”化转，指变化运转。环，圆环。属，类别。这是说：所向与所背的双方，都像圆环旋转一样，变化无穷，各有自己的形势。

3．“反覆相求，因事为制。”求，是探求。制，是规定。这是说：对于各方的形势，要反复研究探求，根据事态的发展，规定自己究竟应采取何种态度，该向谁、背谁。

4．“是以圣人居天地之间，立身、御世、施教、扬声、明名也，必因事物之会，观天时之宜，因之所多所少，以此先知之，与之转化。”会，机会。之，代词，这里指有利条件。施教，即教化万民。扬声，指传播学说。明名，即显名青史。天时，指自然和社会气候，还指人心向背。本句是说：所以，圣人生于天地之间，要想立身于世，驾驭社会，教化万民，传播学说，显名青史，则必须把握住事物发展之机遇，观察与自然和社会气候是否相宜，并由此分析彼此有利条件的多少，以此做到先知其情，然后就可以运用计谋，促成他们转化。

【趣味故事】

赵穿投好晋灵公

在中国历史上，晋灵公是有名的荒淫暴虐之人，厚敛于民，广兴土木，好为游戏。他闲得实在无聊的时候，就下令在绛州城内建了一个桃园，遍求奇花异草，栽种其中。又筑三层高台，中建绛霄楼，凭栏四望，全城风物，市井百态，尽收眼底。

桃园建成后，晋灵公时常登临俯瞰、饮酒取乐，并以张弓弹鸟为戏。但是时间长了，他便玩厌了这样的游戏，渐渐觉得不如弹人有刺激性。于是，这个暴君就利用弹人来赌胜负。对准台下的百姓，一声令下，乱弹齐发。百姓头破血流，目毁牙落，号哭遍地，抱头逃避，相互践踏。当时出现了民谚："莫看台，飞丸来。出门笑且忻，归家哭而哀！"

赵盾是当时朝中的一个元老重臣，曾经多次劝谏过晋灵公，希望他能够礼贤远佞，勤政亲民。开始的时候，晋灵公还假意检讨，继而就拒谏饰非，最后竟积厌生怨，决定杀死赵盾。但是，晋灵公和他的佞臣两次刺杀赵盾都没有成功，赵盾得以逃过了一劫。

他的堂侄赵穿接受了叔父的前车之鉴，对晋灵公采取了"投其所好"的计谋。他首先向晋灵公叩头谢罪，请求辞职，说："罪人之族，不敢服侍左右，乞赐罢斥。"晋灵公见其词卑貌恭，认为他真诚可信，反而安慰他说："盾累次欺蔑寡人，寡人实不能堪，与卿何干？卿可安心供职。”

在初步取得晋灵公的信任之后，赵穿就开始百般投其所好。晋灵公喜欢游玩，赵穿就说：“所贵为人主者，惟能极人生声色之乐也。”

晋灵公当然也好美色，昏君往往如此。赵穿就建议派佞臣屠岸贾为他尽选国中美色，并借以调虎离山。同时，赵穿还以桃园侍卫单弱为由，以晋灵公的名义，从自己指挥的军队中精选出了200名勇士，并暗地里同他们制订了除暴计划。一次，赵穿趁着深夜桃园侍宴的绝佳时机，一举铲除了晋灵公这个暴君。

【解析】

赵穿取得成功的关键因素就是：以利诱之，投其所好。但是，要想做到投其所好，也不是一件容易的事情，所设计的“诱饵”必须符合对方的胃口，才能让对方乐于吞下，从而钩住他。也就是说，必须找准对方的真正弱点，然后才能下让对方心动的“诱饵”。

第二章　切合实际，变被动为主动

【原文】

世无常贵，事无常师[1]。圣人常为无不为；所听[2]无不听。成于事而合于计谋，与之为主[3]。合于彼而离于此，计谋不两忠，必有反忤。反于是，忤于彼；忤于此，反于彼，其术也。

【注释】

①世无常贵，事无常师：世间没有永远的尊贵，也没有一定的法则。要用发展变化的眼光看世界。陶弘景注："能仁为贵，故无常贵；主善为师，故无常师。"

②圣人常为无不为；所听无不听：圣人常有作为，所以无所不为。圣人不盲目听从，所以无所不听。

③与之为主：圣人于事必成，于谋必合，如此者与众立之，推以为主。或指各为其主。

【译文】

世上没有永远的尊贵，也没有一成不变的法则。圣人常有作为，所以无所不为。圣人不盲目听从，所以无所不听。要想成就事业，就要使计谋切合实际，处于主动的地位。一般来说，施行计谋难以同时兼顾，不能同时忠于敌对双方，必定会有相合、相离的情况出现。与此相合，必定与彼相离；与彼相离，必定与此相合，这就是反忤之术。

【本章解读】

本章论忤合之变化：

1．“世无常贵，事无常师。”这是说：世界上没有永恒高贵的东西，事物没有永恒效法的榜样，万事万物均是在不断变化的。

2．“圣人常为无不为；所听无不听。”这是引的《老子》思想：“道常无为，而无不为。”其意是说：圣人总是顺乎客观规律而为，故无不为，即没有做不成的；圣人所听的都是反映客观的真理，无稽之言不听，故无不听。

3．“成于事而合于计谋，与之为主。”这是说：如果有人能用我的计谋，成就一番事业，可奉之为主。

4．“合于彼而离于此，计谋不两忠，必有反忤。反于此，忤于彼；忤于此，反于彼。”这里的反，通返，当指忤的对立面——合。这是说忤与合，是一对矛盾：如果计谋合于彼方，则一定会背离此方，不可能同时效忠于向背的双方，必然有合有忤。返回来合于这方，必然忤逆彼方；忤逆此方，必然返回去合于彼方。

第三章 切合实际，实施计谋

【原文】

用之于天下，必量天下而与之；用之于国，必量国而与之；用之于家，必量家而与之；用之于身，必量身材能[1]、气势而与之。大小进退，其用一也[2]。必先谋虑计定，而后行之以飞箝之术[3]。

【注释】

①材能：才质和能力。

②大小进退，其用一也：施用计谋，虽然有大小进退的差异，但其宗旨是一致的。陶弘景注："用之者，谓反忤之术。量者，谓其事业有无。与，谓与之亲。凡行忤者，必称其事业所有而亲媚之，则暗主无从而觉，故得行其术也。所行之术，虽有大小进退之异，然而至于称事扬亲则一，故曰其用一也。"

③飞箝之术：察看对方言论是非，并加以钳制。陶弘景注："将行反忤之术，必须先定计谋，然后行之，又用飞箝之术以弥缝之。"

【译文】

忤合术运用于天下，必须根据天下的具体情况，确定施行的谋略；运用于治理诸侯国，必须根据诸侯国的情况，确定施行的策略；运用于管理卿大夫之家，必须根据卿大夫之家的情况，确定具体的方法；运用于自身的人际交往，必须根据个人才能、气质和秉性，确定施行的方法。无论用之于家国还是个人，虽有大小之别，但进退的原则都是一致的。施行忤合术，必先设定切实的计谋，然后附之以“飞箝”之术，以弥补缝隙。

【本章解读】

本章论述忤合之术的应用：

1．“用之天下，必量天下而与之。”这是说：如果把忤合之术用之于天下，一定要先衡量天下形势，然后乃为之计谋。

2．“用之国，必量国而与之。”这是说：如果把忤合之术用之于某个国家，一定要先衡量该国形势，然后乃为之计谋。

3．“用之家，必量家而与之。”这是说：如果把忤合之术用之于某个世家，则一定要先衡量该世家形势，然后乃为之计谋。

4．“用之身，必量身材能、气势而与之。”这是说：如果把忤合之术用之于某个人的身上，一定要先衡量该人所具之才能、气势，然后乃为之计谋。

5．“大小进退，其用一也。必先谋虑计定，而后行之以飞箝之术。”这是说：忤合之术，无论在大范围还是小范围，无论是进还是退，其应用，均要遵循一条相同的原则：一定要事先谋划思虑定好计谋，然后行用飞箝之术去说服对方，达到联合的目的。

【趣味故事】

以退为进成大业

秦朝末年，刘邦率众起义，进占沛县。城中父老想推举他为县令，呼声极高。

刘邦推辞说：“当今天下大乱，各路诸侯并起反秦，如果选择将领不当，就会一败涂地。我不是爱惜自己的性命，只是担心自己才能低下，不能保全沛县的父老兄弟。这件大事，还请各位慎重考虑，推举可以胜任的人来做沛县的县令。”

在场的萧何、曹参都是文官，他们顾虑重重，担心大事不成反被秦朝诛灭全家。同时，两人又深知刘邦能成就大事，便极力推举刘邦。

沛县的百姓们也对刘邦说：“我们早就听说过您，日后您定是大富大贵之人。况且我们已经占卜过了，没有人比您更为吉利的。如果您不当县令，还有谁能当呢？”

刘邦又多次推让，但别人谁也不敢担此重任，最终还是刘邦做了沛公。

秦被灭后，项羽分封诸侯，又把刘邦封为汉王，并拨给他三万兵马（原来刘邦有十万），随同他前往汉中。众人都不服，认为这是项羽借机削弱他，都主张与项羽决一死战，而刘邦却接受封号，前往汉中。

汉王率这些人马前往汉中，所经过的路线有两条：一是直走通往汉中的谷道，南端的谷口是汉中的南康县；一是向西到达眉县西南，走斜谷，再入褒谷。刘邦选择了从杜南，经蚀中然后西行到达眉县，由眉县西入斜谷，经斜谷再由关中到达汉中。

刘邦与将士们一路西行，到达眉县西南，随后大军有序进入斜谷。斜谷道路狭窄，泥土带着湿气，几万大军一字行于峡谷之中，蜿蜒有十余里之长。

自进入斜谷，穿越秦岭，又是一番景象。谷底的两侧是令人望而生畏的悬崖峭壁，飞鸟哀鸣猿猴啼，一片凄凉的景象。只有头顶上的那一线天空，还能让士卒们寄以希望。这就是有名的古栈道。行进在峭岩陡壁的栈道上，下面便是万丈深渊，人马从这上面颤巍着走过。第一次走这种栈道的士兵，眼睛都不敢往栈道下边看，只是闭着眼睛往前走。

途中，这些将士们一个个都很沉闷，不知道所谓的汉中到底在哪里，离家乡有多远，辛苦征战了这么多年，为什么会被遣往汉中。一丝忧虑，但又有几分恐惧，可终归还是觉得自己的生路只能系在这一线天空的前方。

当将士们将要走出斜谷时，人们回首顾盼，都深深地出了一口长气，高兴地祝贺，都一个个发誓要打回老家，与项羽血战到底。等最后的士兵渡过栈道，刘邦却下令把栈道全部烧毁，这一下，全部将士都迷惑不解，可又无法辩解，只得听命行事。

霎时间，谷内浓烟滚滚，火光冲天，历尽艰辛修建的古栈道就此毁于一旦。

汉王刘邦这才向众人解释，项羽的探子就在身后，不烧毁栈道不能消除他的怀疑。等我们势力壮大以后，再重修栈道，打回老家，将士们这才如梦方醒，纷纷交口称赞。

果然，项羽听说此事，对刘邦放松了警惕。刘邦趁机在汉中休养生息，招兵买马，势力逐步壮大。最后，刘邦重返中原，打败项羽，建立汉王朝，是为汉高祖。

【解析】

没有审时度势的能力，就不能够成就名声；没有聪颖的智慧，就不能够对军事运筹帷幄。在此，刘邦成功地运用进退之道，以名望和智慧取得了军民的信任，为自己开创帝业打下了坚实的基础。

明进退之理，当进则进，当退则退，或以退为进，最后终成大事。可见有时的不争锋芒并不是毫无进取的态度，而是成就大事的一种手段；偏安一隅也并非是苟且偷生，而是蓄势待发的预备过程。

第四章　认清事物的本质

【原文】

古之善背向者，乃协四海，包诸侯，忤合[①]之地而化转之，然后以之求合。故伊尹[②]五就汤，五就桀，而不能有所明然后合于汤；吕尚[③]三就文王，三入殷，而不能有所明，然后合于文王。此知天命之箝[④]，故归之不疑也。

【注释】

①忤合：逆合。《淮南子·人间》："故圣人先忤而后合，众人先合而后忤。"陶弘景注："言古之深识背向之理者，乃合同四海，兼并诸侯，驱置忤合之地，然后设法变化而转移之，众心既从，乃求其真主，而与之合也。"

②伊尹：名挚，辅佐商汤征伐夏桀，被尊为阿衡（宰相）。

③吕尚：姜姓，吕氏，名尚，即姜太公，辅佐文王、武王伐纣，被封于齐。伊尹、姜尚先后受命于明君暗主，观察其对待人才的态度，在正反比较中，找到适合自己的位置。

④天命之箝：顺应潮流，受命于天。这里是说伊尹辅佐商汤，姜尚辅佐文王，是因为他们知道天命所归，君臣相知不疑。

【译文】

古代深谙背向之理的人，可以协同四海，掌控诸侯，驱之于忤合之天地，因循形势而设法化转，然后使之改变方向，与贤君明主相契合。因此，伊尹五次投靠商汤，五次投靠夏桀，不能昭明其志，最终受用于汤；姜尚三次投奔文王，三次投奔殷商，不能昭明其志，最终知遇于文王。他们运用“忤合”认清了天命所在，所以归附明主而不再怀疑。

【本章解读】

本章论述古代应用忤合之术的成功境界：

1.“古之善背向者，乃协四海，包诸侯，忤合之地而化转之，然后以之求合。”这是说：古代善于运用向背的人，总是善于协同四海，包容诸侯，随天时地利的向背，而化转诸侯，考察诸侯，最后选定明君与之联合。

2.“故伊尹五就汤，五就桀，然后合于汤。”夏朝末年，伊尹就是从全方位全过程考虑问题，五次接近商汤，五次归属夏桀，最后决定背桀向汤，辅佐商汤，消灭夏桀，建立商朝。

3.“吕尚三就文王，三入殷，而不能有所明，然后合于文王。”商朝末年，吕尚三次接触周文王，三次进入殷朝，在周文王与商纣王之间，一直不能明确决断，直到最后，才决定与周文王联合。

4.“此知天命之箝，故归之不疑也。”这是说：伊尹、吕尚，均是从全方位看清了天命所箝之后，才做出向谁背谁的决断，故最终归属没有犹疑。

第五章　做事把控好全局

【原文】

非至圣达奥，不能御世；非劳心苦思，不能原事[①]；不悉心见情，不能成名；材质不惠，不能用兵；忠实无真，不能知人。故忤合之道，己必自度材能知睿[②]，量长短远近孰不如。乃可以进，乃可以退，乃可以纵，乃可以横[③]。

【注释】

①原事：观察事物的本源。潜思事物之理，以见微知著。

②自度材能知睿：估量自己的才干和能力。鬼谷子认为，忤合之道必须充分了解自身情况和对方实力，只能施于不如自己的对手。陶弘景注："夫忤合之道，不能行于胜己，而必用之于不我若，故知谁不如，然后行之也。"

③乃可以进，乃可以退，乃可以纵，乃可以横：指施展计谋进退自如，从心所欲。陶弘景注："既行忤合之道于不如己者，则进退纵横，唯吾所欲耳。"

【译文】

所以，如果不能达到圣人那样深奥的境界，就不能治理天下。不费心竭思，就不能推本溯源，弄清事情的根本。不悉心考察事情的真相，就不能成事成名。才识和素养不够，就不能带兵打仗，运筹帷幄。待人不够真诚，就不能认知他人。所以，运用"忤合"的方法，必须全面考察自己的才能和智慧，了解自身的优势和不足，确定对方不如自己才可实施。全面掌握情况才能做到纵横捭阖，进退自如。

【本章解读】

本章论述善用忤合之术的主观条件：

“非至圣达奥，不能御世”，这是说：如果不是至为高明的圣人，达到通晓奥妙玄机的境界，则不可能驾驭世道的发展变化。

“非劳心苦思，不能原事”，这是说：如果不劳心苦思，多动脑筋思考，则不可能推究事物的原因与结果。

“不悉心见情，不能成名”，这是说：如果不悉心考察清楚事情的真相，就不可能成事成名。

“材质不惠，不能用兵”，惠，指聪颖。这是说：如果一个人才识和素养不够，则不能让他挂帅用兵。

“忠实无真，不能知人”，这是说：如果为人不忠实、不真诚，就不能有知人之明。

以上所列“至圣达奥”“劳心苦思”“悉心见情”“材质惠”“忠实真”等，是善用忤合之术的必备条件。

“故忤合之道，己必自度材能知睿，量长短远近孰不如。乃可以进，乃可以退，乃可以纵，乃可以横。”知，通智。睿，看得深远。孰，指上述的主观条件。这是说：要想运用好忤合之道，必须清醒地估计自己的才能和智慧如何，衡量才能长短、关系远近等哪个条件不如对方。这样全面掌握情报的情况下就能做到纵横进退皆在自己所控了。

【延伸阅读】

一、谋略聚焦

1. 多次比较，择主而仕

俗话说："良禽择木而栖，贤臣择主而事。"然而，社会生活纷繁无序，利益关系错综复杂，要在千头万绪中做出正确判断，选择明主而仕，不是件容易的事。鬼谷子认为，谋略之士应根据形势变化作出相应决策，具体问题具体分析，实事求是，灵活应变。《忤合》篇曰"反覆相求，因事为制"，就是根据事态的发展，通过正反比较决定取舍，找到合适的位置。明白了这一点，就能做出有利的选择。

"故伊尹五就汤，五就桀，然后合于汤。吕尚三就文王，三入殷，而不能有所明，然后合于文王。此知天命之箝，故归之不疑也。"伊尹，名挚，辅佐商汤征伐夏桀，被尊为阿衡（宰相）。吕尚，姜姓，即姜太公，辅佐周文王、武王伐纣，被封于齐。伊尹、姜尚都出身平民，怀才不遇，壮志难酬，终遇明君，得以施展抱负。

事物的变化发展如连环，但其去留，各有态势。对事物的变化之理，要做多方探究，根据具体事实，确定应对的方法。这体现了作者实事求是、灵活多变的谋略思想。愚蠢的人不明形势，只会昏昧处世；聪明的人则会衡量利弊，再慎重选择。当今社会，团队合作是一种精神，它源于内部的信任，且无处不在，其精神价值难以估量。贤臣择主而投，进而上下协作，发挥集体的力量，这是推动事业发展、时代前进的不竭动力。西谚说：没有永远的朋友，也没有永远的敌人。因此，凡事要根据形势来判断，并加以灵活运用，这是鬼谷子《忤合》篇中的思想精华。

2．巧用智谋，以反求合

忤合术的实质是以反求合。鬼谷子认为，要达到某种目的，实现意愿，必须曲折求之，以此求彼，欲取先予。大凡联合与对抗的行动，都有相宜的计策，变化转动像铁链一样而无中断。战国时的苏秦是鬼谷子的学生，他游走于六国之间，纵横捭阖，其“合纵”策略正是实践了这一理论。

苏秦字季子，东周洛阳人，曾与张仪共同拜鬼谷子为师。当时，列国之中，齐、楚、燕、韩、赵、魏、秦最为强盛，而七国之中又首推秦国最强。于是，苏秦经过反复思考，形成了促成六国结盟以共同对抗秦国的战略思想，即“合纵”策略。

苏秦首先来到相对弱小的燕国。他对燕文侯陈述了燕国与其他国家结盟的必要性，所谓“夫不忧百里之患而重千里之外，计无过于此者”，建议燕国先与赵国结好，然后再与其他各国联盟，这样燕国就能保证安全了。

燕文侯被他的口才和言论打动，于是拿出车马、金帛助他去赵国游说。苏秦来到赵国后，以燕国使者身份晋见赵侯。他向赵肃侯指出，秦国强大，早有入侵中原之念。凭借各国实力，都难以单独抵抗，如果各国争相讨好秦国，势必被秦国各个击破。若各国联合，则“地五倍、兵十倍于秦”，攻一国而各国援助，则秦虽强，也不敢妄动。于是，赵侯采纳了苏秦的建议，并拜苏秦为相国，派他去游说各国，以订立合纵抗秦的盟约。

苏秦又以赵国使者的身份，去其他各国陈说利害，并得到各国君主的认同。回到赵国后，苏秦被封为武安君，可谓“不鸣则已，一鸣惊人”，凭借自己的口才促成了六国同盟。不久，六国国君于赵国洹水歃血为盟，合纵抗秦，封苏秦为“纵约长”，佩六国相印，并派人将六国盟约之事向秦国通报。自此，秦国有15年之久不敢越函谷关一步。

3．因事为制，连横之策

“忤合”是灵活应变的谋略。作为谋臣辩士，应在深藏之中寻求平衡，在刚柔之中回旋制胜，在取舍之中揽心集权，在时势之中把握机会。鬼谷子认为，世间万物无不处在变化之中，圣人应该无所不为，无所不听，主张“因事为制”，善于“向背”，精于“忤合”。

张仪和苏秦本是同窗好友，两人都拜在鬼谷子门下。苏秦创立了“合纵”策略，游说六国共同抗秦，张仪则施以“连横”策略，游说六国亲近秦国，拆散合纵盟约。

战国末期，群雄并起。东方六国的“合纵”抗秦，尤其令秦惠王感到头痛，于是接受了张仪的策略，实行“连横”策略以瓦解六国同盟。张仪被秦惠王拜为相国，首先来到魏国，向魏王软硬兼施、打拉结合，终于使魏王背弃合纵之约，转与秦国结盟。随后，张仪又出使楚国，意图是瓦解齐楚联盟。

张仪见到楚王后，承诺秦国把商於之地六百余里归还楚国。张仪的话打动了楚王，他不顾大臣的反对，授张仪相印，与齐国断交，并派人随张仪回秦国取商於之地。回到秦国后，张仪三个月不露面。楚王为表示自己与齐国彻底绝交，派人到齐国大骂齐王，齐王大怒，遂决定与秦结盟。

这时，张仪才告诉随行的楚国将领，自己承诺楚王的，是自己的封邑六里，而不是商於之地六百里。楚王得知大怒，起兵十万攻秦，却被齐、秦联军击败，损失惨重。楚王不甘失败，重新调集兵力攻打秦国，结果再次惨败，只好割地与秦讲和。

事物的正反顺逆，虽然参差不齐，然而巧用计谋，却可以促成事物的发展。可以说，张仪的“连横”是“忤合”术的绝妙运用，并最终打破了苏秦的合纵策略，有效瓦解了六国同盟，成为秦灭六国、统一天下的基本战略。

4．把握时机，采取行动

圣人依据主客观条件，以决定策略的增减，预测事物的发展端倪，进而加以调控。具备了这种超前意识，并予以变化，就能在纷繁的世事中处于主动地位。

对于成功者的辉煌和阳光，人们往往惊羡它现时的明艳，却不知道当初，它的芽儿浸透了奋斗的泪泉，洒满了牺牲的血雨。成就事业，除了勤奋和努力，还要善于把握机会，这就是鬼谷子所说的“因事物之会”。只有提前准备，未雨绸缪，相信自己，才不会徒然错过时机。

其实，每个人都有机会走向成功。善于把握机会，是成功者的必备要素之一。现实生活中，有不少人吃不到葡萄就说葡萄酸。他们能力有限，做事情不成功，就说时机不成熟。等自己有了能力，又不能很好地把握机会。这就是人生的遗憾。

预先做好准备，才能应对发生的事情。等到事情紧迫，一发不可收拾，再去采取措施，一切为之晚矣。当形势尚未成熟，或自己能力确实不足的时候，也没必要冒险，只要退守一边静观其变就好。正所谓：“觉迷途之未远，知来日之可追。”当不具备穿越险境的能力和素质时，退回来也许是最好的办法。在等待中耐心观察，磨炼自己，时机总会到来。沧海横流方显英雄本色，但要看准时机，伺机而动，风云际会才可大有作为。

战国末期，秦将李信率军攻打楚国，开始时连克数城，锐不可当。后来，李信中了楚军伏兵之计，狼狈而逃，秦军损失数万。秦王起用老将王翦。王翦陈兵于楚国边境，修筑城池，摆出坚壁固守的姿态。一年后，楚军斗志松懈，认为秦军不过是防守自保，于是决定东撤。王翦见时机已到，下令追击正在撤退的楚军。楚军大乱，将士分离，顿时崩溃。秦军乘胜追击，势不可挡。王翦之胜，就在于抓住了进攻的时机，一战而胜。

现代社会，在市场经济的条件下，竞争是必不可少的。这需要考察市场，掌握丰富的信息资源，一旦商机出现，就要果断决策，及时出手。借他人之力开辟财源，其实也是忤合术的灵活运用。把握了时机，采取相应行动，就能占有市场，走向成功。

反忤的要点在于："不劳心苦思，不能原事；不悉心见情，不能成名。"意思是说，如果不用心苦思，就不能揭示事物的本来面目；如果不专注考察事物的实情，就不能功成名就。对此，应通过周密的思考，依据现实环境，制定切实的措施，从而掌握主动一举制胜。

5. 施展计谋，必有反忤

《忤合》篇说："成于事而合于计谋，与之为主。合于彼而离于此，计谋不两忠，必有反忤。"意思是要办成事，实现计谋，不能同时忠于两个对立的君主，必然要违背其中一方的意愿。这就是"忤合"之术。专诸刺王僚是一个典型的例子。

楚国大将伍子胥，因父兄被楚王枉杀逃到吴国，知道专诸很有本事，便与他结为好友。伍子胥晋见吴王僚后，游说吴王攻打楚国，因为公子光阻挡，没有成功。公子光不满吴王僚继承王位，打算杀掉吴王僚，自立为王。伍子胥看透了公子光的心思，于是把专诸推荐给公子光，公子光得到专诸后，尊其为座上客。

这年春天，吴王僚派两个弟弟率军入楚，结果被楚军断了后路，吴军被困在楚国境内，不能回国。公子光认为时机已到，于是埋伏了武士，备办酒席宴请吴王僚。吴王僚派出卫队，从王宫直到公子光的家里，门户、台阶两旁都是吴王的亲信，夹道站立的侍卫，手中都举着长矛。

公子光陪着吴王喝酒，让专诸把鱼肠剑放到鱼肚子里，然后以厨师的身份端着烤鱼上来拿出鱼肠剑，刺死了吴王僚。混乱中，专诸被吴王僚的侍卫杀死。公子光趁机放出埋伏的武士，将吴王僚的部下全部消灭。翦除了吴王僚后，公子光自立为国君，就是历史上有名的吴王阖闾。阖闾封专诸的儿子为上卿。

按照鬼谷子的观点，合乎一方利益，必然要背叛另一方利益。忠孝不能两全，绝对的两全其美是很难的。专诸为了效忠公子光，必然要背叛吴王僚，这说明了忤合难以两忠的论说。计谋不能两全，必要时要以假象迷惑对手，以减轻阻力，实现目的。尽管忤合是一柄双刃剑，控制不好反会伤到自己。但在混乱的政局，运用忤合思想，施展谋略适当取舍，可使自己脱颖而出。这种以忤求合的反忤术，是最有效的智谋，也是本文论述的中心。

6. 以和为贵，不结冤家

运用“忤合”，关键是要把握事物间的分寸，当忤则忤，当合则合。“忤合”是一对矛盾，若能灵活掌握，就能将事情做到最好。倘若失其分寸，则容易受到挫折。比如只知忤而不知合，势必缺乏控制，无论从哪个角度来讲都没有好处。

中国人以“和”为主，和气可以生财、家和则会万事兴、社会要和谐稳定，可见“和”的重要性。无论富甲一方，还是平常百姓，都需要与人肝胆相照、和睦相处、群策群力，这样，才能使事业不断发展。

就经商而言，大家相互帮衬，气氛融洽，和气才能生财。将主要精力放在开拓市场、调动资金、广告宣传等方面，而不是暗中算计，钩心斗角，就会最大程度地减少内耗。

生意场上，与同行不应做冤家，对顾客更应以礼相待。冤家宜解不宜结，与其给对方一点颜色，不如留个大度能容的印象。经商以赚钱为目的，争执不过是要出口气，却会因此断送客源，可谓得不偿失。人皆有好胜之心，这无可非议，但为了点琐事而火冒三丈，不仅影响自己的形象，还会砸了自己的饭碗。所以，要掌握好“忤合”的尺度，避免一味冲动，莽撞行事。

人脉是成功的必然要素，无论何时，都要与身边的人保持友善的关系，即使对方暂时不能帮到自己。当付出得不到同等的回报时，不要心理不平衡，由此产生负面情绪。只要敞开心扉，真诚待人，不必苛求结果。

二、古为今用

人的一生，立身、齐家、治国、御世，经常要面对向与背的问题。或是对某主义的向、背，信仰什么主义，反对什么主义；或是对某人的向、背，忤逆谁，联合谁；或是对某组织或某单位的向、背，向着哪个组织、哪个单位，背离哪个组织、哪个单位；或是对某个国家的向、背，向着哪个国家，背离哪个国家。

何止人生有向背，任何一个单位、一个组织、一个国家、一个联合体，无不存在忤合问题。

1. 谨慎向背

本篇第一段，从多方面强调：在向背问题上，要特别谨慎。

对向背各方的形势，必须反复探求，做出全面分析；对向背各方的变化，必须预测先知，做动态分析；既要考虑忤合之利，

又要考虑忤合之害，做利害分析；在决定向背之后，必先“谋虑计定”，而后行之以飞箝之术，如此，方可确保向背的实现，趋利减害，求存避亡。

本篇把伊尹和吕尚列为典范，强调的就是谨慎向背。伊尹为什么五就汤，五就桀，就是谨慎向背。吕尚为什么三就文王，三入殷朝，就是谨慎向背。伊尹为何能助商汤创就统一大业，得益于忤桀、合汤；吕尚为何能助姬发灭纣兴周，得益于忤纣、合武王。

设想，如果伊尹当年是忤汤向桀，如果吕尚当年是忤周向纣，必然像众多权臣一样身败名裂。总之，越是有才能、有影响的人，越是掌握大权，越是关联广大群众命运的人，越是代表一个组织或一个国家的人，在忤合问题上，越要特别谨慎，弄得不好，不仅本人会遭杀身之祸，而且可能祸国殃民，甚至亡家亡国。且举春秋战国的一个案例说明。

案例：著名军事家吴起为何名败身亡？战国初年，有个吴起，早年拜在孔子的得意弟子曾参门下，学习儒家学说，后又学成兵法，以善于带兵著称于世。先被鲁国用为大夫，后又拜为大将，大败齐军；继为魏国西河守将，兴兵袭秦，夺取河西五城；后被楚国拜相，致楚国得以国富兵强，威震三晋和齐、秦诸强，不愧为杰出的军事家、政治家。然而吴起的事业均是好景不长，最后落得名败身亡。吴起的失误在哪儿？就在于向背不慎。

一不慎是无理忤母忤师。吴起本是卫国人，少时，好击剑要无赖，遭母斥责，一气之下，辞母，游学鲁国，拜于曾参门下。有齐国大夫田居至鲁，赏识吴起的才学，把女儿许配给他为妻。曾参劝吴起说：“你游学六年，在外结了婚，应回家看看母亲。”

吴起不听老师的劝告，回答说："我曾发誓，不当上卿相不回家。"不久，卫国有书信来，告知其母亲病死。曾参叫吴起回家奔丧，吴起又不从。曾参认为吴起是忘本之人，不再见他。吴起转而另投师门学兵法。

二不慎是忤妻杀妻。在吴起为鲁国大夫时，齐国兴师伐鲁，有人举荐吴起为大将，鲁君因吴起是齐国大夫的女婿，不敢重用。吴起听说后，无故杀掉妻子，以此向鲁君求将。其行为惨无人道，遭世人唾骂。

三不慎是贪财色忤鲁。在当上鲁国大将后，又接受齐国贿赂的美女和黄金。此事在鲁国被传开，吴起只得弃鲁投魏。

四不慎是居功忤上。吴起在魏国受到重用后，居功自傲。得知魏武侯已拜田文为相，公开挑衅相国，魏侯很不高兴，吴起不得不出奔楚国。

五不慎是忤犯众臣。吴起投楚后，被楚悼王重用为相国。他力主改革强兵，致三晋和齐、秦均有所畏，但改革操之过急，侵犯了众多公族和大臣的权益，打击面过宽。楚悼王一死，即遭众多公族和大臣射杀。时人作诗叹吴起曰："满望终身作大臣，杀妻叛母绝人伦。谁知鲁魏成流水，到底身躯丧楚人。"

这个案例告诉我们，无论是修身、创业、齐家、治国、平天下，都要谨慎忤合。谨慎者，归根到底是要忤合得正确，忤合得胜利。如何确保忤合正确和胜利，很值得研究，下面两条切不可忽视。

2. 应天顺人

忤合向背，不能光考虑个人的利害得失，还应考虑应天顺人，这是最高原则。应天，就是应合天理，即合乎自然和社会发展规律。顺人，就是顺乎民心，以广大人民的利害为利害。

鬼谷子在本篇中强调，忤合“必因事物之会，观天时之宜”；指出“圣人常为无不为，所听无不听”；“古之善向背者，乃协四海，包诸侯，忤合之地而化转之，然后以之求合”；并称赞伊尹、吕尚“知天命之箝，故归之不疑也”。这些话，均是强调忤合必须应天顺人。

在主持国家的向背上，尤其要应天顺人，坚持爱国主义原则，坚持国家的主权和领土完整，切不可有任何动摇。为一己之政治权力，出卖国家主权和分裂祖国的人，迟早必遭人民审判，必遭世界唾骂。

中国有许多明训，“利于国者爱之，害于国者恶之”；“小来思报国，不是爱封侯”；“君子虽在他乡，不忘父母之国”。

在中国历史上，人们为什么最痛恨秦桧和汪精卫？就是因为他们逆天理，背人心，为一己之私利，卖国求荣，遗臭万年。

3．至圣人达奥

尤为可贵的是，鬼谷子在强调“谨慎向背”和“应天顺人”之后，又深刻指出：忤合必须从主观上“至圣达奥”。如何“至圣达奥”？从两个方面修为：一方面，强调领导者要不断努力学习，修为素质，把自己提至圣贤的思想道德高度，通晓事物发展之奥妙，为用好忤合创造条件；另一方面，强调在决定忤合前要下三项功夫：

（1）调查研究，悉心体察个中原委和天理人情，如此，才有条件进行分析判断。“不悉心见情，不能成名。”

（2）劳心苦思，如此，才能推究清楚事物的本来面目，做出正确的分析判断。

（3）权衡利害，“己必自度材能知睿，量长短远近孰不如”。

这三项功夫，应下到什么程度？至圣明，达奥妙，如此，才能谨慎忤合和应天顺人。

在21世纪，个人、组织、企业、地区、国家，均会面临众多的忤合问题，认真学习鬼谷子的忤合思想和毛泽东的统一战线理论，借鉴新中国的历史教训和成功经验，多合少忤，善合善忤，是非常必要而有用的。一个人，如果怀疑一切，不懂得联合，不善于联合，无论有多大本事，都不可能做出大的成就。

“忤合术”主要是讨论“以反求合”“螺旋上升，迂直制胜”之术的。鬼谷子认为，无论是谋臣，还是说客，都可以施展“忤合术”，使自己“乃可以进，乃可以退，乃可以纵，乃可以横”，但关键是必须要了解自身的情况和对方的情况。在具体的运用中，到底是用“趋合”还是“背反”，这要根据不同的情况来选择和运用。如果能够深刻地了解和灵活地运用“忤合”这种方法，就可以在做人、办事和经商等方面，如鱼得水，随心所欲。

三、做人之道

在现实生活中，为了达到成功处世的目的，常常要曲折、灵活地应变，这正是“忤合”之术。实施此术时，必须充分认识到万物皆在变化中，因为有变化才有发展，有变化才有可能立足。不过，有效的“忤合”智谋必须具备两个条件：其一是知己知彼，其二是要注意保密性。只有这样，才能在社会中真正做到左右逢源、圆融处世。

1.“背向”之用，务须慎重

在待人处世中，使用“背向”之术是无可厚非的，而且在许多时候也是必要的。但是，在运用此术时务必慎重，千万别在自己运用的同时又被别人连环“背向”，落得悲惨的结局。这样的事例，在历史上并不鲜见。

春秋时期，蔡国和息国同是弱国，一个臣服于楚，一个臣服于齐。蔡侯和息侯同娶陈侯之女，成为连襟。息侯夫人息妫生得艳丽无比，有绝世之貌，久为姐夫蔡侯垂涎。某日，息妫回陈国路过蔡国，被蔡侯接进宫中，领到避人处想动手动脚。息妫大惊，敬而远之，匆匆离开蔡国去陈。归途绕行，不敢过蔡国，回国后见了丈夫，将蔡侯的无理之举告诉了丈夫。息侯闻言大怒，于是“背”蔡侯派使者去楚，挑唆楚王灭蔡。楚文王怕齐国出兵相救。

使者说：“我们国君说了，您若假意伐我国，我国向蔡国借兵，因我们两国是盟国，又有亲戚关系，蔡国必定出兵援救。等他们到达我们那里时，我们突然与您的军队联合起来，包围了他，让他插翅难逃，必能擒获。”楚文王一听，拍手叫绝，于是照计行事，发大兵攻息。息侯派特使去向蔡侯借兵，蔡侯果然亲率大军来救。抵达息国，安营未定，楚伏兵四起，直杀得蔡军狼狈逃窜。蔡侯逃到息都城下，息侯闭门不纳。楚兵紧追而来，直吓得他落荒而逃，半路被楚兵俘虏。楚军大胜，息侯开城出门犒赏楚军，蔡侯方知上当，中了息侯的“背向之计”，直恨得咬碎钢牙。

楚文王回国，想把蔡侯生蒸了以祭太庙，经大臣们力陈利害，才改变了主意，放蔡侯回国。在饯行宴席上，楚文王大张声乐，指着乐女夸其为天下无比。蔡侯见机会来了，决定以其人之道还治其人之身，亦用“背向之术”惩治息侯。于是笑了笑说：“大王之言差矣。若讲天下无比，息侯夫人息妫才可称得起。”楚文王是一色鬼，闻言，急问息妫之貌。蔡侯添油加醋地形容道：“眼似秋水，面似桃花，立似弱竹临风，行如仙子凌云。”

楚文王早已垂下涎水来，怔怔地说：“若有这等女子，见上一面，死亦无憾。”蔡侯出主意道：“这有何难！以大王之威，楚国之强，齐王的夫人也可弄到手，何况是一个属国的呢？”楚文王听他说得有理，放走蔡侯后，借狩猎为名到了息都。息侯出郊恭迎，设宴招待。席间，楚文王提出让息妫出来敬酒。息侯不敢不从。息妫出场，果如蔡侯所说那般国色天姿，使楚文王下定了霸占的决心。第二天，楚文王回请息侯，席间索要息妫。息侯不从被杀。楚兵攻进息都，掳走了息妫，灭掉了息国。

息侯、蔡侯同施“背向之术”，息侯为一女子不顾大局，先“背”盟国蔡国而“向”楚，出卖蔡侯；蔡侯为报仇亦“背”息国也“向”楚，终于使息侯家破国亡。这场连环套的“背向术”闹剧就这样结束了。

《鬼谷子·忤合》曰：“非至圣达奥，不能御世；不劳心苦思，不能原事。”这段话，其大意为：如果不能像圣人那样穷尽世理，探求事物本质，就不能立身处世、治理天下。从鬼谷子这段话看来，在社会中生存立足，要善于未雨绸缪、居安思危，等到功成名就后要及时抽身而退，同时还要善于察言观色和揣度人心。

曾国藩作为中国古代封建社会最为出色的官员之一，就深谙官场进退之道。他一生为官，小心谨慎，如履薄冰，居功不自傲，为人不自高，终成大业。

曾国藩的老家在湖南。太平天国起义爆发后不久，他在家乡的母亲就去世了。于是曾国藩回家安排老人的后事，尽孝守丧。当时，清朝政府编练的八旗兵和绿营兵，正在镇压太平军，却连连败北。无奈之下，清政府命令各省组织地方团练，成立地方武装，用来镇压太平军。

曾国藩得知这一命令后，立即组织湖南团练。他起用自己的亲朋好友、同乡、同学和门生做营官，然后由营官亲自选征哨官，哨官再选拔士兵。这样逐层选拔，创建了湘军的水师和陆师。两军皆由曾国藩掌管，兵为将有，不接受政府的调遣，只服从曾国藩一个人的命令。因此，湘军具有强烈的封建个人隶属关系，清政府很难拥有军权。

但是，湘军军纪严明，操练所用的军械都是洋枪洋炮，战斗力很强。与朝廷的八旗兵和绿营兵相比，富有生气和活力。在曾国藩的指挥下，湘军攻占了太平天国的部分地区。清朝政府看到曾国藩组建团练有功，为鼓励他继续镇压太平军，就把江苏、安徽、江西和浙江四省的军务都委托给曾国藩。从1861年11月起，曾国藩就开始管辖四省的巡抚、提督及其以下的文武官员。

这是清政府有史以来给予汉族官员最大的权力，以往汉族督抚最多辖制三个省。当曾国藩的亲朋好友纷纷向他表示祝贺时，曾国藩却并未得意扬扬。他深谙仕途变幻莫测，因此常常如履薄冰，一直怀着戒备之心。咸丰帝得知湘军攻占了湖北武昌城后，喜形于色，对曾国藩大加赞赏："曾国藩一介书生，没想到还有这等军事上的才能。他立下大功，等太平军镇压完毕，我一定要好好犒赏犒赏他。"

但有一位大臣却上前提醒咸丰帝说："在他家乡，曾国藩以在籍侍郎的身份竟能振臂一呼，应者云集，从者万人，皇上您还是多多提防。是福是祸，恐怕一时之间难以判断。"咸丰帝听着，脸色渐变，沉默良久，再也没有在大臣面前夸奖过曾国藩。曾国藩很快镇压了太平天国起义。咸丰帝遵守诺言，封他为一等毅勇侯，并且可以世袭。曾国藩的家人和亲朋好友都欣喜不已，以为曾氏家族从此可以一劳永逸。但曾国藩并没有因此而得意，反而担心树大招风，招致其他人的忌妒和皇上的怀疑，落得兔死狗烹的下场。因此，曾国藩只想如何明哲保身、急流勇退，以免落得前功覆没、名声受损。

他立刻写信给弟弟，嘱咐他见机抽身而退，以免招致不必要的排挤。他也察觉到咸丰帝已心生芥蒂，为了表明自己无心揽权，他上折给皇上说：“湘军成立的时间很长了，已经沾染上一些军队的恶习，有些混乱。现在镇压太平军的目的已经达到，奏请朝廷裁兵，遣散编练的湘军。”

对自己的去留，曾国藩却左右为难。如果说明要留在朝廷效力，恐怕皇上以为他贪恋权位；如果请求告老还乡，皇上会以为他不愿为国效力，甚至还会招来自组军队、图谋皇位的嫌疑。因此，在奏折上，他对这个问题避而不谈。

由于裁汰湘军是咸丰帝首先要处理的，因此，他一边感叹曾国藩“善解人意”，一边立即下令解散部分湘军，让他仍担任两江总督。曾国藩的为官做人之道，很值得今人好好地借鉴。

2. 巧言迂回，化险为夷

鬼谷子认为，知“迂直”之计、“忤合”之术者胜。这对今人的生存处世有着很大的启迪和教益。

生活中难免会碰到险情，这时就要懂得运用“忤合术”，发挥语言的魅力，巧言迂回地想办法来转化危机。只要能走一步，看两步，想三步，步步紧盯目标，调用你的聪明才智，采用巧言迂回之术，就一定能够化险为夷，成功处世。

北洋军阀统治时期，杭州城有个杜宝林，外号叫作“小热昏”，以唱独角戏而闻名于全城。杜宝林以卖梨膏糖为生。为了招引买主，他编了滑稽小段在湖边上一边演出，一边兜售梨膏糖。由于他的演出时而说，时而唱，妙语连珠，生动有趣，南腔北调，手舞足蹈，因而观者无数，许多人按时等候在他演唱的地方，“风雨无阻，四季不分”。

浙江警察厅长夏超仗势欺人，私生活又糜烂不堪，杭州百姓无不深恶痛绝。杜宝林决计代民解恨，搜集了夏超的种种丑闻秽行，编成节目，用嬉笑怒骂的方式给以嘲讽，并在桌围上书写了“小热昏警世笑话”七个字。杭州百姓听了他的笑话，无不捧腹大笑，拍手称快。杜宝林因此声名鹊起，成了杭州城妇孺皆知的人物。

因为杜宝林的演出，如匕首般刺痛了夏超，杜宝林的厄运也就接踵而至。一天，他突然被警察局传讯，罪名是“招摇撞骗，煽动闹事”，勒令不许再演，“如不听令，立即枪决”。杜宝林不为所屈，把戏中过分明显的地方改得隐晦了一些，照旧在街头巷尾演出。夏超得知后，再次传讯他，问他何以不服从命令。

面对万分恼火的夏厅长，杜宝林笑哈哈地回答说：“夏厅长何以如此当真，我本就是热昏颠倒、说三道四，说说笑笑，所以叫作小热昏。厅长您是浙江的头面人物，教养极高，难道会相信热昏颠倒的人说三道四？”经他这么一说，夏超竟然语塞，无言以对。杜宝林继而一本正经地说：“我若不热昏颠倒、说三道四，谁来买我的梨膏糖？一家老小岂不是要活活饿死？夏厅长只要答应养活我一家七口，我就不做小热昏了。”夏超啼笑皆非，临了叮嘱他以后小心点儿，就让他走了。

此后，夏超虽然派密探盯梢，也无济于事。因为杜宝林的独角戏实在精彩非凡，那些密探也常常被杜宝林的表演吸引，竟然忘了自己的任务，与观众们一起捧腹大笑。禀报时便说杜宝林已改邪归正，循规蹈矩。

小热昏戏骂夏厅长，自然要惹恼这位大人物。夏超下令让杜宝林停演，以“演独角戏，卖梨膏糖”为生的杜宝林，是很难拒绝这个命令的。但是他拒绝了，而且是当着厅长的面拒绝的，奇妙迂回的语言令夏超无言以对，啼笑皆非，只好收回原来的命令。

这个故事妙就妙在杜宝林运用自己善于巧言迂回的特点，说自己是热昏颠三倒四之人，为的是有人看自己的演出，从而养家糊口。厅长是有教养的人，怎么能相信热昏颠倒、说三道四的人呢？您让我停演，我的一家老小谁养，如果厅长答应养的话，我就不演了。杜宝林的话环环相扣，不卑不亢，入情入理，使警察厅长毫无办法。这就是语言的威力。如果杜宝林不能巧言迂回，他就终难脱身，说不定还会搭上自己的性命。

在办事时，运用“忤合术”是必不可少的，但是何时用“趋合”，何时用“背反”，这却要根据不同的情况来定夺。在具体运用此术时，还要因人而异、因事而异。而且，在必要的时候还要将此术与“飞箝术”联合使用，迂直相间，进退自如，如此这般方可成功办事。

3．明正暗奇，假以蒙敌

在办事的过程中，切忌不用脑子而一味蛮干，这样是很难达到预期目的的。所以，在必要的时候，采取切实可行的计策才是成事的法宝。

在战争中，计谋的作用更加重要，因为一着不慎就可能身首异处。因此，在行军打仗中，使用谋略的战例更是层出不穷。且看：

北宋初年，西夏人经常侵犯边境。有一次，西夏人又来骚扰。渭州知州曹玮领兵出战，打了胜仗。敌人丢下物资逃跑了，曹玮派人打探到他们已经走远了，命令士兵赶着敌人丢下的牛羊，抬着他们丢下的物资，慢慢地往回走。敌人逃了几十里后，听说曹玮贪图财物，行动迟缓，队伍零散，就又返回想袭击他们。曹玮得到情报后，仍然不慌不忙地带着队伍慢慢走，部下很担心，对曹玮说："把牛羊丢下吧，带着这些东西，跑也跑不动，打也打不了，敌人追上来怎么办？"曹玮对这些话全不理会。

队伍还继续往前走，又走了半天，到了一个比较有利于战斗的地形，曹玮才命令停下来等待敌人的到来。敌人快要逼近的时候，曹玮派人迎上去对他们的首领说："你们远道而来，一定很疲劳，我们不想乘你们疲劳决战。"敌人正跑得筋疲力尽，听他如此说非常高兴，坐下来休息。过了很长时间，曹玮派人对敌人说："休息好了，咱们可以交战了。"于是双方击鼓进军，曹玮的部队毫不费力就把敌人打败了。曹玮的部下对这一仗取胜得如此容易都感到很奇怪。

曹玮说："我知道敌人已经很疲乏。让大家赶着牛羊抬着财物表现出贪图财物的样子，是为了诱骗敌人，让他们走了很长的路之后再来袭击我们。这时如果马上和他们交战，他们虽然疲劳，但士气正旺，谁胜谁负就很难说。我让他们先休息，是因为走过远路的人，停下来休息一会儿，就会腿肢肿痛麻木，站立不稳，根本无法作战。我就是根据这一经验打败他们的。"

曹玮故意制造假象，迷惑了敌人，表面上合乎敌人的判断，而实质上早已制订好了对付敌人的计划。计划的制订是根据事物发展变化的不同阶段有不同的特点而制订出来的，这样一旦和敌人作战，就能克敌制胜。鬼谷子主张"忤合之而化转之"。这正是曹玮对鬼谷子"忤合术"的灵活运用。

在当今社会，不失时机地采用"忤合术"，绝对是成事不可缺少的一项本领。《三国演义》中就有一段张松献地图的故事，刘备正是巧妙地运用"忤合术"，才最终达到了自己的目的。

东汉兴平元年（194年），益州牧刘焉重病去世，朝廷下诏书，任命刘璋为益州牧。刘璋性格软弱，没有主见。驻守在巴西郡的太守张鲁不肯顺从刘璋，刘璋就杀了张鲁的母亲和弟弟，从此与张鲁结下仇恨。刘璋几次派人攻打张鲁，都被打败。刘璋内部又发生兵变，时局很难维持。当时曹操正征伐荆州，平定汉中，刘璋就想借助曹操讨伐张鲁。

一天，刘璋得到消息，说张鲁领兵准备夺取西川。刘璋心中忧虑，召集众谋臣商量对策。忽然有一人自荐说："主公放心，我有办法去求见曹操，请曹操出兵对付张鲁，定叫张鲁不敢攻打西川。"说话的人原来是益州别驾张松。于是刘璋派张松为大使，带上金银珠宝、锦缎丝绸等贡物，去拜见曹操。张松别有打算，就私下又画了一张西川的地理图，藏在身上，带着随从赶赴许都。

张松到许都后，每天都到相府求见曹操，但直到第三天才被召见。到了堂上，张松拜见曹操。曹操问："刘璋为何好几年不来进贡？"张松说："路途艰险，贼寇猖狂，无法前来。"曹操训斥说："我已扫清中原，还有什么盗贼？"张松说："还有孙权、张鲁、刘备，每人都带兵十多万人，怎么能说已太平了呢？"曹操见张松长得尖头猴脑，身短五尺，本来就不喜欢，再听到他冲撞的话语，很是生气，一挥衣袖，起身就进了后堂。左右的人责备张松说："你是使者，语言不恭，惹丞相生气，幸亏丞相看你远道而来，不给你加罪，还不赶快回去！"

张松正要走，后堂出来一人传曹操的话，让张松第二天去西教场点兵，见识见识曹兵的军容风貌。第二天，张松来到西教场。曹操点雄兵五万，布置在教场中，果然衣袍斑斓，盔甲闪光，旌旗飘扬。过了一会儿，曹操指着四面八方的队伍问张松："你们西川有这样的军队吗？"张松说："我蜀军中没有这样的兵和武器，但讲究仁义道德。"曹操一听变了脸色。曹操对着张松说："我视天下无能的人如同草芥一样，我的军队，攻无不克，战无不胜；顺我者昌，逆我者亡。你懂吗？”张松用轻蔑的口气回答说：“我一向知道丞相的军队所到之处，攻必克，战必胜。过去你们在赤壁遇到周瑜，华容道与关羽相逢，在潼关割须丢袍，渭水夺船避箭……这都是无敌于天下啊！”

这些都是曹操一生中最不得意的事，曹操听了大怒道：“你竟敢揭我的短处！”于是命令手下人用棍棒把张松打了出去。张松回到旅馆，当晚就收拾行装准备回西川。一路上张松想：“我本来想把西川州郡献给曹操，谁料想他如此藐视我。我来时向刘璋夸过口，现在一事无成，回去岂不被人笑话。听说荆州刘备待人仁义，不如去那里看看这人会怎样待我？”于是便朝荆州方向走去。

张松风尘仆仆，一路不停地来到郢州地界边。只见前面奔来一队人马，为首一员大将，勒住马问张松：“你莫非就是张别驾？”张松答：“正是。”那人赶紧下马说：“赵云我等候半天了。”张松说：“莫非你就是赵子龙？”赵云答：“是啊，我奉主公的命令，前来迎接。”赵云将张松领到事先安排好的客店，酒筵招待，当晚住下。张松暗自欢喜：“人们都说刘备宽厚仁义，果然不假，我这趟也许不会白来。”

第二天早上，赵云陪同张松继续前进，上马行进将近五里路程时，只见来了一队人马。原来是刘备带着诸葛亮等亲自前来迎接张松，这使张松受宠若惊。刘备远远地就下马等候，张松急忙下马拜见。刘备说：“久闻大名，无缘相见。听说您路过我处，如不嫌弃，请到荒州暂歇，叙叙仰慕之情，我会感到荣幸的。”

张松听了这番话，非常高兴，就随刘备进了荆州城。刘备设宴招待张松。宴席间张松问：“皇叔占据荆州，还有几个郡？”诸葛亮说：“荆州也是借东吴的，以往人家催讨归还，只因现在我主公已是东吴女婿，所以才在此安身。”张松说：“东吴占据六郡八十一州，国富民强。难道还不知足吗？”刘备说：“我才疏力薄，岂敢奢望。”张松说：“您是汉室宗族，仁义四海皆知。别说占据州郡，即便代替皇帝治国也非过分。”刘备说：“您太过奖了，我怎么敢当啊！”宴席间谈话气氛热闹，各抒己见。但刘备却一直不提及西川的事情，就这样留张松一连住了三天，每天宴请一番。

三天之后，张松准备启程回蜀，向刘备告辞。刘备在十里长亭又设宴送行。刘备举起酒杯敬张松，说道：“承蒙您不把我看作外人，畅谈了三天。今天离别，不知什么时候再能听到您的教诲啊！”说罢，潸然泪下，泣不成声。张松感动万分，对刘备说：“您如此宽厚仁义，我本来有一个想法，是准备献给曹操的，但他傲慢无礼，我才没有献出。您如此以德待人，鄙人也应该知恩图报。我看荆州，东面有孙权，北面有曹操，不是久居之地啊！”刘备说：“我也明白这个道理，但是没有别的安身之处啊。”张松说：“益州是个险要的地方，土地辽阔，国富民强，智谋之士很久就仰慕皇叔的为人。假若您带领荆州军民，长驱直入西边，那么您就可以大业告成、重兴汉室了。”

刘备当然要谦让一番，“三让徐州”式的谦逊是他的老习惯。他说：“我怎么敢这么做呢？刘璋也是帝王宗室，给予蜀地的恩惠已经很久了。别人怎么可能动摇他呢？”张松说：“我并非卖主求荣，今天遇到您这样英明的人，不得不说肺腑之言：刘璋虽拥有益州这方土地，但他秉性懦弱，不能任人唯贤；加上张鲁在北面，时刻想着侵犯；所以益州人心离散，都盼望能有开明的主公。我这次出行，本想专为曹操贡献计谋，谁知这贼傲慢奸诈，怠慢贤士，所以我特意来拜见明公。明公可先取西川作为基地，然后北伐汉中，收复中原，重振天朝，青史留名，这是天大的功绩啊！如果您果真有意夺取西川，我张松愿效犬马之劳，不知您的意向如何？”

刘备知道谦让得还是不够，就说：“我感谢您对我的厚爱。但刘璋与我是同一宗室，假若攻打他，恐怕天下人都要唾骂我啊！”张松说：“大丈夫在世，应首先考虑建功立业之大事，你若不取，必为他人所夺，后悔就晚了。”刘备说：“我听说蜀道艰险，车不易过，马不易行，虽想夺取，却没有良策啊！”张松遂从袖中取出地图，递给刘备说：“我感谢明公对我的盛情，决定献上此图。只要看这图，便知道蜀地的道路了。”刘备和诸葛亮展开地图粗略一看，上面详细写着行程路线，标明险要的山川峡谷，还有重要官府、仓库钱粮，一一写得清楚明白。刘备见时机已到，不能再谦让了，就连连作谢说：“青山绿水，长存不老。来日事成，定将厚报。”张松说：“我遇到明主，愿意尽力帮助，哪里敢希望什么报答啊！”说完就告别启程了。诸葛亮又让赵云等人护送他几十里后才返回。

刘备按照张松提供的情况和内应，顺利地占据了益州，从此才算真正站稳了脚跟。刘备建国称帝，皆由此而来。实际上，刘备取西川是既定方针，但他对汉中张松却远接远迎，连日宴请，只说闲话，闭口不提西川之事。张松以言挑之，他假装糊涂，一味谦让。一直到十里长亭为张松设宴送行，他还是眼泪汪汪，只叙友情。这使张松感动异常，终于把原来准备献给曹操的西川地图献给了刘备，并甘愿为刘备入川充当内应。在这里，刘备采用的就是“忤合术”。他欲擒故纵，反而后来居上，比曹操抢先了一步。

4．急中生智，弦高犒师

鬼谷子认为，世间之事所处的环境、形势，无时无刻不在千变万化的动荡发展中，所以就计谋来说，虽有一定的“指导形态”，但并无固定的不变模式。高明的谋士在于吃透各种计谋的精髓，从而根据所面临的具体事件、所处的具体环境作出相应的变化。从这种原理出发，生出一种计谋叫作“反忤术”。

在实际生活中，对于“反忤术”的运用极其广泛，而且效果也比较显著。只是，在运用“反忤术”时首先要明确，在斗智中，主客双方处于矛盾地位，取胜的关键在于依据现实环境，依据对方的计谋，制定一种控制对方的措施，改变斗争形势，变被动为主动，争取有利时机，从而一举克敌制胜。

公元前628年，晋文公去世。这一年，郑文公也去世了。当年，秦国曾派三位将军率领两千军马为郑国守城。这时守城将军偷偷派人跑到秦国，报告秦穆公说：“我们掌管着郑国北门的防务，您要是发兵前来偷袭郑国，来个里应外合，郑国就是咱们的了。”

秦穆公接到密报，和大臣们商量。两位有经验的老臣蹇叔和百里奚都不同意偷袭郑国。他们说：“咱们的军队跑那么远的路去袭击郑国，会弄得疲劳不堪。况且郑国离我们有一千多里地，兴师动众，千里跋涉，郑国能不知道吗？他们一定会做好抵抗的准备。这事干不得！”

秦穆公听了很不高兴，认为自己帮助晋文公当上了国君，还让他当上了诸侯首领，如今说什么也该自己来当诸侯首领了。于是，他不听两位老臣的劝阻，任命孟明视、西乞术、白乙丙为主将，集合了三百辆兵车，偷偷地去攻打郑国。

蹇叔的儿子也在这支远征军里。大军出发那一天，蹇叔哭着对儿子说：“真叫人痛心啊，我看着你们出发，再也看不到你们回来啦！”秦穆公十分生气，派人责备他说：“你懂什么，你这

个老糊涂虫！为什么扰乱军心？”随即命令大军出发。

三位将军率领大军往东前进，来到了与郑国交界的滑国（今河南省偃师县南）国境。这天，突然前边有人拦住去路，大声喊道：“郑国使臣弦高求见将军！”孟明视大吃一惊，心想：“郑国怎么会派使臣到这儿来呢？”急忙叫人把弦高带来，询问他的来意。

其实，弦高只是郑国一个贩牛的商人。他赶着一群牛到洛阳去做买卖，路上遇到一位好朋友。从他口中听到秦国已经派兵进攻郑国的消息。他知道郑文公刚死，国内一定没有准备，便急中生智，一面通知传递公文的驿站回国报信，一面挑选了四张牛皮和十二头肥牛，亲自赶着，朝秦军来的方向迎了上去。

孟明视见到弦高，有点怀疑，问弦高：“你到这儿来干什么？”弦高说：“我们国君听说将军带兵将到郑国来，特意派我前来慰劳，先送上这四张牛皮和十二头肥牛做慰劳品，表示我们的一点心意。”孟明视听说郑国已经得到消息，心里暗暗吃惊，只得一边叫人收下慰劳品，一边顺水推舟说是前来帮助郑国抵御晋国侵犯的。弦高说：“我们郑国夹在秦晋两个大国中间，为了自己的安全，日夜小心地防守着，要是有谁来侵犯我们，不会让他得到什么好处的，请将军放心。”孟明视想了一会，只好改口说：“我们这次来，是攻打滑国的，跟你们郑国没有关系。”说完，就把弦高送走了。于是，孟明视就下令攻打滑国。西乞术、白乙丙闹不明白，孟明视说：“咱们千里跋涉，就为了出其不意，和驻守郑国的秦兵里应外合灭掉郑国。如今，郑国已经得到消息，早就做了防御的准备，没有偷袭成功的希望。咱们冒冒失失去攻打人家，不但打不了胜仗，可能还要上当吃亏。不如打下滑国，抢些财物回去交差，也算没白跑一趟。”于是秦军一举攻破了滑

城，灭掉了滑国。

再说郑穆公接到弦高的报告，大吃一惊，急忙派人去窥探秦国驻军的动静。只见秦军刀枪擦得雪亮，马匹喂得饱饱的，行李、车辆都已收拾妥当，准备随时行动。郑穆公看情况危急，赶快派人下逐客令："各位将军替我们防守北门，时间可不短了，我们的粮食、牛羊也快供应完了。现在听说贵国大将孟明视已经带兵到了滑国，你们要前去会合，就请便吧。"秦国驻军将领听了大吃一惊，知道进攻郑国的秘密已经泄漏，郑人已经有了准备，眼看在郑国已待不下去了，只得连夜逃往别国去了。

弦高急中生智，善抓时机，因敌人欲偷袭而制人，诈骗敌人，使郑国改变了被动挨打的局面，是一次"反忤术"的成功运用。

可见，机智灵活，是做任何事情都不可缺少的。假如一个人呆头呆脑，又因循守旧，这样的人想干成一番事业是极其困难的。所以，让自己变得灵活，也是办事必不可少的要素。

四、经商之技

"忤合术"，是关于事物对立与顺合的一种方法，它在《鬼谷子》中占有非常重要的地位。无论在古代还是在现代，此术都得到了比较广泛的应用。而且在现代经商领域，其运用也较为普遍。在经商活动中，要想让"忤合术"发挥最大的效用，就必须懂得"趋合""背反"的真正内涵，以及二者之间相互转化的关系。并且在形势对自己不利的情况下，果断地运用"迂直相间"的计谋，做到曲中见直、直中见曲，从而转患为利，丰富自己的经商本领，达到经商获利的最终目的。

1. 诚交天下，广结客户

"趋合"和"背反"是鬼谷子"忤合术"中的应有之意。

到底何时该用“趋合”，何时该用“背反”，这需要视具体情况而定。

在现代商场上，也有一些精明的商人变着法子来运用“忤合术”。素有“世界上最伟大的推销员”之称的乔·吉拉德就善于运用“趋合”之术，以“广交天下人士”，从而在商场中如鱼得水，左右逢源。

乔·吉拉德是世界上汽车直销最多的一位超级销售员，他在十五年里卖出了13001辆汽车，最多的一年竟卖了1425辆，其创造的纪录收入在《吉尼斯世界大全》里。人们不禁要问，乔·吉拉德到底凭着怎样的营销策略，而创造了如此惊世的业绩呢？

运用“趋合”之术来广结客户，是乔·吉拉德众多营销策略的核心。这一点，乔·吉拉德自己也曾做出过相类似的总结，那就是250定律。乔·吉拉德认为，每一位顾客身后大约都站着250个人，这些人是他比较亲近的同事、邻居、亲戚、朋友。如果你赢得了一位顾客的好感，就意味着赢得了与这位顾客比较亲近的250个人的好感；反之，如果你得罪了一名顾客，也就意味着得罪了250名顾客。由于连锁影响，如果一个推销员在年初的一个星期里见到50个人，其中只要有两个顾客对他的态度感到不愉快，到了年底，就可能有5000个人不愿意和这个推销员打交道。由此，他得出结论：在任何情况下，都不要得罪哪怕是一个顾客。

而当一个陌生人变成了自己认识的人之后，乔·吉拉德又是怎样对待的呢？乔·吉拉德认为，所有自己已经认识的人都是潜在的客户。对这些潜在的客户，他每年大约寄出12封信函，每次均以不同的色彩及形状投递，并且在信封上尽力避免使用与他的行业有关的名称。

1月份，他的信函展现的是一幅精美的喜庆气氛图案，同时配以“恭贺新禧！”的祝福词语。下面是一个简单的署名：“雪佛兰轿车，乔·吉拉德上。”此外再无多余的话。即使遇上年底大拍卖期，也绝口不提买卖。

2月份，信函上写的是：“请你享受快乐的情人节。”以下仍是简短的签名。

3月份，信中写的是：“祝你圣巴特利库节快乐！”圣巴特利库节是爱尔兰人的节日。也许你是波兰人，或是捷克人，但这无关紧要，关键的是他不忘向你表示祝愿。

然后是4月，5月，6月……

不要小看这几张印刷品，它们起的作用可不小。不少客户一到节日，往往会问：“过节有没有人来信？”

“乔·吉拉德又寄来了一张卡片！”

这样一来，每年的12个月中就有12次机会，使吉拉德的名字在愉悦的气氛中来到每个家庭。

吉拉德只是向人们表达他的关心之情，他没有说一句：“请你们买我的汽车吧！”但这种真诚的祝福和问候，不说之说，反而给人们留下了深刻而美好的印象。等到他们打算要买汽车时，往往第一个想到的就是吉拉德。

即便是不认识的人，他也有办法让彼此认识，甚至于成为他的客户，当然，这要通过认识的人介绍了。那么，他是怎样让人主动为他介绍的呢？连锁介绍法是他使用的方法之一。只要任何人介绍客户向他买车，成交后，他会付给每个介绍人25美元。25美元虽不是一笔庞大的金额，但也足够吸引一些人，毕竟只是随口说说，就有可能赚到25美元。

哪些人能当介绍人呢？当然每一个人都能当介绍人，可是有些人的职位，更容易介绍大量的客户。乔·吉拉德指出，银行的贷款员、汽车厂的修理人员、处理汽车赔损的保险公司职员，这些人几乎天天都能接触到有意购买新车的客户。

当然，那些做介绍人的，又是怎样相信乔·吉拉德的呢？这就是乔·吉拉德严格讲究诚信的结果。乔·吉拉德说："首先，我一定要严格约束自己'一定要守信''一定要迅速付钱'。例如当买车的客人忘了提到介绍人时，只要有人提及曾介绍约翰向我买了部新车还没收到介绍费，我一定告诉他：'很抱歉，约翰没有告诉我，我立刻把钱送给您，您还有我的名片吗？麻烦您记得介绍客户时，把您的名字写在我的名片上，这样我便可立刻把钱寄给您。'有些介绍人，并无意赚取二十五美元的金额，坚决不收这笔钱，因为他们认为收了钱心里会觉得不舒服，此时，我会送他们一份礼物或在好的饭店安排一餐免费的大餐。"

诚交天下，广结客户，认真地善待身边的每一个人，使乔·吉拉德成了世界上汽车直销最多的一位超级销售员，并且使其名字几乎成为传遍全球的"销售员"的代名词。

所以说，对于致力于经商的人而言，一定要认真善待身边的每一个人，因为每一个人的身后，都有一个相对稳定的、数量不小的群体。善待一个人，就像点亮了一盏灯，照亮的是一大片。

2．化转环属，偷梁换柱

生活中，许多事情如果能够反其道而行之，往往会比按部就班去做得到的效果更好，这也就是鬼谷子所说的"化转环属""忤合之而转化之"。经商领域自然也不例外。

在当今商场，常常有一些老练的经商者频频使用"偷梁换柱"的招数，实质上这就是对鬼谷子的"忤合术"的巧妙应用。

库里恰克是个经营日货的美国商人。他从经营玩具工艺品开始，生意越做越大。正当他投入全部资金进了一大批日货，准备发一笔大财时，“珍珠港事件”爆发了，接着美国宣布对日作战。因此日货受到了普遍的抵制，库里恰克守着堆积如山的日货，不知所措，心里十分难过。为了解闷，他想到郊外去散散心，以排遣烦恼。

然而由于战争的影响，汽车和汽油也被列为军用物资，被调遣到军事部门听候使用。所以街上竟无出租汽车可乘了，连一些衣冠楚楚的大人物也挤坐在公共汽车里。库里恰克只好取消了郊外之游。他不由地暗自咒骂道：“该死的战争，一切物资都被卡死了。”

但这次上街使他获得了意想不到的收获。他发现街上的许多广告，都是以激发公众的爱国心来招引顾客的。他想，既然别人能这样做，自己为什么不能这样做呢？

推销日货，可以宣传为爱国行动吗？这对一般人来说简直是不可想象的，但库里恰克想试一试。

第二天，库里恰克在他的商品目录名单上印上了“买日货是爱国行为”的红色大字。他还作了如下的注释：我们正在对日作战，每买一批日货，就可省下一批我们的宝贵资源，这些资源就可以用于生产军需品，前方将士就能多一份力量，爱国者不可不买日货。

库里恰克利用“化转环属，偷梁换柱”的办法，把自己推销日货说成是爱国行动，向购买日货的顾客赠送“爱国者”的头衔，这使购买双方都排除了“卖国贼”的骂名。

在众多的爱国广告中，库里恰克的广告最为别致、突出、出人意料，而且也符合顾客的心愿。因为战时，民用物资非常缺乏，现在既能买到价廉而物美的货物，而且又是一种为国家作出贡献的爱国行为，所以人们踊跃来购买库里恰克的日货，使他堆积如山的库存物资在半个月内销售一空。最后，他不仅没有亏空，反而赢得了一大笔利润。

3．迂直相间，谋中生财

鬼谷子认为“世无常贵，事无常师”，所以“成于事而合于计谋，与之为主”。任何事物都有正反逆顺的发展形势，所以施用“迂直相间”的“忤合”之术是必要的，而且也是必需的。只是在运用此术时，需要对具体事物进行多方面的研究，从而采取具体的应变方法。

不过，在采用“迂直相间”的“忤合”之术时，对事物的分析要深刻，观察要长久，直至“吹糠见米”，伺机而动。现代经商之路依然是一条曲折不平的路，它的前面既有鲜花、阳光、幸运和成功，又有荆棘、阴云、挫折和失败。所以说，现代经商者们只有善解迂直之理，才能提高自己的战略眼光，增强自己的意志力，从而做到长远地看待问题，正确地预见未来，勇敢地对待困难，清醒地对待成绩。既做顺境的好汉，在大好形势下不陶醉；又做逆境中的英雄，在压力危机下不动摇。

某电器公司推销员小王，想去老客户那儿再推销一批新型发动机。谁知，刚到一家公司，该公司的总工程师劈头就是一句：“还想让我们买你的发动机？”一了解，原来他们购买的发动机热度过高。小王不知道详情，就退一步说：“先生，我的意见和你相同，如果发动机热度超标，别说买，还应该退货。”“当然。”总工程师缓和多了。小王乘机问道：“按标准，发动机的温度应该比室内温度高出70℃，是吗？”总工程师答道：“但你们的产品已经超过了这个温度。”推销员小王反问道：“车间温度有多少？”当听说是20℃时，推销员转退为攻：“好极了！车间是

20℃，加上应有的70℃，应该是90℃左右，如果用手触摸会烫伤啊！”总工程师点头称是。小王立即补上一句：“今后可不要用手去摸发动机了，放心，那是完全正常的。”结果小王又做成了第二笔生意。

这位推销员在顾客情绪激动时，并没有立即反驳对方，而是采取了“迂直相间”的谋略，先着手安抚顾客，等对方心情缓和、态度稍好之后，再一步一步引导对方，用事实说话，最终得出了有利于自己的结论，说服了对方并取得推销的成功。

可见，“迂直相间”既是自我表现的一种艺术，也是经商的一种策略。确实，迂回曲线的经商方式有时比直线的方式更有成效。面对压力、障碍，后退几步，再加上冲力，成功的希望可能更大。

同时，“迂直相间”也是一种心理诱导法，它用在商场上当然也是非常有效的。心理学家为推销员提出一种推销方法，这种方法要求推销员把自己想象成买主，即从买主的立场出发考虑问题。当买主对于推销的产品提出批评意见时，要迂直相间，可以先装出忘记自己推销使命的样子，同意对方的观点，站在对方一边说话。

比如，你推销的是电风扇，顾客对这种产品挑剔很多，并声称不买电风扇也可以。这时候你就顺着对方的意思说话：“这种产品确实不太好，花那么多钱买到一件不如意的东西真不划算。”这种话一出来，对方的感觉就好像正在使劲推一扇门，门突然不见了，自己有劲也使不上。这样一来，他的反对意见反而显得不重要了，即使还有什么不满意的话也觉得没有必要再说出口了。

接下去，推销员可以乘势转变，以富有同情心的语调真诚地为对方设想："一般电风扇都有毛病。""今年夏天虽然不太热，但电风扇还是用得着。""如果不在乎价钱的话，可以买好一点的。"在这样的交谈中，对方无形中就把你当作帮助其拿主意的人来看待，对推销员本能的戒心消失了。在这种情况下，买主很容易在推销员的暗示之下，作出购买电风扇的决定。

按照常理，推销员要推销自己的货物，必定要极力吹嘘，吹得过分一些就难免有水分，长此以往，人们对推销货物者普遍形成了一种偏见，认为他们说的话没有真的。广泛宣传的产品收效甚微，其道理也就在这里。而当推销员采用"迂直相间"的谋略，以知心朋友的身份出现时，顾客就会被你的真诚所感动，从而被说服。

第七篇 揣

《揣篇》，指揣度人情事理，以推测事物发展方向。本篇分为量权、揣情两部分。量权，权衡各方利弊得失，然后作出正确分析，以定决断取舍；揣情，观察人物外在表现，判断其内心想法。通过对量权和揣情的理论分析和操作方法，为谋略游说之士提供明确的指导。

本篇所论，就是告诉人们要善于揣摩他人的心思。实际运用时要细心观察，运用得当，以揣摩君主心意获得富贵功名。若是使用不当，则会适得其反，使人立于贫贱之地。可见，无论成败得失，全在于揣摩。揣摩人情世故是施展谋略的根本，是游说他人的前提。

第一章 揣摩对方的真实意图

【原文】

古之善用天下者，必量天下之权，而揣诸侯之情。量权[①]不审，不知强弱轻重之称；揣情[②]不审，不知隐匿变化之动静。

【注释】

①量权：度量权衡。

②揣情：揣摩情势。陶弘景注："天下之情，必见于权也。善修量权，其情可得而知之。知其情而用之者，何适而不可哉。"

【译文】

古代善于统驭天下的人，必能审察国家的发展态势，揣测各诸侯王的内心想法。如果不能做到审时度势，权衡利害，就不能明了各诸侯王的强弱轻重以及实力；如果不能准确揣测各诸侯王的真实情况，就不能明白其隐蔽、藏匿以及应变策略、形势走向。

【本章解读】

本章论述"量权""揣情"的必要性：

"古之善用天下者，必量天下之权，而揣诸侯之情。量权不审，不知强弱轻重之称；揣情不审，不知隐匿变化之动静。"用天下，即驾驭局势。审，查明，查准。称，如秤，即衡量比较。

本章是说：古代那些善于驾驭天下局势的人，必衡量天下的权力，必揣度各诸侯的情况。如果对天下权力衡量得不明不准，则不可能懂得权力强弱轻重的比较；如果对各诸侯的情况揣度得不明不准，则不可能掌握其暗地变化的动态。

【趣味故事】

高瞻远瞩成帝业

元朝至正十二年（1352年）九月，农民起义军红巾军所据濠州被元军包围已七个月之久，形势危急。这段时间里，朱元璋曾奉命攻打灵璧、萧县和虹县，试图分散元军的注意力，但效果一直不好。正当元军即将对濠州发动总攻之时，元军主帅突然病死，士兵们失去主帅，无心恋战，纷纷逃散。濠州被围遂解。

郭子兴的军队趁机得到喘息，就在濠州城内饮酒高歌，庆祝胜利。朱元璋是个志向远大之人，他在军中待的时间长了，对各种事情看得越来越透彻明白，渐渐觉得这帮人治军无方，驭下无道，成不了什么大气候。他还深深地认识到，在这群雄割据、形势混乱的局面下，不发展自己的军队，不招揽英豪为己所用，很难有出头之日。

至正十三年六月，朱元璋禀明郭子兴，欲回故乡钟离招募士兵，郭子兴同意了。不到十天，朱元璋就募集了七百人。他将队伍带到濠州，交给郭子兴，郭子兴非常高兴，提升他为镇抚，并把这七百人交给他统领。不久，又升他为总管。朱元璋虽已被升为总管，但他还是感觉到这样下去是不行的。至正十三年底，朱元璋把自己统率的七百人交给别人，只带着徐达、汤和、吴良等二十四人离开了濠州，前往定远发展自己的势力。

这次出行不顺利，还没有开始，朱元璋就患了重病，只得返回濠州治病。过了半个月，才有所好转。这时，他听说张家堡驴牌寨屯居着一支三千人的民兵，主帅与郭子兴相识，现在正断了粮，处境艰难。机不可失，时不再来，朱元璋觉得这是扩充势力的好机会。于是，他不顾大病初愈，找到郭子兴，请求派自己前去招降。

郭子兴问："带多少人？"朱元璋说："人多易生疑，带十人就可以了。"郭子兴也不勉强，便派给他十个人。朱元璋带病走了六天，才到达张家堡。主帅与他一见面，朱元璋便说："郭公与你是老相识，他听说你们缺粮，又得到消息说有别的军队要来攻打你们，特地派我来通报。如果你们愿意跟随郭公，就与我一起回去。不愿意，也要赶快移到别处，以避来犯之敌。"

主帅想了半天也没有想出好办法，他见朱元璋说得真诚，就与他交换了信物，答应收拾好行装，马上到濠州归附。朱元璋见主帅如此，便将费聚留下等候，自己先回濠州，报告了郭子兴。郭子兴大为高兴，夸奖朱元璋办事得力。

不料过了三天，费聚来报，说事情有变，驴牌寨主帅想把队伍拉到别的地方去。朱元璋立即带着三百名士兵赶去，费尽唇舌，劝主帅归附郭子兴。但主帅仍是犹豫不决，朱元璋便定下一计，让人请主帅议事，趁机将他挟持而去。离开营寨十余里后，又派人到寨中传话，说主帅已经选好了新的营地，让部众移营。

部众信以为真，便烧了营寨跟去。主帅见大势已去，无可奈何，只得投靠于他。紧接着，朱元璋又带兵去豁鼻山，招降了以秦把头为首占山为王的草寇八百余人。朱元璋对收编来的队伍进行了集中训练，在较短时间内，使他们的战斗力有了明显的提高。不久，他率领这支部队攻克了屯居横涧山的缪大亨武装，缪大亨投降。这样不到半年，朱元璋的部队就发展到了十几万人，势力逐步壮大，为日后统一全国打下了坚实的军事基础。

【解析】

“观天时之祸福，孰吉、孰凶，诸侯之亲，孰用、孰不用”，就是要善于揣摩时机，去获取对自己有利的条件，而除去不利的条件。朱元璋在郭子兴手下也干得不错，但他并未满足，因为不发展自己的队伍就难有出头之日，所以才走上了一条独立发展的道路，建立起自己的军事武装，有了日后的大明江山。可见，谋大事者不可安于一时的小成就，必须要胸怀大志，才能取得更辉煌的业绩。

第二章 审时度势，权衡利弊

【原文】

何谓量权，曰：度于大小，谋于众寡，称货财有无之数，料人民多少、饶乏，有余不足几何；辨地形之险易，孰利孰害；谋虑孰长孰短；揆君臣之亲疏，孰贤孰不肖；与宾客①之知慧②，孰少孰多；观天时之祸福，孰吉孰凶；诸侯之亲，孰用孰不用；百姓之心，去就变化，孰安孰危，孰好孰憎？反侧孰便？能知此者，是谓量权。

【注释】

①宾客：客人。这里指谋士、幕僚。

②知慧：智慧。

【译文】

什么叫忖度时势、权衡得失？就是能揣测大小，明察多少，估量国家财货的厚或薄，预测人口数量的多与少，物资丰饶或匮乏，有余或不足的具体情况。辨识国家山川地理的险易，乃至利害情况。衡量国内谋士的优劣长短，君臣关系的亲或疏，贤明还是愚昧。国内宾客的智谋情况，是多是少。观测天时的祸福状况，是吉是凶。诸侯之间的亲密关系，可以效力，还是不可效力。百姓之心，是背离还是靠拢，何时安全，何时危险，以及是喜爱还是憎厌。对以上情况反复辨识并准确把握，知道如何去行动，才算做到了审时度势、权衡利弊。

【本章解读】

本章专论量权，实质是论述如何衡量天下的权力。量权有十个方面：

1．“度于大小”，即度量各国疆域大小。

2．“谋于众寡”，即谋算兵力现有多少和能有多少。

3．“称货财之有无之数，料人民多少、饶乏，有余不足几何”，即要称量整个国家货物钱财有多少、缺多少；估计国家百姓有多少；富饶的有多少，贫乏者有多少；哪些财物有余多少，缺乏多少。

4．“辨地形之险易，孰利孰害”，即要辨识各国山川地理形势的险峻与平坦，考察哪些有利，哪些有害。

5．“谋虑孰长孰短”，各诸侯国战略策略的谋划和思虑如何，谁谋划得好，谁谋划得不好。

6．“揆君臣之亲疏，孰贤孰不肖”，揆，度量。度量君臣之间的亲疏如何，摸清谁贤，谁不肖。

7．“与宾客之知慧，孰少孰多”，知同智，各诸侯所养宾客的聪明才智如何，谁的才智宾客多，谁的才智宾客少。

8．“观天时之祸福，孰吉孰凶”，观察各诸侯的天时祸福如何，谁呈吉祥，谁有凶险。

9．“诸侯之亲，孰用孰不用”，考察诸侯与天子之间、诸侯相互之间的亲疏关系如何，谁可以利用，谁不可利用。

10．“百姓之心，去就变化，孰安孰危，孰好孰憎，反侧就便”，侧，是向一边倾斜。便，是便利、容易。要考察各国百姓的人心向背、来去变化如何；哪国安定，哪国有危机；人民爱谁憎谁，是向一边倒，还是造反对抗，哪种可能性大。

11. “能知此者，是谓权量。”本句是本章的小结：如果能把上述十个方面搞清楚了，可算是把天下权力摸透了。请注意：“量权”和“权量”是不同的概念。量权的量，是动词，度量的意思。权量的量，是哲学范畴，是一种可用数量来表示的规定性，表明对权力的认知，达到了很高的境界——胸中有数。

【趣味故事】

投其所好谏文侯

战国时期，魏国发兵大举进攻中山国。魏文侯的弟弟任主帅，仅用三个月，便把中山国消灭了。

魏文侯于是大摆宴席，热烈庆贺，并决定由自己的儿子去管理中山国的土地。众大臣们惊愕不已，面面相觑，不作一声。因为按照当时魏国的惯例，中山国应该交给文侯的弟弟管理，这是对功臣的一种奖励。文侯的弟弟听了这个宣布后，也起身拂袖而去。

魏文侯做了这件事后，自己心虚，害怕人们议论自己，就召集大臣们故意问：“我是个什么样的君主呢？请大家直说无妨。”许多大臣都恭维地说道：“大王功在千秋，百姓们爱戴，当然是仁君了。”

魏文侯听了，半信半疑，看着各位大臣笑着说道：“是吗？难道我就没有一点过错吗？”众大臣又附和着说：“大王英明神武，哪里会有过错呢？”大臣任痤说道：“国君夺取了中山国之后，不封给有功的弟弟，却封给了自己的儿子，这怎么可以称为仁君呢？”

魏文侯一听，正好触到自己的痛处，顿时满脸生出愤怒之色。任痤见文侯恼羞成怒，急忙离座而去。“你认为我是一个什么样的君主呢？”文侯又问身边的大臣翟璜。翟璜平静地施了一礼说道：“我认为您是仁君。”“你为什么这样认为呢？”

翟璜知道大王必有这一问，于是把准备好的回答全盘托出：“我听说，哪个国家的君主贤明仁厚，哪个国家的大臣就正直不二，从不隐瞒自己的观点。刚才任痤说话十分坦率，句句在理，所以我认为您是位贤明仁厚的君主。”魏文侯听完，方才悔悟，便立即派人把任痤请回，又亲自下堂迎接，待为上宾。

【解析】

翟璜在此劝谏文侯时并没有直接指出他的过错，而是顺着任痤的言辞与其展开交流，以赞扬之语去警示魏文侯，让其从内心深处认识到自己的错误，并及时加以改正。可见翟璜巧托他语，委婉劝诫，深得迂回之精髓。

第三章
察言观色，揣度对方内心的隐情

【原文】

揣情者，必以其甚喜之时，往而极其欲也，其有欲也，不能隐其情；必以其甚惧之时，往而极其恶也，其有恶[1]也，不能隐其情，情欲必出其变。感动而不知其变者[2]，乃且[3]错其人，勿与语，而更问其所亲，知其所安[4]。夫情变于内者，形见于外。故常必以其见者[5]，而知其隐者，此所谓测深揣情[6]。

【注释】

①有恶：有所憎恶的人或事。陶弘景注："夫人之性，甚喜则所欲著，甚惧则所恶彰，故因其彰著，而往极之，恶欲既极，则其情不隐，是以情欲因喜惧之变而失也。"

②感动而不知其变者：那些内心有所感动却不能观察其喜怒变化的人。

③且：暂时，暂且。

④所安：安身立命的根据。陶弘景注："虽因喜惧之时，以欲恶感动，尚不知其变。无此者，乃且置其人，无与之语，徐徐更问斯人之所亲，则其情欲所安可知也。"

⑤见：显现。

⑥测深揣情：猜测准确，把握事理。陶弘景注："夫情貌不差内变者，必见外貌。故常以其外见，而知其内隐。观色而知情者，必用此道。此所谓测深揣情也。"

【译文】

揣摩人们内心的隐情，必要在其极为高兴时加以迎合，引发其欲望，有了欲望，就不能隐藏内情；必要在其极为惧怕时加以考察，引发其憎恶，有了憎恶，就不能隐藏内情。人的种种欲求，往往显露于情绪波动之时。如果一个人的情感有所触动，却不显露于形色，就暂时放开不要和他说话，而向他身边的人询问，就可以知道其内心不为所动的原因。一般来说，心中充满欲求，必然表现于外。通过察言观色，便能了解人们内心的隐情。这就是“探测内心以获真情”的道理。只有观察仔细，才能把握深刻。

【本章解读】

本章专论揣情：

1．首先论述如何揣情：揣情要造就并抓住人“甚喜”“甚惧”两个时机：

“必以其甚喜之时，往而极其欲也，其有欲也，不能隐其情”，这是说：一定要抓住对方甚为喜悦之时，前往拜访，并设法诱使其欲望达到极点，当他表现出欲望时，一般不能隐匿内心所想，定会暴露真情。

“必以其甚惧之时，往而极其恶也，其有恶也，不能隐其情”，这是说：一定要抓住对方在甚为恐惧之时，前往拜访，并设法诱使其对某人某事的厌恶达到极点，当他表现出厌恶之时，一般不会隐藏内心所想，定会暴露真情。

“不能隐其情，情欲必出其变。”这是说：当对方不能隐藏情欲之时，一定会暴露其思想脉搏之变化。

2.“感动而不知其变者，乃且错其人，勿与语，而更问所亲，知其所安。”本句是接上句，如果用“极其欲”的感动法，尚不能窥探到此人思想脉搏的变化，说明此人非常理智深沉，此时，不妨暂且错开其人，不要与他交谈，而应更改调查对象，转问其所亲近的人，从亲近者那里了解此人的内心世界，探知此人为何那样沉着。

3.“夫情变于内者，形见于外。故常必以其见者，而知其隐者，此所谓测深揣情。”本句是本章的小结：一般来说，当人的内心情感发生变化时，一定会表现于外。所以我们必须经常留心观察人的外在表现，从而判断其内心隐藏的思想感情，这就是人们常说的“测深揣情法”。

【趣味故事】

大树为喻谏太祖

自唐末以后，数十年之间，换了八姓的帝王，争战一直不停，直到宋太祖重新统一中国。一天，宋太祖召见赵普，有意问道：“天下自唐末以来，朝代频繁更迭，帝王换了八姓，一直战乱不止，生灵涂炭。我想罢息干戈，为国家做长久的打算，应当怎样做呢？”

赵普沉思了一会儿，乘机回答：“向来方镇之权太重，所以天下不安。现在应削夺其权，削其钱谷，收其精兵。如此天下自然就安定了。”赵普还以大树为喻，说如果树枝过大就应削减，始终保持强干弱枝，树干支配树枝，大树自然越长越繁茂。他还向赵匡胤提出了朝廷集中政、军、财权的三大纲领。

太祖听罢，良久不语。原来，赵匡胤做了皇帝后，在陈桥兵变中支持他并出了大力的结拜兄弟石守信、王审琦等人各自分典禁军。赵普出于对他们手握重兵的忧虑，建议赵匡胤削夺他们的兵权。

赵匡胤认为这些结拜兄弟多年来与自己出生入死，情同手足，怎么会背叛自己呢？于是，赵普委婉而振振有词地对他说："我并不是怕他们本人背叛，只是石守信、王审琦等人没有统御部下之才，万一军中有作孽煽动之人要拥立他们做皇帝，到那时他们也身不由己了。陛下当年不也是这样吗？"

他的话尖锐无比，正触到赵匡胤的痛处，使他下定决心削夺石守信等人的兵权。不久，赵匡胤召集石守信等人宴饮。君臣无间，好不畅快。在酒醉耳热之际，赵匡胤长吁短叹，显得忧心忡忡，很不开心。他屏退左右随员，对石守信等人说：

"我没有你们这帮兄弟的力量，不会有今天这个地位。然而，天子非常难当，还不如当个节度使快活；当天子每天担惊受怕，连睡觉都睡不安稳。"石守信等人大惊，忙问其故。赵匡胤说："这并不难知，天子这个职位，谁不想谋取呢？"

石守信等人一听，酒意去了大半，连忙叩头跪拜说："陛下怎么说这样的话呢？如今天下已安定，谁还敢再有异心。"赵匡胤面带醉意回答说："你们当然不会，但假如你们的部下，有贪图富贵的，一旦把黄袍披在了你们身上，你们虽不想当天子，但能办得到吗？"

石守信等人听了心惊肉跳，痛哭流涕，跪求赵匡胤替他们指点迷津。赵匡胤附耳低语道："你们为什么不放弃兵权，外出做一地方大员，买些良田美宅，为子孙多办些家业，再多弄些歌妓舞女，每日饮酒作乐，以终天年。我再与大家结成儿女亲家，君臣之间没有猜疑，上下相安，不是很好吗？"

石守信等人听罢感恩拜谢。第二天，都称病交出了兵权。这就是历史上著名的“杯酒释兵权”。通过这种方法，赵匡胤解除了石守信等人统领禁军的职务，并命他们到外地去做官。以后，他又以同样的手段将一批节度使免去职务，给以无实权的“奉朝请”之类的闲散职务。这样，赵匡胤就牢牢控制了军队的权力，消除了将领拥兵自大、谋求皇位的后患。

【解析】

赵普在此劝谏宋太祖解除手下大将的兵权，用的就是旁敲侧击的言辞。他不急于直接进言，而是以大树为喻，让太祖自己去领悟。虽然赵普读书不多，但却是以“半部《论语》巧治天下”出名的。他的“巧”，在于他善于思索，为了使宋太祖的统治得以巩固，他以史为鉴，联系实际，触动往事，促使宋太祖做出了“杯酒释兵权”的决策。

第四章　揣心术的力量

【原文】

故计国事者[1]，则当审权量；说人主[2]，则当审揣情。谋虑情欲必出于此。乃可贵，乃可贱；乃可重，乃可轻；乃可利，乃可害；乃可成，乃可败，其数一也[3]。故虽有先王之道、圣智之谋，非揣情，隐匿无所索之。此谋之大本也，而说之法也。

【注释】

①计国事者：谋划国家大事的人。

②人主：君主。陶弘景注："审权量，则国事可计；审揣情，则人主可说。至于谋虑情欲，皆揣而后行，故曰谋虑情欲，必出于此也。"

③其数一也：其中道理相同。指谋士的富贵荣华或贫贱失意，都由其揣情之术是否精当独到而决定。

【译文】

所以要谋划国家大事的人，就要权衡利弊得失；游说人主的谋士，就要揣摩其内心实情。策划谋略或考察情欲，必然要以此为出发点。运用揣情术，可以尊贵，可以贫贱；可以权重，可以卑微；可以获利，可以受损；可以成功，可以失败，其间的道理相通。所以，即使拥有先王的德行，圣人的智谋，不懂"揣情"之术，就不会得到隐藏内心的实情。这些是制定谋略的根本，是游说他人的重要方法。

【本章解读】

本章论述量权、揣情对“谋”与“说”的必要性和重要性：

1. 正面论述：“故计国事者，则当审权量；说人主，则当审揣情。谋虑情欲必出于此。”所以计谋国家大事者，则应当精心研究权力，达到洞察的程度；凡游说君主者，则应当精心揣度实情。一切计谋考虑和情欲，均必须从量权和揣情出发。

2. 强化论述：“乃可贵，乃可贱；乃可重，乃可轻；乃可利，乃可害；乃可成，乃可败，其数一也。”无论用什么计谋，无论怎么说，不管是贵是贱，是重是轻，是利是害，是成是败，均要取决于量权和揣情的结果，其道理与规律是一样的。

3. 反证：“故虽有先王之道、圣智之谋，非揣情，隐匿无所索之。”即使你具有古代先王之道，具有圣贤大智之计谋，如果离开揣情，则人家隐匿之情，你就无法索取到。

4. 结论：“此谋之大本也，而说之法也。”量权、揣情，是设计谋略之大根本，是游说君主的基本法则。

【趣味故事】

春居谏齐宣王

齐宣王下令修建一座占地超过一百亩，大堂上要设置三百座门的宫殿，一连修建了三年都没能成功。绝大多数的大臣都不敢劝阻齐宣王停建这座宫室，只有春居对此深感忧虑，总想找个机会劝谏齐宣王。

有一天，齐宣王和大臣们谈论君主的贤明问题。春居趁机问他：“楚王抛弃了先王的礼乐，音乐也因此而变得轻浮了，您说楚王能算贤明的君主吗？”“当然不能算！”齐宣王想都没想就作出了回答。

春居又问：“楚国所谓的贤臣数以百计，却没有一个人为此而劝谏楚王。请问，楚国有算得上贤臣的人吗？”齐宣王又肯定地回答道：“当然没有！”

春居顺势接着问：“现在大王您要修建的大宫室，占地超过了百亩，堂上还要设置300座门，这样豪华的大宫室一连修了三年都没完工。大臣中没有人敢劝阻。请问，大王您算得上拥有贤臣吗？”

齐宣王迟疑了一下，说：“当然也没有！”春居拱手说：“那好！请允许我离开吧！”说完就快步地走了出去。齐宣王愣了一下，马上追上去说：“春子！春子！请您回来！为什么这么晚才劝阻我呢？”

齐宣王把春居召回来后，又赶紧召来记事的史官，对他说：“写上！我不贤德，喜欢建大宫室。春子劝谏了我。”

最后齐宣王下令停止了这项劳民伤财的浩大工程。

第五章 揣度心情，懂得欣赏

【原文】

常有事于人，人莫能先，先事而生[①]，此最难为。故曰：揣情最难守司[②]，言必时有谋虑。故观蜎飞蠕动[③]，无不有利害，可以生事变[④]。生事者，几之势[⑤]也。此揣情饰言成文章，而后论之也。

【注释】

①先事而生：指以谋为先，做到决策在前，行事在后。策略谋划在前，则事情易于成功；毫无计划，莽撞行事，只会到处碰壁。陶弘景注："挟揣情之术者，必包独见之明，故有事于人，人莫能先也。又能穷几尽变，故先事而至，自非体玄极妙，则莫能为此矣。故曰此难为者也。"

②揣情最难守司：揣测人情最难掌握。陶弘景注："人情险于山川，难于知天。今欲揣度而守司之，不亦难乎！故曰揣情最难守司。谋虑出于人情，必当知其时节。此其所以最难也。"

③蜎飞蠕动：泛指昆虫类的运动轨迹，或快速飞行或缓慢蠕动。

④生事变：发生事态的变化。"变"一作"美"，据学者考证应为"变"。俞樾《读书余录》："美当作变，言蜎飞蠕动之虫，无不有利害可以生事变也。变、美形近而误。"陶弘景注："蜎飞蠕动，微虫耳，亦犹怀利害之心，故顺之则喜悦，逆之

则勃怒，况于人乎！况于鬼神乎！是以利害者，理所不能无；顺逆者事之所必行。然则顺之招利，逆之致害，理之常也。”

⑤几之势：细微的态势。

【译文】

游说之士把这些方法用之于人，人们是难以预先察觉的。能够谋略在先，行事在后，这是难以做到的。所以“揣情”术不好掌握，游说他人必要深思熟虑方可行动。蚊虫或快速飞行或缓慢蠕动，其中无不有利害关系，因此才衍生出各种事端变化。事情一旦来临，便会有细微的征兆。这就是“揣情”要求人们修饰言辞加以表达，然后以此与人论说。

【本章解读】

本章论述揣情为料事、谋事应达到而难达到的两个境界：

1.“常有事于人，人莫能先，先事而生，此最难为。故曰：揣情最难守司。”守司，何意？辞意是掌握、运用；在《捭阖篇》中曾用来守司门户。“常有事于人”的主语是谁？通观鬼谷子的思路，可能是隐指古代高明的谋略家。本句点出了揣情的目的是料事、谋事。其意是说：古代那些高明的谋略家，常运用揣情为人料事、谋事，人们总是无法超过他，他总是在事情发生之前，就预料到了将要发生的事，料事如神，谋事于先，这种境界是最难达到的。所以说，揣情最难的是运用情报料事、谋事。

2.“言必时有谋虑。故观蜎飞蠕动，无不有利害，可以生事变。生事者，几之势也。此揣情饰言成文章，而后论之。”蜎，蚊子的幼虫，即孑孓。几之势，何意？几，少量意，其意是说即使是少量或微小的东西，也可能形成一定的势能，从而引发事变，如千里之堤，溃于蚁穴。本句点出了揣情的另一个目的是谋言、饰言。其意是：凡言说，得依据当时的情况，精心谋虑言说的后果。为什么要精心谋虑呢？因为言说可以生事变。在自然界，即使是幼虫蠕动，无不有利害得失，甚至引发事变，之所以发生事变，源于微小，也可成势。故揣情之后，一定要修饰言词，以至做成文章，然后，方可游说君王，纵论计谋。无独有偶，两千多年后，西方有一个理论叫“蝴蝶效应”。其大意是说：在大洋此岸一只蝴蝶扇动翅膀，可能在大洋彼岸引发一场风暴。鬼谷子实在不愧是先哲，从微小的变化便可预见到巨大的后果。

【延伸阅读】

一、谋略聚焦

1. 揣情度势，施政有方

鬼谷子认为：“善于治理天下者，其胸中必须揣有天下之一切。”先秦时的游说之士，常常忖度情理，审时度势，揣摩君王的心理，这就是“量权揣情”的学说。权，不是阴谋，而是一种游说他人的策略。通过揣摩、推断的方法，判断对方的想法。只有做到善于“量权”与“揣情”，才能正确决策，治理好国家。

春秋末期的郑国政治家子产，年轻时就与众不同，极具政治眼光。当时，郑国攻打蔡国，擒获司马公子燮，消息传来，人们都很高兴。子产却说：“我们郑国乃一小国，不该轻易和人结怨。如今和楚国的盟国交战，虽有小胜却有大患，哪里值得庆贺呢？”

不久，楚国果然来攻郑国，郑国不得安宁。子产为相时，郑国处于内忧外患之中，周边形势极不稳定。为了控制时局，子产提出了“宽以治世”的主张，他说：“现在百姓和朝廷积怨很深，追其根源，还是执政者苛政扰民所造成的。若不革除陋习，加民以惠，百姓的怨恨就会更多，到了无法控制的时候，朝廷就难以维系了。废除苛政是当务之急。”

于是，子产废除了苛政，制定了有惠于民的措施，郑国逐渐走向安定，国泰民安。子产的政治主张是“宽以治世”，但并没有放弃“严”的手段。在政治局势稳定的情况下，对于屡教不改、胡作非为的贵族则采取严厉的打击。他说：“治世，最上等的是德治，其次是刑罚。所以，宽严不可偏废，力求做到以宽为主，宽严相济。”

消除仇怨，不能不讲原则，一味讨好不会取得好效果。如果丧失立场，就会贻害无穷。宽厚的做人态度，就要做到以德服人，以德释怨。如果这种方法不奏效，就要采取严厉的手段，迫其就范。灵活多变、因人而异的手段，要讲究实际效果；手段多样，应势而变，治理天下就能得心应手。

2．深合事理，因时而变

揣摩是一种学问，也是一种智慧。通过审时度势，把握事物的发展规律，从而退中求进，出奇制胜。忖度情理以审时度势，权衡利弊，这种谋略在先秦战国时代十分发达。

《战国策》写苏秦夜间著书的事：“乃夜发书，陈箧数十，得太公阴符之谋。伏而诵之，简练以为揣摩。”苏秦夜里打开书箱，检视所存简牍，找到专讲谋略的《太公阴符》，埋头苦读，精心选择，撰述《揣情》《摩意》。

《揣》篇曰：“古之善用天下者，必量天下之权，而揣诸侯之情。量权不审，不知强弱轻重之称；揣情不审，不知隐匿变化之动静。”意思是说，善于治理天下的人，必然衡量各种集团势力的轻重，揣摩诸侯实情。如果对各种集团势力的轻重分析不全面，就不可能对诸侯实力强弱虚实作出正确判断；如果揣摩诸侯的实情不全面，就不可能掌握事物变化发展的征兆和迹象。

人是群居动物，也是社会性动物。人们常说“天时、地利、人和”，其实是对社会上各因素的总结和概括，若想获得成功必须考虑以上三个因素。因此，通晓“天时、地利、人和”，也是鬼谷子“量权揣情”的处世策略。人要解除疑惑，最好的办法是通过实践来验证。莽撞而行，退缩止步，都难以体现“揣”的智慧。只有善于“揣摩”，才能够最大限度地接近事物的真相。

有时候，成功需要壮士断腕的举动和高瞻远瞩的眼光。君子有所为有所不为，这是成功者的必备能力。有所为，就是有所作为，有追求的理想和目标。有所不为，就是保持理智，头脑冷静，不凭主观意识干扰事物发展，不违背客观规律徒然追求，这样反会有所作为。

当处于优势时，应该“有为”；当处在劣势时，应该以退为进，坚守“无为”。这其实是积极、平静的进取，其攻势是收敛的，但有潜在的推动力。一个人是否有作为，并不在于表面形式，而在于实质内容。表面上轰轰烈烈，不一定有所作为；表面上平淡无奇，反而可能有所作为。可见，无为不仅是一种方法和策略，更是一种态度、一种境界。人的精力有限，能力也有所侧重。做最适合的事，才容易成功。

3．度势用兵，揣情待人

鬼谷子认为，揣情是最重要的，同时也最难做到。如果能预见事物的发展就更加难能可贵。《揣》篇曰："揣情者，必以其甚喜之时，往而极其欲也，其有欲也，不能隐其情；必以其甚惧之时，往而极其恶也，其有恶也，不能隐其情，情欲必出其变。"以上几句讲游说之士如何探求对方的欲求和愿望，并指出了内在欲求和外在表现的关系。人有七情六欲，无一不想实现。与人言谈，可以此为出发点，进行游说或考察把握对方的欲望和追求。战国末年，秦国灭掉燕、代、赵、魏各国，和南方的楚国发生战争。楚国形势岌岌可危，决心倾全国之力同秦国决一死战，以挽救危局。当时，楚国还有良将项燕，不可小视。

秦王嬴政先派李信率兵攻楚，初战获胜，于是挥军西进，与蒙恬会师合攻城父。当秦军立足未稳时，项燕率楚军从背后发起攻击，大败秦军。秦王请大将王翦出山，王翦却提出非要六十万士兵不可，秦王无奈，只好答应他的条件。王翦是秦国有名的大将，指挥作战以出奇制胜闻名，而且善于审时度势，对秦楚两国的形势做了周密分析。当时楚国地广人多，兵力雄厚。早在春秋时代，楚国就曾问鼎中原，称霸一时。战国中期后，虽然兵挫地削，日渐衰落，但仍然具有相当的军事力量，是唯一能同秦国较量的国家。

同时，王翦还揣摩出秦王的心思和性格，知道秦王嬴政骄而多疑。六十万士兵，几乎是秦国的全部军队。王翦手握重兵，深恐秦王猜疑，于是向秦王请封大量田地，目的不在于福荫子孙，而是表示自己忠于秦王，可谓用心良苦。得到了秦王的信任，他才放手指挥，一心攻楚，不怕功高盖主而身处险境。

楚王听到王翦率领大军前来，于是倾国中之兵，命项燕率军同秦军决战。王翦根据战场的情况，制定了作战方案。他见楚军来势凶猛，就采取了“坚壁而守”的作战方针，任楚军挑战，始终闭营不战，每天只是锻炼士卒，好生休息。楚军寻不到战机，斗志松懈，遂向东转移。王翦乘此机会，挥兵追击，大败楚军。秦国统一天下，横扫六国，王翦等将领起了重要作用。

智谋之士策划国事，游说君主，需要详细考察时势，乃至人情事理。正所谓“审权量，则国事可计；审揣情，则人主可说、虑至于谋略，皆揣而合行，故曰谋虑、情欲皆出于此也”。

4. 洞察天下，三分而定

鬼谷子云：“古之善用天下者，必量天下之权，而揣诸侯之情。”他认为谋臣策士若想实现政治抱负，就要说服各国诸侯来左右天下局势。做到这一点很不容易，必须掌握和了解天下形势，揣摩诸侯的真实意图。只有做到这些，才能抓住机会，施展抱负。

三国时，天下大乱，群雄割据，世事纷扰。诸葛亮生逢乱世，以布衣之身，躬耕南阳。他深知天下大势，熟读兵书，洞晓他人心理，自比管仲、乐毅。身在隆中，胸怀天下，对当时形势有清醒的认识。

在谋士徐庶的推荐下，刘备三顾茅庐，向诸葛亮请教天下大计。诸葛亮深感知遇之恩，于是向刘备讲述了自己对天下大势的分析、思考，以及乱世称雄的谋略，这就是著名的“隆中对”。

诸葛亮为刘备提出了兼弱攻昧的外交谋略。他认为孙权占据江东，经过父子三代经营，又有长江之险，而且贤臣较多，兵精将广，所以只能结盟。荆州北临汉水、沔水，可以直通海上，东连东吴，西通巴蜀，是战略重地。而刘表虽有地方千里、兵甲十万，却懦弱无谋，不懂军事，这是上天所赐，应该攻取。益州有险关要塞，沃野千里，可谓天府之国，汉高祖正是从这里成就了帝业。刘璋身为益州牧，却昏庸无能。如果能占据荆州和益州，守住险关要塞，对外与孙权结盟，对内精心治理，一旦天下形势发生变化，可派得力大将率军向中原进军；主力人马出兵秦川，在战略上形成东西并举、左右呼应之势，这样不但霸业可以成就，汉朝也可以复兴了。

诸葛亮根据形势，作出了详细分析和判断，制定了积极稳妥的战略方针和行动计划。依据时势变化和政治需要，选择时机打击、削弱敌对力量，吞并弱小力量，从而壮大自己。这种“兼弱攻昧”的谋略，使刘备集团逐渐走向强大。

欲求的产生，是人们对于外界的反应。追求欲求的实现，是人们内心不可避免的。通过考察人们的欲求，进行适当游说，便能事半功倍。历史也证明了诸葛亮的政治策略：联孙抗曹、夺取荆州、益州作为基地，以等待局势变化，出兵夺取中原等，完全符合事物发展的客观规律。由于这一系列策略的实现，使刘备三分天下，获取其一，从而奠定和形成了三国鼎立的局面。

5．人心向背，力争主动

鬼谷子所说的“揣”，是对客观形势的预见和分析，通过仔细揣摩，把握事物的真相或实质，可以掌握人心向背，力争主动。要想做事成功，就必须量权揣势，根据情况制定计划和方案。而缺乏“揣”的智慧，则容易陷入盲目的泥潭，从而偏听偏信，受人牵制，走向自我毁灭。这就是“揣术”，需要多方考察、全面掌握信息。

秦朝末年，各地义兵纷起，天下大乱。张良先在安徽亳州起义，后来投靠刘邦，成了刘邦身边的重要谋士。当时，刘邦占领了武关，便下令直奔峣关。张良说：“沛公莫急，武关是关中门户，也是交通枢纽。如今虽然得手，若不加强防卫，项羽随后就到，难以抵挡。”建议加固关防，派重兵镇守，以拒各路诸侯于关外。这样，便可以击杀秦军于关中，直捣咸阳。刘邦依计而行。

峣关又名蓝田关，气势雄伟，地形险要，易守难攻。张良建议先派兵在峣关对面的山上，遍插旗帜以为疑兵，让对方感觉如临大敌，以摧垮他们的士气。再派善辩之士，带上黄金珍宝，诱之以利晓之以理，暗中联络以为内应。

果然，秦军将领人心惶惶，有一部分愿与刘邦讲和。然而，张良看到秦军士兵大部分是关中人，父老和妻室儿女都在关内，他们一定会奋不顾身抵抗。与其和他们拼杀，不如等到他们松懈疲惫，迂回包抄，前后夹击。于是，刘邦率主力绕过峣关，翻越蓝田东南的蒉山，突然出现在秦军背后，在蓝田南部大破秦军，进一步占领蓝田。峣关的后路被切断，前后夹击不攻自破。关中大门由此洞开，秦都咸阳已无险可守。

两军相逢，不仅斗勇而且斗智。智者能审时度势，运筹帷幄，决胜于千里之外。成就事业的人，往往能够顺应时势，趋利避害，由此把握事物的发展，力争主动。张良正是因为看清了事物发展变化的趋势，利用一切有利的力量和因素，从而在实践中掌握了人心向背，获取了战争的主动权。

6. 世事难测，不得不防

俗话说：“害人之心不可有，防人之心不可无。”这是中国人的一种处世哲学，在某种程度上反映了人们看世界的眼光。鬼谷子在《揣》篇中说：“夫情变于内者，形见于外；故常必以其见者，而知其隐者，此所谓测深揣情。”矛盾无处不在，无时不有，由于利益的差异性和价值取向的背离，当矛盾激化到一定程度，对手就有可能设计种种圈套。

当然，生活中难免磕磕碰碰，也不能过于疑神疑鬼，总以为有人在算计自己。也许是别人想自我表现，爱耍小聪明而已。对这种人，不妨大度一些，无伤大雅；若对方得寸进尺，也不必过于认真。但巧妙识破对方设定的圈套，却是我们应该掌握的本领。

从双方有无利益冲突的角度考虑，并分析对手的性格和胆量，以确定圈套的种类及复杂和危险程度。还可以采取以攻为守的方法，故意透一点信息给对手，表明知道他设的圈套，只是不说出来。倘对手做贼心虚就会有所表现。

倘若掌握了某些证据，但还不充分，就要适当伪装，态度一如既往，以免打草惊蛇。大智若愚是迷惑对手、识破圈套的有效办法。对手以为你还蒙在鼓里，就会放松戒心，暴露自己，这样就有利于获取想要的证据。

生活中善恶并存，所谓防人之心，其实是防人性中的恶。比如有人为了升迁，不惜设圈套打击竞争者；有人为了生存，不惜在利害关头出卖朋友；有人走投无路，狗急跳墙，于是坑蒙拐骗。“明枪易躲，暗箭难防。”该如何防？先要巩固城池，让人摸不清底细。做法很简单，就是不随便露出弱点，不轻易显露欲望和企图，不露锋芒，不得罪人。对方摸不清底细，自然不敢随便陷害，因为没有机会。俗话说“兵不厌诈”，争夺利益时人心也不厌诈，对他人的动作要冷静观察，凡异常的动作都有意图，结合所处环境一并思考，便可发现其中奥妙。

二、古为今用

人生天地间，立身处世，大凡有志气者，无不想做一番事业，造福于家，造福于乡梓，造福于国家，造福于后代。从立身处世到兴邦济世，会遇到数不清的挑战，会有数不清的考验。因为，人活在世上，无不遇到各种矛盾和挫折，往往是安与危同在，祸与福共生，既有时势提供的机遇，也有被时势淹没的危险。“一帆风顺”“万事如意”，只是人们的良好祝愿，现实少见那么理想。如何立身处世，如何兴邦济世，是每个志士仁人不能不研究的问题。

1．人生需要多谋善说

多谋，是人们普遍崇尚的。中华民族历来重视文韬武略，历来尊敬军师、谋士。在《封神演义》《三国演义》《水浒传》等这些文学名著中，把姜太公、诸葛亮、吴用等军师，塑造成神出鬼没的谋略家，令世世代代为之向往。诚然，不仅伟大人物离不开谋略，即使是普通人，要想顺利地立身、立业，抓住机遇，规避风险，迎接挑战，也需要多谋。不动脑筋，没有智谋的人，即使勇敢，也是莽夫，成不了大器。

善说的人，在封建专制社会里，受褒少，受贬多。皇帝金口玉言，岂容辩说；皇帝至高无上，岂容谋说于君。但任何朝代，任何政权，任何谋略，都离不开善说之人！故在历史上总有如张仪、苏秦、毛遂、甘罗等善说的名人，演绎着举世闻名的故事。只不过总要被正统文人斥为“摇唇鼓舌”罢了。

多谋与善说，多谋是第一位的。多谋者，是要善于调查研究，掌握信息；是要善于探测隐情；是要善于做出全面分析；是要善于做出过程分析；是要善于预测；是要善于从诸多矛盾中，找出主要矛盾；从诸多办法中，找出最佳办法；从诸多程序中，找出最佳程序；从诸多人选中，找出最合适的人选。图存避亡，趋利避害，稳操胜券，以最小代价获取最大效益，从而确保利国利民。

善说，通常从属于多谋，是第二位的。是要善于人际交流，沟通思想；善于推销谋略政见，使人接受并付诸实施；善于调查询问，探到真情灼见；善于教育学生，释疑解惑；善于鼓动民众，统一行动；善于发布学说，促进文化发展。其实“善说”的精妙在于“善”，而不在“说”。只要是口齿清楚、逻辑思维正常的人，就不难做到。而一个“善”字，又何等了得，如果没有很高的思想水平，如果没有真理在手，如果没有一定的谋划，如果不了解情况，如果不懂得众人的心理，又从何而有善说！《三国演义》中有一段叙述诸葛亮出使吴国时舌战群儒的故事，在座的群儒中不乏口才好的人，为何均被诸葛亮说得哑口无言？

有些人把善说理解为卖嘴皮，实在是莫大的误解。本篇多处提到善说，都是谋求一个“善”字。纵观中国历史上各朝各代，凡建大功、立大业者，无不是多谋善说。再看今日之世界，企业之间的竞争与联合，地区之间的竞争与联合，国家之间的经济、政治、文化、军事各方面的外交，众多地区组织和国际组织的关系，又有哪一个不需要多谋善说！多谋善说究竟从何而来？多谋靠天才吗？善说靠口才吗？否，鬼谷子的回答是：多谋善说靠揣审。

2．多谋善说靠揣审

鬼谷子在本篇首先总结历史经验说：“古之善用兵者，必量天下之权，而揣诸侯之情。”为了便于理解量权、揣情，且举两个案例。

案例：蹇叔如何为秦穆公揣谋霸业。秦穆公在礼聘到蹇叔之后，向他请教如何成就霸业。蹇叔首先为他分析秦国的形势："秦国处在周王朝的最西边，地处偏僻，与西戎、北狄等众多少数民族为邻。地理位置险要，军力强盛，进可以战，退可以守。以往在周王朝的地位，为什么低于众多诸侯？是因为秦国的威望和德惠不及人家。没有威望，何以叫人畏惧！没有德惠施之于人，何以叫人怀念！人家既不畏惧你，又不怀念你，你何以成就霸业？"

穆公问："威与德二者，哪个最重要？"蹇叔回答说："德是根本，威是补充。有德无威，其国易受外界削弱；有威无德，其人民易生内乱。"穆公又问："寡人欲布德而立威，该怎么施行？"蹇叔回答说："秦国百姓与西戎少数民族的风俗混杂，缺乏礼教，不辨贵贱、等级和法度，臣请求为国君先教化百姓，叫他们懂规矩，然后再施刑罚约束。教化好了，老百姓就知道尊敬其君上；然后对百姓施以恩惠，对犯法者施以刑罚，老百姓就体会到国君的恩威和对刑罚的惧怕。上下之间，如人的手足头目之协同，分离不开。若能如此，则秦国如同齐桓公和管仲那样节制国家，所以号令天下而无敌也。"

穆公又问："诚如先生之言，遂可以霸天下乎？"蹇叔回答说："还不够。凡想称霸天下者，要恪守三条戒律：勿贪，勿忿，勿急。贪则多有失败，忿则多有灾难，急则多有失误。如果能明辨大小而图谋，何必要贪？如果能权衡彼此的情况而为之，何必愤怒？如果能斟酌缓急而办事，何必急躁？如果国君能戒此三者，那离霸业的成功就不远了。"

穆公又问："善哉！你讲得好！请为寡人斟酌今日之事，哪些该急办，哪些可缓办？"蹇叔回答说："秦立国西戎，这是秦国特有的优势，也是秦国祸福之根本。今齐桓公已老，其霸业将衰，当务之急，一是要善抚秦国的老百姓；二是联合西戎诸国，征讨其中不服从者，使之臣服秦国，形成秦国的统一阵线。待西戎诸国臣服之后，要息兵休战，专心发展经济，等待机会。把齐国这个霸主该做的事，捡起来做好，对诸侯布以德义，收取人心。若能如此，国君虽不想称霸，也难以辞脱得了！”

秦穆公采用蹇叔、百里奚的谋略，果然继齐桓公之后，称霸于中原，成为继齐桓公之后的霸主，在历史上成为春秋五霸之一。

从这个案例可见，蹇叔设计的称霸战略，是从秦国自身的优势出发，首先“自强、并戎、壮实力”，然后“继齐、布德、霸中原”，稳操胜券。足见他对秦国与西戎、秦国与中原的关系做过充分的调查研究，达到了“审量权”的程度，审明审准了当时秦国所处的权力关系；对秦穆公做过充分的研究，达到了“审揣情”的地步，审明审准了秦穆公的愿望、才能、气质，特别是他的贪、忿、急。如果没有“审量权”和“审揣情”，则不可能设计出如此稳操胜券的战略和策略。

案例：诸葛亮如何为刘备揣谋创业战略。刘备在依附刘表、走投无路时，三顾茅庐，诚请诸葛亮出山，辅佐创业。诸葛亮未出茅庐，就为之设计了一个创业战略，就是著名的《隆中对》。这是一篇战略策划的范文，值得细读和思悟。

首先指明当时的形势：“自董卓以来，豪杰并起，跨州连郡者，不可胜数。”

继而分析各股主要势力的前途及对策：“曹操比于袁绍，则名微而众寡，然操遂能克绍，以弱为强者，非为天时，抑亦人谋也。今操已拥百万之众，挟天子而令诸侯，此诚不可与争锋。”

“孙权据有江东，已历三世，国险而民附，贤能为之用，此可以为援而不可图也。”

“荆州北据汉沔，利尽南海，东连吴会，西通巴、蜀，此用武之国，而其主不能守，此殆天之所以资将军，将军岂有意乎？”

“益州险塞，沃野千里，天府之土，高祖因之以成帝业。刘璋暗弱，张鲁在北，民殷国富而不知存恤，智能之士思得明君。”

最后针对刘备的情况提出创业战略构想：“将军既帝室之胄，信义著于四海，总揽英雄，思贤如渴，若跨有荆、益，保其岩阻，西和诸戎，南抚夷越，外结孙权，内修政理，天下有变，则命一上将将荆州之军以向宛、洛。将军身率益州之众出于秦川，百姓孰敢不箪食壶浆以迎将军者乎？诚如是，则霸业可成，汉室可兴矣。”

从这个案例可以看出，诸葛亮设计的创业战略，是从刘备所处的客观环境和刘备的优势出发的。可以概括为两句话：“避实就虚夺取荆、益，鼎立联吴待机破曹。”刘备基本采纳了这个战略，得以迅速壮大，形成了魏蜀吴三足鼎立的局面。可惜刘、关、张三兄弟还欠缺战略家胸怀，后因小不忍而乱了大谋，未能完全遵循联吴抗曹的战略，屡屡与吴国对抗，以致关云长“大意失荆州”，刘备被“火烧连营七百里”。刘备死后，继承人又是扶不起来的阿斗，未能等到曹营发生变故，蜀国就衰败了，以致霸业未成，汉室未兴。从《隆中对》中不难看出，诸葛亮对曹操、孙权、刘表、刘璋、张鲁等，均做过深入的调查，对各地的名士均做过研究，其详细程度，仅从益州地图就可窥见一斑。可以说，全篇句句都是“审量权”的结果。若无深入的调查研究，熟思个中利害，无论是多大天才，也得不出这些结论。可惜诸葛亮对刘关张的揣情还没有达到审明审准的程度，这也正是桃园三结义的副作用。

从历史案例不难看出，量权揣情是多谋善说的基础。然而，量权揣情者，是否都能多谋善说，达到谋必成、说必中？不然。为什么有些人也量权，也揣情，也多谋，也善说，但其谋未必成，其说未必中，是何道理？差别在于“审”字！多谋善说贵在审。

鬼谷子在本篇中特别强调：量权揣情贵在审。审者，审计、审查、审判，即要详查细究，精心思考，弄得明明白白，达到全知、深知的程度。如此，方能正确判断形势，制定出正确谋略。如果量权而不审，揣情而不审，若明若暗，想当然，差不多，一知半解，则不可能正确判断强弱、轻重、利害、主次、先后等关联，则难免犯主观主义和形而上学的错误，只知其公开表现，不知其隐匿实情；只知其当时，不知其变化。这样制定出来的谋略，岂能确保成功。大谋略家与一般谋士的差别，就在于一个“审”字。

《三国演义》中的刘备，当初先后投奔袁绍、曹操、吕布、刘表，屡屡失败，以至于无立足之地，都是量权揣情不审的结果。诸葛亮比孙乾等谋士高明之处，就在于审。后来刘备不听诸葛亮的劝阻，执意伐吴，以致大败，依然是量权揣情不审的必然结果。鬼谷子在第四段得出结论说：审量权，审揣情，“此谋之大本也”。广义的揣，包含量权与揣情。简言之：谋之大本在揣审。本篇标题用一个揣字，正是点出了谋略的本源。

孙子兵法非常强调“知”：“知彼知己，胜乃不殆；知地知天，胜乃可全。”鬼谷子把“揣审”作为谋略之本源，正是对孙子兵法“四知”论的阐发，奠定了谋略理论的基础。学习本篇，最重要的是把握这个哲学思想，可把它同毛泽东的“实事求是”论，结合起来思悟。“实事”，就是客观存在着的一切事物。“是”，就是客观事物的内部联系，即规律性。“求”，就是我们去研究，即从实际情况出发，找出其固有的规律性，从而设计出最佳谋略和最佳的游说推销方案。

在确立“谋之大本在揣审”这个哲学理念之后，还需要分别研究量权和揣情的方法。鬼谷子所指所点，可以发掘如下。

3. 如何量权设谋

“故计国事者，当审权量”，言简意赅。有三个含义：

（1）量权为国谋

量权为谁？应为国为民而谋划，这是量权的目的所在，意义所在。如果只是为某个人争权，置国家民族利益于不顾，则方向就错了，何谈谋略的正确！

（2）量权要周密

量哪些？本篇所列十条，包含六个方面，具有一定的普遍性。

①要权衡国家的物质实力。如疆域大小，兵力众寡，财力大小，人口多少，百姓贫富程度，当今时代还应包括工业制造能力与科技能力。这些，将直接决定国家的经济力和军力。

②要权衡国家的统治力，这关系着其实力的发挥，表现为政治力和外交力的强弱。统治力的强弱，主要取决于统治集团的贤能与否和团结与否。

③要权衡地利如何，这关系到交通、联络、运输和攻守之利弊。

④要权衡天时如何，如气候，是风调雨顺，还是遇到天灾、瘟疫，这些不仅会影响国家的经济实力，也会影响统治力。

⑤要权衡其外交力和外交关系，观其敌、友和联盟。

⑥要权衡其百姓之人心向背。人心向背往往较为复杂，且滞

后于国家举措，但一经形成大潮，必然要成为巨大的变革力量。

所谓权衡，要从空间上权衡，即要把各国就以上各方面做出比较分析，方可看出权力态势；还要从时间上权衡，即要把现在与过去做出比较分析，方可看出变化趋势。当年蹇叔为秦穆公设计称霸战略，诸葛亮为刘备设计创业战略，无不量度了这六条。这六条，对于今日执政者来说，仍然具有一定的指导意义。

（3）量权要达到“审权量”

何谓“审权量”？审权量，就是要全面调查研究，要做对比分析，要权衡轻重，关键是要透知其权力态势和变化趋势，要透知其优劣、长短、吉凶、祸福、矛盾主次、前因后果，做到胸中有数，料事如神，能运筹帷幄，制定出扬长避短、趋吉避凶的制胜谋略。这是一个苦苦思索的过程，也是一个集中高人智慧的过程。

本篇中的“审权量”，是针对战国时代诸侯竞争而言的。在21世纪的今天，不仅国家要制订各方面的战略，企业、地区都要制订战略，量权的内容当然不可能生搬硬套历史，但本篇“审权量”的精神和方法论，仍具有现实意义。

4．如何揣情说人

本篇所指的说，是向掌权者推销政见或计谋，劝说对方采纳并实施，不是指一般的言谈。故揣情说人仍是谋的一部分。谋，目的是谋成功，谋胜利。为此，不仅要善于谋划方案，还要善于谋说、谋实施。再好的计谋，如果无人采用，也是空的。故说人者，不仅应是量权设谋的谋略家，而且必须具备揣情说人的能力。揣情是第一位重要，也最难。只有把人家的心情揣准了，才知道如何说。

如何揣情？本篇指出了四个要点：一曰欲极揣情。人在冷静之时，最为理智，一般不轻易暴露真情。但人在情欲极甚之时，如酒欢、酒醉，往往可能掩盖理智，会疏于防范。所以要趁其人甚喜之时，顺其欲望加剧其喜，乘其喜而问；或趁其甚为恐惧之时，顺其恐惧加剧其惧，乘其惧而问，从而揣得真情。

二曰问亲揣情。对于非常深沉的人，当面不易揣得真情，不妨向其亲近的人打听，亲近者易知其情，未必同样深沉，未必为他掩盖。

三曰测深揣情。一般的规律是："情变于内，必形见于外。"故应不间断地细致观察其外在表现的每一个变化，并沿着每一个外在表现的变化，往深处探测，则有可能探测到内部隐情。

四曰事变揣情。大凡事变，虽有偶然，亦属必然。观测其事变，不仅可揣其情，而且可能预测到事变带来的后果。

鬼谷子还特别指出"揣情最难守司"。同样揣得真情，但结论可能完全不同，奥妙就在于综合分析与推理判断。为了进一步论述揣情说人之法，继本篇之后，鬼谷子又写了《摩》篇。

鬼谷子主张，要善于通过揣摩、估计、推断来对游说对象作出较为准确的判断，以达到自己的目的。尤其在治理国家、统治天下的时候，一定要先度量天下各方面的权变，比如国家财富的多少，人民富裕还是匮乏，诸侯各国之间谁与谁亲密，谁与谁疏远，百姓人心向背如何等，这样才能治国安邦。只是在进行揣摩的时候，要选择适当的时机，要趁对方高兴的时候，让他狂热，使之无法掩饰内心的想法，从而揣出他的真情；或者趁对方特别恐惧的时候，加重他的恐惧，让他不能自持，于是露出实意。在当今社会，对揣术的运用已经越来越普遍，在做人、办事和经商等诸多领域都应用较为广泛。

三、做人之道

人心隔肚皮，既看不见又摸不着，它是不容易看透的，这就要求处世者必须用心去揣测，用心去思索。生活中，由于性情和背景的差异，总有一些人让人难以面对和把握，对此切不要惊慌和急躁。因为任何一个人的内心世界，都会在不经意间通过他的语言、表情、行为表现出来，只要能善于对他人揣情达意，察言观色，就一定能真正地了解他人内心的真实想法，从而与其融洽地相处。

1．擦亮眼睛，警惕异象

鬼谷子认为：筹措国家大事，进行政治斗争，应当审察形势，掌握信息；游说人主，必须揣摩人主的心意欲望，心性品行，能做到这些，才可以取得成功。鬼谷子的这种观点很具有现实启发性。

在社会中生存，不善于揣情会意是很难立足的。而且，在许多时候，还要善于擦亮眼睛，不放过事物任何细枝末节的变化，遇到异象更应立即提高警惕，而不能粗枝大叶、疏于防范，让别有用心者有机可乘，从而置自己于困境或危险之地，给自己的事业和生活造成不必要的损失。

明朝时，在江苏常州，有一位姓尤的老翁开了个当铺，多年来生意一直不错。某一日年关将近，尤翁忽然听见铺堂上人声嘈杂，走出来一看，原来是站柜台的伙计同一个附近的乡邻正吵得火热。见老板出来，伙计连忙上前对老板说："这人前些时候典当了些东西，今天空手来取典当之物，不给他就破口大骂，一点儿道理都不讲。"

那乡邻见了尤翁，还是骂骂咧咧，不认情面。这时，尤翁却笑脸相迎，好言好语地对他说："我晓得你的意思，不过是为了度过年关，街坊邻居，区区小事，还用得着争吵吗？”于是叫伙计找出他典当的东西，共有五件。尤翁拎着棉袄说：“这是过冬必不可少的衣服。”又指着长袍说：“这件长袍给你拜年用吧。其他东西现在不急用，不如暂时放在这里，棉袄、长袍你就先拿去穿吧。”

这位乡邻拿了两件衣服，一声不吭地走了。当天夜里，他竟然死在街头另一人家里。为此，死者的亲属同这户人家打了一年多官司，害得这家人花了不少冤枉钱。

原来，这位乡邻欠了一身债，无法偿还，走投无路之下，便服毒自杀。死前还想找个有钱人家来出出气，知道尤家殷实，便找上门来了。没想到尤翁是如此明理又大度，不好发作，没奈何只得了两件衣服，便又找另一户有钱人家扯皮去了。那家人不肯相让，结果这位乡邻就死在那户人家里了。

后来有人问尤翁：“你怎么能有先见之明，向这种人低头呢？”尤翁回答说：“凡是蛮横无理来挑衅的人，他一定是有目的而来。如果在这种小事上也争强好胜，那么灾祸就可能接踵而至。”

尤翁的处世智慧不能不让人叹服，但其实，尤翁只不过是平时处世善于揣情会意，这一次因为遇到不可思议的事情，看到这位乡邻不拿赎金便来讨要典当物品，没有丁点儿道理却也理直气壮地与人争吵，见了多年的乡邻也要骂骂咧咧，不认情面的种种异象时，加倍提高了警惕，不让别有用心者有机可乘而已。

由此可见，处世时多一份小心，多一份智慧，便可能脱离困境，化险为夷，不会给自己的事业和生活造成不必要的损失。

在社会中生存，不懂得运用鬼谷子的“揣术”去揣摩别人的心思，而仅是一味地去刺探别人的秘密是一种侵犯性行为，一旦被对方察觉，轻则引起反感，重则招致灾祸，“杀人灭口”的举动正是这种情形的极端表现。

杨修是太尉杨彪之子，博学能文，机智过人，任曹操丞相府的主簿。他出身名门，又精通诗文，不免喜好斗智逞才。一次，曹操修造一座花园，竣工以后，他去视察，在门上写了一个“活”字。大家都不明白是什么意思。杨修说：“‘门’里添‘活’字，就是‘阔’，丞相嫌花园门太宽了。”于是便把门改窄了一些。

又一次，有人送一个盒来。曹操在盒上写了“一盒酥”三个字，放在案头。杨修竟拿勺匙，同大家分着吃了。曹操问为什么这样分吃，杨修答道：“盒子上明明写着‘一人一口酥’，我们怎么能够违反丞相的命令呢？”曹操听了，呵呵大笑，但心里对他这种诡辩有些厌恶。

曹操怕遭暗杀，常常吩咐左右侍从：“我经常在梦中杀人，我睡着时，你们莫靠近我。”有一次，他午睡时，被子掉在地下，一个近侍忙拾起给他盖上，他跳起来一剑杀了那个近侍，又上床去睡。半晌，起床后，假装惊问：“什么人杀了我的近侍？”左右如实回答。他放声痛哭，命人厚葬。大家都以为曹操真的是在做梦时杀人。杨修却在下葬时指着那个冤死鬼叹气道：“丞相并没有做梦，你才在梦里头哩！”曹操知道了，对他更加厌恶。

曹操想考验曹丕、曹植的才干，下令他们都各自出城门，暗中却命人吩咐门吏不准放行。曹丕先到，门吏阻挡，他只得退回。曹植问杨修怎么办，杨修说：“君奉王命出城，如果有人阻拦，就可以抗王命为由杀了他！”曹植到了城门，门吏上前阻拦。曹植叱责道："我奉了魏王之命出城门，谁敢阻挡？"便拔剑杀了门吏。曹操认为曹植果断，有才干，想立他为继承人。但亲近曹丕的人告诉曹操："这都是杨修教的。"曹操非常恼怒，有被愚弄的感觉。从此，他很不喜欢曹植，更痛恨杨修。

曹操与蜀军在褒、斜一界作战，因马超坚守，久攻不下，曹操收兵，于斜谷界口驻扎。他很想退兵，正在犹豫不决时，庖官送来鸡汤。他一边喝着，部将夏侯惇一边请问夜间巡逻口令。曹操看着碗里的鸡骨头，随口说："鸡肋鸡肋。"

聪明过人的杨修，便回去让随行军士各人收拾行装，准备回去。夏侯惇便问原因，杨修解释道："鸡肋这玩意儿，吃它没肉，扔了又可惜。现在我军前进不能取胜，后退怕人耻笑，滞留此地无用，不如早点儿回去。我想明天魏王一定班师，所以早做准备，免得临时慌乱。"

曹操睡不着，到各营巡察，见大家都在准备行装，便问夏侯惇，夏侯惇如实回禀："杨主簿已先知道大王想回去的心意。"曹操把杨修叫来询问，杨修便以鸡肋之意答对。曹操顿生无明之火三千丈，说道："你怎么敢造谣言扰乱军心！"喝令刀斧手将杨修推出斩首。杨修死时才三十四岁。

曹操杀杨修，哪里是因为他动摇军心，实在是怒于他屡犯心中最隐秘的禁区。也许，在这个身边隐藏着各种秘密的世界上，只有做到心中明察秋毫而脸上却似乎浑然不觉，才可以使你在人生的道路上走得更加稳健。

2．把握时局，警觉当先

鬼谷子认为，事先预料是一般人难以做到的，所以说揣情是最难以把握运用的。揣情之时，必须根据不同时势、情态作出判断。鬼谷子的见解很值得令人好好地回味和深思。

在社会上穿梭，不善于揣情，认识不到社会的本质是不可想象的。毕竟，社会是复杂的，也是残酷的，如果为其表面的现象所迷惑，就会处处受制，时时碰壁，其结果自会步履蹒跚、生存维艰。因此，对社会抱有警醒之心才是做人的前提，对人世间怀有警戒之心才是做人的根基。所以说，要想很好地发展，就必须做到趋利避害，警觉当先。

南北朝时，陈国的长沙王陈叔坚对大将周法尚十分不满，便诬告他谋反。陈宣帝将信将疑，他对自己的宠臣说："周法尚一贯忠贞，看不出有何叛状；长沙王乃朕至亲，他不该对朕说谎，朕该如何处置此事呢？"陈宣帝的宠臣提醒他说："世事太复杂了，凡事不可轻下结论。陛下还是要亲自调查才好啊。"

陈宣帝于是命人彻查周法尚谋反一事，不想调查的人却是陈叔坚的同党，此人假作一番举动后，公开指明此事为真，他还力劝陈宣帝及早下手。陈宣帝于是大怒，先将周法尚的兄长周法僧关入大牢，又发兵抓捕周法尚。

领兵在外的周法尚面对突变，伤心至极，万般无奈之下，他对自己的部将说："我一心为国尽忠，却不料为人诬害，家兄受难。如今我连辩白的机会都没有，我该怎么办呢？"一位部将说："将军忠肝义胆，人所共知，如果不争不辩，就必死无疑了。世事如此无情，将军也不要顾虑太多，还是设法保命吧。"

众将皆愤，有的竟痛哭失声，周法尚眼中含泪，哽咽道："怪我不善'揣摩'，才会让小人有机可乘啊。世道这般昏暗，莫怪我心生别念，我想投奔周国，你们愿意随从吗？"众将同情周法尚，为此事也心底凉透，于是皆赞成。周宣帝见大将周法尚叛陈，求之不得，对他特宠有加。

陈宣帝得知此讯，怒火更盛，长沙王陈叔坚趁机进言说：

“周法尚公然投敌，可见他叛国之心已非一日了。陛下从前还信任他，臣揭穿他还是晚了。陛下不能饶恕叛贼，应发大兵攻打周国，逼周国交出周法尚。”

陈宣帝心恨难解，马上答应了陈叔坚所请，他派大将樊猛率军伐周，还咬牙切齿地说：“周国容留我国叛贼，朕纵是倾全国之力，也要杀贼泄恨。朕待周法尚不薄，周法尚是何心肝呢？”有的大臣在旁进谏说：“陛下息怒，不要妄动刀兵，才是上策。自古人心难测，出一叛将不足为怪，若贸然不计后果地开战，臣以为弊大于利，于我国是再添损伤啊。”

陈宣帝执意发兵，周法尚主动向周宣帝自请迎敌。两军对垒，周法尚的一位亲信部将对他说：“我军实力不足，硬拼绝不是樊猛大军的对手，何况我军将士都是陈人，应该提防樊猛使用拉拢之术啊。一旦军心念旧，战士思乡，这仗就不战自败了。”周法尚心想此话也句句在理，于是便频频点头。接下来，他又开始做士卒的战前动员工作，叙说陈国的不义，激发他们的仇恨之心，同时又派出部将韩明赶赴樊猛大营，愚弄樊猛说：“周法尚逼迫我们谋反，将士并不同心。他一人因此高官厚禄，我们却没得到一点儿好处，反落得个叛国的罪名。只要将军勇猛进攻，我们便阵前倒戈，绝不抵抗。”

樊猛信以为真，急速推进；周法尚故意装出败退之状，麻痹樊猛。樊猛于是完全失去了警惕之心，放胆冒进，渐渐步入周法尚设下的陷阱之中。最后，樊猛大军在古村以北遭到伏击，樊猛方知上当，他虽拼死力战，也无力回天了。樊猛一人跳水逃生，他的手下或被杀或被俘，无人得以幸免。

周法尚被逼之下，叛国求生，虽贞节不保，但生逢乱世也不失为一种被逼无奈的选择。

命运就掌握在自己的手里，如何保全自己的身家性命，不能完全去指望别人，只能靠自己去争取。如何去争取呢？当然，首先必须要善于“揣情”，并且要对局势了然于胸，只有这样才不会被别人玩弄于股掌之中，让别人牵着鼻子走。

3. 办事之谋

办事时，当然需要对所做事情的对象有一个细致的了解，这就要求办事者必须善于“揣情”，切忌马虎大意。“揣”的范围极其广泛，具体该从何处着手，这需要办事者针对不同的情况来定夺。但是，归纳起来有两点，办事者务必要牢记，那就是“揣量”和“揣情”。在运用“揣术”时，往往需要将“揣量”和“揣情”有机地结合，使两者相辅相成，而不是抓住一个不及其他。只有这样，才能将事情办好。

（1）揣摩其意，阿谀奉承

阿谀奉承，往往只被看作是小人的招数，其实在当今社会中，这也是成事不可或缺的一招。当然，这并不是要每个人都学会见人说人话，见鬼讲鬼话，而是让人们必须懂得善于运用鬼谷子的“揣术”来揣摩、探测别人的心意，从而达到自己成功办事的目的。

西汉的田子春正是揣摩到了张石庆喜欢阿谀的心理，才投其所好，同时靠他又戏弄了一回当权的吕后。

汉高祖刘邦把自己的儿子分封为王，在临危时还召集列侯群臣于病榻前宣誓：“此后非姓刘的不得封王，非有功不得封侯，如违此约，天下共击之。”及至驾崩，大权尽归皇后吕雉之手，吕后一旦握权，便想杀尽遗臣及各王，变汉朝为吕家天下。各王逐渐被她杀害了，未遭毒手的也都被削了兵权。

齐王刘泽，眼见各兄弟被姓吕的迫害到这般地步，禁不住在院子里仰面大哭起来。正当他大放悲声之时，忽然背后有人说："大王有什么事值得这般悲伤？"刘泽回头一看，原来是田子春，便对他说："我虽封王，却一点儿权力都没有，当日父王给我的二十万兵，被吕后追回去了，我现在自身难保。"田子春笑着说："这有何难？只要你相信，我就有办法去京城长安把兵权讨回来，你给我一笔活动费和黑白两匹马就行。"

刘泽马上答应。田子春还带了七岁大的儿子一起上路，在长安的旅店住下。他打听到吕后最心腹的人是六宫大使张石庆，便在他身上打主意。他知道，只有利用吕后眼前的红人，才能把事情办成。田子春给张石庆献了宝马，又攀上了亲戚，称他为"姐夫"，来往得很不错。田子春每每都挑张石庆爱听的话说，关系越来越好。

田子春是个善于逢迎的人，每天都和张石庆高谈阔论，很得"姐夫"欢心。一日，在闲谈间，张石庆谈起吕后的事，田子春乘机便说："如果姐夫能向太后奏请封吕氏三人为王的话，她一定很欢喜，将来姐夫可能做上大夫呢！"然后再把利害关系一说，张石庆连连称赞他的计策高妙。

次日入朝，张石庆果然奏请封三吕为王，太后大喜，转问丞相陈平，陈平说："太后所见甚对。"即封吕超为东平王，吕禄为西平王，吕产为中平王，又封张石庆为丞相，赏帛金三万。

张石庆喜不自胜地回来，告诉了田子春。田子春假作一惊，说："我真该死，不该酒后胡言，这一来倒坏了吕家的事了。""什么？"张石庆也吃了一惊。"是这样，刘氏还有三个王在外，无兵无权的，今见一天之内封三个姓吕的为王，自然不欢喜啦，万一起疑心，造起反来，事情不是弄糟了吗？"

张石庆本是一个草包，听他一说，也连忙问："那该怎么办才好？""现在唯有想办法也给姓刘的一点儿好处。"田子春这般这般，在姐夫耳底嘀咕了一阵，说得张石庆眉毛都动起来了。

当晚，张石庆入宫见太后，奏说："外面已传开了，说关外三王刘泽、刘号、刘长，知封三吕为王，心中不服，想造反了。"太后问："又要用什么方法制止他们呢？""可不可以这样？"张石庆说："将三王中的有官者赐赏，无官者付给兵权，他们有了甜头就不会造反了。""你说的是。"太后立即叫陈平入宫，商议此事，陈平心里暗喜，想必是山东有人打进来替刘泽取兵印了。太后问："刘氏三王谁无兵权？"陈平说："只有山东刘泽无职无兵印。""好，叫刘泽入朝。"太后说。

使者到山东，告诉刘泽，刘泽大喜，即刻启程上京。太后在殿上召见，说："琅琊王镇守边庭，久遭困苦，我这就把兵印军权给你，务要谨慎从事。"刘泽参拜谢恩。太后一见刘泽身材魁梧，状貌如神，心中有点畏惧，拿起兵符又问陈平："可不可以给他？"陈平说："太后圣鉴不错。"太后便把兵印给张石庆转交给刘泽。

太后又问："兵印已交给你了，应该给多少兵马？"陈平说："凭太后主意吧。""三万？"太后伸指对刘泽说。陈平向刘泽眨一下眼，刘泽不说话。"五万？"刘泽还不开腔。"七万？"太后又问一句。刘泽依然没有说话，头摇了两摇。太后发火了，连忙摆了两下手说："不给了，不给了。"

当时陈平立即喝叫起来："刘泽还不叩头谢恩。太后娘娘已允给你二十五万军马了。"刘泽急忙跪下谢恩。这可急煞太后了，真想不到陈平有此一着，但"君"无戏言，只有无可奈何地对刘泽说："看在高祖的面上，就给了你吧。"第二天一早，刘泽往兵部交割兵马，率领了二十五万大军在郊外驻扎。

刘泽能够拿到二十五万大军的兵权，陈平有一定的功劳，但最主要的还是田子春的手段高明，他能够“揣摩”到张石庆的心理，并一味地恭维、奉承，终于达到了想要获得的目的。其实，阿谀奉承，不是每个人都做得来的事。有很多正直之士不屑于此道，但有时候能够精通此道也不失为一种谋事的方法。

（2）奇货可居，隐己成事

鬼谷子认为：“常有事于人，人莫能先。先事而生，此最难为。”其实，办任何事情都应该这样，你要对人使用某种计谋，实施某种权术，还要使对方蒙在鼓里，这样做事，才容易成功。倘若事情还没去做，计谋还没实施，却已被对方看破，这样做事，就难以成功。

由此看来，“隐己”绝对可以称得上是一种权谋，在中国历史上运用这种谋略而成事的人绝对不在少数。战国末年的大政治家吕不韦，就是这样一位精通“隐己成事”之术的人。

吕不韦，阳翟（今河南禹县）人，善于把握时机，贱买贵卖，积蓄了不少钱财。但他并不仅仅满足于物质追求，还想凭借自己的智谋和金钱，在政治上一试身手。

一年，他到赵都邯郸（今河北邯郸）经商，遇到一个年轻公子，仪表堂堂，举止文雅有礼，一派贵人之气，却衣着寒酸，不觉暗暗称奇。暗中询问，才知此人原是秦王太子安国君的次子，名曰异人，委质于赵。因如今秦赵交恶，故赵王不供他车马仆从及生活费用，便落到这般地步。吕不韦眼睛一亮，心里说：“机会来了！此奇货可居以生利千百倍！”他在心中如此这般，制定了一套“隐己成事”的权术，以实现其长远计划。

于是，他先利用自己的金钱和商人巴结逢迎的看家本领，去结交赵王派来监视异人的大夫公孙乾，直至把公孙乾收买得如同亲兄弟，才在一次公孙乾招待他的家宴上问起秦王孙异人的情况，求公孙乾让异人同来饮酒。席间，吕不韦又乘公孙乾上厕所的机会，问异人："当今秦王已老，作为继承人，您的父亲有二十多位儿子，而您的父亲又未选定继承人，您不心动吗？"异人叹了口气，说："我远拘异国，有何办法？"

吕不韦表示自己愿意帮忙。异人大喜，许诺："若得王位，我与你富贵与共。"话虽这么说，但狡猾的吕不韦并不十分相信，于是施展第二步计谋。

他设下家宴，请来公孙乾和秦王孙异人，让自己最宠信的美妾赵姬出来陪酒。异人正在情心萌动之年，对赵姬当然频频注目。赵姬又受了吕不韦指使，使出浑身手段，把异人勾得心动神摇，魂魄皆失。吕不韦看在眼里，喜在心里，赶忙把公孙乾灌醉，亲口把赵姬许给异人，异人喜不自禁，正式在公孙乾府上与赵姬成亲。吕不韦见拴住了异人，便给异人两口子留下五百两金子作为花费，自己带上珠宝玉器，到秦国实施第三步计谋。到了秦国，他在安国君宠姬、自己无亲生儿子的华阳夫人身上下功夫，花费了若干金银珠宝，终于买通了这位安国君的"内当家"。华阳夫人便在安国君那里吹了"枕头风"，让安国君把异人收为她的嗣子，正式立为安国君的继承人。

三步计谋已妥，吕不韦便"隐"在赵国等待时机。不久，赵姬生下一个"不足月"的孩子，异人满面喜色，吕不韦更是暗中高兴，当这位孩子三岁时，机会来了，秦兵围困赵都邯郸，一出城门便是"秦人的天下"。于是吕不韦出二百两金子活动好南城门守门将士，说自己思家心切，想回家看看，求个方便。将士们见钱眼开，答应乘夜色放吕不韦出城。吕不韦又到公孙乾处辞行，把公孙乾及其亲近之人灌得大醉不醒，借机让异人化装成他的仆人，载上赵姬、孩子及珠宝，从南门出了城。等公孙乾醒后不见了人质异人时，吕不韦已与异人、赵姬、孩子到达了秦营中，辗转回到秦国，正赶上秦昭襄王驾崩，安国君即位，异人于是被封为太子，成了国君的继承人。

这时，吕不韦又“快马加鞭”，实施起第四步计谋，在四年之内先后设计害死了秦昭襄王的继承人秦孝文王（安国君）和秦孝文王的继承人秦庄襄王（异人），把幼小的赵姬之子（秦王嬴政）扶上王位，而自己则独揽秦国大权，实现了自己“居奇货以生利千万倍”的夙愿，成了“不在位的君王”。

谋得秦国大权是吕不韦的内心愿望，但他并没有公开招兵买马，起事夺权。在当时的社会背景下，这样做是肯定不会成功的。因而，他采取了“奇货可居”的手法，运用“隐己成事”的权术，把自己“隐”在幕后，看准时机，操控了秦国继承人选的问题，经过长期的幕后活动，终于达到目的。这是我国历史上成功地使用“隐己成事”权术的突出事例之一。

（3）权衡利弊，孙刘联合

鬼谷子主张凡事要揣摩，不可贸然行事，否则就很可能招致失败。其实，在现实生活中，许多事情莫不如此。因为，不揣摩就不能知晓事物的利弊，不揣摩就无法找到解决问题的方法和策略。

所以说，无论办什么事情，都必须事先作充分的揣测和了解，然后才能权衡利弊，加强沟通与交往，与对立的各方联合在一起，为了共同的利益去拼搏，这样才可以实现双赢甚至多赢。

建安十三年（208年），曹操率领大军南下讨伐刘表，恰巧这时刘表病逝，他的儿子刘琮继承父业，派使者去见曹操请求投降。

这时刘备驻军在樊城，还不知道曹操突然南来，直到曹操的军队到了宛地才得到这个消息，于是便带领他的部队离开了樊城。当他们经过荆州治所襄阳的时候，诸葛亮劝刘备攻打刘琮，自己占有荆州。刘备说："我不忍心这样做啊！"就停止前进，招呼刘琮一起走，刘琮害怕，不敢答应。刘琮的近臣和荆州人很多都归附了刘备，所以刘备到当阳的时候，跟随的人已有十多万，军需物资和民众的行李包裹装载了四千多辆车，一天只能走十多里路。

刘备另派关羽带领几百艘船从水路走，叫他和自己在江陵会师。有人对刘备说："应该赶快走，去保护江陵，现在我们虽然拥有了广大民众，但当兵的人太少，如果曹操的军队来到，怎样抵抗他们呢？"刘备说："成大事必须以得人心为根本，今天民众来归附我，我怎么忍心抛弃他们而去！"

曹操以为江陵是军事要地，物资丰富，怕被刘备占领，就丢下辎重车辆，轻装来到襄阳。听说刘备已经过去，就率领五千名精锐骑兵急忙追赶刘备，一天一夜跑了三百余里，在当阳县的长坂坡赶上了他。刘备丢下了老婆儿子，与诸葛亮等十多人一起逃走，曹操俘获了他所带的全部民众和辎重。刘备抄近路急奔到了汉水下游的一个渡口，恰巧碰到关羽的船，才渡过汉水，又遇到刘表的大儿子江夏太守刘琦及其人马一万余人，就和他们一起来到夏口。

鲁肃听说刘表死了，就去对孙权说："荆州与我国比邻，水道顺势北流，外与长江、汉水相连，内有险阻的山陵，如金城般的坚固，有万里肥沃的土地，士族庶民都很富足，假如占有了它，这是建立帝王事业的基础啊！现在刘表刚死，他的两个

儿子向来不和睦，军队里的将领们有的拥护刘琦，有的拥护刘琮。加上刘备是当代骁勇的豪杰，和曹操有仇，他暂时寄住在刘表那里，刘表妒忌他的才能，不加以重用。如果刘备和他们同心协力，上下一致，那我们就应该安抚他们，与他们友好结盟；如果他们之间不能合作，那我们就应该另作打算，来成就大事。请你派我去吊丧，慰问刘表的两个儿子，并慰劳他们军中掌权的人，同时劝说刘备安抚好刘表的部下，使大家同心协力，共同对付曹操，这样，刘备一定会很乐意地接受这个建议的。如果事情成功，那么天下大势就可以定了。现在如不快去，恐怕被曹操捷足先登，占领荆州。”孙权随即就派鲁肃去了。

鲁肃赶到夏口，就听说曹操已进军荆州，他就日夜兼程，等赶到南郡时，刘表的儿子刘琮已经投降了曹操，刘备已慌张地逃跑，要渡长江向南撤退了。鲁肃就直接去迎见刘备，到当阳的长坂坡时，他会见了刘备，他转达了孙权的意旨，并且陈说江东的强大巩固，劝刘备与孙权合作，同心协力对付曹操。刘备听了十分高兴。当时诸葛亮跟随着刘备，鲁肃对诸葛亮说：“我是你哥哥子瑜的朋友啊！”随即他们二人也成了朋友。

刘备到了夏口，诸葛亮对他说：“事情已很危急，请你立即派我去向孙权求救。”于是刘备派诸葛亮出使去见孙权。这时孙权集中部队驻扎在柴桑，观望曹、刘成败的形势，诸葛亮对孙权进言说：“天下大乱以来，您率军起兵占据了江东，刘豫州在汉南聚集部队，与曹操争夺天下。现在曹操已平定了北方，又攻下了荆州，威震四海。天下英雄一时很难施展本领，所以刘豫州才逃到这里来。希望将军估计自己的力量来应付目前的局面。假如能够用江东的兵力与中原对抗，不如趁早和曹操断绝关系；假如不能抵挡，为什么不干脆放下武器，归顺于他呢？现在您表面上服从他，内心里却迟疑不决，在紧急关头不能当机立断，大祸就要临头了！”孙权说：“照你的说法，刘豫州为什么不归顺曹操呢？”

诸葛亮说：“田横，不过是齐国的一个壮士罢了，尚且能坚守气节而不屈服受辱，何况刘豫州是王室的后裔，才能盖世，民心敬仰。归顺他，就像水流向大海一样。万一事业不能成功，那也是天意啊。怎能屈服于曹操手下呢？”孙权突然变了脸色，恼怒地说：“我不能拿全部东吴的土地和十万部队，去受别人的控制！我的主意已定。除了刘豫州，没有能够共同去抵抗曹操的人；可是刘豫州刚打了败仗，怎能抗击这个强大的敌人呢？”

诸葛亮说：“刘豫州的军队虽然在长坂坡吃了败仗，可是重新归队的战士和关羽的水军，还有精兵一万人；刘琦集合江夏的战士，也不少于一万人。曹操的军队远道而来，疲惫不堪，听说为了追赶刘豫州的骑兵，一天一夜走了三百多里路，这就和所谓‘强弩之末，势不能穿鲁缟’的情况是一样的。所以兵法上说最忌讳这样做，说这样做‘必然折损主帅’。再说，北方人不会水战，再加上荆州的百姓归附曹操的，都是被兵力威胁，并不是心甘情愿的啊！现在将军如果真能派勇猛的将领统率几万大军，和刘豫州联合起来共同对敌，那就必定能够打败曹操了。曹操被打败后，一定向北撤回，这样，荆州和东吴的势力增强，鼎足三分的局面就形成了。成功和失败的关键就在今天。”孙权听了这番话，十分高兴。

恰巧孙权得到曹操要向东进军的消息，就集合将领们一起商议对策，大家都劝孙权迎接曹操，归附于他，只有鲁肃一言不发。这时，孙权起身到厕所去，鲁肃追到屋檐下，孙权猜到

他的意思，握着他的手说："你想说什么？"鲁肃回答说："我刚才考虑大家的意见，觉得他们都是在引将军走上错误的道路，您不能和他们商量大事呀。今天，我可以投降曹操，像将军您，就不行啊。为什么这样说呢？今天我鲁肃投降曹操，曹操可以将我送到地方上去，论名义和地位，总还能做个小官，坐着牛车，带着随从，同读书人交交朋友，要是有功升官，大概还可以做一个州郡的长官。将军要是投降了曹操，会得到一个什么结果呢？希望您早些决定大计，不能采纳那些人的意见。"

孙权叹道："这些人所发表的议论，很令我失望；现在你所讲的这些深谋远虑的话，正和我的意见相合，这是老天爷把你赐给我的原因啊。"当时周瑜正奉命去鄱阳，鲁肃劝孙权赶快把他调回来。周瑜回来后就对孙权说："曹操虽然名义上是汉朝的丞相，实际上是汉朝的奸贼，凭着将军您杰出的才干，又继承了父兄的功业，独霸江东，土地数千里，部队精锐，物资丰富，英雄豪杰都乐意为国效劳，您应当把平定天下的责任担当起来，替汉朝铲除奸邪祸害。何况目前曹操自己前来送死，怎么反倒去投降他呢？让我来给将军分析一下，假如现在北方已经平定，曹操没有后顾之忧，能够长时期待在这里和我们争夺疆土，又怎能和我们用船在水上较量呢？何况现在北方并不稳定，加上马超、韩遂还在关西，是曹操背后的大患；他现在又放弃了骑兵，依靠水军，想与吴越争高低，驾船弄水，本来就不是中原军队所熟练的；目前又是严寒季节，战马缺乏草料，赶着中原士兵从老远的北方到江湖潮湿的地方来打仗，水土不服，一定疾病丛生。这四个方面都是用兵的大忌啊，可是曹操不顾一切地这样做了。将军要捉拿曹操，现在正是时候。请拨给我三万精兵，向夏口进军，保证替您消灭敌人。"

孙权说："老贼企图阴谋废掉汉帝自己做皇帝，为时已经很久了，只是顾虑到袁绍、袁术、吕布、刘表和我罢了。现在几个英雄都已被打倒，只有我存在，我和老贼势不两立。你说应该给他迎头痛击，很合我的心意，这真是老天爷派你来帮助我的啊。"孙权就派遣周瑜、程普等带领部队和刘备联合起来迎击曹操，与曹操的军队在赤壁对峙。这时候，曹操军中的士兵已经有人生了疾病，刚一交锋，曹兵就打败了，只好撤退到长江北岸。周瑜等把兵驻扎在南岸。周瑜的部下黄盖说："现在敌军多，我军少，长久相持对我军不利。然而曹操的军队却把战舰前后联结在一起，依我看可以用火攻打败它。"周瑜采纳了他的建议，就调来几十艘战斗舰，船内装满了干柴草，里面浇上油，用帐篷围起来，上面插着旗帜。黄盖事先写了一封信给曹操，骗他说要向他投降。然后又准备了一些轻快的小船，系在大战舰的后面，就按次序出发。曹操的官兵都伸着头在营门口观望，指着这些船说黄盖来投降了。黄盖就放出这些船，并同时放起火来，火大风猛，船走得像发出的箭那样快，把曹操的船全部烧尽，火势蔓延，连岸上的营寨也烧着了。

一会儿，满天都是烟火，曹操的士兵军马，被烧死的、掉在江里淹死的数不胜数，军队便向后败退，回军去保护南郡。刘备与周瑜等带军一起追赶。曹操只好留下曹仁等将领守住江陵，自己带着军队向北撤退。

刘备与孙权各自揣摩，权衡利弊，终于在共同利益的招引下，暂且把各自的利害冲突置于一旁，联合起来，在赤壁用火攻大败曹操，从而奠定了三国鼎立的局面。

四、经商之技

"揣术"引申到现代经商领域，就是要求经商者要善于对商场中的客观形势有一个充分的了解，然后再根据这些现状采取切实可行的措施。而且，经商者还要特别重视细节，从那些微不足道的细微处洞察出商机，所谓“见微知著，因小见大”，即是指此而言。

1. 审时度势，见风使舵

在经商过程中，难免要碰到障碍，这时该怎么办呢？有几个字不能不知，那就是：审时度势，见风使舵。

“审时度势”，其实也就是《鬼谷子·揣》中所强调的“揣情摩势”。当然，无论是鬼谷子还是当今社会的形势，都要求经商者对他人务必要观其行，听其言；对事，务必要了然于心，深明大义，这大义非大正义，而是大基调，时代主旋律。所谓识时务者为俊杰，也就是倡导有识之士善于审时度势，认清是非，能够尽可能顺着大势前进，建功立业。

“见风使舵”，顾名思义，即辨明形势走向之后，采取相应的对策。时代大潮向我们迎面扑来之时，要看清走向，风往哪边吹，自然舵向哪边摆，借助自然外力，不费吹灰之力，就可继续保持航行。如果偏离了既定航线，不要担心，在风向之间，灵活周旋，以彼之力克彼之功，借力打力，局势行情，便会一切尽在掌控之中。

李宏龄在担任蔚丰厚票号分庄经理期间，正值时局激烈动荡，先后发生了甲午之战、庚子事变、两宫去世等事件。在时局变故面前，一些商人常因经营失措而导致失败。但李宏龄却能独具远见，应付自如，其主管之票号，不仅能免遭损失，而且能够增值，用他自己的话来讲，尚可“聊以自慰”。为什么别的商人失败而李宏龄却能成功呢？经商如同作战，每次战役的成败往往决定于作战思想和策略的正确与否。李宏龄的经商思想，总结起来主要有这样几点：一是富有整体、全局观；二是对待主顾讲信义；三是掌握行情，灵活行事；四是业务要不断扩展。

在李宏龄的经商思想中，掌握行情、灵活行事无疑是最重要，也是最根本的一点。因为他处于一个十分动荡的时代，在那个时代里别说是经商，就是普通的百姓，都会被社会的动荡和无止境的战争吞没。

李宏龄虽是个商人，却是一位具有政治头脑，观察事物敏锐，对时事有一定了解，具有进取精神的商人。李宏龄对于封建主义、帝国主义对民族商业的压迫，具有一定的认识，他在《山西票商成败记》中说："遇到坏账，外洋银行则凭借外力，大清银行则倚仗官权，同属财产关系，而彼各挟势力以凭陵，如丁未营口东盛和之事，银行收十成而有余，票行收五成而不足，尚何公理之可言哉？"一个封建社会的商人，能对封建政权和外国资本主义对民族商业的压迫，作出如此深刻的分析，的确是很不简单的。当然，他的这一思想认识，是与他平时好学、积极了解世界形势分不开的。又如，李宏龄的思想比较开放，具有开拓精神，在人与物的矛盾中，很重视人的主观努力。一个商人，如果能拥有李宏龄的这种思想，就能适应当今日新月异的社会，就能够从动中把握住静，从变化无常的事物现象中寻找到规律，审时度势，见风使舵，从而变挑战为机遇。

因此，做一个商人，不能只一味地埋头苦干，不能时时刻刻只注意到自己的企业和周围的一些情况，而应该时常关注政府的一些方针政策，应该去研读那些本只属于官场上的文件，因为从那些政府的政策咨询中，往往能够得出一些信息，知道整个社会环境的走势，如果能够及时准确地了解到这些信息，

就可以审时度势地作出有利于企业的判断，那么就能使企业在市场中赢得先机。

2．量权揣情，勤于借势

鬼谷子认为，古代那些善于处理天下政事的人，必善于把握天下政治局势的变化，并且善于揣测诸侯国的发展趋向。如果不能做到这些，就很难了解哪些诸侯国的实力强大，哪些诸侯国的实力弱小，当然也很难了解左右天下局势的能量的大小。鬼谷子的这种观点，在经商领域也是恰如其分的。在商业活动中，如果不能真正地熟悉和了解自己所处的具体环境，掌握与自己打交道的对手的详情，并设法借助有利的形势为己所用，想做好生意的确是一件很困难的事情。

所以，对于商人来说，“势”是必不可少的。然而，“势”要靠商人自己去掌握、利用，因此，如何最大限度地去用好“势”，就显得特别的重要。一般说来，用势有两种方法：一种是借用现成的时势，另一种是不具备可以借用的时势，由自己来创造可用的时势。很明显，与其造势，不如借势。因为借用现成的形势几乎不费什么力气，而只需举手之劳即可。关于借势，最好的例子大概要算古代商人白圭。因为连司马迁都说，他是天下最善于经商的始祖。

魏文侯时，李悝为相，当时鼓励农业生产，务尽地力，魏国形成开荒种地的热潮。白圭是个身强力壮的人，却充耳不闻，仍然待在家里。邻里都劝他：趁着国家政策好，你身体强壮，多开几亩荒地，留给后人，也可保丰衣足食。他只是一笑，说：“我自有获利的好办法。”

不久，大家都在积极开荒种地时，白圭却开了一个店铺，租了好多间空房，就是不做一件买卖。人们笑他：“哪有你这样做买卖的？”白圭仍是一笑了之。秋天，农业获得大丰收。老百姓都愁粮食无处放，国库又只能收一部分，粮价贱得前所未有。白圭这才打出收粮的招牌，比市价还高五成，多余的粮食都被他收购了，百姓都夸他做了件大好事。另一些粮商则骂他是傻子，看着白圭收了那么多粮食，都希望白圭的粮食卖不掉，一下子垮下来。

第二年，出现了几十年不遇的大灾年，春秋两季的收成都坏得很，粮价一下上涨了三十多倍。奸商们都看准了这是发大财的好机会。这时，白圭开始卖粮了，标价又大大低于市价，人们都纷纷到他这里来买粮。不到一个月，白圭收购的四百多万石粮食全卖了出去。

收购价是一石一两银子，卖出价是一石十两银子，这一进一出，白圭就赚了三千多万两，一下子成了巨富。那些早先劝他去开荒种地的人都说，白圭真是一块不耕而大获的料子啊。白圭有了雄厚的资本，坐着高车四处经商，每到一地，不到几天，价格贵贱便会了然于胸。然后，下手买卖，从无亏本的事。

一次他到某地，此地盛产生漆，恰好当年又是大丰收，漆户都愁漆卖不出去。白圭在甲地时，探听到漆价极贵，以此地的价格运到甲地，至少有三十倍的赚头，于是又大肆收购。没几天，就收购了六十多车的生漆。他把收购来的生漆运到甲地，一下子又赚了好多好多的银子。司马迁在《史记》里夸白圭能洞察市场，善观行情变化，能取人所弃，与人所取，由此而获巨利。

白圭自己常说：“我们经商，如同治国，要像伊尹、姜子牙那样；如同打仗，要有孙武、吴起的本领；如同变法，要像商鞅那样。所以，如果智慧不识权变，勇敢达不到当机立断，仁爱做不到给予，强大不能坚守，这样的话是学不到我的法术的。”

白圭经商的水平高在哪里呢？高就高在他善于“量权揣情”，勤于借势而已。天下粮食丰收，粮价必然下跌，而在那个靠天吃饭的时代，不可能年年丰收，一到灾年，粮会涨价也是必然的。所以，他只需利用这种形势，何必费力去开荒种地呢？

3．抓住细节，成就辉煌

“揣情”之术引申到现代经商领域，就是要求经商者必须注重细节。海尔的管理层曾说过一句话：“要让时针走得准，必须控制好秒针的运行。”这句话，恰恰说明了细节的重要性。只注重大的方面，而忽视小的环节，放任的最后结果就是“千里之堤，溃于蚁穴”。海尔能够创出世界知名的国际品牌，就是因为其企业经营从未放弃过小的细节，细致到工厂的一块玻璃、一棵树木。

作为企业经营者，就要学会从细节处着眼，管理公司。所谓细节决定成败，它也同样适用于企业经营的方方面面。犹太人经商举世闻名，但是他们也有一个传统，那就是十分注重生意场上的每一个细节，因为，他们觉得只有这样才有可能将那些潜在的运气变成财气。

有一家服装公司，叫“列瓦伊·施特劳斯公司”，该公司正是注重细节并抓住了细节，才最终将运气变成了巨大的财气，促成了服装界的一场革命——牛仔裤的风靡一时。“列瓦伊·施特劳斯”这个名字被录入英国辞典，公司的产品在国际上风光无限，因此公司的发家史，也成了世人感兴趣的话题。

列瓦伊·施特劳斯是该公司的创始人，他本来与服装行业毫不沾边。19世纪50年代列瓦伊·施特劳斯还是个创业者，当时，美国加利福尼亚一带一度掀起淘金热。年轻的列瓦伊·施特劳斯尽管也在加利福尼亚凑热闹，但为时已晚，从沙里淘金已到了尾声，但他后来出乎意料地在“斜纹布里淘出了黄金”。

列瓦伊·施特劳斯去加州时，随身带了一大卷斜纹布，想卖给制帐篷的商人，以此作为自己淘金的资本。到了那里才发现，人们不需要帐篷，却需要坚固耐穿的裤子，整天同泥和水打交道，裤子也坏得特别快。于是，从这卷斜纹布里就诞生了列瓦伊·施特劳斯的第一条牛仔裤。十年以后，他又在裤子的口袋旁装上铜纽扣，以增强口袋的牢固度。此后，列瓦伊·施特劳斯开始大批量生产这种新颖的裤子，销路极好，引得数以百计的其他服装商竞相仿效，但列瓦伊·施特劳斯的企业一直独占鳌头，每年售出约一百万条这种裤子，营业额达五千万美元。

列瓦伊·施特劳斯公司一炮走红，虽然有些运气的成分，但如果他不能从人们需要耐穿的裤子这一细节出发，即便上天给他再多的机会，他也无法抓住，更别谈创造自己的辉煌了。

正如有句话所言：“泰山不拒细壤，故能成其高；江海不择细流，故能就其深。”所以，大礼不辞小让，细节决定成败。每个经商者对此都应该切记！

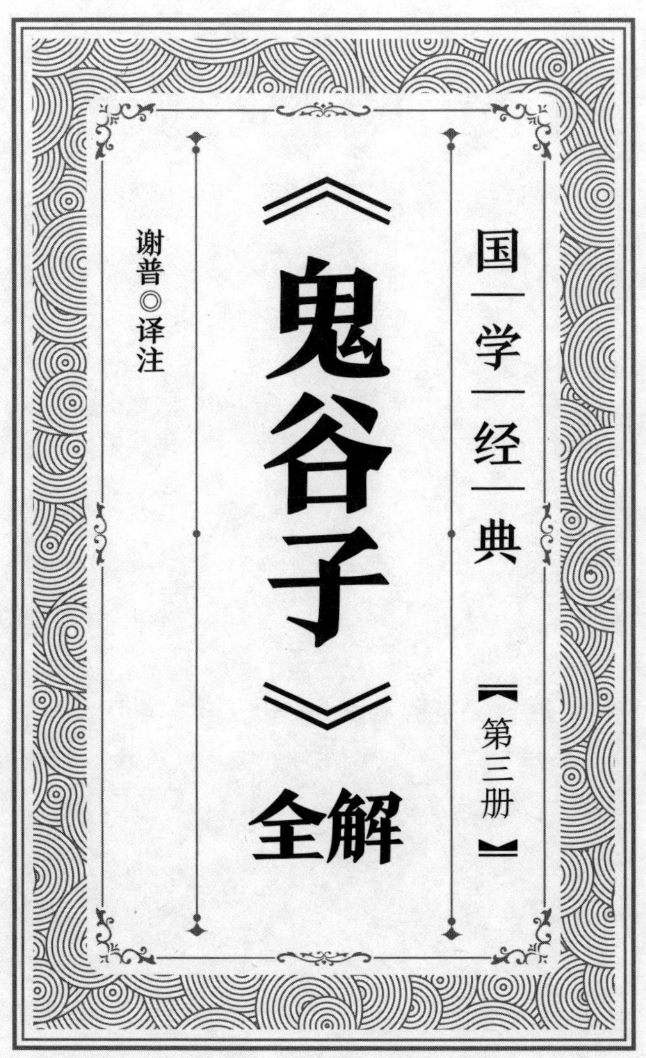

SPM 南方传媒
广东人民出版社
·广州·

第八篇 摩

摩篇，作摩意，指观察、揣摩之意。本篇所讲，其实是一种揣情之术，是《揣》篇的延伸和发展，具体地说就是通过言辞交流获知对方的真实意图。因此，摩意是揣度对方实情的方法。

本篇从摩意和揣情的关系入手，论证了摩意的重要性，阐述了摩意的谋略和方法，即平、正、喜、怒、名、行、廉、信、利、卑十法。“谋莫难于周密，说莫难于悉听，事莫难于必成。”总之，策略的谋划，最难的是周到缜密；游说他人，最难的是令其服从；经手事情，最难的是务必成功。所有这些，只有智者可以做到，因为他们重视“摩意”的方法运用。古往今来，善于揣摩他人意图的人，总能悠然于山川之外，投饵垂钓成事于悄然之间。

第一章　摩情内心，付诸行动

【原文】

摩者，揣之术也[①]。内符者，揣之主也[②]。用之有道，其道必隐[③]。微摩之，以其所欲，测而探之，内符必应。其应也，必有为之[④]。故微而去之，是谓塞窌、匿端、隐貌、逃情[⑤]，而人不知，故成其事而无患。摩之在此，符之在彼，从而应之，事无不可[⑥]。

【注释】

①摩者，揣之术也：摩意，是揣情的手段、方法。摩，是揣摩、切磋。余诚之《鬼谷子新注》："摩者，由外而合乎内也。"陶弘景注："谓揣知其情，然后以其所欲摩之，故摩为揣之术。"

②内符者，揣之主也：通过观察他人的外部表现而判断出其内心欲求，这就是揣摩的根本。陶弘景注："内符者，谓情欲动于内，而符验见于外。揣者，见外符而知内情，故曰符为揣之主也。"以上两句总括揣情与摩意的深刻关系。谋士游说他人之前，必须对时势和对方心理做深刻了解，才能获取好的效果。

③用之有道，其道必隐：使用揣情、摩意的方法，必定是隐秘而幽微。陶弘景注："揣者，所以度其情；慕摩者，所以动而内符。用揣摩者，必先定其理，故曰用之有道。然则以情度情，情本潜密，故曰其道必隐也。"谋士要揣摩他人的想法，而不显露自己的意图，必然要费一番周折，这中间是隐秘而幽微的。

④"微摩之"两句：陶弘景注："言既揣知其情所趋向，然后以其所欲微而摩之，得所欲而情必动。又测而探之，如此则内

符必应。内符既应，必欲为其所为也。”测而探之，通过观察、分析，探知对方真实欲求。

⑤塞峁、匿端、隐貌、逃情：收敛锋芒，隐藏真相。峁，地窖。匿端，隐藏端倪。陶弘景注：“君既所为，事必可成，然后从之。臣事贵于无成有终，故微而去之尔。若乃己不同予此计，令功归于君，如此，可谓塞峁匿端，隐貌逃情。情逃而峁塞，则人何从而知之？人既不知所以，息其所谮妒，故能成事而无患也。”战国谋士要游说君主，便要隐藏自己的内心情欲，以与群臣和谐相处，有功则归于主上，以免功高震主。

⑥摩之在此，符之在彼。从而应之，事无不可：谋士的观察细而隐，人们的情欲显而彰。一般人只看到彰显的部分，而不了解谋士的隐藏目的，所以就无事不成了。陶弘景注：“此摩甚微，彼应自著，观者但睹其著而不见其微，如此用之，功专在彼，故事无不可也。”

【译文】

触摸试探，是揣情的一种方法；使对方的内心欲求得以显现，这是“揣情”的根本所在。使用触摸试探的方法，需要掌握一定的规律，这些规律是隐秘的。通过触摸试探对方的欲求，探测对方的内心真实，其内情就会有所显现。对方的内情一旦有所表现，就可以有所作为。达到了预期目标，就要有意保持微妙的距离，并且堵塞漏洞，消除痕迹，隐藏形状，掩饰真情，使人无法识破自己的行动。这样既实现了目的，又不留下祸患。用这种方法触摸试探对方的内心，对方的内情必然有所反映。根据对方的内情而采取行动，就没有办不成的事。

【本章解读】

本章论述摩的作用及摩与符的关系：

1．论述摩的作用："摩者，揣之术也。内符者，揣之主也。"这句话告诉我们，摩，是揣情的一种方法、一种艺术；内符，即人的认识判断应与所揣摩对象的内心相符合，这是揣情的主旨。把这两个定义放在一起，也就是说，摩的主旨是达到内符。

2．论述摩的必要性："用之有道，其道必隐。"这句话的主语省略了，是指被揣摩的对象（各诸侯国的君主）。君主总是想用一定的道法治国，而这种道法通常是隐而不露的，他人要想得知，必须揣摩。

3．如何摩而达符

微摩其欲："微摩之，以其所欲，测而探之，内符必应。"这里的微，有微小和隐匿的意思。这是说：可顺着其欲望，不知不觉地触动其心灵，揣测之，探索之，凡是能与其内心符合者，必有回应。

微而去之："其应也，必有为之。故微而去之，是谓塞窌、逆端、隐貌、逃情，而人不知，故成其事而无患。"窌通窖。塞窖，即堵塞其躲藏之窖。端，头绪。逆端，是打乱其头绪。去，是相对"摩其欲"来讲的反动作。这句话是说：只要对方有回应，必有你可做的事。此时，我应稍微离开"摩其欲"的方向，堵塞其藏身之窖，搅乱其人的头绪，隐匿我本来的面貌，逃避感情牵连，叫人摸不清我之真相，如此，则能成事而无祸患。

微摩其欲，微而去之，一摩一去，一张一弛，这正是摩而达符的艺术。

从而应之："摩之在此，符之在彼。从而应之，事无不可。"

这句话是说：如何摩，在于我；是否符合其情，则在彼。摩，只要做到从而应之，即顺着其欲望，说以令其高兴的话，做以令其高兴的事，则必可符合其心理需求，此时，没有什么情况揣摩不到。

【趣味故事】

吴官潼巧策退瓦剌军

在中国历史上，皇帝当俘虏的不乏其人。皇帝本人被俘，表明了他所统治的王朝也即将结束。明英宗被俘，本身就证明了明朝已开始走向衰败。

明英宗正统十三年（1448年），吴官潼出使瓦剌时，被扣押为奴。就在第二年，英宗在“土木之变”中被俘，正被瓦剌扣押的吴官潼，便主动要求做了英宗的随从。从瓦剌回国后，因为朝廷内部的权力斗争，不幸的吴官潼又被打入大狱。

到景泰元年，瓦剌再次大举进犯中原，并包围了北京城。大将石亨为代宗出主意说：“把吴官潼放出来，可以让他退兵。”正急得团团转的代宗，一听有人能退兵，马上召吴官潼觐见，并亲自为其去掉刑具，问：“你能让也先（瓦剌首领）的部队退兵吗？如果能成功，我封你为侯。”

对瓦剌人十分了解的吴官潼当即一口答应：“可以！”代宗大喜，便立即赐予新衣，把他押至石亨的营中。石亨一见吴官潼，高兴地说：“吴先生来了，我就放心了。”

吴官潼赶着一头驴，头戴一顶破草帽，手里拿着一块肉，闯入瓦剌人的包围圈。瓦剌兵抓住他，送至头领面前。吴官潼便装得十分委屈的样子，不慌不忙地用番语说：“我是某村人，我娘有病，我进城买肉给她老人家吃，你们抓我干什么？”

然后，他又故作神秘地说：“你们怎么还在这里？我听说朝廷已传旨召四方兵马到京城，马上就要潜入你们的领地，去剿你们的老巢。”吴官潼停了停，又说，“若不是与你们有乡情，我才不会冒着杀头的危险告诉你们呢！”

正在这时，石亨乘机用火器向也先的部队猛轰。瓦剌军将领一见，以为朝廷下一步确实有“大动作”，顿生退兵之意。也先最终撤兵，北京遂解围。

偌大的明王朝，到了这种份上，实在是可悲至极。但不管怎么说，曾被瓦剌人扣押的吴官潼，对瓦剌人的习性十分了解，所以略施小计，便使瓦剌人退了兵，从而解了北京之围。

【解析】

学习“谋之于阴，成之于阳”的策略，更要针对这个策略，学会透过事物的层层表象，不要被种种假象迷惑，要把握事物本质，分析事物的发展趋势，再采取相应的策略，这样就可以瞒天过海而出奇制胜。

第二章　隐秘谋划，行动神明

【原文】

古之善摩者，如操钓而临深渊，饵而投之，必得鱼焉。故曰主事日成[①]而人不知，主兵日胜[②]而人不畏也。圣人谋之于阴，故曰神；成之于阳，故曰明[③]。所谓主事日成者，积德也，而民安之不知其所以利；积善也，而民道之不知其所以然[④]，而天下比之神明也。主兵日胜者，常战于不争不费[⑤]，而民不知所以服，不知所以畏，而天下比之神明。

【注释】

①主事日成：主持政务，日渐成功。

②主兵日胜：指挥战争，日渐胜利。陶弘景注："钓者，露饵而藏钩，故鱼不见钩而可得；贤者，观功而隐摩，故人不知摩而自服。故曰主事日成而人不知也。兵胜由于善摩，摩隐则无从而畏，故曰主兵日胜而人不畏也。"

③"圣人"句：善于摩意，是走向成功之路。古人所讲阴谋，并无贬义，而是指隐秘谋划。陶弘景注："潜谋阴密，日用不知，若神道之不测，故曰神也。功成事遂，焕然彰著，故曰明也。"

④不知其所以然：贤君明主，主事日成，便是积德、积善。让百姓自然而然听从政令，这是一种高明的统治艺术。陶弘景注："圣人者，体道而设教，参天地而施化，韬光晦迹，藏用显仁。故人安德而不知其所以利，从道而不知其所以然。故比之神明。"

⑤不争不费：不使用武力，不损耗军费。即《孙子兵法》中

"不战而屈人之兵"的战略思想。陶弘景注："善战者，绝祸于心胸，禁邪于未萌，故以不争为战。师旅不起，故国用不费。至德潜畅，玄风遐扇，功成事就，百姓皆得自然，故不知所以服，不知所以畏，比之于神明。"这是一种比较玄妙的治国方略。

【译文】

古代善于揣摩对方内心的人，就像拿着鱼钩临近深渊，装好诱饵投入水中，必然可以钓到鱼。所以说这样的人主持政务日渐成功却不被察觉，率兵打仗日渐胜利，对手却蒙在鼓里不知畏惧。圣人便是这样隐秘谋划事情，所以被称为"神"；行动成功则会昭然显著，所以被称为"明"。主持政务每天都有成绩，积累德行，人民安居乐业获得利益却不知从何而来；源于善行积累，人民遵循却不知为何如此，天下的人称之为"神明"。率兵打仗连连取胜，却不与敌人争斗，也不消耗物资财富，人民不知敌人为何归服，为何畏惧，天下的人称之为"神明"。

【本章解读】

本章介绍古代善摩者主事主兵的高超艺术：

1. 善摩者之形："古之善摩者，如操钓而临深渊，饵而投之，必得鱼焉。"这是说，古代善于运用摩术者，如同拿着钓钩到深水边钓鱼，把鱼饵投下去，必可得鱼。这个比喻揭示善摩者与善钓者相似，投饵必得鱼。奥妙在投饵，实质是第一段说的"从而用之"，鱼喜欢吃什么，钓者就投什么。

2. 善摩者之高超境界："故曰主事日成而人不知，主兵日胜而人不畏也。"这是接前句说：因为善摩者具有投饵得鱼的高超艺术，所以说，他主持事务日渐成功，而人仍不知其是如何成功的；指挥战争日渐胜利，而兵民仍不知战争的可怕。

3．善摩者的功夫来源："圣人谋之于阴，故曰'神'；成之于阳，故曰'明'。"本句是说：善摩者的高超艺术，来自其深厚的功夫：先是"谋之于阴"，周密而隐秘的谋划，人们不知其就里，故称之为"神"；后是"成之于阳"，公开而正确的指挥，取得成功，人们称之为"明"。

4．为什么"主事日成，而人不知"？答曰："所谓主事日成者，积德也，而民安之不知其所以利；积善也，而民道之不知其所以然，而天下比之神明也。"这是说：所谓办事日渐成功，一是因为他施德泽于民，百姓得到安居乐业，尚不知是如何得到实惠的；二是因为他为民做了许多善事，百姓只知说好，但不知其所以然，故天下人都把圣人比为神明。

5．为什么"主兵日胜，而人不畏"？答曰："主兵日胜者，常战于不争不费，而民不知所以服，不知所以畏，而天下比之神明。"这是说：所谓指挥战争日渐胜利，是因为他把难打之战化为易打之战，把牺牲很大的战争化为消耗很小的战争，所以百姓不知道服兵役、劳役之苦，不知道战争牺牲有什么可怕，天下人都把他比之为神明。

【趣味故事】

打草惊蛇退曹兵

218年，刘备领兵十万围困汉中，曹操闻报大惊，起兵四十万亲征。

定军山一役，蜀将黄忠计斩曹操大将夏侯渊。曹操大怒，亲率大军抵汉水与刘备决战，誓为夏侯渊报仇。蜀军见曹兵势大，退驻汉水之西，隔水相拒。刘备与诸葛亮到营前观察两岸形势，谋划破敌之策。

诸葛亮见汉水上游有一土山，可伏兵千余。回营后命赵云领兵五百，带上鼓角，伏于土山之下，或黄昏，或半夜，只要听到本营中炮响一次，便擂鼓吹角呐喊一通，但不出战，诸葛亮自己隐在高山上观察敌军动静。

第二天，曹兵到阵前挑战，见蜀营既不出兵，也不射箭，叫喊一阵便回去了。到了深夜，诸葛亮见曹营灯火已灭，军士们刚刚歇息，便命营中放炮，赵云的五百伏兵也鼓角齐鸣，喊声震天。曹兵惊慌，疑有蜀兵劫寨，赶忙披挂出营迎敌。可出营一看，并不见有什么蜀兵劫寨，便回营安歇。待曹兵刚刚歇定，号炮又响，鼓角又鸣，呐喊又起。一夜数次，弄得曹兵彻夜不得安宁。

一连三夜如此，曹操惊魂不定，寝食不安。有人对曹操说："这是诸葛亮的疑兵计，不要理睬他。"可曹操说："我岂不知是孔明的诡计！但如果多次皆假，却有一次真来劫营，我军不备，岂不要吃大亏！"曹操无奈，只得传令退兵30里，找空阔之处安营扎寨。

诸葛亮用打草惊蛇之计逼退曹兵，便乘势挥军渡过汉水，背水扎营，故意置蜀军于险境，这又使曹操产生了新的疑惑，不知诸葛亮将使什么诡计。曹操深知诸葛亮一生谨慎，认为他如果不是胜券在握，是绝不会走此险棋的。

为探听蜀军虚实，他下战书与刘备约定来日决战。战斗刚开始，蜀军便佯败后退，往汉水边逃去，而且多将军器马匹弃于道路两旁。曹操见此，急令鸣金收兵。手下将领都疑惑地问曹操："为何不乘胜追击，反令收兵？"曹操说："看到蜀兵背水扎寨，我原本就有怀疑，现在蜀兵刚交战就败走，而且一路丢下许多兵器马匹，更说明是诸葛亮的诡计，必须火速退兵，以防上当。”

正当曹兵开始掉头后撤时，诸葛亮却举起号旗，指挥蜀兵返身向曹兵冲杀过来。曹兵大溃而逃，损失惨重。这是诸葛亮用计设险局、临阵佯败、打草惊蛇的计策置曹操于疑惑、惊恐之中，再次巧妙地击溃了曹兵。

【解析】

“不争、不费”的意思是不经过激烈战争、不耗费财力与物力，从而取胜于无形之中，与《孙子兵法》中“不战而屈人之兵”是一个道理。从打草惊蛇的计谋考虑，其运用条件必须是知己知彼，敌方兵力没有暴露或者意向不明时，切不可轻敌冒进，应当查清敌方主力配置和运动状况后再做打算。

第三章　考虑周密，确保成功

【原文】

其摩者[1]，有以平，有以正，有以喜，有以怒，有以名，有以行，有以廉，有以信，有以利，有以卑。平者，静也；正者，直也；喜者，悦也；怒者，动也；名者，发也；行者，成也；廉者，洁也；信者，明也；利者，求也；卑者，諂也[2]。故圣人所独用者，众人皆有之，然无成功者，其用之非也[3]。

【注释】

①其摩者：揣情摩意，常常因时而发，有规律可循，即平、正、喜、怒、名、行、廉、信、利、卑十法。陶弘景注："凡此十者，皆摩之所由而发。言人之材性参差，事务变化，故摩者亦消息盈虚，因几而动之。"

②"平者"句：以上所述，是对摩意十法的具体解释。陶弘景注："名贵发扬，故曰发也。行贵成功，故曰成也。"

③"故圣人"句：以上十法并非圣人所独有，众人使用却不能成功，是因为所用不得其道，所以失败。陶弘景注："言上十事，圣人独用以为摩，而能成功立事。然众人莫不有，所以用之非道，不能成。"

【译文】

触摸试探他人的方法，根据具体情况灵活运用，有的平和，有的正直；有的使人喜欢，有的使人发怒；有的利用声名，有的采取行动；有的要讲廉洁，有的要讲信誉；有的讲利益，有的讲谦卑。平是使人心平气和，正是使人感觉公正；喜是使人欢喜愉悦，怒是使人情绪波动；名是为其传播声誉，行是助其取得成功；廉是使人洁身自好，信是使人明智；利是为其提供需求，卑是为了迎合对方。所以，圣人所独用的触摸他人内心的方法，平常人也拥有。然而没有什么人能成功，是因为他们使用不当。

【本章解读】

本章论述摩的方式：

1．方式："其摩者，有以平，有以正，有以喜，有以怒，有以名，有以行，有以廉，有以信，有以利，有以卑。"本句是说：摩的方式有多种多样，有用平和的方式，有用刚正不阿的方式，有用欢快的方式，有用愤怒的方式，有用赞美名声的方式，有用行为推动的方式，有用清廉的方式，有用提倡信义的方式，有用晓以利害的方式，有用谦卑的方式。

2．目的："平者，静也；正者，直也；喜者，悦也；怒者，动也；名者，发也；行者，成也；廉者，洁也；信者，明也；利者，求也；卑者，謟也。"本句是说：运用不同的摩式，有不同的目的：用平和的方式，为的是使其宁静思考；用刚正的方式，为的是使其受到正直感染；用欢快的方式，为的是使其喜悦；用愤怒的方式，为的是使其震动；用赞美名声的方式，为的是使其发扬光大；用行为推动的方式，为的是使其成功；用廉洁的方式，为的是使其清白；用提倡信义的方式，为的是使其明智；用晓以利害的方式，为的是使其求利避害；用谦卑的方式，为的是使其热衷谄媚的心理得到满足。

3．妙在使用。"故圣人所独用者，众人皆有之，然无成功者，其用之非也。”这句是说：圣人专门使用的摩术，众人都可以使用，然而许多人不能取得成功，原因是他们用得不得当。运用之妙，在乎一心。

【趣味故事】

巧言答对乾隆帝

纪晓岚是翰林院大学士，能言善辩，机智过人，被誉为“铁齿铜牙”。

有一天，纪晓岚陪乾隆帝在御花园里散步。乾隆帝忽然问纪晓岚：“纪爱卿，忠和孝到底应该怎么解释呀？”

纪晓岚答道：“君要臣死，臣不得不死，此为忠；父要子亡，子不得不亡，此为孝。”

乾隆帝一听，说：“我现在以君王的身份，要你立刻去死！”

“这……”纪晓岚慌乱了一下，随即想出一个好主意，便说：“臣遵旨！”乾隆帝于是好奇地问：“那你打算怎样死？”

纪晓岚显得又害怕、又紧张地小心回答：“跳河。”

乾隆帝一挥手，说：“好！你现在就去跳吧！”等纪晓岚走后，他便在花园里踱着步，心想纪晓岚将会如何解脱这道难关。

不一会儿，纪晓岚便跑了回来。乾隆帝很奇怪，就板起脸来问道：“纪爱卿，你怎么还没有去死呢？”

纪晓岚说：“我刚刚走到河边时，不料碰到了屈原，他不让我跳河寻死。”

乾隆帝感到更加奇怪了：“你这话是什么意思？”

“刚才我站在河边，正想跳下去。河里突然涌起了一个大漩涡，好像要有东西从水里冒出来一样。我一看，竟是投江自沉的楚国忠臣屈原。”纪晓岚一板一眼地说。

“真的吗？那他对你说了些什么呢？”乾隆帝明知他故弄玄虚，但仍想看看他如何作答。

纪晓岚不慌不忙地回答道：“屈原指着我问为什么要跳河，我就把刚才皇上要臣尽忠的事情告诉了他。他说：‘这就不对了！当年楚王是昏君，我不得不跳河。可是我看当今皇上是个圣明之人，不应该再有忠臣要跳河啊！你应该赶紧去问问皇上，他是不是也是昏君？如果他自认是，那时我们再做伴也不迟！’因此臣只得跑回来。”

乾隆帝听了，忍不住哈哈大笑：“好一个巧舌如簧的机智人物！朕算服你了。”

【解析】

善于运用“摩术”的人，就如同拿着鱼竿在水边垂钓一般，只要运用得当，必有鱼儿上钩。乾隆帝本想以“君要臣死，臣不得不死”来为难纪晓岚，却没想到纪晓岚将计就计，以碰到屈原为饵下了钩。如果乾隆帝确实让其投河，就证明了他的昏庸；如果就此作罢，那为难纪晓岚的计谋就以失败告终。权衡利弊，乾隆帝也只能暗自认输。

第四章　动之以情，晓知物以类聚

【原文】

故谋莫难于周密，说莫难于悉听，事莫难于必成。此三者，唯圣人然后能任之①。故谋必欲周密，必择其所与通者②说也，故曰或结而无隙③也。夫事成必合于数，故曰道数与时相偶者④也。说者听，必合于情，故曰情合者听。故物归类，抱薪趋火，燥者先燃；平地注水，湿者先濡。此物类相应⑤，于势譬犹是也。此言内符之应外摩⑥也如是。故曰摩之以其类，焉有不相应者，乃摩之以其欲，焉有不听者？故曰独行之道。夫几者不晚⑦，成而不抱⑧，久而化成⑨。

【注释】

①“故谋”句：本句可理解为，凡能做到谋略周密，把握时势得当并持之以恒，也可以像圣人那样成功。陶弘景注：“谋不周密，则失几而害成；说不悉听，则违顺而生疑；事不必成，则止篑而有废。皆有所难，能任之而无难者，其唯圣人乎？”

②通者：通达明白之人。

③结而无隙：周密详细，无隙可乘。

④道数与时相偶：指道、术、时三者合一，才能成就功业。

⑤物类相应：物以类聚，相互感应。

⑥内符之应外摩：从外部入手引发对方，进而揣摩其内心实情。陶弘景注：“内符之应，外摩得类则应，譬犹水流就湿、火行就燥也。”人以群分，物以类聚，志趣相投自然聚合一处，而

成为关系密切的社会团体。

⑦几者不晚：发现事物的隐微征兆，就不会错失良机。

⑧成而不抱：成就功业也不占为己有。

⑨久而化成：久而久之，便能教化天下。陶弘景注："见几而作，何晚之有？功成不拘，何抱之有？久行此二者，可以化天下。"

【译文】

所以说，出谋划策最困难的是考虑周到严密，游说对方最困难的是让对方接受主张，做事情最困难的是确保成功。这三方面只有圣人经过深思熟虑才能做到。谋略最难做到的是周密，游说他人要选择心意相通的对象；做事情最难的是毫无疏漏，一定成功。想成就事业必定要符合术数，就是说道理、术数和时势三者重合，是事业成功的必然条件。要想游说他人使对方言听计从，必须动之以情晓之以理，双方感情相合才会听取。世间万物都是物以类聚，就像抱着柴草走向烈火，干燥的柴草首先燃烧；往平地上倒水，低湿的地方首先注入水流。物以类聚相互感应，形势上必然如此。就是说从对方外在表现推知其内心实情也是如此，所以，触摸试探对方要有所分类，如果对方没有反应，就从相类的方法触摩试探其欲求和愿望，哪有不会听从的呢？所以，这是谋士常用的方法。总之，审察到事物之间的隐微征兆就要抓住时机，把事情做成了却不居功自傲。长久坚持这样，才能达到出神入化的地步。

【本章解读】

本篇讲的是如何用摩达到目的：

1．"故谋莫难于周密，说莫难于悉听，事莫难于必成，此三者，唯圣人然后能任。”本句提出伐谋伐交的三难：设计谋略，最难的是计谋达到周密（谋无不中，鬼神莫测）；游说君主，最难的是使其言听计从；组织指挥办事，最难的是确保必定成功，这三个难度，只有圣人才能解决。

2．“故谋必欲周密，必择其所与通者说也，故曰或结而无隙也。”这是说：设计谋略，要想必定达到周密，一定要选择那些与你情意相通的人为谋，情意相通，才能谋得准，才能保密，这叫作相互结合而无间隙。

3．“夫事成必合于数，故曰道数与时相偶者也。”数，是指实际情况和该事的规律，即通常说的办事的路数。道，是指办事的方略。术，是指办事的方法。本句是说：凡办事要想取得成功，一定要从实际情况出发，合乎办事的路数，这就叫作方略、方法与时机相偶合。

4．“说者听，必合于情，故曰情合者听。”本句是说：要想所说的意见被人家完全采纳，一定要合乎其情意需求，这叫作情合者听。

5．“故物归类，抱薪趋火，燥者先燃；平地注水，湿者先濡。此物类相应，于势譬犹是也。此言内符之应外摩也如是。故曰摩之以其类焉，有不相应者，乃摩之以其欲，焉有不听者？故曰独行之道。”本句是说：世界上万事万物的特性，都是可以归类的，例如抱着柴薪趋向火时，总是干燥部分先燃烧起来；例如往平地注水时，总是潮湿的地方先湿透。这是物类相应的原理，趋势使然。也正是外摩与内符相呼应的道理。所以说，如果外摩与其人的需求同类，岂有不响应之理？如果依据其人的欲望，摩之以言，岂有不听之理？圣贤深谙其中关联，所以说，这是圣贤独行之道。只有深知外摩与内符关联者，才能解决上述三难，确保外摩成功。

6. “夫几者不晚，成而不抱，久而化成。”“几者”，何意？据《辞海》：古人的几，用以倚凭身体，这里是有法度的意思。不晚，不会错过机遇。本句是本章的小结，提出了三条要诀：凡是做事有法度者，一般不会错过机遇；凡有了成绩而不被成绩束缚者，一般不会停顿；在上述情况下，持之以恒，必可获得成功。

【趣味故事】

曹操的用人谋略

三国时期的曹操之所以成事，一个重要原因就是他特别注意结交名士，竭力争取他们的支持。为了达到攀升的目的，曹操主要通过两种途径努力。一是对一些年轻的名士就与之结交为朋友；二是对一些年长的名士就向他们求教。这样有利于争取名士对自己的了解和帮助，借以提高自己的名声，扩大自己的影响。他知道自己是宦官家庭出身，为广大士人所蔑视，因而很注意树立自己不与宦官腐朽势力同流合污的形象。

曹操在少年时就与袁绍相交，但两个人之间总有一些隔阂。但袁绍、袁术的母亲死后归葬汝南时，曹操还是不计前嫌地去参加葬礼。颍川李瓒是“党人”领袖李膺之子，后来做过东平国相（如同郡守）。曹操同他交往，彼此了解很深。李瓒非常赞赏曹操的才能，临终时对儿子李宣说：“国家将要大乱，天下英雄没有一个人能超过曹操的，张孟卓（张邈）是我的朋友，袁本初（袁绍）是你的外亲，虽然如此，你也不要去依附他们，一定要去投靠曹操。”后来李瓒的几个儿子遵从父命，在乱世中果然保全了性命。

南阳何颙，字伯求，年轻时游学洛阳，与郭泰、贾彪等太学生首领交好，很有名气。好友卢伟高父亲临终时，何颙前去问候，得知其父有仇未报，便帮助卢伟高复了仇，并将仇人的头拿来在他父亲墓前祭奠，很是侠义。

何颙和大官僚士大夫“党人”陈蕃、李膺相好。陈蕃、李膺被宦官杀害后，何颙也受了牵连，在被拘捕之列，于是易姓名逃到汝南躲了起来。袁绍慕其名，私下与其交往。何颙经常潜入洛阳与袁绍计议，解救“党人”。

曹操在这期间也同何颙交往，谈孔学，论百家，说《诗经》，讲兵法，头头是道。分析评论现实的派别斗争、党锢之祸，很有见地，表现得学识渊博而且有济世之才。何颙私下对别人说：“汉家将要灭亡，能够安天下的，必定是这个人了。”曹操听到后，非常感激。此后，曹操在士人中的名声就更大了。

在当时的诸多名士中，许劭是一个非常有影响的人物，谁要是获得他的好评，则对其仕途会产生十分有利的影响，曹操为了取得许劭的好评，先去拜访了有很高声望的大名士桥玄。

桥玄，字公祖，梁国雅阳人。历任县功曹、国相、太守、司徒长史、将作大匠、少府、大鸿胪、司空、司徒、尚书令等职。光和元年（178年），升任太尉。他以刚毅果断著称，敢于打击豪强贪官。自己则廉洁自守，虽身居要职，子弟宗亲却没有一个凭借关系做上大官的。他家贫乏产业，去世后，竟难以殡葬，当时的人们因此将他称为名臣。桥玄谦恭下士，善于观察和品评人物，也享有很高的声望。曹操慕名前往，桥玄与之交谈后，感到曹操很不平常，说：“现在天下将要变乱，不是经邦济世的人才是不可能使天下安定下来的。能够安定天下的，大概就是你了。”

停了一下，又说：“我见过的天下名士多了，没有一个是像你这样的。你要好好努力。我已经老了，愿意把妻子儿女托付给你。”曹操听了，非常感激，把这位老前辈引为知己。桥玄觉得

曹操还没有什么名气，又劝他去结交许劭。许劭，字子将，汝南平舆人。以名节自我尊崇，不肯应召出来做官。善于辨别、评述人物，当时人们推举清议的权威，无不把他和太原郭泰作为代表。谁要是能够得到许劭的赞誉，谁就能够身价倍增。许劭常在每月的初一，把本乡的人物重新评议一番，叫作“月旦评”。曹操由于桥玄的推荐，也由于自己对许劭慕名已久，所以不止一次带着厚礼、赔着笑脸去拜访许劭，请求许劭对自己称誉一番。许劭一方面感到曹操与众不同，另一方面大概对曹操那些飞鹰走狗的行径有所了解，不大看得起他，因此拒不作答。曹操却是绝不放松，坚持着自己的要求，最后甚至找了个机会对许劭进行胁迫。许劭没有办法，只好说：“你是一个太平时代的能臣，动乱时代的奸雄。”曹操听了这个评语，感到非常开心，哈哈大笑着离去了。

可见，曹操为了达到自己的目的，有时甚至是有些不择手段的。不过，他在寻觅“知己”的过程中，也有碰钉子的时候。南阳宗世林，十分看不起曹操的为人。曹操二十岁时，多次登门，想同宗世林交个朋友，因宾客满座，没有说话的机会。后来，宗世林起身外出，曹操乘机上前将他拦住，握住他的手，表达了自己的愿望。谁知宗世林一点情面也不给，毫不犹豫地拒绝了曹操的要求。后来，曹操当了司空，总揽朝政，大权在握，又把宗世林请来，得意地问道：“现在我们可以交个朋友了吧？”宗世林却不动声色地回答：“松柏之志犹存！”可见，宗世林对曹操始终抱有自己的看法。

【解析】

曹操能够得到众多名士的推许，并不是偶然的。汉代清议的标准，虽然以名教为依归，即一个人必须读经习礼，砥砺品行，随时注意修饰自己的言谈风度。但一个人才能突出，也能得到清议的重视，特别是在经学日渐衰微的汉末，才能显示出了越来越多的价值。曹操在品行方面是没有太多的东西值得称道的，但他的才能在当时却非常突出。他的观察力和随机应变的能力，他的机警、智慧和谋略，他的干练和果敢精神，都是一笔令人羡慕的财富，在乱世非常有用。他手不释卷，但不读那些于事无补的书，特别不愿走成千上万的汉儒曾经走过的那条皓首穷经的道路。他不专读儒家的书，诸子百家的书他都要浏览一番，把有用的东西加以吸取。他特别喜欢兵法，当时在军事方面已经发表过不少独到的见解。这些，都是他获得清议好评的原因。此外，当然还跟他个人不懈的努力有关。曹操力图改变自己的形象和社会地位，打进统治集团中后，虽然一时还未占据优势，但潜力却很大，并千方百计寻求同名士交往的机会，竭力争取他们的理解和支持。由于争取到了众多名士替自己激扬名誉，曹操引起了士大夫集团越来越广泛的注意，这对他步入仕途、崛起攀升起了很大作用。曹操之所以成功，就在于他掌握了摩意术的技巧，善于结交和利用有价值的人才，把这些人才变成一种资源，关键时刻得到了大家的帮助，为自己的仕途发展推波助澜。

【延伸阅读】

一、谋略聚焦

1. 隐真示假，故作糊涂

天有不测风云，人有旦夕祸福。尤其是在分裂割据、群雄并立的时代，世事往往难以预料，要想在乱世获取立足之地，必须以不变应万变，在故作糊涂中保全自己。如果揣摩准确，把握对方的心理，做出相应行动，就能获得成功的基础。“揣知其情所趋向，然后以其所欲，微而摩之，得其所欲而情必动，又测而探之，如此则能内符必应。内符既应，必欲为其所为也。”这是鬼谷子在“揣篇”中提出的重要思想。

很多时候，有意隐藏自己的才能是智者的选择。在封建时代，有才能的人如果不为君主所用，就会身处险境。即使是为君主所用，也可能受到猜忌。因此，明哲保身就成了才识之士的第一要务，如果处处张扬，不知收敛，结局往往会很悲惨。

东汉末年，曹操击败吕布，夺取了徐州。刘备因势单力薄，只好隐藏宏图之志，暂时依附于曹操。而曹操对刘备并不放心，怕他不甘久居人下，却又施展拉拢的手段，对他厚礼相待。对此，刘备暗中准备。

于是，刘备装起糊涂，在后园种起菜来。一天，刘备正在浇水种菜，许褚、张辽闯进来，说曹操有请。刘备去见曹操，忐忑不安。两人对面而坐，饮酒闲聊。曹操想借机一探刘备真心，看他是否有称王称霸的意图。酒喝得来劲，曹操问：“玄德兄久历四方，见多识广，请问当今之世，谁称得上英雄？”

刘备一时无语，只好搪塞：“我怎敢谈论天下英雄呢？”于是列举了袁术、袁绍、刘璋等地方军阀，这些人当然不被曹操放在眼里。曹操说：“所谓英雄，就是要胸怀大志，腹有良谋。所谓大志，志在吞吐天地；所谓良谋，谋能包藏宇宙。”并说：“当世英雄，只有使君和我！”

听了这话，刘备心中一震，手一松，筷子掉到地下。此时，恰巧天空传来一阵响雷，轰隆隆炸得屋瓦震动。刘备拾起筷子，缓缓说：“真厉害，雷声把我吓坏了！”

曹操听了暗自发笑，认为刘备不仅目光不够长远，而且还是个胆小鬼。自此，对刘备的戒备松懈了许多，最终使刘备脱身徐州。刘备装呆作痴，隐真示假，以不变应万变，给人以自甘平庸的感觉，在巧妙应变中保全了自身性命。

故作糊涂是一门学问。难得糊涂，就是说要会装傻。装傻需要勇气和毅力、涵养和忍耐，装傻有时要自取其辱。当危险降临时，表面装疯卖傻，内心保持清醒，不失为有效的生存技巧。装傻可以隐藏才能，掩盖真实目的，让人觉得碌碌无为，既能更好保全自己，又能等待时机实现理想。这其实是一种韬晦之计。

建功立业，非一日之功。时机成熟之日，方是成功之时。在此之前，就要卧薪尝胆，韬光养晦。遭人忌讳会使自己陷入险境。这是祸端的先兆，预埋的危机，终有爆发的一天。如果能够事事观察，仔细揣摩对方心意，就不难找到解决问题的办法。对自己不利就设法补救，让祸患消失在萌芽之中。

2．善于揣摩，投饵获鱼

《摩》篇曰："古之善摩者，如操钓而临深渊，饵而投之必得鱼焉。故曰主事日成而人不知，主兵日胜而人不畏也。"这句话的意思是，古代那些善于运用"摩"术的人，如同拿着鱼钩临近深渊，只要投下鱼饵，就会把鱼钓上来。

现代商业活动，许多人经常使用"摩"术。正确的策略可以促进成功，就像钓鱼投下诱饵，鱼儿才会上钩。想要获取更大利益，就要让产品受到青睐，这往往需要周密的谋划，运用一定的方法、手段。

钓鱼时要投鱼饵，舍弃一点小利，却钓回了大利。懂得了垂钓之道，就要敢于实践。无饵者门可罗雀，有饵者门庭若市，销售策略不同，效果也有天壤之别。推销新产品，采用鱼饵钓鱼的谋略，先抛出几个诱饵，引起人们的关注，然后"言归正传"。先前付出的代价，自然是羊毛出在羊身上。所以，要想在激烈竞争中抢占先机，占据更多的市场份额，作为管理者就必须学会经营策划。

适时抛下诱饵，让消费者不期而遇。做到这一点，就必须分析消费者的心理，以消费者为中心，发现他们的需求，满足他们的需求，就会收到事半功倍的效果。

如今，商场超市经常举办“投饵钓鱼”的促销方式，比如购物有奖的活动。其实，这些手段就是抛下诱饵，等待鱼儿上钩。在适当的时候，适当使用这种手段，就可以“主事日成而人不知，主兵日胜而人不畏也”。

3．察言观色，巧施计谋

很多时候，察言观色是“摩”术的具体运用。揣情摩意，常常因机而发，有规律可循。人的性格千差万别，具体运用时，方法可以多种多样。73年，东汉大将窦固率兵攻打匈奴，为了彻底击败匈奴，就想派人联络西域各国共同作战。于是派遣颇有才干的班超出使西域。

班超带领随从到了鄯善。鄯善原是归附匈奴的，因为匈奴逼他们纳税进贡，勒索财物，鄯善王很不满意。但几十年间，因为内地连年战争，东汉顾不到西域边境，鄯善王只好听从匈奴的命令。这次他看到汉朝派去了使者，便殷勤地招待了他们。

过了几天，鄯善王的态度忽然冷淡起来。班超起了疑心，猜测一定是匈奴使者也到了这里。恰巧鄯善王的仆人送酒食来，班超装作早就知道的样子说：“匈奴的使者来几天了？住在什么地方？”鄯善王和匈奴使者打交道，本是瞒着班超的。那个仆人被班超一问，以为班超已经知道这事，回答说：“来了三天了，住处离这不远。”

于是，班超召集随从说：“大家跟我来到西域，无非是想立功报国。现在匈奴使者才到几天，鄯善王的态度就变了。要是他把我们抓起来送给匈奴，我们的尸骨也不能回乡了。现在情况危急，只有趁着黑夜到匈奴的帐篷周围，放火进攻。只要杀了匈奴使者，事情就好办了。”到了半夜，班超率领随从偷袭匈奴的帐篷。他们顺风放起火来，班超领头杀进帐篷，杀了匈奴使者和30多个随从。班超回到营房，天刚发白。他请鄯善王过来，鄯善王见匈奴的使者已被杀掉，表示愿意服从汉朝命令。

班超对鄯善王察言观色，觉察到其内在变化，于是随机应变，果断采取行动，杀了匈奴使者。又顺应鄯善王欺软怕硬的心理特征，促使鄯善与汉朝友好。这正是摩术灵活运用的结果。

4．淡化荣辱，胸襟阔大

社会是个大舞台，人的身份和地位各不相同，由此带来不同的处世方式。富贵者高高在上，易招人怨。如果领悟鬼谷子《摩》篇精义，适时放下架子，谦虚待人，就能改变形象，为将来留条后路。贫贱者无权无势，如果行为放荡不羁，对人不敬只会招致厌恶，难以改变处境和命运。

鬼谷子所说的“摩”，是心机，是灵动，是个体对事物的发展趋向做出的正确反应。由此可以通过平常的举动而窥见对方真实意图，有效防范居心叵测之人。对于小人，如果缺乏揣摩的谋略或方法，就很容易落入陷阱之中。俗话说“防人之心不可无”，应该谨防左右，尤其是那些卑躬屈膝之小人。

做事需要谋划。只有料事在先，才能消除隐患于未萌之时。生活中，对付小人也可以这样。小人大多怕险畏难，计较得失。只要揣摩出其意图，设置障碍制造麻烦，让他们患得患失，就会使其有所顾虑和惧怕，在行为上有所收敛。如此不动刀兵，避免了不必要的损失，可谓是智胜小人的妙计。

实施一定的谋略，要对事物的状况有深入研究和细致把握，面对利益诱惑不动心，身临危险之地能脱离。遇事时不慌张，以免做出不利于己的举动。做到了宠辱不惊胸怀宽广，就能在面对突发事件时，保持冷静，做出正确判断，避免出现错误和偏差。因此，淡化荣辱观念，是“摩”的精义，抛弃功利主义，自会领略人生的自由境界。

高明的智者，善于揣情摩意，能够淡化荣辱，胸襟阔大，具有特立独行的人格魅力。人们常说“小不忍则乱大谋”，所以处于困境时要能忍受一时的屈辱。不然，就会陷入更危险的境地，无端抱怨解决不了问题，只会招致更多的打击。忍辱负重，要求对现实和自身有清醒认识。这关系自己的生存，把一切问题都看开些，就会变得豁达。在无助的情况下，调整心态和行事准则，才能化解复杂的问题，这是摩意术的重要内容。可见，认真学习鬼谷子的谋略之道，巧妙加以运用，就会在实际行动中演变出千万般变化的智慧。

5．洞察人心，体察人性

古人讲究喜怒不形于色，鬼谷子在《摩》篇中说：“如果不断用言语和行动去试探和刺激对方，那么，对方的真情实意就会暴露。这时，就要表现出不以为然的样子，隐藏自己的真实想法，不被对方察觉。做到这一点，就会成大事而不留祸患。”

怎样说话才能打动人心，怎样行动才能确保成功？鬼谷子认为做事要想达到目标，就要“摩之，以其所欲”，也就是洞察人心，体察人性。纵观古今，优秀的政治家、军事家，大多具有这种本领。

东汉末年，曹操率军讨伐张绣，天气热得出奇，骄阳似火，士兵口渴难耐，行军速度缓慢。曹操担心贻误战机，心里着急。于是，他叫来向导，悄悄问：“附近可有水源？”向导说：“泉水在山谷的那一边，要绕过去还有很远。”曹操遮眼眺望，看到前边有片树林，脑筋一转，赶到队伍前，用马鞭指着前方说：“前面有片梅林，那里的梅子又大又好，我们快点赶路，绕过这个山丘就到了！”士兵一听，精神大振，行军速度快了许多。

在艰难险境，个体的意志力能发挥巨大作用。曹操用“酸梅”鼓舞士气，加快行军速度，正是因为他具有深入体察人性的本领。在古代，优秀的将帅除了要熟悉天文、地理、阵法外，还必须洞察人心，善打心理战。项羽的破釜沉舟与韩信的背水一战，都是利用人在险境中的求生本能而取胜的例子。春秋时的“长勺之战”，是心理战的经典战例，集中体现了《孙子兵法》“避其锐气，击其惰归”的军事思想。

在战争中要打败强敌，必须要避敌锐气，攻其虚弱。当敌人处于精神放松、意志疲惫的情形时，出其不意攻其不备，往往获得意想不到的效果，最终取得战争的胜利。

现代商业活动，竞争对手之间也存在心理战的问题。竞争的胜负除了取决于经济实力、竞争方法等因素外，有时还取决于自身的心理素质和心理战斗能力。与人打交道，摸透了对手的心理，胜利也就不远了。做到了“摩之，以其所欲”，只要略施小技，就可以将麻烦消除于无形之中。

二、古为今用

1．创业需要结合

人，是社会人，有社会性，必须学会与人结合。与情人结合，方可组成幸福家庭；与同志结合，方可组成有战斗力的群体；与资本结合，方可组成企业集团。

只看重自己，而不看重结交，或虽重结交，而不善于结合的人，无论其本人有多么了不起的才能，也不可能取得很大的成就。故“人才学”无不把亲和力作为选拔人才的重要素质，尤其是选拔企业经理、群体领袖、军队将领等等，亲和力是必不可少的条件之一。

凡有智谋者，最好能与有权力者相结合，智谋方可得到用武之地，成就一番伟大事业。若智谋既不能创造权力，又不与有权力者相结合，则只能望业兴叹，充其量也只能指点江山，激扬文字，以此孤芳自赏而已。在中国古代，有许多智谋与权力结合的佳话。伊尹与商汤结合，灭夏兴商；姜尚与姬昌、姬发相结合，灭纣兴周；管仲与齐桓公结合，创五霸之首；蹇叔、百里奚与秦穆公结合，使位列诸侯之下的偏西小国，一跃成为中原霸主；伍子胥、孙武与吴王阖闾结合，灭楚兴吴；范蠡、文种与越王勾践结合，灭吴兴越；公孙鞅与秦孝公结合，使秦变法图强，为秦国后来统一中原奠定了良好基础。鬼谷子在这种历史背景下，写出《摩》篇，无疑是对这类结合的研究和肯定。

在21世纪的今天，在和平与发展的时代，科学家与资本家的结合；技术管理专家与企业家的结合；产业与商业的结合；企业与企业的结合；中外资本的结合，比比皆是。至于协作、联盟，则更为广泛，更为众多。研究如何与人结合，已成为创建事业的重要课题,《摩》篇具有重要的现实意义。然而，实现结合又靠什么？

2．结合在于摩

摩，究竟是什么意思？首先要把这个字的内涵搞透。就汉语字意讲，摩，具有迫近、接触、抚摸、摩擦和切磋研究之意。就鬼谷子的阐述，摩，有丰富的内涵。从篇首说的“摩者，揣之术也”来看，摩，是揣情的一种方法，是一种认知的方法；从第二段的内容去体会，摩，又是一种如同操钩钓鱼之法，事关“主事”“主兵”；从第三段所述十种摩的方式来看，摩，又是动情说理之法；从第四段来看，摩，又关乎选择、设谋、说人和做事。

由此观之，鬼谷子心目中的“摩”，是大有讲究的。它是一种系统的交际行为，包括亲近、接触和知、情、意的交流，如此方可揣测到真情、真心和不断变化的心和情；还包括有目的、有计划地对被磨合者，进行颂扬、批评、说服、诱导，如此方可推销谋略；还应包括共同商量、答辩，如此方可实现结合与统一行动；还应包括共同实施既定方略，同甘共苦，求得成功。这是一个从摩到合的全过程。磨合得好，就能相互包容，相互理解，相互补充，实现较长久的结合，共创伟业。如果摩而不能合，或合而不能久，出现内耗和分裂，不仅难于成事，而且可能带来灾难。

磨合是社会发展的正常需要。夫妻之间，必须经过一段时期的磨合，方可形成和睦幸福家庭。任何企业，任何团队，任何领导班子，无不需要经历磨合过程。随着领导人的更替，又需要经历新的磨合过程。指望一近就合，是一种不现实的空想。在古代典籍中，最能反映出智谋与权力磨合过程的，莫过于《姜太公韬略》，其中每一篇所说都是姜太公与周文王、周武王的磨合记录。

然而，摩与揣有何联系和区别？笔者认为：揣是摩的准备，摩是揣的继续和深入。揣是认知，摩是认知与行动的统一。揣的目的是求得主观认知与客观实际的符合；摩的目的是求得知、情、意的全面结合，共同实现既定的谋略，求得事业的成功。

为什么结合在于摩？因为人是千差万别的，有不同的生长环境，不同的性格，不同的经历，不同的素质，不同的需求，不同的志趣，不同的利害，差别是绝对的。差别必然导致矛盾，必须通过摩，不断地摩，反复地摩，有针对性地摩，在摩中不断接受对方的特点和需求，在摩中不断磨掉各自一些棱角和需求，从而不断缩小差别，不断增进理解，不断求同存异，实现一段较长时期内的结合。再说，人类总是不断变化发展的，是不断相互作用的，正因为变化和相互作用，又必然会带来新的矛盾，导致不断分化和组合。而磨合正是预防分化、保持团结的最有效途径。

揣摩，是鬼谷子学说的伟大创造。最早见于苏秦言论，并载入《战国策》，可惜后来历史上一些统治者，把它视为阴谋邪说，以致影响到对它的发掘。今天，和平与发展已成为时代主题，必须讲团结，讲联合，才能实现互补互助，赢得和平，赢得发展。人人均要会揣摩，特别是策划师、营销员、公关人员、企业经理等，凡是需要与人结合者，揣摩，均是必不可少的基本功。故学习和发掘鬼谷子的摩术，是极有现实意义的。为此，下面再分别发掘摩术的应用：如何以摩求知？如何以摩求合？如何以摩求成？

3．以摩求知

调查对方所处的环境、历史和现状，比较容易，而要想掌握其不断变化的思想脉搏，特别是要了解其隐藏于深处的情与欲，则是比较难的。俗话说："不入虎穴，焉得虎子。"你要想知道梨子的滋味，最好亲自尝尝。故仅靠从外部揣测，是不够的，还必须深入到其内部，加以摩之。

如何以摩求知？鬼谷子在本篇讲过许多方法："摩之以其类，焉有不相应者""必择其所与通者说也""说者听，必合于情""微摩之以其所欲，测而探之""摩之以其欲，焉有不听者"，等等。请注意，这里有四个关键字：通、类、情、欲。通，是知、情、意交流的桥梁；类，是通的基础；情，是思想共鸣的纽带；欲，是激发行为的动机。这就是说，若想以摩求知，则必须先判断其人之类别，设计摩说方案；继而与之接触，与之亲近，与之交谈，可先从与之相通的问题谈起，或先从与之相通的娱乐玩起，或先从与之相通的事做起；在通的基础上，增进相互信任和相互关心之情；在同情的基础上，问其欲，激其情，进而提出各种疑问，测而探之；再把摩得来的信息，与先前量权揣情所得的信息，加以综合分析，去伪存真，由表及里，由此及彼，做一番思索，就不难掌握其思想脉搏了。

案例：姜尚与姬昌的首回摩知与磨合。读者如果有兴趣的话，不妨阅读《姜太公韬略·文师》，该篇记述了姜太公与姬昌的首次谈话。此前双方只是相互慕名，仅有肤浅了解。姜尚从东海之滨远奔周国，试着投奔当时仅是一个诸侯的姬昌（即后来的周文王）。他没有直接前去拜见，而是到渭水之滨钓鱼，了解姬昌治国的情况。为了引起周国官民的注意，故意唱着不同凡响的歌，使用钓不上鱼的直钩，说些令人费解的话："不钓鱼龟，独钓王侯。"这些奇言怪行，不可能不传到姬昌及其大臣耳里，这是姜尚的第一摩。姬昌得知这个情报后，没有直接派人前去邀请，而是决定到渭水之滨去田猎，并叫史官为之占卜。史官卜曰："田猎大吉，将猎获的不是龙，不是虎，兆得公侯，是老天送军师来了，好比当年夏禹得皋陶。"姬昌为此斋戒三日，以示敬重，然后才到渭水之滨田猎。这是姬昌的第一摩，自有人传信息给姜尚。

姬昌果然遇到姜尚，见他正坐在茅草上钓鱼，近前慰劳："先生喜欢钓鱼吗？"姜尚说："我听说伟人乐得其志，小人乐得其事。我钓鱼与此相似，并非喜欢钓鱼。"姜尚的第二摩，是把钓鱼引申到执政。这正是姬昌最重要的需求，立即发问："何谓相似？"姜尚答："钓有三种权术，要用爵禄、官位、赏赐钓人，钓是为了得，其情理很深，小中可见大。"姬昌对此很感兴趣，表示愿听个中情理。

姜尚说："源头深就有水流，有水流就会有鱼；根深而木长，木长就会结果实；君子情同就会合作；合作，事业就会成功。"姜尚第三摩，又从钓鱼引到如何执政，暗示要夺取天下，必须先兴周强周。姬昌又问："如何兴周强周？"姜尚回答："最重要的是聚人才，收人心。”姬昌再问：“如何才能聚人才、收人心？”姜尚说：“天下不是哪一个人的天下，而是天下人共有的天下。谁能同百姓共享天下之利，就可得天下；谁要是独享天下之利，就会失天下。”这种思想碰撞，促进了两人相知相合，姜尚得知了姬昌的心理和志向，是可辅之主；姬昌得知姜尚是难遇的帅才，认为应验了占卜，是先祖太公所渴望的兴周圣贤，立即邀请同车回宫，聘为军师，叫儿子姬发奉他为尚父，从此，尊姜尚为太公望。从这个案例中，不难体会个中摩术，两人如何运用类、通、情、欲，相互摩知，得到初次磨合。

其实，以摩求知，在今日商场上，也是屡见不鲜。据许多人的印象，日本商人很善于摩，先派低级别的人来摩，正面地摩，迂回地摩，在摩中摸透你的情况，在摩中取得有利的合作条件。摩到一定的时候，再派高一级职务的人来签约。凡头脑简单、性情急躁的人，往往为其所乘。

4．以摩求合

上述以摩求知，知，是为了决定选谁合作，决定不与谁合作；分析能在什么目标下合作，能合作多久；确定以什么底线条件与之合作，以什么方式和策略实现合作。以摩求知较易，而以摩求合较难；合于一时较易，而合于长久则较难。其难在于结合的过程中，既有利益的期望和分配矛盾；又有对损、险的心理承受和实际分担的矛盾。其难，还在于除了系统内的离散力外，在激烈的竞争中，且往往会发生外力的离间分化作用。

故以摩求合，除了运用上述求知的摩术外，特别要注意内部利害分担和外界的分化作用。内外矛盾影响，又必然首先表现为合作各方知、情、意的差别。所以，消除合作各方相互间知、情、意的矛盾，就成为磨合的重要内容。

如何解决各方在知、情、意上的矛盾？本篇指出的十种摩术，都是从避免和解决知、情、意的矛盾入手，以摩求合：

“平者，静也”，与人合作，要平等待人，要心平气和，有商有量，如此，才能使自己冷静，也使合作方冷静，使知、情、意得到充分交流。性情暴躁、动辄发怒的人，居高临下、颐指气使的人，谁愿同你结合？

“正者，直也”，与人合作，自己要正，不能搞邪门歪道。公正，才能直言，才能缩短距离，才能使人受到正直的感化，才能使人相信你。阴险狡猾的人，谁愿与你结合。

“喜者，悦也”，与人合作，要为合作方增添成功的喜事，使人感受到合作的喜悦。

“怒者，动也”，与人合作，不要轻易发怒，但也不要当无原则的和事佬，该怒的事，如遇违法乱纪，如遇阴谋分裂，一定要怒，不怒则已，一怒就要令人震动。

“名者，发也”，与人合作，既要珍惜自身的名誉，又要珍惜合作方的名誉，还要倍加珍惜合作体的共同名誉，惜名、扬名，一切都是为了共同发展。

“行者，成也”，与人合作，归根到底是要做，是要行，议而不决是不好的，说空话是无用的，一切合作，一切行为，均要有利于共同事业的成功，只有不断取得成功，合作才能有生命力。

“廉者，洁也”，合作，是利益共同体，各方承担什么风险，各方享受什么利益，均应有合法的明文规定。关键在于各方负责人和经管人是否清廉，只有清廉，才能保持洁白，只有一致的廉洁，才能避免出现利益纠纷。许多合作的破裂，常常是因此而起。

“信者，明也”，与人合作，最重要的是互为诚信；要求别人诚信，自己要首先示以诚信。诚信，不能仅靠许诺，不能仅

靠血缘或友谊，必须明之于法，明之于公开监督机制和事后的惩罚机制。

“利者，求也”，合作双方，均为图利，但利从何来，一定要靠共同努力去求取，即靠共同创造把合作的蛋糕做大，绝不能指望损人以利己。有许多合作的失败，其症结就在于这一条指导思想模糊，没有着力去求发展，而是老想着从大锅里多分一点，多挖一点，多偷一点，如此合作，岂有不破裂之理。

“卑者，謟也”，与人合作，要平等待人，要谦卑一些，不要居高临下，不要盛气凌人。所谓謟，是指要尊重合作方的自尊心，要照顾到合作方的利益需求，并不是庸俗地拍马屁。

在和平与发展的今天，国人不仅要学会竞争，而且要学会联合。竞争要讲究合法的竞争，以不正当竞争为耻，以你追我赶为荣；联合要讲究合法的联合，以损人利己为耻，以共同创业成功为荣。

以摩求合，也要顺乎自然，无为而无不为，不能强求。摩，不是万能的，只有当具备联合的条件时，以摩求合，才有可能。俗话说：“没有不散的筵席。”古代著名的谋略家，总是辩证地对待联合，总是为一定的目标而联合，如前面讲到的孙武与吴王阖闾的联合，范蠡与越王勾践的联合，目标实现之日，就是联合结束之时。当合则合，当分则分，好合好散，乃我中华民族的优良传统，不可不发扬光大。

5．以摩求成

鬼谷子曰：“故谋莫难于周密，说莫难于悉听，事莫难于必成。”可见，摩的最终目的是干事业，是求得事业必成。谋说，是为了谋事，“周密”“悉听”，均是为了成功。

为求得必成，除了不断地以摩求知，继续以摩求合以外，鬼谷子还特别指出两点：一要识时势。“夫事成必合于数，故曰道数与时相偶者也”，强调的就是要识时势。无论自然和社会，均有其发生、发展与灭亡的规律。办事必须顺乎规律。若条件尚未成熟，则只能积蓄力量，等待时机；若条件已经成熟，则必须抓紧机遇，大干特干，绝不可有丝毫犹豫。二要自律。谨防因小有所成而自满，而分裂，而停顿，而犯错误。鬼谷子在本篇结尾，还特别强调“夫几者不晚，成而不拘，久而化成”，实质是强调要认清时势，抓住机遇；要不骄不躁，兢兢业业；坚持不懈，持久努力。如此，方可必成。

成功，有高低之分和大小之别。鬼谷子对以摩求成，还提出了一种理想境界，这就是“主事日成而人不知，主兵日胜而人不畏”。

如何做到“主事日成而人不知”？答曰：周密策划，有计划有步骤地积德、积善，造福于民。人民就会把你的事业当成自己的事业，想尽办法支持你，就会减少阻力，增加动力，则事易成。

如何做到“主兵日胜而人不畏”？答曰：周密策划，把难打的战争变为易打之战争，把牺牲很大的战争变为消耗很小的战争，减少兵民之劳役和牺牲。

这种高境界的成功，实质是以最小代价获取最大的效益。孙子兵法曰：“百战百胜，非善之善者也，不战而屈人之兵，善之善者也。故善战者之胜也，无智名，无用功。”由此可见，鬼谷子以摩求成，实质是运用了孙子兵法的“全胜策”。

而要想达到这种高境界的成功，则不是仅靠一次正确的谋划所能做到的，而必须靠周密的系统策划，且要高度保密。“谋之于阴，成之于阳”，其侦察之充分，其分析判断之准确，其智慧之高超，其谋划之周密，其准备功夫之详细，其奥妙之深，这些都是外界看不见的。只有待到公开取得成功时，才会有“天下比之神明”。

综上可见，“揣摩”，乃鬼谷子独创，是用来进行侦察、谈判、设谋、说人、联合、营销、施谋、创业的绝妙学问，始终贯穿了唯物论和辩证法思想。妙哉！高论。中国历史上，苏秦、张仪、孙膑、庞涓、张良、陈平、诸葛亮、曹操、李靖、魏徵、赵普、刘伯温、范文程等，还有现代的诸多伟人，均因深谙揣摩，而成就了大业。然而历史上竟有人以图名、图利为罪状，贬斥揣摩之道，实在是冤哉枉也！读者只要体察“主事日成而人不知，主兵日胜而人不畏”和“积德”“积善”“不争”“不费”等语，就不难发现，鬼谷子的以摩求成，归根到底均是为国为民。

“摩术”是揣情的主要方法，即是投石问路，以言行相刺激，探其虚实深浅，知其实情。鬼谷子认为，掌握“摩术”则“主事日成”“主兵日胜”，而天下就会视若“神明”。“摩”的方法很多，可用和平进攻，可用正义责难，可用奉承讨好，可用愤怒刺激，可用名望威吓，可用行动逼迫，可用廉洁感化，可用信义说服，可用利益诱惑，可用谦卑欺骗。在做人、办事、经商的过程中，到底该采用哪一种方法，这需要根据不同的情况来选择。

三、做人之道

鬼谷子认为，要善于根据对方的好恶期望，提出建议和言辞，来仔细观察对方有怎样的表现，如有反应，再顺势诱导；如无反应，再另谋方法。鬼谷子的“摩术”作为一种比较复杂、精确的信息获取方法，为今人更加深入地了解人物深层次的心理提供了帮助。所以说，今人应该善于从鬼谷子的“摩术”中汲取营养，从而习得做人的智慧和道理。

鬼谷子认为，了解人物的深层次心理以及相关信息，除了多角度的观察方法外，还需要策略性的试探技巧，这就是“同意术”。在现实生活中，运用“同意术”策略性地刺激对方，令其作出反应，通过对这些反应的细致观察与分析，反复地揣摩，就可以得出更为精确的认识。这种“同意术”，无论是现代还是古代，都应用得较为广泛。

战国时，齐威王重用田婴为相，并封其为靖郭君，事无巨细，他都请田婴出主意。而且，田婴出的主意几乎都能符合齐威王的心愿。田婴是齐国公族，本来没有什么功劳，他之所以能爬上如此高位，全凭他独具慧眼的三字诀——“同意术”。他深深地知道，要使自己的恩宠不衰，就要顺从君意去处理一切大事和小事。但是，有时齐威王并不把自己的心思讲出来，这一点让田婴十分为难。

有一年，齐威王的夫人死了，这对齐威王是一个不小的打击，以至于他整天萎靡不振，不理朝政，如果长期下去，将危及社稷，左右近臣无不心急如焚。宰相田婴左思右想，认为要使齐威王摆脱精神苦恼，只有尽快在齐威王夫人留下的十位侍女中为他挑选一个继室才行。

主意既定，田婴又碰到了一个大难题：“挑选哪一个为好呢？”在外人看来，王后的侍女个个如花似玉，美不可言，但在君王眼中，肯定还有一个名次之分，若是没有挑上君王最喜欢的那一个，把本来一件好事便办成了糟事，不仅不能使齐威王走出丧妻的阴影，甚至因此而掉了乌纱帽也未可知。但宰相毕竟是宰相，田婴的点子很多，他想出了用水晶耳环来暗中揣摩齐威王对这10个侍女的好恶之别，并通过这种办法挑选齐威王最喜欢的侍女做新王后。

田婴特地命工匠用水晶精心加工了十枚耳环，九个是一般化的，一个是做工、质地都格外精美耀眼的，田婴的用意是让齐威王把这些水晶耳环分赐给十个侍女，那个得到最精美的耳环的侍女必定是深得齐威王喜欢的。

耳环送上去了，田婴就焦急地等待着侍女们佩戴而出。侍女们按班次一天一个，两天一换，轮流着侍候齐威王。田婴虽说每天照例进朝廷禀奏天下大事，但却把主要精力放在暗中观察每天侍女的佩饰上，见昨天那个丫头佩的是普通耳环，今天这个丫头佩的还是普通耳环，他好不心焦。不过，田婴还是不露声色地耐着性子一天天地等待着，他要把这事办得天衣无缝，让齐威王看不出蛛丝马迹，来个惊喜。

这一天终于到来了，那个佩戴着特别精致水晶耳环的侍女款款出现在宫廷里服侍在齐威王左右。田婴一直紧绷的神经，此时才算舒缓开来，他注视着这个侍女，确实她要比其他侍女漂亮许多，有一种特别的魅力，难怪齐威王要把最好的一对耳环送给她呢。

第二天，田婴就胸有成竹地奏请齐威王，问可否立昨天那位侍女为新王后。这自然说到了齐威王的心坎上，齐威王当即就爽快地答应了。于是，那个侍女从十个姐妹中脱颖而出，成了齐威王的新王后。齐威王从此也便精神焕发，专心治理天下。

田婴运用“同意术”，有意制造不平衡的礼物，赠送威王，从而探明到了威王的心意，加固了大王对自己的恩宠。

1．悟透“摩术”，沉浮自如

社会中人，在利益的驱动下，往往会做出傻事。即便那些自认为聪明的人，也会因利令智昏而犯一些错误，等到头脑清醒的时候，却一切都悔之晚矣。所以，避免犯错误的最好方法就是悟透鬼谷子所说的“摩术”，提前思虑，只有这样才能做到灵活应对、沉浮自如。

孙叔敖原来是位隐士，被人推荐给楚庄王，三个月后做了令尹（宰相）。他善于教化引导人民，因而使楚国上下和睦，国家安宁。有位孤丘老人，很关心孙叔敖，特意登门拜访，问他："高贵的人往往有三怨，你知道吗？"孙叔敖回问："您说的三怨是指什么呢？"孤丘老人说："爵位高的人，别人嫉妒他；官职高的人，君王讨厌他；俸禄优厚的人，会招来怨恨。"

孙叔敖笑着说："我的爵位越高，我的心胸越谦卑；我的官职越大，我的欲望越小；我的俸禄越优厚，我对别人的施舍就越普遍。我用这样的办法来避免三怨，可以吗？"孤丘老人感到很满意，于是走了。孙叔敖按照自己说的做了，避免了不少麻烦，但也并非一帆风顺，他曾几次被免职，又几次被复职。有个叫肩吾的隐士对此很不理解，就登门拜访孙叔敖，问他："你三次担任令尹，也没有显得荣耀；你三次离开令尹之位，也没有露出忧色。我开始对此感到疑惑，现在看你的气色又是如此平和，你的心里到底是怎样的呢？"

孙叔敖回答说："我哪里有什么过人的地方啊！我认为官职爵禄的到来是不可推却的，离开是不可阻止的。得到和失去都不取决于我自己，因此才没有觉得荣耀或忧愁。况且我也不知道官职爵禄应该落在别人身上呢，还是应该落在我的身上。落在别人身上，那么我就不应该有，与我无关；落在我身上，那么别人就不应该有，与别人无关。我的追求是随顺自然，悠闲自得，哪里有工夫顾得上什么人间的贵贱呢！"肩吾对他的话很钦佩。

孔子后来听说了这件事，很有感慨地说："古代的真人，有智慧的不能使他意志动摇，美女不能使他淫乱，强盗不能劫持他，就是伏羲、黄帝也不配和他交游。死和生对于人是极大的事情了，可都不能改变他的操守，何况是官职爵位呢？像他这样的人，精神穿越大山无阻碍，潜入深渊也不会被水沾湿，处于卑微的地位不会感到狼狈不堪。他的精神充满天地。他越是给予别人，自己越是感到富有。”

孙叔敖后来得了重病，临死前告诫儿子说：“楚王认为我有功劳，因此多次想封赏我土地，我都没有接受。我死后，楚王为了回报我生前的功绩，一定会封给你土地，你千万不要接受富饶的土地。在楚国和越国之间，有个地方叫‘寝丘’，这个地方土地贫瘠，而且名字很不好听。楚国人信奉鬼神，越国人讲求吉祥，都不会争夺这个地方，因此这个地方可以长久据有它。”

孙叔敖死后，楚王果然要封给他儿子一块相当好的土地，他儿子辞谢不受，只请求寝丘之地，楚王答应了他的请求。按照楚国的规定，分封的土地不许传给下一代，唯有孙叔敖儿子的封地可以世代相传。孙叔敖的所作所为，其实并没有什么难以理解的地方，但如果真正实行起来，也并非一般人所能做得到。

2. “钓鱼”之计，用之宜慎

鬼谷子认为，“操钓临渊”就可以钓得鱼来，这是就计谋的效用而言的。然而，具体到某一件事情上，就未必会如此，毕竟情况不同，施计者计谋的深浅有异。

所以说，在待人处世中，对于“钓鱼”之计的运用，要务必谨慎、小心，弄不好连“饵食”都会葬送掉。赤壁大战之后，诸葛亮趁机派人占领了荆州（今湖北襄阳一带）。周瑜派人讨还，诸葛亮教刘备用“眼泪战术”哭得来人心软，答应刘备暂借。刘备本无还心，这一借便借“死”了。周瑜又气又恨，却也老虎吃天——无处下口，只有暗自咬牙切齿而已。

忽然，周瑜闻报，说刘备夫人死了，正在操办丧事。他眉头一皱，计上心来，忙告诉东吴谋士鲁肃，说讨还荆州之计有了。

鲁肃忙问何计，周瑜说："刘备如今丧妻，必会续弦。我们主公有个妹子，年大未嫁，会使刀枪。我们如今上疏给主公，说假意招刘备成亲，把他诓到东吴来，软禁在此，用他换回荆州，让他媳妇娶不到手，我们却达到了目的。"鲁肃一听，十分高兴，便去见孙权，说出周瑜的计谋。孙权自然高兴，便派吕范到荆州说亲。刘备却是个重事业轻家室之人，想当年长坂坡大战，他丢下娇妻幼子，只顾自己逃命，便足以说明。这番东吴招亲，自知吉少凶多，怕中了"美人计"，便不想前去。哪知诸葛亮一意怂恿，说但去无妨，他便将信将疑地由赵云陪同去了。

一到东吴，赵云便照诸葛亮的锦囊妙计，让带来的军士们披红挂绿，去集市上采买成亲之物，并大肆宣扬成亲之事，一霎时，便传遍了东吴都城。又依诸葛亮之计，备上厚礼去拜谒东吴元老、已故国主孙策和当今大都督周瑜的岳父乔国老。乔国老不知细里，忙入宫向孙权的母亲贺喜。这位吴国太蒙在鼓里，不知喜从何来。等听罢乔国老的解释，心里十分生气，想如此大事，孙权竟不来商议就自己做主，忙派人传来孙权。孙权解释说这只是计谋，是用妹妹做"诱饵"去"钓"刘备以讨还荆州的。

吴国太不听便罢，一听此言，暴跳如雷，破口大骂："你和周瑜统领六郡八十一州，无计去取荆州，竟用我女儿设美人计，传扬出去，叫我如何做人？让你妹妹怎么见人？"孙权面红耳赤，方觉此计不妥，但木已成舟，也不好再变。母亲仍在大骂，乔国老调解说："事到如今，不如将错就错，真的与刘备结亲。刘备也是个人物，辱没不了令妹。"孙权说："刘备年过半百，妹妹青春年少，如何使得。"吴国太又大怒："早知使不得，何出此下策，明日传刘备来，我看中了，是女婿，看不中时，凭你们处置。"孙权唯唯而退。

第二天，吴国太在甘露寺召见刘备。孙权早埋伏下刀斧手，但等母亲一有半点儿不乐意，便将刘备砍成肉酱。哪知吴国太一见刘备方面大耳，气宇轩昂，心中早喜得不得了，当下即在甘露寺成亲。周瑜见一计不成，再生一计，让孙权的妹妹用柔情蜜意拖住刘备，让他乐不思归。哪知刘备手段比孙公主老到得多，不但没被女色迷住，反而使出浑身解数，把公主整治得言听计从，暗中协助刘备，一道儿弄船回了荆州。

周瑜见"钓鱼"不成，反被"鱼"偷去了"饵食"，恼羞成怒，派战船追赶。哪知孙公主已心向夫家，"饵"与"鱼"已合为一体，她传令让手下女兵站在船边，保护刘备军士。孙吴将士们一见公主在船上，哪个还敢射敢攻？诸葛亮又派人接应，他们得以平安回到荆州。

周瑜"操钩临渊"，非但没有"得鱼"，反丢了"饵食"，气得口吐鲜血，昏死过去，良久乃苏。原因何在？其智谋水平不及诸葛亮之故也，其所"钓"对象，大义在胸，不为儿女情长之所动也。

3．办事之谋

"摩"是积极主动地运用诸多战术去引诱对方袒露自己的内心情感，以检验自己揣测的是否与事实相吻合。所以，"摩"可以说讲述的是攻心战术的具体运用，其目的是让对方内心难以探知的情感也表现出来。在办事时，运用"摩术"要真正地揣测出对方的实情，切忌过于直白，要做到含而不露，隐微而行。

"摩术"是《鬼谷子》中较为重要的权术。这种权术在当时以及后世，也多被一些有识之士在成事的过程中所运用。读《史记·春申君列传》，就会发现里面记载了一个有关"移花接木"的故事，实际上就是对"摩术"的诠释和运用。

战国后期，楚国有位考烈王，专事吃喝玩乐，不问政事，大权落在令尹春申君黄歇手中。黄歇手下养着五百多个士人，其中有个赵人叫李园的，专会阿谀奉承、见风使舵。他见春申君是位实权人物，便有意巴结，想把自己的妹妹嫁给他。但他知道，春申君已有三妻六妾，不用点儿心计，是不会看上他妹子的。计分两头：一边，他把揣摩到的古代美女的媚术教给妹子，让她加紧演练；另一边，瞅准机会，他在春申君面前大讲古代名人狩猎之事，逗引春申君远途外出狩猎，以免他整日与妻妾泡在一起。春申君果然被李园说得动了心，带上十多个随从深入大泽去打猎，一去就是半月方回。而李园早在家中安排好了一切，于路边截住狩猎而归的春申君等人，力邀春申君到自己家中小酌，权当接风洗尘。春申君不好推却，便令下人运猎物回家，只带几名亲信随从顺路进了李园家。

李园家中早已摆好美酒佳肴。李园竭力劝酒，不一会儿便把春申君灌得醉意微微。而后，又为他讲述古代美人的故事，直讲得春申君抓耳挠腮。眼看火候已到，李园令妹子出来劝酒。但见那李园的妹子李嫣，身着薄纱，半露半遮，飘上前来，先向春申君打个飞眼，而后口动手动，直把春申君灌得八分醉。春申君刚开始还顾忌令尹身份，后来便以酒遮脸，动手动脚。李园抽空退去，春申君便将酒筵当了喜床。事情不能这样甩手就完。第二天，春申君回府，送来聘礼，定下吉日，把李嫣娶回府去。李园做了令尹的妻舅，好不威风。那李嫣也着实争气，过门没几个月，便呕水吃酸，已有身孕，春申君一听，更加喜上眉梢，加倍宠爱。

但李园并不想止于令尹妻舅的位子就罢手，随着第一步得手，他想出了一个更大的计划，想当令尹。瞅空儿见到李嫣，问

她想不想当王后娘娘。李嫣自幼受哥哥熏陶，也是个不甘贫贱的人，连忙点头，李园便教她如此这般。

晚上，李嫣一反常态，佯作不乐，这马上引起了春申君黄歇的注意，便问缘由。李嫣答道："我是在为您担忧。眼见得咱们大王年过半百了，却久不生子，若一旦驾崩，必因继承人问题引起动荡，首先祸及的就会是令尹。到那时……"李嫣有意打住，黄歇叹了一声，说："我何尝不知。但大王已娶了三十六位妃嫔，个个不生，叫我有何办法？"李嫣说："办法倒有，只怕您不答应。"春申君忙问什么办法，李嫣将哥哥设计的"借室生子"之计讲出来，要黄歇为自己怀孕保密，充当美人送入宫中，生下儿子来必是太子，到老楚王驾崩，继位的就是自己的亲生儿子，那么黄歇的令尹之位不就稳定了？春申君思来想去，为了自己日后的前途，也就答应了。一切按李园的预谋进行，李嫣被春申君荐入宫中，后来生下一个白胖小子，考烈王十分高兴，即刻封为太子，立李嫣为正宫王后。春申君得意扬扬，李园心中暗喜。

十几年后，考烈王病笃，行将驾崩。李园抢先入宫，与妹妹调动武士，布置起来。他要杀掉黄歇，既免泄露"借室生子"之事，又给自己腾出位置。春申君被传入宫中料理后事，在内宫门外被李园布置的武士杀死。考烈王死后，太子继位，是为幽王。幽王封李园为令尹，李园终于圆了他的"令尹梦"。就这样，李园利用妹妹，借春申君为台阶，踏上了令尹的宝座。

在这里，李园交替运用了多种权术，但最主要的还是运用了"摩术"。春申君好色，李园便以妹妹为诱饵，诱其上钩，使妹妹怀上身孕，此为摩术之一用也；李园与妹妹合谋，借春申君之力入宫，此为摩术之二用也；李园掌权后，表面顺从安抚春申君，使春申君放心、安心，暗地里却搞另一套，伺机加害春申君，此为摩术之三用也。显而易见，“摩术”的运用在李园献妹夺令尹宝座的过程中起到了至关重要的作用。

（1）“摩”透其心，代之其位

鬼谷子主张，凡事要善于“揣摩”，以了解别人的心理，然后再乘机行事，就可以取得成功。

战国时说客蔡泽也是一个“揣情同意”的行家。蔡泽出道以后，曾到诸侯各国游说，但一直未能受到重用，正在他踌躇满志却又无人识才的时候，他打听到了另一说客范雎的消息，原来范雎投奔秦国，受到秦王重用，然而由于用人不当，良将自刎，大将投敌，内外交困，秦王对范雎颇有微词，范雎从受重用到面临失宠，也整天心事重重。这些情况被蔡泽掌握后，他冷静地分析了形势，觉得时机已到，自己有可能借机出山。

蔡泽一到秦国，首先放出风声说：“名士蔡泽，胸怀韬略，能言善辩，智慧无穷。只要一见秦王，就可以取相国之位而代范雎。”范雎非常气恼，遂叫来蔡泽问道：“有这回事吗？”“有啊。”蔡泽答道。“那么请摆出道理来。”

蔡泽故意说道：“先生也是明白人，难道不知道其中的道理吗？谋取富贵功名是人之常情，谁不想使自己益寿延年，永葆功名呢？可是历观各代，有的人成功了，名扬天下，有的人失败了，性命堪忧。想秦孝公时商鞅变法革新，明法令，废井田，开阡陌，劝民农桑，令士兵习武，结果秦国富强了，无敌于天下，这都是商鞅的功劳，可是商鞅却遭受车裂之刑。楚国吴起励精图治，奖励耕战，裁汰冗官，使楚一时强盛于天下，可最后却中乱箭而亡。越国大夫文种，胸怀韬略，拯救越于危亡，雪耻奋起，终于称霸诸侯，结果却落得个自刎廷前的下场。这三人都是盖世奇才，为何结局如此悲惨呢？就是因为功成之后，不善于‘揣情同意’以做到及时隐退的缘故。先生您觉得自己与这三人相比如何呢？”

蔡泽正是摸透了范睢的心理，发了一段阔论，这几句话正说到范睢的痛处。经这一问，范睢答道:“我比不上他们。”蔡泽说:“是啊，但您的声名、财产和地位却远远超过他们，我很为您担心啊！”

这正是范睢的心事所在，蔡泽故意点出，也是想进一步观察范睢的反应。范睢忙侧身求教，说：“先生认为我应如何避祸呢？”

蔡泽抓住范睢已与秦王有隙，担心灾祸随时降临的恐惧心情，说:“常言说‘乐极生悲’，先生您大功告成，声名已出，正可谓如日中天，在这种情形下，就应该学陶朱公范蠡，功成之后，飘然而去，以得善终。不然的话，只怕商鞅、吴起、文种的悲惨下场会降临到您的头上啊！”范睢是何等奇才，蔡泽这一席话当然是一点就明，范睢连连点头称是。蔡泽接着说:“前车之辙，后车之鉴，识时务者为俊杰。先生何不趁此声名正盛归隐山中，以终天年，让位于贤能之士呢？这样先生既得荐贤之名，又保住了自己的功名，何乐而不为呢？”

蔡泽指出的道路，范睢虽不情愿，却也别无选择，只好说:“感谢先生赐教，我听从您的忠告。”于是将蔡泽留在府中，给予厚待。不久，范睢又在秦王面前大力举荐蔡泽，使蔡泽成为秦王的上宾，给予重用。之后，范睢又借故请退，秦王多次挽留未成，只好准许所请，任用蔡泽为相国。

蔡泽凭着他对范睢处境的深入了解，“摩”透了范睢的心理，终于以三寸不烂之舌取其位而代之。由此观之，“摩”的确是成事不可多得的一种有效策略。

（2）打草惊蛇，据情而用

《鬼谷子·摩》曰："主兵日胜者，常战于不争不费，而民不知所以服，不知所以畏，而天下比之神明。"鬼谷子的这段话，其大意是："那些主持军队而日益压倒敌人的统帅，坚持不懈地与敌军对抗，却不去争城夺地，不消耗人力物力，因此老百姓不知道为何邦国臣服，不知道什么是恐惧。因此，普天下都称这种'谋之于阴、成之于阳'的军事策略为'神明'。"实际上这与《孙子兵法》中"不战而屈人之兵"讲的是同一个道理。

"打草惊蛇"，作为一种谋略，它是与鬼谷子"不争、不费"的思想相契合的。打草惊蛇，具体来说就是指敌方兵力没有暴露，行踪诡秘，意向不明时，切切不可轻敌冒进，应当查清敌方的主力配置、运动状况再说。

在军事上由于不察敌情，轻举妄动，"打草惊蛇"以至于遭到惨败的战例举不胜举。但是，在有些时候也可反其意而用之，采取故意"打草惊蛇"的计策来诱敌暴露，从而取得战斗的胜利。

公元1642年，李自成率领的农民起义军与明朝政府军的较量达到了白热化阶段。这一年，李自成巧妙运用战术，成功围困了开封城，意图一举拿下这个战略要地。崇祯皇帝，明朝的末代君主，深感事态严重，急调明军二十五万兵马和一万辆炮车前往增援开封。这些军队在离开封西南四十五里的朱仙镇集结，形成了一道庞大的防线。

然而，李自成并非易于对付的对手。他深知，若要让援军与开封守敌合为一股，将极大地增加自己的攻城难度。于是，他精心策划，在开封和朱仙镇两地分别布置了两个巧妙的包围圈，成功地将明军分割开来。这一战术布局不仅打乱了明军的阵脚，更为李自成后续的战术行动创造了有利条件。

为了进一步削弱明军的战斗力，李自成在南方的交通线上挖掘了一条长达百里、宽为一丈六尺的大壕沟。这一举措不仅切断了明军的粮道，使他们陷入了饥饿和疲惫的困境，同时也阻断了他们的退路，使他们陷入了绝境。

然而，明军内部的问题远不止于此。各路兵马之间貌合神离，心怀鬼胎，互不买账。他们之间的不信任和矛盾为李自成的战术布局提供了可乘之机。李自成敏锐地抓住了这一机会，兵分两路，一路突袭朱仙镇南部的虎大威部队，造成“打草惊蛇”的效果，一路牵制力量最强的左良玉部队。

经过激烈的战斗，李自成成功击溃了虎大威部，使左良玉部陷入了被围困的境地。面对困境，左良玉部拼死突围，但最终仍未能摆脱失败的命运。李自成故意放开一条路，让败军溃逃。然而，当左良玉部退了几十里地后，却再次遭遇了李自成的截击。面对李自成挖好的大壕沟，马匹无法跨越，士兵们只得弃马渡沟，仓皇逃命。这时，埋伏在此地的伏兵迅速出击，明军人仰马翻，全军覆没。

这场战役充分展示了李自成的军事才能和战略眼光。他通过巧妙的“打草惊蛇”战术布局和精准的判断，成功地击败了强大的明军，为农民起义军的胜利奠定了坚实的基础。同时，这场战役也暴露了明军内部的矛盾和弱点，为明朝的灭亡埋下了伏笔。

回顾这段历史，我们可以从中汲取许多宝贵的经验和教训。首先，一个团结的内部是取得胜利的重要保障。明军内部的矛盾和不信任导致了他们的失败，而李自成则通过巧妙的战术布局和精准的判断，成功地利用了这一弱点。其次，正确的战略和战术布局对于取得胜利至关重要。李自成通过分割敌军、截断粮道、制造恐慌等手段，成功地削弱了明军的战斗力，最终取得了胜利。

此外，这场战役还提醒我们，在面对困境时，要保持冷静和坚韧不拔的精神。左良玉部在面对困境时拼死突围，但最终仍未能摆脱失败的命运。这告诉我们，在面对困境时，我们要保持冷静的头脑和坚定的信念，寻找突破口，争取最终的胜利。

总之，公元1642年的这场战役是中国历史上一次重要的军事事件。它充分展示了李自成的军事才能和战略眼光，同时也暴露了明军内部的矛盾和弱点。通过回顾这段历史，我们可以从中汲取宝贵的经验和教训，为我们今天的生活和未来的发展提供有益的启示。

由此可见，在办事的过程中，也可以借助“打草惊蛇”的计谋。只是在运用此计谋时，要真正地做到知己知彼，而切不可草率行事。

四、经商之技

在现代商业社会，有许多经营者也开始学习使用“摩术”，这是一种很好的现象，毕竟在商场上驰骋，没有智慧谋略是很难立足的。但是，经商者在运用此术时，不可拘泥刻板，应灵活运用，而且，经商者还要善于观察，不失时机地捕捉商机，并且在必要的时候还要舍得放出长线，只有这样才能取得经商的成功。

1．活用“激将”，消除危机

在具体使用“同意术”时，鬼谷子十分强调其隐蔽性。确实，在与别人交谈时，表面看来，交谈的话题东拉西扯，好像不是具体在谈什么。但是，在这外表的“随意”当中，却往往暗藏着某种动机，令人防不胜防。“同意术”的运用，常常是瞄准一个方向后，反过来向其他方向作出试探性的佯攻或者战术上的迂回，通过对目标对象的反应进行分析，就可以巧妙地探询所要了解的事情。例如，人们有时候会用“激将法”，通过刺激他人，令他人于不知不觉中暴露出真实的想法。

在企业经营的过程中，总会不可避免地遇到商业危机，这时就需要设法得到别人的鼎力相助。然而，寻求援助也是需要计策的，如果运用直截了当的请人帮忙的办法，别人也许会一再予以拒绝。在这种情况下，活用“激将法”则会起到不错的效果，从而达到化解商业危机的目的。

松下幸之助在日本不仅被誉为“经营之神”，而且也被誉为“危机管理的经营之神”。这是因为他以自己独立的创业精神，对企业的危机有着一种预见，能够预先感觉到危机的来临，并根据这种对危机的预感迅速决策，从而把握企业的管理方向，调整管理的方式，安排重要的人事变动。因为在松下幸之助看来，激励全体员工预测危机并消灭危机，化险为夷，正是现代企业精神的精髓。

二战结束后，日本作为战败国，国内的公司发展受到了美国的限制，这种限制主要目的在于限制家族财团的势力而发展自由经济。鉴于这样的情况，1949年，松下幸之助在关于公司经营方针的大会上，发表了紧急状态经营基本方针。这明显地显示了松下“危机管理”的思路。他说：“战后，自由主义的呼声将再次高涨。如果自由主义加强了，产品生产的自由度也会加大，可以随心所欲地进行发明创造。”

在这种危机的促使下，松下幸之助访问了美国，考察了那里的电器行业。正是在这次访问中，松下了解到了一项新的电器行业——电视，并立刻着手与荷兰的菲利浦公司进行技术合作。正是这一着棋，使松下公司由一个极为简单的电器公司变成了以高技术为核心的国际性电器公司，在逐渐兴起的电视机、洗衣机、电冰箱、录像机等的发展中，每一步都能踏到点子上。

1961年，为了培养松下下一代的掌门人，松下幸之助退居二线，让其女婿松下正治担任了总经理。到1964年松下公司年营业额突破了2000亿日元大关。这是一个惊人的战绩。松下正治自己对此很满意。公司上下更是充满了乐观自信的气氛。但已退居二线的松下幸之助却预感到了某种危机。他希望总经理松下正治对此危机能够及时发现。但是到了1964年年中，松下正治却还没有动静。于是在7月15日，松下电器召开了全日本营业所所长会议。会前没有人知道会议的议题，但大家都知道松下幸之助将亲自参加这次会议。

这次会议充分显示了松下幸之助在管理上的天才。他在会议上开门见山地对大家说："公司正处在危机之中。这次会议就是要充分摆出问题，并出谋划策，一定要开拓出一条新路来。没有结果，这次会议就不结束。"这样一来，营业所的所长们就纷纷开口批评公司。但是松下幸之助对问题的认识有所不同，他认为松下公司本身确有问题，但是最根本的问题是经销公司经营状况恶化，而变化的原因在于经销公司开始丧失独立的、创业的精神，心理上自足自满，对赤字和个别经销所的倒闭毫不在乎，但大家却都没有意识到这一点。

但是松下幸之助的方法并不是直接地指责所有的营销人员，而是运用了巧妙的心理战术。他让与会的人在第一天大胆地批评公司，使大家在群情激昂中认为失误仿佛全在总公司。但到了第二天，松下幸之助自己在会上发言，态度却来了个180度的大转弯。他以一种非常谦恭的态度把全部的失误都归于总公司的账上，并承认在座的各位所长们一向都是尽责尽职的，并对

公司充满厚爱。但是总公司丧失了过去创业的精神，所以现在是找回那种创业精神的时候了。说着说着，松下幸之助突然哽咽了起来，销售公司的总经理们瞪大了眼睛，凝视着这位年逾古稀并创造了非凡事业的人的哭泣。松下幸之助的眼里流下了泪水，他从口袋中取出手绢捂住了眼睛。刹那间会场上充满了肃然的气氛。

接下来会议气氛迅速转变，原来对总公司慷慨激昂的批评声不见了，而变成了自我谴责。人人都认为公司出现危机与自己有关，并表示要与松下公司共同奋斗，共度危机。许多人也如松下先生那样流着眼泪。气氛波澜起伏，激动人心。

松下幸之助之所以采取这样的方式，是因为他很担心会议开成一个相互指责的会议，那样就根本不可能解决问题，只能是制造内部矛盾。他的目标是不仅要让大家充分意识到危机的严重性，使所有的人都警觉起来，而且还要在这种警觉中重新团结起来。这就如同一艘大船在海中航行时，如果船长判断失误，下达了错误的命令。假如途中发觉失误后，再向众多的各司其职的船员下达转变航向的命令，此时如果不能得到全体船员的一致配合，是无法修正航向的。松下担心的正是这一点。所以，他先是以挑战的姿态出现，使大家把注意力集中于核心问题。然后，再来一个态度上的大转弯，使得与会者本来极为愤怒的情绪转化为感动。

这可以说是非常高超的激发人心的手段，而且丝毫不见破绽。松下幸之助的管理本领由此可见一斑。当然，使用这种手段时要有真正的诚意。同时，即便有诚意，也需要技巧，需要忍耐力。这精彩的一幕，既可以见到松下幸之助笼络人心的技巧，也可以见到他的“危机管理”的精神，即不断地把危机的意识灌注到公司的整项管理之中，进而给公司上下不断地注入活力和创造的精神。

基于这次会议的成功，松下幸之助立即对公司的销售部门进行了彻底改革，他甚至让总公司销售部的部长在家中休息，而自己亲自兼任部长来完成这次改革，从而使整个销售部门更能适应于形势的发展。（《松下幸之助的经营智慧》，曾信智，浙江大学出版社2011年版）

2．独具慧眼，捕捉机会

商海中充满了机会，关键在于是否能发现它，把握它。如果能学会在机会到来之时识别它、把握它并加以利用，那么就离成功不远了。其实，发现机会、把握时机就是在为成功经商做准备。

一般来说，成功的商人都是善于捕捉机会的能手。机不可失，时不再来。在充满迷雾的商场上，机遇随时可能出现，但不是每一个人都能捕捉到机遇的。这正如一位专家所说："一些商人之所以成功，不是因为他们得到了幸运的机会，而是因为他们独具一双慧眼，巧妙地运用'同意术'捕捉到了机会。"下面的例子，讲的就是精明的商人是如何从不太起眼的信息中捕捉机会并出奇制胜的。

阿波罗·哈姆斯出生于一个比较殷实的家庭，他毫无疑问是华尔街的金融奇才。在其创业的人生道路中，他随时随处善于运用"同意术"，捕捉信息，并最终取得了成功。他自己也深知投机行为的弊端，在帮助法国政府发行公债中，他对此进行了大胆改造。后来，哈姆斯的金融管理方法一直延续至今。

哈姆斯少年时代开始游历世界各国，并在英国的牛津大学接受高等教育。大学毕业后，哈姆斯来到邓肯商行任职。哈姆斯特有的素质与生活对他的磨炼，使他在邓肯商行干得相当出色。但他过人的胆识与冒险精神，却常常害得总裁邓肯心惊肉跳。一次，在哈姆斯从巴黎到纽约的商业旅行途中，一位陌生人敲开了他的舱门问："听说您是专搞商品批发的，是吗？"

"有何贵干？"哈姆斯明显感觉到对方焦急的心情。"先生我有件事有求于您，有船咖啡需要立刻处理掉。这些咖啡原是一个咖啡商的，现在他破产了，无法偿付我的运费，便把这船咖啡作为抵押，可我不懂这方面的业务，您是否可以买下这船咖啡，很便宜，只是别人价格的一半。"

"你是很着急吗？"哈姆斯盯住来人。

"是很急，否则这样的咖啡怎么这么便宜。"说着，他拿出咖啡样品。

"我买下了。"哈姆斯瞥了一眼样品答道。

"哈姆斯先生，您太年轻了，谁能保证这一船咖啡的质量都与样品一样呢？"

他的同伴见哈姆斯轻率地买下这船还没亲眼查看质量的咖啡，在一旁提醒道。这位同伴提醒得并不错，当时，市场混乱，坑蒙拐骗之类的事屡见不鲜。光在买卖咖啡方面邓肯公司就曾数次遭到过暗算。"我知道了，但这次是不会上当的。我们应该践约，以防这批咖啡落入他人之手。"哈姆斯自始至终相信自己，相信自己的眼力。

当邓肯听到这个消息时，不禁吓得出了一身冷汗："这混蛋，拿邓肯公司开玩笑吗？"邓肯这样严厉地指责哈姆斯："去把交易给我退掉，损失你自己赔偿。"哈姆斯与邓肯决裂了。哈姆斯决心赌一把。他写信给父亲，请求父亲助他一臂之力。在望子成龙的父亲的默许下，哈姆斯还了邓肯公司的咖啡款，并在那个请求哈姆斯买下咖啡的人的介绍下，又买下了许多船咖啡。

最终，哈姆斯胜利了。在哈姆斯买下这批咖啡不久，巴西咖啡遭到霜灾，产量大幅度减少，咖啡价格上涨2~3倍。哈姆斯自己赚了大钱。不久，哈姆斯又在父亲的资助下，在华尔街独创了一家商行。

哈姆斯的成功，就在于他抓住了那批别人都不相信的咖啡生意。这样的机会确实具有一定的风险，但是有胆识、有眼光的人能够进行鉴别，并抓住时机，以获得成功。

3．放出长线，钓得大鱼

《鬼谷子·摩》曰："古之善摩者，如操钓而临深渊，饵而投之，必得鱼焉。"鬼谷子的这段话，大意是："古代善于'揣摩'的人，就像拿着钓钩到水潭边去钓鱼一样。只要把带着饵食的钩投入水中，不必声张，悄悄等待，就可以钓到鱼。"

毫无疑问，钓鱼能手都是指那些能够"放出长线，钓得大鱼"的人。另外，更为重要的是当他们看到大鱼上钩之后，总是不急着收线把鱼甩到岸上。而是耐心地克制着自己心头的喜悦，不慌不忙地收几下线，慢慢把鱼拉近岸边；一旦大鱼挣扎，便又放松钓线，让鱼游窜几下，再一次慢慢收钓。如此一收一放，待到大鱼精疲力竭，无力挣扎，才将它拉近岸边，用提网兜拽上岸。

精明的商人经商时也是一样，只有肯"放出长线"耐心等待，才会达到求人有成的最终目的。唐代京城中有位窦公，聪明伶俐，极善理财，但他却财力单薄，难以施展赚钱本领。没有办法，只得先从小处赚起。

他在京城中四处逛荡，寻求赚钱门路。某日来到郊外，却见青山绿水，风景极美，有一座大宅院，房屋严整。一打听，原来

是一权要官宦的外宅。他来到宅院后花园墙外。但见一水塘，塘水清澈，直通小河，有水进，有水出，但因无人管理，显得有点零乱肮脏。窦公心想：生财路来了。水塘主人觉得那是块不中用的闲地，就以很低的价钱卖给了他。

窦公买到水塘，又凑借了些钱，请人把水塘砌成石岸，疏通了进出水道，种上莲藕，放养上金鱼，围上篱笆，种上玫瑰。第二年春，那名权要官宦休假在家，逛后花园时闻到花香，到花园后一看，直馋得他流口水。窦公知道“鱼儿”上钩了，立即将此地奉送。这样一来，两人便成了朋友。一天，窦公装作无意地谈起想到江南走走，官宦忙说：“我给您写上几封信，让地方官吏多加照应。”窦公带了这几封信，往来于几个州县，贱买贵卖，又有官府撑腰，不几年便赚了大钱。而后又回到京师。

他久已看中了皇宫东南处一大片低洼地。那里因地势低洼，地价并不贵。窦公买到手之后，雇人从邻近高地取土填平，然后在上面建造馆驿，专门接待外国商人，并极力模仿不同国度的不同房舍形式和招待方式。所以一经建成，便顾客盈门，连那些遣唐使们也乐意来此。同时他又辟出一条街来，多建妓馆、赌场，甚至杂耍场，把这条街建成“长安第一游乐街”，日夜游人爆满。不出几年，窦公挣的钱数也数不清，成了海内首富。

窦公为了“钓”到官宦权要不惜血本买到钓饵，又耐性极好，鱼儿上了钩竟然浑然不觉。他的这种技巧乃是善于“放长线”。人情操纵也是一样，如果追得太紧，别人反而会一口回绝你的请求，只有耐心等待，才会有成功的喜讯来临。

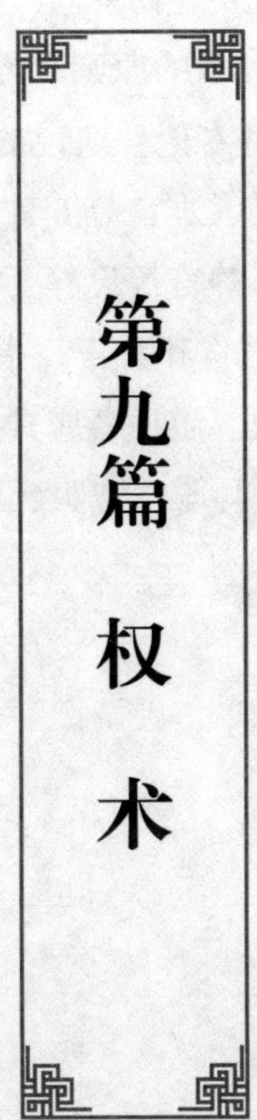

第九篇　权　术

权，本指天平的砝码，可以衡量物体轻重，有权宜、权变之意。游说他人要权衡形势，随机应变，才能根据情况设置说词适当取舍，这是《鬼谷子》游说术的核心。作为游说之士，不仅要知识渊博，善于辩论，而且要观物察人，把握全局。

本篇主要阐释了“权”术的原则和方法，阐明了审时度势、权衡利弊的技巧，可以说是专论“演说的艺术与技巧”。首先论述了说、饰言、应对、成义、难言等五种说词情况，接着论述了佞言、谀言、平言、戚言、静言等设辞要求和预期目的。进而论述了病言、恐言、忧言、怒言和喜言，指出这五种言词的危害，若运用得当，也能收到奇效。游说者应具备一定的才智，不同的方式也很重要，进而论述了耳聪、智明、辞奇等关键性问题。

第一章 善于权衡，因人而异

【原文】

说者，说之[①]也；说之者，资之[②]也。饰言[③]者，假之也；假之者，益损[④]也；应对者，利辞[⑤]也；利辞者，轻论[⑥]也；成义[⑦]者，明之也；明之者，符验[⑧]也。难言者，却论也，却论者，钓几[⑨]也。

【注释】

①说之：劝说对方听从自己。

②资之：帮助对方。

③饰言：修饰言辞。修饰语言不是目的，但借助精妙的语言，更能打动对方。

④益损：增益减损。指谈话时要在语言上适当删减。

⑤利辞：敏捷巧辩之词。权宜之计或敷衍的话。

⑥轻论：轻易论说。即言语不深刻，流于形式。

⑦成义：成为义理，使对方相信自己。

⑧符验：符合应验。古人认为游说他人，不能违背事实，否则很难取信于人。

⑨钓几：钓取隐秘而细微的东西。可理解为让对方接受自己的观点。几同机，指隐秘、细微。

【译文】

说，就是游说对方；游说对方，就要有助于对方。修饰言辞，是为了借助言语打动对方；借助言语打动对方，就要再三斟酌、适当取舍。应对时要敏捷巧辩，敏捷巧辩容易流于形式。要使对方接受某个观点，就要使对方明白真伪；使对方明白真伪，就要列举事实加以佐证。遇到对方难以理解的话，就要反复讲述进而争论。双方争论，是为了诱惑对方讲出隐情。

【本章解读】

本章论述“说”的目的和基本要求：

1．游说的目的：“说者，说之也；说之者，资之也。”前一个说，是说话，后两个说，是游说，游说推销。资，在这里是凭借、依赖的意思。本篇所讲的游说，是指游说有权有势的人；是为了凭借其人的权势做共同的事业。

2．游说的三项要求：

“饰言者，假之也；假之者，益损也。”假，是凭借。本句是说：凡游说一定要精心修饰言辞，为的是凭借言辞打动人；凭借言辞打动人，为的是增益谈话的功效，减少谈话的损失。这是游说的一个要求。

“应对者，利辞也；利辞者，轻论也。”这是对游说的另一个要求。凡游说一定要准备应对，事先准备好有利于应对的言辞；所谓有利于应对的言辞，为的是能轻松地辩论。

“成义者，明之也；明之者，符验也。”这是对游说的另一要求：游说一定要完成推销义理的要求。完成推销义理的要求，关键在于使人明白义理。要使人明白义理，关键在于从其实际出发，符合其心理和需求。

3．游说之难点：“难言者，却论也；却论者，钓几也。”却，是退却意。却论，是叫人放弃原观点。几，与机字同意，这里是指机要。本句是说：游说的难点在于却论，即使对方放弃原来坚持的观点或主张。如何却论，最根本的办法是钓机，即以饵钓出对方的机要心事，然后针对其心事说服他。

【趣味故事】

颠倒黑白谏文侯

魏文侯在位时，西门豹治理邺都严肃法纪，刚正廉明，铁面无私。他不仅把装神弄鬼的大巫小巫投入漳河，祭了河神，而且还从重惩治了地方上几个贪官污吏。邺都百姓无不拍手称快，都赞叹他的德政。在他的带领下，人们兴修水利，务农经商，很快使这个荒凉的地区呈现出繁荣昌盛的景象。

西门豹勤政爱民，为官清廉，既不逢迎上司，也不奉承魏国君主，所以虽然政绩显著，却并没有受到魏文侯的赏识。相反，魏文侯左右的一些大臣因西门豹触及其私党的利益，总想方设法诋毁诬陷他，以至于魏文侯听信了，准备把他调回京城，罢免他的官职。

西门豹拜见国君后，魏文侯当面责备他，大臣也添油加醋地批评他。西门豹却一句怨言也不说，他只请愿道："从前臣才疏学浅，不知该如何治理地方，现在大王和诸位大臣的教诲，使我学会了治理的方法。请求再给我一个机会，换一个地方治理一年，如果还是治理不好，大王可以砍掉我的脑袋以泄民愤。"魏文侯答应了他的请求。

于是，西门豹到新地方上任。上任后，他一改往日清廉，大肆盘剥百姓，弄得地方怨声四起。他又不断地贿赂魏文侯的亲信大臣，让他们在魏文侯面前多说好话。一年任期届满，他进京晋见国君。魏文侯满面笑容地赞美他治理有方，左右大臣同样交口称颂。

西门豹听了，怒气冲冲地骂道：“臣以前忠心为大王治理地方，有政绩，深受百姓拥戴，大王却要罢去我的官职。这一年，臣实际上是压榨百姓，欺上瞒下，大王却夸奖赞美我。这不是很愚蠢的行为吗？我不能屈节求荣，愧对百姓！请大王恩准我辞官回家！”说罢，他当场交上官印，等候发落。

魏文侯这才省悟过来，惭愧地扶起西门豹，说道：“寡人如今才明白事情的真相。请你原谅，我保证从今往后亲贤臣，远小人，任贤用能，就请你继续为我尽心尽力吧。”

【解析】

西门豹劝谏文侯的言辞就是以“佞言”为主，自己在君主和群臣心目中的印象早就知晓。当魏文侯听进谗言时，便反其道而行之，以表白自己的忠心耿耿。在此西门豹运用巧妙的反证法来表明自己的清廉，并最终使文侯亲贤臣，远小人，足见其用心良苦。

推人及己进谏言

唐玄宗时，宰相张说深谋远虑，能想人之所不能想，深受玄宗皇帝器重。有一次，广州都督裴屇先因犯法被捕入狱。玄宗便和张嘉贞、张说商量该给他定何罪。张嘉贞请求处以杖刑。张说却站在那里不说话。唐玄宗问：“你有什么想法？”

张说道：“臣认为施杖刑是极不妥的。”他接着说：“自古云‘刑不上大夫’，意思是说刑罚不该对士大夫施行。因为这些人与君主最为接近，如果随意执行刑罚，皇上的颜面会很不好看。况且古人已用这句话来警示，让他们有廉耻之心。”张嘉贞不以为然地说：“裴屈先身为都督，知法犯法，按刑律应予处罚。虽说‘刑不上大夫’，难道因为这句话便把犯罪之人轻易放过吗？”

张说解释道：“裴屈先若罪大恶极，可处以斩刑，若不是这样，也不必施杖刑。当初臣奉命去巡视边疆，听说姜皎在朝堂上被杖打，随后又被发配充军而死。姜皎是堂堂三品大员，即使无大功，总有小劳吧！如果他有什么犯法的地方，应处以死刑，就斩首；应处以流放，就充军。怎么可以把他当成一名普通的士兵那样随意处置呢？如今姜皎的事情已不能挽回了，难道还要弄出一个裴屈先步其后尘吗？”

唐玄宗觉得张说的话很有道理，便下令不要对裴屈先施以杖刑，而用同等的刑罚进行处置。张嘉贞退朝后，生气地对张说说：“区区一个杖刑，你何必说得那么严重？”张说道：“你以为宰相这个职位是永恒的吗？如今皇上圣明才重用你我，若有一天突然罢免了我们，该怎么办？如果朝廷对重臣全都因犯法而施以杖刑，我们万一犯了法呢？谁敢保证不会有奸佞小人陷害你我？我的这席话不全是为裴屈先考虑的，而是为了天下的士人君子考虑的。”张嘉贞听后，哑口无言。

【解析】

张说在此劝谏唐玄宗和说服张嘉贞所用的言辞便是“平言”。深得皇帝器重的张说陈说杖刑的危害，使玄宗深觉有理，便免去了杖刑。另外，他又推人及己，以为自身留退路说服了张嘉贞，足以印证了张说的深谋远虑。

将计就计败敌军

面对强大的对手，若无取胜的机会，却一味地勇往直前，就会陷入被动，给自己带来不必要的伤害甚至牺牲。如果适时示弱，可以避其锋芒，迷惑对手，得以养精蓄锐，然后等待时机反戈一击，常常能出奇制胜。一个有才华的人，要善于审时度势，隐匿自己。“大成若缺，其用不解，大盈若亏，其用不穷，大辩若讷，大方无隅，大器晚成，大音希声，大象无形”，说的就是要善于藏而不露，以待时机。过分地张扬自己，就会经受更多的风吹雨打，暴露在外的椽子自然要先腐烂。一个人在社会上，如果不合时宜地过分张扬、卖弄，那么不管多么优秀，都难免会遭到明枪暗箭的打击和攻讦。人生是一个艰难的旅程，绝不会一路风平浪静、一帆风顺，所以我们必须懂得适时地扬帆和收帆，以避免被风浪吞没，从而安全地抵达彼岸。审时度势，捭阖有度，顺应阴阳调和的自然规律，凡事计划周详再实施，是成就大业的基本要素。

魏景元元年，姜维听说司马昭杀了曹髦，立了曹奂，便借机第七次出兵征伐中原。大军刚在祁山下寨，便听说敌将王瓘率兵来投降。姜维令军兵阻住降兵，只放降将入帐来见。

王瓘对姜维说：“我是魏国尚书王经的侄儿王瓘，我叔父一家因曹髦而受牵连被司马昭杀害。今听说将军又出师伐中原，我要借将军之威，为叔父一家报仇雪恨。”姜维一听，高兴地说：“将军来降我十分高兴，昔日夏侯霸将军降我，被我军重用，卿也同样。现在我军中粮草转运是件大事，你可率本部军马3000人，去川口把几千车粮草运到祁山寨中。我用你两千军马做向导，去攻邓艾营寨。”王瓘本来是行诈降计的，知道姜维借魏朝中有变，来伐中原。王瓘便投其所好，诈称自己是王经的侄子，来投降姜维，企图使姜维像信任夏侯霸那样信任他。现在见姜维这样安排，不答应吧，恐怕姜维会产生疑心。答应吧，带来的五千军兵一下子就分出去近一半。为了大计只好痛快地答应了。

王瓘出营后，夏侯霸入帐对姜维说："我听说魏将王瓘来投降，将军怎么能信任他的话呢？我在朝中多年，未听说过王经有这样一个侄子，其中必然有诈。"姜维大笑说："我已经看出其中有诈了。司马昭的奸诈不亚于曹操。他既然在朝中杀了王经一家，怎么会让他的亲侄子在边关统兵呢？我之所以允许他投降，是要将计就计，你未见我已把他的兵士分开了吗？"夏侯霸知道姜维有了防备，便放心出营而去。

姜维在王瓘率兵走后，派军兵多在途中布暗哨设伏，切断王瓘与邓艾之间的联系。果然不到十天，巡哨的军兵捉到王瓘派往邓艾大寨的信使。姜维见王瓘在书中约邓艾八月二十日运粮到魏营，请他在坛山谷中接应。姜维把情况盘问仔细后，杀了信使。把书中八月二十日改为八月十五日，另派人扮成魏军把书信送给邓艾，同时做好在坛山谷伏击邓艾的准备。

邓艾得到王瓘的书信后，仔细盘问了信使，见信无伪，便如期率五万精兵向坛山谷中进发。到了谷口，邓艾登山一看，果然见远谷中有千余辆粮车，慢慢而来。邓艾见天色已晚，未敢贸然率兵入谷，便在谷口安营，准备在谷口处接应王瓘。

姜维见邓艾不率兵入谷，便又遣人扮作魏兵向邓艾报告说："现在粮车已经过界，被后面蜀军发现，正在追赶，王将军请邓将军速去接应。"邓艾听后，正犹豫不决，这时却听到谷中鼓声阵阵，杀声隐约传来。他以为这必是王瓘与后面追兵在厮杀，于是率军入谷去接应。

当邓艾深入谷中后，谷口顿时被截断，谷内草车瞬间燃起，伏兵一齐杀出，邓艾听到蜀军内大喊“捉住邓艾的可封万户侯”的悬赏令后，忙弃马丢盔，混在步兵中，爬山而逃，其余数万军马皆降。

这时王瓘在川口还等着准备二十日举事呢，突然闻讯邓艾中计大败的消息，已知诈降行将败露，于是趁夜烧了蜀军粮草，见无路可走，便率兵向汉中方向杀去。

姜维正要继续搜寻邓艾，却听说王瓘见势不妙，往汉中杀去了。姜维怕汉中有失，立即率兵抄小路截阻王瓘。王瓘见四面受敌，无路可逃，便跳江自尽了。

【解析】

姜维知道了司马昭杀曹髦、立曹奂之事，便决定兵伐中原，这就是“变生事”；王瓘以诈降之计到蜀军，却被姜维识破。姜维便将计就计设下圈套，灭掉了邓艾的大军，取得了战斗的胜利，这便是“事生谋，谋生计”。

第二章 融会贯通，出奇制胜

【原文】

佞言[①]者，谄而于忠；谀言[②]者，博而干智；平言[③]者，决而干勇；戚言[④]者，权而于信；静言[⑤]者，反而于胜。先意承欲者，谄也；繁称文辞者，博也；策选[⑥]进谋者，权也；纵舍[⑦]不疑者，决也；先分不足以窒非[⑧]者，反也。

【注释】

①佞言：奸巧谄谀。

②谀言：奉承献媚。

③平言：公正平允。

④戚言：忧戚之言。戚，忧。

⑤静言：谋虑之言。

⑥策选：策划选取。

⑦纵舍：舍弃，放弃。

⑧先分不足以窒非：自己有所不足而责备他人过错。

【译文】

使用花言巧语，是为了取悦于对方以求忠诚。使用阿谀之词奉承他人，是为了显露渊博的知识，以示自己聪慧多智。使用公正平允之言，说话直截了当有所决断，以示敢于直言。使用忧戚之言，是为了权衡形势，以博取信任。使用深思熟虑的话，就会在能力不足时，反而阻止谬误获取胜利。先揣摩对方的心思再加以奉承，被称为“谄”；引经据典旁征博引，被称为“博”；选取策略呈献计谋，被称为“权”；抛开顾虑大胆舍弃，被称为“决”；自己的天分不足难以制止错误，被称为“反”。

【本章解读】

本章主要论述如何取悦于对方：

1．佞言。“佞言者，谄而于忠。”用花言巧语游说人，向人献媚，使人相信你很忠于他。何谓谄？“先意承欲者，谄也。”预先揣测其意图，奉承其欲望。

2．谀言。“谀言者，博而于智。”用奉承的口气游说人，使人感觉到你博学而多智。如何表现出博学？“繁称文辞者，博也。”表现博的办法是旁征博引，口若悬河。

3．平言。“平言者，决而于勇。”这里的“平”，通“评”。用评论的口气游说人，使人相信你有决断、有勇气。如何表现出决断？“纵舍不疑者，决也。”表现决断的办法，是取舍不犹疑。

4．戚言。“戚言者，权而于信。”戚，亲戚，忧愁。用为人担忧的语气游说人，表现出善于权变，令人信任。如何表现出善于权变？“策先进谋者，权也。”表现善于权变的办法是：优选策略，进献计谋。

5．静言。“静言者，反而于胜。”用稳健冷静的态度游说人，目的是使人改变原来的思维定式，反过来接受你的观点和主张，达到游说胜利。如何实现“反”？“先分不足而窒非者，反也。”改变其主张的办法是：先分析其主张的不足之处，从而窒息其错误。

采用上述佞言、谀言、评言、戚言、静言去游说人，不仅可以推销政见或谋略，而且可以根据其接受的情况，权度此人的特性和爱好。

【趣味故事】

会投其所好的安禄山

安禄山在投靠了范阳节度使张守珪后，因精通六种少数民族语言，当上了经管少数民族贸易事务的互市牙郎。开元二十年（732年），安禄山偷羊丑事败露后，张守珪一气之下要把他打死，安禄山龇牙咧嘴大声喊叫："难道你不想消灭契丹、奚吗？何必滥杀壮士！"张守珪被他的吼叫声惊住了，感到安禄山可以派上用场，于是便把他提拔为"捉生将"这么一个低级武官，负责捕捉俘虏。由于安禄山熟悉这一带地形，经常用三五个骑兵就能活捉几十名契丹俘虏。张守珪再给他加兵，安禄山捉到的俘虏也成倍增加。张守珪对他非常赏识，把他提拔成偏将，并把他收为干儿子。张守珪有时看着安禄山长得出奇的肥胖，觉得很不顺眼。为了博取张守珪的欢心，安禄山就少吃少喝，尽量使身体瘦一点。

开元二十八年（740年），安禄山升任平卢军兵马使。为了继续往上爬，他精心设计了许多投机钻营方案。凡是中央派到平卢视察的官员，不分职位高低，安禄山一律贿赂。这些人回到京都后，在唐玄宗面前为安禄山百般吹嘘，这样，安禄山在玄宗心中留下了极好极深的印象。

聪敏过人的安禄山看到唐玄宗对大臣的最大要求是对皇上忠心耿耿，就竭力装扮出一个忠臣的面孔。天宝三年（744年），安禄山乘到京都汇报工作之机，诡秘地对唐玄宗说："去年七月，营州蝗虫横生，我点起香火对苍天一再祈祷：如果我心术不正，对国君不忠，请蝗虫把我的心吃掉好了；如果我心术端正，对国君忠诚，请苍天把蝗虫赶跑。果然，一群鸟从北翩翩飞来，把蝗虫全部吃光。”唐玄宗听完，一面下令史官把这番荒诞无稽的话记录下来，一面下令设宴招待这位“忠臣”。到了酒兴时，唐玄宗问安禄山：“都说你体重有360斤，肚子垂到下面，穿裤子时还要别人钻到你的肚子下面把腰带系好。你肚子里面究竟装的什么东西？”安禄山答：“没有别的，只有一颗忠君赤心。”玄宗听后，脸上笑开了花，对他更加喜爱。

安禄山尽管野心很大，但在唐玄宗面前总是装出一副痴痴呆呆的模样。天宝六年（747年），安禄山在内殿受到玄宗的盛情招待。席间，他对玄宗说：“我生长在外蕃，天生卑贱，受到您的如此款待，实在过意不去。我没有别的可以报答您的厚恩，只希望为您而死。”说完，跪在了玄宗面前。当玄宗把他扶起时，皇太子已经走进了内殿。安禄山见了太子不下跪，大臣问其原因，安禄山答：“我是蕃人，不懂中原礼仪，不知太子是什么官。”玄宗插话：“是我的继承人，我死之后，把帝位传给太子。”安禄山对玄宗说：“我实在太糊涂了，只知有您，不知还有太子。”玄宗为了嘉奖他的“纯诚”，赐给他大量物品。

安禄山在京都了解到，贵妃杨玉环最受玄宗的宠爱，她的话玄宗无不听从，于是安禄山便把比自己年龄小得多的杨贵妃认作干娘，对她百般奉承，竭力巴结。听说贵妃喜欢跳胡旋舞，安禄山每次进宫，都与贵妃尽情地狂欢乱跳。大诗人白居易为他们留下了生动而逼真的记述：

弦歌一声双袖举，回雪飘飘转蓬舞。
左旋右转不知疲，千匝万周无已时。
中有太真外禄山，二人最道能胡旋。

随着急速旋转的舞姿，安禄山与杨贵妃少不了互相调情，玄宗知道了也从不过问。

安禄山从唐玄宗的言谈中了解到，最令玄宗不安的边疆地区是东北。世世代代生活在这里的契丹、奚两个少数民族政权经常出兵唐朝，唐玄宗为此经常寝不安床，食不甘味。安禄山为了让唐玄宗在心理上得到宽慰和建立功名，多次对契丹、奚用兵，但大都失利。诡计多端的安禄山见硬打不行，就经常用和好作为骗局，设宴招待契丹官兵。

事先，安禄山把酒掺进毒药，契丹官兵喝了很快就昏迷不醒，安禄山命令部下迅速把他们的头砍掉，把尸体埋进早就准备好的土坑中，然后派人把他们的首级送到长安。安禄山因此被唐玄宗称赞为“万里长城”，官位接二连三地升迁。天宝元年（742年），安禄山被提升为平卢节度使；天宝三年（744年），被提升为范阳节度使；天宝十年（751年），被提升为河东节度使。一人得道，鸡犬升天。他的两个妻子康氏、段氏，他的母亲、祖母都被唐玄宗封为国夫人；他的11个儿子都由唐玄宗赐名，有的当了高官，有的娶了公主。

【解析】

人不可貌相，海水不可斗量。不能小看他人，更不能自高自大。在日常的人际交往中，辞令的五种情态随处可见，如果我们能够恰当地利用它们各自不同的性质，采取不同的策略加以应对，对症下药，事情的成功就变得容易多了。

陈登设计杀吕布

曹操兵败，欲联合刘备，扫清东南，去除心腹大患吕布。谁知事情泄露，吕布抢先下手，打败刘备，攻占了小沛。又派陈宫联络泰山强盗孙观进攻兖州各郡。曹操闻讯便率大军行至肖关附近，进攻吕布。这时，吕布手下的部属陈登早已成为曹操的内线，便趁机运用传递假情报的计谋，配合曹操打败吕布。肖关告急，吕布要带陈登前去救助，让陈登父亲陈珪留守徐州。

临行前夜，陈氏父子秘密商议，如果吕布败回，由陈珪占领徐州不放他入城，但恐吕布妻小心腹在城里诸多不便，怎么办？陈登说："不必发愁，我有计策了。"第二天他入见吕布劝道："徐州四面受敌，曹操一定会拼力进攻，我们当先留有退路，将钱粮移藏于下邳，若徐州被围，就有粮草接济。"吕布喜道："你说得很有道理。"即命人将妻小和钱粮移屯下邳。部署完毕，便率军前往肖关。

行至半路，陈登说："让我先去肖关探听曹军虚实，您方可行事。"吕布同意。陈登先上肖关，告知守将陈宫："吕将军责怪你们不肯出兵迎战。"陈宫说："曹军势大，不可轻敌。我们紧守关隘，你劝主公力保沛城，这是上策。"陈登"嗯嗯"点头。晚上，陈登见曹军直逼关下，便悄悄写了三封书信，挂在箭上，射下关去。翌日，他辞别陈宫，飞马来见吕布道："孙观等人都想向曹操投降，献出肖关，我已命陈宫死守，将军便可于今日黄昏杀去救应。"

吕布便令陈登先去关上约陈宫为内应，举火为号。陈登见了陈宫又说："曹军已抄小路进入关内，主公怕徐州有失，你们要回援。"陈宫便率军弃关上路。陈登在关上放起火来。吕布趁着夜色攻来，与陈宫等自相残杀。曹军望见火光，已知陈登箭信所示讯号，便一齐杀到，轻易夺取了肖关，孙观等人各自逃命去了。

吕布与陈宫相互攻到天明，方知受骗上当，急忙联合一起赶回徐州，到城边叫门时，城上乱箭射下。原来陈珪已公开投降曹操。吕布要找陈登，遍寻军中不见，才知中计。其时，陈登早已去小沛，再次向守将高顺、张辽假传情报：“主公在徐州被围，你们快去救援。”

高顺、张辽即率军赶往徐州，路上同吕布相遇，吕布这才恍然大悟，狠狠地说：“我非杀死陈登这个内奸不可！”即会合军队向小沛进发。行至城边，见城上尽是曹兵旗号——原来曹操已按陈登箭信所示，令曹仁乘虚而入，兵不血刃地占领了小沛。

吕布在城下大骂陈登，陈登在城上指着吕布回骂道：“我是汉朝的臣子，岂能为你这个反叛之贼服务？”吕布大怒，想要攻城，无奈曹操率大军冲杀前来，吕布难以抵御，只得率部向东面逃去。

【解析】

可以说陈登把鬼谷子“公不如私，私不如结”的谋略演绎得淋漓尽致。陈登父子密谋与曹操里应外合，吕布本来就是一介武夫，有勇无谋，哪能识破其中奥妙？

第三章　看清事物本质，谨言慎行

【原文】

故口者，机关[①]也，所以关闭情意也；耳目者，心之佐助也，所以窥间见奸邪[②]。故曰参调而应，利道而动[③]。故繁言而不乱，翱翔而不迷，变易而不危[④]者，观要得理[⑤]。故无目者不可示以五色，无耳者不可告以五音。故不可以往者，无所开之也；不可以来者，无所受之也[⑥]。物有不通者，故不事也。古人有言曰："口可以食，不可以言。"言者，有讳忌也。"众口铄金"[⑦]，言有曲[⑧]故也。

【注释】

①机关：指人的口可以张开，也可以关闭。

②窥间见奸邪：窥见间隙，明察奸邪。

③参调而应，利道而动：陶弘景注："口者，所以发言语，故曰口者机关也。情意宜否，在于机关，故曰所以关闭情意也。耳目者，所以助心通理，故曰心之佐助也。心得耳目，即能窥见间隙，见彼奸邪，故曰窥间见奸邪。""参"同"三"，指心眼耳三器官。利道，即因势利导。

④变易而不危：改变方向而不诡谲。危，通诡。

⑤观要得理：要，纲要。理，事理。《韩非子·扬权》："事在四方，要在中央。圣人执要，四方来效。"

⑥"故不"句：指选择谈话的对象和把握论说的程度。陶弘景注："此不可以往说于彼者，为彼暗滞，无所可开也；彼所不

来说与此者，为此浅局，无所可受也。夫浅局之与暗滞者，常闭塞而不通，故圣人不事也。”

⑦众口铄金：比喻舆论影响强大。

⑧曲：不正。《玉篇·曲部》：“曲，枉也。”《战国策·赵策二》：“穷乡多异，曲学多辩。”陶弘景注：“金为坚物，众口能烁之，则以众口有私曲故也。”

【译文】

所以，口是人体的机关，用来透露或隐藏真情实意；耳目是心的辅助，可以用来窥察间隙发现奸邪。所以说，口、耳、目三者要协调一致，互相感应，因势利导才能采取行动。因此，言语繁多却不杂乱，纵横驰骋却不迷惑，改变方向却不诡谲，抓住事物要领，看清事物本质。所以，不能向失明的人展示五色，不能向失聪的人展示五音。所以，不值得开导的人，就不要去游说；不来此地游说，是因为没有知音。有些人是无法沟通的，就没有必要去游说。古人云：“口可以用来吃饭，却不能胡乱说话。”一说话，就容易犯忌讳。“众口铄金”，是由于言辞之间难免因为偏见而歪曲事实。

【本章解读】

本章论述游说的四项注意：

1. 口、耳、目要协调：“故口者，机关也，所以关闭情欲也；耳目者，心之佐助也，所以窥间见奸邪。故曰参调而应，利道而动。故繁言而不乱，翱翔而不迷，变易而不危者，观要得理。”“参”，同“三”。调，调和。道，通导。本句是说：口是言语的机关，用来开闭人的情欲；耳目是心灵的佐助，可以窥见人的奸邪。所以，在游说时，口耳目要协调配合，因势利导而动。如何协调配合、因势利导？“观要得理”即观其要害，保得真理。如此，言辞繁多也不会乱，思绪翱翔也不会迷，遇到变易也不会危急。

2．游说要看对象：“故无目者不可以示五色；无耳者不可告以五音。故不可以往者，无所开之也；不可以来者，无所受之也。物有不通者，故不事也。”本句是说：对于无目光的盲人，不应拿五色给他看；对于无耳觉的聋人，不应给他听五音。对于那种心灵封闭的人，是无法开导的；对于那种不可来往的人，没有接受的必要；对于那种目光短浅、不通事物情理的人，不必侍奉他。

3．游说要注意人家的忌讳：“古人有言曰：‘口可以食，不可以言。’言者，有讳忌也。”古人意思是说：口可以用来吃饭，不可以随便讲，因为有些话，人家是有忌讳的。

4．要谨防他人造谣中伤：“众口铄金，言有曲故也。”曲，是曲解、歪曲。古人说：众口一词，足可熔化金属，谣言可畏，因为谣言歪曲事实。

上述四条，既是游说所要注意的，也是权度他人的需要。口耳目协调，实际是游说与权度的结合。游说看对象，也是权度的对象。防忌讳，防谣言，也是权度的内容之一。

【趣味故事】

做事周全的马援

马援从小就有大志。他不愿去死做学问，就向抚养他长大的哥哥们提出，要到边郡去放牧。他的哥哥都在朝里做官，他们了解马援的心意，就对他说，你有大才，日后一定会成大器。你就去做你喜欢做的事情吧。但没过多久，他的大哥马况病死，他就为哥哥服丧一年，每天都在墓地度过。后来他来到了边地放马，很多人仰慕他，就去投奔。他游历了很多地方，增长了见识和阅历。

马援很善于经营，很快就有了几千匹马和牛以及几万斗谷物。他说："积累钱财，就是要为众人所用，不然就成了守财奴了。"于是他把所有的钱财都分给了众人，自己穿着一件皮袍，悠然自得。

王莽当了皇帝后，不得人心，各地纷纷反叛。马援在隗嚣手下做了绥德将军，很受器重，凡有大事，隗嚣都要和他商量。公孙述在四川自立为皇帝，刘秀则在洛阳当了皇帝。马援和公孙述是老朋友，隗嚣就派马援去拜访他，对马援说："你去了解一下他的为人，看看他的位置能不能坐稳。"

马援到了那里，满心以为公孙述会像老朋友一样对他，和他手拉着手在一起谈天说笑，没想到公孙述在殿外布置了重兵，让人引马援进殿，互相问候后，又把他送到宾馆，让他换了新衣服，然后聚集所有的官员，设宴招待他。公孙述等百官都到了，才坐着马车，打着鸾旗，在卫士的簇拥下缓缓而来。

宴席很丰盛，公孙述对马援和他的手下也非常礼貌。他还想给马援封侯，并任命他为大将军。马援的手下动了心，对马援说："大人，公孙述这样对我们，不如留下吧。"马援说："天下成败还没有定局，公孙述不和别人谋划天下大计，却摆出一副皇帝的架子。这只是做做样子，就好像演戏一样。这样的人怎么会成大事呢？"回去后，他对隗嚣说："公孙述是井底之蛙，妄自尊大而已。我们不如专心投奔刘秀。"

后来隗嚣让马援去洛阳给光武帝刘秀送信，刘秀等马援一到，就派人请他上殿，笑着说："你来往于两个皇帝之间，今天见到你，令人大感惭愧呀。”马援行礼说：“现在不光是君主可以选择臣子，臣子也可以选择君主。我和公孙述是同乡，我去见他，他还设卫兵守护。我现在远道而来，陛下怎么这么大意，难道不怕我是刺客吗？”

刘秀说：“你不是刺客，只是一个说客。”“陛下，现在天下动荡，擅自称帝的人不在少数。”马援说，“今天见到了陛下宽宏大度，和当年的高祖一个样子，才知道陛下是天命所归！”回去后，马援对隗嚣说：“刘秀和我谈了几次话，每次都从夜里一直谈到天亮。他精明干练，韬略过人，而且对人推心置腹，坦诚相见，又豁达大度，熟读经书，对前朝的事情了如指掌。”

隗嚣问：“你说他有些像汉高祖，他比起汉高祖来怎样？”马援回答：“不如高祖。高祖性情豁达大度，当今的皇帝喜欢吏事，做起事情来一定要按制度行事，也不像高祖那么喜欢喝酒。”隗嚣说：“按你所说，刘秀不是胜过高祖了吗？”在马援的劝说下，隗嚣也决定跟随刘秀，于是派自己的儿子到洛阳去当人质，马援也跟了去。从此，马援跟从了光武帝，立下了很多功劳。光武帝对他十分看重。

马援对手下的人非常宽厚。他每次立功或升官，都犒赏将士。他说：“我的堂弟曾经看我慷慨，有大的志向，就对我说，人的一生，只求衣食温饱，坐着小车，骑着瘦马，在郡里当着小官吏，守着祖宗的基业，被乡里称作有德积善的人也就够了。追求多余的东西，只是自寻烦恼。当我在浪泊、西里之间出征时，敌人还没有消灭，下面有沼泽，上面有雾气，我累了躺在草地上，想起堂弟说的话，那种安闲的生活哪里能得到呢？现在全仗着大家出力，蒙受皇上的厚爱，在你们之前就佩戴金紫，封了爵，这让我既高兴又惭愧。”

马援从小就死了父母，是由哥哥们带大的。他当上了朝中的九卿后，对哥哥们的儿子都很关心。他的两个侄子常爱发表尖刻的议论，还结交一些不法的侠士，这让他非常担心。他给侄儿们写信说，我希望你们听到别人的过失，就像听到父母的名字一样，耳朵可以听，嘴里却不能说。喜欢议论别人的长短，妄自评论时政的得失，这是我深恶痛绝的事情，我宁死也不愿子孙们这样做。

他告诫侄儿，要谦虚节俭，清廉公正，忧他人之忧，乐他人之乐，不要放浪形骸。马援志在天下，他常常忧患匈奴和乌桓在北边袭扰边境。他常说，大丈夫应当死在疆场，用马革裹尸而还，怎么能躺在床上死在儿女的面前呢？

马援算得上一个近乎完美的将领。他为人仁爱忠诚，又有远见，识大体，因此在战场上能打胜仗，在官场上也能处于不败之地。他是隗嚣的手下，却并不认为隗嚣是能成大事的人，因此他反对隗嚣另立山头，也瞧不起貌似强大的公孙述，而主张投靠刘秀。在当时纷纭复杂的政治格局中，这是很有眼光的。

【解析】

可以说，马援很会看人，因为他知道如何去观察一个人能否有作为。他也会做人，因为他知道要想成功应该从哪些方面做起。当一个人清楚了成功需要具备的素质后，他不但会用这些作为标准来考察别人，也自然能用这些标准来要求自己。

英明的李世民

李世民当了皇帝，采取了一系列让百姓休养生息的政策，很快大唐河清海晏，百姓安居乐业。“大唐天子就是英明。”“是呀，我们真是遇到了盛世。”百姓们纷纷称颂。他们是真心拥戴唐太宗的。生活富足，心情也好了，人们开始注意一些祥瑞的事情，并把这些事情和国家的兴盛联系在一起。

一些官员们也拿这个来做文章。如果说百姓是出于真心，而官员们更多的是为了讨好皇帝。因为皇帝们都喜欢这类祥瑞之事，以说明自己上应天心，有上天在庇护。很多官员靠着上报这类祥瑞之事，讨得龙心大悦，升官发财。于是，官员们经常一级一级地上报，说哪里哪里出现了吉兆，这都是托皇帝陛下的福，大唐江山万世永固。

太宗皇帝一开始也并不在意，时间久了，他发现了问题。一天，有两只白喜鹊在皇宫寝殿中的大槐树上建窝。大臣们见了，都连声称赞，说这是祥瑞的兆头，向太宗表示祝贺。太宗皱了皱眉，对大家说：“最近总是有人上表恭贺祥瑞的事情。祥瑞之事算是什么呢？假如老百姓生活富足，即使没有这类祥瑞之事，也不影响帝王成为尧、舜这样的明主。假如老百姓吃不上穿不上，冻死饿死，即使祥瑞之事再多，也不影响帝王成了桀、纣这样的昏君。朕读历史，看到后魏的时候，官员们烧着连理树，煮着白雉鸡。难道这也能说是盛世的征兆吗？”

于是太宗皇帝下令拆掉鹊巢，把喜鹊放到野外，又颁下诏书说，从今以后大的祥瑞可以上奏朝廷，大瑞之外的各种瑞兆，报告给有关部门就行了。从此，上报祥瑞之事渐渐少了，官员们都把精力用在了政事上面。

祥瑞之事，历朝历代都有人在献，历朝历代的皇帝也都欣然接受。唐太宗把国家治理得那么好，献些祥瑞算不上过分，但他意识到，祥瑞的征兆并没有实质意义。国家强盛了，百姓富足了，天下自然太平；而奸臣当道，贪腐之风盛行，有再多的祥瑞，百姓照样会造反，政权照样会颠覆。因此，注重祥瑞不如把工夫用在治理上，这样也可以杜绝一些不干事的人借献祥瑞来邀官请赏。

【解析】

能做到唐太宗的份上，才是真正的大智慧，为他人所不及。同样是皇帝，唐玄宗在他的政治生涯的前半段也是相当出色的，但他满足于所取得的成就，放松了警惕，结果一不留神就使大唐由极盛走向了衰落，自己也由明皇变成了大唐的罪人。两相比较，优劣就自然分明了。

第四章 说服要有技巧

【原文】

人之情，出言则欲听，举事则欲成。是故智者不用其所短，而用愚人之所长；不用其所拙，而用愚人之所工，故不困也。言其有利者，从其所长也；言其有害者，避其所短也[①]。故介虫之捍[②]也，必以坚厚；螫虫[③]之动也，必以毒螫。故禽兽知用其长，而谈者知用其用也。

【注释】

①“言其”句：说话对我有利，就要依从自己的长处；说话对我有害，就要避开自己的短处。

②介虫之捍：甲虫的防御。“介”通“甲”，指有甲壳的昆虫或水族。

③螫虫：指有毒刺的昆虫。

【译文】

人之常情，说话就希望有人接受，做事就希望获得成功。所以，智者总是不用自己的短处，而是采用愚者的长处；总是不用自己的愚拙，而是采用愚人的工巧，这样就不会使自己困窘。谈到事物有利的一面，就要发扬它的长处；谈到事物有害的一面，就要回避它的短处。所以，甲虫防御天敌，必须用坚硬的甲壳；毒虫攻击对方，必须用有毒的尖刺。禽兽都知道发扬自己所长，游说之士更应该懂得发挥自己的长处。

【本章解读】

本章论述游说的基本原则，也是权度的基本内容：

1．备而必胜："人之情，出言则欲听，举事则欲成。"举事，是指隆重办事。本句是说：出言就要精心准备，叫人家听进去；举事就要精心计划，叫它成功，这是人之常情。

2．用长避短："是故智者不用其所短，而用愚人之所长；不用其所拙，而用愚人之所工，故不困也。"工，是指熟能生巧。人皆有长短和巧拙，智者亦有短，亦有拙；愚者亦有长，亦有巧。用人要尽可能用人之长，避人之短，宁用愚人之所长，不用智者之所短；宁用愚人的灵巧，不用智者的笨拙。如此，就不会困惑。

3．言明利害："言其有利者，从其所长也；言其有害者，避其所短也。"游说要为人分析利害，言明其利，是为了发挥其长处；言明其害，是为了避其短处。

4．知用其用："故介虫之捍也，必以坚厚；螫虫之动也，必以毒螫。故禽兽知用其长，而谈者知用其用也。"介虫，即甲虫。螫虫，有毒刺的昆虫。甲虫之强悍，必靠其坚厚的甲壳；螫虫的自卫动作，必靠其毒螫刺人。禽兽尚且懂得发挥其所长，游说者应该懂得利用人家可用的优势。

备而必胜，扬长避短，分析利害，知用其用，既是游说必须遵循的原则，也是权量其人的重要内容，只有清楚了解了人家的优势与劣势、利益与风险及可用之处，才能为之权谋。

【趣味故事】

二桃杀三士

晏子在齐国可以说是大名鼎鼎，这个其貌不扬、身材矮小的宰相才智非凡，他不仅为后人留下了一部《晏子春秋》，还因善于劝谏齐王而名垂千古，他屡次出使外国，皆能不辱使命，为国扬威，称得上贤相。但就是这么一位“正人君子”在与奸佞斗法时也少不了搞阴谋。

当时，齐国有田开疆、古冶子、公孙捷三个勇士，他们以勇猛无敌而闻名于齐国，也颇受齐国国君齐景公的宠爱。这三人因为英雄相惜而结为异姓兄弟，自诩为“齐国三杰”。他们自恃有功，横行霸道，目中无人。有一次，已任齐国宰相的晏子在路上与之相遇，他们连个招呼也不打，甚为傲慢。甚至在齐景公面前，他们也以“你我”相称，无礼到这种地步，景公内心自然不悦。这时，奸臣陈无宇等正在阴谋篡位夺权，见此三人威猛无比，又头脑简单，便设法收买过去，以相机行事，图谋作乱。

晏子深知如果让这种恶势力日益扩大，必成后患，便乘机对齐景公说：“我认为贤明君主手下的将官，应该明白君臣的礼节，懂得上下的规矩。这样，在国内才可以禁住暴乱，对外可以阻挡敌人。上面给他奖赏，下边也服气。可如今公孙捷、田开疆、古冶子三人，对上不讲君臣礼仪，对下没有尊长曲范之德，对内不能用来禁止暴虐，对外不能用以拒敌，因而，他们实在是危于国家安全之人，莫如趁早除掉。”齐景公也早已对这三人深为痛恨，只是忌惮于三人功勋卓著，在齐国国内素有威名，如果贸然下罪，很可能会产生动乱，才不敢治其罪，这时晏子正好来劝谏，他就顺水推舟，全权交给晏子处理。

过了一段时间，鲁昭公到齐国访问，齐景公想趁此机会发动外交攻势，让鲁国脱离和晋国的联盟而加盟齐国，所以，齐景公隆重地接待了鲁昭公。在宴会上，鲁昭公让叔孙舍做相礼，齐景公就让晏子做相礼。在齐景公的下边，站着三个铁塔般的勇士，正是“齐国三杰”。

晏子一直在想怎样除掉这三人，却苦无机会，这下豁然开朗，计上心来，他对景公说：“主公种了几棵稀有的桃树，今年该结桃子了，我想去看看，摘几个桃子来给二位君主尝尝鲜，不知可否？”景公同意了，晏子就请求由自己去摘桃子。

晏子只摘来了六个桃子，对景公说“桃子未熟，只此几个”，并行酒令，把桃子献到鲁昭公和齐景公的面前说：“桃大如斗，天下稀有，君王吃了，千秋同寿。”鲁昭公和齐景公一人吃了一个。晏子和叔孙舍相互推赞，都说对方辅佐君主有功，也各吃了一个。这样，就只剩下了两个桃子。晏子对齐景公说：“现在还剩下两个桃子，我想不如让下面的大臣各说自己的功劳，谁的功劳大谁就吃桃子。”齐景公同意了，晏子就传下令去，让下面侍立的大臣各表功劳。

站在齐景公近处的三勇士性子最急，其中公孙捷先走出一步说：“在桐山打猎时，冲出了一只老虎，直向主公扑来，是我打死了老虎，救了主公的命，应该说功劳不小吧！”晏子说：“你救了主公的命，确实功劳不小，应该吃一个桃子。”晏子就请景公赏了他一个桃子，一杯酒，公孙捷拜谢退下。

这时古冶子上前一步说道：“打死老虎算什么，我跟主公渡黄河的时候，一头大鳄鱼咬住了主公的马，是我和那鳄鱼拼死搏斗，杀死了鳄鱼，才救了主公的马。”齐景公插言说：“要不是古冶子，别说我的马，就是我的命也保不住了。”晏子一听，忙让齐景公赏给古冶子一个桃子和一杯酒。古冶子吃了酒，吃了桃子，拜谢而退。

另一位勇士田开疆一看两个桃子被前面两个人吃光了，气得大声嚷嚷："打死老虎、杀掉鳄鱼算什么，主公让我去打徐国，我杀死了徐国的大将，俘虏了500敌人，连郯国和莒国都归附了我们，这样的功劳算不算大呢？与他们相比如何？凭我的功劳，能否吃到一个桃子呢？"

晏子在一旁添油加醋地说："开疆拓土，比杀虎斩鳄的功劳要大，只是桃子已经吃完，就让主公赏你一杯酒吧！"齐景公也说："要论功劳，数你最大，可惜说得晚了！"田开疆十分生气地说："我为国争光，帮主公打败敌国，反倒不如个杀虎斩鳄的人，还站在这里丢什么脸哪！"说完，拔剑自刎。

公孙捷说："我凭这么点功劳，竟也抢桃子吃，想想真是脸红，我也不活了！"说完，也拔剑自刎。

古冶子大叫道："我们三个人是生死兄弟，你们俩死了，我还能活吗？"说完，也拔剑自刎了。

【解析】

这就是中国历史上著名的"两桃杀三士"的故事，晏子这个"老奸巨猾"的人，不动一刀一枪，就不着痕迹地杀了三个盖世英雄。不仅展现了他高深的斗争智慧，更为后世留下了这样一条斗争规律：谋定而后动，谋无正邪，有胜乃大！

既然有仁者、勇士、智者三种人才，就会有与之相应的愚蠢的人、不诚实的人、贪婪的人。愚蠢的人不懂得深思熟虑，往往人云亦云，因此是最容易被蒙蔽的；不诚实的人满口谎言，经常违背自己的良心做事，又担心事情会败露，因此他们也会显得异常胆怯；贪婪的人贪得无厌，往往会在利益面前经不起诱惑而乱了阵脚。

庄子论剑谏文王

战国时赵惠文王（前298—前266年在位）非常喜好剑术，甚至达到了痴迷的地步。他的王宫内供养有三百多名剑客，昼夜在他面前表演击剑，一年下来，剑客死伤的就有一百多人。

赵惠文王没有认识到自己的这些过错，还依旧命令剑客相互争斗，以取悦自己。又过了数年，剑客的死伤更是不计其数。正是由于赵惠文王沉迷于剑术，而荒废了国事，使赵国一天天衰落下来。其他的诸侯国见到赵国的衰落，觉得有机可乘，便趁机想吞并它。

太子悝见赵国如此，便召集左右的人说："有谁能够说服国王，使他停止观看击剑，我便赏赐他千金。"左右亲信异口同声对太子悝说："庄子可以使国王命令剑客停止击剑。"太子悝久闻庄子之名，又见左右一致推荐庄子，可谓英雄所见略同，便派人带着千金去请庄子。庄子辞金不受，和使者一起来到赵国。太子喜不自禁，亲自出门迎接，以上宾之礼接待他。庄子对太子说："太子有什么事指教于我呢？"

太子回答说："听说先生睿智聪明，才奉送千金，先生却不肯接受，我怎么敢说呢？"庄子说："听说太子请我的目的，就是想让我劝国王放弃他的喜好。假使我向上劝谏大王，违背了大王，不能成功，下又不能迎合太子的旨意，就会被处死，那么要千金有什么用呢？如果我上能说服大王，下能迎合太子，那时我要求什么，还有什么不能得到呢？"太子见庄子这么说，也就不再提起奉送千金的事了。于是便对庄子说："大王所接见的，都是剑客，你怎么才能够见到大王呢？"庄子回答说："我扮作剑客就可以了，因为我也会用剑。"太子说："国王所接见的剑客，都是帽子低垂，冠缨粗实，蓬头垢面，穿着短小的衣服，怒目圆睁，出口相互谩骂，这样国王才喜欢。如果您穿着一身儒服去见国王，恐怕不太妥当吧。”

庄子便对太子说：“请您准备好剑客的服装。”太子准备好服装，庄子穿上后，便同太子一起去宫内见惠文王，国王拔出宝剑来等待着庄子。庄子昂首挺胸，走进殿门，见到惠文王并不下拜。惠文王问道：“你有什么话可以指教我？”庄子说：“我听说大王喜欢剑客，所以以剑术来与大王切磋。”惠文王说：“你的剑法有何独到之处，怎样能够制服对手？”庄子说：“我的剑法，十步以内便可击败对手，横行千里不会受到阻拦。”

惠文王听了，高兴地说：“这么说来，您是天下无敌了。”庄子说：“用剑的方法应先示以虚空，给人以可乘之机，而后抢先出手，制服对方。请大王允许我试一试。”惠文王说：“请先生先到馆舍休息，等我安排好击剑比赛，再来请先生。”惠文王让选出的剑客持剑侍立于殿下，再派人请来庄子。惠文王对庄子说：“今天准备请您和剑客对剑。”庄子回答说：“我已经盼望很久了。”惠文王问道：“先生所用的剑，长短怎么样？”庄子说：“我长剑、短剑都可以用。我有三种剑，任凭大王选用，请大王听我说完，然后再试剑也不迟。”

惠文王说道：“那你就先介绍一下三种剑吧。”庄子回答说：“我的三种剑，乃是天子之剑、诸侯之剑、庶人之剑。”惠文王问道：“天子之剑是怎么回事？”庄子说：“天子之剑，以燕国的燕羚石城作为剑端，齐国的泰山作为剑刃，晋国、卫国作为剑背，周朝、宋国作为剑口，韩国、魏国作为剑把；以四夷包裹，以四时相围，以渤海环绕，以恒山为系带，以五行相制，以刑德来判断，以阴阳为开合，以春夏来扶持，以秋冬来运作。

这种剑，直之无前，举之无上，案之无下，上可决断浮云，下可绝断地维。这种剑一旦使用，便可以匡正诸侯，降服天下，这就是天子之剑。”

惠文王听了，茫然失意，神情呆滞，问道：“诸侯之剑，是怎么回事？”庄子说：“诸侯之剑，以智勇之士作为剑端，以清廉之士作为剑刃，以贤良之士作为剑背，以忠贤之士作为剑口，以豪杰之士作为剑把。这种剑，直之亦无前，举之亦无上，案之亦无下，运之亦无旁，上效圆天以顺应日、月、星三光，下效方地以顺应四时，中央和睦民意以安顿四乡。此剑一用，如雷霆般震撼四方，四境之内，无不臣服而听奉于王命，这就是诸侯之剑。”

惠文王听了，又沉思了良久，接着问道：“庶人之剑，又是怎么回事？”庄子回答说：“庶人之剑，低垂帽子，冠缨粗实，蓬头垢面，穿着短小的上衣，怒目相视，相互谩骂。然后，你来我往，争斗不已，上斩颈项，下刺肝肺。这就是庶人之剑，就与斗鸡相似，一旦丧命，对国家没有任何好处。如今，大王拥有天子之位，却偏偏喜好庶人之剑，连我都替大王感到不值得。”惠文王听罢，恍然大悟，亲自牵着庄子的手步入殿堂，向庄子表示敬意。庄子对惠文王说：“大王请休息吧，关于三种剑我已经叙述完了。”于是，从此以后，赵惠文王再也没有出宫观看过斗剑。

【解析】

庄子在此用到了“与智者言，依于博”和“与过者言，依于锐”两种言辞。赵惠文王不是一个昏君，他能从庄子的话中听出三种剑指的是什么。当他明白庄子话中另有乾坤后，毅然决然地放弃了那些曾经喜好的剑客，重新理政，实在难能可贵。这与庄子博学多识的能力与雄辩的口才是分不开的。

第五章　与人辩论需要注意的情况

【原文】

故曰辞言[1]有五：曰病、曰恐、曰忧、曰怒、曰喜。病者，感衰气而不神也；恐者，肠绝而无主也；忧者，闭塞而不泄也；怒者，妄动而不治也；喜者，宣散而无要也。此五者，精则用之，利则行之。

【注释】

①辞言：辩论之言。

【译文】

所以与人辩论需要注意五种情况：病、恐、忧、怒、喜。病，指中气衰竭，没有精神；恐，指惶恐不安，肝肠寸断，心神无主；忧，指心情忧戚，不能与人交流；怒，指行事冲动，语无伦次；喜，指夸夸其谈，注意力分散，抓不住要领。这五种情况，精通它才可以很好运用，对自己有利才能行动。

【本章解读】

本章主要介绍了辩论的五种方法：

“故曰辞言有五：曰病、曰怨、曰忧、曰怒、曰喜。病者，感衰气而不神也；怨者，肠绝而无主也；忧者，闭塞而不泄也；怒者，妄动而不治也；喜者，宣散而无要也。此五者，精则用之，利则行之。”

病者：感染上了衰气，而无精神；怨者：悲观过度，六神无主，说出埋怨之言；忧者：幽怨情感闭塞，得不到发泄，故而说出忧虑之言；怒者：气急发怒，轻举妄动，而不能自制，故发出无名火；喜者：心情欢喜，宣泄于外，说话不得要领。

陶弘景注曰："五者有一，必失中和而不平畅。"就是说，以上五种言态，游说者应该注意防止。但鬼谷子同时指出"此五者，精则用之，利则行之"。就是说，如果你精于言说，也可使用；如果用之有利，也可行之。就是有意地利用病言、怨言、忧言、怒言、喜言。

【趣味故事】

孙膑巧斗庞涓

战国时期的孙膑，是一位大军事家，应该是一位极有谋略的人了，他著的《孙膑兵法》，至今仍然是十分重要的军事经典。然而，他也有龙困浅水遭虾戏，虎落平阳被犬欺的时候，当年为情势所迫，他也不得不装疯避祸，而且其艰难程度，后人无一能赶得上。

战国初期，齐人孙膑和魏人庞涓拜鬼谷子为师，在一起学习兵法，所谓"同窗为友"，他们既然师承同一人，关系也就非常好。但是庞涓是个功利心极强又非常自私的人，才学不久，便认为学得差不多了，要求下山求取功名。临走时，他向孙膑表示，一旦得到重用，就请孙膑共享荣华。孙膑则留在老师身边继续学习，鬼谷子见他为人质朴，学习刻苦，就把私藏的《孙子兵法》全部传授给他。孙膑也学得非常认真，他一直寄希望哪天庞涓功成利就后回来找他，然后能学以致用。

而庞涓下山后径直去了魏国。一来因为他是魏国人，回魏国无可厚非；二来因为当时魏、韩、赵三家分晋以后，魏国急需巩固势力正在广招贤士。庞涓由于师承鬼谷子，再加上前面的地利和天时，到了魏国果然受到重用。但他并没有兑现邀请孙膑下山的诺言。后来魏惠王听说庞涓的同学孙膑很有才能，就让庞涓写信邀请。庞涓心存私心，他本不愿与孙膑共享荣华。另外，他知道孙膑一直都比他学得好，担心孙膑来后会抢占他的地位。但是，事到如今魏王已开了金口，自己也就不好再推辞，无奈之中只得写信让孙膑前来。孙膑来了魏国，第二天，魏惠王接见了孙膑。二人谈起军国大事来非常投机，大有如鱼得水、相见恨晚之意。魏惠王喜形于色地对在座的庞涓说："寡人想封孙膑为副军师，让你二人同掌兵权，你看如何？"庞涓心里老大不痛快，但表面上却装出一副笑脸说："当然可以。不过，臣与孙膑是结义兄弟，他为兄，我为弟，哪能让兄长屈居副职呢？依臣之见，不如暂时拜为客卿，等他立下大功，我就让位于他吧！"魏惠王觉得此言有理，就封孙膑为客卿——以客礼相待，并专门赐给了府第。庞涓的担心正逐渐应验，他心里也一天比一天慌，于是他就处心积虑地设计陷害孙膑。

庞涓不断在魏王面前诽谤孙膑，说："孙膑是齐国人，虽然身在魏国，总是忘不了他的家乡。如果掌了兵权，恐怕对魏国就危险了。"魏惠王对此没有理睬。见此方法不奏效，庞涓只好又生一计。三个月后，庞涓先派人伪造了一封家书，然后套了孙膑的回信，并将之篡改说他身在魏国，心怀齐土，有机会当在战场上倒戈相向，弃魏还齐，报效故国。

伪造的回信，很快就出现在魏惠王眼前，他看后信以为真，大吃了一惊。庞涓又进一步挑拨说："孙膑的祖爷孙武为吴王大将，后来仍归于齐。父母之邦，谁能忘掉？孙膑心已恋齐，大王如重用他，有了兵权，那就太危险了。再说，孙膑之才，不亚于臣。若被齐国重用，必与我国争霸中原。大王不如杀掉他，以除国家后患。”魏王听信了庞涓的谗言要处死孙膑。孙膑做梦也想不到自己由座上客，立即变成了阶下囚。但庞涓此时又留了一手，他不想这么快就弄死孙膑，还想骗出孙膑所学的兵法，于是便装着同学的面孔向魏王求情，庞涓进宫见惠王说道：“孙膑虽有通敌叛国之嫌，但是罪不至死，以臣愚见，不如处以刖刑。这样就免除了魏国后患，又使大王没有杀人之嫌，岂不两全其美。”惠王准奏后，庞涓又回府对孙膑卖好说：“大王本要杀你，是我一再保奏，才将死刑改为刖刑。这是魏国的王法，不是我不努力保你呀！”说完就做出了一副哭相。孙膑虽觉冤枉，但还是感激庞涓的救命之恩。庞涓便命行刑，自己还说不忍相看而回避了。

执刑人将孙膑的两个膝盖骨去掉，痛得他昏死过去。继之，执刑人又在他脸上用针刺了“私通外国”四字，并以墨涂染。之后，庞涓就出来了。他如丧考妣地大声痛哭，亲自为孙膑敷药治伤，送饭送水多方照顾。

孙膑被在脸上刺了字又被剔去了膝盖骨，从此只能爬着走路。庞涓倒是对孙膑的生活照顾得很周到，孙膑不知道这一切都是庞涓的奸计，还把他当成知己。为了报答庞涓求情饶他不死的恩情，孙膑决定要为庞涓做点什么。一次庞涓说：“老师传授的兵法，能不能写下来，咱们共同琢磨，也好流传后世。”孙膑想了想，也没什么能报答庞涓的，就把兵法传给他吧！于是就答应背诵下来写在竹简上。他虽背得滚瓜烂熟，但若想写下来，却不容易。每天孙膑只能躺在那里用刀往竹简上一个字一个字地刻，这件事引起了庞涓派来的侍奉他的仆人的同情，便将真相告诉了孙膑。孙膑恍然大悟，看清了庞涓的真面目，他愤怒地把刚写成的几卷兵书销毁，并很快想出一条脱身之计，于是他开始装疯。

孙膑大哭大笑的反常行为被庞涓知道了。庞涓急忙来看，只见孙膑一会伏地大笑，一会又仰面大哭，庞涓叫他，他就冲庞涓一个劲地叩头，连叫："鬼谷老师救命！鬼谷老师救命！"庞涓见他神志不清，但怀疑他是装疯，就把他关在猪圈里，孙膑依然哭笑无常，累了就趴在猪圈中呼呼大睡，过了许久，还是如此。庞涓仍不放心，就派人前去探测。一天，送饭人端来了酒菜，低声对他说："我知道你蒙受了奇耻大辱，我现瞒着军师，送些酒菜来，有机会我设法救你。"说完还流下了泪水。孙膑显出一副莫名其妙的怪样子说："谁吃你的烂东西，我自己做得好吃多了！"一边说，一边把饭菜倒在地上，随手抓起一把猪粪，塞进嘴里。

那人回报了庞涓，庞涓心想，孙膑受刑之后，气不过，可能是真的疯了。从此，他只是派人监视孙膑，不再过问，也没再动杀他的念头，孙膑活了下来。但是，孙膑仍不敢掉以轻心，一日未出魏国他的生命安全就没有保障，于是他仍然每天装成疯疯癫癫的样子。白天躺在街上，晚上又爬回猪圈，有时街上人给他吃的，他不是哈哈大笑，就是大声嚷嚷。这样久了，魏国的都城大梁内外都知道有个孙疯子。这件事很快传到了齐国。

后来，齐威王派辩士淳于髡到魏国去拜见魏惠王，设法找到孙膑，把他秘密运回齐国。并让另一个与孙膑长得相似的人继续假扮疯孙膑。两天后，里甲回报庞涓：大街上一口深井旁留有孙膑的破衣烂鞋，说孙膑已经投井淹死了。

孙膑到了齐国，齐威王一见之下，如获至宝，当即想拜他为军师，孙膑说："庞涓如知道我在齐国，定会嫉妒，不如等有用得着我的时候再出面不迟。”齐王同意了。

后来，庞涓带兵连败宋、鲁、卫、赵等国，齐王派田忌为大将、孙膑为军师。孙膑的“批亢捣虚，围魏救赵”战略在“桂陵之战”中大败庞涓，但庞涓侥幸地保住了小命。最后，孙膑用“减灶法”引诱庞涓来追，暗设伏兵，将庞涓射死在马陵道上。魏国从此衰败，并向齐国进贡朝贺。在杀死庞涓后，孙膑便辞官归隐，专门研究起兵法来，才有了后来著名的《孙膑兵法》。

【解析】

面对庞涓的陷害，孙膑并没有害怕，也没有消沉，而是抓住对自己有利的时机，一步步从艰险中走出来。孙膑忍辱负重，用自己的智慧不但摆脱了庞涓的陷害，而且转败为胜，打败了庞涓，还著了《孙膑兵法》。

第六章　要学会与人说话

【原文】

故与智者言，依于博[①]；与博者言，依于辩；与辩者言，依于要；与贵者言，依于势；与富者言，依于高[②]；与贫者言，依于利；与贱者言，依于谦；与勇者言，依于敢[③]；与过者言，依于锐。此其术也，而人常反之。

【注释】

①博：渊博。

②高：尊敬、看重。

③敢：果敢。

【译文】

所以和智慧的人说话，要靠渊博的知识；和学识渊博的人说话，要能言善辩；和能言善辩的人说话，要善于抓住要点；和高贵的人说话，要有宏大的气势；和富人说话，要用尊敬的态度；和穷人说话，要从利益方面入手；和卑贱者说话，要态度谦和；和勇敢者说话，要果敢有力；和有过失者说话，要言辞锐利。这些游说他人的方法，一般人的做法常常与之相反。

【本章解读】

本章对不同的对象采取不同的游说方法：

“故与智者言，依于博”，游说智慧的人，要依靠博学多才，让对方看得起你。

“与博者言，依于辩”，游说博学多才的人，要依靠辩证语言，便于对方领悟。

“与辩者言，依于要”，游说善辩的人，要抓住要害点，避免陷入争辩之中。

“与贵者言，依于势”，游说位高权贵者，要依靠时势，即以大势制权贵。

“与富者言，依于高”，游说富人，要依靠清高，不慕财富，使其不以富为傲，认识到自身在精神上的贫穷。

“与贫者言，依于利”，游说贫穷者，要依靠利益驱动。

“与贱者言，依于谦”，游说地位卑贱的人，要依靠谦恭，保护其自尊心。

“与勇者言，依于敢”，游说勇敢的人，要依靠你的坚决果敢。

“与过者言，依于锐”，游说有过失者，要说之以锐意进取，使其前进。

“此其术也，而人常反之。”以上是游说的基本方术，可惜常被忽视，甚至反而背之。

以上游说方术，实质是先权度对方的心理，用心理制衡和心理共鸣的方法说服人。如以博启智，以辩启拙，以要制辩，以势制贵，以高制富，以利补穷，以谦止卑，以锐补过。

【趣味故事】

平和的韩琦

宋代有个叫韩琦的人，曾同范仲淹一道推行新政，北宋时长期担任宰相职位。韩琦在定武统率部队时，夜间伏案办公，一名侍卫拿着蜡烛为他照明。那个侍卫不小心一走神，蜡烛烧了韩琦鬓角的头发，韩琦没说什么，只是急忙用袖子蹭了蹭，又低头写字。过了一会儿一回头，发现拿蜡烛的侍卫换人了，韩琦怕主管侍卫的长官鞭打那个侍卫，就赶快把他们招来，当着他们的面说："不要替换他，因为他已经懂得怎样拿蜡烛了。"军中的将士们知道此事后，无不感动佩服。按理说，侍卫拿蜡烛照明时不全神贯注，把统帅的头发烧了，本身就是失职，韩琦责备一句也是应该的，即使不责备，挨烧时"哎呀"一声也难免。可他不但忍着疼没吱声，还怕侍卫受到鞭打责罚，极力替其开脱。他这种容忍比批评和责罚更能让士兵改正缺点、尽职尽责，而且韩琦统率的是一个大部队，事情虽小，影响却大，上上下下无一不晓，谁不愿意为这样的统帅卖命呢？

韩琦镇守大名府时，有人献给他两只出土的玉杯，这两只玉杯表里毫无瑕疵，是稀世珍宝。韩琦非常珍爱，送给献宝人许多银子。每次大宴宾客时，总要专设一桌，铺上锦缎，将那两只玉杯放在上面使用。结果有一次在劝酒时，被一个官吏不小心碰到地上摔了个粉碎。在座的官员惊呆了，碰坏玉杯的官吏也吓傻了，趴在地上请求治罪。可韩琦却毫不动容，笑着对宾客说："大凡宝物，是成是毁，都是有一定的时数的，该有时它献出来了，该坏时谁也保不住。"说完又转过脸对趴在地上的官吏说，"你偶然失手，并非故意的，有什么罪呢？"这番话说得十分精彩！玉杯已经打碎，无论怎样也不能复原，责骂、痛打一顿肇事者吧，陡然多了一个仇人，众位宾客也会十分尴尬，好端端的一场聚会便不欢而散，也会大大有损自己的形象。而韩琦此言一出，立刻博得了众人的赞叹，而肇事者对他更是感激涕零，恐怕给他做牛做马也心甘情愿了。

元代吴亮在谈到韩琦时说:“韩琦器量过人，生性淳朴厚道，不计较疙疙瘩瘩一类的小事。功劳天下无人能比，官位升到臣子的顶端，但不见他沾沾自喜；经常在官场的不测之祸中周旋，也不见他忧心忡忡。不管在什么情况下，他都能做到泰然处之，不被别的事物牵着走，一生不弄虚作假。在处世上，被重用，就立于朝廷与士大夫们公平议事；不被重用，就回家享受天伦之乐，一切出自真诚。”韩琦一生处于危险之地，而又一直立于不败之地，这是为什么呢？正如他自己所说的：“天下之事，没有完全尽如人意的，一定要用平和的心态去对待。不这样，连一天也过不下去。即使是和小人在一起时，也要以诚相待。只不过知道他是小人，就同他少来往罢了。”这就是韩琦处世高人一筹的秘密。

【解析】

能够做到心平气和、与世无争的人，不仅能够减轻自己本身的负担，还能获得他人的尊重，甚至还有可能使自己声名远播，何乐而不为呢？心平气和、与世无争并不等于做一个无名无用之人，更不等于逃避；相反，与世无争是一种心态，更是一种境界，心静自然远离虚浮，心平气和自然与世无争。追求与世无争的境界更多的是在挖掘自身内心的快乐，要超越他人，首先就需超越自己，如果连自己都征服不了，又怎么能够去征服别人呢？

平和是一种心态，是一种美德，秉持平和的心态做人，自然能妥善地对待世间的人和事，既尊重自己，又能赢得别人的尊敬，严于律己，宽以待人，有利于建立自己良好的人际关系。

第七章　谋略需要智慧

【原文】

是故与智者言，将此以明之；与不智者言，将此以教之，而甚难为也。故言多类，事多变。故终日言，不失其类故事不乱。终日不变而不失其主，故智贵不妄。听贵聪，智贵明，辞贵奇[①]。

【注释】

①听贵聪，智贵明，辞贵奇：听觉灵敏则真伪不乱，智慧明晰则辨别可否，言辞巧妙则分辨是非。陶弘景注："听聪则真伪不乱，知明则可否自分，辞奇则是非有证，三者能行则功成事立，故须贵也。"

【译文】

所以和智慧的人讲话，可以使他明白这些道理；和愚蠢的人讲话，把这些道理教给他，也是很难做到的。所以，论说有多种方法，事情也会千变万化。明白这个道理，整天说话也不偏离主题，就能做到有条不紊。整天说话的内容不变化，也不会迷失主旨，所以智慧重在不妄动，听话贵在听清楚，智慧贵在明辨事理，言谈贵在变幻莫测。

【本章解读】

本段是全篇的小结，点明权度的核心内容：

1. 权度游说对象是智与非智："是故与智者言，将此以明之；

与不智者言，将此以教之，而甚难为也。”游说智者，主要是讲明义理，指明利害；游说不智者，主要是教给义理，教知利害。

2．权度游说对象属于哪一类？有何心理特征和需求？“言多类，事多变。故终日言，不失其类故事不乱。终日不变而不失其主，故智贵不妄。”游说有多种类型，事情有诸多变化，人们终日言谈交际，一定要把握好游说对象属于哪一类，要针对不同的对象采取不同的游说方法，则事情就不会搞乱。无论终日交际如何变化，游说一定不要丢失主要精神，故智者贵在从不妄加言说。

3．权度的精髓：“听贵聪，智贵明，辞贵奇。”听人讲话，贵在听出其意其心；有智慧的人与人交谈，贵在权度明白其人；言语交谈，贵在词语出奇能说服人。

【趣味故事】

投鼠忌器进谏言

春秋时期，齐国国君齐景公即位后非常敬重相国晏婴。有一天，他问晏子：“治理国家最担心的是什么？”晏子回答说：“治理国家最担心的是社鼠。”齐景公觉得很奇怪，愣愣地皱着眉头盯着晏子，好半天才说：“这是什么意思呢？”

晏子说：“大王，您见过土地庙吗？土地庙就是由许多木头排在一起，而后外面涂上泥土做成的。社鼠最喜欢到那里去做窝了，这样便很不容易捕杀它们。如果我们用火去熏，害怕烧坏了里边的木头；如果用水去灌，又恐怕冲坏了泥墙。只好让其逍遥自在地在里边生活了。所以，土地庙里的老鼠是最可怕的。君主左右也常常有类似社鼠的一些人，他们在君主面前夸耀自己，把自己夸得天花乱坠，无与伦比，同时又攻击别人，经常说他人的坏话。在百姓那里，他们作威作福，自命不凡，把坏事做尽。如果不及时除掉，他们就会越来越胆大妄为，乃至祸国殃民。惩罚他们吧，又怕有碍于君主的面子。国君，您看这些人不就与土地庙里的老鼠一样吗？”

晏子说完，见齐景公还是似懂非懂的样子，又继续说：“曾经有这么一个故事，有一个卖酒的，他酿的酒味道非常醇美，价钱也很公道。而且，酒店前面是一条小河，后面靠着青山，店旁还有绿水环绕，环境十分幽静。店门口挂着长长的酒幌子，迎风飘扬，招揽顾客。酒店的酒这样好，但生意却非常差，没有一个人来这里品尝他的美酒。店主人非常着急，却又不知道是怎么回事，就跑去问村里的人。有一个老者告诉他：‘你门前养的那条狗太凶了，有人拿着酒壶去打酒，你的狗就迎头乱咬，谁还敢再去你的酒店呀？这就是你的酒卖不出去的原因啊！’老板听了，回去后把狗牵走，结果上门买酒的人络绎不绝。一个国家也有这样的恶狗，就是那些不学无术却又野心勃勃，一心想占据高位的人。有道德、有才能的人想要晋见国君，提出好的治国方略，他们恐怕这些人被重用后自己被排斥，就像疯狗似的对这些人迎头乱咬。您想那些占据高位的坏人不就像凶狗一样吗？君主左右藏着那么些土地庙的‘老鼠’，又有那些‘凶狗’占据着高位堵在门口，有德有才的人怎么能够得到重用呢？国家怎么能兴旺呢？国君得不到贤能之人的辅佐，怎么能不让天下百姓担心呢？”

齐景公听了晏子的谏言，觉得心悦诚服，从此便更加敬重晏子了。

【解析】

“明于理，不可欺以不诚，可示以道理，可使立功”的意思是说对通达事理之人，不能用言行相欺骗，而应该向他们说明道理，以使其建功立业。历史上有很多谏臣，晏子在其中堪称魁首。他的进谏没有一丝不敬，以老鼠和凶狗来比喻那些朝中的庸人和奸臣，把道理讲得极为透彻明白。齐景公既听了故事，又得到了良好的建议，自然心悦诚服，而在政绩上有所作为。

【延伸阅读】

一、谋略聚焦

1．善于权衡，因人施言

纵横家在先秦诸子中别具特色，以审时度势、游说他人为己任。张仪、苏秦是战国时最有名的纵横家，他们一个主张连横，一个主张合纵，使各国诸侯以此为要务，可见其影响和风采。

古代游说之士之所以成功，就是因为了解了各方面的形势，见什么人讲什么话。古之圣贤孔子，也善于运用此道，他根据学生的不同特点因材施教，这也是善于权衡的说辩方法。

有一天，子路问孔子："闻斯行诸？"意思是问，听见了应该做的事，马上去做吗？孔子答："家里若有父兄在，得去问问他们。"过了几天，冉有也提出了同样的问题，孔子回答："应该马上去做。"

对同一问题，孔子的回答截然相反，弟子公西华感到奇怪，他问为什么，孔子说："子路争强好胜，性情急躁，得约束他，让他凡事谨慎。冉有遇事畏缩不前，要鼓励他，叫他看准了立即去办。"孔子注意到弟子的性格特点，故能因人施言，因材施教。

有一次，孔子要子路、冉有谈谈志向。子路说："如果要我去治理千乘之国，遇到战乱饥荒，只要三年，就能治平天下，使百姓安居知礼，士卒勇敢善战。"冉有想了半天说："如果让我治理小国，大概三年后，才能使百姓得到温饱，至于建立礼乐制度，那要等待君子去做。”两人的回答，暴露了一个急躁、一个畏缩的性格特征。

人有贤与不肖，优劣短长，性格特点各不相同。《淮南子·修务》中说：“智者之所短，不若愚者之所修，贤者之所不足，不若众人之有余。”这种思想对于我们有重要的启发意义。人不是万能的，只有充分了解其性格特点，善加利用，才会获得想要的效果。

2．注意措辞，语气恰当

说话是一种艺术。有的人说话如行云流水，滔滔不绝，有的人却口舌木讷，羞于启齿；有的人说话字字珠玑，使人愉悦；有的人说话却字字伤人，令人生厌。“良言一句三冬暖，恶语伤人六月寒”，这说明了在人际交往中语言艺术有着重要的作用。

鬼谷子认为“听贵聪，智贵明，辞贵奇”，即耳聪、智明、辞奇，三者概括了论说时的关键所在，也是《权术》篇的核心思想。耳朵灵敏，才能从对方的言辞中捕捉到有利信息。头脑精明，才能迅速思考问题，敏捷作出反应，处于主动地位。言辞要奇诡多变，不可呆板贫乏。善于循循善诱，逐步深入，用不同的话论说一个主题。三者做好了，就能在论辩游说时立于不败之地。

历史上那些出色的游说者，不仅有言辩之才，更有精明的头脑、渊博的知识，以及洞察秋毫的观察力，由此才能做到审时度势，举轻若重，把握全局。读罢《权术》篇，可知游说他人需要较高的综合素质，才能成功。

本篇所提到的佞言、谀言，说白了就是奉承话。生活中常能见到喜欢讲奉承话的人，尽管取悦一时，但终究令人反感。奉承话与赞美的言辞稍有不同。赞美的言辞建立在事实基础之上，其出发点往往是善意的。生活中，适当赞美他人可以促进交往，缓解紧张气氛，可以使双方的会谈风生水起。

生意场上，赞美的言辞也大有妙用。销售产品时，适当赞美对方，就利于做成生意。商业谈判时，讲什么话，用什么语气，都关系到最终的结果。除了事先仔细斟酌外，也要注意临场发挥。善于言辞的人会占据先机，为了争取利益或避免损失，势必要讲究一下语言技巧。

任何事物都存在两面性。尽管在生活中，绝大多数人都爱听奉承的话。奉承的话让人心情愉悦，面子好看。可是，奉承的话犹如有毒的花，绽开时美丽鲜艳，结出的果实却含有毒素。

《菜根谭》曰："耳中常闻逆耳之言，心中常有拂心之事，才是进德修行的砥石。若言言悦耳，事事快心，便把此生埋在鸩毒之中也。"可见，常听逆耳忠言，就能修身养性，提升品德；常听奉承之言，就会精神松懈，如同中了慢性毒药，贻误自身。

3．谨言慎行，锋芒不露

鬼谷子在《权术》篇中说："故无目者不可示以五色，无耳者不可告以五音。故不可以往者，无所开之也；不可以来者，无所受之也。物有不通者，故不事也。"这说明古人很注意选择谈话的对象和把握论说的深浅，失明者不可以向他展示色彩，失聪者不可以告诉他声音，对牛弹琴只会枉费精神。

类似的话在孔子《论语》中也有表述："可与言而不与之言，谓之失人；不可以言而与之言，谓之失言。智者不失人，亦不失言。"又曰："言未及之而言，谓之躁；言及之而不言，谓之隐。未见颜色而言，谓之瞽。"这是说既要抓住谈话的对象不放，又要把握谈话的分寸。

嘴巴不仅用来吃饭，也要用来讲话。然而，话多了容易犯忌讳。众口之所以能够铄金，就是因为话语的传播，有着复杂的背景。因此，没有视力的人，就不要向他展示五色；没有听力的人，就不要与他谈论音乐。鬼谷子认为，即使有雄辩之才，也应谨言慎行。如果说出的话没有效果，就不要去说。如果说出的话容易伤害对方，甚至犯忌讳，就一定不要说。

三国时的杨修喜欢卖弄小聪明。曹操出兵汉中，军队面临诸多不利，一时进退两难。这天晚上，厨子端来一盆炖鸡。部将夏侯惇前来请示口令，曹操看到鸡肋，随口说："鸡肋。"在军队做文职工作的杨修听到这个口令，便叫兵卒收拾行装，并自作聪明说："鸡肋，食之无味，弃之可惜，看来丞相要撤兵了。"曹操闻讯大怒，以惑乱军心的罪名把杨修处死。杨修自作聪明，恃才傲物，锋芒毕露，结果犯了曹操的大忌，故而遭到杀害。

因此，不说废话、不犯忌讳，全在于能否收敛自己。谨言慎行才能减少过错，锋芒不露才能避免遭嫉。一旦遭嫉，就容易结怨，也容易被人诬陷。流言蜚语多了，"是"可以说成"非"，"白"可以说成"黑"。俗话说"害人之心不可有，防人之心不可无"，这是我们要牢记在心的。

4．扬长避短，欲速不达

鬼谷子在《权术》篇中说："智者不用其所短，而用愚人之所长；不用其所拙，而用愚人之所工。"这符合朴素的唯物辩证法思想，对于指导实践也有启发意义。个体的能力毕竟有限，只有善于利用他人长处，才能立于不败之地。关于这种优劣短长的辩论关系，在《淮南子》中也有论述："知者之所短，不若愚者之所修，贤者之所不足，不若众人之有余。"

鬼谷子认为，只有善于扬长避短，才能趋利避害。在战争中，将帅考虑问题，应该做到统筹兼顾。战争中的利害关系，既互相依存，又互相转化，是矛盾的统一体。这种关系贯穿于战争始终，用理论指导实践时，尤其要格外注意。

楚汉战争时，大将韩信背水一战消灭赵国后，想乘胜北击燕国，东伐齐国。谋士李左车说："我军大败赵军，已是闻名天下。然而军队苦战疲劳，以疲劳的军队去攻打坚实的堡垒，难以速战速决，必然受到挫败。燕国攻不下来，齐国可以加强防御。善用兵者，不以短击长，而以长击短。现在最好休整军队，装出进攻燕国的样子，同时派人宣扬军威，招降燕国。燕国一投降，齐国就不得不屈服了。"韩信权衡利害，听从李左车的建议，充分考虑利害关系扬长避短，最终招降了燕国，达到了不战而屈人之兵的目的。

生活中的言谈论辩，也可以运用"扬长避短"的手段和方法，至于经营事业，这种智慧更是缺少不了。俗话说"欲速则不达"，从辩证法的观点来看，贪图利益想快速成功很容易招致失败。事物的变化发展是有规律的，正如星辰运转四季更替，对于这些客观规律，人力无法去改变和抗衡，只能去适应。鬼谷子在《权术》篇中强调了这一点。因此，那些忽视客观规律，企图找捷径达到目的，为了一点蝇头小利不惜有辱道德的人，往往达不到预期效果，甚至最终会一无所获。

5．权宜局势，正话反说

作为游说他人的谋士，应该能够权宜局势，选择恰当说辞。游说时，有些话可以直接说出来，有些话就要委婉陈述，不然会使对方尴尬，就会难以被接受。恰当而又犀利的言辞往往能打动对方。同时，游说他人不能违背事实，否则很难取信于人。

齐国的晏子深谙此道。一次，齐景公的马夫杀掉了马棚里的一匹老马。因为那匹马实在太老了，又生了病可能会传染，马夫便自作主张将老马杀了。景公听到后勃然大怒，立即让人绑了马夫。因为这匹老马曾经跟随景公多年，出生入死立下很多功劳，在景公的眼里宝贵异常，他要为爱马报仇。

马夫没想到自己尽职尽责，一番好意竟惹来了杀身之祸，吓得面如土色，一句话也说不出来。晏子在一旁看见了，急忙拦住齐景公："大王不必着急，你这样杀了他，他连自己犯了什么罪都不明白，太便宜他了。臣愿替大王历数他的罪过，然后再杀也不迟！"

齐景公一听，似乎有点道理，便答应了晏子。于是，晏子走近马夫，装作气急败坏的样子，用手指着马夫，厉声说："你可知犯了什么罪？"马夫站立不住，浑身颤抖，一句话也说不出来。

"第一，你为国君养马，却把马给杀了。虽然那匹马又老又有病，但它是国君的马。就这一点，此罪当死。第二，你使国君因马被杀而杀养马之人，此罪当死。第三，你使国君因马被杀而杀养马之人，此事传遍诸国，使国人皆知国君爱马而不爱人，得不仁不义之名，此罪当死。第四……"

晏子还要接着说，齐景公坐不住了，连忙打断："不必说了，放了他吧，免得我落个不仁不义之名，让人笑话。"

按照鬼谷子的理论，劝说他人要善于权衡得失，就是根据事情的轻重缓急而不断变换砝码。劝说过程中，应根据不同情况而选择适当的说服方法。从上面的故事可以看到，晏子善于揣摩君心，在摸清实情的基础上，采用了正话反说的方式，达到了预期效果，从而救了马夫的性命。

6. 繁言不乱，观要得理

鬼谷子在《权术》篇中说："故繁言而不乱，翱翔而不迷，变易而不危者，观要得理。"繁言不乱，观要得理，可以说是论述问题能否成功的关键所在。这在先秦诸子著作中多有论述。《韩非子》曰："言会众端，必揆之以地，谋之以天，验之以物，参之以人。四征者符，乃可以观矣。"《淮南子》曰："说者之论，诚得其数，则无所用多矣。夫车之所以能转千里者，以其要在三寸之辖。夫劝人而弗能使也，禁人而弗能止也，其所由者非理也。"这些论述，可以与鬼谷子的言论相互论证。

常言道，说话要说在点子上。如果言谈没有主旨，纵然巧言如簧千变万化，也是白费口舌。作为游说之士，劝说他人一定要摸清对方底细，在此基础上采取对方能够接受的劝说方式。因此，鬼谷子说："成义者，明之也。"成义，指在劝说的时候提出明确主张，说明其中道理，力求观点鲜明，论据充分，论述清楚，这样才有说服力。

此外，与人辩论还要注意五种情况：病、恐、忧、怒、喜。病，指中气衰竭，没有精神；恐，指惶恐不安，心神无主；忧，指心情忧戚，不能交流；怒，指行事冲动，语无伦次；喜，指夸夸其谈，不得要领。针对这五种情况，要采取不同的方式，对自己有利才能行动。

鬼谷子说："与富者言，依于高。"社会背景不同的人，他们的思维方式也不一样。同一背景下的人，沟通起来比较容易；不同背景下的人，沟通起来就不顺畅，甚至根本无法沟通。文化层次不同的人，也有这样的问题存在。所以，交谈前要事先了解对方，才能做到有效沟通。看事情不能停留在表面，而要深入分析问题。论说的方式有多种，事情也会千变万化。明白了这个道理，就能做到有条不紊，整天说话也不会偏离主题。

二、古为今用

鬼谷子继《揣》《摩》之后，写出《权术》，一个权字，好生了得，值得深入发掘。笔者认为，本篇所说的权，有三个层次：表层是权说其人；中层是权度其情；深层是权谋于事。

1. 权说其人以求同

这里的说，不是指一般的说话，而是指说人的说（音“税”）。鬼谷子在开篇就强调了这一点。说人的着眼点，不仅是沟通，而是要说服人，使人调整思维，放弃原来的观点，接受并同意你的观点，求同求合，达到相互资助、相互利用、共同创业的境界。

说人，是干事业必不可少的一种本领。推销产品，推销自己，推行计谋，推介政见，外交谈判，商务谈判，动员民众，教育学生，等等，均离不开说人。善说人者，历史上称为辩才。辩才的作用，有时可以超过千军万马。且举一个历史案例以明之。

春秋时代，周襄王十二年，晋文公称霸，约会秦穆公，联合攻伐郑国，两军直逼郑国都城，晋军扎营于郑城之西，秦军扎于郑城之东，郑国有被灭亡的危险。在危急关头，郑国派老臣烛之武出城退秦军。烛之武坐在一个筐子里，连夜被人用绳子缒下东门城墙，直奔秦军营寨。营寨有将士把守，不让进去，烛之武就在营门外放声大哭。秦穆公听到哭声，派人召进去问：“你哭什么？”烛之武答：“哭郑国将亡。”秦穆公问：“郑国将亡，你在秦军营寨痛哭什么？”烛之武答：“老臣哭郑，兼亦哭秦。郑国被灭亡不足惜，唯独可惜的是秦国啊！”穆公大怒，叱之：“我秦国有什么可惜？如果你讲得不合情理，我就杀你的头。”

烛之武大义凛然，面无惧色，沉着冷静地分析说：“秦晋合兵伐郑，郑国必然要被灭亡。若亡郑而有益于秦，老臣不敢说什么，问题是郑国灭亡，对秦国不仅无益，而且有损，君为何劳军耗财，供他人驱使，做有损于秦国自己的事呢？”穆公问他：“你说对秦国无益有损，这是怎么说的？”烛之武答：“其一，郑国在晋国之东，秦国在晋国之西，东西相距，有千里之遥，秦国与郑国，东隔于晋国，南隔于周王朝，秦国能越过晋国和周王朝而得到郑国吗？郑国虽亡，其每一寸土地必为晋国所占，与秦何干；其二，秦晋两国，毗邻并立，势不相下，今晋因灭郑国而益强，则秦国必显弱势，君为晋扩疆以自弱己国，有智者绝不会出此下策；其三，当年晋惠公在即位前曾许诺把河外五城还报于秦，即位后就撕毁了协议。今晋文公自复国以来，增兵设将，不断兼并称霸，今日灭郑，他日必虎视于秦，君不闻晋国假虞灭虢的故事吗！虞公不智，助晋自灭，能不鉴哉！以君之贤智，为何甘愿受晋国利用，做无益而有损本国的事，我之所以痛哭，不仅是哭郑国之将亡，而且哭一代明君竟然受人利用！”秦穆公静听良久，频频点头说：“大夫讲得很对。”

在旁边的百里奚提醒秦穆公说：“烛之武乃辩士，想离间秦晋之好，君不可听。”烛之武为了坚定秦穆公撤军的决心，又进言说：“若蒙撤军解围，郑国愿立盟誓，降秦，为秦国今后在东方办事提供方便。”穆公大悦，秘密撤军而去，反而留下三位将军率两千人助郑戍守。

在烛之武退秦师之后，还接着一个故事，就是叔詹鼎抗晋侯。事情是这样的：在秦军撤走、秦晋联盟破裂之后，郑国君主想再派烛之武前去说晋退兵。烛之武回答：“听说郑国公子兰正在晋国，很得晋文公宠爱，若派人到晋国迎公子兰归国，与晋求和，晋必答允。”使者到晋求和，果如所料，但晋文公提了两个条件：一是接公子兰归郑国，立为世子；二是要郑国把力主抗晋的大臣叔詹送交晋国处罚。郑伯不忍，叔詹请行：“舍臣而救国，愿往！”叔詹来到晋国后，晋文公欲对他实行鼎烹的酷刑。叔詹在沸鼎前，面不改色，请求让其把话说完再烹。叔詹说：“当年臣多次劝我主尊敬并侍奉君侯，但未被采纳。今君侯委罪于我这个执政大臣，我主知臣是无辜的，坚持不肯让我来晋，臣请主辱臣死之义，为救一国之民，自来受诛。夫料事能中，智也；尽心谋国，忠也；临难不避，勇也；杀身救国，仁也。仁智忠勇俱全，有臣如此，难道按晋国的法律，是当烹的吗？”又曰：“自今以往，事君者当以叔詹为戒！”晋文公受到震动，下令释放叔詹。郑国之危，也得以解救。

如何说人？鬼谷子在本篇特别强调权变，要根据不同的任务、不同的人、不同的情况，进行权变，灵活地说，力求说服人。着重教了三招：

（1）言必及义

义，是指道理、真理。及义，首先是言必有义，不讲废话。仅此不够，还必须把道理明白无误地送达对方心里，这是说人的基本要求，也是比较难的。本篇第一段论述的饰言、应对、成义、却论都是强调言必及义。

饰言的实质是为饰义，把抽象的道理用形象的语言包装起来，为的是增加说人的效果。不善饰言，干干巴巴说教，效果不好；但如果用饰言显示才学或哗众取宠，也会令人反感。应对的实质，是为了释疑解惑，突破心理障碍，使人易于接受义理。实质是叫人明理，即令人从心里接受你所说的真理。为此你就必须与其实现心理共鸣。

却论，就是使人放弃原来的思维定式，改为接受你所说的义理。为此，就要设法钓出其顾虑和症结，并对症下药。这是说人的难点，也是说人的最高权变术。

（2）因人而说

鬼谷子把人区分为智者、拙者、辩者、贵者、富者、贫者、贱者、勇者、过者九种，根据他们的社会地位，推测其心理特征。再根据其心理特征，采用心理制衡和心理共鸣的方法，如以博启智，以辩启拙，以要制辩，以势制贵，以高制富，以利补穷，以谦止卑，以锐补过等，均是为实现言必及义。

关于说的方法，鬼谷子列举的佞言、谀言、评言、戚言、静言，都是可用的。但必须看对象，看场合。尤其是佞言和谀言，只能适可而止，不能乱用。用得最多的，还是评言论理、戚言劝教和静言服人，此三者，乃说人的基本功夫。

（3）动之以情

为了把义理有效地送达对方心里，不仅在说，而且要因人、因事、因时而异，动之以情。鬼谷子在本篇中列举的病、怨、忧、怒、喜，就是动之以情，使人感动，使人震撼，加深言必及义的效果，促进心理共鸣。但情要有理智地控制，要服从说人的需要，不要变成自身感情的发泄，不能滥用。故鬼谷子特别强调“精则用之，利则行之”。如果你不精于此道，那就不要用情；如果用之无利，则不要用情。

2. 权度其情以求明

这是权的第二层境界，即在说人的同时，还要权度其人、其情，把说人和侦察有机结合起来。这是一种当面侦察，火线侦察，即时侦察，是对平时侦察和事前侦察的必要补充和最后核实。这种侦察的目的是“明”，明白了解其人其情，利于判断，利于说人。《孙子兵法》把这叫作“相敌”。在商业谈判和外交谈判中，在求职和招聘中，均有广泛的应用价值。如何权度其情？鬼谷子在本篇中教了三招：

（1）参调而应。就是口、耳、目三者协调应用，在说的同时，注意观察对方及其周围诸人的反应，情绪有何变化；应注意听取对方的言谈和声响；把所说、所听和所见结合起来，就可以权度对方的心理人情。

（2）利导而动。因势利导而说，因势利导而动。以我的言辞询问对方，以我的举止动作和表露的感情刺激对方，听其如何回答，观其如何反应。

（3）观要得理。要想用言说权度其情，必须把握两条：一是观要，密切注意观察主要角色的主要反应；二是得理，即要始终把握真理。如此，才能在反复言谈甚至争论中，保持冷静而不冲动，保持主动而避免被动。

如何用言说试探人，确保明白地权度其情？鬼谷子在本篇末，点出三句话："听贵聪，智贵明，辞贵奇。"这是长期造就的才能，也是心理学的巧妙运用。心理学家通常都是在询问中探知对方心理反应，在探测明白之后，施以心理诊治。旧中国有位算命先生，曾誉满长江一带，人称神算子。后来他自己坦陈秘密，靠的就是权度其情术。有一天，一位中年妇女上门算命，只见她头戴白巾，低头进门，满脸孤苦相。他主动询问："你是不是来问婚姻？"对方很惊讶地说："是的。"他再问："你丈夫是不是久出未归？"对方更为惊讶。此后问什么，她就答什么，通过参调而应和利导而动，把这位上门算命的妇女摸得一清二楚。此后，就尽其能为她出主意，令该妇女佩服得五体投地。其实有些算命先生，就是依靠丰富的人生经验，加上善于询问、观察、听取，深谙权度其情术，因而也能博得一部分人的信任。但有些人为了骗取钱财，往往胡吹乱诌，制造迷信，害人不浅。

3．权谋其事以求成

说人，如何权变？度情，如何询问？如何激发？都要靠权谋。至于谋事，更离不了权谋。要想谋事取得成功，更要有非常周密的权谋。

以烛之武退秦军的案例来说，其高明之处不在说，而在谋。用什么办法越过森严的禁区，走进秦国军营？烛之武以其老、以其大哭解决了这个难题。用什么办法突破秦穆公的高贵，静听说辞？烛之武用"哭郑兼哭秦"解决了这个难题，这正是鬼谷子所说的"辞贵奇"。如何说服秦穆公退兵？烛之武通过利害分析，说明灭亡郑国只对晋国有利，而对秦国不利。如何坚定秦穆公的退兵决心？烛之武采取了"利而诱之"的办法，许以从属于秦，为秦谋利。

如何权谋于事？鬼谷子在本篇教了四招：

（1）扬长避短。这是为人谋、为己谋的一条重要原则。"是故智者不用其所短，而用愚人之所长；不用其所拙，而用愚人之所工。"这句话告诉人们，无论智者、拙者，均有长有短，权谋家总是用人之长，避人之短，如此，才易于成功。

（2）分析利害。这是说人的一条重要原则，也是权谋必须首先廓清的问题。烛之武说秦，主要是说明秦晋联合伐郑的利与害。分析利害的功夫在预测。当前的利害不难明白，随着事物的发展，将会出现什么利与害，这不仅要有远见卓识，而且要掌握各方面的情况，并做出科学分析，才能看得清。分析利害，本质是扬长避短，趋利避害。正如鬼谷子所云："言其有利者，从其所长也；言其有害者，避其所短也。"

（3）知用其用。"故介虫之捍也，必以坚厚；螫虫之动也，必以毒螫。故禽兽之用其长，而谈者知用其用也。"这句话，包

含两个意思：其一，说人者要善于利用被说者的一切可用的条件；其二，在诸多可用条件中，要善用其长，避用其短。前述案例中，叔詹自我表彰仁智忠勇，打动晋文公，就是善用其用。他看准晋文公是一个明君，一心想称霸诸侯，就不能不讲道义，就不能不善待仁智忠勇的贤臣。

（4）求之于势。鬼谷子曰："与贵者言，依于势。"权高位尊者，贵，贵者高于众，但怕势。势者，人心向背也。社会一旦形成势场，就会产生极大的舆论力量和支配力量，使权贵者也不得小看，不得不依从。晋文公不是怕叔詹，而是怕杀叔詹留下骂名，怕因此动摇晋国的人心。在中国历史上，君主往往崇拜那些神机妙算的军师。神机妙算从何而来，来自天才吗？否！笔者认为，神机妙算，来自权说其人，达到志同的境界；来自权度其情，达到明其就里的境界；来自权谋其事，达到成功的境界。此三者的有机结合，在说中度，在度中谋，在谋中说，相辅相成，就会胸有成竹，就会神机妙算。试看《三国演义》中诸葛亮在赤壁之战的权说、权度和权谋，就不难悟到他在权字上下的功夫。

案例：诸葛亮如何用一个"权"字导演赤壁之战。赤壁之战是中国历史上的一次著名战役，《三国演义》把这场战役写得绘声绘色。对诸葛亮来说，是其权说、权度、权谋的巧妙结合。仅以此例，协助读者进一步思悟鬼谷子的《权术》篇。

赤壁战前的形势是这样：刘表新亡，其次子刘琮在蔡瑁的控制之下，投降曹操，刘备败逃到刘表长子刘琦所辖的江夏和夏口。刘表所据之荆州和襄阳等大片土地，尽为曹操所有。曹操亲帅八十三万大军，诈称一百万，杀奔江陵，矛头直指江东孙权。此时刘备虽新败无实力，兵不满两万，但颇得民心，又有足智多谋的诸葛亮和万人难敌的关云长、张飞、赵子龙。曹操最顾忌的是孙权与刘备联盟，为此，荀攸献计：传檄江东，约孙权会猎于江夏，共灭刘备、刘琦，许以分荆州之地给孙权。诸葛亮为刘备献计：曹操势大，极难抵敌，只有联吴抗曹，促成南北大战，方可从中取利。若北败，则乘机从曹操手中夺取荆州，作为根据地，再图西进；若孙权敌不过曹操，则乘机夺取东吴之地以立足。

然而如何实现联吴抗曹战略？诸葛亮在战略权谋之后，把着力点放在对东吴的权度上，他预计东吴一定会派人前来夏口为刘表吊丧，实则是想探听曹军的虚实。果不出所料，传报江东孙权派鲁肃前来吊丧，诸葛亮深知“知用其用”的道理，联吴第一个关键点，在于用好此人。鲁肃问诸葛亮：“曹操实力如何？”诸葛亮说：“曹操的实力与奸计，我都摸清了，只恨兵力不济，拟暂投主公的好友苍悟太守吴臣，别有良图。”鲁肃乘机邀请诸葛亮到东吴共议抗曹大计，刘备佯装不许。经鲁肃再三邀请，诸葛亮作为刘备特使，跟鲁肃回柴桑见孙权。

如何说服孙权抗曹？诸葛亮又一次权度，孙权虎踞六郡，已历三世，其本意不会愿意投曹，但对曹操百万大军，心存惧怕；在曹操的诱降下，其大臣必有主战、主和两派，两派均会影响孙权的决心。其中关键在于坚定孙权和主战派的决心和信心，揭露主和派的投降后果。

诸葛亮首先遭遇到主降派的围攻，只好用权说术一一应对。张昭领头发难：“先生自比管仲、乐毅，刘豫州在得到先生后，为何还会弃新野，走樊城，败当阳，奔夏口，无容身之地？”诸葛亮权度：张昭乃江东第一谋士，是投降派的代表，若不先难倒他，如何说服得了孙权！当即对曰：“我主当时是向刘表暂借新野栖身，面对曹操大军进攻，尽管地处山僻小县，兵少粮缺，仍然取得了火烧博望坡、白河水战、火烧新野等三次大胜，使夏侯

惇、曹仁心惊胆战。至于走樊城、败当阳，那是我主既不忍乘乱夺同宗基业，又为救众多百姓于战火，不得不败走江夏，此大仁大义之举，岂是不讲大义、贪图苟安之人所能理解。至于退守江夏之后的图谋，此乃国家大计，社稷安危，我主早有战略主谋，非比那些夸辩之徒，以虚誉欺人，坐议立谈时无人可及，而在临机应变上，却百无一能，诚为天下笑耳！”说得张昭无言以对，使投降派从道义上棋输一着。

在突破主降派围攻之后，诸葛亮得以见到孙权，此前已从鲁肃处有所了解，今当面权度此人，相貌非常，暗思：“此人只可反激，不可劝说。”孙权问：“曹兵共有多少？”孔明曰：“马步水军，约一百余万。”孙权曰：“莫非诈乎？”孔明曰：“算起来，曹军不下一百五十万，我只讲百万，是怕江东之士受到惊慌。”孙权问：“曹操平了荆楚，下一个战略目标是什么？”孔明对曰：“而今曹操沿江下寨，准备战船，必图江东。”孙权问曰：“若彼有并我之意，战与不战，请足下为我一决。”孔明对曰：“将军前面摆着两条路：若能以吴越之众，发挥优势，与曹操抗衡，不如及早与曹操断绝关系；若不敢与曹操抗衡，何不采纳众谋士之意见，投降曹操。”

未等孙权回答，孔明特别提醒：“将军外托服从曹操之名，内怀对曹操疑虑之心，事急而不断，祸将至矣！”孙权又问：“刘备为何不降曹操？”孔明乘机激曰：“昔齐国田横犹守义不降，况刘豫州王室之胄，英才盖世，今事不济，乃天意也，岂可投降汉贼曹操，受世人耻笑。”孙权听到这一席话，勃然变色，拂衣而起，退入后堂。鲁肃埋怨孔明，不该惹恼孙权。孔明大笑曰：“孙将军的度量何其小啊！我自有破曹之计，彼不问我，我故不言。”鲁肃把这个情况通报给孙权，孙权回嗔作喜，复请孔明指教。孔明分析曹军诸多劣势，如北兵不习水战，远来疲惫，荆州士民不服曹操；刘备虽然新败，但仍有两万人马，据守了要口，若孙刘协力同心，破曹必矣！曹军败，必北还，鼎足之势成矣！孙权大悦，决心抗曹。张昭等人大呼中计，孙权于是举棋不定。

孙权之兄，临终留言："内事不决问张昭，外事不决问周瑜。"周瑜在鄱阳湖训练水军，听说曹操将攻江东，星夜赶回柴桑，鲁肃为了争取周瑜，特邀孔明一同前去拜访。言谈间，周瑜主降，鲁肃主战，两人互相争辩，孔明只袖手冷笑不语。诸葛亮从鲁肃处早已得知周瑜足智多谋，掌握军队，深受孙权器重。权度其人，主降未必是真，多有主见，只可激，不可说。待鲁肃询问时，故意埋怨鲁肃不识时务："曹操极善用兵，天下没人敢当。以往只有吕布、袁术、袁绍、刘表敢与对敌，今数人皆被曹操消灭，天下无人了！唯独我主刘豫州，不识时务，强与争衡。今将军决计降曹，可以保妻子，全富贵，至于社稷人民，何足惜哉！愚有一计，江东无须牵羊担酒，也无须纳土献印，只需献上两人，曹操必欣喜退兵。"

周瑜问献哪两人？孔明说："亮居隆中时，就听说曹操极欲得到江东大乔、小乔两名美女，有《铜雀台赋》为证。"周瑜叫孔明背诵，背诵到"揽二桥于东南兮时"，故意改为"二乔"。周瑜听到此处，勃然大怒说："老贼欺吾太甚！"孔明佯装不知地说："古有和亲先例，何惜民间两女子？"周瑜说："公有所不知，大乔是孙伯符将军主妇，小乔乃瑜之妻。"孔明佯作惶恐之状，说："亮实不知，死罪！死罪！"周瑜发誓说："吾与曹操势不两立。"孔明劝周瑜"事须三思，以免后悔"。此时周瑜才讲出心里话："我承孙伯符重托，焉有降曹之理，适才所言，乃相试耳。吾自离鄱阳湖，便有北伐之心，虽刀斧加头，不易其志，望孔明助我一臂之力。”孔明当即表示：“若蒙不弃，愿听驱策。”

次日议事，周瑜在分析彼我优势与劣势之后，请求率军抗曹：“臣愿为将军决一血战，万死不辞，只恐将军狐疑不定。”孙权拔佩剑砍面前桌案一角说：“诸官将再言降操者，与此案同。”言罢，便将这剑赐给周瑜，封周瑜为大都督，程普为副都督，鲁肃为赞军校尉，文武官将有不听号令者，即以此剑诛之。周瑜回到下处，请孔明议事。孔明说：“孙将军心尚未稳，不可决策。”周瑜问：“何谓心尚未稳？”孔明答：“孙将军必担心寡不敌众，尚需以军数开解。”周瑜连夜晋见孙权，果不出孔明所料。

在抗曹的战略决心确定之后，孔明又协助周瑜定下“水战与火攻”策略。为实施水战、火攻策略，乘大雾之际以草船击鼓佯攻曹营，引得曹军万箭齐发，向曹军“借”箭二十万支；利用反间计，令曹操杀掉水军都督蔡瑁、张允，削弱曹操水军；请庞统向曹操献连环计，采纳黄盖的苦肉计和假投降，为火攻创造必胜把握；以祭东风掩人耳目，利用秋冬难得的东南风发起火攻。就这样协助周瑜导演了赤壁大战的胜利。诸葛亮乘胜调兵遣将，用权谋从曹操手中夺取了南郡、荆州、襄阳，为刘备创下了三足鼎立的地势；他又权度到赤壁之战以后，如果放过曹操，有利于三足鼎立的平衡；如果杀了曹操，则北方必然大乱，内战不已；他还权度到曹操必走华容道北上，特意派关云长扼守，关云长是重义之人，曾受曹操恩惠，必然违背军令状，义放曹操，如此不仅对大局有利，也利于调节军师与大将之间的关系。后来的事实，果如所料。

从这个案例，不难看出，权谋是灵魂，权度、权说，是权谋的前提条件，也是实现权谋的手段。如何用好一个权字，没有固定的章法，靠的是大智大勇，见机行事。

在本篇中，鬼谷子主要论述了在游说过程中如何依据权宜局势、随机应变地选择恰当的说辞。鬼谷子认为，在游说时要讲究技巧，因为技巧可以掩饰内容。一般来说，说奉承话的人，由于会吹嘘可以变成智；说平庸话的人，由于能果决就变成勇；说忧虑话的人，由于喜权变就变成信；说冷静话的人，由于善逆反而变成胜。在当今社会，鬼谷子的这种“权术”很具有现实意义，也可以被广泛地应用在做人、办事和经商领域。只是在运用此术时要灵活、机动，应随着外界的实际情况而做出相应的反应，要看人说话，看人下菜碟。

三、做人之道

在生活中，运用权变之术时要保持高度冷静，不要毫无保留地就将心事告诉别人，谨防对方在背后使诈，捅你一刀。如果能做到喜怒不形于色，就可以少一些不必要的烦恼和危险。而且，在许多时候，还要善于通权达变，灵活机敏，这样才可以灵活处世。

1. 谨慎开口，言多必失

鬼谷子认为，说话是应该有所忌讳的，而不能由着自己的性子乱来。这与民间的一句古语“言多必失”，其道理是一样的。确实，在现实生活中，如果一个人总是滔滔不绝地讲话，说得多了，话里就自然而然地会暴露出许多问题。比如你对事物的态度，你对事态发展的看法，你今后的打算等，会从谈话中流露出来，被你的对手了解，从而制定出相应的策略来战胜你。

而且，你的话多了，其中自然会涉及其他人。由于所处的环境不同，人的心理感受不同，而同一句话由于地点不同、语气不同，所表达的情感也不尽相同，别人在传话的过程中也难免会加入他个人的主观理解，等到你所谈的内容被谈话对象听到时，可能已经大相径庭，势必造成误解、隔阂，进而形成仇恨。另外，人处在不同的状态下，讲话时心情不同，话的内容也会不同，心情愉快的时候，看事看人也许比较符合自己的心思，故而赞誉之言辞可能会多；有时心情不愉快，讲起话来不免会愤世嫉俗，讲出许多过头的话，招来很多麻烦。

喜时之言多失言，怒时之言多失礼。古人很早就认识到“祸从口出”的道理，所以才指出，对于开口说话一定要持谨慎态度。

《孔子家语》中记载，孔子到周朝观礼，进了后稷的庙，见有三尊金铸人像，几次闭口不说话，而是在金铸人像背后题字，字义为：“这是古时说话小心的人，要以他为戒啊！不要多说话，多说话就会有更多过失；不要多找事，多找事就多祸害。不要说没什么危害，那是很大的灾祸。”

最大的灾祸莫过于说话太多。看看下面的例子，你就不难理解先辈们对言辞要忍耐的论述了。南北朝时，贺若敦为晋朝的大将，自以为功高才大，不甘心居于同僚们之下，看到别人做了大将军，唯独自己没有被晋升，心中十分不服气，口中多有抱怨之词，决心好好干他一场。

不久，贺若敦奉调参加讨伐平湘州战役，打了个胜仗之后全军凯旋，这应该算是为国家又立了一大功吧，他自以为此次必然要受到封赏，不料由于种种原因，反而被撤掉了原来的职务，为此他大为不满，对传令史大发怨言。

晋公宇文护听了以后，十分震怒，把他从中州刺史任上调回来，迫使他自杀。临死之前他对儿子贺若弼说：“我有志平定江南，为国效力，而今未能实现，你一定要继承我的遗志。我是因为这舌头把命都丢了，这个教训你不能不记住呀！”说完了，他便拿起锥子，刺破了儿子的舌头，想让他记住这个教训。

光阴似箭，斗转星移，转眼几十年过去了，贺若弼做了隋朝的右领大将军，他没有记住父亲的教训，常常为自己的官位比他人低而怨声不断，自认为当个宰相也是应该的。不久，还不如他的杨素做了尚书右仆射，而他仍为将军，未被提拔，他气不打一处来，不满的情绪和怨言便时常流露出来。

后来一些话传到了皇帝耳朵里，贺若弼被逮捕下狱。皇帝杨坚责备他说：“你这个人有三太猛：嫉妒心太猛；自以为是，自以为别人不是的心太猛；随口胡说目无长官的心太猛。”因为他有功，不久也就被放了。他还不吸取教训，又对其他人夸耀他和皇太子之间的关系，说：“皇太子杨勇跟我之间，情谊亲切，连高度的机密，也都对我附耳相告，言无不尽。”

后来杨勇在隋文帝那里失势，杨广取而代之为皇太子，贺若弼的处境就可想而知了。隋文帝得知他又在那里大放厥词，就把他召来说：“我用高颎、杨素为宰相，你多次在众人面前放肆地说‘这两个人只会吃饭，什么也不会干，这是什么意思？’言外之意是我也是废物不成？”贺若弼回答说：“高颎是我的老朋友，杨素是我舅舅的儿子，我了解他们，我也确实说过他们不适合担当宰相的话。”这时因他言语不慎，得罪了不少人，朝中一些公卿大臣怕受株连，都揭发他过去说的那些对朝廷不满的话，并声称他罪当处死。

隋文帝见了贺若弼对他说：“大臣们对你都十分厌烦，要求严格执行法度，你自己寻思可有活命的道理？”贺若弼辩解说：“我曾凭陛下神威，率八千名士兵渡长江活捉了陈叔宝，希望能看在过去功劳的份上，给我留条活命吧！”隋文帝说：“你将出征陈国时，对高颎说：‘陈叔宝被削平，问题是我们这些功臣会不会飞鸟尽，良弓藏？’高颎对你说：‘我向你保证，皇上绝对不会这样。'是吧？等到消灭了陈叔宝，你就要求当内史，又要求当仆射。这一切功劳过去我已格外重赏了，何必再提呢？"贺若弼说："我确实蒙受陛下格外地重赏，今天还希望能格外地赏我活命。"此时他再也不敢攻击别人了。隋文帝考虑了一些日子，念他劳苦功高，只把他的官职撤销了。

父子两代人，同样是因言多而坏事，所以要忍住那些不该讲的话，以免招致不必要的祸端。可见，言多必失，话是不能随便乱说的，话说多了肯定会有失言的时候。祸从口出，病从口入。管不住自己的舌头的人，不仅容易伤人，而且容易惹祸。当然，慎言不是不说话，慎言是该说话时就说，不该说话时不要说。社会对人的制约是不能漠视的，人际关系的复杂也决定了一个人不可能真正地放纵自己，随心所欲。人有思想的自由，但言语的肆无忌惮却可带来灾害，因言成祸的事总在警醒人们还是以谨慎为好。所以，说话不能信口开河，因为它暴露出来的东西会让别有用心的人利用。许多人往往在别人的鼓励下畅所欲言而致祸，这方面的教训是深刻的。今人要切记，切记！

2．智献"谀言"，窘境可除

《鬼谷子·权术》中有一句话说："谀言者，博而于智。"这句话的意思是："说着奉承话的人，会因吹捧对方而显得有智慧。"其实，这句话也体现了十足的做人智慧。如果生活中的每个人都能在适当的时候，献上那么几句好听的话，必能活跃气氛，而且还有可能将窘境在顷刻之间消除掉。

朱元璋当上皇帝以后，忽然心血来潮，要去皇觉寺参习，因为他幼年时曾在皇觉寺做过僧人，想起当年信口所做的几首打油诗，他便想去看看是否还写在墙上。他想重温旧梦，重新体验一下当年的感受。解缙是当时文渊阁侍读大学士，很有才华，所以这样的事少不得要他陪王伴驾。

皇觉寺的方丈听说当年的小沙弥成了如今的皇上，而且还要光临本寺，自然是高兴万分，急忙把寺庙里里外外打扫得干干净净，之后才开门亲自迎接皇帝。朱元璋进寺后也不说话，只是四处寻找当年所题之诗，但怎么也找不到，就严肃地问方丈："当年我题在寺院墙上的那些诗，现在怎么一首也找不到了？"

方丈一听，顿时傻了眼，才知皇上千里迢迢而来，竟然是为了这个。原来的题诗早已被擦洗干净了，但又不能如实地回答，急得他只知用手在空中四下瞎比画一通，却说不出话来。于是便用眼睛瞅着解缙，希望他能够帮助自己摆脱窘境。

解缙和老和尚原本是一对文友，空闲之余经常在一起吟诗赋对，现在方丈有难，解缙自然要帮他一把了。解缙见朱元璋一脸茫然、迷惑不解的样子，就急忙出来打圆场说："陛下，方丈一见您的圣面，神情紧张，急得连话也说不出来了，他用手比画是在作诗呢，您没看出来吧？"

"什么，有这等事？"朱元璋很有兴致地问，"那他在比画些什么呀？你说给我听听。"解缙随口答道："圣上题诗不敢留。"朱元璋拦住话头惊问道："为什么？""诗题壁上鬼神愁。"

朱元璋见自己的诗有这么大的威力，就挥挥手说："那就擦掉得了。""掬来法水轻轻洗。""难道一点痕迹也没留下吗？"朱元璋不问出点什么来似乎还不甘心，仍然对当年的题诗念念不忘。解缙不慌不忙地说："犹有龙光照斗牛。"一番话说得朱元璋开怀大笑。他知道解缙这是在奉承自己，也就作罢，不再追究什么了。

还有一次，解缙陪朱元璋在御花园的池塘里钓鱼，解缙对垂钓很在行，一会儿工夫就钓了半篓子。而朱元璋因是戎马出身，钓鱼沉不住气，频频拉钩看有没有鱼。结果一条鱼也没能钓着。朱元璋看解缙那里一会儿一条，当下就来了气，把钓鱼竿一甩，起身走了。

解缙一看这下可坏了，万岁爷一旦动了怒，可不是闹着玩的，所谓“伴君如伴虎”，要是把皇上惹恼了，自己可能就要有麻烦了。为了平息皇上的火气，他就对着朱元璋的背影轻松悠闲地吟了一首打油诗：数尺丝纶落水中，金钩一抛影无踪。凡鱼不敢朝天子，万岁君王只钓龙。朱元璋一听，顿时一腔怒气全消，跑到爪哇国去了，连夸解缙是一个奇才。

显而易见，解缙在这里所运用的就是“谀言”。在面对“私自涂掉皇上笔迹”和“钓技远在皇帝之上”这两件窘事时，解缙把握住了献“谀言”的时机，终于让朱元璋转怒为喜。

所以说，在待人处世中，适当的“谀言”是必要的，而且也是必需的。不要怕别人说三道四，适当的“谀言”不见得就是“拍马”“溜须”，因为它也体现了一个人的机智敏捷和灵活变通。

3．通权达变，化解祸端

鬼谷子先生的“权术”对今人的为人处世很具有现实指导性。一般说来，只要能领会这种“权术”，就可以在面对突如其来的灾祸时，做到通权达变，从而找到化解祸端的方法。在这里，不妨先看一看小小的王羲之在面临突如其来的灾祸时，是如何通权达变、机智灵活地应对的。

王羲之的家族，是东晋有名的望族，他的两位伯父是拥立司马睿建立东晋的佐命功臣，一位叫王导，任东晋宰相，另一位叫王敦，任大将军，掌管东晋的兵马大权。当时社会上流传着“王与马共天下”的说法。王氏家族在东晋政权中，权势之盛，地位之高，无人能及。

王敦虽已位极人臣，享尽荣华，但他的野心很大，眼睛瞄着金銮殿上的宝座，一心想尝尝当皇帝的滋味。王敦的谋士钱凤，一直在为王敦打气；他自己也想借此捞个开国元勋。二人气味相投，成为知己。

初夏的一个早晨，王敦起床不久，钱凤急如星火地走进王府大门，直奔客厅而来，王敦得报后立即到客厅与他见面。钱凤欲言又止，向王敦使了个眼色。王敦抬起右手挥了挥，几个仆人都知趣地退了下去。二人关起门来，谈起了“谋反”的机密。

钱凤用极为神秘的口气，小声地对王敦说着。钱凤带给王敦的似乎是一个不祥的消息，王敦听着听着，眉头也渐渐地皱了起来。二人情绪紧张，嘀嘀咕咕地谈了好一阵子，王敦突然神情激动地站了起来，手一挥，正要开口说话，突然停了下来：原来他透过窗子，看到对面房间里垂着的帐子动了一动，这使他想起侄儿王羲之还在床上睡觉。

王羲之这一年才十二岁，平时最受王敦器重。王敦把聪明机灵、悟性极高的王羲之，看作是维持王氏家族地位的“荣誉”标志之一，是王家下一代人中的佼佼者。因此，经常把王羲之带在身边，留他在自己府中生活。这一次，王羲之已连续几天吃住在王敦家中了，他的卧室恰好紧挨着客厅。当钱凤到来时，因为双方都很紧张，王敦便把王羲之在屋里睡觉的事忘得一干二净。直到王敦站起身来，看到帐子动了一下，才想起来。于是，王敦大惊失色，对钱凤说：“不好！羲儿还在这里睡觉。我们刚才说的话，让他听去了可怎么办？”

策划起兵、夺位，是一件冒天下之大不韪的事，一旦走漏风声，策划者的身家性命将难保，王敦和钱凤对此是十分清楚的。经王敦一提起，两眼射出凶光的钱凤对王敦急促地说：“大将军，

计划泄露出去，我们就死无葬身之地了。量小非君子，无毒不丈夫啊！”钱凤怂恿王敦去杀王羲之。半晌，王敦没有吭声。

“大将军，要成大事，不敢作敢为不行。当断不断，反受其乱啊！”钱凤焦急地催促王敦下手。听了钱凤的话，王敦心一横，脚一跺，说：“对，不能儿女情长。”接着转头向着王羲之睡觉的那个房间点点头，“羲儿呀，你就莫怪我这做伯伯的无情无义了！”王敦说着“飕”一声，拔出了寒光逼人的青龙宝剑，提剑直奔王羲之睡觉的床前。钱凤紧随其后。

王敦进屋后撩起帐子，正待挥剑砍下去，却突然停了下来。原来王羲之这时发着微微的鼾声，睡得正香甜呢，头歪在一边，胸脯随着均匀的呼吸一起一伏，王敦掀起帐子，王羲之也毫无反应。王敦爱怜地望着侄儿，庆幸自己的密谋并没有被侄儿听去，于是，打消了杀侄儿的念头。王敦收回宝剑把它插入鞘中，拉着钱凤的手走了出去。多危险啊！王羲之差一点儿就成了伯父王敦的刀下鬼了。实际上，打钱凤进门时起，王羲之就已醒来，无意中偷听到了伯父与钱凤的谈话。很快，王羲之意识到了自己的处境非常危险。

当王敦提剑向他走来时，王羲之紧张的心几乎堵住了嗓子眼，他尽力使自己平静下来，两眼闭着，神态自若，完全像睡着一样，一点儿破绽也没有露出来。王敦因此才没有下手。王羲之以自己的机警和通权达变，避免了一场无妄之灾，保住了自己的小命。

由此看来，祸端的发生与否，有时就在一瞬间，就在于能否做到通权达变的灵活应对。人生在世如果不懂得这其中的道理，当祸端出现时就只能眼睁睁地看着它进一步恶化，而自己却无能为力。但是，如果能做到通权达变，情形则会完全相反。

4．办事之谋

运用“权术”来办事，要善于根据外界的不同情况而实施相应的措施，要懂得随机应变，设法将被动变为主动。而且，在与别人交涉的过程中，说话主题要明确、重点突出、层次分明，这样才会更具有感染力、说服力、震慑力，也才更有助于将事情办成。

《鬼谷子·权术》曰：“先意承欲者，谄也；繁称文辞者，博也；策选进谋者，权也；纵舍不疑者，决也。”这段话的大意是：“曲意巴结奉承，就是谄；繁复虚浮之辞，就是博；筹划运用谋略，就是权变；果决不犹豫，就是决。”在这里，鬼谷子说明了一个极其深刻的道理：在游说的时候，必须巧舌如簧地去说服君王，并伴有一定的计谋。

在中国历史上，能言善辩之士可以说是数不胜数，楚国的黄歇就是其中的一个。楚顷襄王二十年，秦将白起攻陷楚国的西陵，第二年又克鄢、郢、夷陵，焚烧了楚国先王的陵墓；顷襄王把都城迁往东北的陈，据兵守卫。自此楚国削弱，被秦国轻视。不久，白起又率领秦军来攻打楚国。黄歇游学各地，博识多闻，顷襄王认为他是一个辩士，所以派他出使秦国。

黄歇游说秦昭王说：“天下诸侯，没有哪个国家比秦、楚两国更强大。可现在却听说大王想要进攻楚国，这正好比是两只猛虎相斗，反而让跛足的猎犬趁机获利，所以大王还不如和楚国友好相处。我给您陈述我的理由吧。”

黄歇见秦王听着，就又说：“我听说，物极必反，盛极而衰。事情一旦做过了头，就像把棋子垒起来一样危险。如今秦国的疆域占了天下的一半，拥有极西和极北的土地，自从有人类以来，万乘之尊的国君们从来没有过像这样广阔的国土。从先帝孝文

王、庄襄王，到大王，历经三代，从未忘记将国土拓展到与齐国接壤，以便斩断诸侯合纵的交往通道。大王多次派盛桥去韩国担任要职，盛桥将北燕这块地方并入了秦国。大王不用出兵作战，不动声色，就可以拓地百里，大王可以说是很有作为了。大王又发兵攻打魏国，堵塞了魏都大梁的城门，一举占领河内，攻取南燕、酸枣、虚、桃人等地，楚、魏军队徘徊不前，不敢和秦军较量，大王的功绩也算不小了。大王让秦军休整了两年后，又出兵攻占了蒲、衍、首垣等地，兵临仁、平匠、小黄，济阳婴城自守，魏国屈服。大王又割取了濮、磨以北的土地，使秦国和燕国连接起来，从而切断了齐国和韩国往来的通道，也阻断了魏、楚的联系。

“天下诸侯多次聚会结盟都不敢出兵救援，确实是慑于大王的威名。大王如果能持功守成，停止攻伐，行仁义之道，必再无后患。会成为三王之后的第四个圣王，五霸之后的第六位霸主。大王如果想凭借人口众多、依仗军队强盛，趁着打败魏国的机会，企图靠武力成为天下霸主，让诸侯俯首称臣，我担心会后患无穷。《诗经》上说：‘人们做事都有很好的开始，却很少有完美的结局。’

“为什么这样说呢？当初智伯只看到攻伐赵国有利可图，却没有预料到会有榆次之祸；吴王只看到讨伐齐国有利，却预料不到会有干隧之败。这两个国家，并不是没有建立功勋，只是由于贪图眼前利益，最终陷入了灭亡的祸患。吴王相信越国，所以出兵伐齐，虽然在艾陵打败了齐国，但胜利归来时却在三江之滨被越王擒杀；智伯相信韩、魏，和他们联合伐赵，同攻晋阳城，就在胜利指日可待时，韩、魏倒戈，将智伯杀于凿台之下。如今大王处心积虑，定要亡楚，却忘记了楚国的灭亡会增加韩、魏的力量这一点，所以我认为大王的这种做法是不可取的。《逸周书》有言：‘有远见的将军不深入他国作战。’从这点看来，楚国是秦国的友邦，而邻国才是敌人。如今大王转而信任韩、魏的友好姿态，这正好比当初吴王相信越王一样。

“我听人说：‘不能轻视敌人，不可坐失良机。’我担心韩、魏只是害怕亡国才对大王辞令谦卑，实际上是在欺骗大王。这是为什么呢？秦国几代君主都对韩、魏不仅没有什么恩德，而且积怨甚深。韩、魏两国的民众父子兄弟在与秦国作战时相继死去的情况代代都有，韩、魏两国国家残破，宗庙毁坏，民众战死沙场，身首分离，暴骨于野，比比皆是，老百姓父子被俘虏劫掠，相随于路，络绎不绝，鬼神徘徊游荡，得不到祭祀。民不聊生，流离失所，沦为奴仆臣隶的遍布各诸侯国。韩、魏两国不灭亡，是秦国的一大隐患。现在大王却要进攻楚国，难道不是大大的失策吗？

“再说大王进攻楚国，将从哪条道路出兵呢？大王难道要向仇敌韩、魏借道吗？由于大王出兵时就担心军队难以返回秦国，所以会出兵资助仇敌韩、魏。大王如果不向仇敌韩、魏借道，就一定会攻打楚国随阳以北地区。随阳以北地区都是高山大河、森林山谷，人烟稀少，大王即便占有这里，也没有利用价值，只会落个毁灭楚国的名声，却无开疆拓土的实利。而且，大王进攻楚国时，韩、魏、赵、齐四国必定会起兵响应。秦楚交战无暇他顾，魏国会进攻留、方与、轾、胡陵、砀、萧和相，这样，宋国故地会尽归魏国所有。齐军南下攻楚，泗水以北地区一定会为齐国攻占。这些地方都是四通八达的平原沃野，大王却让齐、魏两国独得，这无疑是大王出兵攻楚却扩大了韩、魏的国土，增强了齐国国力。韩、魏强大起来，就会有足够的力量和秦国抗衡；齐国以泗水为南境，东边靠大海，北边依黄河，没有后顾之忧。天下诸侯国之中就数齐国最强；齐为了保全既得利益，就会假装听命于秦国。一年之后，即使他们自己不称帝，也会游刃有余地阻

止大王称帝。

“以大王您的疆域之大，民众之多，兵力之强，出兵和楚国结怨，反倒让韩、魏支持齐国称帝，这是大王的失策。我替大王考虑，最好是和楚国友好相处。秦楚为一家，兵临韩国，韩国肯定俯首称臣。大王凭借崤山之险，还有黄河之障，韩国就成了观察关东诸侯动静的瞭望塔。这样一来，大王派出十万大军驻扎新郑，魏国一定会惊惧万分，许和鄢陵会马上环城自守，上蔡、召陵和魏国的往来也会被切断，如此，魏国也会成为秦国在东方的观察哨。大王和楚国亲善，韩、魏两个万乘国君主就会全力伐齐，齐国济水以西的土地便可唾手而得。这样，大王的疆土就会东接齐国，直到东海，贯穿整个天下，使得燕、赵无法和齐、楚联系，齐、楚不能与燕、赵往来。然后，大王再威胁燕、赵，挟持齐、楚，这四国不等大王出兵攻打，就会臣服于秦国的。”

黄歇凭着他的三寸不烂之舌，向秦王陈述攻打楚国的弊端，最终打动了秦王，使其撤除了攻打楚国的兵力。而黄歇也由此名声大噪，成为当时炙手可热的辩士。在办事的时候，少不了要与别人打交道，有时还有可能会剑拔弩张，这时候如果与对方硬拼，就可能办不成事情。这时，该怎么做呢？聪明的办事者面对这样的境地，绝对不会明知不可为而偏偏为之，但也绝不会掉转头来撒腿就跑，而是机智勇敢、灵活变通地与对方交涉，从而达成自己的意愿。蔺相如智勇斗秦、完璧归赵的事迹，就充分地印证了这一点。

赵惠文王从内侍缪贤手里，得到楚国丞相昭阳几年前丢失的无价之宝“和氏璧”。秦昭襄王听说后，便想以强欺弱，占有这块玉璧。他派人给赵王送去一封信，说：“寡人慕和氏璧有日矣，未得一见。闻君王得之，寡人不敢轻请。愿以咸阳十五座城池奉酬，望君王许之。”赵王接到信后很为难，就召集群臣商量对策。

大臣们认为：如果答应了秦王的要求，可能会失去玉璧又得不到城池；如果不答应，又会因此得罪秦国，为今后带来麻烦。大臣李克站出来说：“不如派一个智勇双全之士怀璧而去；如果秦国给了城，就把和氏璧授予秦国，如果秦国不给城，和氏璧依然归赵，这样就可以两全其美。”赵王听了，用眼瞧了瞧大将廉颇，廉颇低头不语。

这时，缪贤对赵王说：“我有个门客叫蔺相如，是个有勇有谋之人，叫他去完成这个任务最合适。”赵王便马上召见蔺相如，问道：“秦国用十五座城来换和氏璧，你说可不可以答应？”蔺相如说：“秦强赵弱，不能不答应。”赵王又问：“如果秦国失信，得璧而不给城，怎么办？”蔺相如说：“秦国用十五座城来换和氏璧，这价钱够高的了。赵国要是不答应，便有理屈之嫌。如果秦国得璧不给城，那就是秦国不讲道理了。”赵王接着说：“先生能护璧去秦国一趟吗？”蔺相如答道：“如果没有别人可派，那我就去一趟。秦国交了城我就把玉璧留在秦国，不然的话，我一定完璧归赵。”赵王听了大喜，即刻拜蔺相如为大夫，授予和氏璧，由蔺相如护璧去了咸阳。

秦王听说赵国送和氏璧来了，坐在章台接见了蔺相如，并召集群臣前来观看。蔺相如献上玉璧，秦王接在手里反复观赏，赞叹不已。秦王还把玉璧递给身边的大臣们传着看，又交给后宫的美人们去看，好半天才传回来。大臣们争着给秦王庆贺，一齐欢呼万岁。蔺相如被冷落在一边，等了好半天，也不见秦王提起交割城池的事。他急中生智，说：“和氏璧有瑕疵，请指给大王看。”待拿到和氏璧后，蔺相如往后退了几步，靠着柱子，瞪着眼睛，严词厉色地对秦王说：“大王曾经派人送书给赵王，要用十五座城来换赵国的玉璧。赵国的大臣都说，大王是想欺骗我们。只有我认为，老百姓还讲信用呢，何况大国的君王？我们哪能用小人之心去猜测君子？于是赵王斋戒五天，隆重地派我送来玉璧。可是大王对我这样傲慢，坐着接受玉璧，又给下人观看，太不恭敬了。这说明大王没有交城的意思，所以我把玉璧收回来了。大王要是逼我，我宁可把我的脑袋跟这块玉璧，在这根柱子上一起碰碎。”说完，他拿着玉璧，对着柱子。秦王怕损坏了美玉，连忙劝阻，又假意让大臣拿出地图，指出那十五座城的位置给蔺相如看。蔺相如心里明白秦王并非真心，就说：“当初我们国君为给大王送和氏璧，曾经斋戒五天，举行了隆重的仪式。因此，大王也应当斋戒五天，然后再举行一个接受玉璧的仪式，我才能把玉璧奉上。”秦王无奈，只好答应。

蔺相如拿着和氏璧回到宾馆，叫一个手下人装扮成穷人的样子，把和氏璧包好系在身上，偷偷地从小路跑回赵国去了。还托下人禀报赵王，他宁死不屈。五天后，秦王召集大臣和几个外国使臣，进行接受和氏璧的仪式。只见蔺相如从容不迫地走上殿来，两手空空。秦王疑惑地问道：“我已经斋戒过了，你为何不带玉璧来？”蔺相如答道：“秦国自穆公以来有十五位君主之多，都以诈骗行事。杞子欺骗郑国，孟明欺骗晋国，商鞅欺骗魏国，张仪欺骗楚国……这些事历历在目。我也怕受骗，已经把和氏璧送回赵国了。”

秦王大发雷霆，又嚷又叫，命令手下人把蔺相如绑了。蔺相如面不改色地说：“大王请息怒，我还有一言要说。天下人都知道秦强赵弱，只有强国欺负弱国，而没有弱国欺负强国的道理。大王真想要那块和氏璧，请先交割十五座城给赵国，然后派人跟我一块去赵国取和氏璧。赵国如若得城，绝不会背信弃义得罪大王的。我知道我欺骗大王是死罪，已禀告我的国君，不指望再活了，请杀了我吧。好在各国使臣都在，他们知道大王是为和氏璧的原因而斩赵国使臣，谁是谁非自有公论。”秦王和他的大臣们面面相觑，无言以对。各国使臣都替蔺相如捏着一把汗，但秦王说：“杀了他也得不到玉璧，徒负不义之名，伤了两国的和气，不如好好款待他。”于是设宴招待，礼送蔺相如回国。

鬼谷子在的《权术》篇中讲：“进退果断，该说则说，该止则止，就是决断。”在这里，蔺相如智勇双全斗秦王，完璧完人归赵国的过程，就是他巧妙地运用“权术”来控制说辞辩词的过程。秦王等人只顾传看和氏璧不提交割城池一事，他立断机智地收回了和氏璧，气势逼人地进言，舍身护璧；怎样扬长避短，璧在手中，身在秦国，只有舍身护璧，暗中找人将璧送回国为妥；然后历数秦国欺诈历史，理直气壮，把道理讲得明明白白。古人成事如此，今人亦然。

鬼谷子认为，在游说的过程中应该灵活变通，要配之耳聪、目明、智机、辞巧来征服游说的对象。确实，鬼谷子先生的这种主张很具有针对性和实际意义。整日陪伴在君王身边，不懂得点儿技巧，不但难以达成游说的目的，而且还有可能将自己的小命也葬送掉。

所以，深谙游说、论辩之道的人，从古至今就数不胜数，当然，这样的人做起事来也就相对容易得多。战国时期，齐国的相国邹忌，身高有八尺多，形体容貌光艳美丽。他常常思索着如何说服齐王听取他关于治国的策略，以便让齐国就此强大起来。

有一天早晨，邹忌穿好衣服戴好帽子，一边照着镜子，一边对他的妻子说：“我与城北的徐公相比，哪一个更漂亮呢？”

他的妻子说：“您漂亮极了，徐公哪能比得上您呢？”

城北的徐公，是齐国众所周知的美男子。邹忌不相信自己会比徐公漂亮，于是又问他的妾："我同徐公比，哪一个更漂亮呢？"

妾说："徐公怎么能比得上您呢？"

第二天，有一个客人从外面进来，邹忌就同他坐着闲聊，邹忌又问他："我同徐公相比，哪一个更漂亮呢？"

客人说："徐公不如您漂亮。"

又过了一天，徐公真的来了，邹忌仔细地观看着他，自己觉得还是不如徐公漂亮；再照镜子看看自己，仍觉得自己远远不如徐公漂亮。晚上躺着想这件事，说："我的妻子认为我漂亮，是偏爱我；妾认为我漂亮，是害怕我；客人认为我漂亮，是想有求于我。"

于是，邹忌上朝拜见齐威王，说："我确实知道自己不如徐公漂亮。可是我妻子偏爱我，我的妾害怕我，我的客人想有求于我，他们都认为我比徐公漂亮。如今齐国有方圆一千多里的疆土，一百二十座城池，宫中的妃子、近臣没有谁不偏爱您，朝中的大臣没有谁不害怕您，全国范围内的人没有谁不有求于您，由此看来，大王您受的蒙蔽很深啊。"

齐威王说："好。"就下了命令："大小官吏百姓能够当面指责我的过错的，受上等奖赏；书面劝谏我的，受中等奖赏；能够在公共场所批评议论我的过失，并能传到我的耳朵里的，受下等奖赏。"齐威王的命令刚一下达，许多大臣都来进谏，宫门前庭院内人多得像集市一样；几个月以后，还不时地有人偶然来进谏；满一年以后，即使有人想进谏，也没有什么可说的了。

燕、赵、韩、魏等国听说了这件事，都到齐国来朝见齐王。这就是人们常说的"在朝廷上战胜别国"。

事实胜于雄辩，现身强于万语。邹忌为了劝服齐威王接受进谏，就通过现身说法、讽谏的方式来达到目的。讽谏不同于直谏，讽谏不仅要谏，而且要说得委婉动听。邹忌是一位足智多谋，巧于辞令，又深谙君主心理的谋士。作为齐王的谋士，他能从日常生活联系到国家治乱的大事，可谓忠于职守，但他没有单刀直入地向威王进谏，而是先讲自己的切身体会，叙述了妻、妾、客蒙蔽自己的原因，然后从自己的生活小事推及治国大事，说明齐王处于最有权势的地位，因而所受的蒙蔽也最深。这里没有对齐王公开批评，而是以事设喻，启发诱导齐威王看到自己受蒙蔽的严重性，使他懂得纳谏的重要性。在此基础上才能一针见血地指出“王之蔽甚矣”。这种现身说法的讽谏方式收到了很好的效果。

四、经商之技

鬼谷子的“权术”应用比较广泛，在现代经商领域也可以借鉴和运用。只是，经商者要懂得“权术”的精髓，要善于变通，要学会灵活运用。另外，经商者还要对当今商场有一个整体的了解和把握，要能选好人才并使用好，如果能做到这些，经商者必能屹立于商场而不倒。

1．变通规则，灵活经商

鬼谷子的“权术”，引申到现代经商领域，就是要求经商者要灵活变通，熟悉经商的游戏规则，并巧妙地进行运作。这一点，在经商活动中是至关重要的，经商者务必要切记。所以，在经商时，单是努力奋斗不行，还要尽量了解周围的环境，知道自己有多大的实力，能够在多大的范围内自由运作。只有这样，才能掌握好经商的分寸，既不超出游戏规则的范围，又能最大限度地以最轻松的方式获取最大的成就。而要想做到这一步，在很多时候，就需要经商者尽可能地灵活运用游戏规则。

一般来说，想创立一番事业的人更喜欢灵活地运用游戏规则。哈佛商学院沃尔特·屈默勒副教授曾总结出这样一条经验：成功的创业人士大多能够灵活地运用规则。一般来说，经理人有时也会耍一些小聪明，但一般都不会越雷池一步；而创业人士则不同，他们不但愿意变通规则，甚至可以说，他们简直是乐此不疲。实际上，在大多数成功的创业故事中，总有那么一幕：大胆的创业人士如何运用一些惊世骇俗的策略，做成一笔关键的生意或者找到重要资源使其创意成为现实。关于这一点，我们就不得不提到两个年轻的创业者创办邮购公司的故事。

这是20世纪90年代后期，当两位年轻人从一家风险投资公司那里获得了基础资金后，他们需要迅速招募一支由二十多人组成的经验丰富的营销团队，以编制首份邮购产品目录。这两位创业者当时还没有租赁办公室，他们的办公场所就在卧室外面，仅有的办公设备也就是每人一部手机和一台电脑。当时的劳动力紧缺，他们很清楚，除非能让外界认为他们是一家成熟的公司，否则优秀的人才是懒得费心劳神来参加面试的。为了公司的成长壮大，他们必须招募到优秀的营销人才，这两位魄力十足的创业者灵机一动，决定编造两个无恶意的谎言。

首先，他们在本国一份主要的商业报纸上登了一个引人注目的广告，将自己的公司描述成一家“迅速成长的跨国企业”。这一描述并非完全真实，但也不算完全虚假。因为这两位创业者解释说，他们确实有将公司业务扩展到该地区另外两个国家的计划。这则广告没有白做，一下子就吸引了一千多人前来应聘。

接下来是面试。总不能让这一大批面试者就在自己的卧室外面面试吧。于是，揣着应聘者的个人简历，两位创业者又在当地的四季酒店租了一天的豪华套房，对经过初选的应聘者进行了面试。两位事业创立者当天的“假戏真做”进一步增强了公司的吸引力，由此吸引了优秀的人才，使得公司向成功又迈进了一步。到2001年，该公司的正式员工已经有五百名，并且真的成为一家成长迅速的跨国企业。

创业初期，每一个创业人士都会遇到各种各样的困难，几乎创业生活的各方面都会有这样那样的问题出现。如果我们在着手创立自己的事业时，一味地墨守成规，照章办事，那只能是此路不通，死路一条。这时候就需要创业人士大胆地突破成规，灵活地运用一些巧妙的规则，说不定会柳暗花明又一村，于绝路中冲出一条生路。所谓天无绝人之路，只要能灵活地运用规则，想方设法寻求突破，许多创业人士都能借此突破事业的瓶颈，打通创业之路。

2. 眼光独到，决策准确

鬼谷子在《权术》篇中提到这样一段话："无目者不可示以五色，无耳者不可告以五音。故不可以往者，无所开之也；不可以来者，无所受之也。物有不通者，故不事也。"这段话的大概意思是：眼睛看不见的人，没有必要拿五色给他们看；同理，耳朵听不见的人，没必要让他们听五音；所以，不可以去的地方，不必让他们去，不可以来的人，也没有必要接受。有些办不通的事，也就不要办。

在这里，如果从经商的角度，我们也可以这样理解鬼谷子的这段话，那就是：眼光要独到，对市场行情和经济走势要有一个整体把握，只有这样才能准确地进行决策，而不至于出现事与愿违的现象。

毫无疑问，经营生产需要建立在准确的情报信息基础之上。所以，经商者要善于从自己掌握的信息中加以分析、筛选，然后对整个市场进行综合联想，再结合自己的经营能力及外界环境，做出切合实际的科学决策，立即投入生产经营和运作，这样才能获得成功。

培养自己独到的眼光以及判断经济大势的能力，才能制定出正确的方针。而要想制定的方针或决策准确无误，正确情报的获取是至关重要的。如何获取正确的情报呢？读书看报无疑是一条捷径。

读书看报已成为现代人生活的一项内容，绝大多数人都有读书看报的习惯。但是，每个人读书看报的目的和效果都不一样，有人从中了解新闻，有人从中获取知识，有人从中得到娱乐，有人从中猎取信息情报，亦有人一读了之。作为企业经营者，读书看报的作用可就大了！有时可从中得到价值连城的信息，有时还可以从中得到对企业经营很有意义的指导。

如李嘉诚当年创业时，一天深夜，他自修完当天的功课后，跟平日一样随手翻阅着一些杂志。当阅读到最新英文版《塑胶》杂志时，他发现在一个不太引人注目的地方，刊登了一则有关意大利一家公司用塑胶原料设计制造的塑胶花即将倾销欧美市场的消息。李嘉诚察而后动，这则消息成为他日后投身塑胶业的敲门砖。

现在，百忙之中的李嘉诚通过看报掌握信息的手段更高明，他手下的信息情报部门有许多文化水平高、经营学问深的人员，他们的工作职责是每天把香港几十份报纸和美国、英国、日本等世界几十份主要报纸看完，然后，将每份报纸的重要情况浓缩，再进行分类，对于新奇的消息和有前途的信息作出评价，最后集中送到李嘉诚办公室来。李嘉诚每天早上，首先翻阅的就是这些报刊摘选。当他对哪方面情况感兴趣时，即传有关选摘人员把原篇报道送来细看，或与他们共同研究这些信息。这样，使他在业务经营中决策准确，财源广进。（《李嘉诚创业启示录》，陈正侠，人民邮电出版社2010年版）

1992年，商界女杰吕有珍做出一个石破天惊的决定：投资数千万元购买广州花县的一千二百亩土地。这一决定刚出炉，就遭到公司内部许多人士的反对。当时的花县地处广州城北，冷冷清清，无人问津，谁也不敢投资。但吕有珍坚信自己的决策是正确的。花县在当时确实地偏人稀，处于房地产市场的冷门之中，但假以时日，一定会炙手可热。

其实，吕有珍不是草率决定，她通过看报纸发现，随着改革开放的不断深入，广州市的发展空间将逐步趋于饱和，那么，扩展广州市区是必然的。扩展的目标必定是当时被人们视为冷门的广州市北面的花县。

果然，1994年，经国务院批准，花县撤县建市，改名为花都市。同时，国家还决定在花都市建设中国最大的机场——广州国际机场，建立京广铁路客运大站，建设花都港，修建南方最大的贸易商场。这一系列的举措使花都市的地价狂涨。曾经反对吕有珍的人此时对她是口服心服了。甚至有人说吕有珍的成功出乎大多数人的意料！其实这绝对不是意外，而是吕有珍准确预测经济形势的结果。（《商旅风云人物》，杨筱怀，中国青年出版社1997年版）

成功的企业家对关键信息的把握往往有出色的表现，这就是说他们的眼光独到，并且判断经济大势的能力高人一筹，他们往往能站在全局的高度，宏观把握，微观处置，决策果断而及时。

总而言之，商人必须具备一种独到的眼光以及判断经济大势的能力，因为正确的判断和决策对于生意的进退有很重要的意义。那些自认为拥有预见未来能力的人，事实上，他们的目标往往不切实际。许多人都被眼前的利益蒙蔽了双眼，所以，要学会高瞻远瞩，培养自己判断经济大势的能力，这对经商的成功与否至关重要。

3．选准人才，用好人才

《鬼谷子·权术》曰："故介虫之捍也，必以坚厚；螫虫之动也，必以毒螫。"这段话，其大意是："甲虫防卫，是用其坚硬的甲壳；而毒虫行动，一定用那有毒的螫子。”鬼谷子的这段话，引申到经商领域，就是要求经营者要善于选准人才，并且让人才最大化地为自己的企业效力。

世界著名管理家杰克·韦尔奇说：“选准人才，让合适的人做合适的事，远比开发一项新战略更重要。”作为一个企业的管理者，应该了解每一个员工的能力、特长、品行和爱好，在安排工作的时候，要做到人尽其才，将合适的人放在适合其能力和特长的岗位上，使之发挥最大能量。

美国西南航空公司是该行业中唯一一家持续盈利的公司，连续获得美国交通部颁发的最佳顾客服务奖、最佳航班和最佳行李搬运奖。

该公司的总经理非常重视选人工作。他常常提醒公司的管理人员哪怕是只有一个分公司要招一个人，也要把它作为事关整个公司前途的重大事情来抓。他坚信：“我们要雇用素质最好的人，教他们所需要的任何技能。”只有这样，整个公司才能由最好的人组成，去取得最出色的成就。

一次，公司要在一个叫阿马利罗的小镇上找一个客机代理商。人事部门的经理在面试完三十四个人却还没找到合适的人选后着急了，他找到总经理，抱怨为这三十四个人的面试已经花了不少钱。可总经理却说，为找到合适的人选，面试三百四十个人也不要紧。在他看来，企业需要各种人才。用人是要用人之长，而非用人之短。各种人才各有各的用处，把他们都放到相应的岗位上，各种人才相互配合，才能形成一种最佳的整体经济效应。（《西南航空案例》，（美）吉特尔著、熊念恩译，中国财政经济出版社2004年版）

美国第一代钢铁大王安德鲁·卡耐基的发迹关键，就在于他善掌“万能钥匙”。他起家之时两手空空，但到去世时已拥有近二十亿美元的资产。

人们对于这位“半路出家”的“钢铁大王”的成功感到迷惑不解。其实，卡耐基的成功除了他有可贵的创造精神外，还有一点非常关键，就是他善于识人和用人。卡耐基说过：“我不懂得钢铁，但我懂得制造钢铁的人的特性和思想，我知道怎样去为一项工作选择适当的人才。”这正是他一生事业旺盛的“万能钥匙”。

卡耐基曾说过：“即使将我所有的工厂、设备、市场、资金全部夺去，但只要保留我的技术人员和组织人员，四年之后，我将仍然是‘钢铁大王’。”卡耐基之所以如此自信，就是因为他能选准人才，并用好人才，以便让人才有效地发挥其价值。但是，也有一些经营者不懂选人与用人的真义。（《钢铁大王安德鲁·卡耐基》，（美）安德鲁·卡耐基著，刘荣跃、喻璐译，金城出版社2009年版）

汽车大王帕尔柏刚开辟自己的汽车代理业务时，曾为自己的公司聘请了一位大汽车制造公司的新管理人来负责汽车的统销业务。对汽车来说，这位新管理人的知识可以去当一名大学教授。但遗憾的是，这位新管理人对汽车的销售、销售人员的管理、如何控制不必要的销售费用以及如何制定营销策略方面的知识一窍不通。由于他来自生产厂家，习惯于汽车的生产管理，但对如何与厂方据理力争，抓到畅销车的货源缺乏主意，最终使帕尔柏的希望落空。此后，他另聘一位善于经营销售的人，此人十分了解汽车的销售行情，推销中有自己独特的见解，更注意费用的核算，不会人云亦云，这种具有执行能力的人，为帕尔柏赢得了成功。（《人物志谋略全书》，刘劭著、文慧编译，湖南文艺出版社2012年版）

企业管理者用人不是抓住一个是一个，关键要看他是否符合自己的需要，是否和自己的决策对路。否则，那些被招来的人就

会成为管理者的包袱。在此，不妨再看看戴维·马克斯韦尔的事例。1981年，他开始担任Fannie Mae公司（美国的一家房屋抵押贷款公司）的CEO。当时，该公司平均每天亏损达一百万美元，有五百六十亿美元的贷款无法收回。

董事会期待着马克斯韦尔能扭转乾坤。和其他卓越的领导人一样，马克斯韦尔认为，首先要解决“人”的问题。他告诉董事会：“先把合适的人安排在合适的位置上，之后才开车，否则就是完全错误的”。

马克斯韦尔对整个管理团队说：“公司只给那些追求卓越的员工留位置。”他和管理层的每一个人谈话，告诉他们同一件事：“前面的路程很艰辛，如果不想一起上路，说出来，没关系，现在你就可以下车，没有人会责怪你。”最终，二十六个管理人员中的十四个人选择了离开，他们的位置由一些更优秀、更敬业的经理代替。

将这些合适的人安排在合适的位置之后，马克斯韦尔开始了他的行程，将注意力完全放在“做什么”的问题上。他和他的团队最终把Fannie Mae公司由每天亏损一百万美元变成了每天盈利四百万美元。即使是在1991年马克斯韦尔离开之后，这个团队依然在推动着这个飞轮运转。1984—1999年，Fannie Mae公司股票的回报率达到市场平均水平的八倍之多。

执行的过程就等于下一盘棋，要尽量发挥人才的资源优势和潜力，找到最合适的人，并把他放在最合适的位置上，把任务向他交代清楚，就可以做到最好。所以说，不管是企业，还是个人，选准人才并极力地用好人才就能让事业取得成功，否则只能取得适得其反的效果。

第十篇 谋

《谋》篇与《权术》篇前后相连，关系紧密。谋与权本为一体，二者不可分割。谋是谋划，权是权衡。两篇的主题思想和基本目标，都是论述“游说”的方法及实施。“人之有好也，学而顺之。人之有恶也，避而讳之”，因此，游说最忌讳的是盲目妄动，要对他人的心理状态有所了解。制定谋略要暗中进行，“圣人之道，在隐与匿”，做到这些才能成功。

“运筹帷幄之中，决胜千里之外。”这是谋略用之于军事的绝佳效果。当然，谋略可以应用在生活的各个层面，并且往往能够事半而功倍。本篇由此展开，以“谋略”为中心铺陈立说，详细介绍了谋略的各个方面，辩证说明了谋略的产生条件以及运用方法。篇中指出，“凡谋有道，必得其所因，以求其情”“相益则亲，相损则疏”“事贵制人，而不贵制于人。制人者握权也，见制于人者制命也”。诚为精当之论，道理深刻，值得借鉴。

第一章 依据事物的规律掌握实情

【原文】

为人凡谋有道[①]，必得其所因，以求其情[②]。审得其情，乃立三仪[③]。三仪者：曰上，曰中，曰下，参以立焉，以生奇[④]。奇不知其所拥，始于古之所从。故郑人之取玉也，载司南之车[⑤]，为其不惑也。夫度材量能揣情者，亦事之司南也。

【注释】

①为人凡谋有道：要想为人谋划说服他人的策略。《易》："君子以作事谋始。"孔颖达疏："凡欲兴作其事，必须谋虑其始。"

②得其所因，以求其情：要调查对方的心理状态，就要掌握他的实情。因，指依靠、凭借；情，指实情、情形。

③三仪：本指天、地、人，天在上，地在下，人居中。陶弘景注："言审情之术，必立上智、中才、下愚三者。"

④参以立焉，以生奇：三仪互相渗透，就可策划出奇谋妙计。

⑤司南之车：即指南车。司南是一种利用磁石指南的仪器。

【译文】

凡是替人筹划计谋，都要遵循一定的规律，并要掌握规律背后的依据，这样才能得到实情。通过研究审察实情，确立上、中、下三仪。所谓三仪，指上智、中才和下愚。三者互相参照，就能定出奇谋妙计。奇谋妙计能够通达易行，开始于古人的社会实践。郑人入山采玉时，都要携带指南车，这是为了不迷失方向。揣度才干、衡量能力和获知实情，这是做事的指南。

【本章解读】

本章论述为人谋事必须遵循的指南：

1．“为人凡谋有道，必得其所因，以求其情。审得其情，乃立三仪。三仪者，曰上，曰中，曰下，参以立焉，以生奇。”有道，是指谋事的规律。因，因果联系。三仪，指上天、中人、下地三个方面的情况。本句是说：凡为人谋事的规律是这样的，首先要调查清楚其事的前因后果，从中求得对事情的了解；继而要审核其情报的全面性和全过程，从天时、地利、人和等三个方面进行分析论证；进而把天时、地利、人和等三个方面结合起来，加以思索，寻找出奇谋，以奇制胜。这就是为人谋事的指南。

2．“奇不知其所拥，始于古之所从。”本句是说：奇谋是所向无阻的，自古以来都是如此。进一步强调为人谋事要出奇。拥，是壅塞、阻碍。

3．“故郑人之取玉也，载司南之车，为其不惑也。”郑国人进山采玉，必乘载有司南针（即指南针）的车，为的是避免迷失方向。本句是强调为人谋事必须遵循谋事的指南。

4．“夫度材量能揣情者，亦事之司南也。”本句是强调审情的重要性：为人谋事，一定要权度其才干，估量其能力，揣测其实情，这是为人谋事不可或缺的指南。

【趣味故事】

张良为刘邦安定天下

一天，刘邦在洛阳附近看见许多将军围在一起大发牢骚，可正当自己走近他们的时候，又听不到在说些什么，只见将军们面有愠色，看样子对刘邦挺有意见。于是刘邦就去问张良究竟是怎么一回事，张良如实汇报说：“将军们议论着准备造反！”

张良的话着实把刚做了汉朝皇帝的刘邦吓了一大跳。天下才刚刚平定，又有人出来造反，什么时候才能过上安定的日子呢？于是他赶忙向张良刨根问底，要他想出一个合理的对策，张良分析说：“陛下斩蛇起义，是靠这些将士们出生入死才夺取了天下。秦朝被陛下推翻，项羽也被陛下打败，如今，陛下当上了皇帝，将军们现在关心的自然就是分封土地和授予官位的事情了。可是，陛下分封的二十多人中，都是萧何、曹参等陛下最为亲近的人，处分的都是那些和陛下有怨恨的人。现在，将军们一边在盼着陛下快快分封自己，一边又担心土地有限，轮不到自己。还有一些人害怕平时得罪过陛下，会遭到陛下的处置。所以他们才聚集在一起密谋发难。如果处置不当，定会出现内乱。”

刘邦忙问：“事到如今，那我该怎么办呢？”张良接口说道：“我有一计，可以改变这个局面。陛下请告诉我，平时最恨的而且将军们都知道的人是谁？”

事已至此，刘邦只得如实回答，他顿了顿说：“雍齿，此人作战勇猛，立过许多战功，在将士们中也有威望。可是他居功自傲，说话没头没脑，不分君臣，几次让我在大臣面前难堪。我恨不得杀此人，痛痛快快地出口气。但想到那时正是用人之际，也就忍了。”

张良拍手笑道：“这就好了，请陛下立即封雍齿为侯，如此一来，那些有战功而担心陛下为难他们的人，一看陛下连最恨的人都分封了，那还有什么顾虑呢？顾虑自然会烟消云散，还愁他们会造反吗？”

刘邦采纳了张良的建议，于是设下酒宴，当着大臣和将军们的面，封雍齿为什方侯，又让丞相、御史加快定功封赏的进度。

几天前还准备闹事的将军们吃过酒宴后，高高兴兴地说："现在好了，什么都不用愁了，连陛下最恨的人都分封了，那我们就等着陛下的分封奖赏吧！"张良小小的一计，便安定了汉初的局面。

刘邦采纳张良的计策迅速又及时，才得以稳定天下，安定臣民。如果刘邦对于实施张良的计策稍稍迟疑，又或者他根本不把张良的计策放在心里，而是一意孤行，将雍齿杀害，那么将军们准备造反的事情就会得以实现，这也正体现了刘邦广阔的胸襟。

在实际生活中，很多人急功近利，对待事情不能进行认真的分析思考，对待他人的建议不理不睬、听之任之，以致造成不良的后果；也有不少人虽然对自己的前途有良好的规划，但是计划不如变化，往往想到了这一方面却忽视了另一方面，以致事情不能更快更好地得到解决。如果我们能够停下脚步认真思考，分析事情变化的规律及相互之间的联系，找出其中的原因，并迅速果断地进行相应的处理，事情便会朝向好的一面发展。

【解析】

所以说，无论你做什么，一定要遵循规律，即使是历史的潮流也在遵循规律，规律如果被破坏，一切就会变得不和谐。放下自己的执着心、虚荣心、好胜心，保持一颗平常心，什么事情都能冷静地对待，虽然会遇到不公平，但如果你微笑地去面对，会得到意想不到的收获。

第二章　同心协力，志趣相投

【原文】

故同情而俱相亲者，其俱成者也；同欲而相疏者，其偏害者也。同恶而相亲者，其俱害者也；同恶而相疏者，其偏害者也[①]。故相益则亲，相损则疏。其数行也，此所以察异同之分也。故墙坏于其隙，木毁于其节[②]，斯盖其分也。

【注释】

①同恶而相疏者，其偏害者也：假如二人有同样恶习而关系疏远，只能是一方受害。

②墙坏于其隙，木毁于其节：墙倒屋塌在于有缝隙，树木毁坏在于有节疤。“墙”又作“缡”，指环绕住宅周围所建的土墙。墙有一点裂痕就有崩毁的可能，树则从节疤处开始腐败。一般人际交往也往往是从空隙处发生破裂。

【译文】

所以，众人同心协力谋划事业，就会关系亲密，共同获得利益。想法一致的人共同做事，如果是部分受益，部分受损，就会关系疏远。有共同仇恨的事物就会相互亲近，因为他们都是受害者；有共同仇恨的事物而关系疏远，一定是其中一部分人受到了损害。所以，如果有共同利益就会相互亲近，如果其中一方受到损害就会相互疏远，这是一种规律。这种规律，可以作为观察同心或异心的标准。所以，墙壁坍塌是因为缝隙的存在，树木毁坏是因为树木有节疤，因为缝隙和节疤都是它们的分界之处。

【本章解读】

本章为人谋事重在谋联合：

1．“故同情而俱相亲者，其俱成者也；同欲而相疏者，其偏害者也。同恶而相亲者，其俱害之也；同恶而相疏者，其偏害者也。故相益则亲，相损则疏。其数行也，此所以察异同之分也。”数行，是指必然性。本句是说：若情欲相同，则应共谋联合起事，事若相成，后必相亲；事若只一方有成，后必相疏；若有共同的憎恶，且同受其害，后必相亲；若仅一方受害，后必相疏。所以说，凡相互受益，就会相亲；凡相互损害，就会相疏，此乃是矛盾运行的必然规律。所以在为人谋事时，一定要以此考察彼此在情欲、好恶和利害得失之异同。

2．“故墙坏于其隙，木毁于其节，斯盖其分也。”这是用比喻进一步论证上句所说。在自然界，墙壁倒塌坏在其隙，树木毁断坏在节疤，人际间的关系也是如此，由于有分别，就可能导致分裂。

【趣味故事】

三人成虎危害大

三人成虎的典故出自《战国策·庞葱与太子质于邯郸》一章。这里揭示出了一个只有权谋家们才知道的秘密，那就是人类语言对真实事实的支配性。

战国时期，魏王和赵王订好条约，魏王送儿子去赵国做人质，派大夫庞葱陪同。定于某日起程赴赵都邯郸。

临行时，庞葱向魏王提出一个问题，他说："如果有一个人对您说，我看见闹市熙熙攘攘的人群中有一只老虎，君王相信吗？"魏王说："我当然不信。"庞葱又问："如果是两个人对您这样说呢？"魏王说："那我就半信半疑了。"庞葱紧接着追问了一句道："如果有三个人都说亲眼看见了闹市中的老虎，君王是否还不相信？"魏王说道："既然这么多人都说看见了老虎，那证明肯定确有其事，所以我不能不信了。"

庞葱听了这话以后，深有感触地说："果然不出我的所料，问题就出在这里！事实上，人虎相怕，各占几分。具体地说，究竟是人怕虎还是虎怕人，要根据力量对比来论。众所周知，一只老虎是绝不敢闯入闹市之中的。如今君王不顾及情理，不深入调查，只凭三人说有虎来到闹市，你就确认无疑，要是等我到了比闹市还远的赵国，您要是听见三个或更多不喜欢我的人说我的坏话，岂不是要断言我是坏人吗？临别之前，我向您说出这点疑虑，希望君王一定不要轻信人言。"

庞葱走后，一些平时对他心怀不满的人就开始在魏王面前说他的坏话。时间一长，魏王果然听信了这些谗言。当庞葱从邯郸回魏国时，魏王再也不愿意召见他了。可见"众口"的力量多么大啊！

【解析】

"'众口铄金'，言有曲故也"，原意是说众口一致的言辞可以把金属熔化，这是由于语言的偏差和曲解造成的。如此看来，谣言惑众，流言蜚语多了，确实能够毁掉一个人。随声附和的人一多，白的也会被说成黑的，真的也会被说成假的，真可谓"众口铄金"。所以我们对待任何事情都要有自己的分析，最好不要轻信于人，更不可人云亦云，否则就可能会被假象迷惑。

第三章　遵循事态变化，协商处理问题

【原文】

故变生于事，事生谋，谋生计，计生议，议生说，说生进，进生退，退生制。因以制于事，故百事一道而百度[①]一数也。

【注释】

①百度：各种事情的节度。陶弘景注："言事有本根，各有从来，譬之卉木，因根而有枝条花叶，故曰变隙然后生于事业，生事业者，必须计谋；成计谋者，必须议说；议说必有当否，故须进退之。既有黜陟，须事以为法，而百事百度，何莫由斯而至，其道数一也。"

【译文】

因此，事物是不断变化发展的，变化的事物会产生问题，解决问题需要商定计谋。商定计谋需要言辞论说，仔细斟酌，并制定方法。有利于事情的发展，就要促使前进，进而不能则退，退若适当，不失为控制事情的好方法。所以，万事万物的发展变化是有一定道理的，控制它的方法在根本上也是一致的。

【本章解读】

本章论述为人谋事的全过程：

"故变生于事"，由于社会的不断变化，必然要出现事端。

"事生谋"，由于有了事端出现，必然需要有人为之设谋。

“谋生计”，经过周密谋划之后，就会想出计策。

“计生议”，计策提出后，一定会引起争议。

“议生说”，有了争议，就需要有人出来说服。

“说生进”，把掌权的君主说服了，就可能受到重用，推进计策的实施。

“进生退”，在受到重用后，要适当退却，退到有利阵位，赢得人心。

“退生制”，退是为了掌握主动权，创造制胜之势。

“因以制于事”，从而达到控制事态按照有利于我的方向发展。

“故百事一道而百度一数也。”道，规律，在本篇中即设谋的指南。度，图谋。数，指制的方术。本句是本章的小结，其意思是说：无论谋什么事，都要遵循上述设谋的指南；无论是什么图谋，归根到底都是为了控制事态朝着既定的方向发展。

【趣味故事】

结盟解燃眉之急

756年，安禄山反唐肆虐华北。颜真卿举兵抗击，把义军队伍集中起来，正准备训练时，清河人李萼代表本郡前来借兵。

他对颜真卿说：“您首先倡导大义，号召大家来反抗叛军，河北地区的郡县都把您当作长城依靠。清河是您的西邻，国家平常把江、淮以及河南的金钱布帛都集中在那里供给北方的军队，被人们称为‘天下北仓库’。现在那里有布三百余万匹、帛八十余万匹、钱三十余万缗、粮三十余万斛。过去征讨突厥默啜可汗时，把兵器盔甲都贮藏在清河郡的武库中，现在还有五十余万件。清河郡有户数七万，人口十余万。我估计它的财物可以顶三个平原郡，兵马足可以顶两个平原郡。您如果能够借兵给清河郡，以平原、清河二郡为腹心，那么周围的州郡就会如四肢一样，无不听您的指挥。”

颜真卿说：“平原郡的兵是新近才集结的，没有经过训练，自保还恐怕兵力不够，哪里还顾得上邻郡呢！如果我答应了您的请求，那又将怎么样呢？”李萼说：“清河郡派我来向您借兵，并不是兵力不足，而是想看一看您这位大贤士是否深明大义。现在看您还没有下定决心，我怎么敢随便说出下一步的计划呢？”颜真卿听后很惊奇，就想把兵借给他。但其他人都认为李萼年轻轻敌，借兵分散兵力，将会一事无成，颜真卿不得已只好拒绝。

李萼住到馆舍后，又给颜真卿写信，认为：“清河郡脱离叛军，归顺朝廷，奉献粮食、布帛和武器来资助官军，您不但拒绝接受，而且还心存怀疑。清河郡不能孤立，必定要有所依靠，我回去复命说您不肯借兵后，如果投向叛军，就会成为您西面的强敌，您不后悔吗？”颜真卿大为震惊，立刻到馆舍去见李萼，答应借给他六千兵卒，一直把他送到边境，握手而别。颜真卿又问：“所借给的兵已经出发，你可以告诉我你下一步的计划吗？”李萼说：“听说朝廷派程千里率精兵十万出崞口讨伐叛军，敌人占据险要抵抗使之不能前进。现在应当先率兵攻打魏郡，抓住安禄山所任命的太守袁知泰，恢复原太守司马垂的职位，让他做西南的主将，分兵打开崞口，让程千里的军队出来，共同讨伐汲郡、邺郡以北，一直到幽陵我方未攻下的郡县。平原与清河二郡率其他的同盟郡兵，合兵十万，向南进逼孟津，然后分兵沿着黄河占领战略要地，控制叛军北逃退路。估计官军向东讨伐的军队不少于二十万，河南地区忠于朝廷的义兵不少于十万。您只要上表朝廷请求东征的军队

坚守不出战，用不了一个月，叛军必然会发生内乱而互相攻击。”

颜真卿说：“好！”他把这些军队交与平原县令范冬馥，会同清河兵四千及博平兵一千，驻军在堂邑县西南。袁知泰派部将白嗣恭等率兵两万余人来迎战，三郡兵与魏郡兵苦战一天，魏郡兵被打得大败，被杀一万多人，被俘一千多人，缴获战马一千匹，缴获的军用物资也非常多。袁知泰逃往汲郡，于是官军攻克魏郡，军威大振。

【解析】

“私不如结，结，比而无隙者也”，意为同心相结，之后便可亲密无间，从而做到无懈可击。李萼在此便是运用“私不如结”的方法。由于身处劣势，独木难支，他便在分析双方情势的情况下，以软硬兼施的方法说服颜真卿与之联合作战，才保全了自己的势力，并壮大起来，其眼光高远又切合实际，从而把计谋运用得恰到好处。

第四章　处理问题，因人而异

【原文】

夫仁人轻货[1]，不可诱以利，可使出费；勇士轻难，不可惧以患，可使据危；智者达于数，明于理，不可欺以诚，可示以道理，可使立功，是三才[2]也。故愚者易蔽也，不肖者易惧也，贪者易诱也，是因事而裁之[3]。

【注释】

①仁人轻货：有德行的人不看重财货。

②三才：指仁人、勇士、智者三种人才。

③因事而裁之：根据情况作出判断和进行裁夺。裁，指判断、裁夺。

【译文】

一般来说，仁人君子是看轻财物的，所以不能用利益诱惑，可以让他们提供财物；勇猛之士是轻视危难的，所以不能用祸患去恐吓，可以让他们扼守险要；有智慧的人通达事理，不可以随意欺骗，却可以讲明道理，让他们建功立业。这是三种人才。所以说，愚昧的人容易被蒙蔽，不肖之徒容易被吓倒，贪婪的人容易被利诱，应根据不同的情况采取不同的方法。

【本章解读】

本章论述为人谋事，要善于利用三才，因人制宜：

“夫仁人轻货，不可诱以利，可使出费。”对仁者，不能诱以利，因为他们不重钱财，但可使他出钱。

“勇士轻难，不可惧以患，可使据危。”对勇士，不可以用祸患吓他，但可使他据守危险之地。

“智者达于数，明于理，不可欺以诚，可示以道理，可使立功。是三才也。”对于智者，因为他们通晓权变之术，明于事理，故不可欺其诚实，可晓以大义，使他们建功立业。以上是三种人才，必须用好。

“故愚者易蔽也，不肖者易惧也，贪者易诱也，是因事而裁之。”愚笨的人易受蒙蔽，不贤明的人易受恐惧，有贪心的人易受利诱，所以对这些人要抓住其特点控制他。

【趣味故事】

朱棣秘密图皇位

朱元璋死后，将帝位传给了孙子朱允炆。

这个年轻皇帝接到手的不是什么好权杖，而是一根利刺攒集的权杖。这些利刺不是别人，而是他的二十多个权高位尊的皇叔，他们个个都被封为藩王，划地而据，坐拥强权。朱允炆要想保住自己的帝位，必须削夺这些藩王的权位。这二十多个藩王中，最使朱允炆感到棘手的是燕王朱棣。

燕王朱棣是朱元璋的第四个儿子，他生性坚毅沉稳，足智多谋，英勇善战，又能以诚待人，在创建大明王朝的事业中屡立战功，颇为朝廷所推重，连朱元璋也对他另眼相看。由于前面的三位兄长均已死去，诸王之中以他为长，若能先将这根利刺拔掉，其他诸王自然会乖乖听命。于是，一道削藩的诏书下到了北平。

朱棣接到诏书后不以为然。他十一岁被封为燕王，二十一岁便封藩北平，至今已近二十年。北平是元朝的故都，由于朱元璋建国之后，把国都定在南京，这里便成了偏远的边陲。而被朱元璋打败的元蒙残部仍不断地前来侵袭骚扰，朱元璋把他封到这里，就是将保国安民的重任交给了他。朱棣果然不负所望，不但击退了元蒙残部的侵犯，还多次率部出征，深入沙漠腹地，将蒙古人赶到大漠之北，他的实力也因此而大大得到加强。

他本以为朱元璋会将帝位传给他，没想到却传给了朱允炆。平时他根本看不上这个年轻人，朱允炆只知舞文弄墨，一点魄力也没有，可最后朱元璋却把皇位传给了他。朱棣不得不对侄子称臣，他深感耻辱，一直耿耿于怀。

而新皇帝上任后马上把削藩对象对准了自己！他没有想到他竟会下如此辣招。可是朱棣明白，他现在还不能公开同朱允炆翻脸，于是便借口有病不出，留在王府内，暗中却不停地训练士卒。不料此事被人告发，朝廷便派使臣前来查问。

使臣来到北平，却见街上有一疯汉，蓬头垢面，衣衫褴褛，在大闹街市。那人边走边狂呼乱叫，一走到酒楼饭铺门前，便闯了进去，夺了客人的酒肉饭食就吃，同时还颠三倒四地胡说八道。吃饱了，喝足了，便倒在街头呼呼大睡，一睡就是一天。使臣派人打听，方知此疯汉竟是朱棣，他深感惊讶。

使臣命人将他护送回王府，并亲自前去探视。那时正值六月盛夏，酷热难熬，人们赤膊摇扇，还是挥汗如雨。他却围炉而坐，一边烤火，一边哆嗦叫："太冷了，太冷了！"

朱棣就这样装疯卖傻，骗过了朝廷的使臣。他准备妥当，于1399年，突然发动军事政变，逮捕了朝廷的使臣，接着举兵南下。经过三年叔侄之战，朱棣最终推翻了朱允炆的统治，登基称帝，这便是大名鼎鼎的明成祖。

【解析】

“计谋之用，公不如私”意思是说计谋的运用在公开场合下不如私下密谋。朱棣不甘心让朱允炆统治自己，但他深知自己还不足以与皇上分庭抗礼，于是秘密训练士兵，增强军事力量。而在被发现的情况下，他又装疯卖傻，欺骗前来调查的使臣。使臣见此情景，哪还相信这个“疯子”可以训练士兵呢？等到实力大增，时机成熟时，便突然发难，挟持朝廷使臣，直取南京。足见在私下韬光养晦是朱棣成就大业的制胜法宝。

第五章
计谋不在强弱，关键是运用合理

【原文】

故为强者，积于弱也；为直者，积于曲也；有余者，积于不足也。此其道术行也。

【译文】

所以，弱小可以蓄成强大，弯曲可以变成笔直，不足可以积成有余，就看运用是否合理。

【本章解读】

本章论述为人谋事要注意运用辩证转化法：

“故为强者，积于弱也；为直者，积于曲也；有余者，积于不足也。此其道术行也。”这里的道术是指胜敌益强战略。矛盾转化辩证法是：强者是由弱者逐步积累实力而成的；直路是由众多迂曲的路积累而成的；富余是由平时耗费不足（节俭）积累而成的，这是实行胜敌益强战略的必然结果。

【趣味故事】

子产知人善任

春秋时期，子产担任郑国的宰相。他不但精通政治大事和治国之道，而且能够根据别人的优点和缺点，扬其长，避其短，挖掘出别人最大的潜能。

伯石是个很有才华的人，但唯一的缺点就是重利益和爱面子，可子产仍然很重用他。一次，他派遣伯石独自外出到别的国家办事。

临行前，子产还没有交代任务，就问他："这次出去你任重而道远，要是完成得出色，我会重重赏赐你。你想要什么奖赏呢？"

伯石毕恭毕敬地回答说："为国家做事是我应尽的义务，我愿意为您效忠，还谈什么赏赐呢？"

子产和蔼地笑着说："有功即可受禄。事成之后，你就搬到西城街上的那幢富丽堂皇的房子里去住吧！"

伯石已经心有所动，但表面上仍然露出一丝难色，答道："这样不太好吧，一来我还不知道能否完成任务，现在领赏别人会在背后议论；二来我现在的住处和那里相隔甚远，马上就要走了，一时也不能搬过去……"

子产打断他的话说："这些都是无关紧要的事，你放心去办事，这些事情我会安排妥当的。"

伯石高高兴兴地走了，一旁的门生不解地问子产："他身为大臣，为国家办事效劳是应该的，而且本身就拿了俸禄，您为何还要另外给他赏赐？更何况其他大臣从来没有这样的待遇，难道他有什么值得特别嘉奖的吗？"

子产回答说："每个人的性格都是不一样的，我明白伯石这个人，他很看重利益。虽然表面上说得很好听，其实那都是虚伪之辞。每个人都有私欲，更何况是他！如果我给他一点利益，他就肯定会尽心尽力地办事，而且我相信他有这个能力！"

"但是你不满足他的私欲也不会有什么坏结果，毕竟那是他分内的事情！"门生还是不解。

“你这样想就错了！”子产回答说，“那样他只是因为畏惧大王的威严去办事，就算完成了，他也会心怀嫉恨。时间长了，说不定会做出什么坏事来。对于这种人就是要利而诱之，才能引发他的能力，为己所用。”

伯石回来后，就住进了那座大房子里。子产又和郑王商量赐给他一座城邑，伯石乐不可支，但是又作势交回封地，子产也就故意收回。过了几天，又重新发布命令赏赐给他。如此这般三次，伯石才接受。

门生又好奇地问：“第一次不要就算了，要么就一次赏给他，为何还要这样推来推去？”“我是故意这样的。他这个人虚伪，这样既显得他谦虚礼让，又满足了他的私欲，一举两得。”

子产知人善任，不仅没有因为别人的欲望和虚伪弃而不用，还利用别人的缺点，做到了人尽其用。由于子产对伯石的优点和缺点了如指掌，在他掌权时，伯石的地位始终没有超过他。

【解析】

“夫贤不肖、智愚、勇怯、仁义有差。”意思是说人的性格各不相同，所以对待各色人等的态度和方法也应灵活掌握。子产成功用人之处便是抓住了伯石的虚伪与好利，从而以利诱之，使其忠心为己做事。

第六章　计谋的原理

【原文】

故外亲而内疏[①]者，说内；内亲而外疏者，说外。故因其疑以变之[②]，因其见以然之[③]，因其说以要之，因其势以成之[④]，因其恶以权之，因其患以斥之。摩而恐之，高而动之[⑤]，微而正之，符而应之[⑥]，拥而塞之，乱而惑之[⑦]，是谓计谋。

【注释】

①外亲而内疏：外表亲近，内心疏远。

②因其疑以变之：根据对方的疑问来改变游说内容。陶弘景注："若内外无亲而怀疑者，则因其疑而变化之，彼或因见而有所见，则因其所见而然之。"

③因其见以然之：根据对方的表现判断游说活动是否得法。

④因其说以要之，因其势以成之：根据言辞来总结要点，根据形势来成就事业。陶弘景注："既然见彼或有可否之说，则因其说要结之；可否既形，便有去就之势，则因其势以成就之。"

⑤摩而恐之，高而动之：陶弘景注："患恶既除，或恃胜而骄者，便切摩以恐惧之，高危以感动之。"

⑥微而正之，符而应之：陶弘景注："虽恐动之，尚不知变者，则微有所引据以证之，为设符验以应之。"符，验证。

⑦拥而塞之，乱而惑之：陶弘景注："虽有为设引据符验，尚不知变者，此则或深不可救也。使拥而塞之，乱而惑之，因抵而得之。"拥，通壅，用土堵。塞，封闭。

【译文】

对那些外表亲近而内心疏远的人，要从内心入手游说，用真诚来打动；对那些内心亲近而外表疏远的人，要从外部入手游说，以求表里如一。因此，顺着对方的疑问来改变游说的内容，根据对方的表现来肯定他的看法，根据对方的言辞去迎合他的本意，根据利于对方的形势去成全他，根据对方憎恶的东西来帮他谋划解决，根据对方可能造成的祸患来设法排除。如果这些不能有效，就要在摸清对方意图之后再威胁，夸大事情的严重性使之动摇。进一步借助事实和例证使他有所改变。以阻隔来蒙蔽，用谋略来迷惑。这些做法就是“计谋”。

【本章解读】

本章论述向人献谋要因势利导：

1.“故外亲而内疏者，说内；内亲而外疏者，说外。故因其疑以变之，因其见以然之，因其说以要之，因其势以成之，因其恶以权之，因其患以斥之。”本句是说：若对方只是在外表与我亲近，而内心实际与我疏远，则我在献谋时，应从打动其内心入手；若对方内心虽与我相通，但外表实与我疏远，则我在献谋时，应从改善外部关系入手。故献谋时，应根据其疑惑所在，而变更说辞；根据其见解，表示同意否；根据其所说，决定迎合与否；根据其所处形势，帮助他成就功业；根据其所憎恶，权衡利害得失；根据其祸患之所在，帮助排除。如此，对方才会相信你所献之谋。

2.“摩而恐之，高而动之，微而正之，符而应之，拥而塞之，乱而惑之，是谓计谋。”本句是说，向人献谋时，要因势利导，

运用如下计谋：

“摩而恐之”，与对方磨合，并指出其所处的危险，使之对危险引起恐惧。

“高而动之”，用崇高的事业目标，打动对方，使之奋发图强。

“微而正之”，鉴于对方难免对我的谋事才能有所怀疑，我应不动声色，悄悄地给予证实，打消其疑虑。

“符而应之”，凡对方的正确意见与合理要求，我应符合，给予回应。

“拥而塞之”，凡对方的错误要求与错误意见，我应设法拥阻堵塞，避免坏事。

“乱而惑之”，对于那种过于自尊自信、思想顽固不化的掌权者，我应向他揭示矛盾，造成思想混乱，使其困惑，然后向他献谋，这叫先破后立。

【趣味故事】

装疯卖傻保性命

关汉卿的戏剧《窦娥冤》一上演，就受到了人们的普遍欢迎。由于戏剧无情地揭露了官吏的昏庸无道和贫穷民众的艰辛困苦，因此老百姓争相传诵。但是当朝者却认为关汉卿蓄意诋毁朝廷，有所图谋，就下令通缉他，并四处张贴他的头像，要把他捉拿归案。

关汉卿得知这个消息后，立即决定离开这个危险的地方，暂时避一避。这天晚上，关汉卿正急着赶路，对面走过来几个巡夜的捕快。他想转身逃走，不仅会招来嫌疑，而且还可能会落入他们的手中，便冷静下来，站在那里和对方斡旋。那几个人看他书生模样，行色匆匆，立即拦住他。

“这么黑的天到哪里去？干什么的？”一个班头模样的人厉声问。

关汉卿看着眼前的情景，像在自言自语，说：“三五步走遍天下，七八人统领千军。”

班头一听答非所问，还有几分文气，而且口气不小。他本人特别喜欢戏剧，多少还懂一些，不甘示弱地说：“你以为我听不出吗？你是不是唱戏的？快说！别磨蹭！”

关汉卿不为所动，继续胡说一通：“或为君子小人，或为才子佳人，登台便见；有时欢天喜地，有时惊天动地，转眼即成空。”

其他的捕快有如听闻天书一般，直嚷嚷：“抓起来！抓起来！”

班头是个戏迷，平日也喜欢看关汉卿编演的戏，听到这些话语，顿生疑虑。他把灯火靠近关汉卿的脸一照，失声喊道：“我看你像……”

关汉卿急了，赶紧抢过话茬，笑嘻嘻地说：“你看我非我，我看我，我亦非我；我装谁像谁，谁装谁，谁就像谁。”

前后几番话都说到班头的心坎里了，人生不过就是一场戏。现在他已经确信面前的人就是关汉卿，但内心非常矛盾：“拿下吧，自己不忍心。关汉卿确实是戏剧大家，不仅自己喜欢，百姓对其也敬重有加，说不定因为捉拿了他，自己要臭名远扬；放过去吧，五百两的赏银可是一个不小的诱惑，说不定还要担当失职的罪名。”

在一旁胡言乱语的关汉卿很快就看穿了班头的心思，随口又吟出一句：“台上莫逞强，纵使厚禄高官，得意无非俄顷事；眼下何足算，到头来抛盔卸甲，下场还是一般人。”

班头细想品嚼，悟出了其中的弦外之音。现在贪图一时之利，到头来功名利禄也是一场空，说不定没有好的下场，自己又何必呢？于是接着自己刚才的话，训斥道：“我看你神经有问题！”说完，一招手，对手下的人说：“我们走！不要在这个迂腐的书呆子身上浪费时间了！”一行人趾高气扬地走了，关汉卿算是躲过了一劫。

【解析】

关汉卿在不利的形势下装疯卖傻，痴痴呆呆，而内心却特别清醒，以此达到麻痹对方的目的，从而使其放松对自己的警觉，而暗地里随机应变，等待时机寻找脱身之计。这种方法的关键是要表演逼真，不露破绽，否则被对手识破就非常危险。

第七章　献谋之道贵于会掌控

【原文】

计谋之用，公不如私，私不如结①，结而无隙者也。正不如奇②，奇流而不止者也。故说人主者，必与之言奇；说人臣者，必与之言私。其身内，其言外者疏③；其身外，其言深者危④。无以人之近所不欲而强之于人，无以人之所不知而教之于人。人之有好也，学而顺之；人之有恶也，避而讳之。故阴道而阳取之⑤也。故去之者纵之，纵之者乘之⑥。貌者，不美又不恶，故至情托焉⑦。可知者，可用也；不可知者，谋者所不用也。故曰事贵制人，而不贵见制于人。制人者握权也；见制于人者制命⑧也。

【注释】

①私不如结：暗地谋划不如结为死党。结，缔联。陶弘景注："公者扬于王庭，名为聚讼，莫执其咎，其事难成，私者不出门庭，慎密无失，其功可立，故公不如私，虽复潜谋，不如与彼要结，二人同心，物莫之间，欲求其隙，其可得乎。"

②正不如奇：正攻虽然合理，不如使用奇计。陶弘景注："正者循理守常，难以速进；奇者反经合义，事同机发。故正不如奇。奇计一行，则流通而莫知止也。故曰奇流而不止者也。"正，指规范、标准。

③其身内，其言外者疏：内，内部；疏，疏远。虽然知情，但把内情泄露于外，这种人就会被疏远。

④其身外，其言深者危：虽然是外人，但言论却深通内情，

这种人就会陷于危险。陶弘景注："身在内而言外泄者，必见疏也；身居外而言深切者，必见危也。"

⑤阴道而阳取之：用隐秘的方法获取对方的欢心。顺从对方又恐忌讳，暗中进行就不伤感情。陶弘景注："学顺人之所好，避讳人之所恶，但阴自为之，非彼所逆，彼必感悦，明言以报之，故曰阴道而阳取之也。"

⑥故去之者纵之，纵之者乘之：欲擒先纵，趁机取利。陶弘景注："将欲去之，必先听纵。令极其过恶，过恶既极，便可以法乘之。故曰纵之者乘之也。"

⑦至情托焉：以真情相托，完全值得信赖。陶弘景注："貌者，谓察人之貌，以知其情也。谓其人中和平淡，见善不美，见恶不非。如此者，可以至情托之，故曰至情托焉。"

⑧制命：命运被人控制。

【译文】

计谋的使用，公开进行不如私下谋划，私下谋划不如结成死党，结成死党可使双方的关系亲密无间。循规蹈矩不如出奇制胜，奇计一出就像河水奔流一样无法阻止。所以，游说君主一定要和他讨论奇计的运用，才能建立非常之功；游说人臣一定要和他谈论私利，才能保全自己。

如果处于圈子之内，却把内情泄露于外，就会被疏远；如果处于圈子之外，却到处显露内情，就会带来危险。不要把对方不想要的东西强加于人，不要把对方不想知道的强教给人。对方有某种爱好，可以学习相关的东西以迎合他；如果对方有厌恶的东西，就要加以避讳，以免引起对方不快。所以，暗地筹划计谋，可以获取对方欢心。要想除掉对方，就先去放纵他，使其罪行不可饶恕，然后找机会除掉他。处事冷静至情至性，相貌不美不丑的人，可以把大事托付给他。如果对一个人了解，可以任用他；如果不了解，有谋略的人不会任用他。所以，做事情看重的是控制对方，而不是被对方控制。控制对方的人，手中掌握主动；被控制的人，命运也被对方控制。

【本章解读】

本章论述向人献谋之谋：

1．“计谋之用，公不如私，私不如结，结而无隙者也。正不如奇，奇流而不止者也。故说人主者，必与之言奇；说人臣者，必与之言私。”本句是说：运用计谋，公之于众不如私下密谋，私下密谋不如结为同盟，结为同盟就可能没有间隙。运用计谋，按常规不如出奇，奇计可流而不止，变化无穷。故向人主进献计谋时，一定要献奇计；向人臣献计谋时，一定要与他私下密谈。

2．“其身内，其言外者疏；其身外，其言深者危。”本句是说：向人献谋时，要注意关系的亲疏、深浅。如果你已置身于内，与人君关系很亲近，而你把与他商定的计谋外泄了，则他一定会疏远你；如果你与其关系疏远，而你所谈的话很深，触及其机密要害，则你就有杀身的危险。交浅而言深，立身处世之所忌。

3．“无以人之近所不欲而强之于人；无以人之所不知而教之于人。人之有好也，学而顺之；人之有恶也，避而讳之。故阴道而阳取之也。”本句是说：不要以人家所不愿意做的事，强迫人家去做；不要以人家所不愿知的东西，强迫教人家。人家有爱好，你要学着顺从他；人家有厌恶的人或事，你要尽量避开其忌讳；这叫作暗中讨好，公开取得人家的欢心。

4.“故去之者纵之，纵之者乘之。”本句是说：如果想去除对方，那就献谋使其放纵犯错误；待其放纵犯了错误时，你就可以乘机制裁他。

5.“貌者，不美又不恶，故至情托焉。”陶弘景注曰：“貌者，谓察人之貌，以知其情也。谓其人中和平淡，见善不美，见恶不非。如此者，可以至情托之，故曰至情托焉。”由此看来，鬼谷子和陶弘景均比较欣赏那种中和、稳重，不易受到干扰的人。

6.“可知者，可用也；不可知者，谋者所不用也。”本句是说：若此人可知，则可利用；若此人不可知，则不可为他出谋划策。

7.“故曰事贵制人，而不贵见制于人。制人者握权也；见制于人者制命也。”本句是说：为人谋事，包括献谋，最看重的是控制其人，而不被人控制。所谓控制人，就是掌握其权柄；所谓被人控制，就是自己的命运掌握在别人手里。

【趣味故事】

解散湘军求自保

曾国藩的老家在湖南。太平天国起义爆发后不久，他在家乡的母亲就去世了。于是曾国藩回家安排老人的后事，尽孝守丧。

当时，清朝政府编练的八旗兵和绿营兵，正在镇压太平军，却连连败北。无奈之下，清政府命令各省组织地方团练，成立地方武装，用来镇压太平军。

曾国藩得知这一命令后，立即组织湖南团练。他起用自己的亲朋好友、同乡、同学和门生做营官，然后由营官亲自选募哨官，哨官再选拔士兵。这样逐层选募，创建了湘军水师和陆师。

两军皆由曾国藩掌管，兵为将有，不接受政府的调遣，只服从曾国藩一个人的命令。因此，湘军具有强烈的封建个人隶属关系，清政府很难拥有军权。

但是，湘军军纪严明，操练所用的军械都是洋枪洋炮，战斗力比较强。与朝廷的八旗兵和绿营兵相比，富有生气和活力。在曾国藩的指挥下，湘军攻占了太平天国的部分地区。

清朝政府看到曾国藩团练有功，为鼓励他继续镇压太平军，就把江苏、安徽、江西和浙江四省的军务都委托给曾国藩。从1861年11月起，曾国藩管辖四省的巡抚、提督及其以下的文武官员。

这是清政府有史以来给予汉族官员最大的权力，以往汉族督抚最多辖制三个省。当曾国藩的亲朋好友纷纷向他表示祝贺时，曾国藩并未得意扬扬，他深谙仕途变幻莫测，因此常常如履薄冰，一直怀着戒慎戒惧之心。

咸丰帝得知湘军攻占了湖北武昌城后，喜形于色，对曾国藩大加赞赏："曾国藩一介书生，没想到还有这等军事上的才能！他立下大功，等太平军镇压完毕，我一定要好好犒赏犒赏他！"

但有一位大臣却上前提醒咸丰帝说："在他家乡，曾国藩以在籍侍郎的身份竟能振臂一呼，应者云集，从者万人，皇上您还是多多提防。是福是祸，恐怕一时之间难以判断。"

咸丰帝听着，脸色渐变，沉默良久，再也没有在大臣面前夸奖过曾国藩。

曾国藩很快镇压了太平天国起义。咸丰帝遵守诺言，封他为一等毅勇侯，并且可以世袭。曾国藩的家人和亲朋好友都欣喜不已，以为曾氏家族从此可以一劳永逸。但曾国藩并没有因此春风得意，反而担心树大招风，招致其他人的嫉妒和皇上的怀疑，落得免死狗烹的下场。因此曾国藩只想如何明哲保身、急流勇退，以免落得前功覆没、名声受损的下场。

他立刻写信给弟弟，嘱咐他见机抽身而退，以免招致不必要的排挤。他也察觉到咸丰帝已心生芥蒂，为了表明自己无心揽权，他上折给皇上说：湘军成立的时间很长了，已经沾染上一些军队的恶习，有些混乱。现在镇压太平军的目的已经达到，奏请朝廷裁兵，遣散自己编练的湘军。

对自己的去留，曾国藩却左右为难。如果说想要留在朝廷效力，恐怕皇上以为贪恋权位；如果请求告老还乡，皇上会以为不愿为国效力，甚至还会招来自组军队、图谋皇位的嫌疑。因此在奏折上，他对这个问题避而不谈。

由于裁汰湘军是咸丰帝首先要处理的，因此，他一边感叹曾国藩“善解人意”，一边立即下令解散部分湘军，让他仍担任两江总督。

【解析】

“非至圣达奥，不能御世”，意思是如果不能像圣人那样穷尽世理，探求事物本质，就不能立身处世、治理天下。为官要居安思危，功成名就要及时抽身而退，同时要善于察言观色和揣度人心。曾国藩作为中国古代封建社会最为出色的官员之一，他深知官场之道。一生为官，小心谨慎，如履薄冰，居功不自傲，为人不自大，终成大业。

曾国藩在功成名就后，便裁汰湘军，明哲保身，运用的时机与方法恰到好处，不仅避免了被皇帝猜疑，还进一步得到了“善解人意”的信任。

第八章　隐而不露，计谋深远

【原文】

故圣人之道阴，愚人之道阳[①]。智者事易，而不智者事难。以此观之，亡不可以为存，而危不可以为安[②]。然而无为而贵智矣。智用于众人之所不能知，而能用于众人之所不能见。既用，见可否，择事而为之，所以自为也。见不可，择事而为之，所以为人也。故先王之道阴。言有之[③]曰："天地之化，在高与深，圣人之制道，在隐与匿。"非独忠信仁义也，中正而已矣。道理达于此义者，则可与言。由能得此，则可与縠[④]远近之义。

【注释】

①圣人之道阴，愚人之道阳：圣人谋划事情，隐而不露；愚人谋划事情，张扬外露。道，指谋略、原则。阴，指隐秘、隐藏。阳，指公开、张扬。陶弘景注："圣人之道，内阳而外阴；愚人之道，内阴而外阳。"

②亡不可以为存，而危不可以为安：救亡图存和转危为安都是很难的事，唯独智者才能做到。陶弘景注："智者宽恕故易事，愚者猜忌故难事。然而不智必有危亡之祸，以其难事，故贤者莫得申其计划，则亡者遂亡，危者遂危，欲求安存，不亦难乎！今欲存其亡，安其危，则他莫能为，惟智者可矣。故曰无为而贵智矣。"

③言有之：古语有这种说法。陶弘景注："言先王之道，贵于阴密。寻古遗言，证有此理，曰天地之化，唯在高深；圣人之

制道，唯在隐匿。所隐者中正，自然合道，非专在仁义忠信也。故曰非独忠信仁义。”

④穀：养，引申为商讨之意。

【译文】

所以，圣人施展计谋隐而不露，愚人施展计谋公开张扬。有智慧的人成事会很容易，资质愚钝的人成事就比较困难。由此看来，灭亡的事物不会继续存在，危乱的局面难以回到安全。在这种情况下，无为而治，顺应规律是最高明的。智慧要用在常人察觉不到的地方，才能则要用在常人发现不了的地方。智慧和才能的使用要做到隐秘，在使用的时候，如果情况允许就不要公开，选择一些事自己做；如果情况不允许，就选择一些事让他人去做，并且表明这是为了对方。

所以，先王之道是隐而不露的，古语有言：“天地的运行，在于高远与深邃；圣人制定谋略，在于隐秘和藏匿。”然而，使用谋略不能背弃忠信仁义的原则，还要做到中正。用这种方法使用谋略的人，才能和他共同商议计谋。如果能做到这些，就可以取悦远近的人，进而使天下人归顺。

【本章解读】

本章论述设谋、献谋要讲求高深隐匿：

1. 设谋献谋讲求阴柔。“故圣人之道阴，而愚人之道阳。”这里的阴阳何意？或释为隐秘与公开：圣人设谋献谋，总是讲求隐秘；愚人设谋献谋，总是对外公开。或释为柔与刚：圣人设谋献谋，总是外柔而内刚，外表极有灵活性，内心极有原则性，城府很深，大智若愚；而愚人设谋献谋，总是外

刚内柔，外表极有原则性，而内心十分糊涂，虽然外表不可一世，但内里十分肤浅。

2.“智者事易，而不智者事难。”这是上句的推论：智者谋事，由于外阴内阳，外柔内刚，办起事来，总是容易成功；愚笨的人谋事，由于外阳内阴，外刚内柔，逆着人情常理，办起事来总是难于成功。

3.“以此观之，亡不可以为存，而危不可以为安。然而无为而贵智矣。”这是上句的再推论：由此观之，愚者不可救亡图存，不可转危为安，只有靠智者，顺乎自然，方可做到，无为而无不为。

4.“智用于众人之所不能知，而能用于众人之所不能见。”本句是说，智谋的运用要奇，奇到让一般人想不到，见不到。

5.“既用，见可否，择事而为之，所以自为也。见不可，择事而为之，所以为人也。”本句是说：计谋在运用的过程中，必然会有可行与不可行两种，见到可行的，则应有选择地去做，所以能自为一番事业；如果明知不可为，明知有风险，而仍然有选择地去做，这是为他人不惜牺牲。

6.“故先王之道阴，言有之曰：‘天地之化，在高与深，圣人之制道，在隐与匿。’非独忠信仁义也，中正而已矣。”这是画龙点睛之笔。本句是说：自古贤明的君王，总是阴道而阳取，留下精辟言辞曰：“天地之造化，高深莫测；圣人之制道，在于隐与匿。”他们并不停留在忠、信、仁、义这些道德口号上，坚持的是中正，即符合事物发展的本来规律。

7.“道理达于此义者，则可与言。由能得此，则可与穀远近之义。”穀字，通谷，他们释为：如此则可养育远近老百姓。而古代学者俞诚之注为彀，是张满弓弩之意。本句是说：献谋要选择对象，如果对方通达古圣贤之理，则可以进言献谋。如果能得到这样贤明的君主，则可以尽情献上自己对远近之建议。

【趣味故事】

魏文侯耐心等乐羊子

战国时期，魏国的国君魏文侯打算发兵征伐中山国。有人向他推荐一位叫乐羊的人，说他文武双全，一定能攻下中山国。可是有人又说乐羊的儿子乐舒如今正在中山国做大官，怕是投鼠忌器，乐羊不肯下手。

后来，魏文侯了解到乐羊曾经拒绝了儿子奉中山国君之命发出的邀请，还劝儿子不要跟荒淫无道的中山国君跑了，文侯于是决定重用乐羊，派他带兵去征伐中山国。乐羊带兵一直攻到中山国的都城，然后就按兵不动，只围不攻。

几个月过去了，乐羊还是没有攻打，魏国的大臣们都议论纷纷，魏文侯却不听他们的，只是不断地派人去慰劳乐羊。可是乐羊照旧按兵不动，他的手下西门豹忍不住询问乐羊为什么还不动手，乐羊说："我之所以只围不打，还宽限他们投降的日期，就是为了让中山国的百姓们看出谁是谁非，这样我们才能真正收服民心，我才不是为了区区乐舒一个人呢。"

又过了一个月，乐羊发动攻势，终于攻下了中山国的都城。乐羊留下西门豹，自己带兵回到魏国。魏文侯亲自为乐羊接风洗尘。宴会完了之后，魏文侯送给乐羊一只箱子，让他拿回家再打开。乐羊回家后打开箱子一看，原来里面全是自己攻打中山国时，大臣们诽谤自己的奏章。

如果魏文侯听信了别人的话而沉不住气，中途对乐羊采取行动，那么后果可想而知，那就是：自己托付的事无法完成，双方的关系也再无法维持下去了。

【解析】

俗话说："心急吃不了热豆腐。"当一个人失去耐心的时候，同时也失去了清醒的头脑，也就不能冷静地分析事情。怎样使自己变得有耐心一点，在紧张的情况下保持心平气和呢？也就是说在不同环境下怎样消除烦恼的情绪，至少对它有所控制呢？这值得我们思考。

【延伸阅读】

一、谋略聚焦

1．左右逢源，巧妙生存

左右逢源，原指学识广博，应付自如。这里指一种处世之道，比喻做事功夫到家，就会得心应手、顺利无碍。典出《孟子·离娄下》："资之深，则取之左右逢其原。"战国时，孟子讲治学之道，学生问怎样才能做到获取高深的学问，孟子说："方法要对，态度要好，学习知识有心得，久而久之，做到了广、深、透，就能左右逢源，得心应手，取之不尽，用之不竭。"对于处世而言，能够左右逢源的人，可以借助多方力量，不断走向成功。

战国时，秦军大举进攻赵国，赵国邯郸岌岌可危。秦军围困邯郸长达三年，邯郸城内无粮草外无救兵，情况危急。东周王室的国君看到赵国处境艰难，认为秦国灭赵后，一定会来吞并他们。于是对相国说："秦国攻克邯郸是早晚的事，为了东周的社稷苍生，请你辛苦一趟，到秦国去见秦王，要求我们两国结好。”这时，有大臣前来汇报：“邯郸传来消息，魏公子信陵君窃符救赵，秦军大败退回关中。秦国名将白起也自杀了。”

东周国君听了，沉吟半晌。他原想派相国到秦国结好，为的是找个靠山，免受刀兵之灾。听说秦军大败，白起已死，便对相国说：“秦军重创，国势骤衰，你不必去了。”

相国手下有个谋士足智多谋，洞悉天下大势，便劝说东周除了和东方大国齐国交好，还是应照计划去和秦国结好。那样，东周才能左右逢源，立于不败之地。因为看透了各国间的复杂利益关系，东周国君采纳了这条与秦交好的建议，使东周在战国争雄的局面中勉力维系。

鬼谷子认为：遵循一定的法则去筹划计谋，必须查明事情原委，在实情的基础上做到左右逢源，就可以立于不败之地。东周相国的谋臣便是根据这个道理，做出了上面的谋划。

2．融会贯通，出奇制胜

出奇制胜，是许多将帅所追求的目标。对于出奇制胜的奥妙，鬼谷子认为：“奇不知其所拥，始于古之所从。”《孙子兵法》云：“凡战者，以正合，以奇胜。故善出奇者，无穷如天地，不竭如江海。”

一般来说，谋略可以分为上谋、中谋、下谋。上谋是无形的谋略，它容易获得成功，而使人毫无知觉；中谋是有形的谋略，帮助人们成就事业。下谋是迫不得已时的救急之策，虽然也能解决问题，但费力伤物。以上三种计谋，需要根据不同情况来制定具体方案。

田忌赛马的故事，体现了孙膑的奇谋妙计。孙膑在齐国田忌府中当门客。有一天，田忌从外面回来，坐在屋中生闷气。原来是田忌要和齐威王赛马。他们把各自的马分成上、中、下三等。

比赛时，上马对上马，中马对中马，下马对下马。由于齐威王每个等级的马都强得多，所以比赛了几次，田忌都失败了。

孙膑了解了情况后，就走过去说："再比一次，一定能赢。"田忌很疑惑："你是说另换一批马？"孙膑摇头："一匹马也不换。"田忌说："那还不是输！"孙膑胸有成竹："你就照我的安排去做。"

第二天，齐威王早早来到赛场。田忌因为有孙膑做军师，信心十足。比赛开始了，孙膑先以下等马对齐威王的上等马，第一局输了。接着第二场，孙膑拿上等马对齐威王的中等马，获胜一局。第三局比赛，孙膑拿中等马对齐威王的下等马，又胜一局。这让齐威王目瞪口呆。比赛结果是三局两胜，自然是田忌赢了。同样的马匹，由于调换出场顺序，就得到了转败为胜的结果。

这个故事讲述了一个道理，在外部环境没有改变的情况下，只要认真思考，就可以依靠奇谋来制胜。

楚汉争霸时，韩信背水一战大破赵军。庆祝胜利时，将领们问韩信："兵法上说，列阵时应该背靠山，阵前可以临水泽，现在您让我们背靠水排阵，竟然取胜了，这是什么策略？"韩信笑着说："这也是兵法上有的，只是你们没注意罢了。兵法上说'陷之死地而后生，置之亡地而后存'，如果是有退路的地方，士兵早都逃散了，怎么能指望他们拼命呢？"

韩信精通兵法，但不囿于兵法，而是充分领会精神，融会贯通，最终达到出奇制胜的效果。由此说明，看准对方的弱点进行打击，远比正面硬碰的效果要好得多。这就是不按常理出牌逆向思维的价值。日常生活中，为什么非要墨守成规而不去出奇制胜呢？

此外，实施计谋需要足够的耐心和智慧，“智者事易，而不智者事难”“智用于众人之所不能知，而能用于众人之所不能见”，智者能够明了常人难以察觉的事情，具有战略眼光，从而高瞻远瞩把握全局。战争的胜负很大程度上取决于是否能够把握全局，并做深入细致的分析。知己知彼方可百战百胜，本篇强调智谋是一种运筹帷幄的智慧，是一种心气高远的境界。

3．道有不同，不相为谋

志向不同的人，不能一起谋事。个人的修养与后天有关，也与环境有关。重视朋友的选择是成就事业的因素。鬼谷子认为：谋划事情时，一定要考察彼此在各方面的异同。否则就会有害于双方。

《谋》篇曰：“故同情而俱相亲者，其俱成者也；同欲而相疏者，其偏害者也。同恶而相亲者，其俱害者也；同恶而相疏者，其偏害者也。故相益则亲，相损则疏，其数行也。”这是说无论做任何事，要想数人同谋，必须志同道合，为了共同利益走到一起，才能同心协力，或分享成功的喜悦、欢欣，或分担痛苦、损失。如果不是志同道合，势必会部分受益，部分不受益乃至受损，如此合作，同谋的关系就会被破坏，自然会逐渐疏远。

通常人们愿意与品德高尚的人交往，远离那些品德低劣的人。《世说新语》中管宁、华歆“割席断交”的故事，告诫我们：真正的友谊，应该建立在共同的思想基础和奋斗目标上，如果没有内在的精神契合，只有表面上的亲热，这样的朋友是无法真正沟通和理解的，充其量算个熟人，也失去了做朋友的意义。

司马迁说：“世上学老子的人不屑于儒学，学儒学的人也不屑于老子。道不同，不相为谋。”这是因为思想观念、学术主张不同，所以他们就不相为谋。伯夷、叔齐，是殷代孤竹君的两个儿子。武王灭殷，天下宗周，伯夷、叔齐不食周粟，隐居首阳山，最终饿死。这是政治态度不同不相为谋的典型。

“道不同，不相为谋”是择友的重要原则。朋友要志同道合，不然就会南辕北辙，越走越远。真正的朋友不会把友谊挂在嘴上，他们不会相互要求，而是主动为对方做事。日常生活中，更多的是人们为了点小事斤斤计较，只为自己的利益而没有想到对方。至于酒桌上的朋友，就更不可靠了。有些人历来会做表面文章，觥筹交错推杯换盏，似乎个个都是铁哥们。其实人一走，茶就凉。

有人说：“生意场上没有真正的朋友。”这话有一定道理。人们的思想观念不同，做事的方式也不同，如果坚持己见，可能带来争执，甚至造成矛盾。有时候，退一步海阔天空，既保留自己的想法，也尊重他人的意见。所谓“道不同，不相为谋”，应该放弃争执，先了解原因所在，找到解决方法，朋友间的意见也会达成一致。

至情至性，方值得信赖，托付大事。《谋》篇曰：“貌者，不美又不恶，故至情托焉。”自古以来，人们就很重视对相貌的观察，并与个体品行相关联。人的容貌，特别是神情，会传达一些内心信息。当然，人的相貌取决于先天的遗传因素和环境因素，受社会因素的影响较小，所以韩非子曾批判：“形相虽恶而心术善，无害为君子也；形相虽善而心术恶，无害为小人也。”

4．团队合作，集思广益

俗话说，三个臭皮匠，赛过诸葛亮。意思是说要发挥集体智慧的力量。作为统帅者，不能做孤家寡人，不能闭目塞听，而是要集思广益，善于听取意见。对此，鬼谷子告诫我们，居上位者“目贵明，耳贵聪，心贵智”。

作为计谋而言，一下子就能被人看破的，就不能称之为计谋，因为很难达到设想的效果。因此，《谋》篇曰：“计谋之用，公不如私，私不如结，结而无隙者也。”对于计谋来说，公开策划不如密谋，私下密谋不如结成党羽。一项谋略如商量于大庭广众之中，则各执一词难成定论，又易于走漏消息。不如私下商议，定出策略。要想保证万无一失，最好结成死党，才不会被人钻了空子。

李斯的《谏逐客书》是一篇政论散文，其中“泰山不让土壤，故能成其大。江海不择细流，故能就其深”，这句话发人深省。人们爱听赞美之词，但太多的赞美容易使人受到蒙蔽，看不到真相。所以，富有智慧的领导者，要耳聪目明，善于听取各方意见和建议。

隋朝本是一个强盛的王朝，但数十年就灭亡了。唐太宗李世民总结了历史经验，认为隋朝灭亡是因为统治者不懂“水可载舟，亦可覆舟”的道理。于是勤躬自省，为避免“偏信则暗”，鼓励大臣上书言事，做到了“兼听则明”。所以，唐朝初年出现了“贞观之治”的局面。大臣魏徵敢于直谏，屡次上疏直陈太宗的过错，劝告其居安思危，察纳雅言，择善而从。魏徵病死，太宗亲临吊唁，痛哭失声，叹息说：“以铜为镜，可以正衣冠；以史为镜，可以知兴替；以人为镜，可以明得失。今魏徵已死，吾亡一镜矣。”

无论一个国家，还是一个企业，当需要决断的时候，总要充分发挥团队的能量，集思广益。西谚云：三人智慧胜一人。在任何时候，集体的智慧总是胜于个人智慧，这是永恒不变的真理。

5．以柔克刚，远交近攻

谋略是突破困境的利器，解决困难的良方。古往今来，很多重大的历史问题和尖锐矛盾，都是在一定谋略作用下才得以解决。然而，谋略的运用之妙全在一心，没有固定形式，要根据情况灵活加以运用。例如，对付强敌采取硬碰的方式，只会两败俱伤。以柔对待，反倒能将其制服。有时己方力不从心，就该考虑是否借用他人之力，或者通过合作达到目的。战国时范雎力倡“远交近攻”之策，使秦国兴盛六国灭亡，可以说是这一策略的极好运用。

战国末期，秦昭王想一统六国，但苦无对策。当时，魏国范雎胸怀大志，却没人赏识。后来，范雎辗转来到秦国。当秦国要攻打齐国时，范雎上书求见秦昭王。范雎说：“秦伐齐不好，因为中间隔着韩国和魏国，应该实施远交近攻的策略。”后来，范雎得到重用，成了相国。范雎跟齐国结盟，互不侵犯，又跟南方的楚国建立友好关系。魏国受到秦国的强大压力，只好求和。秦国没有了后顾之忧，两年内，攻下了二十多座城市。秦国日益强盛起来。

远交近攻的策略是指为了达成各个击破的战略目的，先让远处的敌人安心，全力消灭近处的敌人。这一策略属于制造和利用矛盾，分化瓦解敌方联盟，然后各个击破。实行“远交近攻”之计，有助于集中力量应付眼前的敌人，并且将其置于孤立无援的境地。

范雎对秦国的情况了如指掌，预先有所准备，经过对事实的分析和判断，坚定了秦昭王铲除异己的决心。特别是他提出“远交近攻”的策略打动了秦昭王，使得秦王嬴政继位后，继续用此策略，最终统一全国。

元朝统一中国，也使用了“远交近攻”的策略。成吉思汗统一蒙古后，有了进一步扩张的意图。当时，和蒙古东南相邻的金政权，对蒙古的威胁较大。和蒙古西南相邻的是西夏，更远的则是南宋。于是，成吉思汗胁迫西夏与其议和，解除了西部骚扰；并派人去和南宋通好。金政权连连败退，以致迁都于开封。

此后，成吉思汗率军进攻西夏，迫使夏主投降。成吉思汗死后，窝阔台即大汗位，仍然采取“远交近攻”的战略，他派使者到南宋，联合南宋夹击金国，攻克开封。金哀宗自杀，金政权灭亡。

蒙古清除了扩张道路上的障碍，于是大举进攻南宋。占领南京之后又攻占圭山，大臣陆秀夫背着小皇帝跳海自杀，南宋灭亡。元朝由此完成了统一大业。

6．凡谋有道，必得其因

《鬼谷子》有言：“为人凡谋有道，必得其所因，以求其情。”对个人来说，凡是筹划计谋都要遵循一定的法则，弄清事情的起因，才能把握后果。

很多时候，施展谋略可以改变实力对比，在关键时刻扭转时局、缓解危机。尤其是实力较弱的一方，在兵力财力上无法抗衡时，巧用计谋就能胜过千军万马，无形中削弱对方实力，进而以少胜多、以弱胜强。

谋略的施展和策划，需要对敌我双方有充分的了解。最重要的是要有针对性，了解对方的情况，事情发展的原因，在此基础上按照力量对比、实力强弱制定方案，才能确保成功。

东汉末年，曹操挥师南下，准备统一全国。荆州牧刘表病故，其子刘琮继位，随后投降曹操。刘备退守汉口，自知实力难以抵挡曹操，于是联合孙权共同抗曹，双方在赤壁形成隔江对峙的态势。

曹军战船虽多，但水军较弱，为了防止船只遇风不稳，便把战船连在一起。加紧备战的孙刘联军见此情形，认为有机可乘。于是定下计策，要用火攻打败曹操。通过施展苦肉计，黄盖率领战船前去诈降，实则内装干柴、火药。曹操率军迎降。谁知黄盖战船忽然着火，风助火势，如箭一般冲入曹军水寨。寨中船只一齐燃烧，曹营顿时陷入火海，曹操号称八十万大军，几乎全军覆没。

“制人者握权，被制者受命”，这是鬼谷子《谋》篇中的重要思想。兵法上主张“先发制人”，也就是要把握主动。无论是真实的战争还是生活中的争斗，掌握主动无疑是最重要的。掌握主动就等于掌握了时局，控制了事态的发展，事情就会顺着希望的方向改变。失去了主动，则会到处受敌、防不胜防，只有落后挨打的份。其实，主动权既是实力的较量，也是智慧的对比。

当然，处于被动并不意味着没有机会。运用计谋，往往能够起到很大作用，改变不利处境。有主动就有被动，两者相辅相成。就像有阴就有阳，是统一辩证的关系。人们在不同的关系中，不是处于主动，便是处于被动，而且在被动和主动之间不断变化。拥有主动固然好，但是如果没有被动一方，主动也就失去了意义。

二、古为今用

人的一生，即使你是一个普通人，在生活道路上，也难免会遇到各种矛盾，难免会遇到各种机会，难免会遇上歧途，均需要做出选择。若能多谋善谋，则可趋利避害，化险为夷。若无谋少谋，则难免后悔失策，落得悲惨命运。

如果你是企业家，在选择行业时，在决定投资时，在组建公司时，在技术创新时，在产品销售时，在实行资本兼并与联合时，在遇到各种危机挫折时，均需要多谋、善谋，不仅靠自己谋，而且还应善于聘请外脑，做周密系统的谋算和策划。

如果你是一位领导者，要领导好一个单位，甚至于领导一个地方，责任重大，每一项决策，既可能给广大群众带来福祉，福及子孙后代，也可能浪费大量资源，甚至给广大群众带来灾难，祸国殃民。几乎每一个领导者，在刚上任时，都想为人民做一些好事，都想做一些正确决策，然而有时会事与愿违。为何？因为权力是一柄双刃剑，想利用你手中权力的人太多，社会矛盾太多，社会诱惑太多，社会势场的作用太复杂，官场受制的约束条件太多，政府工作千头万绪，矛盾错综复杂，绝非无谋、寡谋者所能胜任。多谋善谋，是担当领导工作的必要条件。养谋士、用谋士、聘顾问、用顾问，是领导者成功的重要条件。遇事束手无策者，缺的是谋；计事神出鬼没者，靠的是谋。

本篇从谋士的角度出发，系统论述了谋的指南，回答如何为人谋事；继而系统论述了谋的内涵，回答要谋些什么；如何向人献谋，怎么献，提供了设谋、献谋的一整套方法论，对于立身御世，对于经营企业，对于执政行政，均有现实参考意义。

1. 谋的指南

谋的正确与否，成败如何，取决于谋的过程和谋的程序。

（1）谋的过程

谋，是什么？就形式来说，是主观的产物，因而有不少人把它理解为一个思维过程，一个拍脑袋的过程，只要头脑聪明，再加以冥思苦想就行，这是大错特错。用这种观念指导设谋，必犯主观唯心主义错误。

鬼谷子在本篇开宗明义指出，为人谋事的规律是这样的：首先要调查清楚其事的前因后果，从中求得对事情的了解；继而要审核其情报的全面性和全过程，从天时、地利、人和三个方面进行分析论证；进而把天时、地利、人和三个方面的情况结合起来，加以思索，寻找出奇谋，以奇制胜，这就是为人谋事的指南。

这段话说明，为人谋事，不是从主观到主观的过程，而是从客观到主观的过程；是从物质到精神的飞跃过程，是充分调查研究的过程，是充分发挥人的主观能动性的过程，是专家咨询论证的过程，是充分发扬民主、集中群众智慧的过程。谋的过程是否周全，直接关系到谋的成败。高明的领导者，无不非常重视谋的物质基础和飞跃的过程。有些国家，有些地区，以法律法规的形式，规范谋的物质基础和飞跃过程，就是从制度上保证决策的科学性和民主性。有许多决策错误，就是仅凭一知半解，忽视了谋的物质基础；就是仅凭一时冲动，忽视了谋的过程。

（2）谋的程序

鬼谷子首次提出谋的程序：变生事，事生谋，谋生计，计生议，议生说，说生进，进生退，退生制，因以制于事。从而把谋的过程进一步具体化、规范化了。这个程序，最可贵的是其中的四个要点：

事变。谋，是因为有事、有变，故一定要从事出发，从变着眼，这正是谋的物质基础。

计谋。谋是一个从客观到主观的认识飞跃过程，计是认识飞跃的结果。计要出奇，出奇是为制胜，不是哗众取宠。

议说。谋的过程，离不了各种议论，离不了不同意见之间的辩论；议离不了说，离不了对利害的分析和论证。这些均是民主决策不可缺少的。谋事离开民主的论证过程，就不可能做到科学，就不可能把计谋变为统一行动的思想。

进退。计谋受到众人拥护，受到领导者的采纳，付诸实施，这本身是一种进步。更可贵的是鬼谷子主张进生退。这个退，大有讲究，不是退缩，而是退到有利阵位，退到赢得人心；退到冷静沉着，谨防头脑发热；退到周密的应变准备，防范可能发生的意外风险。退，是为确保计谋实施的成功，确保能控制事态的发展。商鞅变法，为什么没得好报，不是变法本身的问题，而是缘于操之过急，想得简单，有进无退。

2．谋的内涵

谋什么？鬼谷子在本篇强调了五谋：

（1）谋奇

本篇首段就强调谋奇，这是历史经验。自古以来，奇谋所向无阻。

第七段又强调："正不如奇，奇流而不止者也。故说人主者，必与之言奇。"

谋奇，是对谋的基本要求，是谋的深化，是谋的结果。谋生计，计必须奇，只有谋出了奇计，才能说完成了谋的基本过程。以前篇所介绍过的赤壁之战为例，说服了孙权、周瑜联刘抗曹，只是诸葛亮出使江东的第一个任务，并未完成赤壁之战的谋。当协助周瑜制定了"水战、火攻"的计策之后，才算完成了谋的基本过程。因为只有水战，才能避开东吴的劣势，发挥东吴的优势；才能掩盖曹军的优势，突出曹军的劣势。只有用火攻，才能改变曹强吴弱的态势，提供胜利的可能。

何谓奇？奇，与正相对。正，是常规；奇，是特殊。《孙子兵法》曰："三军之众，可使必受敌而无败者，奇正是也。"又说："凡战者，以正合，以奇胜。战势不过奇正，奇正之变，不可胜穷也。"鬼谷子读过《孙子兵法》，欣赏奇正之说，他说"正不如奇，奇流而不止者也"，这就是孙武奇正之变的应用。从哲学上来讲，正，反映的是事物普遍规律，一般人都能想得到；奇，反映的是事物的特殊规律，并非所有人都能认识到。只有既把普遍情况研究透了，又把特殊情况研究透了，把握住特定的时间、地点、条件，才可能寻找出奇计。

奇计从何而生？鬼谷子指出了三个要点：

①"审得其情。"不仅要知情，而且要审情。审，其本义是详究、考察，由此引申出检查核对、知悉、周密、明白、不偏斜等含义。审情的重要性不言而喻，它不仅仅是对信息的简单了解，更是对情境、背景、动机等深层次因素的深入剖析。

②"乃立三仪。"三仪指什么？鬼谷子未言明，后人有各种解释。或曰：上指天时，中指人和，下指地利；或曰：指上智，中才，下愚；或曰：指上策、中策、下策。笔者认为：三仪，只是古人对决定事物成败的诸多要素的分类而已。古人认为，天时、地利、人和，是决定国家军事、政治斗争成败的主要因素。这个观点，至今仍不可忽视，只是有些事情更为复杂，决定胜败的因素更多。例如，《孙子兵法》把决定战争胜败的因素分为五类："一曰道，二曰天，三曰地，四曰将，五曰法。"再例如现代企业在研究企业发展战略时，经常综合考虑企业本身、竞争对手、市场环境、国家政法以及社会的科技

人文环境等五个方面。“乃立三仪”，其精神实质是要对事物做全方位、全过程的综合分析，切不要只见树木，不见森林；切不要只看眼前，不见发展；切不要只见物不见人，只看硬环境，忽视软环境。

③“参以立焉，以生奇。”就是在上述分析、比较、计算、模拟的基础上，把决定胜败的三仪或四仪、五仪等诸多因素联系起来，做全面、反复的思索、研究，做民主科学的探讨、争论，最终寻找出一个异乎常规、出人意料、利多弊少、较有成功把握的奇计。这个过程是谋事最难，也是最重要的阶段，是灵感的爆发，是智慧的碰撞，是高智商的创造，是丰富经验的升华，是大量艰苦劳动的结果，绝非懒汉和头脑简单者所能为。

（2）谋合

任何计谋，均靠力量去实施。谋合，实质是谋求建立统一战线。当年美国打朝鲜，后来打越南，打伊拉克，打南联盟，无不借联合国名义，实在借不到联合国的名义时，也力图联合更多的国家。即使是很强大的国家，也要尽一切可能建立起广泛的统一战线，最大限度地孤立敌人。如此，才能减少损失，确保成功。本篇的谋合思想，对于现代建立统一战线，仍是具有指导意义的。

本篇指出：人的亲疏，是有规律性的。“同欲俱成则相亲，同欲偏成则相疏；同恶俱害则相亲，同恶偏害则相疏；相益则亲，相损则疏。”这些话，都是精辟的名言。故在设计谋略时，要“察同异之分”。就是说要先察各方在情欲、好恶、利益和危害上的同与异，善于利用同欲、同情、同恶，实现联合办事；继而要注意联合办事所取得的利益分配，只有同欲俱成、同恶俱害，才能维持相亲；要尽量避免出现同欲偏成和同恶偏害的不合情理的局面出现。归根到底是同利同害的联合，以利益为纽带，只有相互带来现实利益，才能维持联合；只有相互带来长远利益，才能维持长久联合；绝对不能相损。有人说，在国际关系上，没有永恒的敌人，也没有永恒的朋友，归根到底是以利益为纽带。

鬼谷子还指出：分裂是有原因的，“故墙坏于隙，木毁于其节”，在维护统一战线的过程中，要特别注意那些“隙”，那些“节”，联合的破裂，往往是从这些环节开始的。

以赤壁之战为例，诸葛亮在建立刘吴统一战线上是有功的，也是一贯的。但为什么孙刘联盟未能维持长久，以致最后出现关云长大意失荆州，刘备败走白帝城，根本原因是诸葛亮过于精明，以最小的代价轻取荆襄等地，而拼死与曹操决战的孙权，从赤壁之战中并未获得相应的利益。刘备、关云长、诸葛亮没有照顾到“同欲俱成”和“同恶俱害”这一联合原则，在诸多问题上，没有相益，只有相损，岂能相亲，岂能不疏。

（3）谋材

盖大厦离不了钢筋，盖高楼离不了栋材。一支队伍依靠骨干支撑，一个联合体靠的是人才的亲和。鬼谷子在谋合的同时，还强调谋三材，材与才通。谋三材，就是谋得仁人、勇士和智者，为我所用，使仁人出费，使勇士据危，使智者立功。

如何谋得三材为我所用？鬼谷子叫人们抓住三材的各自特征，因人而异。仁人对钱财看得很淡，故不可诱之以利，却可发挥其仁德之特性，使之为国为民献出钱财，从而帮助解决经费供给问题；勇士英勇顽强不怕死，可使据守危地，冲锋陷阵；智者达数明理，只能示之以诚，示以大局，讲明道理，使之以智立功。

与轻钱财的仁者相对应的是贪者；与勇士相对应的是不肖之人；与智者相对应的是愚者。鬼谷子叫人们在谋三材时，还要裁制贪者、不肖者和愚者，避免他们打击三材，避免他们搅乱三材的事业。例如，谨防贪者损害仁者，把仁者拖下水；谨防不肖者拖勇者的后腿；谨防愚者干扰智者立功，谨防正不压邪。在歪风邪气盛行的单位里，仁者也难免变贪，勇者也难免变得胆小怕事，智者也难免变成愚者，这是领导者和谋士不能不注意的问题。

以赤壁之战为例，周瑜在谋材上有几手妙笔，一是利用蒋干这个说客，传递假情报，促使曹操错杀荆州降将、水军统领蔡瑁和张允，从而大大削弱了曹操的水军；二是起用庞统献连环计；三是大胆使用黄盖的苦肉计，用黄盖为先锋；四是巧用诸葛亮草船借箭和祭东风。这几手妙笔，无不是从这些人才的特性出发。

（4）谋积

任何新生事物，一开始总是比较弱小的，有些能从小到大，从弱到强；有些可能在弱小中遭遇外力摧残而死亡。怎样才能从小变大、从弱变强？弱小事物怎样才能战胜外界强力摧残？这是谋略家不能不研究的问题。解决这个问题，归根到底是谋积。

积，积累。积累是与耗费相对的。无论作战、办事、做生意，均难免耗费，用今日话说，就是要花成本，付代价。耗费，可使富者变穷，可使强者变弱，可使大者变小；而积累，可使穷者变富，可使弱者变强，可使小者变大，可使愚者变智。

鬼谷子在本篇提出谋三积：

①“为强者，积于弱也。”这是说：弱者，应谋积累实力，减少实力耗费，日积月累，就可以转化为强。

②“为直者，积于曲也。”这是说：要想得到直路走，必须先走弯路。平时，要不怕走弯路，走弯路是为了减少牺牲，保全实力。这就是《孙子兵法》强调的“以迂为直”的辩证转化论。

③“有余者，积于不足也。”这是说：贫穷者平时应谋增收节支，积累财富，日积月累，就可以转化为富。若能积累得很强的实力和财力，则必有利于成功。

鬼谷子谋三积，当然不是事物积累的全部。今日一个企业，不仅要积累资金，还要积累人才，积累管理经验，积累技术创新和专利，积累营销网络和信息，积累企业的知名度和美誉度，等等。至于一个城市，则要积累得更多，硬件靠积累，软件也要靠积累，没有几十年日积月累的建设，不可能形成城市竞争力。

事物发展的规律，总是从量变到质变。高明的谋略家，从不拘泥于一时一事，而是用发展的眼光设谋办事。每走一步，均为以后几步创造条件。从不把质变的希望寄托在空想上，而是脚踏实地积累，在量变上下功夫。在量变积累到条件成熟时，又不失时机，以大无畏的勇气，促成质变，取得发展。这不仅是兵家取胜的哲学，也是办任何事情不可违抗的规律。

（5）谋制

鬼谷子曰：“事贵制人，而不贵制于人。制人者，握权也；见制于人者，制命也。”可见谋制，就是谋取主动权，谋取制人之权，谋取实施既定战略的权柄，避免受制于人。若失去权柄，受制于人，轻则使既定战略无法实施，重则会遭杀身之祸。如商鞅就是例证。为秦孝公主持变法图强，功成名就时，曾有人预测：一旦秦孝公驾崩，则商鞅必死。劝他荐贤以自代，退隐以自全，他没听。果不出所料，随着国君更替，商鞅被车裂而死。

如果说谋奇、谋合、谋材、谋积基本属于谋略设计，则谋制就是为了谋略的推销和实施。

如何向当权者推销计谋？鬼谷子指出了四个要点：

一要因人制宜。要分析考虑当权者的事业需求、进展状况、个性特征和彼此关系。“因其疑惑”“因其见解”“因其言语”“因其所处形势”“因其爱憎”“因其利害得失”，采取不同的说辞和献谋方案。

二要选好途径。“计谋之用，公不如私，私不如结。”“说人臣者，必与之言私。”这是说：公开进献，不如私下进献为好；直接进说，不如有人引荐帮助说的好；公私结合比仅讲公利为好。

三要顺乎自然。不要以人之所不欲，强加于人；不要以人之所不愿知，为难于人。投其所好，避其所讳，强调顺乎自然。在顺乎自然的基础上，巧释其疑，巧解其惑，巧说以理，巧陈利害。

推行计谋，非一日之功，也不可能一帆风顺，其权力必会经常遇到挑战，使你难以长期制事。

四要外柔内刚。谋制，实质是团结人，争取人心，化解矛盾，化解阻力。必须外柔，采用平和的方式，为众人所接受。但谋制的过程，是一个不断克服困难、不断解决矛盾的过程，没有刚强的性格和手段，是不行的。商鞅变法虽然成功，但其下场很惨，原因在于少柔过刚，忽视了人们接受变法有一个认识过程，忽视了团结教育大多数人支持变法。

以上五谋，归根到底，均是为了谋取成功，避免失败。谋奇，是为了攻其无备，出其不意，以实击虚；谋合，是为了改变力量对比，创易胜之形；谋材、谋积，是为了创制胜之势；谋制，是为了掌握制胜的主动权。

然而，谋取成功，也不可超过客观条件去强求。鬼谷子在本篇特别强调一句话："无为而贵智矣。"中国有句俗语："谋事在人，成事在天。"天者，自然和社会发展规律也，不是迷信。无为，并非不为，而是要顺乎自然和社会发展规律而为。无论做什么事，均离不开一定的客观条件。无为，而无不为，如此，才是大智。"既用见可，择事而为之。"就是说，见可为则为之，见不可为则止之。用今天的话说，凡谋事时，必须先做可行性分析，可行则行，不可行则止。谋略家绝不要求事事成功，也不强求成功，只是反对盲动，只是力求发挥主观能动性。

无论谋什么，还有一条原则："天地之化，在高与深；圣人之制道，在隐与匿。"施谋的过程，也是对方窃密反谋的过程。要注意隐匿机密，隐匿意图，谋之于阴，成之于阳。

本篇集中讨论了"谋略"的方方面面，如谋略的产生、谋略的运用、谋略的效用等。实施谋略的目的在于"制人""制事"，而不是"见制于人或事"。鬼谷子的谋略非常高深和广博，在具体施行的过程中，需要注意一些问题：一是要按照对方的意图或想法去制定策略；二是要把握好决策的原则；三是要根据计策施行对象的品行来制定决策。由此可见，今人要想将"谋术"运用到做人、办事和经商领域，也绝对不是一件轻松的事情。不过，只要经商者头脑中装有"谋术"，并灵活机巧地加以运用，就一定可以心想事成。

三、做人之道

当今社会，纷繁复杂，稍有不慎就可能落入别人的圈套，所以，懂得运用“谋术”是相当重要的。不过，在运用谋略时要掌握技巧，善于利用对方的弱点因势利导。而且，对自身的情况还要有一个全面的了解，知道何时该采用计谋，这些对于成功的待人处世都是很重要的。

1. 胸无大志，“笨拙”处世

毋庸置疑，权力可以给人带来众多方便与好处，因此，从古至今，权力就成了人们欲求的重要对象之一。人说钱可使鬼，权力也可使鬼，它的诱惑是难以抵挡的。但是，在有些时候，就不能紧盯手中的权力不放，该放手时就要毫不犹豫地放手，而且在必要的时候还要表现得与世无争，甚至是有些“笨”，这不是什么丢人的事情，这也是做人不可多得的智慧。

《鬼谷子·谋》曰：“圣人之制道，在隐与匿。”这句话，就着实道出了圣智之人做人的诀窍——隐藏不露。所以，在生活中要善于隐藏，巧于“笨拙”。在历史上，有很多明智的人都深知此中的奥妙。

萧何是辅佐汉高祖刘邦打天下、治天下的主要谋臣。但刘邦是个工于心计而又多疑的人，他一方面对部下加以重用，另一方面又严加防范。汉初的许多功臣，如韩信、英布、彭越等人，都以谋反罪被杀，唯独萧何、曹参等为数不多的几个人能善始善终，成为名扬千古的一代名臣。

萧何从刘邦沛县起兵开始，就一直追随刘邦，为之出谋划策。刘邦任汉王时，他在蜀中负责征收赋税，安定百姓，供应军粮。刘邦与项羽争夺天下时，他在关中负责兵力物力的补充给养事宜，从而保证了刘邦的兵员和后勤供应，为最后战胜项羽立下了大功。刘邦在总结诸将功劳时，将别人都称为“功狗”，唯独称萧何为“功人”，足见对他评价之高。

汉朝建立后，萧何又协助汉高祖治理天下，为汉朝制定了各项规章制度，又“悉以家私财佐军”，支持刘邦消灭异姓王，为巩固新生的汉朝竭尽全力。

萧何尽管是建汉的第一功臣，但他从不居功自傲，不向刘邦伸手要这要那、讨价还价。其实，当刘邦坐拥天下时，功臣们已经面临着诸多祸患了，萧何早已看到了这一点，于是他就针对刘邦多疑的特点，主动采取行动，以消除对方的疑虑。

楚汉相争时，刘邦让萧何主持关中事务，但总不放心，多次派使者去慰问萧何，实际上是在观察他的动静。萧何明白了对方的意图，便将自己的兄弟子孙都送往前线，让他们在军中效力，实际上是送给刘邦当人质。刘邦对他的这一举动很满意，不仅嘉奖他忠诚可靠，而且还解除了对他的怀疑。

刘邦在平定异姓王陈豨的叛乱时，萧何与吕后定计杀了韩信，高祖派人将萧何由丞相进为相国，加封邑五千户，另派五百人为相国的卫士。萧何知道高祖怀疑自己，就审时度势谦让不受，还将家财都拿出来支援前线作战，高祖果然十分高兴。

刘邦亲自率兵去平定异姓王英布的叛乱，又屡次派人回京问“相国何为”，明显地表现出对萧何的不放心。萧何非常冷静地对待这个问题，一方面悉以家财助军，另一方面又故意多买田地或强买百姓田宅以自污，表明自己不想收买人心，胸无大志。刘邦回朝后，虽然将他逮捕入狱，痛加责备，但在政治上却对他大为放心。因此，刘邦和萧何的君臣关系始终处理得很好，一直到老死为止。

同样，辅佐刘邦打天下的另一位重要能臣陈平，在保身方面做得也是智慧超凡、与众不同。陈平曾以谋略协助刘邦建立西汉王朝，因此被刘邦封为曲逆侯，汉惠帝刘盈死后，吕太后上台，吕氏开始专权。陈平这时虽然担任丞相，但内心对吕后肆意专权十分不满。他知道吕后忌恨有才能的大臣，而自己的文武才能又远在其他大臣之上。他的才能成了他的祸患之本，他告诫自己应该躲避吕后的锋芒，保住丞相地位，等待时机削弱吕氏的权力。

从此，陈平假装放浪形骸，整天沉溺在美酒女色之中。到上朝的时候，他唯唯诺诺，从不明确发表意见，表现出一副很是“笨拙”的样子，以免引起吕后的讨厌，虽然位高权重，却百事不管。后来，吕后打算将吕姓的人立为王，征求陈平等人的意见，生性直爽的王陵回答说：“高祖曾经杀白马订立盟约，规定凡是不姓刘的人当王时，天下人应联合起来讨伐。现在立吕姓的人为王，是违背先帝的誓约。”吕后大怒。

然而，审时度势的陈平的回答却令吕后喜笑颜开：“以前高祖平定天下之后，便拥立姓刘的子弟为王，现在是太后当政，想立姓吕的子弟为王，没有什么不可以的。”吕后对王陵的话怀恨在心，剥夺了他的丞相大权，降职为太傅。王陵于是请求返回故乡，以生病为由辞去官职，在家里闭门不出，直到死在家中。

陈平受到吕后重用，吕后的妹妹吕媭对此十分不满，不断在吕后面前诋毁陈平，说他：“当丞相不管事，白天喝好酒，晚上玩女人。”陈平知道此事后，心中暗喜自己表演得不错，而吕后却越发对陈平没有戒心，竟对他说：“俗话说女人、小孩的话千万听不得，我们这样的关系，完全不要害怕吕媭的谗言。”陈平继续表演下去，吕后日益欣赏他的“忠厚”，又是封王又是封侯，以表示恩宠。

然而，吕后一死，陈平便与周勃共同策划，铲除吕氏势力，诛杀吕产、吕禄等人，平定了诸吕叛乱。陈平和周勃拥立汉文帝刘恒为帝，恢复了刘氏天下，他二人被任命为丞相。常言道：伴君如伴虎，稍有不慎就有可能招致杀身之祸。所以说，在君王屋檐下游走，就必须该精明的时候表现得精明，该笨的时候表现得笨。显而易见，萧何和陈平在这方面做得都不错。

2．身陷弱局，必须面对

在现实生活中，有些人常常抱怨自己无法走出困境，无法摆脱弱局，其实只要能平心静气地面对这些问题，就能找到解决问题的根本方法，从而让自己变得强大。

鬼谷子在《谋》篇中就讲到“强者积于弱也”，这就是说弱者处于弱的局势，只要善于运用谋略，就可以变成强者。当然，这首先要求社会中人必须敢于面对弱的形势。相反，如果不顾客观现实，只知道咒天骂地，就会让自己变得更加心浮气躁，无法安心做事，结果也只能使自己变得“更弱”。

春秋时期，晋楚两国争霸。处在晋楚中间地带的郑国虽然弱小，但郑国国君郑襄公却不甘示弱。有一次，在朝堂上，郑襄公对众臣子表明了心志，他说：“从前庄公在位时，我们郑国地位尊崇，敢于向王室挑战，今日想来也是风光无限。我想重振郑国声威，再创霸业，你们当要用心助我。”众人同声附和，脸上却无欢喜之状。

郑襄公十分得意，又侃侃道：“晋、楚虽然看似强大，但是在我眼里却不足为虑。为什么这样说呢？因为俗人太注重事物的表面了，而看不到事物的实质。只要我们君臣一心，郑国一定能打败晋、楚，恢复祖宗的荣光。”

郑襄公唱着高调，却提不出一项具体主张，郑襄公的弟弟公子良眉头一皱，倒吸了口凉气。他犹豫多时，终于还是站出来对郑襄公说：“主公雄心图治，可喜可贺，但争霸之事臣以为不可。”

郑襄公不料弟弟第一个站出来反对，十分不快。他阴沉着脸说：“寻常百姓尚有光宗耀祖之心，何况一国之主呢？我这样做全是为郑国着想，你还有理由反对我吗？”

公子良不紧不慢地说：“天道造就了强弱，这是事实，必须加以正视。身为弱者，可以在心里藐视强者，但却不可在行动上轻视它。如今晋、楚皆强，乃是人所共见，郑国避之尚恐不及，何能与之争锋呢？纵是百般不愿，郑国也要礼敬晋、楚，否则吃亏的只能是我们呀。”郑襄公心中有气，呵斥了公子良一顿，拂袖而去。

朝中百官都赞同公子良的说法，但畏于郑襄公的权威，他们都不敢袒露真言。郑襄公于是独断专行，先是和楚国结盟，后又背楚亲晋，公开向楚国挑战。公元前598年春，楚庄王亲自领兵讨伐郑国。楚军大胜，郑军节节败退。这个时候，郑襄公才慌乱起来，急向群臣问计说：“现在形势危急，你们可有退敌的良策吗？只要能保全郑国，尽管讲来。”

百官见郑襄公态度诚恳，方放下顾虑，有人说：“从前公子良曾劝谏主公，可惜主公不听。我们虽心急如焚，奈何愚钝无知，还请主公垂询公子良吧。”公子良于是被请到殿上，郑襄公先自责道：“贤弟有先见之明，只怪我错怪贤弟了。无论为国为家，还请贤弟拯救危难。”

公子良心中感动，说道："主公知错能改，国之幸甚。时下当务之急乃是让楚国罢兵，纵是一时有损主公的颜面，主公也要接受啊。"郑襄公心头一沉，说道："退敌不能有伤国之尊严，否则就不惜冒死一战了。"

公子良连连摇头，说道："楚强郑弱，岂可硬拼？我们不能抱怨上天不公，而只能设法周旋了。楚国现在以武力来犯，这是我们郑国无法抗衡的，这一点我们必须要认清。如果我们表示背弃晋国，亲近楚国，主动向楚王认错，相信楚国也就没有了再攻打的理由。这样做虽然让主公面子上无光，但可避免亡国的大患，对主公而言是有小失而获大得，主公当立即实行。"

郑襄公心中赞成公子良的提议，面子上仍感到难堪，公子良于是开导他说："对强者保持必要的礼敬，是弱者生存的谋略，主公不要介意俗人的想法。为了郑国的基业和百姓的生死，主公就勉为其难吧！"

郑襄公疑虑顿消，马上派人和楚庄王讲和，态度十分恭敬。这一年夏天，他还亲自参加了楚国与陈国在辰陵的盟会，极力拥戴楚国的盟主地位。同时，郑襄公也没有断绝同晋国的交往。这样，夹在两强之间的郑国左右逢源，化解了重重危机。

弱局是每个人都不希望看到的，但它又是不以人的意志为转移的。生活中，人们有许多看不惯的事，然而它却活生生地存在着，一味地诅咒它绝非明智之举。只有承认强弱之分、强弱之别，才是做人的首要前提。

3．不在其位，不谋其政

鬼谷子认为，身在决策圈外，却过多地议论决策圈内的事，必定会有危险降临到自己的头上。这与孔子“不在其位，不谋其政”的主张是不谋而合的。

确实，不在其位便不得谋其政。越权插手，越俎代庖，饶舌多嘴，不是招人忌恨，就是招惹是非。到头来，吃亏受罪的肯定还是自己。这又何苦呢？所以，多一事还不如少一事的好，唐代的李勣就明白这个道理，而且他也是这样做的。李勣是唐代初年的大将，原名徐世勣，参加过瓦岗军起义，失败后投奔唐朝，任右武侯大将军，封曹国公，赐姓李，为避唐太宗李世民之讳而改单名。唐高宗李治即位后，李勣任司空，为人机巧，行事谨慎。

唐高宗李治想立太子，由于王皇后没有儿子，武则天却有，便向大臣们征求意见。尚书右仆射褚遂良提议说：“王皇后是世家之女，是先帝为陛下娶的，先帝临终前拉住陛下的手对大臣们说：‘我的好儿子好媳妇，现在托付给你们了。’陛下听到过这话，至今如在耳畔，没有听说王皇后有什么过错，怎么能轻易将她废黜了呢？陛下如果一定要变更皇后，恳请好好选择天下的望族，何必要选武氏呢？武氏曾经跟随过先帝，这是众所周知的，天下众人的耳目，怎么能遮挡得住呢？”

韩瑗、来济也上疏李治，力主不选武则天，但高宗听不进去。后来，高宗问李勣的看法。李勣生性乖巧，心想在这个关键时刻超越自己本分发表意见，可能会招来杀身之祸，废立皇后成功与否，都与自家性命有关：同意废除王皇后，要是不成功，就将得罪王皇后；不同意废除王皇后，如果武则天被选中，无疑是自投罗网。李勣左思右想，含糊其辞地对高宗说：“这是陛下的家事，有什么必要问外人呢？”

高宗听了这话便下定决心，将褚遂良降职为潭州都督，马

上废除王皇后，下令将武则天立为皇后。武则天当上皇后之后，任用大臣许敬宗，排斥打击不同意拥立她为皇后的大臣，长孙无忌、褚遂良、韩瑗等一批人，或者被贬逐，或者被诛杀。李勣却因为应对巧妙，避免了祸及自身，并且受到重用，负责审理长孙无忌等人的案子。

李勣可以说是精明老练之辈，他的一句“这是陛下的家事”堪称绝佳妙语，包容量极大，在不卑不亢的情况下将“球”又踢了回去。为人处世中，不在其位便最好不要谋其政。试想，假如李勣在事情棘手的当时，没有做久远的打算，而是参与到废立皇后的事件当中，其结果也难逃被迫害的命运。可见，“不在其位，不谋其政”还是很有益处的。只是在情形危急之时，只有那些高智商者才能巧妙应对，或者为避免引火烧身，或者为留有回旋余地，或者为摆脱纠葛纷争。

4．办事之谋

世间之事，往往都是真真假假、虚虚实实地杂糅在一起的，如何才能在错综复杂的表象中，拨开云雾，找到取胜的法宝，的确需要好好地下一番功夫。因此，办事者必须学会善于运用谋略，而且还要全面掌握运用的技巧，以做到暗中实施，出奇而制胜。

《孙子兵法》中说：“凡战者，以正合，以奇胜。故善出奇者，无穷如天地，不竭如江河。”也就是说，大凡作战，一般是以“正”计挡敌，用“奇”兵取胜。所以善于“出奇制胜”的将帅，其战法变化如天地运行那样变化无穷，像江河奔流那样滔滔不绝。

“奇”和“正”是我国古代的军事术语。所谓“正”，是指挥作战所运用的“常法”；所谓“奇”，是指挥作战所运用的

“变法”。鬼谷子在《谋》篇中也提到“正不如奇”，所以说，在成事的过程中，用奇计者大都能取得最终的胜利。

中华民族一向以足智多谋著称于世，其中有位最受称道的人物——诸葛亮。在民众口传中，他简直是智慧的化身、智者的代名词。提起诸葛亮的智慧，最可称颂的就是他的“草船借箭”。

那是三国初年，曹操统一北方之后，挥师南下，进袭江东，想一举灭吴，刘备等弱小军阀更是不在话下，很快就会被剿灭，统一全国。诸葛亮分析了形势，认为只有帮助东吴，保住东吴，以牵制曹操，刘氏集团才不会被灭掉，于是他力主孙刘联合抗曹，便到东吴去游说。经过舌战群儒，驳倒了张昭等“降曹派”的言论，坚定了孙权的抗曹决心后，与东吴都督周瑜共定败曹大计时，两人在手中同写了一个“火”字。心往一处想，劲儿才能往一处使，这本是一件好事，但气量狭小的周瑜容不得别人比他强，因此忌妒诸葛亮，想借机除掉他。

这一天，周瑜会集大将，并请来诸葛亮共议施战措施。两人都认为江上作战，需多置弓箭。周瑜便说：“如今军中正缺箭用，想请先生监造十万支箭，不知可否？”诸葛亮已明白周瑜要干什么，但为了抗曹大局，他还是答道：“都督委派，我当效力。不知这十万支箭何时用？”周瑜说：“十天怎样？”诸葛亮说：“大战在即，十天太晚了，三天就可造好。”周瑜一见诸葛亮上钩，大喜过望，紧盯一步，说：“军中无戏言。”诸葛亮正色道：“愿立军令状。三日造不出，杀罚随都督。”周瑜十分高兴，忙取来笔墨，让诸葛亮立下军令状，又暗中吩咐在原料供应上做文章，让匠人拖延时间，单等三日后惩治诸葛亮。

东吴谋士鲁肃怕就此破裂了孙刘联盟，十分着急，便去诸葛亮处探听虚实。哪知诸葛亮满不在乎，悠然自得。鲁肃问计，诸葛亮别的没说，只请鲁肃帮忙准备二十只大船，每船三十名军士，船上用青布做幔，再扎上一千个草人，布在船两边，并准备进军鼓号。且叮嘱鲁肃，万万不可让周瑜知道，鲁肃不解其用，但却认真做了准备，也未告知周瑜。第一日没有行动，第二日没有行动，第三日鲁肃沉不住气了，正要前去询问。晚上四更时分，诸葛亮派人来请鲁肃去取箭。鲁肃蒙在鼓里，随葛亮来到江边。诸葛亮指挥二十只大船，用绳索连在一起，向江北进发。鲁肃见这么几个人去冲曹营，吓得不得了，问诸葛亮干什么？诸葛亮笑而不答。到了江上，大雾弥漫，对面不见人。诸葛亮令人准备了酒菜，与鲁肃小酌。鲁肃心里跳个不停，哪里品得出酒味。五更时分，船近曹军，诸葛亮命船只一字摆开，靠近曹军，然后擂鼓呐喊。鲁肃吓得面如土色，制止不住。

曹军听到呐喊，飞报曹操。曹操见大雾甚重，怕有埋伏，便不让军士出击，只令手下人放箭射去，阻挡敌军进攻。又命从军营调弓箭手来支援，共集合了一万余名弓箭手，放起箭来，箭如雨注般飞向诸葛亮的船只，不一会儿便把一面射成了“刺猬”。诸葛亮又令船队调过头来，让另一面靠近曹军水城，加劲擂鼓呐喊。曹军弓箭手见状，又忙射箭，把这一面儿也射满了。诸葛亮便令军士拔锚开船，高喊：“谢曹丞相送箭，谢丞相送箭。”直把曹操气得吹胡子瞪眼，懊悔不及。

来到东吴水城，天色大亮，诸葛亮便向周瑜交差。周瑜见此也无话可说，只能自叹智慧不及诸葛亮。在这里，诸葛亮所运用的就是“奇”计，他没有正面去制造箭支，而是采用“草船”来借，结果也正如他所愿，借到了箭，同时也让周瑜自愧不如。

5．下邑奇谋，画箸阻封

谋略往往能够产生极高的冲力，它对于办事往往有着决定性的作用。利用谋略可以以四两拨动千斤，而不利用它，却如同以千斤之力相抗，难而又难。所以，智者办事，往往善于利用谋略。

公元前205年春，刘邦接连收降常山王张耳、河南王申阳、魏王豹和殷王印等五个诸侯，得兵五十六万。同年四月，刘邦乘项羽集中力量攻打田荣之机，率兵伐楚，直捣楚都彭城。

攻占彭城后，刘邦被这轻而易举得到的胜利冲昏了头脑，不但没有采取恰当的政治、经济措施，安抚此地，赢得人心，反而恶习复发，得意忘形之余大肆收集财宝、美女，整日饮酒作乐，结果给项羽回军解救赢得了时机。项羽闻知彭城失陷，立即亲率三万精兵，从小路火速赶回，急救彭城。刘邦十多万乌合之师难以协调指挥，连粮饷都筹备不齐，所以一经交战，便遭惨败，几乎全军覆没。至此，许多诸侯王又见风转舵，纷纷背汉向楚。刘邦丢下老父、妻子、儿女，只带张良等十多名骑兵狼狈出逃，军事上再度遭受重大挫折。大好的形势复又逆转。

刘邦狼狈逃至下邑，惊魂未定，心灰意冷，万念俱灰。他沮丧地对群臣说：“关东地区我不要了，谁能立功破楚，我就把关东平分给他。你们看谁行？”在此兵败将亡之际，又是张良独辟蹊径，为刘邦想出了一个利用矛盾、联兵破楚的谋略。他说：“九江王英布，是楚国的猛将，与项羽有隙；彭城之战，项羽令其相助，他却按兵不动。项羽对他颇为怨恨，多次派使者责之以罪；彭越因项羽分封诸侯时，没有受封，早对项羽怀有不满，而且田荣反楚时曾联络彭越造反。为此项羽曾令肖公角攻伐他，结果未成。这两人可以利用。另外，汉王手下的将领，只有韩信可以委托大事，独当一面。大王如果能用好这三个人，那么楚可破也。”这就是著名的“下邑之谋”。

刘邦听罢，认为这确是一个以弱制强的妙计，于是派舌辩名臣前往九江，策反九江王英布；接着又遣使联络彭越；同时，再委派韩信率兵北击燕、赵等地，发展壮大汉军力量，迂回包抄楚军。

“下邑之谋”虽然不是全面的战略计划，但它却构成了刘邦关于楚汉战场计划的重要内容。正是在张良的谋划下，一个内外联合共击项羽的军事联盟终于形成，扭转了楚汉战争的局势，使刘邦由战略防御转为战略进攻。事实证明了张良“下邑之谋”的深谋远虑，最后兵围垓下打败项羽，主要依靠的正是这三支军事力量。

公元前204年冬，楚军兵围汉王于荥阳，双方久战不决。楚军竭力拦截汉军的粮食补给和军援通道，汉军粮草匮乏，渐渐难撑危机。汉王刘邦大为焦急，询问群臣有何良策。

谋士郦食其献计道：“昔日商汤伐夏桀，封其后于杞；武王伐纣，封其后于宋，秦王失德弃义，侵伐诸侯，灭其社稷，使之无立锥之地。陛下诚能复立六国之后，六国君臣百姓皆感戴陛下之德，莫不向风慕义，愿为臣妾。德义已行，陛下便能南向称霸，楚人只得敛衽而朝。”这其实是种“饮鸩止渴”的夸夸其谈，当时刘邦并没有看到它的危害性，反而拍手称赞，速命人刻制印玺，使郦食其巡行各地分封。

在这关键时刻，张良外出归来，拜刘邦。刘邦一边吃饭，一边把实行分封的主张说与张良，并问此计得失如何？张良听罢，大吃一惊，忙问："这是谁给陛下出的计策？"接着，他沉痛地摇摇头说，"照此做法，陛下的大事就要坏了。"刘邦顿时惊慌失色道："为什么？"张良伸手拿起酒桌上的一双筷子，比画着讲了起来。

他说："第一，往昔商汤、周武王伐夏桀、殷纣后封其后代，是基于完全可以控制、必要时还可以置其于死地的考虑，然而如今陛下能控制项羽并于必要时置其于死地吗？第二，昔日周武王克殷后，表商之闾（巷门），封比干之墓，释箕子之囚，是意在奖掖鞭策本朝臣民，现今汉王所需的是旌忠尊贤的时候吗？第三，武王散钱发粟是用敌国之蓄，现汉王军需无着，哪里还有能力救济饥贫呢？第四，武王翦灭殷商之后，把兵车改为乘车，倒置兵器以示不用，今陛下鏖战正急，怎能效法呢？第五，过去，马放南山坡，牛息桃林中，是因为天下已转入升平年代。如今激战不休，怎能偃武修文呢？第六，如今，天下游士离开亲朋好友，跟随陛下是为了日夜盼望得到封赏的咫尺之地；如果把地都分封给六国后人，各归其主，谁还有心情帮助陛下打江山呢？第七，楚军强大，六国软弱必屈服，怎么能向陛下称臣呢？"

张良的分析，真是字字珠玑，精妙至极，且切中要害。他看到古今时移势异，因而得出绝不能照抄照搬"古圣先贤"之法的结论。尤其重要的是，张良认为封土赐爵是一种很有吸引力的奖励手段，赏赐给战争中的有功之臣，用以鼓励天下将士追随汉王，使分封成为一种维系将士之心的重要措施。如果反其道而行之，还靠什么激励将士从而取得胜利呢？张良鞭辟入里的分析，较之昔日请立韩王，处心积虑地"复韩"的思想认

识，显然是一个飞跃，而且在中国古代政治思想史上占有重要一页。难怪1700年之后，还被明人李贽情不自禁地赞叹为“快论”。

张良借箸谏阻分封，使刘邦茅塞顿开，恍然大悟，以致辍食吐哺，大骂郦食其：“臭儒生，差一点儿坏了老子的大事！”然后，下令立即销毁已经刻制完成的六国印玺，从而避免了一次重大的战略错误。

下邑奇谋，借箸阻封，是张良对鬼谷子所倡导的“谋术”的成功运用。下邑奇谋，主要之点是让刘邦利用好英布、彭越、韩信这三个破楚的关键人物。这正是对《鬼谷子·谋》中的“夫度材量能揣情者，亦事之司南也”（忖度称量人的才干能力，掌握各种有关因素，抓第一手材料，是办事立计的“指南针”）的运用。而张良谏王阻封，主要之点是让刘邦不要因循守旧照搬古圣先贤，而要依据事实从实际出发考虑问题，封土赐爵应成为激励将士的一种手段，这正是对《鬼谷子·谋》中“凡谋有道，必得其所因，以求其情”（谋划策略，要遵循一定的原则，弄清事情的起因，把握有关的实际情况）的运用。

6. 顺势而为，善施“暗箭”

鬼谷子认为，在使用计谋之时，应该做到“公不如私”“阴道而阳取之”。其道理非常明显，那就是号召用计者要善施“暗箭”。正所谓“明枪易躲，暗箭难防”。

在现实生活中，虽然放“暗箭”常常被认为是一种不道德的行为，但是在办事中遇到困境的情况下，有计谋地放一放“暗箭”，也未尝不可。不过要强调的是，你必须是为了正当、合理的目的，并在法律、法规允许的情况下进行，这一点是最为关键的。否则，肆无忌惮地施“暗箭”，反而更不易将事情办成。

在中国古代历史上，善施“暗箭”的例子很多，下面就是一例。春秋初年，卫庄公宠爱三子州吁。庄公死后，公子完继位，是为桓公。桓公生性懦弱，任州吁胡作非为。老臣石碏看到局面难以收拾，便借口年老体衰，辞职在家静观局势。州吁看到在朝中声望最高、有可能对自己加以限制的石碏退隐了，心中大喜，行为更加肆无忌惮，加紧了篡夺君位的行动。

首先，他找到石碏的儿子石厚。石厚与他老子正相反，惯会趋炎附势，为虎作伥。两人臭味相投，一拍即合，设下了一条弑君夺位的毒计。原来，前几天，周平王去世了，太子姬林即位，依照惯例，卫桓公应去祝贺。州吁和石厚决定借在城外送行的机会动手。

第二天，卫桓公上路，州吁在城西竹馆设下盛宴，躬身向桓公进酒。桓公一饮而尽，斟酒回敬州吁。州吁假装失手，酒杯落地，借弯腰捡酒杯之际，从靴中抽出刀子，刺死了卫桓公。石厚按照预先设的计谋，已带兵占领了城门，开门迎州吁回城，宣布桓公突得暴疾死在去雒京的路上，由州吁即位为君。州吁封石厚为上大夫，统领卫国军队。从此二人更加肆无忌惮，把卫国搅得天昏地暗。

州吁即位不久，国中渐传他的弑君丑事。舆论沸沸扬扬，使州吁觉得地位不稳，忙找石厚商量。石厚说：“计谋只有一条，就是重请我父亲入朝。他在朝野中声望很高，若他能真心辅佐您，定会平息舆论的。”州吁一听大喜，忙让石厚去请石碏。

石碏对暴君逆子的所作所为已听在耳中、气在心里，早想出来收拾局面，只是苦于没有机会，今见州吁派人来请，心想：天不灭卫，机会来了！于是欣然出山。

到了朝廷，石碏对州吁说："要想平息舆论，保住君位，只有请周王下一诏令，封您为卫君。要想得到这一诰命，只有请有影响的国君代为转奏保荐才行。如今周天子最宠信陈桓公，您若能带上礼物到陈国去请求，陈桓公定会相助的。"州吁一听大喜，择下吉日，决定到时候带石厚为助手前去向陈桓公求情。石碏一看暴君中计，忙写了封信，派亲信送给陈国的执政大臣——自己的挚友子鍼，请他劝陈桓公借机捉拿州吁和石厚，帮卫国主持正义。陈桓公在子鍼的劝说下同意了石碏的计划。州吁、石厚到了陈国，果然被陈桓公缚住。陈桓公想将二人就地正法，可又觉得石厚是石碏的独生子，下不了手，于是派人去征求石碏的意见。石碏看了使臣的信，整装上朝，当众宣读了陈桓公的信，告诉大家暴君和逆子都已在陈国被捉，请大家看如何处置。州吁和石厚的所作所为早已引起了公愤，大家一致同意在陈国把州吁处死。至于石厚，碍于石碏的面子，大家主张放回来教诲开导。石碏拍案而起，说："州吁之恶，非得逆子相助不至于此，统统杀无赦！"大家都佩服石碏大义灭亲的精神。州吁和石厚在陈国正法，卫国又拥立了新君，从此走上了正常轨道。

在此，石碏出主意让州吁到陈国求情，明里是帮助州吁，实际上是用这个办法除掉州吁。石碏正是运用了这种明助暗害的策略，没有花费任何力气就取得了成功。而他这种"顺势而为，善施'暗箭'"的计谋也常被后人学用。

四、经商之技

鬼谷子认为，计谋可以分为上、中、下"三仪"。上谋是无形的谋略，中谋是有形的谋略，下谋是迫不得已而使用的谋略。这三种计谋往往相辅相成，可以制定出最佳的方案，皆可称作奇谋。奇谋不同于一般的智谋，它具有诡诈性和出其不意性，使用奇谋往往容易制胜。鬼谷子的这种谋略观，对于现代经商也很具有指导和借鉴意义。

1．真意深藏，先纵后擒

在战争中，想要击败某个人，可以先放纵他，让他罪恶至极，然后顺理成章地除掉他。这也正是《鬼谷子·谋》中所说的“故去之者纵之，纵之者乘之”。如果用一句通俗的短语归纳即是“先纵后擒”，它与“欲擒故纵”的计谋是同一个意思。

在现代商战中，虽然没有硝烟弥漫，但其激烈程度有时并不亚于军事战争。为了打败竞争对手，大大小小实力不一的经商者不惜采用各种战略战术，其中“先纵后擒”是常被商家利用的谋略。

20世纪60年代初，美国的哈瑞尔公司开发了一种喷雾式清新剂“处方409”，迅速占领了市场，成为畅销货。这时，财大气粗、同行敬畏三分的波克特甘宝家庭用品公司发现“处方409”有赚头，于是准备推出新研制的同类产品“新奇”。

哈瑞尔公司得到情报后，采取了隐藏真意的“先纵后擒”战术，通知各地的连锁店停止销售“处方409”，并将其完全撤出市场。这样给顾客带来了很多不便，令顾客抱怨不已。这时“新奇”上市了，那些因买不到“处方409”而烦恼的顾客抱着应急的态度，“试试看”，第一批“新奇”被抢购一空，而且还“供不应求”。

波克特甘宝公司被眼前的幻象迷住了，决定大批量生产“新奇”。哈瑞尔公司认为时机已到，决定“反击”。于是所有“处方409”经销店都贴了醒目的广告“特价优惠出售”大包装的“处方409”。因为包装大而且价格低廉，被顾客一抢而空，足够他们用半年。也就是说哈瑞尔公司抢先垄断了半年市场，结果“新奇”的购买者寥寥，货积如山，最终退出了消费市场。

著名的“手表雨”案例也是如此。一天，在印度河边的一群村落附近，一阵异常的狂风过后，天上下起了金币“雨”，一枚枚光闪闪的金币，提在手中沉甸甸的，一点儿不假。村民们在欣喜万分之时更加虔诚地膜拜释迦牟尼佛，他们深信是佛祖施福给虔诚的信徒们。

第二天，“天上掉下金币”的消息通过电台、报纸，像一阵风那样传遍了整个印度，人人都在谈论这件奇事。正在印度推销日本新产品“西铁城”自动手表的田中三郎听了这则消息后，默然片刻，心里灵机一动，一条“先纵后擒”的妙计即刻形成了。当即，他就去买了一张从孟买到乞拉朋齐的飞机票。上机时他随身带了三百支“西铁城”表。当飞机徐徐下滑，飞机舱的窗口能看到地面上的房屋、树木等景色时，田中三郎打开舱座边的小窗，将手表从窗口向地面撒播。

第三天，“乞拉朋齐下了一场西铁城手表雨”的新闻又旋风似的传遍了整个印度。昨天还是陌生的“西铁城”，今天已经成为印度人人皆知的东西了。这是任何广告都难以达到的奇效，“西铁城”很快占领了印度市场。

由此可见，“先纵后擒”的确不失为一条很奇妙的计策。不过，在实施此计策时，一定要将真实的意图深深地隐藏起来，否则一旦被别人识破，就很难再达到预期的目的了。

2．正不如奇，推陈出新

“正不如奇”是《鬼谷子·谋》中的一个重要观点，别看就这么区区四个字，若运用得好，其能量是无穷的。

“正不如奇”一经运用到商业上，便立刻成了经商者纵横商场的法宝。出奇的产品、出奇的广告、出奇的销售方针、出奇的管理措施都是商人们获取成功的拿手好戏。但是，所有这一切都离不开推陈出新。

经商者的天敌就是墨守成规、抱残守缺，这样就很难跟上时代，那么想经好商显然也是不可能的。所以，那些有作为的商人大都富于开拓，勇于推陈出新。他们对新鲜事物有天生的敏感，善于了解事物发展的未来趋势，随机应变，机动灵活，敢于标新立异，走前人没有走过的路。

洛丽尔是法国一家生产护发剂和化妆品的公司。过去它是一个鲜为人知的“九流”企业，如今一跃成为世界第三大化妆品制造企业，其营业额仅次于美国的雅芳和日本的资生堂公司。

洛丽尔是在“兵荒马乱”中崛起的。1980年初世界化妆品市场经过了70年代的全盛时期后，随着经济的不景气而一蹶不振。过去一贯认为新衣可以不买，而口红和指甲油不可没有的妇女，也不敢频频光顾化妆品柜台了。洛丽尔在这个时候却时来运转，实在有些耐人寻味。

其实，洛丽尔的成功完全是靠它推陈出新的精神。几年来，洛丽尔在研制新产品方面，投下不少资金，而且公司总经理戴尔思想敏锐，管理严谨，作风泼辣。他有一间会议室，和部下常常为开发新产品在这里“争执”一番，以沟通思想，互相启迪。他主张年轻人做事不要唯唯诺诺，鼓励他们勇于向其主管上司提出异议。有时他会当场指责某些主管人员的错误想法，而全力支持其下属的意见。当研究出新配方时，他们以兔子、老鼠、假发，甚至手术刀切下的皮肤做实验。为了实验染发剂在世界各地各种气候条件下的使用效果，他们在实验大楼内设立了赤道阳光、英国浓雾、北极寒冬等模拟环境，来进行产品的临床试验，像这样耗资惊人、设备先进、人才一流的研究开发，一般化妆品公司不敢问津，同时也舍不得花这么多钱。

洛丽尔还采用与美国研究月球地形设备相同的仪器，来研究人类脸部皱纹产生的情形。有些研制出的新配方也同时用在其他领域。如英国石油公司曾利用洛丽尔的一种油性头发清洗剂的配方，来处理水面的油迹。

由于洛丽尔的不断推陈出新，使得他们能在众多同类企业遭冷落的市场中一花独放，闯出了自己的道路。洛丽尔公司的一种新型的固发剂在20世纪80年代初一上市，立即饮誉市场，就连最挑剔的美容师也赞不绝口，上市的第一年销售额就达五千万美元。

洛丽尔义无反顾地推陈出新，为自己的企业打下了一片江山，同时也为某些企业提供了一种新思维。当经营遇到不良的环境条件时，不能怨天尤人，更不能自暴自弃，而要有逆潮流的胆略和策略。洛丽尔的成功告诉人们，以技术和创新来提高产品的竞争力，增强企业的生命力，是行之有效的。推陈出新是企业活力的源泉，是出奇制胜的法宝。

3．将计就计，玩转价格

鬼谷子的“变生事，事生谋，谋生计”，正好说明了事情的变化导致了计谋产生、运用的过程。如果能充分地了解这个过程，就有利于运用“将计就计”的谋略。如此这般，在经商时就可以对错综复杂的商情有透彻的了解和把握，那么取得经商的成功也就更容易一些。

有句话这样说：经商之道，以计为首。这样说其实一点儿也没错，但是，这个“计”一定要用得机智缜密、灵活巧妙、天衣无缝，正如行兵用计一样用得“神不知鬼不觉”，才能收到奇效。

德国韦特蒙特城的奥斯登零售公司，本钱不大，但它经营任何商品都会很热销，资金周转十分快，平均周转时间只有十七天左右。很快地，该公司便迅速发展壮大，成为当地首屈一指的零售公司。为什么他们能够迅速地发达起来，他们发达的秘诀是什么呢？

原因说起来也并不深奥，那就是他们特别善于用“计”。比如特别善于在“价格策略”上大做文章、大玩花样，以各种计谋和手段来不断地吸引消费者，从而不断地赢得市场。

有一次，奥斯登推出一万多套内衣外穿的时装，这种时装在德国其他大城市中刚刚投放市场试销，还没有形成消费热潮。其特点是：具有极为强烈的反叛精神，个性化特征十分突出，它一改过去内外有别的穿着特色，变为内衣外穿，因而具有相当丰富的文化内涵，而且新鲜感很强，具有相当不错的吸引力。

基于这种情况，奥斯登公司决定借势使力，将计就计来一个顺水推舟，将这种时装的价位定得相当高，定价之高几乎是普通内衣的六倍以上。但是它却备受消费者追捧，销售状况好得出乎人们的意料，几乎形成抢购风潮。

德国其他大城市的服装商们也竞相模仿，纷纷推出这种内衣外穿的时装。一时间，这种内衣大有铺天盖地、席卷全球之势。

就在热浪逼人之时，奥斯登公司审时度势，认为应当采取与他人完全不同的策略，急流勇退，于是断然一反常态，采取“杀涨”策略，在继续推出的两万套内衣外穿时装时，将价格一下子压低了许多，几乎只有普通内衣一样的价格。自“杀涨”之计实施之后，其他城市的服装商人闻风而至，仅用两天便将这批衣服抢了个精光。结果奥斯登公司又着实狠狠地赚了一大把。

又过了较长一段时间，奥斯登公司索性将内衣外穿的时装以“成本价”大肆抛售，每套的价格竟只有普通内衣价格的60%左右。如此廉价的抛售行为再次掀起一场抢购风潮，奥斯登公司以微利的形式又赚了一笔。

从高价位到低位价，从厚利多赚到薄利多销，在充分把握市场行情的情形下，奥斯登公司巧妙地玩转“价格策略”，始终使自己的商品成为市场上的抢手货，一直成为消费者关注的焦点。这种灵活善变的营销手法，无疑是十分值得借鉴和学习的。

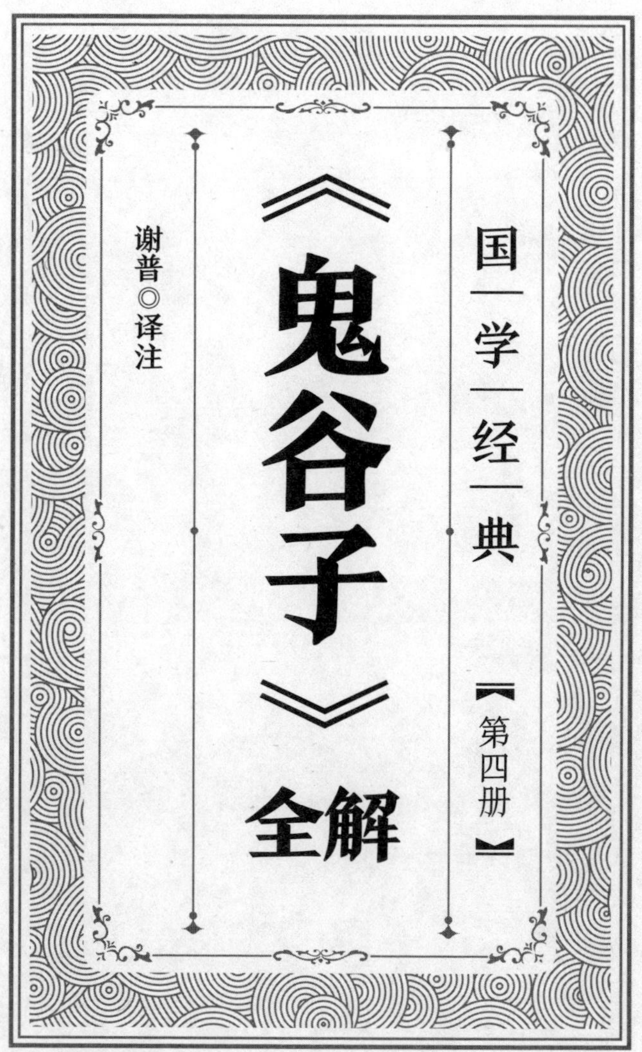

国学经典

《鬼谷子》全解

【第四册】

谢普◎译注

SPM 南方传媒
广东人民出版社
·广州·

第十一篇　决

大千世界，纷繁复杂。人生活于社会之中，难免面对各种事物，或辨明是非，或断明可否，这需要有决断的能力。“决情定疑，万事之机。”只有了解周全、判断准确，才能果敢决断抓住时机，有利于事物的发展。否则就会当断不断，反受其乱。

本篇所讲述的，正是关于决断的问题。决，指决策、决断。鬼谷子认为，善于判断情况，合理分析事物，是成败的关键所在。善于决断的人能当机立断，不会因为迟疑而失去最佳时机。决断时应“度之往事，验之来事，参之平素”，然后作出决断。果敢决断会带来福报，否则会带来危害。做出决断的五种情况，把握好这五种情况，决断才能成功。总之，决断前要消除疑问，否则不要轻易决断，因为决断关乎万事成败和国家安危，必须慎之又慎。

第一章　生于忧患，死于安乐

【原文】

为人凡决物[1]，必托于疑者，善其用福，恶其有患[2]。害至于诱也[3]，终无惑偏。有利焉，去其利则不受也[4]，奇之所托[5]。若有利于善者，隐托于恶，则不受矣，致疏远[6]。故其有使失利者，有使离害[7]者，此事之失。

【注释】

①决物：决断事物的是非、好坏、成败、祸福等。《左传》："卜以决疑。"《史记》："成败在于决断。"这里指决情定疑，果断决策。

②善其用福，恶其有患：喜欢对自己有利的事，讨厌遇到祸患灾害。这里是说无论福祸，都应慎重考虑，再决定方法。

③害至于诱也：人之常情是趋利避害，所以要循循善诱，以了解真情做出正确决断。陶弘景注："有疑然后决，故曰必托于疑者。凡人之情，用福则善，有患则恶。福患之理未明，疑之所由生，故曰善其用福，恶其有患。然善于决疑者，必诱得其情，乃能断其可否也。"

④去其利则不受也：无利可图则不接受。陶弘景注："怀疑曰惑，不正曰偏。决者能无惑，偏行者乃有通济，然后福利生焉。若乃去其福利，则疑者不受其决。"

⑤奇之所托：奇计的依据和凭借。

⑥致疏远：导致疏远。这句的意思是决断应该对要求决断者

有利，不然就不被接受，最终导致疏远。

⑦离害：遭受祸害。离，通罹，遭受之意。陶弘景注："言上之二者，或去利托于恶，疑者既不受其决，则所行罔能通济，故有失利罹害之败，凡此皆决事之失也。"

【译文】

为人处世，凡出谋划策决断事物，必是心中有疑难之事。善于决断就会带来福利，不善于决断就会带来祸患。作出决断前要先诱导出对方的实情，行动起来就不会有疑惑和偏颇。为对方决断要对其有利，如果对方不能有利就不会接受，这要借助于奇计的使用。如果决断总体上有利于对方，但暗地里对其有所损害，对方也不会接受，反而会使双方的关系疏远。所以，作出决断而不能使对方获益，甚至使对方遭受祸患，都是决断失误的表现。

【本章解读】

本章从正反两方面论述决的目标，是使人趋福避患：

1．"凡决物，必托于疑者，善其用福，恶其有患，害至于诱也，终无惑偏。"本章是从正面论述决的目标。凡为人决物决事，一定是受委托为之决疑，决疑的目标，是善于使之得到福泽，避免祸患，最高明的是善于为之诱出福泽，终无疑惑，终无偏差。

2．"有利焉，去其利则不受也，奇之所托。"如果事情本来就包含有利因素，而因你的决疑反使其失利，则他就不会接受你，除非是有奇特的委托。

3．"若有利于善者，隐托于恶，则不受矣，致疏远。"如果你为之决疑，虽然对他有利，但却是隐托于令其厌恶的形式之中，则他就不会接受，而且可能导致关系疏远。例如，在《三国演义》中，庞统曾力劝刘备设宴杀刘璋，夺取刘璋的地盘，刘备执意不受，因为如此，则刘备要背上不仁不义的恶名。

4.“故其有使失利者，有使离害者，此事之失。”离，通罹，遭遇意。如果因你的决断，使其失去利益，使其遭遇祸害，则是决疑的失败。

【趣味故事】

平原君舍财救赵

秦军攻打赵国，平原君去楚国求援，虽然楚王答应了出兵救援，但援兵迟迟不到。邯郸的形势迫在眉睫。秦军攻势日甚一日，步步紧逼，赵国军民奋力抵抗，终因寡不敌众，不得不收缩防线。邯郸城外尸横遍野，赵军战死者不计其数，负伤者得不到及时治疗。百姓倾家荡产，涕泣哀告，全城笼罩在一片哀伤、忧郁的气氛中。久战不决，对赵国十分不利。在内乏粮草、外援未到的情况下，不出几日，赵国就得投降。国人忧心如焚，可又无计可施。

危急之际，门客李谈对平原君说：“赵国也是公子之国，赵国将亡，公子不为之忧虑吗？”

平原君说：“赵亡，我也不能独存，就要做秦人的俘虏了，我怎么能不忧虑呢？我曾往楚国搬救兵，可至今援兵未到，我正为此忧心忡忡呢！”

李谈说：“现在邯郸的百姓，易子而食，濒临绝境；而公子的后宫累金积银，嫔妃婢妾衣食有余。前线将士刀剑用钝，削木为矛；而公子府库里钟磬如山，秋毫无损。如果邯郸失守，公子还能拥有这些东西吗？而如果邯郸解围，赵国保全，公子还担心得不到这些东西吗？现在公子若能把家人编入士卒，与百姓共同抗敌，把家中财物拿出来供应血战将士，前线将士会大受鼓舞，必誓死保卫邯郸，与敌军血战到底，公子以为然否？”

平原君本是慷慨之人，当即对李谈说：“先生所言极是！为救邯郸，我愿尽遣家人为军，尽散家财助战。”

平原君听从李谈的建议，很快组织起三千人的敢死队，李谈也在其中。这支由男女老少组成的队伍，在与秦军作战中，不怕牺牲，奋勇拼杀，大乱秦军，使秦军不得不后退三十里。秦军后撤，为赵国赢得了喘息的机会。

平原君又数次写信请求魏国援助。魏国公子信陵君率八万精兵侧击秦军。楚国公子春申君也派大将景阳领兵杀到。赵、魏、楚三国联军内外夹击，秦军大败。秦将郑安平被围困数日，最后带两万人投降赵国。秦国统一天下的进程由此而减慢。

邯郸解围，赵王封赏将士。由于平原君功勋卓著，策士虞卿为平原君向赵王请赏。他面见赵王说：“公子平原君国难之际，出使不辱使命，搬来楚魏援兵，解邯郸之围；又编家人入伍，散私财助战，击退秦军进攻。其心耿耿，其功无量，大王不可用其力而忘其功，请大王为赵公子加封。”

赵王听从虞卿之言，打算封平原君为相，赐给东武城。平原君的门客公孙龙听说此事，对平原君说：“舍下听说赵王要赐封公子，舍下以为公子不宜受封。”平原君说：“愿听先生细说。”

公孙龙说：“在保卫邯郸的战役中，赵国将士伤亡惨重，连一些王公大臣都参加了战斗。公子为赵王出使楚魏，不辱使命，当然功不可没。但论功行赏，许多人都应当受封赏，论才能也有像公子这样智勇双全的人。而赵王封公子为相，赐封公子土地，外人则会认为您是沾了王室的光。您若受封，必然损害您在赵国人心中的形象。您不受封，其他人也不好请求加封。这对大战后赵国的复兴有利。所以我认为公子还是不受封为好。”

平原君高兴地说：“先生说得极有道理，就依你之言吧。”平原君辞功谢赏的仁义之举赢得了国人的尊重，从而使自己的威望得到了进一步的提高。

【解析】

“善其用福，恶其有患”可以看作替人出谋划策的评定标准，因为每个人都是趋利避害的，平原君也不例外。他之所以接纳了李谈的建议，就是看到了赵国被灭自己也不能独活，如果舍财救赵成功，自己就可以获得更多的好处，所以才接受了李谈的建议。保卫邯郸成功后，平原君又依公孙龙之言拒绝受封，那是为了更长远的利益，暂时的放弃也是为了更长久的拥有，吃点小亏却能在以后得到更多的补偿。

第二章　做出正确决断的方法

【原文】

圣人所以能成其事者有五[①]：有以阳德[②]之者，有以阴贼[③]之者，有以信诚[④]之者，有以蔽匿[⑤]之者，有以平素之者。阳励于一言，阴励于二言，平素、枢机以用。四者，微而施之[⑥]。

【注释】

①成其事者有五：陶弘景注此句曰："圣人善变通，穷物理，凡所决事，期于必成。事成理著者，以阳德决之；情隐言伪者，以阴贼决之。道成志直者，以信诚决之；奸小祸微者，以蔽匿决之。循常守故者，以平素决之。"

②阳德：刚正率直。

③阴贼：狠毒残忍。

④信诚：诚信、诚恳。

⑤蔽匿：隐藏、掩饰。

⑥微而施之：将一言、二言、平素、枢机相互参验，必精微而奇妙。陶弘景注："励，勉也。阳为君道，故所言必励于一,一无为也。阴为臣道，故所言必励于二,二有为也。君道无为，故以平素为主；臣道有为，故以枢机为用，言一也，二也。平素也，枢机也。四者其所施为，必精微而契妙，然后事行而理不难。"平素枢机，平素即平时，枢机是枢要。四者，指一言、二言、平素、枢机四项。

【译文】

圣人能够成就事业，做出正确的决断，主要有五种方法：事成理明者，用阳德决断之；情隐词伪者，用阴贼决断之；道诚志直者，用信诚决断之；奸小祸微者，用蔽匿决断之；循规蹈矩者，用平素决断之。这五种方法可归结为“阴”和“阳”两种；前者要始终如一简明扼要，后者要讲究策略以使对方难辨真假，平常方式待人和关键时刻待人要做区分。以上五种方法参照应用，就可做出精微奇妙的决断。

【本章解读】

本章论述为人决疑要从战略上考虑问题：

1. “圣人所以能成其事者有五：有以阳德之者，有以阴贼之者，有以信诚之者，有以敝匿之者，有以平素之者。”本句是说圣人成其事业，有五种战略思想：有以公开依靠仁义道德取信于天下者（如商汤和周文王）；有以暗中贼害者（如越王勾践灭吴）；有以诚取信者（如刘备争取三国鼎立）；有以隐蔽篡匿者（如曹丕篡权）；有以常规积蓄力量而壮大成事者。

2. “阳励于一言，阴励于二言，平素、枢机以用，四者微而施之。”为人决疑，要服从其战略思想。五种战略思想，可概括为阳谋与阴谋（阳德、信诚、平素为阳谋；阴贼、蔽国为阴谋），为阳谋决疑，贵在一言九鼎；为阴谋决疑，贵在二言（公开与暗中两种说法）；抓住平素和关键时刻。为人决疑，要把阳谋、阴谋、平素和关键时刻等四个方面有机结合起来，微妙地施行决策。

所以，高明的决定者，绝非就事论事和孤立地决疑，而是从战略上为人做确保成功的策划。而在战略策划时，总是阳谋、阴谋一齐上。由此例不难理解平素和枢机的关系。鬼谷子把事物发展过程区分为平素和枢机，平素是长时间的，是积蓄的过程，是矛盾的量变过程；枢机，即关键时刻，是矛盾发生质变的时刻。多谋善断者，不仅在平时，要使用阳谋和阴谋，促成事物的量变；在关键时刻，尤其要善于利用阳谋和阴谋，促使事物朝着预期的方向发生质变。

【趣味故事】

利而诱之降众匪

宋仁宗当政时期，朝廷腐败，官员贪婪，群盗并起，百姓苦不堪言，大臣富弼请求宋仁宗惩治匪徒。

仁宗皇帝叹息道："各地盗匪多如蚁群，一时蜂拥而至，我哪有这么多的财力兵力来对付他们呢？"

富弼说道："难道就任由他们在各个州郡横行霸道、涂炭生灵吗？百姓本来就难以生存，现在又遭此厄运，天理何在啊？皇上您尊贵，岂能任他们胡作非为？应该替天行道啊！"

宋仁宗满脸愁容地对富弼说："我的臣民受苦，我怎么能不心痛呢！你有什么好的计策，不妨告诉我，替我分担忧愁啊！"

富弼想了想回答道："世间的凶恶险诈之徒，并不是天生如此。起初他们也是寒窗苦读，胸中有一番抱负的。他们期待参加科举考试，大展宏图。怎奈长大后，却发现自己并未学业有成，最后名落孙山，仕途之路原是南柯一梦！于是他们开始眼中厌世，胸中嫉俗，郁郁不得志，彻底毁了自己。这种人往往学富五车，经史子集兵书无所不通，无所不融。他们略微知道一些朝代兴亡的缘由，于是便转而习武，潜心钻研兵法，由此寻找出路。于是他们结党成群，煽动民众，扯起大旗，占山为王，行事狡诈。这些人虽然成不了什么气候，但给朝廷带来很大危害。”

仁宗皇帝见富弼分析得非常有道理，便试探地问道：“你既然分析得如此透彻，一定有平定他们的好办法吧？”

富弼摇头道：“对待这样逆天而行的人，不能强行消灭他们，只能采取亲和的办法。”

“什么是亲和的办法？”仁宗问。

“以柔克刚。水乃天下之至柔，看似无力，却可以冲刷万物，遇山绕山，逢石避石，而山石都作为它的陪衬存在。所以，臣请求皇上命令有关官员以朝廷的名义拜访这些人，把他们当作被朝廷遗忘的草泽英雄，重新推荐给朝廷。然后根据这些人的能力，适当地给予官职任用。”富弼回答说。

宋仁宗半信半疑道：“他们肯为朝廷效力吗？”

富弼笑道：“他们之所以落草为寇，还不是为了让自己有权有势！既然给他们封官，哪有不效力的道理？”于是宋仁宗依照富弼的办法通令全国。不久，因朝廷发了数千份招降的书信，不到半年，盗寇竟消失了大半。

【解析】

“善至于诱也，终无惑”，人人都喜欢做对自己有利的事，更何况是匪徒呢？由此可知，由于朝政腐败，吏路不畅，有才能的人无用武之地，只得聚众生事，另谋出路。这些人多半是为了自己的私利，并没有什么报国爱民的理想，只要有当官发财的机会，他们就会放下“替天行道”的大旗。富弼建议采用招安的方法，以利诱之，可谓对症下药。

一言之辩退敌军

战国时，楚国上柱国昭阳带兵攻打魏国，在襄陵打败魏军，得到八座城池。昭阳大喜之下又欲移兵攻打齐国，齐王得到消息后，召群臣商议。当时齐国的军队战斗力还很薄弱，若与楚兵交战，必是惨败，但固守城池不出，也不是长久之计，所以齐王为此很担心。群臣也没什么好办法来阻挡楚兵的进犯。

齐王正在一筹莫展之时，忽有人报说秦国使臣陈轸前来拜见。陈轸上殿后见齐国君臣皆面有难色，问其原因，才知道楚国上柱国昭阳在得了魏国八座城池后，又来攻打齐国，他便对齐王说道："大王不必担忧，待我去叫他罢兵回国。"

齐王无奈之下，只好抱着试一试的态度让陈轸去见昭阳。陈轸见到昭阳后开口问道："请问按楚国的赏制，对那些击败敌军、杀死敌将而得城池的人，应给予什么奖赏呢？"

昭阳回答说："官封上柱国、爵为上执珪。"

陈轸又问道："还有比这更高的奖赏吗？"

"那要数令尹了。"

"您回国后，能封令尹吗？"

昭阳哈哈笑道："当然没问题了！因为我马上就能当令尹了。"

陈轸也仰头哈哈大笑。昭阳奇怪地问："您笑什么呢？难道您认为我在说谎吗？"

陈轸摇头道："我没有丝毫怀疑之心，只是我觉得您既已是令尹了，又何必自取降职杀身之祸呢？"昭阳听了，气愤地问道："您这是什么话？"

"将军请莫动怒，让我给您讲这样一个故事。有人送给他的门客一杯酒，门客们商量说：‘一杯酒，这么多人饮用，毫无趣味可言。我们每人画一条蛇，谁先画成，那杯酒就让他一人饮用。’众人皆称好，于是取来笔墨在地上画起来。有一人顷刻便画完了，拿起酒杯欲喝，他见众人还没有画完，便自以为是地给蛇画起脚来。另一人画完，抢过酒杯一饮而尽，讥笑那人道：‘你见过有脚的蛇吗？它穿不穿鞋呢？’先画完的人后悔不已。”

“现在您攻打魏国取城八座已是画成蛇了，若再进攻齐国，打下来，你的官职还是令尹，若打不下来，身死爵位被夺，不亦悲乎？况且还有损于楚国的威望。两下皆不讨好，与那个画蛇添足的人有什么区别呢？您不如带兵回国，功德圆满，获得楚王及全民的欣赏和赞颂，何乐而不为呢？”昭阳仔细想了想，觉得陈轸说得有理，果真连夜撤兵回楚国了。

【解析】

陈轸在此的游说之法并不显得多么高明，却能够达到最终的目的，其原因也不外乎陈说利弊。陈轸从昭阳的角度仔细分析昭阳所处的位置，指出其伐齐纯属多此一举，并用寓言的形式点明其利弊，使昭阳不得不服。打了胜仗，自己已身居显位，也不会得到更高的地位了；打了败仗，还可能会受到惩罚，更何况自己又没有必胜的把握，权衡利弊，当然择利己者而从之。

第三章　如何进行决断

【原文】

于是度以往事，验之来事，参之平素，可则决之。公王大人[1]之事也，危而美名者，可则决之；不用费力而易成者，可则决之；用力犯勤苦[2]，然而不得已而为之者，可则决之；去患者，可则决之；从福者，可则决之。

【注释】

①公王大人：天子诸侯，品德高尚之人。

②犯勤苦：经受辛劳和苦难。

【译文】

根据往事的经验来推断，以将来所发生的事来验证，参照当前，就可以做决断了。王公大人的事情，如果地位高声名好，可以做出决断；如果不费力就容易成功，可以做出决断；如果费力勤苦，但迫于形势不得不为，可以做出决断；能够消除祸患，则可以做出决断；能够带来幸运的，可以做出决断。

【本章解读】

本章论述六种可决的情况：

1．“于是度之往事，验之来事，参之平素，可则决之。”决疑时，应该忖度以往发生过的事，校验未来可能发生的事，再参考平素情况，如果判断可能成功，则可决断之。

2．“公王大人之事也，危而美名者，可则决之。”危，高耸意，非指危险。王公大人委托决断之事，如果此事有崇高意义，并能为之带来美名，且可能成功，则可决断之。

3．“不用费力而易成者，可则决之。”无须费力而易成功的事，则可决断之。

4．“用力犯勤苦，然而不得已而为之者，可则决之。”如果虽然费力，但又是不得不做的事，则可决断之。

5．“去患者，可则决之。”如果能为人除去祸患之事，则可决断之。

6．“从福者，可则决之。”如果能给人家带来福泽的事，则可决断之。

【趣味故事】

修身习德赢民心

原始社会末期，夏启率先破坏禅让制，通过父亲的权威夺得帝位，子继父业，天下共愤。其中有一个部族首领叫有扈氏，他首先站出来指责夏启不应当抢夺伯益的王位，并要求夏启把王位立即还给伯益。

夏启不肯，有扈氏一怒之下征讨夏启，双方在甘泽举行决战。决战之后，夏启的军队被有扈氏打得七零八落，几乎全军覆没。

夏启的下属大臣建议赶快补充人员，重整军队，准备第二次战斗。可是夏启没有这样做，他知道很多人不赞成父死子继的规矩，所以才不肯拥护他。在这种情况下，肯定没有人来参加他的军队，打败对手简直是妄想。要想取得胜利，首先必须把人心拉向自己这一边，让人们知道夏启是一个贤能的人，由他来继承王位是符合实际的。

于是夏启严格要求自己，以博得人们对他的信任。吃饭时他只吃一碗清淡的蔬菜，睡觉时只铺一张很薄且又粗糙的旧褥子，除了祭神和祭祖以外，他从不演奏音乐作为娱乐。他还爱护孩子，尊敬老人。并且提拔贤能：谁有本领，就请来加以重用；谁懂得武艺，就请来让他带兵打仗。

夏启这样坚持了几年，产生了巨大的效果，他的声誉大大提高了。人们常常说："夏启真不愧是夏禹的好儿子！你看他要求自己多么严格，对待别人又多么热情、有礼貌。天下就应当交给像他这样的人来治理！以后要是有谁再来和他争王位，我们应当全力保护他才对。"

人们互相传颂着夏启的好处和优点，于是都不约而同地认为夏启是夏禹的唯一继承人，对于父死子继的制度，再没有人觉得不合理了。

夏启看到人心已经倒向他这一边，又发动了对有扈氏的战争。这一次，有了人民的大力帮助和支持，他的力量大大增强。最后，夏启终于把有扈氏打得大败。有扈氏本人也做了俘虏，被放逐到草原地区。夏启成功地解除了有扈氏对自己的威胁，他的地位也得到了最终的确认和巩固。

【解析】

以德服人，以德治国是帝王成其事的上上策，与其他策略相比，德行能够使事业保持得更为长远持久。正所谓"得人心者得天下，失人心者失天下"。夏启在这里的智慧主要表现在两个方面：一是有自知之明。他知道人心得失是战争胜负的关键，自己暂时不得人心；二是从长计议。为得天下人心，他没有自吹自擂，而是严格要求自己，从实际做起，并最终取得了胜利。

巧出奇计弱楚国

春秋战国时期，齐国的宰相管仲深谋远虑，富有远见。在他的辅佐下，齐桓公获得了军事上巨大的胜利，陆续消灭了散布在各个地方的割据势力，只有强硬的楚国还没有臣服齐桓公。

连战皆捷的几位大将建议齐桓公："您为什么不一鼓作气，出兵讨伐楚国，一统江山呢？我们随时为您效劳！"这番话说到了桓公的心上，他看着手下将领主动请战，心中甚是欢喜，于是决定出兵。管仲得知齐王出兵，马上前去阻止，劝道："现在不是攻打楚国的好时机，大王你千万不要草率行事！"

"为什么？你没有看到现在士气大振吗？而且我国粮草充足，我实在找不出时机不成熟的理由！"齐桓公有些不解。"我们连续征战数次，兵马早已疲惫不堪。再说楚国和其他诸侯国不一样，它实力雄厚，国力强盛，现在进攻实在很危险！"

"那我们就眼看着楚国继续强盛下去吗？难道等着它把我消灭了不成！"齐桓公急了。管仲笑着说："我自有办法，而且保证你一年之内不动一刀一枪，不伤一兵一卒，就让他降服！"

齐桓公半信半疑，但看着管仲胸有成竹，就放手让他实施既定的计划。于是管仲命人铸造不计其数的铜币，然后派一百名商人去楚国买鹿，临走时嘱咐他们说："齐桓公特别喜欢观赏鹿，愿以重金购买活鹿。"

商人们到了楚国后，四处悬赏购买活鹿。梅花鹿在楚国很普遍，不值钱，两枚铜币就能买到一头，人们大都把它们宰杀了吃肉。楚国人一听有人重金购买活鹿，于是纷纷到山上捕获。随着猎鹿人的增多，鹿越来越少，而鹿的价格也一涨再涨，从开始的五枚铜币到十枚铜币。几个月之后，商人又抬高了价格，四十枚铜币一头。在当时，四十枚铜币可不是小数目，相当于能买两千斤粮食。楚国上下见有利可图，都放弃自己的行当去寻找野鹿。农民变成了猎人，战士也不顾纪律，上山捕鹿。

不知不觉，一年就快到了。管仲对齐桓公说："您现在可以召集人马，出兵楚国了。现在楚国只有数之不尽的铜币！农民因为猎鹿荒废了田地，没有充足的粮草供应；士兵因为猎鹿无心操练，丧失了作战的技巧和能力。成熟的时机已经到了！"

齐桓公听从管仲的意见，放出发兵的消息。楚王见粮源短缺，人民因为饥荒四处逃亡，士兵也都无心恋战，如果自己勉强打下去，只有死路一条。他连忙派使臣向桓公求和，心甘情愿地归顺了齐国。

【解析】

齐桓公在成就霸业中，征服楚国的方式就是利用"阴贼术"。他采用管仲的诡计，以"买鹿之谋"让楚国在不知不觉中受到削弱。楚国人多势众，楚王绝不会料到一年后，竟没有人愿意种粮，使曾经号称铁甲雄师的军队变成了病猫。

第四章　决断能解决难事

【原文】

故夫决情定疑，万事之基[①]。以正乱治[②]，决成败，难为者。故先王乃用蓍龟[③]者，以自决[④]也。

【注释】

①决情定疑，万事之基：判断是非，解决疑难，是事物发展的关键。陶弘景注："治乱以之正，成败之决，失之毫厘，差之千里。枢机之发，荣辱之主，故曰难为。"

②以正乱治：以之决定社会动荡不安还是清明安定。

③蓍龟：占卜的意思。蓍，一种多年生草本植物，又叫筮竹。龟是龟甲，龟甲灼烧后根据纹理来决断疑问。

④自决：自己做出决断。陶弘景注："夫以先王之圣智无所不通，犹用蓍龟以自决，况自斯已下，而可以专己自信，不博谋于通识者哉！"

【译文】

所以，为事情做决断以解决疑难，是做事情的关键。制止动乱决定成败，是很难做到的事。所以，古代先王自己用筮草和龟甲，决定一些难断之事。

【本章解读】

本章论述决疑之难：

“故夫决情定疑，万事之基。以正治乱，决成败，难为者。故先王乃用蓍龟，以自决也。”故凡判断事物的性质，决断事情的疑惑，是做一切事情均要面临的机缘，而要以正治乱，决定成败，这是难为的事，并非事事皆易于决断。故先王（如周文王）不得已，而用蓍草和龟甲进行占卜，借以帮助自己做决断、下决心。

【趣味故事】

代人受过收人心

周襄王二十五年（前627年），秦穆公趁晋文公病逝、晋国上下无暇他顾之机，派孟明视、西乞术、白乙丙三人出兵伐晋，结果在崤山遭到伏击，全军覆没，三将均被生擒。晋襄公的嫡母文嬴是秦穆公的同宗之女，后来她为之说情，三人才幸免一死，逃回秦国。

孟明视三人逃回国内的消息一传出，立即有人向秦穆公进谏：“孟明视、西乞术和白乙丙身为秦将，作战不利，丧师辱国，应立即杀掉以平民愤。”

还有的大臣说：“他们三人统率秦国子弟出关，只有他们三人生还，其余全部抛尸崤山，实在可恶。理应斩杀以慰国人。”更有人说：“当年城濮之战，楚军战败，楚国国君杀元帅以儆三军，您也应当效法此举。”一时间大臣议论纷纷，众口一词，要求秦穆公杀掉三人。

秦穆公听了，对大家说：“这次出兵，是因为我不听蹇叔、百里奚的劝告，才导致失败。所有后果都由我一人引起，所有责任都应由我一人承担，同其他人毫无关系。”众大臣听后都瞠目结舌，说不出话来，不知道他心中到底是什么意思。秦穆公深深知道，孟明视三人是秦国不可多得的勇将，秦、晋争霸中原的战争刚刚开始，自己正在用人之际，杀掉三人，肯定有百害而无一利。况且晋襄公放回三将，显然借刀杀人，既要除掉仇人，又要获得秦国的好感。胜败乃兵家常事，凭三人的本领，将来总有一天能打败晋国，洗雪耻辱。

于是，他不顾群臣的反对，身穿白衣，到郊外迎接孟明视、西乞术和白乙丙。一见面就哭着向他们表示安慰，并对死去的将士表示悼念。孟明视三人非常感激，发誓要忠心效命秦穆公。不久，秦穆公又任命孟明视、西乞术和白乙丙三人为将，统率军队。三人都感激国君宽宏大量，纷纷竭尽所能，辅佐秦穆公整顿军备，加强军队训练。

经过一段时间的精心准备，三人在后来的战役中一举大败晋军，不仅报了被俘之仇，而且使秦穆公成为中原霸主。

【解析】

秦穆公在此以“信诚术”使孟明视三人深受感动，他代将受过，取人以信，示人以诚，表现出明智之举。其高明之处有三：一是勇于承担责任，不诿过于人；二是能分清形势，不让有用之人随便错过；三是用笼络人才的最高手段，以自己无人敢降之罪来换取三人的罪行，既保全了自己，又获得了将心，并最终成就霸业。

深藏不露杀逆臣

五代时期，后蜀国国君孟昶于934年即位。他在危机四伏、烽烟迭起的混乱年代里做了三十多年的“偏安之王”，实属不易。

孟昶即位时才十六岁，将相大臣都是老臣旧将。这些人自恃资历深厚，并不把这个年幼的皇帝放在眼里。他们骄恣放肆，为所欲为，公然逾越国家制定的法律，建造豪华房舍，规模巨大，靡费钱财，引起了人们的不满。其中以李仁罕、李肇、张业、赵廷隐最为过分。

孟昶刚继帝位，大将李仁罕便提出要主管六军的要求，他的言辞充满了威胁。他不但派人到枢密院提出明确的要求，还到学士院让人按照他的要求起草命令，根本就不通过孟昶，这看似目无幼主，实际是犯上作乱。这一咄咄逼人的举动深深地刺激了孟昶，他知道这样下去的后果是什么。他当然不愿意从此受到别人的摆布，可是他怕张扬出去会引起叛乱，无法控制局面。

于是，他隐忍不发，请李仁罕吃饭，表面上接受了他的条件，任命李仁罕为中书令，主管六军。然后，等李仁罕进宫朝见时，孟昶命令武士将他捉住，当场处死。李仁罕一死，曾假称有病不跪的侍中李肇才知道新君的厉害。他吓得魂不附体，当再次见孟昶时，他扔掉拐杖便跪了下去。孟昶因为他过去对自己十分倨慢，勒令他退官隐居，李肇便从此徙居邛州（今四川省邛崃市）。

李仁罕的外甥张业在李仁罕被杀时，正执掌禁军。禁军的军队虽然不多，但直接掌管皇帝宫廷的守卫，如果他以替舅报仇为名而起兵造反，那后果将不堪设想。所以，孟昶怕他反叛，当时不敢动手处置他，而是千方百计加以笼络。他甚至把这个武夫任用为宰相，又兼判度支。

张业在家里私设监狱，关押欠债的人。他滥施酷刑，制定了一种“盗税法”，规定税官吞没赋税的，照吞没的数目十倍罚款。

税官受了罚，无处筹钱，自然如数从百姓身上勒索。这种苛刻的税法使得百姓难以承受，都怨声载道。身为一国之君的孟昶闻知后，当即废除此法。

到了后蜀广政十一年（948年），孟昶觉得自己已经积聚了一定的势力，认为诛杀奸臣的时机已到，就与禁军将领宫思廉密谋，用诛灭李仁罕的办法，把张业在朝堂上捉住处死。卫圣都指挥使兼中书令赵廷隐见势不妙，急忙以老为由还乡。至此，故将旧臣基本上被除尽，剩下的也都不敢藐视这位新主，孟昶这才真正掌握了蜀国的大权。

他居皇位达三十年之久，虽奢侈无度，但必有他的可取之处。孟昶新主立于朝堂，旧臣自然不服，想除掉他们，“擒贼先擒王”，如果惩治了当头鸟，自然树倒猢狲散了。他杀李仁罕，而导致李肇的扔拐跪拜，又诛张业，令赵廷隐趁势而退，都是大智谋。时机不到，便隐忍不发。时机成熟，定要拍案而起。

【解析】

孟昶在稳固自己政权的过程中运用的多是“蔽匿术”。先以请李仁罕吃饭将其铲除，对其他大臣起到了一定的震慑作用。后来又对张业进行笼络，当时机成熟时，再故技重施，在朝堂上将其处死。所有的这一切，都施展得滴水不漏，让人防不胜防，这也正是“蔽匿术”的独到之处。

陈说利弊救楚国

春申君，姓黄名歇，楚国人。自幼饱读诗书，四处游历，见多识广，能言善辩，门下收养宾客上千人。楚顷襄王时，便在朝中做官。因其才智过人，楚王很赏识他，常派他出使各国。

楚怀王时，秦昭王派特使召怀王来武关相会。秦王却使人假扮自己，将怀王绑架到秦国做了人质，以要挟楚国割地。楚怀王不从，最后死在秦国。怀王死，顷襄王即位。秦国趁楚王新立，拉拢韩、魏，大举进攻楚国。秦将白起率精锐之师，以少胜多，连战连捷，一举攻克鄢、郢、夷陵等数十座城池。楚王只好迁都于陈县。秦国趁楚都立足未稳，加紧了对楚国的进攻，想一举灭亡楚国。楚王害怕，立即派春申君出使秦国，议和求安。

春申君赶到秦国后，立即求见秦王，遭到拒绝。春申君见秦王不理会自己，便给秦王写了一封信。信中说："纵观天下，秦国最强，其次是楚。秦楚开战，如两虎相斗，得利的将是驽犬笨鸡。虽说现在秦国占了上风，得到一点好处，但楚国毕竟是拥有沃野千里、雄兵百万的泱泱大国。再战下去，秦军疲惫，孤立难支，且战线过长，后援难继，即使取胜，也难以持久。俗话说：'秋去冬来，物极必反。'今日秦国已占有半个天下，其势力之强，疆域之广，自开天辟地以来，世所罕见，大王之雄风可谓至盛之极！以臣之见，大王若适时停止攻伐，厚施仁义之道，则天下崇拜，万民敬仰，而省去后顾之忧，三王、五伯也不足与大王相比。若大王自恃兵强势众，以武力征服诸侯，恐怕后患将至。万事万物无不有始，但难有善终。小狐狸不能过大河，游到河心，就会乏力而沉。大王大力攻楚，是因为有韩、魏胁从。事实上，韩、魏最不可信，说不定会联合楚国从背后突袭秦军。那样的话，秦军就有全军覆灭的危险了。

大王可曾记得当年智伯联合韩、魏伐赵，就在智伯胜利在望的时候，韩、魏却反戈一击，灭了智伯。还有，吴王轻信越人，空国伐齐，却被越夺国杀头。这些前车之鉴，可为后事之师。秦亲韩、魏，韩、魏未必亲秦。韩、魏屡受秦军攻伐，世代战死者不计其数，岂能不生怨恨？别看表面上顺服大王，骨子里却巴不得秦、楚开战，以便收复失地，坐收渔利。因此，以臣之见，韩、魏才是大王的隐患。秦国应与楚国修好亲善，合力对付韩、魏。秦、楚和善，韩、魏必竭力事秦。赵国慑于大王威势，又岂能不服？那时，大王挟五国之兵，号令诸侯，谁敢不从？四海之内，莫非王土，万国之民，莫非王臣。大王的霸业不就大功告成了吗？”

秦昭王看罢春申君的书信，甚为叹服，召见了春申君，并下令撤回军队，停止攻楚，与楚国签订了合约。秦、楚关系得到缓和。秦、楚签约，春申君回国，楚王大喜。按和约规定，楚国须派太子入秦做人质，以防秦国毁约变卦。楚太子在秦国期间，先与魏冉交接，后与范雎友善，秦、楚两国保持着和睦友好的关系。

【解析】

此处运用的是“平素术”的游说方法。春申君在此以书信说服秦王陈说利弊，可以看出其中的言辞都是平实的话语，没有任何的修饰与虚假，而且句句都是站在秦王的立场之上，从而使其认识到攻打楚国给秦国带来的不利后果，才决定撤回军队，与楚国签订了和约。

【延伸阅读】

一、谋略聚焦

1．权衡利弊，能谋善断

本篇是鬼谷子谋略的重要内容。所谓决，是指决断，即通过对古今事物的分析，作出合理判断，以解疑惑。可以说，决是成事的根基。《决篇》：“度以往事，验之来事，参之平素，可则决之。”这句话的意思：解决实际问题，如果不能准确作出决断，可以参照现今的形势条件和历史经验，来验证将来，如果能够实施就迅速作出决断。

对个人来说，犹豫不决、优柔寡断是一个大敌。因为很多美好的想法都会在犹疑中湮灭。要知道，决断能控制行动，只有敢于决断，才能不断走向成功。因此，鬼谷子所说的“决断”是谋事者必备的一种品质，它是气魄，是智慧，是铸造卓越的精神根源。

决断贵在于心。凡决断者必在于心。荀子说：“心者，形之君也，而神明之主也。”这是说“心”是身体的主宰，是精神的领导，决定人的情绪和意志。内心奔发或涌动热情的火焰，就会积极思考，缜密谋划，不懈追求，做事也易于成功。古人说：“哀莫大于心死。”又说，“兵强于心而不强于力。”这些都说明了内心力量强大的重要性。具有良好的内心主宰，就能激发奋斗的热情，从而在自信中敢谋善断。

决断是成就事业的第一步，也是关键的一步。决断失误，是最大的失误。尤其是重大决断，一旦失误便会带来不可估量的损失，甚至是灭顶之灾。“谋”是在遇到事情时多方权衡利弊；“断”是根据实际情况和权衡利弊后作出最终决定。谋与断是一个有机整体，二者相辅相成，缺一不可。

世事如棋局，当只有一条路时，就别无选择走下去；当处于十字路口或者三岔路口，就要选择最合适的路。如何选择，关系到今后的人生，这是生存的考验。鬼谷子告诫我们，解决这类问题的方法是：“凡为人决物，必托于疑者，善其用福，恶其有患，善至于诱也，终无惑偏。”

现代企业的经营，需要应对繁多的信息和各种复杂的局面，领导者要经常作出决断。决策正确，就会获得良好效益，蓬勃发展；决断失误，就可能带来损失，前景一片黯淡。所以在决断前，不可不三思而后行。

2. 当断不断，反受其乱

俗话说：“当断不断，反受其乱。”意思是说，遇到事情时应该果断的时候就要果断，不能瞻前顾后、犹豫不决，否则就会因此受到祸乱。这是鬼谷子《决》篇的重要思想。鸿门宴的故事很好地诠释了这一点。

秦朝末年天下大乱，各地势力纷纷起义。刘邦和项羽是其中实力较大的两支队伍。当时，刘邦兵力不如项羽，但是先攻破了咸阳。项羽听后大怒，派当阳君击关。项羽进入咸阳后，到达戏西，而刘邦则在霸上驻军。刘邦左司马曹无伤派人对项羽说：“刘邦打算在关中称王。”项羽听后更加愤怒，下令让士兵饱餐一顿，准备攻打刘邦。眼看一场恶战在即。

刘邦得知后大吃一惊，就用笼络感情的手段说服了项羽阵营中的项伯，并约为亲家。项伯答应在项羽面前说情，并让刘邦次日到鸿门赴宴，前去答谢项羽。鸿门宴上虽不乏美酒佳肴，却暗藏杀机。项羽的亚父范增，一直主张杀掉刘邦，所以在酒宴上，一再示意项羽发令，可是项羽却犹豫未决，默然不应。

于是范增让项庄舞剑助兴，寻机击杀刘邦。项伯为了保护刘邦，也拔剑起舞，护住了刘邦。危急关头，樊哙带剑拥盾闯进来，怒视项羽。项羽见此人勇猛不凡，就问来者为何人？当得知是刘邦的参乘时，即命赐酒，樊哙立饮而下。项羽又让人赐肉，樊哙吃了肉，又喝了酒，说：“臣死且不避，一杯酒哪里值得推辞呢？”并乘机为刘邦说了许多好话，说得项羽无言以对。

张良感到情况不妙，示意刘邦，趁上厕所的机会一走了之。之后，张良为刘邦推脱说：“刘邦不胜饮酒，无法前来道别，现向大王献上白璧一双，并向大将军献上玉斗一双。”不知深浅的项羽收下了白璧，范增则气得拔出剑，将玉斗砸得粉碎。这是鸿门宴的故事。

鸿门宴上，项羽优柔寡断放走了刘邦，最终兵败乌江，自刎身亡。这个故事告诫我们：作为君主或领导者，遇到事情时要当断则断，不能优柔寡断，否则后果不堪设想，反受其乱。

3．把握时机，毫不犹豫

机会总是稍纵即逝的，犹豫不决是成功的大忌。要想决策英明，就要胆大心细抓住机会。鬼谷子在《决》篇中说：“于是度以往事，验之来事，参之平素，可则决之。”诚然，能够把握时机，作出决断是一种重要的人格素养。勇敢果断会让人觉得可靠，优柔寡断则容易丧失信任。机不可失，时不再来。把握机会要思维敏捷，手法迅疾，这是果断决策的能力。在军事上更是如此，当进则进，当退则退，容不得半点犹豫。

世上的事，令人迷惑难解的甚多，而决断的目的正是解除疑惑。人们总是喜欢有利的事物，厌恶有害的事物。所以决断需要反复诱导，得其真情，然后作出决断。鬼谷子云：“凡决物必托于疑者。善用其福，恶其有患；善至于诱也，终无惑偏。有利焉，去其利，则不受也，奇之所托。”意思是说要根据事物的变化来制定出相应策略。

尽管有时候，作出决断是痛苦的，但该果断时就要果断，这是决策时应该遵守的原则。鬼谷子强调“决”的重要性，他认为“决”是“万事之本”，治乱、成败、祸福等都与此有关。决断正确就会成功，决断错误就会失败。决断要及时，如果当断不断，就会反受其乱。

三国时，魏国大将曹爽率领军队攻打蜀国，穿过骆谷来到兴势山前，发现蜀将已占据有利地形，如不迅速撤回就可能会全军覆没。于是，曹爽果断下令撤退。魏军撤退途中，发现蜀军正在堵截曹军后路。曹爽率军从小路躲过堵截，才安全撤回。

临危不惧是一种勇气，更体现了必胜的决心和意志。作为三军统帅，光有勇气是不够的，还要有统筹全局的能力。在危急时能够果断决断，方显英雄本色；在变化莫测的形势下，能够稳定人心、激发斗志，同样是善于决断的一种表现。

古今时势不同，应该具体情况具体对待，不能照搬先贤之法。东汉荀悦认为，决定胜负的因素有三点：一是形，二是势，三是情。所谓形，指得与失的大体趋向；所谓势，指面临情况时灵活应对进退随机应变的形势；所谓情，指精神状态，意志或坚定或懈怠。所以，对待事物要看到它的变化内容和趋势，随时根据事物的变化来调整策略。当然，面对新事物的时候，我们不能事先都考虑周全，而应随着事物的变化而变化，这是制定策略的关键所在。

无论圣人贤哲，或愚夫愚妇，无不有疑惑难解之事。有了疑问就应该有所决断。决断之法，本篇论述颇为精当。武王伐纣，卜筮以定犹疑，占曰："大凶。"姜太公推翻龟壳兽骨说："枯骨死草，何能知吉凶乎？"由此发兵伐纣，一举成功。可见，决疑需要勇气，需要智慧，头脑清醒才能准确判断形势。

4．战略决策，高瞻远瞩

一般来说，社会组织或团体，都会制定相应的发展规划，这是战略性问题。鬼谷子在《决》篇中列举了"阳德、阴贼、信诚、敝匿、平素”五种具有前瞻性的战略发展步骤。制定决策实施行动，都要服务于这个整体战略。因此，要用战略的眼光看待问题，用战略的思想考虑问题，用战略的目光指导实践。历史证明，决策时能否着眼于整体利益是获得成功与否的关键所在。

战国末期，群雄争霸。秦国经商鞅变法后，势力发展最快。秦昭襄王图谋吞并六国，独霸中原。这一年，秦昭襄王想先兴兵伐齐，谋士范雎献上“远交近攻”之策，他认为齐国势力强大，离秦国又远，攻打齐国，军队要经过韩、魏。军队少了难以取胜，多派军队也无法占有齐国全境，不如先攻打近邻韩、魏，逐步推进。秦昭襄王采纳了范雎的意见，推行“远交近攻”之策，为秦国统一奠定了基础。

其后四十余年，秦始皇才制定并逐步实施了吞灭六国的大计。远交齐、楚，先攻韩、魏，然后从两翼进兵，攻破赵、燕，统一北方。随后攻破楚国，平定南方，最后把齐国也消灭了。秦始皇征战十年，实现了统一中国的愿望，“远交近攻”之策发挥了不可替代的作用。

到了汉代，高祖刘邦平定天下后，对于在何地建都一度犹豫不决。大臣们多倾向于建都洛阳。齐人娄敬路过洛阳，觐见刘邦。娄敬问：“陛下建都洛阳，莫非要跟周朝比兴盛吗？”刘邦说：“是的。”娄敬说：“周朝建都洛阳，是靠德政感召人民，而放弃了险要地形。周朝鼎盛时，四方归附，万民臣服，衰败后就不能控制天下，不是恩德太少，而是形势太弱。”

刘邦听了连连点头，娄敬又说：“陛下起兵以来，连年征战横尸遍野，比不上西周兴盛时的恩德，而秦地有高山被覆，黄河环绕，四面边塞可作坚固的防线，即使危机出现，尚有百万雄兵可备一战。借着秦国的底子，再加上肥沃的土地，可以说是形势险要、物产丰饶。如果陛下入关建都，控制秦国原有的地区，就是掐住了天下的咽喉。”听了娄敬的话，汉高祖觉得很有道理。后来，张良等人也阐明了入关建都的利处，打消了高祖的疑虑。建都关中后，高祖感慨：“最早主张建都在秦地的是娄敬啊。”于是赐娄敬改姓刘，给他加官晋爵。

那些主张建都洛阳的大臣，为了一己私利，缺乏战略眼光，将国家安危和兴衰放在一边。而娄敬从高处出发，提出定都关中，不仅具有远见卓识，而且直言敢谏，这才是“建万世之安”的国家大计。

现代社会的企业经营，具有眼光的领导者在决策时，无不注重考虑整体战略。站得高，看得远。世事本就如此，要想成功就要更上层楼，拥有独到的眼光才能俯视众生。

5. 将计就计，奇正互用

决策时要明暗结合，阴阳互通。这样，采用的方法就会随之变化多端。决策高明的人深谙其理，在实际运用中善于变通，根据实际情况，灵活运用原则作出正确判断，同时考虑利害关系、接受能力、感情等各因素，施展心机，因人而断，因事而断，因目标而断，从而做出正确决断。

以统军打仗为例，遇到的对手不同，周边环境也不断变化，所以要根据对象改变战术和策略。当然，变化要建立在对人情、形势的深刻了解基础之上。唐代李靖就善于用兵，长于奇正之变。

李靖少年时胸怀大志，苦读兵书。但前半生并不顺遂，李渊在太原起兵时，李靖曾向隋朝告变，李渊对此铭记在心。后来李靖投唐，李渊要杀他，李世民惜才，保住了他。此后，李靖一直没有施展的机会，直到统一战争最后，他带兵征萧铣初露峥嵘；

唐朝建立后，他深入大漠剿灭东突厥主力，为唐朝除去心腹大患；花甲之年，再披战袍，征战高原大非川，灭掉吐谷浑，打通河西走廊，功名卓著。李靖用兵，一是通，二是奇。所谓通，就是敌变我变，充分了解人情、环境、形势，不断调整策略；所谓奇，是奇正互倚，在常规的基础上，运用计谋出奇制胜。

李靖强调，奇正要互用。要先用正兵，后用奇兵。正奇的理解有多种：车步兵为正，骑兵为奇；先头部队为正，后援伏兵为奇，等等。在打败突厥的战争中，李靖的奇兵思想体现最充分。

突厥是唐初的劲敌。李渊起兵时曾向突厥称臣，唐太宗也受过突厥不少气，只是实力悬殊，隐忍不发。贞观四年，唐太宗觉得时机成熟，向突厥进攻，军队统由李靖节制。打突厥不同于讨群雄，突厥全是骑兵，进攻凶猛，转移迅速，加上大漠战线长，气候恶劣，补给困难。但敌人也有弱点，就是孤军作战又缺乏防备。于是李靖决定出奇制胜，以快打快。他挑选三千精骑，疾驰二百多里，直逼敌人巢穴定襄，出现在城南山岭上。

突厥颉利可汗没想到唐军行动会这么快，李靖的奇谋不在攻地而在攻心，让突厥从内心感到震惊和恐惧。还未接战，就有突厥兵投降，颉利可汗不战而逃。在大非川之战中，李靖也是以奇制胜，就是在敌人预料不到的时候，在突然的时间和突然的地点出现。有时，奇兵靠的是速度、意志和耐力。运用奇正之变原则要建立在通晓人情、形势的各种变化的基础上，对局势做出准确的判断。

很多时候，对敌人的心理要准确把握，对己方的真实意图也要参透。伟大的事业往往玄关重重，有时不能说破，要不断认真体察才能把握全局。李靖能够把握时机，作出切合实际的决断，是因为注意观察事物的内外条件，注重实际和环境的结合。他的智慧善谋，奇诡用兵的确让人景仰。

6. 以硬对硬，绝不手软

在事情发展的危急关头，要以硬对硬做到绝不手软，这是本篇所阐述的重要观点，表明了采取果断策略的必要性。

唐朝中期，皇后武则天通过各种手段，当上了皇帝。她排斥异己诛杀大臣，甚至连亲生儿女也敢杀敢罚，对于亲信则往往提拔重用。面对武则天的强硬手段，李氏皇族显得软弱退让，毫无反抗的勇气和决心。武则天的儿子李显、李旦，更是懦弱柔顺，即使登上皇位，也甘愿让出皇权由武则天执掌。一批效忠于李唐的大臣，虽有敢说敢为的人，然而独木难支。这样，武则天以硬对软为所欲为，坐在女皇位上，一坐就是十多年。

后来，以宰相张柬之为首的强硬派，决定用武力逼迫武则天让位给太子李显，恢复李姓天下。张柬之沉稳有谋、果断敢行，这时他年已八十有余，却雄心勃勃。他推荐杨元琰为御林军将军，控制京城军权。同时控制要害部门，伺机而动。当武则天生重病时，张柬之以为时机已至，不能再缓，于是把桓彦范等安插在御林军中当将军，直接控制皇宫禁军。

诸事安排停当，张柬之率御林军五百余人，直入玄武门，派人从东宫找来太子李显，直奔武则天的长生殿。武则天料知有变，支撑身子大声呵斥："何人胆敢作乱？"张柬之带着太子拥兵来到床前，道："张易之、张昌宗谋反，臣等奉太子令，入诛二逆，恐致泄露，故不敢与闻……"武则天对太子怒目而吼："汝敢为此么？但二子既诛，可速还东宫！"

张柬之大声道："太子不可再返东宫，昔日天皇高宗以爱子托给陛下，现太子年齿已长，天意人心，久归太子，臣等不忘太宗、天皇厚恩，故奉太子诛贼，愿陛下传位太子，上顺天心，下

乎民望。”

武则天虽然不甘心退位，但看到对手如此强硬，大有不成功便成仁之势，只好答应了张柬之的请求。第二天，张柬之等人把异己分子或捕或杀，干净利落地消除后患，然后让太平公主找武则天，劝其传位。不多时，唐中宗李显复位，掌握了国政。

显然，对于像武则天这样敢作敢为，尤其是以强硬手段控制朝政的人，如果采用软弱退让的手法，只能使其更加强硬。在这场争取皇位的权力斗争中，以张柬之为首的太子派，一改妥协忍让的做法，果断用强，绝不手软，从而恢复了李唐王朝的统治。可以说，在这场政治权力争逐中，张柬之等人“以硬对硬，绝不手软”的做法是明智的。

二、古为今用

不善决断的人不能当统帅。

1．统帅必须善断

多谋善断，是谋略家、咨询策划家、企业家、主官、将军、统帅、地区领导者均必须具备的素质。多谋者，善于调查，善于思考，遇事喜欢动脑筋，办起事来，总是胸有成竹，点子多，方案多。但哪个方案最佳，哪个方案能取得最大成功，这就离不了抉择和判断。

毛泽东同志认为指挥员的正确部署，来源于正确的决心，正确的决心来源于正确的判断。如果仅能多谋，而不能做出正确的判断，则不可能下决心，即使勉强下了决心，也很难保证取得成功。

作为谋士，如果仅能多谋，而不善断，则充其量只能当一个初级参谋，而不能用他做高级策划。如《三国演义》中的马谡，此人在诸葛亮身边当参谋时，点子不少，也出过不少好点子，但当他立下军令状，担当街亭守将时，不听王平劝阻，错误判断形势，做出了错误决策，以致失去了战略要地，失去了战略进攻的机遇，导致蜀军大败，幸亏诸葛亮对马谡的错误有所防范，避免了全军覆灭。

作为谋士，必须多谋。作为主官、统帅、董事长和总经理来说，若不能多谋，尚可聘请专家、顾问，利用外脑和内脑，来弥补自己的不足。而决断，则非外脑和内脑所能替代，只能依靠主官、统帅亲自做出决定。从这个角度看问题，善断，比多谋更为重要。不善于决断的人，不能当主官和统帅。且以一个历史案例说明之。

强大的袁绍为何败给弱小的曹操？袁绍，后汉名公，占有天时地利，兴大军讨曹，兵力优势是七十万对七万。文有田丰、沮授、审配、许攸等著名谋士；武有颜良、文丑、张郃、高览等著名战将，为何败于曹操？就是由于袁绍错断，犯下了一系列错误。

此前，在曹操进军徐州，而致许昌空虚时，田丰建议攻占许昌，袁绍不听。待曹操攻占徐州后，袁绍决定兴大军讨伐曹操，田丰谏阻："曹操挟天子以令诸侯，今徐州已破，其势正锐，未可轻敌，今且宜静守以待天时，不可妄兴大兵，恐有不利。"此时，另一谋士迎合袁绍说："主公兴仁义之师，田丰何得出此不祥之语？"袁绍喜听顺耳之言，不仅未听从田丰的劝告，还要斩杀田丰，多亏众人求赦，田丰才得以免斩下狱。

袁绍派大将颜良作先锋，进攻白马。沮授谏："颜良虽然骁勇，但气量狭窄，不可独任，宜派人协助。"袁绍说："我之上将，非你所料。"又不听劝告。颜良确实勇猛过人，但曹操大胆起用关云长，连杀河北名将颜良、文丑，致袁绍在白马战役中失败。

袁绍下令进军官渡，沮授进谏说："彼军无粮，利在急战。

我军有粮，宜且缓守。”袁绍则认为，沮授是慢我军心，把沮授治罪下狱。

在官渡相持期间，谋士许攸手下，截获了曹操发往许昌催粮的紧急文书，建议袁绍乘许昌空虚之际，夜袭许昌，再乘曹军粮尽恐慌之机破曹。袁绍怀疑催粮文书乃曹操诱敌之计，又怀疑许攸因历史上与曹操有旧而对袁绍不忠，遂把许攸赶走，错失了大胜机会。许攸被迫投奔曹操，献计劫乌巢破袁绍。

两军交战，兵马未动，粮草先行。早前，审配曾劝袁绍，要保证运粮通道，要用大将重兵把守乌巢屯粮重地，没有引起袁绍重视。袁绍用韩猛运粮，而韩猛只是一介勇夫；用淳于琼守乌巢，而淳于琼性刚好酒。先是韩猛所运粮草被劫，继而是乌巢被焚，粮草尽失。袁绍不知自责，还听信谗言，欲加罪张郃、高览，使张、高二将军被迫投降曹操，被曹操用为攻打袁绍的先锋，袁绍大败，退归冀州。

在袁绍败归冀州时，事实已经证明田丰正确，而袁绍仍为了顾全自己的面子，派人回冀州杀了田丰。多次错误决策，导致失去颜良、文丑、张郃、高览等名将和许攸、沮授等著名谋士，仅剩下的著名谋士田丰，尚且不被珍惜，仍以“莫须有”的罪名杀掉，冀州怎能守得住！岂能逃脱被曹操灭亡的命运。

与袁绍的寡断、错断相反，曹操则是多谋善断。在官渡战役的相持阶段，曹操军力困乏，粮草不继，曾想放弃官渡，退回许昌。在迟疑难决之时，没有一意孤行，而写信派专人奔赴许昌问荀彧，荀彧作书回答：“袁绍进攻，欲与明公决一胜负，公以至弱当至强，若不能制，必为所乘，此乃天下之大机遇也。绍军虽众，而不能用；以公之神武明哲，有什么能难倒你？今我军虽少，还比当年楚汉决战的条件好。明公难，袁绍也难，公若画地坚守，扼其咽喉，而使袁军不能进，袁军情见势竭，必将有变，此用奇之时，断不可退，惟明公裁察。”曹操得书大喜，决心坚守，等待时机，以奇计破袁。时人评论说：曹操“势弱只因多算胜”，袁绍“兵强却因寡断亡”。

读者只要把曹操与袁绍作一下对比，就不难看出“决断”的重要性，就不难看出他们最大的差别在于决断能力和决策心理。

2．决疑之道

研读《决篇》，思考现实，笔者认为：在鬼谷子决疑之道中，有四点特别需要继承。

（1）善用其福——利害得失

分析疑是什么？实质是原因与结果有矛盾，手段与目的有矛盾，成本与收获有矛盾，是利多还是害多？是得多还是失多？是成功还是失败？有疑惑，叫人担忧，这才需要决。

决疑的实质是什么？鬼谷子说：“善用其福，恶其有患。”决疑的实质是，采用正确的方略，确保得到事物本身具有的福泽，确保避免事物本身可能带来的祸害，确保收获大于成本。

为此，就必须对事物做利害得失分析，有哪些利？有哪些害？有何得？有何失？失，包括所花成本和代价，这是决的第一要素。

世间任何事物，任何举措，几乎均有二重性。正如孙子兵法所说：“军争为利，军争为危。”这是教导指挥员对每一项军争活动都要做利与危的分析。孙子兵法还特别强调：“故不尽知用兵之害者，则不能尽知用兵之利。”例如企业兼并。若兼并得好，可能就此得到大发展；若兼并不好，可能因此背上沉重包袱甚至把企业拖垮。从这个意义上讲，决，就是决断利害得失。然而现实生活中，有许多领导者，在做出决断之前，往往没有认真做利害得失分析，或者在做利害得失分析时，只见利不见害，或只见得而不计代价。事前没有趋利避害和保得减失的方略，岂有不败之理！

（2）善度往来——过程风险

对于预测，鬼谷子说："度以往事，验之未来，参之平素。"近代毛泽东也讲过类似的话：看他的过去，可知今天；看他的今天，可知未来。

这是告诉我们，事物的发展变化，是有一定的延续性的，是一个有规律可循的过程。在决断之前，一定要对事物的发展变化做过程风险预测：在哪个阶段、哪个关键点会出现什么问题，会出现什么风险，对可能发生的问题采取什么对策，对意外风险怎么规避和化解，都应预测到位，分析到位。

有许多事，仅看一时一事，是看不清楚的。例如企业想兼并某个资不抵债的亏损厂，在未实施兼并之前，有很多深层次问题，未必侦察得到，这时，很难判断兼并最终是带来福还是祸。有疑惑，则难决断。但如果你对兼并过程做全面过程分析：资产怎么交接，债务怎么偿还，土地怎么移交，厂房设备怎么验收，领导班子怎么确定，管理人员怎么安排，哪些员工可退养，哪些员工可留用，兼并后从事什么业务，用什么品牌，地方关系如何处置。如果不做详尽侦察，就不可能做出过程分析；如果没有做出过程分析，就不可能认识到可能遇到的风险，更谈不上规避风险的对策。

善度往来，做出过程风险预测，首要的是必须具有辩证发展的思维方法，绝不能用静止的观点观察问题；其次是要善于做全过程的周密思考；再就是排除万难，采用一切必要的手段进行必要的侦察；最后是把侦察得来的材料进行分析，结合历史与现实，做出预测和判断，定下对策方案。且举一个历史案例来看这个问题。

案例：诸葛亮如何为刘备招亲决疑定计。《三国演义》中有一个刘备招亲的故事。周瑜得知鲁肃没有讨回荆州，又得知刘备的甘夫人去世，随即向孙权献计，背着吴国太，派吕范到荆州说媒，假许孙权小妹，请刘备入赘东吴。此事是诚意，还是阴谋？这是首先要判断清楚的，只要看孙权、周瑜以往所作所为，几番讨荆州，就不难判断入赘是假，骗刘备充人质为讨荆州是真。接着的问题是刘备去不去荆州，不去未免失礼，去则有杀身危险。孙权的小妹，是吴国太的爱女，如果能联姻，则对孙、刘战略联盟大有好处。问题的焦点是：能否规避风险？又如何规避这一风险？

孔明劝刘备将计就计，规避风险，争取联姻成功。为此，孔明详细研究了吴国国情，对刘备赴东吴后入赘的全过程及可能遇到的各种问题，做了周密的预测。决定派赵云和孙乾保驾，带足钱财和警卫，并想好了三条应对危难的锦囊妙计，交给赵云到时候拆看。他估计到入赘仅是孙权和周瑜的阴谋，并非吴国太和孙权小妹的主意，那么刘备一到东吴，必然要遭遇周瑜的秘密软禁，并对国人封锁消息。

刘备一到东吴，赵云见东吴没有任何欢迎的仪式，知道大事不好，果如军师判断。立即打开第一个锦囊，拆开一看，军师让大肆张扬、破除封锁，请乔国老为媒。于是叫随从士兵披红挂绿，敲锣打鼓，到大街上公开采购，扬言孙权邀请刘备到东吴招亲，刘备已到东吴，消息很快传开。又命孙乾带上厚礼拜会吴国太的亲家乔国老，请他通报吴国太，促成婚事，他预计，只要婚事能成，就可打破孙权、周瑜的阴谋，得以借吴国太保护刘备的安全。由于乔国老的说媒，于是就有了吴国太的相亲之举，孙刘也得以真正联姻。

孔明估计，在入赘成功后，周瑜一定会用美色玩乐腐蚀刘备的心志，使刘备不能自拔，以此离散刘备与荆州的关系。赵云看到这种局面出现，十分着急，但又见不到刘备本人。在焦急无奈的情况下，只好拆开第二个锦囊，赵云便按军师的妙计，以紧急军情求见刘备，说曹操起五十万大军，杀奔荆州，荆州形势危急。

一心想以荆州为据点图谋大业的刘备，必会醒悟，偕孙夫人回归荆州，孙夫人也不好不同意。孔明还估计到，一旦刘备要回荆州，则孙权必派军队追堵拦截，在东吴境内，只能把孙权假招亲的阴谋如实告知孙夫人，激起孙夫人的愤怒，以其威严斥退吴国追兵。与此同时，诸葛亮亲率大军到边界接应。由于孔明预测正确，策划周密，刘备几次得以避过危难，确保招亲胜利归来，致使孙权赔了夫人又折兵。三条锦囊妙计之说，难免存在文学上的夸张，但孔明多谋善断，善于预测过程风险，有所准备，有备无患，确实值得后人钦佩和学习。

（3）善至于诱——过程诱控

鬼谷子在强调“善其用福”时，还特别强调“善至于诱也，终无惑偏”。诱，何意？就是要发挥人的智慧和主观能动性，诱发事物暴露其发展过程，诱发事物暴露其隐藏的利害关系，采取正确的方略，趋利避害，则最终结果就不会有疑惑，不会有偏误。

善至于诱，实质是把“善其用福”和“善度往来”结合起来，也就是把利害得失分析与过程风险预测结合起来，在每个阶段，在每个关键时刻，采取正确的策略，诱福避害，诱控事物朝着有利于自己的方向发展。这实质是过程控制。只要把每个发展阶段控制好了，最终结果就不会有疑惑，就不会有偏差。

本篇举到的姜太公为周武王决疑的案例，诸葛亮为刘备招亲的策划，都是“善至于诱”，都是对全过程的诱控。

今人对关于改造自然的重大问题，如长江三峡工程、核电站工程、城市建设规划，等等，由于未知数很多，而利害关系太大，且具有不可逆转性。为了确保万无一失，一定要先做出模型，对无把握的领域，逐个进行模拟试验，提出多个方案，对每个方案进行数据测算。这种模拟法，其实质就是“诱”，在诱中减少疑惑，增强认知，分析利害，制定对策。

今人对关于社会改革的重大问题，如土地改革、企业改制等，均要先试点，取得经验后，再在面上铺开。这种方法，实质也是诱，在诱中提高对改革的认知，取得经验教训，制定出合情合理的政策。今人对作战方案，或以计算机模拟操练，或以实地军事演习，这种方法实质也是诱，在诱中推测敌方意图，在诱中研究我方的协同配合。

（4）善择而决——顺乎自然

受人委托决疑，是否应一概接受？不，鬼谷子主张要有所选择。

智谋者是否对任何事都能做出正确判断？是否都有良谋？结论是否定的。在事物矛盾尚未充分展开时，智谋者也不可能超出客观事物的许可，未卜先知。智谋，在于事前诸葛亮，不在于马后炮。当事物已经发展到无可救药时，即使诸葛亮再世，也不可能违背客观许可而转危为安，充其量只能延缓死亡。

再说，决断，事关重大，如果因你决断失误，害人不浅，则你轻则遭埋怨，重则有杀身之祸。故鬼谷子主张“可则决之”。

在决的问题上，一定要顺乎自然，可决则决之；若不可决，则不要自作聪明，勉强决断。

3．决断失误之源

在改革开放之前的二十多年里，中国人民勤劳节俭，创造的财富不在少数，为什么中国人民还那么穷？原因虽然很复杂，但归根到底是决策权力过于集中，发生了一系列的决策失误，浪费的财富太多。改革开放以来，同样是二十多年，为什么能基本上实现小康，归根到底是决策权分散了，更讲究决策的科学与民主了。但如果与世界上先进的国家比，中国的决策仍然是一个薄弱的环节。研究决策失误的原因，已成为不可忽视的问题。提高执政水平，提高决策成功率，已成为我国的一个头等重要问题。

（1）素质制约决策思维

凡责任心强者，决策必然谨慎；凡对工作不负责任者，决策必然草率。

凡思路开阔者，信息必然灵通，决策思维必然全面；凡思路闭塞者，信息必然稀缺，决策思维必然狭隘。

凡官僚主义者，胸中无数，决策思维必然简单；凡善于调查研究者，胸中有数，决策思维必然较为周密。

凡是刚愎自用，或专横跋扈者，总是非常自信，总是很有魄力，多喜欢拍脑袋决策，不大喜欢听取不同意见，决策失误较多；凡是作风民主，有群众观念者，多喜欢民主决策，喜欢听取不同意见，决策失误相对较少，决策成功率相对较高。

要想提高决策成功率，减少决策失误，归根到底是要提高领导者的素质，树立科学民主的决策思维。

（2）信息制约判断

受计划经济传统的影响，许多单位忽视信息建设，没有把信息当成重要资源，平时信息贫乏，很难做出正确判断。

甲乙双方如果地位不平等，必然导致信息不对称，一方掌握的信息全，另一方掌握的信息不足，在签约时，信息不足的一方，往往因上当而导致决策失误，成为受害方。这种事在企业之间屡见不鲜。

在企业之间，为了逼对方就范，主动方总是力图封锁对方的消息，在对方尚未掌握全面信息之前，用各种办法，如限定时日、以第三者相要挟等，逼迫对方匆忙签约。许多企业经理急于求成，往往上当。

受传统计划经济的影响，我国信息被垄断较多，共享较差，不利于各单位的信息建设，也不利于决策的民主化。

（3）私利制约决策动机

为什么地方政府的形象工程和政绩工程屡禁不止？为什么招投标制度总是不能得到认真贯彻执行？为什么弄虚作假的公司可以“过五关”，被层层批准上市？为什么那些破坏环境保护、破坏文物保护、违背国家土地政策的项目能得到政府的审查和批准？根本原因是私利作怪。一方面，是官员以权谋私，为自己、为情人、为子女、为亲友牟取私利；另一方面，是不法商人大搞权钱交易，用贿赂收买官员，为其牟取暴利。

决策行为，受决策动机支配，而决策动机又受利益驱使。如果决策动机是为牟取私利，而且这种私利又不能与公利相兼顾，则必然会找出各种巧妙的办法和借口，做出错误的决策。一旦上了贼船，就会做出一连串的错误决策。直到被检举揭发，受到法纪惩处，方能制止。

（4）决策机制有待完善

一是领导者的决策，如果缺少对决策过程和决策程序的严格

规范，那么其决策的科学性和民主性就得不到保证。

二是对用人和决策缺乏监督、考核和追究的制度。如推荐了优秀领导人才的无功；而有意提拔坏人，导致祸国殃民者，可以不负任何责任；凡做出错误决策，给国家和人民造成巨大损失者，照样当官，可以不负任何责任。这样的情况必须从制度上杜绝。

三是用集体领导名义，掩盖以权谋私，掩盖决策错误。民主集中制，本来是可以有利于科学和民主决策的，但有的地方和单位，集体领导只是形式，常常是主要领导者个人说了算。集体领导，成为某些领导者推脱责任、掩盖专制、掩盖决策错误的一件华丽外衣，令监督者无从查审和实施监督。

四是政府延续计划经济体制下的职能，审批范围过宽，决策权力过大，远远超出了公共事务的范围。解决的办法，是政府转变职能，把属于人民和企业对自身事务的决策权还给企业、还给人民，把政府的决策权集中于公共行政，并承担决策责任。

社会机制，源于国家的民主法治建设，特别是源于民主制的实施和执法保证。要想从根本上建立民主科学的决策机制，党和政府必须从管束民众转到管束党、管束政府，把依法治理官员放到首要地位。只有依法治理官员，才能使官员做到依法行政。执政，是一门最大的学问，特别是对于中国这样一个具有两千年封建历史的国家，真正实现依法行政，是极为不易的，但这确是振兴中华不可缺少的必要条件。可喜的是，十六大产生的中央新领导集体，明确提出“立党为公”“执政为民”，在建设物质文明和精神文明的同时，要加大力度建设政治文明。随着政治文明的发展，决策的科学性与民主性，可望得到较好的实现。

在春秋战国时期，有众多学者和学说论述如何治国治民、如何统兵作战，很少论述君主如何对待自己。鬼谷子在论述伐谋伐交的哲学基础和计谋形成奥秘之后，又专门论述了君主如何对待自己。这是继姜太公《六韬》之后，又一部非常重视“君主自身修为”的理论著作。这可能与鬼谷子的人民性及其道学造诣相关。

君主如何对待自己，实质是提出了一个重要方向：首脑经营问题。

作为领导者，通常只考虑如何领导别人，很少考虑如何领导自己。其实，如果连自己尚且领导不好，又何以领导众人！

作为经营者，通常只知经营企业，经营房地产，经营资本，很少考虑经营自己。其实，如果连自己尚且经营不好，又如何应对急剧的市场变化和市场竞争！

作为首脑，地位最高，权力最大，高高在上，通常难以放下架子，忌讳谈自己的缺点、错误和不足，何谈修为自己，何谈经营自己！

鬼谷子将“决”提到了一个至高无上的地位，他认为决策是万事成败的关键。他强调，圣人成功决策有五种方式：一是以阳德之；二是以阴贼之；三是以信诚之；四是以蔽匿之；五是以平素之。从整体上分析，这五种方法就是指所做的决策是光明正大还是阴谋诡计，而且两者在一定的条件下还可以相互转化。鬼谷子所说的这五种方法很具有现实指导意义，在做人、办事、经商中都可以加以运用，只是这需要运用者灵活把握。

三、做人之道

古语道：当断不断，反受其乱。鬼谷子也强调了“决”的重要性，他认为善于判断情况，做出决断，才能取得最终的胜利。所以说，在为人处世的过程中，不能不懂得一些“决术”。正确的“决”，关键在于权衡利弊，在于前瞻。事前知为智，事后诸

葛为庸。因此，在生活中善察前兆，深知事理，超前作出合乎趋势之决断，才是做人的大道所在。

1．权衡利弊，蔽匿意图

鬼谷子的“以蔽匿之”，其实就是一种“蔽匿术”。在当今世界，了解和掌握此术，也可以算得上是一种绝妙的手段。

社会上，哪种人最可怕呢？答案自然是那种蔽匿真实意图的人。这种人不露真容，完全将自己置身于暗处，在对手分不清敌友的状态下，其所有防范也就形同虚设了。这样的事例在古代历史上俯拾皆是。

唐懿宗咸通五年十一月，年仅三十六岁的路岩被任命为宰相。路岩聪慧过人，但他却贪赃枉法，他上任伊始便恣意收受贿赂，干了许多不法之事。

身为驸马的韦保衡见路岩成为皇帝的新宠，心中忌妒，正好有人把路岩的枉法之事告诉了他，韦保衡于是准备告发路岩。韦保衡的一个朋友听说此事，急忙赶来对他说：“听说你要弹劾路岩，此事当真吗？”

韦保衡点头说：“路岩欺君不法，我有确凿证据，他是死定了。”

朋友问他：“你是为民除害，还是借此图进？”

韦保衡疑惑道：“二者有何区别吗？”

朋友大声说：“区别太大了。若是为民除害，以路岩在皇上心中的地位，你现在除他不掉不说，反要自取羞辱；若是借此图进，也是一条死路，搞不好会丢官失爵，家破人亡。”

韦保衡脸色骤变，怒声说：“你存心诅咒于我，我为驸马，无论如何也不至于此啊。”

朋友替他分析说：“以你的驸马之尊，尚不能位及相位，可见路岩已深得皇上宠幸，无人能及啊。你弹劾他，皇上不悦，路岩更会从此将你视为死敌，这样一来，你还会有什么好下场呢？路岩贪赃枉法人所皆知，若无皇上的庇护和纵容，他也不敢那么大胆。你弹劾他，一来让皇上难堪，二来让路岩生恨，三来把自己暴露，件件都对你不利。不如假意和他交好，有他的赞言，你的升迁便无阻碍；他日设法除之，你就有十足的把握了。”

韦保衡当即改变主意，假心巴结路岩；为了让路岩把他当作知己，他还多次和路岩一道弹劾迫害揭发路岩的人。路岩得了驸马这一强助，也求之不得，不久，在路岩的大力荐举下，韦保衡也被提升为宰相。

路岩的心腹担心路岩中了韦保衡的奸计，多次提醒他说：“韦保衡贵为皇亲国戚，他百般讨好大人，对大人无丝毫反驳，以他骄横的性格，这实在令人怀疑。现在大人有权有势，他还不敢有所异动，一旦情况有变，韦保衡就很难说了，大人不该太信任他。”

路岩从此多了疑心，考验了他几次。一次，路岩故意对韦保衡诉苦说：“我身居相位，许多人存心要陷害我，你我交情莫逆，你可有好主意吗？”

韦保衡佯装愤怒，自告奋勇说要为路岩铲除政敌。路岩却摇了摇头，说：“我已厌倦官场，不想与人结怨了。我想辞官归隐，还望你替我向皇上美言。”

韦保衡心中高兴，表面上却痛苦不堪。他回去和心腹商议，心腹对他说：“路岩权势正盛，他岂会甘心归隐呢？这分明是他试探大人，大人不可上当啊。”

韦保衡也自忖眼下不该和路岩摊牌，他面见唐懿宗时便说：“路丞相尽忠报国，却遭人攻击，以致使他萌生退意，望陛下一定要挽留他。如路丞相坚持归隐，臣也自请辞官。”唐懿宗于是亲自慰留路岩，还把韦保衡欲共进退的话说与路岩听，路岩感动之余，自责疑心太过，对韦保衡不再防范。

韦保衡暗中培植党羽，广招亲信，在自觉时机成熟时，便开始了对路岩的排挤。他一面指使党羽上书弹劾路岩，一面又亲自向唐懿宗进谗说："臣从前受路岩蒙蔽太深，结果误上贼船，悔之不及了。路岩贪赃枉法不说，最令臣难以苟同的竟是他藐视陛下，心有异志。臣冒死请求诛此恶贼。"韦保衡叩头见血，又自请死，唐懿宗见之，不由得不信了。唐懿宗先是把路岩贬到西川，后又将他杀死；韦保衡未被追究，从此大权独揽。

所以说，打击他人，把自己完全暴露是愚蠢的；把自己的真实状况和意图隐匿起来，才能迷惑他人，占据主动，出其不意。韦保衡也正是这样做的，当然，他最终也达到了目的。

2．前馈决策，防患未然

鬼谷子在《决》篇中提出了要善于决策的原则，这个原则对于今人在做人方面也有着极为重大的指导意义。

决策可以分为前馈决策和反馈决策。反馈决策就是根据最终结果产生的偏差来指导将来的行动。而前馈决策则是面向未来的决策，意在防患于未然。前馈决策，防患于未然之时，这是中式决策的原则。老子说："其安易持，其未兆易谋。"意思是说事情在尚安定之时还容易对付，事情未显露征兆时还可以想办法。

一般说来，善于处世的人大都具有很好的前馈性决策能力，他们总是在祸害还未显露之时就把它处理掉。前馈决策可以克服反馈决策因时间滞差所带来的缺陷，它对中国历史上的很多事件都有过重要的影响。

晋国是西部的一个古老国家。晋国祖先是唐叔虞。唐叔虞是周武王的小儿子，成王幼弟。唐是地名，位于黄河与汾水之间，方圆一百多里。叔是排行。叔虞出生时手握“虞”字，就以虞为名，字子于。尚在孩提时，成王桐叶封弟，封叔虞于唐。唐叔虞后代于此繁衍生息，就是后来的晋国。到了春秋时代，晋国统治集团内部发生斗争，公子重耳被迫流亡，历经卫国、齐国、曹国、宋国、郑国、楚国、秦国等诸侯国。

重耳颠沛流离之时，在各国遭遇不尽相同。齐国的国君是以厚礼相待。而在途经郑国时，郑国的国君则对他很不礼貌。郑大夫叔瞻是一个善于识人的能人，他劝谏郑君说：“这是位德才兼备的公子，君主厚待他，可以积下恩德。”郑君没有听从。叔瞻心想：得罪一位有才能的大国公子，郑国的祸患已隐隐若现，因此他想到要把它消灭于潜伏期。于是，他又劝谏郑君说：“如不厚待，就应该杀掉，免得留下后患。”可是，郑君本人并不具备前馈决策的能力，他不能识灾祸于未显之时。所以，郑君还是没有听从。接下来，重耳到了楚国，与在郑国所不一样的是，他在那里受到楚国国君的优厚招待，于是重耳便许诺楚王，有朝一日两国不幸交战，他必先退避九十里。

后来，秦穆公出于政治投机，派人把重耳请到秦国，并把女儿嫁给重耳，秦晋结下姻亲关系，这就是历史上的秦晋之好。再后来，秦穆公派兵把重耳护送回国当了国君，就是晋文公。这时，重耳已经流亡十九年，六十二岁了。晋文公果然极富政治才能。在大臣狐偃、贾佗等人的协助下，晋文公采取了一系列整顿政治、经济的措施，“轻关易道，通商宽农，稼穑劝分，省用足财”“赋职任功”“举善援能”等。

经过几年的经营，晋国国力大为增强，称霸的欲望迅速膨胀，而楚国却成了其前进路上的最大障碍。公元前632年，晋楚兵戎相见，晋文公先是退避九十里，以报优待之恩，再联合齐、宋、秦之师破楚于城濮，从而使晋文公确立了继齐桓公之后的霸主地位。

城濮之战中，郑国帮助了楚国，又加上重耳流亡期间结下的恩怨，公元前630年，晋国联合秦国包围郑国，要把郑国国君叫出来好好辱骂一顿。郑君害怕，献上叔瞻的头颅仍解决不了问题，万不得已，只好又献出了八座城池。

试想：如果郑国国君当初能听从叔瞻之言，善待晋公子或者杀掉晋公子，郑国的这场灾祸还会发生吗？可是，郑君只会作反馈决策，只能利用事情的结果来作为行动的依据，而无法作出前馈决策，做到防患于未然。由此可见，在为人处世中学会反馈决策是多么重要啊！

3．寻到妙策，救人救己

准确的决策对于为人处世的重要性是不言而喻的，鬼谷子的“决情定疑万事之机”就充分地说明了这一点。

可以想象，在处世的过程中，如果不善于决策，而仅是逞匹夫之勇，其后果是不堪设想的，甚至还有可能将自己的小命给白白地搭上。众所周知，魏国的信陵君作为战国四君子之一，曾因他善养门人食客而名噪一时。但是，就是这样一个响当当的人物，也有鲁莽、逞匹夫之勇的时候。具体情况是这样的：当时，秦国大军攻打赵国，赵国连忙向魏、楚求救。楚国大将黄歇率领八万名士兵援助赵国，与此同时，魏国也派晋鄙将军带兵十万援助赵国。

一听说楚、魏两国发兵救赵，秦昭襄王亲自跑到邯郸来督战。为了瓦解三国联盟，秦王派人威胁魏王说：“秦军攻赵，很快就能攻下。诸侯中有谁敢去救援赵国，我就在攻破赵国后去攻打它。”魏王被秦王的威胁吓住了，连忙派人去追晋鄙，叫他就地安营扎寨，不再前进。于是晋鄙就在邻城扎下营盘，按兵不动。

赵国派使者去魏国催促进军。魏王想进军，怕秦国怪罪；不进军吧，又怕得罪赵国，只好不进不退、坐城观望。赵孝成王叫平原君给魏国公子信陵君魏无忌写信告急。因为平原君的夫人是信陵君的姐姐，两家是亲戚。信陵君接到信，三番五次央告魏王命令晋鄙进军。魏王始终不松口。信陵君无可奈何，决定带领下属和两千名门客前去与秦军拼命。

信陵君路过夷门，见到他的老朋友侯嬴，把想同秦军去拼死的情况告诉了他。侯嬴说："公子努力吧，老臣不能随同前往。"信陵君走了几里路，心中很不舒服，想道："我以前对待侯嬴的礼节也算够周到了，天下没有不知道的，现在我将要战死而侯嬴竟然没有一言半语送给我，我难道有什么失礼的地方吗？"于是又带领车骑返回，询问侯嬴。

侯嬴笑着说："我原知道公子会回来的。"接着又说："公子喜欢士人，名声传遍天下，现在有了危难，没有别的办法，却想到同秦军去拼死，这好比把肉投给饥饿的老虎，能有什么功效呢？如果这样，还要门客做什么呢？然而公子对待我很优厚，公子前往而我竟没有相送，因此知道公子会因为感到遗憾而会再回来的。"

信陵君连拜两拜，向侯嬴寻求高见。侯嬴才命众人退下悄悄地说："我听说晋鄙的兵符常放在魏王的卧室里，而如姬最受魏王的宠幸，每天出入魏王的卧室，以她的条件能将这东西偷出来。我又听说如姬的父亲被人杀害，如姬立志报仇已经三年，从魏王以下都想为她父亲报仇，却没有做到。如姬对公子哭诉此事，公子派门客斩掉她仇人的头颅，献给如姬。如姬想为公子去死，在所不辞，只是没有机会罢了。只要公子开一开口，请求如姬相助，如姬必定答应，那么，就可以得到虎符，夺过晋鄙的军权，北边援救赵国，西边打退秦军，这是五霸的功勋啊。”

于是，信陵君听从了侯嬴的计策，请求如姬相助。如姬果然盗得兵符交给了公子。信陵君得到了兵符，再一次去向侯嬴告别。侯嬴把一个名叫朱亥的大力士推举给信陵君，说：“你到邻城去，晋鄙不服调遣，我这个朋友朱亥，会对你大有帮助。”

信陵君带着朱亥和门客，连夜赶到邻城，闯进魏军军营。见了晋鄙，信陵君举起兵符，假传魏王命令，要晋鄙交出兵权。晋鄙接过兵符，验明是真，但仍觉得不可轻信，说：“事关重大，我需面见魏王，才能照办。”站立一旁的朱亥，早就忍耐不住，大喝一声：“你不服从魏王命令，该当何罪？”

晋鄙正要答话，朱亥从袖子里抽出一个四十斤重的大铁锤，向晋鄙砸去。晋鄙顿时脑浆迸裂，一命归西。信陵君拿着兵符，号令全军，说：“父子都在军中，父亲可以回去；凡是独子，都回去照顾父母；剩下的人，跟我一起去援救赵国。”当下，信陵君选出八万名精兵，飞速向邯郸奔去。魏国士兵在信陵君的指挥下，勇猛杀向秦军兵营。邯郸城内的平原君，见魏国救兵来到，亲自率领由两千人组成的敢死队，摇旗呐喊着冲杀出城。

秦将既没有防备魏国军队的突然进攻，更没有料到邯郸城内的赵国军队会冲出城来。腹背受敌的秦军，一片混乱，仓皇抵抗了一阵便全军溃散。秦将带领残兵败将向西逃跑，留下的两万秦军全被俘虏。信陵君窃兵符率魏军救邯郸，劳苦功高。赵孝成王和平原君十分感激，亲自到城外欢迎他。

试想，当时如果不是门客侯嬴给信陵君献上一条奇妙的计策，而仅是让他带着两千名食客去与秦军硬拼，其结果是可想而知的，非但不能救赵国于水火，还会凭空搭上一些无辜的生命。可见，在情况危急之时，善于决策，寻到妙计，这才是为人处世的上策。

4．办事之谋

办事情，在一定意义上讲就是连续决策的过程。可以想象，如果没有正确的决策，就想将事情办成，而且还要办得漂亮，这显然是不可能的。所以说，在关键的时刻就要看办事者的决策如何。鬼谷子在本篇中提供了决策的原则和方法，这些都很值得今天的办事者学习和借鉴。然而，在具体决策的过程中，办事者仅仅知道这些显然是不够的，还要懂得根据现实生活中的具体情况，因人因事制宜做出决策，而且在决策时还要善于使用不同的方法，以便做到果断、迅捷，决不拖延。

（1）剖析时势，隆中决策

杰出的人物办事，目光远大，能够从时势上、全局上、长远上思考问题，善于处理大的方面的关系，能够在权变中把握时势发展的大方向，争取战略上的主动权和优势，从而由小到大，由弱变强，成就一番轰轰烈烈的事业。《三国演义》中描写诸葛亮隐居隆中，为刘备定下的隆中决策，可以说是鬼谷子在《决》篇中所说的那种善于决策的典范。

当时天下纷乱，曹操、刘备等几路豪杰并起，各自怀有一统天下之心，极欲收揽人才，为己所用。刘备听说诸葛孔明才德过人，胸怀天下，决意前往拜见，请孔明出山。刘备三顾茅庐，诚心拜见，孔明方才与刘备相见。孔明先试探刘备，问道："将军有何志向呢？"刘备屏退左右，向孔明倾诉："汉室倾颓，奸臣窃命，备不量力，欲伸大义于天下，而智术浅短，迄无所就，还请先生指点迷津，教以方策。"孔明见刘备雄心万丈，气势不凡，

于是为刘备分析天下大势，提出了一套应采取的战略和策略，即著名的隆中对策，成为帮助刘备恢复汉室大业的关键性一着。诸葛亮分析当时天下形势说：

“自董卓造逆以来，天下豪杰并起。曹操势不及袁绍，而能克之，不仅是天时，更重要的是依靠人的谋略。现在曹操已拥有一百多万名士兵，挟天子以令诸侯，故不可与他争锋。孙权据有江东，根基牢固，此可以利用却不可图谋吞并。荆州之地，是军事要地，其主刘表懦弱不能守，这是天助将军，不知将军是否有意成就大业。益州险塞，号称天府之国，现在被刘璋把守，而刘璋不体恤民情，民众盼望明君。将军您既是刘氏汉室的后代，信义昭著，又思贤若渴，如能跨有荆、益，守其险阻，西和诸戎，南抚夷越，外结孙权，内修政治；待天下有变则命一上将统荆州之兵以向宛、洛，将军亲率益州之众以出秦川，百姓岂有不欢迎将军之理。如此，则大业可成，汉室可兴矣。”诸葛孔明说着，又取出一张天下大势图，说：“这是西川五十四州之图。将军欲成霸业，北让曹操占天时，南让孙权占地利，将军可占人和。先取荆州为家，后即取西川建立基业，以成鼎足之势，然后可图中原。”

诸葛亮一席话，说得刘备连连称是。隆中对策因此成为刘备筹划恢复汉室、统一华夏大政方略的关键性一着。诸葛亮之所以能够正确判断天下形势，做出合理可行的决断，是他善于在隐居中观察现实社会错综复杂的矛盾，苦读兵书，刻苦钻研的结果。当时的襄阳，是一个政治、文化、经济的交汇中心，天下谋士云集于此，诸葛亮经常和这些有才之士讨论天下形势，交换各自看法，同时他又读了《三才秘录》《兵法阵图》等兵书，因此才具备了明察天下形势的雄才大略。可见，正确的决断，也要靠长期的知识积累和不断实践。

（2）德仁并重，方可兴国

“阳德术”是《鬼谷子·决》中圣人成事的五大战略之一。“德”自古以来都是为政者在决策时必须重视的对象。孔子就极力强调为政者必须注重“德政”。他将为政者的道德及其仁道政治，与政局的稳定和国家的强盛紧密联系在一起，说明了“德”与“仁”强大的感召力和凝聚力。

事实胜于雄辩。无数的事实都证明，在决策时考虑到“德”“仁”的因素，并让二者有机地结合起来，就可以兴国、治世。

金世宗完颜雍是金朝第五代皇帝，是历史上著名的政治家。他非常善于决策。在位期间，他对南宋采取“南北讲和”的和平外交路线，对内则实行“与民休息”的“德仁”政策，整顿吏治，解放奴隶，发展生产，使金朝的经济和文化得到迅速发展，出现了空前的繁荣局面。

金世宗即位不久，就采取了解放奴隶，发展生产的措施。辽代崇佛，寺院的领户称二税户，金初二税户多沦为寺院的奴隶。大定二年，金世宗下令赦免全国的二税户，使他们获得自由，成为国家的编户平民。对于当初随契丹搞叛乱的人，包括奴婢在内，只要是主动归顺朝廷的，一概赦免。同时又多次下令放归宫廷奴婢和内外官员家庭所属的私婢，使大批奴隶获得了平民身份，解放了生产力。

为了发展北方地区的农业生产，解决农民的土地问题，金世宗对豪强贵族兼并土地采取限制和抑制的政策。迁居中原的女真贵族利用他们的特权，无限制地兼并土地，使普通汉族农民无田可耕。有的权贵之家每人平均占地达三十顷之多。针对这种局面，金世宗果断下令，权豪之家最多只准保留10顷私人土地，多余的皆收归国有，或租给无地的农民耕种，或直接分给农民。又招集流民复业，由政府拨给土地。对发生自然灾害的地区，实行赈救、免税的政策，并多次治理黄河，在全国各地兴建水利工程。这些措施的推行，使北方地区的农业生产迅速得到恢复和发展。

金世宗又果断决策，施行了“德政”。他想尽一切办法使社会得到安定，在安定中求得稳步发展。他主张对老百姓要宽慈，要“爱民”。他曾公开对大臣们说：“朕常常担心因重敛使百姓们困苦不堪。”又说：“县令之职最为亲民，应选贤才任之。”有一次，尚书省拟奏宗室完颜阿可为刺史，世宗认为阿可年轻，不适宜任刺史之职，批评尚书省官员说：“一郡之守关系到千里百姓的休戚，如果郡守任非其才，一郡的百姓怎么办呢？”金初，皇帝的护卫亲军年龄大了后都改任地方临民官，世宗对此提出异议，说：“护卫都是武人，有的连字都不会写，怎能治民呢？天子以黎民百姓为赤子，不能亲自过问每家的事，只能依靠各级官员。明知官员不称职而强授之，老百姓将会说朕什么呢？”遂命令护卫皆改任他职。

世宗躬行节俭，很大程度上也是从爱民的角度出发的。他曾说过：“朕如果想使饮食丰盛，每天宰五十只羊也能办得到。但一想到浪费的都是百姓的血汗，就于心不忍。”元妃李氏死了，世宗到兴德宫举行葬礼。他见街市上十分冷落，就对随行的大臣们说：“不应因元妃之丧而影响了百姓的生计，让他们照常营业。”还有一次，世宗因事驾幸兴德宫，朝官们请他走前门，世宗怕出行的队伍妨碍了市民的生业，改从别的路走。

大定二年四月，为了改变海陵王时期皇宫中奢靡的风气，世宗下诏减御膳及宫中食物之半。大定六年，禁止宫中陈设涂金装饰，并禁止宫人服饰用金线。宫中小规模的兴修，从宫人的费用中支拨，从不搞大规模的土木工程。大定九年，尚书省就越王、隋王两皇子王府要建宫室并役民夫事上奏，世宗当即批评说："朕宫中竹树枯死，想令人再植新竹，还怕动用了别人。两王府各有僚属仆人，为什么还要役使百姓呢？"驳回奏疏。大定十三年，太子詹事刘仲海请增东宫的侍从人员和陈设，世宗不准，说："东宫所属人员有统一规定，陈设也已具备，为什么还要增加呢？太子生于富贵，容易养成奢侈的习惯，应引导他节俭。"

金世宗在饮食服用方面确实很注意节俭。据《金史》记载，他做了皇帝后，只在皇太子的生日、元宵节、中秋节饮酒，平日从来不饮酒。每餐只四至五样菜，仅够食用，无浪费。有一次世宗正在用膳，正巧公主来了，竟没有多余的饭菜给她吃。世宗平日穿的衣服总是洗了又穿，穿了又洗，什么时候穿破了才换新的。有一次他在广仁殿同诸皇子一起吃饭，闲谈之中教导他们饮食服用之物要节省，不要铺张浪费，并撩起龙袍说："这件衣服朕已穿三年了，还完好没破，你们看看！"有的官员认为他身为天子，食用不应太俭，世宗却说："天子也是人，浪费有什么好处，天子能自行节约，也不是什么坏事。"

由于金世宗始终把"德政"作为社稷的根基看待，身体力行，使得金朝出现了一段繁荣局面。这使他自己在历史上也享有很高的声誉。《金史》赞颂他："久典外郡，明祸乱之故，知吏治之得失，即位五载，而南北讲好，与民休息，于是躬节俭、崇孝悌、信赏罚、重农桑，慎守令之选，严廉察之责……孜孜为治，夜以继日，可谓得为君之道矣。"南宋理学大师朱熹也说他在位期间专行"仁政"，能行"尧舜之道"。元代的阿鲁图在《进金史表》中说："非武元（指金太祖）之英略，不足以开九帝之业；

非大定之仁政，不足以固百年之基。”这些虽难免有过分溢美之处，但金朝在世宗统治的年代里，社会安定，生产发展，经济和文化空前繁荣，却是历史事实。

金世宗的德行和仁政，在当时社会经济衰退和民族矛盾尖锐的情况下，不但使国势为之而振，而且赢得了广大百姓的民心；不但本朝史官称赞，而且连后代及异邦异族（朱熹）也敬仰有加。可见，德行仁政不仅是一种人为的统治需要，同时也是符合社会秩序内在规律的。

其实，无论是治国这等大事，还是做一般的小事，高尚的道德品质和非凡的人格魅力都会形成一种像磁场那样的向心力，提升自己的“人气”。周围的人在不自觉中，都会把你当成“精神领袖”和衡量是非价值的“标准”。这样，你就容易做成想做的事情了。

（3）据敌而变，后发制人

在办事的过程中，当然需要决策，而且需要那种正确无误的决策。不过，在决策时，不能随意、任由自己的意思来进行，而要根据不同的情况来决策。只有这样，才能让决策发挥其最大的效用，为决策者带来实际的利益。在此，不妨先看一看司马懿是如何勇决善断的。

司马懿，三国名将，善使计谋，勇于决断。238年春，司马懿率领步骑四万，从洛阳出发，魏明帝亲自送他出西明门。这一年司马懿已经五十九岁了，比当年曹操远征乌桓时还大七岁。但他老当益壮，满怀胜利的信心，领兵远征公孙渊。

魏军一举突破辽河天险，并弃营不攻，直扑襄平，燕军将领卑衍、杨祚十分惊慌，生怕老巢空虚不保，立即率领全军回援，企图堵截魏军。司马懿待燕军行进到适当地点，迅速率兵反击。

魏军士气旺盛，一连打了三个大胜仗。卑衍、杨祚率领败军，逃回襄平城内。司马懿乘胜进军，兵临襄平城下。

这时，正好赶上连日暴雨，辽河河水猛涨，淹没了两岸大片地方。襄平城四周，变成了白茫茫的水乡，有的地方水深达数尺。魏军营寨被淹，营帐全部泡在水中。有的官兵提出转移到高地扎营，司马懿传令道："有再敢言迁营者斩！"都督令史张静违反命令又要求迁营，果然被司马懿斩首示众。魏军被困在水中，处境非常困难。公孙渊乘机令襄平城内的部队与百姓出城放牧、打柴。有的将领见有机可乘，就要求消灭跑掉出城的敌军，司马懿不同意。有人问他："过去打上庸时，八路并进，日夜攻打，只用了六天，就攻破了城池，杀掉了孟达。现在我军远道而来，反而不急于攻打敌人，是何道理？"司马懿笑道："那时，孟达兵少粮多，可支一年，我军人数四倍于敌而粮食不够一月，以一月图一年，怎么能不速战速决呢？以四人打一个，则是可以速战速决的，所以不计死伤，猛攻上庸，实质上是与粮食竞争。现在情况不同了，敌众我寡，敌饥我饱，又逢大雨，难以速战速决。此次出兵辽东，不怕燕军坚守，就怕燕军跑掉。目前，我军兵员虽少，粮草充足，燕军虽多，粮草将尽。如果消灭出城放牧、打柴之敌，抢走他们的牛马，在我军没有完成合围的情况下，不就等于迫使燕军逃跑吗？公孙渊倚仗人数众多和雨天大水给我带来的困难，继续坚持，不肯认输。我们何不将计就计，主动示弱，使他们安心，等雨停、水退，敌军粮尽之时，再发动攻势，不比现在捡点儿小便宜强得多吗？用兵的诀窍在于根据敌情的变化而变化啊！"大家听了都非常信服，于是司马懿率领部队，一面继续合围襄平，一面暗中赶制大批楼车、钩梯，待机攻城。

不久，雨停了，水逐渐退去，魏军完成了对襄平城的包围。

接着，司马懿抓住燕军粮草基本断绝之机，对襄平城发动了猛烈攻势。为了突破城防，司马懿指挥魏军挖地道、堆土山，上下结合，配以楼车、钩梯，轮番进攻。时过不久，公孙渊支持不住，遣使出城求和，司马懿不准，他捎话给公孙渊说："既敢对阵，或战或守或走，三者都不能，就应降应死，岂有求和之理。"公孙渊无奈，只好继续抵抗。但是他的士卒早已饥疲不堪，军心早已瓦解，大将军杨祚首先开城投降。司马懿挥军入城，一举击毙燕军7000多人，公孙渊向外突围时，被魏军杀死于乱军之中，余将全部投降。平叛作战果然只用了三个月。第二年春，司马懿按照原定的计划，如期班师回朝。

由此可见，司马懿是深谙《鬼谷子·决》之要义的，他不但勇于决策而且又善于决策。可以想象，在当时那种艰难困苦的处境中，能做出坚守阵地而合围歼敌的决定，已实属不易。很显然，如果没有勇于决断善于决断的能力是做不到这一点的。当然，司马懿也是根据敌我双方的实际情况，又从历史、将来、现实方面分析，才做出的决定。有了这一正确的决定，司马懿才指挥若定，最终夺取了围城歼敌的胜利。

四、经商之技

在经商活动中，要善于运用"智谋"，当然也要善于从鬼谷子的《决》篇中汲取养料，以做到勇决善断，这对于经商的成功与否是至关重要的。在具体运用"决术"时，要因情势而变通，要从全局着手而不要为一时的小利所束缚，而且还要讲求诚信，做到有谋有道，如此这般经商方可成功。

1. 诚实守信，经商之本

鬼谷子的"有以信诚之者"，就是说对于道术正直者，应该用诚信的方法去决断。顾名思义，诚信，就是诚实不欺人，重承诺，不要花招，敢于负责。作为一种传统美德，诚信不仅是个人道德修养的底线，也是人际交往和各种社会事务顺利进行的基本保证。

在现代经商领域，也要讲究诚信，因为诚信是经商之本。没有诚信，一切生意都别想做成。在一个古老而充满魅力的东方城市，坐落着一家独特的工艺品商店。这家商店的主人名叫亚历山大，一个来自遥远欧洲的商人，他的眼神里充满了对东方文化的热爱和对商业的坚定信念。

亚历山大不仅商业头脑出众，而且非常注重诚信和道德。他深知，在充满激烈竞争的市场中，诚信是立足之本，是赢得顾客信任的关键。因此，他始终坚守诚信经商的原则，无论是对待顾客还是合作伙伴，都秉持着真诚和公平。

一天，一个穿着华丽、气质非凡的商人走进了亚历山大的商店。他立刻被摆放在展柜里的一件精美绝伦的瓷器吸引住了。这件瓷器以细腻的线条和鲜艳的色彩展现出独特的艺术魅力，仿佛是一件能够讲述古老故事的艺术品。商人想要购买这件瓷器，作为送给重要客户的礼物，以表达自己对对方的尊重和诚意。

亚历山大热情地走向商人，用流利的语言介绍了这件瓷器的历史背景、制作工艺和文化内涵。他详细描述了瓷器上的每一个细节，让商人仿佛置身于古老的东方宫廷之中。商人听得津津有味，对这件瓷器充满了喜爱和敬意。

当谈到价格时，亚历山大给出了一个合理的价格，既体现了瓷器的价值，又考虑到了商人的预算。商人非常满意，决定购买这件瓷器。然而，在交易即将完成时，亚历山大却发现商人递给他的钱币中夹杂着一枚假币。

亚历山大微微皱起眉头，但并没有当场揭穿商人的小动作。

他明白，每个人都有自己的难处和疏忽，也许商人并不知情。于是，他微笑着接过钱币，然后拿出一枚真币，轻轻地替换掉了那枚假币。商人并没有察觉到这个细微的举动，高兴地离开了商店。

事后，有人问亚历山大为什么要这样做，他微笑着回答："诚信是商业的灵魂。作为商人，我们应该时刻保持诚实和公平，才能赢得顾客的信任和支持。虽然我没有当场揭穿他，但我不能让他用假币欺骗其他人。我相信，每个人都有犯错的时候，我们应该给予他们改正的机会。"

这个故事很快传遍了整个城市，人们纷纷称赞亚历山大的诚信和善良。他的商店也因此声名远扬，吸引了越来越多的顾客。无论是当地的居民还是来自世界各地的游客，都愿意来到这家商店，挑选一件心仪的工艺品作为纪念或礼物。

通过诚信经商，亚历山大不仅赢得了顾客的信任和支持，也为自己树立了良好的口碑。他的商店成为了城市的一张名片，展示了外国商人在东方城市的诚信与智慧。这个故事告诉我们，诚信是商业活动中不可或缺的品质。只有坚守诚信，才能赢得顾客的信任和支持，才能在竞争激烈的市场中立于不败之地。同时，我们也应该学会宽容和理解，给予他人改正错误的机会，让诚信成为我们共同的价值追求。

2．诱之小利，赚回大利

"平素术"是因鬼谷子的"有以平素之者"而得之，它也是一种权术。"平素术"是利用人们的思维定式来做成事情。在现代经商活动中，此术运用得也比较广泛。

商人的天职就是赢利，而且是以最小的投资赚回最大的利润。不过，有许多人或许会持怀疑态度，认为投资最小的钱获取最大的利润是可望而不可即的梦想。事实果真如此吗？显然不是这样的。其实，许多人对此之所以持怀疑态度，主要是因为传统的思维束缚了他们的思想。只要能转变思维，掌握市场，抓住机遇，确实不需要投资太多的本钱，就可以赚回最大的利润。

美国加利福尼亚州萨克门多的一个青年，他是靠做家庭用品通信销售起家的，他最终取得经商的成功靠的就是典型的投资小钱赚回大钱这一招数。

开始，这个青年在一家一流的妇女杂志上刊载了他的“一美元商品”广告，所刊登的供货商都是有名的大厂商，出售的产品都经济实用。其中20%的商品上货价格都高出一美元，60%的上货价格刚好是一美元，所以通过杂志广告刊登出来，订购单就纷纷而至。

他没有用任何资金，这种方法也不需要资金。接到客户汇款，去买货就行了，然后再把它送往全国各地。

当然收到的汇款越多，他便亏损得越多，有人说这不是典型的傻瓜吗？错，他一点儿也不傻，他在寄商品给顾客时，再顺便寄去二十种三美元以上一百美元以下的商品名称和商品说明，再附上一张空白汇款单。

这样卖一美元商品虽有些亏损，但他以小金额的商品亏损赢得了顾客的信任，一个人有了信用，许多事就会迎刃而解。顾客就会信任他，所以也愿意买他的其他商品。这样昂贵的商品既弥补了一美元商品的亏损，也获取了很大的利润。

就这样，他的生意越做越红火，一年之后，他成立了一家通信销售公司。三年以后，他的公司规模已经很大了，雇用了五十多个员工。1974年的销售额高达五千万美元。在这样的鼎盛时代他还不过是一个二十九岁的小伙子。

在当今世界，市场竞争尤为激烈，许多企业经营者由于受资金、设备、人才、技术等客观因素的限制，不可能一下子就达到预想的目标。上述事例就告诉了我们，自己没本钱不用着急，可以先用别人的钱建立信誉，然后买空卖空，也可获得成功。

3．示假隐真，生财有道

商海变化莫测，险象环生。其中蕴涵着虚虚实实，真真假假，虚而实之，实而虚之，真中有假，假中有真，半真半假，亦真亦假。面对这些情形，该如何经商做生意呢？不用着急，精明的商人自然有奇妙的计策来应对。

在经商活动中，当遇到有些事情不宜公开处理时，那些明智的商人就会采用“示假隐真”的计策，在暗中去解决问题。

在日本就发生了这么一个示假隐真，店老板巧生财的故事。

某年秋天，在日本的神户有家经营煤炭的商会正式挂牌营业了，周围充满了欢庆的气氛。该商会的老板就是少年得志、气宇不凡的久永君。说起来，他成立商会还多亏父亲的老友藤泽先生的慷慨解囊和全力相助。对此厚意，久永君刻骨铭心，念念不忘，并随时准备报答，正像中国古话所说：受人滴水之恩，当以涌泉相报。

开业没几天，便来了一位客人，自称是当时神户最有名的饭店——春山饭店的侍者，请求约见商会老板，并恭恭敬敬地递上一份请柬及一份举荐书。久永君接过请柬，只见上面写着：久永先生亲启。落款：山口三太郎。

久永君看了一眼来者，疑惑地打开请柬及举荐书，待阅完后，才知是藤泽先生部下道原举荐来人山口三太郎与其做煤炭生意。为表示谢意，山口三太郎准备在春山饭店略备薄酒一桌，以便席间向久永君请教生财之道，请柬中字里行间都充满了对久永君的无限敬慕之情。既然是自己恩人部下举荐的朋友，岂敢怠慢，不看僧面还得看佛面。他向山口三太郎讲了几句客套话后，便欣然应允，表示愿意于今晚前去赴约。

夜幕很快笼罩了大地。久永君换上一身笔挺的西装，帅气十足地来到春山饭店，山口三太郎早已在那里恭候大驾光临了。一进饭店大门，久永君就受到了周到热情的服务，酒席上的美味佳肴令他大饱口福，再加上山口三太郎不时地阿谀奉承，久永君不免有些飘飘然，得意扬扬起来。

酒酣耳热之际，正是谈判的好机会。山口三太郎深谙此道，他认为时机已到，便态度极虔诚地向久永君提议道："久永先生，我有一个好朋友阿部君，是日本横滨的一个著名的煤炭零售商，信誉好，客户多，生意很兴隆，如果先生您信得过我并愿意给我提供一个为您效劳的机会，我很乐意为你们从中牵线搭桥。对于您，可以由此扩大煤炭销售量，增加销售渠道，从而加速资金的周转，取得更多的收益；对于我的好朋友阿部君来说，由此便会拥有可靠而稳定的货源，经营也会更有起色，至于我本人，只想从您那里得到一定量的佣金即可。"

久永君听罢此言，并未立即回答，他还在犹豫不决，双方谈判陷入了僵局。山口三太郎瞥了对方一眼，并没有逼对方马上做出决定，而只是若无其事地招来服务小姐："小姐，听说你们神户的特产瓦砾烧饼味道不错，能否劳您驾给我买些来？"说着，便从口袋中掏出一大沓子钱来，并随意从中抽出两张大额的作为小姐的小费。

久永君望着那厚厚的一沓票子，再看看山口三太郎付小费时的洒脱，断定对方肯定是个资金实力雄厚的大老板，与他做生意不会有什么危险的，便主动与山口三太郎就煤炭交易一事作了详尽的洽谈，爽快地答应其要求。待酒足饭饱，双方正式达成协议后，两人握手言别。待久永君一离开，山口三太郎就急急忙忙奔向汽车站，以便搭末班车返回横滨，今天在春山饭店这样的高消费对他简直是太奢侈了，怎能是他所承受得起的呢？

久永君做梦都不会想到，山口三太郎其实只不过是横滨的一个小煤炭经理商，眼看着要关门破产，生意做不下去了，他从朋友那里得知久永君与藤泽道原君的特殊关系后，便以自己的煤炭店作为抵押向银行贷了一部分款，并以欲与久永君做煤炭生意为借口请道原君为其写了一封举荐信，然后，再借助于春山饭店这一堂而皇之的大舞台，成功地使用了鬼谷子的“以阴贼之”的谋略，上演了一出“示假隐真”的把戏，一切都是那么自然而然，顺理成章，山口三太郎高超的谈判本领使他不花分文，将久永君煤炭商会的煤，转手卖给阿部的零售店，一进一出，一来一去，获利颇丰，这也使得他一度濒临倒闭的小煤炭经理店又如日中天，蓬勃发展起来。

第十二篇　符　言

本篇讲述为君之道，阐释君主保持君位、驾驭群臣和治理天下的要领。共分九小节，即主位、主明、主德、主赏、主问、主因、主周、主恭、主名。宗旨是君主须宽刑简政，正静不争，暗中注意权谋机变，广罗党羽耳目，以待天下之变。文中要求君主倾听下情，做到赏罚必信，有一定的积极意思。

符是符契、符节，指言词与事实像符契一样吻合。以“符言”为名，实际上是说篇中所言犹如符节，至关重要。陶弘景注：“发言必验，有若符契，故名。”本篇的语言风格与前11篇有所不同。从谋略文化的角度看，对纵横家的谋略思想作出了贡献，值得重视。

第一章　君主要谨慎对待自己的地位

【原文】

安徐正静①，其被节无不肉②。善与而不静，虚心平意③以待倾④损。右主位⑤。

【注释】

①安徐正静：安详从容，思虑精诚，心气沉静。

②被节无不肉：施加节度，无不柔和通顺。被，施加。意思是说人君居位必须安徐正静，先以柔顺处世，后发制人。

③善与而不静，虚心平意：善于结交而不争，内心虚静意念平和。陶弘景注："言人君善与事结，而不安静者，但虚心平意以待之，倾损之期必至矣。"静，争。

④以待倾：以备倾覆。

⑤右主位：善守其位。

【译文】

作为君主，要做到安详从容、心气沉静，制定法度无不柔和通顺。要善于给予，与臣民相处要谦虚谨慎，心平气和，以防天下大乱。以上所说的是指君主要善于保住君位。

【本章解读】

本章论述君主应如何谨慎地对待自己的职位：

1. "安徐正静，其被节无不肉。"徐，指从容、稳重。作为君主，应始终保持安详、稳重、正派、冷静，处理问题，应柔和，有节制，且要胸有成竹。

2.“善与而不静，虚心平意，以待倾损。”与，是给予。倾，是倾覆，存亡的危险。本句是说，作为君主，要善于给人利益，而不与人争利；待人，应虚心平和；办事，要兢兢业业，始终保持一种危机感。

3.“右主位。”何意？古时写文书是从上到下，从右到左。右主位，即右面所写，是说君主应如何摆正自己的位置。这是本章的点睛之笔。

【趣味故事】

汉昭帝善辨忠奸

汉武帝去世的时候，他所立的太子即后来的汉昭帝，年龄才八岁。汉武帝并不放心，就把他托付给霍光、金日磾、上官桀、桑弘羊四位大臣，让四人辅佐昭帝。四人之中，霍光是大司马、大将军，掌握着朝廷军政大权，地位最高。

霍光为人正直，又忠心耿耿辅佐汉昭帝，把国家大事处理得有条有理，因此，威望日益增高。但是霍光为人耿直，做事不讲情面，得罪了不少人，其中就有上官桀、桑弘羊、盖长公主等人。

当时燕王刘旦（汉昭帝的哥哥）因为自己没有做成皇帝，一心想废掉昭帝，但又畏惧霍光，于是他便和上官桀勾结起来，想设计除掉霍光。

于是，在汉昭帝十四岁那年，上官桀趁朝廷让霍光休假的机会，伪造了一封刘旦的亲笔书信，又派人冒充刘旦的使者，把这封信送给了汉昭帝。

汉昭帝打开信一看，只见上面写道："霍光外出检阅御林军时，擅自使用皇上专用的仪仗。而且他经常不守法度，不经皇上批准，擅自向大将军府增调武官，这都有据可查。他简直是独断专行，根本不把皇上放在眼里！我担心他有阴谋，对皇上不利，因此我愿意辞去王位，到宫里保护皇上，以提防奸臣作乱。"

送完信后，上官桀等人做好一切准备，只等汉昭帝发布命令，就把霍光抓起来，谁知汉昭帝看完信后毫无动静。

第二天，霍光前去上朝，听说了这件事，就坐在偏殿中等候发落。

汉昭帝在朝堂上没有看见霍光，便问道："大将军在哪里？"

上官桀回答道："大将军因为被燕王告发，所以不敢进来。"

于是，汉昭帝派人请霍光上殿。霍光来到殿前，摘掉帽子，磕头请罪。

汉昭帝说："大将军只管戴上帽子。我知道那封信是假的，你没有罪。"

霍光既高兴又迷惑不解，问："皇上是怎么知道的啊？"

汉昭帝说："大将军检阅御林军只是最近几天的事情，增调武官校尉到现在也不过十天，燕王远在北方，他怎么知道得如此之快啊？如果将军要作乱，也不必依靠校尉。"

上官桀等人和文武百官听了后都大吃一惊。

汉昭帝又说："这件事只需问问送信人就可以弄明白！不过，我想他肯定早已逃跑了。"

左右下属连忙命人去找送信人，送信人果然逃跑了。

一计不成，上官桀等人又生一计，他们经常在汉昭帝面前说霍光的坏话。最后，汉昭帝大怒，对他们说："大将军是忠臣，先帝嘱托他辅佐我，以后谁敢再诬蔑大将军，我就治谁的罪！”

上官桀等人看到这个方法不行，就密谋让盖长公主出面请霍光喝酒，然后借机杀掉他，废掉汉昭帝，立燕王刘旦为帝。但他们的阴谋还没来得及施行，就被汉昭帝和霍光发觉，他们全部被杀。

【解析】

“主明术”说的就是君主只有耳聪、目明、心智，才能做到明察秋毫，而不至于被事物的外在假象蒙蔽了眼睛。霍光如果碰上一个昏庸的皇上，恐怕早已被斩首了。而昭帝从信中的时间准确地推算出燕王不可能知道近期发生的事，而且又令人去追查送信之人，他这样做的目的只是想给诬陷霍光的人一个威吓，上官桀果然吓得半死。更为可悲的是，上官桀等人仍不死心，意图谋反，最终落得身首异处的下场。

雍正帝杀一儆百

康熙帝和乾隆帝掌政时期，国家呈现出太平盛世的局面。康熙时期的繁荣得益于康熙帝治理天下有方，然而康熙帝晚期，国家却一直走下坡路。一方面是他晚年多病，不能勤政；另一方面是确立皇储的问题搅得朝中一片混乱。因此，在他统治晚年，朝中官员渐渐疏于政治，因循敷衍，懒散拖沓，贪污行贿把官场弄得乌烟瘴气，一直蔓延到雍正初年。

胤禛登基后，决心全面整顿，改变朝廷大臣玩忽职守的态度和消极懒散的作风。他清楚这种作风已经有很长时间了，彻底废掉不是轻而易举的事情。但如果对他们仅仅宣传一些大道理，恐怕收不到较好的效果。

雍正帝想来想去，觉得不如来个杀鸡给猴看，说不定能产生大的影响，震住其他大臣。但是，到哪儿去找这只“鸡”呢？不久，雍正帝就找到了突破口。

一天，雍正帝让手下趁别人不注意时，把刑部大门上的匾额拿回来，藏在屏风后面。然后雍正帝耐心地等待，看看刑部有什么反应。

一天过去了，刑部没有什么异常。

两天过去了，刑部依然像什么事都没有发生一样。

第七天，雍正帝再也沉不住气了。他命令召见刑部主管官员。一见面，他突然问：

“你们主管衙门外的大匾额还在吗？”

官员不知雍正帝有何用意，毕恭毕敬地回答说：“在！”

可是当他们抬头看皇上时，只见雍正帝脸色阴沉，不知自己说错了什么，慌忙补充说：“应该在吧！”说罢，不敢言语。

雍正帝向近旁的侍从招招手，两个内侍便把刑部大门外的匾额从屏风后抬出来。刑部主管官员一看，吓得直哆嗦，一时不明白究竟是怎么回事。

雍正帝指着放在大殿中央的匾，厉声说道：

“这块匾额已经放在这里七天了，可你们却没有任何人发现！这么大的缺陷你们居然都没有注意到，不知你们平日会疏忽多少事务！堂堂一部之首尚且玩忽职守到如此地步，又怎么能以身作则教导下面的人勤于公务呢？”

雍正帝大发脾气，刑部主管吓得双腿发软，连连叩头，俯首请罪。他在皇上面前立下誓言，决心痛改前非，整顿吏治，提高效率。

雍正帝对其他部门什么都没说，但自从这件事传开后，朝廷六部拖拖拉拉的办事作风很快就有了起色。

【解析】

面对因循敷衍、懒散拖沓、贪污行贿等劣行，雍正帝心知肚明，一时难以解决，于是便想到了杀鸡给猴看的招数，这也是历来官吏乐此不疲的行事策略。为什么呢？因为与各个击破相比，罚一儆百的影响更为深远，而且要省时省力得多。可见，雍正帝的高明之处贵在其心智。

第二章　如何做明智的君主

【原文】

目贵明，耳贵聪，心贵智[①]。以天下之目视者，则无不见；以天下之耳听者，则无不闻；以天下之心思虑者，则无不知。辐辏并进，则明不可塞[②]。右主明[③]。

【注释】

①目贵明，耳贵聪，心贵智：陶弘景注："目明则视无不见，耳聪则听无不闻，心智则思无不通。是三者无拥，则何措而非当也。"

②辐辏并进，则明不可塞：辐辏，指车轮的辐条向车毂集中，比喻目、耳、心一起使用。这里指各种人才聚集一处。陶弘景注："夫圣人不自用其聪明思虑，而任之天下，故明者为之视，聪者为之听，智者为之谋。若云从龙，风从虎，霈然而莫之御，辐辏并进，不亦宜乎！若日月照临，其可塞哉！故曰明不可塞也。"

③主明：指君主有察人之明。

【译文】

眼睛贵在洞明世事，耳朵贵在敏锐警觉，心灵贵在充满智慧。君主如果用天下人的眼光去看，就没有什么看不清；如果用天下人的耳朵去听，就没有什么听不到；如果用天下人的心去思考，就没有什么不能知晓。君主做到以上这些，就像辐条集中于车毂共同进退，可以使自己不被蒙蔽。以上指君主要圣明。

【本章解读】

本章论述君主如何做到明智：

1．“目贵明，耳贵聪，心贵智。”作为君主，要善于用目、用耳、用心。眼睛贵在明察，耳朵贵在聪听，头脑贵在明智。

2．“以天下之目视者，则无不见；以天下之耳听者，则无不闻；以天下之心虑者，则无不知。”作为君主，不仅要亲自看，亲自听，亲自思考，还要善于发动群众去为你看，为你听，为你想。若善于利用天下人之眼睛去观察事物，则没有什么看不见的；若善于利用天下人的耳朵去听，则没有听不到的；若善于利用天下人的头脑思考问题，则没有不可知的。

3．“辐辏并进，则明不可塞。”辐辏是指车轮辐条集中在中心毂上。作为君主，要善于集中大家的智慧。如果能把天下人的聪明才智集中起来，就能明察秋毫，不会受到闭塞。

4．“右主明。”以上就是使君主做到明智的办法。

【趣味故事】

乾隆帝收买人心

乾隆皇帝当政时，以宽仁为本，对南部新疆问题，他一直抱着和平解决的愿望，但最后他不得不使用军事力量。

在平定准噶尔后，回部何去何从?

起初，清朝希望和平解决，采取措施，减轻贡赋，给予较大自治权力和优惠政策。但后来的发展事与愿违，由于和卓兄弟发动叛乱，阴谋分裂，清廷不得不诉诸武力。

乾隆二十三年，朝廷以雅尔哈善为靖逆将军，率满汉官兵一万余人，向库车进发。征讨之前，乾隆帝下谕宣示大小和卓的罪状，其文至情至理，赢得了老百姓的拥护和支持。

谕旨中这样对维吾尔族百姓说：“布拉尼敦、霍集占兄弟在准噶尔部叛乱时被拘禁，我们第一次平定伊犁时，放出二人，并命令他们做了你们的首领。朝廷正要对和卓二兄弟加恩赐爵、授予良田时，没料到二人乘厄鲁特变乱之机，率领伊犁人逃往叶尔羌、喀什噶尔，拥兵自重。朕原以为他二人或许是惧怕厄鲁特的骚扰，暂时避开，休养生息，因此没有发兵责难。后来见他们二人仍然没有回归之意，就派遣使节前去招抚，没想到二人竟戕杀使臣，僭称巴图尔汗，情节尤其可恶。”

乾隆帝在谕旨中还说：“朕以为，倘若朝廷听之任之，不擒拿主犯，那么回族百姓终不得安生。因此，特发大兵，声罪致讨。这次兴师，只为霍集占一人。因朕听说霍集占起兵倡乱，布拉尼敦是被迫从行的，所以朕已命分别处理。像大小和卓兄弟至亲，朕尚且视其情节轻重，加以处理，更何况你们全无涉及，岂有被株连之理？朕是不会将尔等无罪之人与叛逆之徒一并诛戮的。”

谕旨最后说：“你等若将霍集占缚获献上，自会安居乐业，永享殊恩。若执迷不悟，听从逆贼指使，大兵所至，即不再分善恶，全被剿除，悔之晚矣！希望你们熟思厉害，不要贻误终生。”

从这道谕旨中，可以清楚地看出乾隆帝顺应民意的基本策略。在谕旨中，乾隆帝依据情理，对准极少数，保护大多数。一方面指责和卓兄弟忘恩负义，尤其是霍集占，申明这次征伐的正当理由；另一方面解除各方面的忧虑，说明平定叛乱的矛头只对准霍集占一人，绝不株连扰害维吾尔族百姓，连大和卓布拉尼敦也会宽大处理。

这道谕旨的发布，有利于瓦解叛军的意志，分化了其内部的凝聚力，为最后平定回部大小和卓叛乱的胜利打下了坚实的基础。

【解析】

乾隆帝在平定大小和卓叛乱的过程中，以审时度势的眼光分析其利弊关系。为了趋利避害，不但以宽容之心对待叛逆者，还以最小的投入取得了最佳的效果，真可谓事半功倍。其成功之处与乾隆帝敏锐的观察力、正确的判断力和英明的决断力是分不开的。

乾隆帝下达的谕旨既解除了百姓的顾虑和担忧，又大大鼓舞了受压迫百姓反抗的决心，达到了分化敌军营垒，争取维吾尔族群众，减轻进军阻力的目的。可以说，这道谕旨的作用绝不亚于单纯的军事进军，为最终的胜利奠定了基础。

不行仁政终丧国

战国时期，晏子在齐国为相，一天，他陪同齐景公外出游玩，登上一座高山。齐景公站在山峰上，只见远处重峦叠嶂，一条水带绕山转，人们正在辽阔的田地上劳作。景公顿觉心旷神怡，不无自得地感叹说："真是大好河山！现在为我所有，只是不知以后又会是谁的天下！"

景公本想自己的子孙后代一定会继承自己的功业，希望晏子能赞誉他的伟大，不料晏子却回答道："我想可能是田成氏！"景公有些失望，但也吃了一惊，恼怒地说："一派胡言，我是一国之君，他区区一个田成氏，怎么会继我之后统治齐国呢？他有什么过人之处吗？"

晏子不紧不慢地说："大王息怒！田成氏没有什么特殊的才能，只是他乐善好施。相形之下，您的征税就有些繁重。他不惜把自己的俸禄赏给大臣，救济贫穷的人们，大笔大笔地向外借出，别人还的时候，他只收取很少的一部分，在齐国颇得人心。他说‘我的这些钱财本来就是取之于民，现在用之于民，是理所当然，我有什么好心疼的呢’。人民都为他的慷慨大方而感动，非常爱戴他。”

“不就是这些吗？我觉得没有什么了不起的，我不信他能得天下！”景公说。“可是人心很重要。他的慷慨和仁慈把有才能的人都聚集于自己门下，那样的力量是无穷无尽的。每次杀牛后，他只取其中的一份，其余的都分给士兵，其他物品也一样，因此士兵都心甘情愿为他战死。齐国遭受饥荒时，他向外施舍粮食，周和秦等地的百姓，在遇到困难时也都千里迢迢地投靠他。可以说他对人民是‘爱之如父母’，而人民对他则是‘归之如流水’。”

景公听后悲从中来：“那么本应由我后代继承的大业将被田成氏占去，那不是太悲哀了吗？难道我命该如此吗？”晏子安慰道：“您又何必担忧呢？您可以像田成氏那样，亲近贤人，帮助穷人，放宽刑罚，抚恤老弱病残者，对军中将士施以恩惠，自然会人心所向。再加上国家现有的实力，就算是十个田成氏也不能夺去您的天下！”

但是景公并没有把晏子的话放在心上，依然如故。公元前386年，田成氏被列为诸侯；公元前379年，他没有受到任何阻挠就统一了齐国。齐景公的后代终于失去了王位。

【解析】

不听晏子良言劝告的齐景公最终丧国，正如“仁义不施，则攻守之势异也”。一个人能力不够不要紧，重要的是要善于虚心吸取他人的意见，从而获得更大的成功。如果整日沉湎于自己的自高自大中，目中无人，小事不为，大事又做不了，就会一事无成，遗憾终生。

第三章　君主要善于听取纳谏

【原文】

听之术曰：勿坚而拒之①。许之则防守②，拒之则闭塞。高山仰之可极，深渊度之可测。神明之位术正静，其莫之极欤③。右主听④。

【注释】

①“听之”句：勿坚，不要固执。陶弘景注：“崇德之术，在于恢弘博纳。山不让尘，故能成其高；海不辞流，故能成其深；圣人不拒众，故能成其大。故曰勿坚而拒之也。”

②防守：妨守。这句是说许而容之，拒而逆之，皆不可轻妄失察。否则，或妨害人君职守，或堵塞臣民言路。

③“高山”句：山之高、渊之深固然可测，但神明的位术却是正静的，无法测度。神明，指圣人。位术，疑为听术。陶弘景注：“高莫过山犹可极，深莫过渊犹可测，若乃神明之位，德术正静，迎之不见其前，随之不见其后，其可测量乎哉。”

④主听：主要虚心纳谏。

【译文】

君主听的方法是，不随意拒绝，也不随意许诺。随意许诺会妨害君主的职守，随意拒绝就会堵塞天下言路。向上可以仰望高山，向下可以测量深渊。圣明的君主手段高明，臻于极点，谁也无法捉摸。以上所说的是指君主听取的艺术。

【本章解读】

本章论述君主如何听取：

1．“听之术曰：勿坚而拒之。许之则防守，拒之则闭塞。”听，包含听言、听事、听政、听讼等。君主听的艺术是：不要轻率许诺，不要轻率拒绝。若轻率许诺，则可能会违背君主所定的法规，从而妨害君主的操守；若轻率拒绝，则会闭塞言路。

2．“高山仰之可极，深渊度之可测。神明之位术正静，其莫之极欤。”本句说明君主听术之高深不可穷极。高山虽高，仰之尚可看到顶；深渊虽深，尚可测量。而神明的听取艺术，其公正和冷静恐怕没有尽头吧！

3．“右主听。”以上是君主听取的艺术。

【趣味故事】

虚心听劝成霸主

公元前636年，晋公子回国当上国君，是为晋文公。他当上国君后，开始征发百姓，组织军队，训练作战。两年后，晋文公便准备用训练的百姓称霸诸侯。

大臣子犯劝阻说：“百姓虽然经过训练，身体强健，但还不懂得义，还没能各居其位，不能用。”

晋文公觉得有道理，他便想办法让百姓懂得义。正在这时，周朝发生了“昭叔之难”。

昭叔是周惠王的儿子，他和他的哥哥襄王之后狄隗密谋叛乱，襄王知道后，便将狄隗废掉。这件事触怒了狄隗的娘家，他们派重兵进攻周朝，周襄王被迫逃到郑国。

周朝在当时名义上是各诸侯国的宗主，晋文公决定帮助周襄王返回周朝并用此事教育晋国的百姓什么是义。

他派出左右两军，右军攻打昭叔，左军去郑国迎接周襄王返国。事成后，周襄王为表彰晋文公的功劳，以天子的礼仪迎接文公。

晋文公却推辞说："这是臣下分内之事。"

他帮助襄王返国后，又回国致力于便利百姓，使百姓安居乐业。他认为可以使用百姓了。

子犯又出来阻拦说："百姓虽然懂得了义，但还不知道信是什么，还不能用。"

晋文公听了，觉得有道理。

他率领军队攻打原国，命令士兵携带十天的口粮。军队围困原国城池整整十天，士兵们的粮食全部吃完了，而原国军队还坚守城池不出。于是晋文公下令退兵，正当晋军刚要退兵时，间谍从城里出来报告说："原国已经准备投降了。"

有人主张再坚持一下，等待原国投降。晋文公坚决地说："当初带十天军粮，就是准备攻打十天的；如今已下令退兵，就应该说话算数。如果不退兵，即使得到原国，也会失去信用，得失相比哪个多呢？"

由于晋文公利用攻打原国教育百姓知道信，所以国内民风大变，凡事以信为本，他们做生意不求暴利，不贪不骗。

做完这些后，晋文公问子犯："这回行了吧？"

子犯回答："百姓虽知信、义，还不知道礼，还没有养成谦让的风范。"

于是，晋文公又让百姓在知礼方面下苦功。他举行盛大的阅兵仪式，每个环节都依照军礼执行，使百姓看到礼仪；他又规定百官的等级及职责，使百姓知道对什么职官行什么礼仪。百姓们不但如此，还知道根据礼来判断一件事的是非。这时，子犯笑着说："可以用民了。"

于是，晋文公开始伐曹，攻卫，取得齐国之地，大败楚军于城濮，成为春秋五霸之一。

【解析】

"主听术"说的就是君主如何在明察秋毫的基础之上去听取、采纳臣子的劝谏。春秋五霸之一的晋文公，虽时刻想着称霸，但他并不冒进，而是虚心三次听从子犯的建议，并且不遗余力地去完成。其结果不但教化百姓明白了信、义，还使百姓懂得了礼仪，最终成为春秋五霸之一。

诚意求谏修德政

战国时期，魏国国君魏文侯听说吴起廉洁公正，善于用兵，颇得将士推崇，便拜吴起为西河（魏郡名，辖境在今陕西东部黄河西岸地区）郡守，以抵御秦国和韩国的进犯。

魏文侯死后，吴起便继续辅佐他的儿子魏武侯。

公元前395年，武侯来到西河，乘船顺河而下，察看地形。途中，武侯见高山大河，险要奇伟，感慨不已，回首对吴起道：

"山河环抱，形势险要，恰似一道一夫当关万夫莫开的防线，阻挡着敌人的入侵，这真是魏国的荣幸啊！"

吴起听到后，摇了摇头，劝谏武侯说：

"国家的兴盛衰败，在德不在山河之险。"

武侯看到吴起不同意他的观点，便问道：

"这是什么原因呢？"

于是，吴起援引历史上许多国家山川地势险要，却不注意治理国家，不施恩德于民，终遭失败的例子。

他又劝谏武侯说：

“国家的兴盛衰败，在于是否施德于民，不能只依赖山川的险峻。从前，三苗氏（相传古部落名）所居之地，左有洞庭湖，右有鄱阳湖，地势险要。可是由于没有德，不讲信义，被夏禹（相传古部落联盟首领）灭亡了。夏朝末代的君主桀的驻地，左有黄河、济水，右有泰山、华山，北有太行山，南有龙门山，地势更险要，可由于不施仁政，被商汤打败了。商朝末代纣王的国都，左倚孟门山，右靠太行山，北有恒山，南临黄河，同样因政治腐败，不施德政，被周灭亡。从这些事实来看，治国在于有好的政策法令，给人民以恩德，而不在于地形的险要！如果您不施德政，恐怕船上的人都有可能是您的敌人。”

武侯听罢，敬佩地说：“你说得很对。”

由于魏武侯及时纳谏，内修德政，外练强兵，并支持吴起变法，改革兵制，从而建立起一支精锐骁勇的“魏武卒”，称雄一方。

【解析】

贤明的君主不但善于纳谏，还不耻下问，以求自身不断得到进步。魏武侯虚心求教于吴起，以探求左右事物变化发展的各种因素，足见其真诚的求贤之心。管子曾说：“天下不患无臣，患无君以使之；天下不患无财，患无人以分之。”其意是说天下人才有的是，但能用才者却不多。所以只有使手下人才的才能得以充分施展发挥，才算得上用才。魏武侯及时纳谏，内修德政，就表明了他是善于纳谏的一代明君。

第四章　君主要知人善赏

【原文】

用赏贵信，用刑贵正。赏赐贵信，必验耳目之所闻见，其所不闻见者，莫不暗化矣[①]。诚畅于天下神明，而况奸者干[②]君。有主赏[③]。

【注释】

①“赏赐”句。陶弘景注：“赏信则立功之士，致命捐生；刑正则受戮之人，没齿无怨也。言施恩行赏，耳目所见闻，则能验察不谬，动必当功，如此则信在言前，虽不见闻者，莫不暗化也。”暗化，即潜移默化。

②干：冒犯。陶弘景注：“言每赏从信，则至诚畅于天下。神明保之，如赤子天禄，不倾如泰山，又况不逞之徒，欲奋其奸谋，干于君位者哉！此犹腐肉之齿，利剑锋接，必无事矣。”

③主赏：主要讲罚赏必信。

【译文】

奖赏臣子必须诚信，惩罚臣子必须公正。奖赏和惩罚要做到诚信和公正，要使身边的臣民能够亲眼听到、看到，即使看不到和听不到的，也会感同身受。如果君主诚信的美名能畅达于天，神明也会保佑，若有奸恶之徒想干涉君位，也会望而却步。以上所说的是指君主施行赏罚。

【本章解读】

本章论述君主赏罚的艺术：

1．“用赏贵信，用刑贵正。赏赐贵信，必验耳目之所闻见，其所不闻见者，莫不暗化矣。”凡奖赏，必明令于前，贵在守信兑现；凡用刑，贵在必定公正执行。赏必信，刑必正，一定要公开验证，使群众耳闻目见，则其余没有亲见亲闻者，也会被赏罚的正气和威势所潜移默化。

2．“诚畅于天下神明，而况奸者干君。”真诚可以通畅于天地神明，哪怕奸臣干扰君主！

3．“有主赏。”以上是君主赏罚的艺术。

【趣味故事】

招贤纳士筑金台

燕国被齐国打败后，不久国君就死了，太子继位，是为燕昭王。他在收拾残破的燕国的时候，决定用厚礼聘请有才能的人，准备报败齐之仇。

他对谋士郭隗说：“齐国趁着我国内乱而打败了我们，现在，我们燕国势单力薄，无力复仇。所以，得到贤明之人与我共商国是，以雪先王的耻辱，是我最大的心愿。您觉得如何才能招到贤能的人呢？如何才能让燕国繁荣昌盛，打败齐国呢？”

郭隗说：“成就帝业的君主以贤者为师，成就王业的君主以贤者为友，成就霸业的君主以贤者为臣，而亡国的君主则以低贱的小人为臣。”

“您如果能恭敬地对待贤者，那么就能招徕超过自己百倍的人才；您如果先于别人劳动，后于别人休息，先去请教别人，然后再深思默想，那么就能招徕超过自己十倍的人才；您如果与别人一样辛勤劳动，并且能够平等地对待别人，那么就能招徕和自己才能差不多的人才；您如果对人态度蛮横，随便发怒，任意呵斥，那就只能招徕奴隶那样的人。这是自古以来的经验和教训啊！大王如果真想广泛选任贤者，就应该亲自去拜访，让天下人都知道大王亲自拜访自己的贤臣，那么天下的贤士，一定都会到燕国来。”

燕昭王听了郭隗的话后，问道：“我应该首先去拜访谁呢？”郭隗说：“我先给您讲个故事。古代有个国君，想买千里马，三年也没买到。宫中有个侍者对国君说：‘请让我去买千里马！’国君就派他去了。三个月后，这个人找到了千里马，但那匹马已经死了。于是他就用五百金买了马骨，回来向国君报告。国君大怒：‘我要买的是活马，哪能用五百金买个死马呢？’侍者镇定地回答：‘买死马尚且用五百金，何况是活马呢？天下的人都会以为大王真要买马，千里马很快就会送来。’果然，不到一年，就有三匹千里马送上门来。”

郭隗接着对燕昭王说：“如今大王要想招揽人才，就请从我开始。我尚且被任用，更何况那些比我更有才能的人呢？”燕昭王听从了郭隗的话，筑起高台，拜郭隗为师，并筑黄金之台以待贤者。一时间，乐毅、邹衍、剧辛这些人才纷纷从自己的国家奔向燕国。

经过许多贤人智者二十多年的努力，燕国终于强大起来，军队的战斗力也大大增强。于是燕昭王拜乐毅为上将军，与秦、楚及三晋联合进攻齐国。经过几场大战，齐军大败，齐闵王逃到国外，燕昭王终于报了败齐之仇。

【解析】

重赏之下必有勇夫。燕昭王运用金钱招贤纳士，最终使燕国强盛起来，报了败齐之仇。总结其成功的原因有三：一是会用人，他首先想到的是以厚礼招请人才；二是善纳谏，听从了郭隗的建议并重用他；三是不惜财，以高筑黄金台招贤纳士，使人才都能够各尽其用。

第五章
明察秋毫，小心谨慎

【原文】

一曰天之，二曰地之，三曰人之[①]。四方上下、左右前后，荧惑[②]之处安在？有主问[③]。

【注释】

①天之、地之、人之：指三才之道，幽邃深远，必问于贤者方可行之。陶弘景注："天有逆顺之纪，地有孤虚之理，人有通塞之分。有天下者，宜皆知之。"

②荧惑：不明亮，不清楚。

③主问：多方咨询。

【译文】

君主要把握天、地、人三才之道，以及四方上下、左右前后的情况，要向圣贤之人多加询问，就会没有迷惑不解的地方。以上所讲的是指君主要善于发问。

【本章解读】

本章论述的是君主做事之道：

1．"一曰天之，二曰地之，三曰人之。"君主一要问天时之吉祥，二要问地理之利害，三要问人情之顺逆。古人讲究询问天、地、人三才情况。齐国著名宰相管子曰："天时不祥，则有水旱；地道不宜，则有饥馑；人道不顺，则有祸乱。”

2.“四方上下、左右前后，荧惑之处安在？”荧，指小如萤火虫之火星。荧惑，是指被蒙蔽迷惑。除询问三才外，君主还要调查东、南、西、北、上、下、左、右、前、后，都了解清楚，就不会受到蒙蔽。

3.“有主问。”以上是君主调查询问的艺术。

【趣味故事】

密谋图变成帝业

隋朝末年，李渊起兵反隋，终于推翻了隋炀帝的统治。随着唐朝的建立，李渊之子李世民被封为秦王，他的地位已不同往日，而李建成则利用太子的优越地位，频频向李世民发难。

武德九年（626年）五月初一日晚，李世民应邀到太子府赴宴，饮酒数杯，突然感到心口剧痛，连连吐血，他急命人把自己扶回府中，总算保住了性命。还有一次皇家打猎时，太子让部下给秦王备马，结果，秦王骑马差点被摔死。

秦王频频遇险，王府上下极为震骇。房玄龄觉察到事态的严重，认为太子与秦王的嫌隙已经形成，公开的较量在所难免。一旦两人兵戎相见，刚刚统一的国家又要陷于战祸之中，这与他治国安民的理想是相悖的。他希望李世民能先发制人，力挽狂澜，从而达到天下的长治久安。于是他劝李世民：

“事势如此，不如向周公学习，对外安抚周边各国，对内安抚社稷，先下手为强。否则国家沦亡，身名俱灭，您应早做决断，绝不能再迟疑！”

此时的朝中，太子与秦王两派已是剑拔弩张。为了打击李世民，李建成想方设法瓦解他的谋士勇将。他告诉李元吉，秦府中最有谋略的人是房玄龄和杜如晦。因此，他们在李渊面前极力中伤房、杜二人，并最终通过李渊的圣旨把他俩逐出了秦王府。接着，他们又利用调兵遣将的机会，设法调动秦王的部将。程咬金原是秦王府统军将领，是秦王的得力干将，李建成奏请李渊让他出任康州刺史，程咬金却借故拖延，滞留长安。

李世民看到这种情况，知道再等下去，只有死路一条，他决定按房玄龄的计谋，先下手为强，发动政变，杀掉太子，逼父禅位。于是，他派长孙无忌秘密召见房玄龄、杜如晦。房、杜二人不清楚秦王究竟是否下定决心，他俩故意激将秦王，对长孙无忌说道："皇上敕旨命令我们不再为大王办事，我们如果私自见大王，就是死罪，不敢奉召。"李世民得知后大怒："怎么连你们都不愿忠诚于我！"当即取下佩刀，对尉迟敬德说："你再去一次，如果他们无心见我，就拿他俩的人头来见我！"尉迟敬德和长孙无忌又秘密召见房、杜二人，对他俩说："大王决心已下，你们快来谋划大事吧。"房玄龄和杜如晦便穿上道袍，乔装打扮，秘密进入秦王府，同秦王密谋对策。

武德九年六月三日，李世民进宫密奏太子建成、齐王元吉淫乱后宫以及试图谋害自己的事情。李渊听了，便命令他们明日一同进宫对质。次日清晨，李世民率领尉迟敬德等人在宫城北门玄武门事先设下埋伏，趁李建成、李元吉入朝没有防备的时候，将他们射死，这就是历史上有名的"玄武门之变"。

政变后，李渊被迫立秦王李世民为太子，随后交出大权，李世民成为实际上的皇帝。两个月后，全国局势稳定，李渊便把皇位传给了李世民，退为太上皇。李世民终于登上皇帝的宝座，改年号为贞观，从此，翻开了唐朝历史新的一页。

【解析】

“决情定疑万事之机”，意思是说判断实情、解决疑难是成就万事的关键，直接关系着事业的兴衰与成败。正所谓当断则断，否则就会反受其乱。李世民抓住时机，当机立断，才成功登上了帝王的宝座。

第六章
依法治国的重要性

【原文】

心为九窍[①]之治，君为五官[②]之长。为善者，君与之赏；为非者，君与之罚。君因其政之所以求，因与之，则不劳[③]。圣人用之，故能赏之。因之循理，固能久长。有主因[④]。

【注释】

①九窍：指人体口、耳、眼、鼻、尿道、肛门九个孔道。

②五官：即司徒、司马、司空、司士、司寇，古代五种重要官职。

③“君因”句：顺其所求，就不会辛劳。陶弘景注：“与者应彼所求，求者应而无得，应求则取施不妄得应，则行之无怠。循性而动，何劳之有？”

④有主因：主于因者，贵在遵规循理。

【译文】

心灵是九窍的统帅，君主是百官的首长。做好事的，君主要给予赏赐；做坏事的，君主就会施加惩罚。君主要根据臣民的是非善恶，或赏或罚，臣子就会效忠君王，君王也不用过度辛劳了。圣人通过这样的方法，把赏赐用在恰当的地方。遵循事物之间的规律，才能使国家长治久安。以上是说要遵循规律。

【本章解读】

本章论述君主如何因法治国：

1．“心为九窍之治，君为五官之长。为善者，君与之赏；为非者，君与之罚。”人心是九窍的主管，君主是五官的领袖，应该赏罚严明：凡做善事者，君主应给予赏赐；凡做坏事者，君主应给予惩罚。

2．“君因其政之所以求，因与之，则不劳。”所以求，是指所表现出来的政绩行为。劳，是指忧愁或损失。本句是说君主要根据臣下的表现给予回报，不要感情用事，如此，则不会带来损失或忧愁烦恼。

3．“圣人用之，故能赏之。因之循理，固能久长。”圣贤的君主，能因循法规治国，故能掌握臣民。只要能因循天理人情，国家就能长治久安。

4．“有主因。”以上是君主因法治国的原则。

【本章解读】

罚不救火者保都城

战国时期，一到冬天，鲁国都城南门附近的人们就会到芦苇荡里去打猎。由于那里湿度适宜，生长着旺盛的野草，数不清的鱼虾在河中嬉戏，许多飞禽猛兽也栖息在这块风水宝地，过着惬意的生活。

人们都说这里动物的肉鲜嫩，不仅肉好吃，而且皮毛还能卖钱，所以来这里打猎的人络绎不绝。一天，不知谁为了一时之利，竟然放了一把火来捕杀猎物。火借风势，迅速蔓延开来，很快就要烧到都城了，但却没有一个人救火，大家仍然兴高采烈地追逐着四处逃窜的动物。

鲁哀公在宫中听到火灾的消息，大吃一惊，赶忙派人去救火。但是被派去的人也跟着众人去追逐火海中逃出来的猎物。看到这乱糟糟的情形，鲁哀公不知所措，担心再延误下去都城就要化为灰烬了。

这时，宫中一位大臣说："在这样危急的情况下，我们没有设置任何奖赏和惩罚，他们当然不愿意冒险去灭火了。更何况趁机捕杀猎物不仅有利可图，也有趣味，他们自然就趋之若鹜。出现这种情况也是在所难免的。"

鲁哀公心中焦急，听到这句话，茅塞顿开，传令下去，凡是救火的人就是为挽救都城立下功劳的人，一律重重赏赐！

那位大臣赶忙说："这样也不太好。现在一团糟，不清楚谁在救火，谁在追逐猎物。至于谁的功劳大谁的功劳小，也没有办法评定。况且还有一个重要的问题，现在人这么多，用这么多的金钱赏赐实在是不划算啊！"

鲁哀公想想觉得也对，又开始发愁，说："那该怎么办呢？"

大臣回答道："既然奖赏不行，那为什么不惩罚呢？我们可以规定，捕杀猎物者视同玩忽职守，不救火的人等同于战场上的逃兵。如果被发现，不管是谁，都要给予处罚，不留半点情面！这样不用花一分钱，就能达到目的。您觉得怎么样？"

鲁哀公一听赞不绝口，立即传令下去。在场的人都害怕了，纷纷救火。有的脱下自己的衣服扑灭火苗，有的拿工具切断向四周蔓延的火，有的铲土掩盖即将复燃的灰烬。不一会儿，大火就被扑灭了。

【解析】

“主赏术”说的是君主如何运用赏罚的手段来激励他人为自己服务。鲁哀公采用宫中大臣的赏罚之法，其成功之处就在于时机得当，通过对事态的分析，抓住了人们害怕受到惩罚的心理，以法治事，灵活地制定赏罚策略，最终团结人心，扑灭了大火。可见，赏罚分明不仅可以作为制度来遵循，还可以用变通的手段为自己所利用。

第七章　君主做事要考虑周密

【原文】

人主不可不周[①]，人主不周，则群臣生乱。家于其无常也，内外不通，安知所开。开闭不善，不见原[②]也。有主周[③]。

【注释】

①周：周全、周到。

②原：根源。

③主周：行事周密。

【译文】

君主考虑事情不能不周密。如果考虑不周密，大臣就会制造动乱。国家陷入混乱，君主和外界闭塞不通，怎么能弄清治理国家的方略呢？君主不善于用捭阖之道，就不能看清事情的缘起。以上是说君主行事要周密。

【本章解读】

本章主要讲述君主做事要周密：

1．“人主不可不周，人主不周，则群臣生乱。”作为君主，无论思维、说话、办事，均要照顾全局，不可不周全。否则，就会因为决策、说话、办事的失误，导致臣民不满而发生祸乱。

2．“家于其无常也，内外不通，安知所开。开闭不善，不见原也。”其，指群臣。原，指本源。本句是说：群臣既乱，则君主就会受到冷落孤立，难以正常施政，导致内外信息闭塞，此时，哪能知道如何打开言路！如果言路开闭得不好，则无从发现治国之根本。

3.“有主周。”以上是君主必须周全之道。

鸿门宴当断未断

攻占咸阳后，刘邦的军队驻扎在霸上，没有能跟项羽相见。刘邦的左司马曹无伤派人去告诉项羽，说：“刘邦想占领关中称王，让子婴做他的国相，珍珠宝器都归自己所有。”项羽听了非常生气地说：“明天用酒肉犒劳士兵，要让他们打败刘邦的军队。”此时，项羽的军队有四十万人，驻扎在新丰县鸿门；刘邦的军队有十万人，驻扎在霸上。范增劝告项羽说：“刘邦在山东时，贪图财物，喜爱美女。现在进入关中，财物一点都不要，妇女一个也不亲近，这表现他的志向不小。我叫人去看过他那里的云气，都是龙虎形状，呈现五彩的颜色，这是天子的云气啊。你赶快攻打他，不要失掉时机！”

楚国的左尹项伯这个人，平时和谋士张良友好。张良这时候跟随着刘邦。项伯就连夜骑马赶到刘邦军中，私下会见了张良，详细地把事情告诉张良，想叫张良和他一起离开刘邦，说：“不跟我走将会一起被项羽杀掉。”张良说：“我替韩王护送沛公入关，沛公现在有急难，我逃跑离开是不讲道义的，我不能不告诉他。”

张良就回去把情况详细告诉了刘邦。刘邦大吃一惊，说：“怎样应付这件事呢？”张良说：“谁替大王献出这个计策的？”刘邦回答说：“浅陋无知的人劝我说：‘把守住函谷关，不要让诸侯进来，秦国所有的地盘都可以由你称王了。’所以我听信了他的话。”张良说：“估计大王的军队能够抵挡住项王的军队吗？”刘邦沉默一会儿，说：“确实不如人家，那怎么办呢？”张良说：“请让我去告诉项伯，说沛公不敢背叛项王。”刘邦说：“你怎么和项伯有交情的？”张良说：“在秦朝的时候，项伯和我有交往，项伯杀了人，我救了他；现在有了紧急的情况，幸亏他来告诉我。”刘邦说：“你俩年龄，谁大谁小？”张良说：“他比我大。”刘邦说：“你替我把他请进来，我得用对待兄长的礼节待他。”张良出去，邀请项伯。项伯立即进来见刘邦。刘邦就奉上一杯酒为项伯祝福，并约定为亲家，说：“我进入关中，极小的财物都不敢沾染，封闭了收藏财物的府库，以等待将军的到来。之所以派遣官兵去把守函谷关，是为了防备其他盗贼和意外变故。日日夜夜盼望着将军的到来，怎么敢反叛呢！希望您对项王详细地说明，我是不敢忘恩负义的。”项伯答应了，对刘邦说：“明天你能不能早些来亲自向项王谢罪。”刘邦说：“好。”于是项伯又连夜离开，回到项羽军营里，详细地把刘邦的话报告给项王，并趁机说：“刘邦不先攻破关中，您怎么敢进来呢？现在人家有大功您却要攻打人家，这是不仁义的。不如就此机会友好地款待他。”项王答应了。

刘邦第二天带领一百多人马来见项羽，到达鸿门，谢罪说：“我和将军合力攻打秦国，将军在黄河以北作战，我在黄河以南作战，然而自己没有料想到能够先入关攻破秦国，能够在这里再看到将军您。现在有小人的流言，使将军和我有了隔阂……”项羽说：“这是你左司马曹无伤说的，不然的话，我怎么会这样呢？”项羽当天就留刘邦同他饮酒。项羽、项伯面向东坐，亚父范增面向南坐，刘邦面向北坐，张良面向西陪坐。范增多次使眼色给项羽，举起他所佩带的玉玦向项羽示意多次，项羽默默地没有反应。范增站起来，出去叫来项庄，对项庄说："君王心肠太软，不忍下手。你进去上前祝酒，祝酒完了，请求舞剑助兴，顺便把刘邦杀掉。不然的话，你们都将被他俘虏！"项庄就进去祝酒。祝酒后说："君王和沛公饮酒，军营里没有什么娱乐活动，请让我舞剑助兴吧。"项羽说："好。"项庄就拔出剑舞起来。项伯见状也拔剑舞起来，并常常用自己的身体，掩护刘邦，致使项庄始终没有机会刺杀刘邦。

张良见情况危急，于是忙到军门外去见樊哙。樊哙说："今天的事情怎样？"张良说："非常危急！现在项庄拔剑起舞，他的用意常常在沛公身上。"樊哙说："这太紧迫了！请让我进去，和他们拼命。"樊哙就带着剑拿着盾牌进入军门。拿戟交叉着守卫军门的士兵想要阻止他进去。樊哙侧举盾牌一撞，卫士跌倒在地上，樊哙就进去了。揭开帷幕面向西站立，瞪眼看着项羽，头发直竖起来，眼眶都要裂开了。项羽手握剑柄跪直身子说："客人是干什么的？"张良说："他是沛公的卫士樊哙。"项羽说："壮士！赏他一杯酒。"左右的人就给他一大杯酒。樊哙拜谢，一口气把酒渴了。项羽说："赏给他一只猪腿。"左右的人就给了他一只半生的猪腿。樊哙把盾牌反扣在地上，把猪腿放在盾牌上，拔出剑切着吃起来。项羽说："壮士！能再喝吗？"樊哙说："我死尚且不怕，一杯酒又哪里值得推辞！秦王有像虎狼一样凶狠的心肠，杀人唯恐不能杀尽，处罚人唯恐不能用尽酷刑，因此天下老百姓都背叛了他。沛公带兵先打败秦军进入咸阳后，一丝一毫都不敢占有动用，封闭了官室，退军驻扎在霸上，以等待大王的到来，并特意派遣将士把守函谷关，防备其他盗贼出入和发生意外事变。像这样劳苦功高，没有封侯的赏赐，反

而听信小人谗言，要杀有功劳的人，这是灭亡的秦国的后续者啊！我认为大王不应该采取这样的做法。”项羽无话可答，说：“坐吧。”樊哙便挨着张良坐下。

坐了一会儿，刘邦起身上厕所，顺便招呼樊哙一道出去。见刘邦迟迟未归，项羽派都尉陈平去招呼刘邦回来。刘邦对樊哙说：“刚才出来没有告辞，这怎么办呢？”樊哙说：“做大事情不必顾虑细枝末节，讲大礼不必讲究小的礼让。现在人家正像切肉的刀和砧板，我们是鱼和肉，为什么还要告辞呢？”于是就准备逃走，留下张良向项羽辞谢。张良问道：“大王来时带些什么礼物？”刘邦说：“我拿一对白玉璧，准备献给项王，一对玉酒杯，要送给范增。正赶上他们发怒，不敢献上去，你替我献给他们吧。”张良说：“遵命。”此时刘邦的军队驻扎在霸上，与鸿门相隔四十里。刘邦丢下随从的车辆、人马，独自一人骑马，同持剑拿盾徒步跑着的樊哙、夏侯婴、靳强、纪信等四人一起，顺着骊山脚下，取道芷阳，抄小路逃走。刘邦行前对张良说：“走这条路到我军营不过二十里罢了，请你估计我到了军营后再进去见项王。”

估计刘邦抄小道已经回到军中，张良进去辞谢，说：“沛公不能多喝酒，已经醉了，不能前来亲自向大王告辞。谨叫我奉上白玉璧一对，敬献给大王；玉杯一对，敬献给大将军。”项羽说：“沛公在哪里？”张良说：“听说大王有意责备他，他独自离开鸿门，已经回到了军中。”项羽就接受了白玉璧，放到座位上。范增接过玉杯，丢在地上，拔出剑砍碎了它，说：“唉！这小子不值得和他共谋大业！夺走项王天下的一定是沛公，我们这些人就要被他俘虏了！”

刘邦回到军营，立即杀掉曹无伤，以解心头之恨。

【解析】

项羽鸿门宴错失除掉刘邦的最佳时机，可以说是当断未断，以致让刘邦逃走，而自己最后却落得个四面楚歌、垓下自杀的结局。刘邦逃走之后，首先便是杀掉了曹无伤，与项羽形成了鲜明对比。观鸿门宴的整个过程，项羽有许多杀掉刘邦的机会，但都一一错过，这与他的优柔寡断是分不开的。刘邦回营立即杀掉曹无伤，展现了其果敢干练的作风，这可能就是他们各自成败的原因吧。

第八章 君主要参省隐微

【原文】

一曰长目[①]，二曰飞耳[②]，三曰树明[③]。千里之外，隐微之中，是谓洞天下奸，莫不暗变更。有主恭[④]。

【注释】

①长目：能看到远处事物，如千里眼。

②飞耳：能听到远处声音，如顺风耳。

③树明：明察事物。陶弘景注："用天下之目视，故曰长视。用天下之耳听，故曰飞耳。用天下之心虑，故曰树明者也。"

④主恭：主要讲洞察奸邪。

【译文】

君主不仅要有千里眼，还要有顺风耳，并要具备洞察一切的能力。弄清千里之外的事物，在隐微中看出事情的端倪，辨明天下奸邪，使其不得不暗自改变。以上是说君主要树立威严，才能使臣子恭顺。

【本章解读】

本章论述君主如何参省隐微：

1. "一曰长目，二曰飞耳，三曰树明。"作为君主，一要有看得远的眼睛，即俗话说的"千里眼"；二要有飞耳，即俗话说的"顺风耳"；三要树明，即不断建树聪明，要有高出于众人的智慧。

2."千里之外，隐微之中，是谓洞。天下奸，莫不暗变更。"君主要有洞察的能力，即使在千里之外，或存在于隐微之中的事，也要能洞察到。若能如此，则天下奸邪，为了避免君主洞察后的惩罚，莫不会悄悄收敛或变更。

3."有主恭。"以上就是君主参悟隐微之道。

【趣味故事】

唐代宗圆融待人树威信

郭子仪是唐代的中兴名将，当朝重臣。因安史之乱有功，被朝廷封为汾阳王，其子郭暧被代宗招为驸马，可谓权倾朝野，显赫一时。

不久，郭子仪过寿，家人和亲朋好友纷纷拜贺，唯有儿媳升平公主仗着自己是当朝公主，不肯给公公拜寿。

郭暧不由得勃然大怒，与升平公主发生争吵，大打出手，给了公主一记耳光。他盛怒之下，指着升平公主的鼻子说："你如此无礼，不就是仗着你父亲是天子吗？我的父亲功高盖世，他根本不愿意做天子！"这句话，无疑会招来杀身灭门之祸。

升平公主本是唐代宗的掌上明珠，做丈夫的不但没有把自己放在眼里，而且也不把自己的父亲、当朝天子放在眼里，这还了得！公主万分恼怒地跑回皇宫，向父亲告状，痛斥郭暧的"犯上作乱"罪行。

唐代宗听完女儿的哭诉后，却一团和气地说："郭暧说的话，不是你能懂得的。他父亲确实是不想做天子，否则的话，天下哪里会归我们家所有呢？"说完，他就叫公主赶快回家去，并要她向公公赔罪。

此时，郭子仪听说儿子打了升平公主并口出狂言一事后，不禁大惊失色，早已把郭暧囚禁起来，随后自己入朝请求皇上治罪。

唐代宗却对郭子仪哈哈一笑：“俗话说‘不痴不聋，不做家翁’，小两口在闺房中吵架时说的气话，怎么能当真呢？你这样做也太小题大做了！”

就这样，一件本来可能酿成大祸的事情，最后不了了之。

【解析】

关于赏罚的尺度也要灵活把握，且不可一概而论。在上面这件事中，唐代宗显示了十分高明的御臣手段和处世谋略。他以和气浑圆的容忍态度对待郭暧的口出狂言，并没有给予惩罚。因为作为君主的唐代宗深知郭子仪对自己忠心耿耿，而且事发之后又绑了儿子关押起来，同时替儿子前来请罪，实在不必小题大做。

第九章　君主要做到名副其实

【原文】

循名而为，实安而完。名实相生，反相为情[1]。故曰：名当则生于实，实生于理，理生于名实之德，德生于和，和生于当[2]。有主名[3]。

【注释】

①名实相生，反相为情：指名实相符则会政治清明，名实不符则会政治混乱。陶弘景注："循名而为实，因实而生名，名实不亏，则情在其中。"

②德生于和，和生于当：有德必和，有和必当。德，指万物之间的规律。《老子》："万物莫不尊道而贵德。"当，指适当、恰当。

③主名：名实相符。

【译文】

按照事物名称去探知事物，就会获得实情。名实相符，就能合于情理。所以说，名称恰当是因为符合实情，而实情又源于万物之理，道理产生于追求名实相符的美德，这种美德产生于平和心态，平和心态产生于处事恰当。以上是说君主要做到名实相符。

【本章解读】

本章论述君主应把握名实之道：

1．“循名而为，实安而完。”何谓名？名义、名分、名词，均指概念。何谓实？相对于名分来说，是实际的职、责、权；相对概念来说，是客观存在。故名与实，既是政治术语，又是哲学范畴。本句是说：依照名分去考察实际，依照实际来确定名分。这两句话，用在政治上是说名分应与职责权利相一致；用在哲学上是说概念要与客观实在相一致。

2．“名实相生，反相为情。”是说名与实，是一对矛盾，相生相克，既相互依赖，又反过来互相制约，具有不可分割之情。

3．“名当则生于实”，所谓当，就是一致性，也就是说，要求人们做到实事求是，主客观相符，则能正确决策，实现治；不相符，则必然错误决策，导致乱。

4．“实生于理”，理是指理论，即事物的普遍规律，也就是说，当人们把握住了事物的特殊规律时，才能把握住事物的本质。

5．“理生于名实之德。”德在中国词语中，有指事物的特殊规律之义，即事物的特殊性。本句话的意思是说，只有把握好事物的普遍规律，才能认清事物的特殊性。

6．“德生于和”意思是说，必须有科学的世界观和方法论，才能掌握事物的普遍规律。

7．“和生于当”，当，即主客观一致，即实事求是。这是说必须有实事求是的态度，才能有智慧，才能具有科学的世界观和方法论。

8．“有主名。”以上就是君主应掌握的名实之道，即科学思维。

【趣味故事】

不听进谏病入膏肓

扁鹊是古代一位名医。有一天他去见蔡桓侯，在仔细端详了桓侯的气色后，说：“大王，您得病了。现在病只在皮肤表层，赶快治，容易治好。”

蔡桓侯不以为然地说：“我没病，用不着你来治！”扁鹊走后，他对左右说：“这些当医生的人，成天想给没病的人治病，好用这种办法来证明自己医术高明。”

过了十天，扁鹊再去探望蔡桓侯。他焦急地说：“您的病已经发展到肌肉里，需要抓紧治疗！”桓侯把头一歪，说：“我根本没病！”扁鹊走后，他很不高兴。

又过了十天，扁鹊再去看望蔡桓侯，更加焦急地说：“大王，您的病已经进入了肠胃，不能再耽误了！”桓侯仍然连连摇头：“见鬼，我哪有什么病？”扁鹊走后，他更不高兴了。

又过了十天，扁鹊再去看蔡桓侯，见面后只看了一眼，就掉头走了。桓侯心里很纳闷，就派人去问他。扁鹊说：“有病不怕，只要及时治疗就会治好；只怕有病说没病，不肯接受治疗。病在皮肤，用热敷方法就能治好；病在肌肉，用针灸方法可以治好；病在肠胃，用汤药方法可以治好。但现在大王的病已深入骨髓，病得这样重，只能听天由命了。所以，我也不敢再请求给他治病了。”

不久，蔡桓侯的病果然发作。他派人去请扁鹊，但扁鹊已经走了。没过几天，他就死了。

【解析】

俗话说："良药苦口利于病，忠言逆耳利于行"。一味固执己见，听不进有经验的人的劝告，只相信自己的主观判断，肯定会失败。蔡桓侯不听扁鹊良言相劝，结果导致病危身亡。当然，除了注意听取别人的意见和建议外，还要及时总结自己的经验，做到"吃一堑，长一智"，不再犯类似的错误，也是难得的收获。

苻坚拒谏兵败淝水

西晋末年，南北分裂。南方司马睿在建康称帝，建立东晋王朝；在北方，匈奴、鲜卑、羯、氐、羌等少数民族首领也纷纷称王称帝，占据关中一带的氐族统治者以长安为都城，建立了前秦政权。357年，苻坚即位，他重用汉族知识分子，推行了一系列改革措施，在一定程度上使前秦政权出现了兵强国富的局面。

在这个基础上，苻坚积极向外扩张势力，初步统一了北方地区。接着攻打江南，企图统一南北。东晋太元八年（383年）八月，苻坚亲率百万大军，水陆并进，南下攻晋。东晋王朝在强敌压境、面临生死存亡的紧急关头，决意奋起抵抗。他们一方面缓解内部矛盾，另一方面积极部署兵力，制定正确的战略战术，以抗击前秦军队的进犯。

十月十八日，苻融率领前秦军前锋攻占寿阳，慕容垂部攻占了郧城，接着攻打硖石。胡彬困守硖石，粮草乏绝，难以支撑，便写信请求谢石驰援。可是此信却被前秦军截获，苻坚决定迅速开进，以防晋军得报后逃遁，便把大部队留在坎城，亲率骑兵八千

驰抵寿阳，并派遣原东晋襄阳守将朱序到晋军中劝降。朱序到了晋军军营后，不但没有劝降，反而向谢石等人密告了前秦军的情况，并建议谢石乘前秦军各路人马尚未集中的机会，主动出击。

谢石及时改变作战方针，决定转守为攻，派刘牢之率精兵五千迅速奔赴洛涧，前秦梁成列阵迎击。刘牢之大败梁成，取得洛涧遭遇战的胜利，由此挫抑了前秦军的兵锋，极大地鼓舞了晋军的士气。谢石乘机命诸军水陆并进，直逼前秦军。苻坚站在寿阳城上，看到晋军部阵严整，又望见淝水东面八公山上的草和树木，以为也是晋兵，心中顿生惧意，对苻融说："这明明是强敌，你怎么说他们弱不堪击呢？"

前秦军洛涧之战失利后，沿淝水西岸布阵，企图从容与晋军交战。谢玄知己方兵力较弱，利于速决而不利于持久，于是便派遣使者激将苻融说："将军率领军队深入晋地，却沿着淝水布阵，这是想打持久战，不是速战速决的方法。如果您能让前秦兵稍稍后撤，空出一块地方，使晋军能够渡过淝水，两军一决胜负，这不是很好吗？"

前秦军诸将都认为这是晋军的诡计，劝苻坚不可上当。但苻坚却说："只引兵略微后退，待他们一半渡河、一半未渡之际，再用精锐骑兵冲杀，便可取得胜利。"于是苻融便答应了谢玄的要求，指挥秦军后撤。前秦军本来就士气低落，内部不稳，阵势混乱，指挥不灵，这一撤更使阵脚大乱。朱序乘机在前秦军阵后大喊："秦军败了！秦军败了！"前秦军听了信以为真，遂纷纷狂跑，争相逃命。

东晋军队在谢玄的指挥下，乘势抢渡淝水，展开猛烈的攻击。苻融被杀，前秦军全线崩溃，完全丧失了战斗力，晋军乘胜追击，一直到达青冈。前秦军人马相踏而死者，满山遍野，堵塞大河。活着的人听到风声鹤唳，以为是晋兵追来，更没命地拔脚向北逃窜。淝水之战，前秦军被歼灭的十有八九，苻坚本人也中箭负伤，仓皇逃至淮北。

【解析】

苻坚在位时励精图治，不但开创了前秦的盛世，还统一了北方，是少数民族政权中较为有实力的。然而使人遗憾的是他过于好大喜功、崇尚武力，由于刚愎自用，不能虚心听取群臣的建议，而最终导致了兵败淝水，遗恨千古。

【延伸阅读】

一、谋略聚焦

1．明辨是非，少听谗言

作为领导者要善于视、听、思。《符言》曰：“以天下之目视者，则无不见；以天下之耳听者，则无不闻；以天下之心虑者，则无不知。辐辏并进，则明不可塞。”用天下人的目、耳、心去看、去听、去思考，才能明察一切，不被蒙蔽。

汉武帝去世时，汉昭帝不过八岁。武帝把他托付给霍光和丞相田千秋、左将军上官桀、御史大夫桑弘羊、车骑将军金日磾等大臣。其中，霍光是大司马、大将军，掌握朝廷大权，威望日高，但他为人耿直，做事不讲情面，得罪了上官桀、桑弘羊等人。当时燕王刘旦想做皇帝，也对霍光不满，就联络宗室刘长、刘泽及大臣上官桀、桑弘羊等人，想设计除掉霍光。

于是，上官桀伪造了一封刘旦的书信，派人冒充刘旦的使者，把信送到汉昭帝手里。信上写道：“大将军霍光检阅羽林军，擅摆皇上专用的仪仗，吃皇上享用的饭菜，不守法度，耀武扬威。不经皇上批准，擅往大将军府增调武官，简直是独断专行，没把皇上放在眼里！我担心他有阴谋，对皇上不利。我愿辞去王位，到宫里保卫皇上，提防奸臣作乱。”上官桀、桑弘羊等人做好准备，只等汉昭帝一声令下，就把霍光逮起来。谁知昭帝却没有动静。

第二天清早，霍光上朝，听说了这件事，就在偏殿中等候发落。汉昭帝不见霍光，问：“大将军在哪儿？”上官桀答：“大将军因为被汉王告发，不敢进来。”霍光进去，摘掉帽子磕头请罪。汉昭帝说：“大将军只管戴上帽子，我知道那封信是假的，你没有罪。”霍光又高兴又纳闷，问：“皇上怎么知道的？”汉昭帝说：“大将军检阅羽林军是最近的事，增调校尉也不过十天，燕王远在北方，怎能这么快就知道？再说，将军如果要作乱，也不必依靠校尉？”

后来，上官桀等人又在汉昭帝面前说霍光的坏话，汉昭帝大怒，说：“大将军是位忠臣，先帝嘱咐他辅佐我，谁敢再诬蔑大将军，我就治谁的罪！”上官桀他们看这办法行不通，就商量着让盖长公主出面请霍光喝酒，准备埋伏士兵把霍光杀死，然后废掉汉昭帝，立燕王刘旦为帝。阴谋还没来得及施行，就被汉昭帝和霍光发觉了。上官桀一伙被杀，燕王刘旦也因此自杀。

俗话说：“用人不疑，疑人不用。”不听他人谗言和诽谤之辞，是消除猜疑的重要表现。汉昭帝能够利用情报，精于分析，冷静思考，明辨是非，使陷害霍光的阴谋最终没有得逞。

2．因势制宜，国泰民安

四季轮回，万物消长。事物的发生、发展是有规律的，要想做好事情，就要遵循客观规律。“因其政之所以求，因与之，则不劳。”作为君主，要做到安详从容、公正沉稳，既会怀柔又能节制，才可以面对天下纷争，保守君位，以防颠覆。这就是鬼谷子在本篇所说：“安徐正静，其被节无不肉。善与而不静，虚心平意，以待倾损。”

光武帝刘秀在位时，鉴于连年战乱，于是采取了轻徭薄税，兴修水利，惩治贪腐，精兵简政等一系列措施，使社会经济得到了恢复，缓和了西汉末年的社会危机。尤其在对西域的政策上得到了体现。

汉武帝时，曾几次大举征讨西域，虽压制了匈奴，但劳民伤财，引起了很多矛盾，得不偿失。因此，光武帝改变了征讨西域的政策，不再过问西域之事，甚至关闭了玉门关，拒绝西域各国使节进入。

建武二十一年，西域鄯善、车师等国派使臣到洛阳朝见，并遣子入汉做人质，希望附属汉朝。群臣认为，西域各国自前汉就已归附中原，因王莽篡位时国内大乱，使匈奴乘隙以武力征服各国，今汉室中兴，各国愿意归附，理应答应他们的请求。但光武帝认为，国内初定，百姓贫弱，如答应各国请求，与匈奴的大战将不可避免，势必付出巨大代价。因此，光武帝拒绝各国附属的请求，好言抚慰，归还礼物和人质，送上厚礼，派人护送他们出玉门关。

建武二十七年，功臣朗陵侯臧宫、扬虚侯马武上书说，请乘匈奴分裂之际发兵击灭之，以立“万世刻石之功”。光武帝说：“常胜之家，难与虑敌，吾方自思之。”众将又请出征匈奴，光武帝下诏：“今国无善政，灾变不息，百姓惊惶，人不自保，而复欲远事边外乎！……不如息人。”

由于实行了与民休养的政策，阶级矛盾逐渐缓和，社会经济迅速得到恢复并发展，民众安居乐业，全国呈现出了新气象，这就是“光武中兴”的初期局面。

后来，北匈奴见汉朝日渐强大，怕威胁到自己，就主动遣使通好，进贡马匹、皮衣，乞求和亲并请求传授汉朝音乐，还要率西域各国使节进贡朝见。光武帝依据安抚笼络的原则，采纳班彪的建议。这样，汉朝边境安定，百姓得以休养，国力得以恢复。

3. 胸怀宽广，善结人缘

《符言》讲述了九条立身行事的原则，即主位、主明、主德、主赏、主问、主因、主周、主恭、主名。大旨是君主须宽刑简政，正静不争，暗中注意权谋机变，广罗党羽耳目，以待天下之变。其中要求君主讲究诚信是重要一条。所谓诚信，就是说到做到。假如实际行动与言语不一致，则难以获得他人的信任。

这其实是“循名而为实”的谋略思想，如何正确地把握名分呢？鬼谷子告诫我们，“循名而为，实安而完。名实相生，反相为情。故曰：名当则生于实，实生于理，理生于名实之德。”

只有提高修养，保持正直从容，才能善结人缘。在事情的发展中，人缘好坏可能是成败的重要因素。建立良好的人际关系，事业上就会获得更多帮助，进一步走向成功。

如何建立人际关系呢？要多和人接触，善结人缘，建立“诚信”的印象，以谦虚的态度与人交往。换句话说，人要去求生意比较难，生意主动跑来找你，就容易做成。自己节俭对人慷慨，讲信用够朋友，就会拥有更多机会。

身为君主，应当虚心静意，行德不争，广结盟友，以面对天下之乱。做到了内心虚静，就能以静制动，选贤任能。明主当位，则如日月照临，光耀天下。《符言》是鬼谷子智慧的体现，也是君王治理天下的重要谋略。其中重要的方法是得饶人处且饶人。俗话说：人非圣贤，孰能无过？过而改之，善莫大焉。何必不忘对方的过失，使自己成为心灵的囚徒？纵观古今，优秀的政治家，都是因为大度能容，才使天下归心，身边聚集了一批文武人才，从而成就了千秋霸业。世上没有十全十美的人，能谅解对方的错误，以宽广的胸怀待人，必能赢取肝胆之心。

4．伯乐相马，选贤任能

人们常说“知识就是财富”。在所有的资源中，人力资源是最宝贵的一种资源。作为统治者，如果能做到“人尽其才”，那么事业就有希望。但人力资源的整合，需要花费很多精力。如何进行人事安排呢？鬼谷子认为：“君因其政之所以求，因与之，则不劳。圣人用之，故能赏之。”

春秋时伯乐相马的故事很值得借鉴。自古以来，就有许多拥有真才实学的人，生活在社会底层难以得到赏识和重用。这些人像千里马一样，需要发现和举荐，不然就会“祇辱于奴隶人之手，骈死于槽枥之间”。作为举荐他人的伯乐，说话做事要凭良心，实事求是。有才的人被任用，不仅是一人之幸，更是国家社稷之幸。相反，如果用人不当，则是国家的不幸。君王任用人才唯有善始善终，国家民众才能深受其益。

比如，春秋五霸之一的齐桓公不计前嫌，任用了曾经辅佐过公子纠的管仲为相，并尊之为“仲父”。受到重用的管仲，帮助齐桓公在政治、经济、军事上进行了一系列改革，因地制宜，发展农商，使齐国逐渐富强起来，为称霸诸侯奠定了基础。管仲认为，君主要创建霸业，首先要能识贤、用贤，防止小人的蛊惑。

不善授权，终将累及自我。作为统治者，不仅要能识人辨人，更要能够知人善用，因才授职。如果不能合理安排，而是事事亲临，难免分身乏术，穷于应付。诸葛亮“鞠躬尽瘁，死而后已”，受到后人敬仰，但他“事必躬亲”的方法，也遭到批评。“事无巨细，必躬亲之”，什么事都亲自处理，忙得没日没夜。司马懿听说后，断言：“亮将死矣。”不久，诸葛亮病死在五丈原。

选贤任能适当授权，以众智为己智，以众力为己力，才是真正的智慧。既不用事必躬亲，又不脱离民众。汉高祖刘邦总结经验：“夫运筹帷幄之中，决胜千里之外，吾不如子房；填国家，抚百姓，给饷馈，不绝粮道，吾不如萧何；连百万之众，战必胜，攻必取，吾不如韩信。三者皆人杰，吾能用之，此吾所以取天下者也。”刘邦可以说是驾驭臣下的典范。善于任用刚健有为的大臣，辅助自己君临天下，正是其明智之处。

对于人才的运用，做到委以重任的同时，又要适当加以控制。从传统文化来看，个人如果拥有了权力，假如道德修养较低，制度上又缺乏监督和管理，那就很容易堕落成为危害国家和民众的“硕鼠”。这是值得注意和警惕的。

5. 民心向背，至关重要

“得民心者得天下，失民心者失天下。”作为身居高层的统治者，只有深入了解民生疾苦，才能管理好国家，获得广泛支持。鬼谷子在本篇说：“一曰天之，二曰地之，三曰人之，四方上下、左右前后，荧熿之处安在？”君主要把握天、地、人三才之道，以及四方上下、左右前后的情况，多向圣贤询问，遇到事情就不会迷惑。以上所讲指君主要广泛吸取意见，关心民生疾苦。治理国家在于民心，能够顺应民心，得到民众扶持，就能维持稳定，这也是本篇的重要观点。

孟子说：“民为贵，君为轻，社稷次之。”由此可见，民众的力量不可忽视。秦始皇吞并六国一统海内，建立了强大的帝国。但他推行严刑峻法大兴徭役，很快失去了人心。秦二世胡亥昏庸暴虐，不仅杀死了兄长扶苏，还采用赵高的建议，以“莫须更是有”的罪名处死了大批功臣。受到牵连而被杀的人不计其数，全国处于极端恐怖的氛围之中。朝廷混乱，官员营私，百姓更是水深火热。仅仅三年，秦王朝便被风起云涌的农民起义推翻。

司马迁评价秦朝灭亡的历史，说：“群臣人人自危，欲畔者众。”如果统治者不施仁义，只用强权压制臣民，造成人人自危的局面，就会引发民众的铤而走险。可见，凭借手中的权力和地位嚣张一时，结局往往不会很光彩。就是有权有势如君主，也并不是天下的主宰，真正的主宰是民心向背。

“水能载舟，亦能覆舟”，古人先贤把人民与统治者的关系比作水与舟的关系。纵观古今，每个王朝的建立和灭亡，都验证了人民群众在历史潮流中所发挥的巨大作用。

6. 赏罚分明，公平公正

对于统治者来说，只有做到取信于民，赏罚分明，才能维持良好的社会风气。“用赏贵信，用刑贵正。赏赐贵信，必验于耳目之所见闻，其所不见闻者，莫不暗化矣。”鬼谷子认为，赏与罚关键在于“信”与“正”。有功不赏，人民就会消极处事，不思进取；有过不罚，人民就会放纵行为，任意懒散。

战国时的商鞅变法，从立木树信开始。商鞅将要推出新的法令，担心民众不信服，于是在城墙南门放了一根木头，声称若是有人把它搬到北门去就赏十金。一开始，大家都不相信，没人去动手。商鞅便将赏金增加到五十金，就有人将木头扛到了北门，结果获得重赏。由此得到了人们的信任。于是，商鞅下令颁布法令。

新的法令颁布了一年，秦国百姓前往国都控诉新法不便的人数以千计。这时，太子也触犯了法律，商鞅说：“新法不能顺利施行，是因为上层人士带头违犯。”太子是国君的继承人，不能施以刑罚，便对太子的老师公子虔处刑，在另一个老师公孙贾脸上刺字，以示惩戒。百姓听说此事后，都遵从了法令。新法施行十年，秦国逐步走向富强，人们勇于为国作战，不敢再行私斗，社会风气焕然一新。商鞅变法为秦始皇“扫六合、四海一”奠定了坚实的基础。

俗话说，没有规矩不成方圆，只有赏罚分明才能公平公正。规矩是一种约束，也是一种保障。刑罚的制定要勇于创新，与时俱进。太严格就会不利于实施，太宽松则会遭到忽视。

有时候，赏不仅是论功行赏。特殊情况下，为了鼓舞士气，即使无功也要行赏。罚的原则是有过必罚。通过道德感化、说服教育解决不了的，就要给予惩罚，做到惩教结合，双管齐下，才能取得预期效果。因此，统治者管理国家，不要一味用柔，否则就会优柔寡断。法律无情，不管是谁，只要犯了法，就没必要讲情面。

现实生活中，经常有一些“以权凌法”的人，以为自己有了点权利和地位，就凌驾于法律之上，恣意妄为。这些人不受到惩处，社会风气就很难根本好转。所以，赏罚的原则是：有功就赏，有罪就罚；执法严明，宽严相济。

二、古为今用

本篇内容与《管子·九守》和姜太公《六韬·大礼》颇多相似，从时间顺序来说，应是鬼谷子吸收了姜太公和管子的思想。他们不约而同地重视这个问题，足见其重要性非同寻常。

本篇是针对君主的，如果推广开来，就是针对首脑来讲的。无论是国家的首脑，地区的首脑，部队、企业、事业单位的首脑，均是众官之长，均要承担重要的责任，均具有相对最高的权力，均要领导和指挥众多的“官”与“民”，客观上要求比众人要圣明一些。

然而，首脑的圣明从何而来，是天生的吗？本篇告诉我们，首脑都是凡人，首脑的圣明是靠经营得来的，靠的是超凡脱俗，跳出自我的局限性，由自发进到自觉，由必然王国向自由王国转化。

圣明的首脑，能永远保持圣明吗？本篇告诉我们，圣明要从九个方面不断经营（以下简称“九经”）。不管首脑原来如何英明，如果因为骄傲自满，停止像过去那样从九个方面经营，则英明的领袖也会如流星陨落，变得不英明，甚至犯错误。

本篇“九经”，并不难懂，但值得细细品悟其中的奥妙。

1. 主位——摆正首脑所处位置

人的智商与性情有关，在安详、从容、正派、冷静时，其智商最高，威信也高；在浮动、急躁、入邪、暴怒无常时，智商最低，威信也低。人皆有性情，作为首脑，也不例外。而首脑在感情上客观存在着矛盾：一方面，其地位和权力决定着居高临下，如众星捧月，一呼百应，奉承之声，不绝于耳；其责任决定着要遇到各种人际关系矛盾，极容易被某人某事激起感情冲动，这些均不利于做到安徐正静。另一方面，首脑的职责又不允许任性使性，必须超越性情束缚，保持安徐正静的心态。

首脑如何对待部属和近邻？是多为他人谋利，还是与人争利？是虚心平和待人，还是盛气凌人？其群众影响和反作用，大不一样。前者必然受到众人的拥护和爱戴，为你提供情报信息，后者必然受到众人疏远甚至反对。亲民爱民，为人民服务，是首脑必须具备的素质。

首脑身在其位，以什么心态看待自己的职责与成就？是沾沾自喜，还是始终保持危机感？心态决定领导姿态，只有始终保持危机感的人，才能不断追求，不断进取，保持圣明，对曲折和困难有所准备。

安徐正静的心态和危机感，不是指主观愿望，而是指首脑表现出来的结果，更不是装腔作势。这种结果，是首脑不断经营智商、情商而达到的一种高境界。以下所论的八种经营，就是为此目的。

2．主明——善于亲自调查并集中群众的智慧

首脑，其下总有秘书或办事机构，有人调查，有人起草文稿，有人办事，总之，一切均有人代劳。久而久之，就会滋生两个毛病：一是首脑自身会退化，变得事事依赖秘书。笔者听说有位首长，由于一贯专车进出，从不记路，有一次步行回家，不识回家路，转了半天，竟找不到家。二是容易受亲信蒙蔽，有不少高官就是因为受秘书和部下蒙蔽，而步步陷入深渊的。春秋五霸之首的齐桓公和统一中国的秦始皇，算得上一世英明吧！晚年均未摆脱亲信的蒙蔽。鉴于这个矛盾，鬼谷子主张：首脑必须充分利用自己的耳目和大脑，亲自看，亲自听，亲自思考。高明的领导者，注重自力更生，总要亲自做些调查研究，总喜欢亲自体验一下平民生活，这对于保持圣明极有好处。

一个人无论是多么高明的天才，你所能见、能闻、能虑者，终归有限。而首脑的职责，特别是高层首脑的职责，所需要的聪明才智是无限的，这就是个矛盾。要想解决这个矛盾，则必须超越小我的聪明才智，学会发动群众，特别要善于发动群众中的智谋者，为你去看、去听、去思虑问题。此时，首脑最重要的是要善于集中群众的智慧，去粗取精，去伪存真，由此及彼，由表及里，做出正确的分析和决断。而亲自调查研究，对于分析和决

断，是不可缺少的。作为首脑，只有心明眼亮，洞察一切，才能保持安、徐、正、静的心态。

3．主听——善于正静地听取

听，听发言，听议论，听汇报，听建议，是领导者接受外来信息、外来智慧、外来监督的主要渠道，在相当程度上决定着领导者的心态。人在听取他人的要求时，极容易为其感情所动，而轻易许诺。事后公正而冷静地思考后，常会发现所做许诺与公布的准则不合，若违背准则而徇私情，则会失信于公众；若不兑现许诺，又会失信于人，两难！故鬼谷子告诫“勿妄而许”。

人在听取他人的不同意见时，容易受自己思维定式和好恶的支配，而拒绝逆耳之言，如此，往往会错过真理，堵塞言路。故鬼谷子告诫“勿妄而拒”。

作为领导者，特别是首脑人物，必须超越常人易犯的这些毛病，客观公正冷静地去听取各种意见，无论是顺耳之言，或是逆耳之言，都要认真听取，绝不要轻率做出结论；要认真研究这些意见，根据责权分工给予答复。

在听上，可做的事很多。有些地方搞市长接待日、市长信箱、市长电话、市长网站，均是很好的创意，均有利于明察，坚持下去，必有好处。

4．主问——善于调查询问

一般人看问题，总是就事论事，孤立地看，来不及考察事物之间的联系，来不及考察前因后果。作为领导者，特别是首脑人物，必须超越这种认识局限性，善于调查询问，问天时，问地利，问人和，问其东南西北、上下左右、前后的联系，特别要问清疑惑、矛盾迹象和变化趋势，如此，方可保持首脑的明智。

听，是被动的。只有把问和听结合起来，主动地问，有目的地问，系统地问，问当事人和知情人，则必然能听到很多高见和很多重要信息。善问善听，是首脑明智的重要渠道。

5．主赏——赏信刑正

以上主明、主听、主问，论述的是首脑如何从部属那里得到信息和得到智慧。归根到底，都是为了明部属，明事理，做到胸中有数，以便对部属和工作实施正确的领导。然而，部属表现如何？首脑应如何反馈？最基本的反馈是赏罚，部属最看重的反馈也是赏罚。赏罚，是领导的重要手段，是管理的重要内容。

领导者倡导什么，反对什么，不仅应教育于前，而且要赏罚于后，以赏示倡，以罚示惩，赏一人以劝百人，罚一人以警大众。

怎样提高赏罚的功效？“用赏贵信，用罚贵正。”不管被赏者的地位如何卑下，该赏，则必赏，做到言必信，行必果；不管被罚者的地位高低和关系的远近如何，该罚，则必罚，一视同仁，公正严明。凡事前明令该赏者，事后守信必赏，绝不反悔；凡实施惩罚，必一视同仁，公正无私。要做到赏信刑正，并不容易：一要无私，无私才能公正；二要明察，明察才能赏得对，罚得准。

首脑人物，只有赏信刑正，才能得人心，才能受到群众拥护，才能有威信，才能保持安徐正静的良好心态。哪里的赏不信，哪里的刑不公，哪里就会发生冤假错案，矛盾百出，人心混乱，领导者必然沦为“消防队”，哪能有安徐正静！

6．主因——依法行政

在封建专制时代，君主多是按自己的意志实施领导，这种领导取决于君主的英明程度，取决于君主个人的好恶和情感，随意性很大，往往丧失为国、为民、为治安的保障。有些开明的君主认识到了这个问题，着手“变法”，以法治国。虽然他们只是把法理作为治国的手段，还没有把法理作为治国的最高准则，但仍然是一个很大的政治进步。鬼谷子在本篇强调的“主因”，就是倡导因循法理治国，避免君治带来的专制弊端。

用今日的政治观念看问题，以法治国，仍然难逃君主统治的阴影，仍然难以彻底摆脱封建专制主义的流毒。中国共产党提出把“以”法治国转变为“依”法治国，一字之差，为的是真正体现人民的意志，为的是把国家法律作为治国的最高准则。任何首脑均应依法行政，任何首脑均要把自己置于国法之下，不允许有任何凌驾于人民之上而掌握特权的个人和组织存在。

如何确保赏信罚正？归根到底是要公正廉明，依法实施赏罚。如何实施领导？归根到底是要依法行政。故首脑必须学法、懂法，全力支持执法部门工作，依法办事。只有如此，才能做到赏信罚正，才能保持安徐正静的良好心态。

7. 主周——周顾全局

首脑与一般官员的不同点，是首脑管辖的领域宽，范围大，故必须有周顾全局的认知，必须有周顾全局的策划，把方方面面照顾周到，如同阳光必须普照大地一样，首脑必须把温暖送到所管辖的每个角落。

首脑与一般官员的另一个不同点，是首脑决策权力大，在某些场合甚至具有临机处置权和最终决断权，故必须具有周顾全局的思维和能力。首脑或统帅，是否圣明，在很大程度上取决于周顾全局的思维和能力。毛泽东多次强调，作为主要领导者，一定要学会弹钢琴。

首脑是否具备周顾全局的思维和能力，对国家、对人民关系极大，正如《孙子兵法》所云：“辅周，则国必强；辅隙，则国必弱。”

8. 主参——参悟隐微变化

人皆可借眼见、耳闻认知事物，但事物是复杂的，现象有真相假象之分。仅感知现象，难于认识本质；事物是变化发展的，在矛盾尚未充分暴露之前，仅感知当前现象，难以认知未来。作为首脑，必须高瞻远瞩，察微知著，把握事物的本质和事物变化的规律，方能正确设谋，正确决断。所以首脑需要长目、飞耳，能看、能听千里之外，能看、能听于隐微之中；需要能建树一种特别的聪明，即通常所说的悟性，即人们常说的抽象思维能力。即不仅善于用眼看，还要善于用脑去看；不仅善于用耳听，还要善于用脑去听；不仅能感知事物，还要善于理性飞跃，借助理性思维，提高洞察力。

鬼谷子在本篇用了一个参字，其寓意是叫人们要学会参考、比较、审核、检验，做辩证而深入的思考。这是实现圣明的必由之路。如果说周顾全局，是从空间上提高圣明，则参省隐微变化，就是从时间上提高圣明。

9. 主名——把握实事求是的思想路线

名，按汉语词义是指概念。若此，则主名尚不足以概括本篇内容。以笔者之见，这里的名，应指科学思维。

鬼谷子的本意是：君主要有正确的理论指导，要有正确的思想方法和工作方法。他强调“循名而为，实安而完。名实相生，反相为情”，就是这个意思。

总之，首脑必须具有科学的世界观和方法论，其核心是要有实事求是的思想认识路线。在思想认识上，是从实际出发，还是搞主观臆断？是用联系和发展的眼光观察问题，还是孤立和静止地看问题？在认知和工作上，是依靠群众、发动群众、尊重群众呢，还是只相信和依靠孤家寡人？是唯己主义，还是为群众谋利益？是尊重历史、继承历史和发展历史，还是否定和割断历史？其结果则大相径庭。只有始终坚持辩证唯物主义的世界观，坚持为人民服务的人生观，坚持群众路线，才可能达到圣明的高境界。

本篇从九个方面论说圣明，是一个有极高价值的系统工程。主位，是首脑经营应达到的境界；主明、主听、主问，是首脑经营的智慧来源；主赏、主因，是决定首脑圣明和威望的基本保证；主周、主参，是关乎首脑决策圣明的重要保证；主名，是首脑经营的灵魂。

一个单位，一个国家，最需要、最难得的是帅才，是首脑型人才。在培育帅才时，有许多人偏重于知识和学历，往往忽视其世界观和方法论，这是很片面的，也是一种失误。科学的世界观和方法论，是首脑要具备的必要条件。世界观和方法论不科学的人，只能做其他工作，绝对不可以用为统帅。

《符言》是传达给君主的格言，实际上就是君主应该具备的权术。鬼谷子认为，君主在御民治国时必须“言必行，行必果”。鬼谷子还认为，要做到这些，执政者必须要信守九大准则，即“主位、主明、主听、主赏、主问、主因、主周、主参、主名”，这一系列的行为准则呈现为连续式的制约关系，对当今社会那些渴望完美做人、办事和经商的人，都有着很大的启迪和教益。

三、做人之道

做人应该讲究信用，这也是鬼谷子《符言》的原有之意。确实，在为人处世中不守信用，这实乃做人之大忌。而且，做人还要把握住鬼谷子所说的安徐正静、洞察隐微、耳聪目明等。只有这样，才能真正地做到左右逢源、处世无忧。

1. 坚守信义，才能立人

鬼谷子的《符言》，说的就是言辞要与事实相吻合，实质上也就是教人必须坚守信义。《符言》无论对古人还是今人，其影响无疑都是巨大的。

在生活中，一个人只有坚守信义，才能取信于人。相反，如果不守信义，他的人生之旅就会寸步难行。所以，一旦与别人约定，就要努力去兑现，出尔反尔，会让人对你失去信任，此乃人生大忌。

熟悉历史的人都会知道，齐桓公正是因为坚守信义才最终被推举为霸主的。公元前681年，齐桓公奉王命以临诸侯，布告宋、鲁、陈、蔡、卫、郑、曹、邾诸国，约以三月朔日，在齐地北杏会盟。日期已到，鲁国带头抗命不来赴会，齐桓公便以败约为名起兵征讨。齐军出师获胜，势如破竹，鲁庄公惊慌失措，只得修书请和，说："孤有犬马之疾，未获奔命。君以大义责之，孤知罪矣。然城下之盟，孤实耻之。若退舍于君之境上，孤敢不捧玉帛以从。"齐桓公果然退兵，在齐国柯地筑坛，让鲁庄公前来谢罪请盟。

鲁庄公临行前向群臣说："寡人越境求盟，谁肯同行并能保全君臣的体面？"将军曹沫欣然请命。鲁庄公问："你和齐军三战三败，不怕他们耻笑吗？"曹沫回答："臣随主公赴会，正是要雪三败之耻。"鲁庄公见他态度坚决，勉强同意了。到了那天，齐桓公在坛下布列雄兵，七层坛阶俱有人把守，远远望去旗甲鲜明，戟戈耀眼，一派整肃气氛。傧相传令："只许鲁国一君一臣登坛，任何人不得随行。"

鲁庄公君臣历阶而上，庄公脸色灰白，一步一颤；曹沫按剑相随，全无惧色。刚登上第一层坛，齐国甲士便阻拦说："今日两君会盟，不准携带兵器。"曹沫怒目斥退甲士，保护鲁庄公直至坛上。两君相见，各叙通好之意，三通鼓毕，正要在香案前歃血盟誓时，曹沫右手拔剑，左手抓紧齐桓公的衣袖，厉声请命说："请齐侯归还鲁国汶阳之地，两国休兵盟好。"齐桓公不情愿地指天发誓，当面答应。曹沫丢下佩剑，再拜称谢。两君这才举行了隆重的歃盟仪式。事后，齐国诸臣打算劫持鲁侯，以报曹沫之辱。齐桓公说："寡人已许曹沫，不能恃强欺弱。匹夫有约尚不失信，况且一国之君呢？为了一时气愤，劫持鲁侯，杀了曹沫，一定会在诸侯面前失去信义，为天下人所看不起。"次日，齐桓公置酒为鲁庄公君臣送行。随后命南鄙邑宰将齐国侵占的汶阳土地，尽数交割归还给鲁国。史籍评价："要盟可犯，而桓公不欺，曹子可雠，而桓公不怨，桓公之信著于天下。"另有诗云："嵬嵬霸气吞东鲁，尺剑如何能用武？要将信义服群雄，不吝汶阳一片土。"列国诸侯听到这件事后，皆服齐桓公的信义，称赞说："齐侯真是守信义的君主，和齐联盟尽可放心了。"

后来，齐桓公为众诸侯推举称霸。之所以如此，不仅是因为齐国军力强盛，坚守信义也是一个重要的原因。可见，坚守信义是多么重要。所以说，诚信是为人之道，为事之本，是一个人发展和生存的标志。

2．不留余地，无处容身

生存是一个大问题，而且也是一门大学问。面对同样的社会，有些人能如鱼得水，而有些人则寸步难行，此无他，不懂得生存之要义也！

鬼谷子在《符言》中说："一曰长目，二曰飞耳，三曰树明。千里之外，隐微之中，是谓洞天下奸，莫不暗变更。"其大意为："人首先要有千里眼，其次要有顺风耳，第三要能明察秋毫。千里之外，细微之中，都能一目了然，洞察天下的奸邪，使其收起不轨的想法。”它不但道出了生活中人要具备眼观六路、耳听八方的洞察时局的能力，而且还要求人们必须了解细微之处，防患于未然。

但是，无论是古代，还是当今社会，就是有那么一些人，他们看不透时局，做事时也很少给自己留余地，结果弄得无处容身，身首异处。公元前30年，西汉首都长安连续下了四十多天大雨，人心惶惶，都互相谣传洪水即将灌进长安城，居民惊慌逃命，长安城陷入一片混乱。西汉的第十二任皇帝刘骜也非常紧张，召集高级官员到金銮殿上商讨对策。全国最高统帅王凤建议：“皇太后和皇上赶快登上御船避难，再下令人民爬上长安城墙避水。”对此，大家一致赞成。

只有左将军王商提出反对意见：“即使是古代暴虐无道的王朝，大水都不曾淹过首都。现在国内政治一派升平，洪水绝对不可能突然发生，一定是一时谣传，千万不可以下令让百姓登上城墙。否则全城的人心会更惊慌，混乱将更不可收拾。”刘骜决定停止下令。

过了一段时间，混乱就自动平息了。调查结果，果然是以讹传讹。刘骜不断地公开赞赏王商具有洞察时局、处变不惊的镇定能力，擢升他为宰相。王凤感到十分惭愧，恨自己说错话，更恨王商的镇定显出自己的无能，开始痛恨王商。

五年后，琅琊郡发生灾难，王商派人调查。琅琊郡长杨肜和王凤有姻亲关系，王凤向王商求情，王商不肯答应，上奏免除杨肜的郡长职务。奏章呈上后，遭到王凤控制，石沉大海，没有下文。

王凤开始反击，秘密调查王商的隐私，唆使耿定向刘骜指控：“王商跟他父亲最亲近的婢女通奸。他的妹妹淫乱，王商还教唆奴仆把他妹妹的奸夫刺死。”刘骜认为这是无法证明的家务事，不想理会。不过王凤却不肯罢休，坚持追究。

朝中官员张匡发现这是讨好王凤千载难逢的良机，立即上书抨击王商。刘骜抗拒不了王凤的压力，下诏免除王商的宰相职务。王商悲愤交加，口吐鲜血，免职三天后就去世了。

刘骜二十八岁时，仍然没有生下儿子，身体却不断生病。刘骜特别疼爱弟弟刘康，要求他留在京师，不让他返回封国定陶。王凤怕刘康长久留在京师，会剥夺他的权力，恰好这时发生日食，王凤趁机提出警告："阴气太重，才会发生日蚀。定陶王（刘康）虽是皇上最亲近的亲属，但依照规定，还是要回到封国才对。因为他长久留在京师，上天才会提出警告，请刘康赶快回到封国。”刘康只好返回封国。

王章的个性一向刚正直言，王凤推荐他担任京兆尹。不过王章并不买他的账，反而向刘骜提交密奏："陛下没有儿子，特别厚待定陶王，这是顺应天理、安抚人心的最佳举动。日食所代表的意义是阴气侵犯阳气，臣僚侵犯君王。现在国家的大小事件，都由王凤裁决，上天才会发生日蚀，提出警告，他不自我反省，反而怪罪善行，故意排挤刘康。前任宰相王商是国家栋梁，只因为不肯向王凤屈膝，就被王凤捏造理由陷害，导致忧愤而死。王凤宣称要让陛下生下儿子，明知他小老婆的妹妹张夫人已经出嫁过，却故意呈献给陛下当妃子，污染后宫。这些行为都足以证明他的行为不忠，不可以再继续主持朝政，请陛下罢免他，另外选忠良之人代替。”

自从王凤罢黜王商，又要求送返刘康，刘骜心里一直不高兴，看完王章的奏章，大为赞赏，要求王章帮他物色替代人选。王章推荐琅玡郡长冯野王，此人忠心正直，富于谋略，是适合人

选。刘骜也听过冯野王的美好声名，决定由冯野王取代王凤。

不料，消息外泄，王凤立刻搬出宰相府，措辞哀痛地请求退休。皇太后王政君（王凤是王政君的哥哥）听到消息后，天天以泪洗面，拒绝吃饭。

刘骜从小跟舅家亲近，一直对舅舅王凤非常依赖。现在突然看到王凤的辞职书，有些不舍，对王凤稍加挽留，王凤马上复职，并且采取严厉的报复行动，命令宫廷秘书弹劾王章：“明明知道冯野王是因亲王舅父的身份才出任郡长，王章为了谋取升官故意讨好他，竟然违法要求让他回到中央。又明知张夫人已经是后宫嫔妃，还说出大逆不道的话，肆意诋毁她的名节。”

刘骜把弹劾奏章交给司法部门查办，司法部门以王章希望皇室断绝子嗣，意图背叛天子，为定陶王铺路等理由定罪，王章最后死在狱中。

由此观之，做人不留“余地”，的确是很危险的，王章不仅仅是让别人当面难堪，下不了台，而且还让自已陷入绝境中，甚至是遭到灭顶之灾。

3．镇静自若，曹操脱险

在人的一生中，难免要碰到几次险情，对此切不要怨天尤人，只要能镇静自若地面对，就可以化险为夷。

早在战国时期，纵横家鬼谷子就在《符言》中提到了“安徐正静，其被节无不肉”，这也正是教导人们要善于达到安详舒缓、从容正直、沉静的境界。可见，镇静自若、从容应对，绝对是现实生活中人不可缺少的品质。

其实，何止是现代，古时行军打仗之中，镇静自若也绝对是那些军事将领不可缺少的素质。毕竟，大敌当前，如果不能镇静自若地寻求退敌的良策，在身陷险境时想解除危机、化险为夷终究是很困难的事情。不过，在这方面，曹操却做得极为出色。

211年夏天，曹操率领大军从潼关（今陕西潼关北）偷渡黄河，想击败自称为王的马超。曹操不仅善于用兵，而且工于心计。这次，为了鼓舞士气，稳定军心，他先让大军陆续渡河，而自己则带领一百多名壮士留在南岸断后。但他万万没有想到，他的这一计策被马超的探哨发现，并快马加鞭，风驰电掣般地将这一军情报到马超营中。

镇守西凉的神武将军马超勇武有余，智谋不足。他得知此消息后心中大喜："这真是天助我也，可趁此良机活捉曹操。"他马上召集一万名精兵良将，飞速直扑黄河渡口。而此刻，曹操正指挥军士们一批批上船，一批批渡河，没料到身后马超正率领兵马逼杀过来。

曹操正看着士兵们渡河。一转头，却见远处尘土飞扬，杀声震天，马超已带人赶到。曹操心中大惊："完啦！我这剩下的一百多名兵士怎抵得过马超的强悍之师呀！"还未思量出对策，马超已命士兵们操弓搭箭。说时迟那时快，飞箭似雨点般射向曹操四周。曹操只能强作镇静，继续指挥军士渡河。

眼见马超的人马越来越近，箭也越来越密，曹操部将许褚心急如焚，如此危急之下，他顾不得其他，三步并为两步地赶到曹操跟前，硬拉着他上船。"丞相，再不走就来不及啦！对面的大军还等着您指挥呢！"正劝说的时候，箭雨更密。忽听一声惨叫，一名船夫喉间中箭，一头栽入黄河。许褚见状，双眼急得发红。他左手举起马鞍当作盾牌挡在曹操前面，右手奋臂撑船向前行进。眼看马超士兵已经逼近河边。就在这千钧一发之际，突然听得一阵牛马的乱叫声。只见一群肥牛健马直奔到马超兵将之中。这些西凉兵将一个个心花怒放，竟忘了打仗，争着去抢夺，顿时，阵容大乱。原来这是曹操的校尉丁斐故意放出来诱惑阻滞敌人的。这招真灵，敌人果然中计。马超见状，火冒三丈，拼命呵斥也无济于事，而曹操则趁机渡过黄河，脱离了险境。马超只能望河兴叹。

曹操身逢险境仍能化险为夷，是因为其具备一代豪杰的雄才伟略，即使在危机状态中，依然不慌不忙，镇静自若，急中生智，想出妙计摆脱困境。

其实，不仅是古代行军作战需要智勇双全的人，就是现代的企业和公司同样需要那种能够在危难中出谋划策的智才。生活中常常会出现一些意想不到的事情，这时候最容易激发人的创造性。如果你能镇静自若地寻求解决问题的方法，你就能摆脱眼前的困境，最终化险为夷。

4. 办事之谋

在办事的过程中，运用《符言》时，不可太拘泥于形式，要真正地做到赏罚分明，要明了何时该立威，何时该奖赏。而且，办事者还要善于听取别人不同的意见和建议，甚至是尖锐的指责和批评，只要对办事有利都应该大度地接受。同时，办事者还要多方观察，谨慎地思考，如此这般才能将事情办得妥当、完美。

鬼谷子主张“有主赏”，他强调在使用奖赏的原则时务必要守信，使用惩罚的时候务必要公正。鬼谷子的这些观点，对成功办事有很大的启发。

在当今社会，由于社会分工不同，有些人在党政机关和企事业领导的位置上工作，这并没有什么可多说的，但是这些人应该明白一个道理：领导并不好做，管人需要技巧。所以说，作为领导者，必须要按照规章制度，处理好与周围人群的关系，该奖赏的奖赏，该惩罚的惩罚，只有做到赏罚得体才能树立起真正的权威，达到统御下属成功办事的目的。

有关“军纪严明，赏罚得体”的事例在中国历史上举不胜举。下面就是一例。

宛城一战，曹操大败。事后他深刻地总结了经验教训，认为失败的主要原因在于自己平时放松对军队的严格管理，执法不严，致使军心涣散。

为此，曹操重新制定了一套行军作战纪律。事实上，曹操历来坚持有功即赏，有罪即罚，当十八路诸侯共讨董卓时，董卓的勇将华雄斩联军数员大将，诸侯中无人可敌。此时，尚为平原县令刘备手下一名马弓手的关羽则挺身请战，袁术当即怒斥，命人赶出。曹操这时却说：“此人既然口出大言，必定有勇略，试让他出马，如其不胜，责罚他未迟。”结果，关羽片刻间便提华雄之头回来了。袁术对此大怒：“一个县令手下的小卒，安敢在此耀武扬威，快快赶出帐去。”

曹操反驳说：“得功者赏，何计贵贱？”大功大赏是曹操按照军纪行赏罚的一大特色。曹操奖赏张辽在天柱山勇破陈兰就体现了这一点。陈兰、梅成占据六县反叛。曹操派于禁、臧霸去讨伐梅成，张辽、牛盖等讨伐陈兰。梅成假意向于禁投降，于禁因此退兵。梅成就率领他的部下投奔陈兰，转入天山。

天山中有一座天柱山，山势十分陡峭，绵延二十余里，道路艰险狭窄，步行只能一人通过，陈兰在山上安营，张辽想进攻，众将说：“咱们兵少，道路艰险，不能深入攻敌。”张辽说：“咱们和他们一个对一个，正所谓势均力敌，这种情况下，只有勇猛的人才能取胜。”于是在山下安营扎寨，然后进攻，杀了陈兰、

梅成，俘虏了他们的部下。

曹操后来论功行赏时说："登天山，履峻险，俘获兰、成，是荡寇将军张辽之功。"于是给张辽增加食邑，并给他持节，可在军中先斩后奏。个人有功则奖赏个人，集体有功则慰劳全体，这是曹操根据军队纪律行赏罚的又一个重要特征。

曹操率军进入汉中郡的治所南郑，顺利地接收了张鲁留下的财物珍宝，对张鲁的做法深表满意。又得知张鲁本有归顺之意，于是派人前去巴中慰问说服，以期早日把张鲁争取过来。这次的军事行动，曹军在山区行进了将近一千里的路程，翻山越岭，涉江过河，经历了不少艰难险阻，但最后终于夺取了胜利。

曹操非常高兴，大摆宴席慰劳全军将士，大家无不兴高采烈，多日的辛劳，一下子抛到了九霄云外。"军纪严明，赏罚得体"是行军作战最基本的纪律和制度。同时，赏罚分明，执法必严，也是治理国家的基本保障。实际上，只有通过奖赏来激励百官，才能体现当政者的大德；也只有通过惩罚来约束百官，才能体现当政者的威严。曹操能够非常好地使用这些，他取得成功也就不足为奇了。

5. 名正言顺，礼法治民

鬼谷子在《符言》的结语中写道："名当则生于实，实生于理，理生于名实之德，德生于和，和生于当。"由此可知，"当"字是《符言》之本。

在封建君权演变的过程中，儒家使帝王"名正"，法家使帝王"言顺"。名正则言顺，理直则气壮。这就是帝王们战略上更重视儒家，战术上又时刻离不开法家的缘故。儒家的教化洗脑，做通了天下人的思想工作，使天下人相信服从帝王是"人"之本分，受帝王之管辖是“天经地义”，自然而然地再运用法家谋略统治百姓便名正言顺了。

在中国历史上，既用儒家的“礼”，又用法家的“法”，并由此将二者有机地结合到一起的是晋文公教百姓学礼法一事。

公元前636年，晋公子重耳回到了晋国，做了国君，他就是晋文公。晋文公回国后，就开始训练他的百姓习武。两年以后，晋文公便准备用其百姓称霸诸侯。大臣子犯劝阻说：“百姓虽然经过训练身体已强健，但还不懂得义，还没能各居其位，不能用。”晋文公觉得有理，他便想办法让百姓懂得义。

正在这时，周朝发生了“昭叔之难”。昭叔是周惠王的儿子，他的母亲是惠后。昭叔的哥哥是太子。惠后想立昭叔为太子，但还没有得逞她便死了。昭叔便逃到齐国。太子即位后，将昭叔接回来。然而昭叔回国后，又和襄王之后狄隗乱搞。襄王知道后，便将狄隗废掉。这件事触怒了狄隗的娘家，他们派重兵进攻周朝，周襄王便逃到了郑国。

周朝在当时名义上是各诸侯国的宗主，因为这个原因，晋文公决定帮助周襄王返回周朝，并用此事教育晋国的百姓什么是义。他派出左右两军，右军攻打昭叔，左军往郑国迎接周襄王返国，事成后，周襄王为表彰晋文公的功劳，以天子的礼仪迎接晋文公。晋文公却推辞说：“这是臣下分内之事。”他帮助襄王返国后，又回国致力于造福百姓，使百姓安居乐业。他认为这下可以使用其百姓了。

子犯又出来阻拦说：“百姓虽然懂得了义，但还不知道信是什么，还不能用。”晋文公听了，觉得有理。他率领军队攻打原国，命令士兵携带十天的口粮。军队围困原国城池整整十天，士兵们的粮食全部吃完了，而原国还坚守城池不出。晋文公突然下令退兵。正当晋军刚退兵时，间谍从城里出来报告说："原国已经准备投降了。"

有人主张再坚持一下，等待原国投降。晋文公坚毅地说："当初带十天军粮，就是准备攻打十天，如今已下令退兵，就应该说话算数。如果不退兵，虽得原国而失去信用，得失相比哪个多呢？"由于晋文公利用信义教化百姓，所以国内民风大变，凡事以信为本，他们做买卖不求暴利，不贪不骗。

此后，晋文公问子犯："这回行了吧？"子犯回答："百姓虽知信、义，还不知道礼法。"于是，晋文公又在让百姓学礼法方面下苦功。他举行盛大的阅兵仪式，每个环节都依照军法执行，使百姓看到礼法。规定百官的等级及职责，使百姓知道对什么职官行什么礼。百姓们不但如此，他们还知道根据礼法来判断一件事的是非。这时，子犯笑着说："这下可以用民了。"

于是，晋文公开始伐曹、攻卫，取得齐国之地，大败楚军于城濮（今山东范县境内），成为春秋五霸之一。在"乱哄哄你方唱罢我登场"的春秋时代，所谓忠、信、礼等，皆是虚的。春秋五霸之一的晋文公，虽时刻想着称霸，但他并不急进，算是"名正言顺"的典型了。他三次听从子犯的建议，并且不遗余力地去将它完成，最后终于成为春秋时代的一位霸主。

千万不要小瞧礼法，那可是帝王打天下的基本条件。帝王依靠的军队，要是不讲礼法，成天杀人放火那算是军队吗？不就变成强盗了吗？其实，在现实生活中也是如此。如果做什么事情都毫无约束，可以想象那将会成什么样子。所以，懂得礼法是必不可少的。天下人可能有许多都知道礼法，然而能真正运用礼法的人却不多。很显然，运用礼法名正言顺地去办事，这也是一个人获胜所必不可少的法宝。

6. 许之则防，拒之则闭

鬼谷子的“许之则防守，拒之则闭塞”，说的就是善于采纳进言，民众就会捍卫君主；拒绝进言，就会使君主受到封闭。确实，是否善于纳谏，自古以来都是考量一个国君是否贤明的一个重要指标。

一般来说，贤明的君主都是善于纳谏的，而固执己见的残暴君主都是反对纳谏的，甚至采取一些措施来堵塞纳谏。当然，这两种君主的结果也不难想象。前者肯定是因善于纳谏而享受着后人的景仰，而后者则必然会因固执、残暴而遭到后人的唾弃。由此看来，历史上那个希望堵塞老百姓嘴巴的周厉王俨然就属于后者。

周厉王当政时，残暴无道，老百姓实在忍无可忍便纷纷指责他。这个时候，召公就对厉王说：“老百姓已不堪忍受暴虐的政令啦。”周厉王听了召公的话变得勃然大怒，于是他找来了一个卫国的巫者，派他暗中去监视敢于指责自己的人，一经巫者告密，就横加杀戮。因而人们都不敢随便说话，在道路上遇见了，也只能以眼神示意。

对此，周厉王十分得意，他告诉召公说：“我能制止毁谤啦，老百姓再也不敢吭声了。”召公忧心忡忡地回答说：“你这样做只能堵住人们的嘴。可是阻塞老百姓的嘴，比阻塞河水还要严重。河道因堵塞而造成决口，就会伤害很多人。倘若堵住老百姓的口，后果也将如此。因而治水者只能开通水道而加以疏通，治民者只能开导他们而让他们畅所欲言。

“君王处理政事，让三公九卿以至各级官吏进献讽喻诗，乐师进献民间乐曲，史官进献有借鉴意义的史籍，少师诵读箴言，无眸子的盲人吟咏诗篇，有眸子的盲人诵读讽谏之言，掌管营建事务的百工纷纷进谏，平民则将自己的意见转达给君王，近侍之臣尽规劝之责，君王的同宗都能补其过失，察其是非，乐师和史官以歌曲、史籍加以谆谆教导，年长的师傅再进一步修饰整理，然后由君王斟酌取舍，付诸实施，这样，国家的政事才能得以实行而不违背常理。老百姓有口，就像大地有高山河流一样，社会的物质财富全靠它出产；又像高原和低地都有平坦肥沃的良田一样，人类的衣食物品全靠它产生。人们用嘴巴发表议论，政事的成败得失就能表露出来。人们以为好的就尽力实行，以为失误的就设法预防，这是增加衣食财富的途径啊！人们心中所想通过嘴巴表达出来，朝廷以为行得通的就照着实行，怎么可以堵呢？如果硬是堵住老百姓的嘴，那赞同的人能有多少呢？”

周厉王不听劝告，于是老百姓再也不敢公开发表言论指斥他。然而，仅仅过了三年，人们就将这个暴君放逐到彘地去了。周厉王最终被放逐是在所难免的，甚至说他还捡了个便宜，没有落到身首异处的境地。但是，无论如何，这样一个企图去堵塞老百姓之口的人是很难将王位维持长久的。所以说，在现实生活中，想要将事情办得完美无缺，不善于听从别人的意见和建议是不可思议的，而且也是不可能达成己愿的。

四、经商之技

鬼谷子的《符言》，对现代经商也大有裨益。只是经商者要首先给自己定位准确，要明达、善于听取忠言、赏罚分明，而且经商者还要善于提出问题，解决问题，同时经商者对市场行情还必须全面察知，并能够根据市场信息作出周密的策划和部署。可以这样说，只要经商者能够深刻地了解和领会鬼谷子“符言”中的九大原则，尤其是主问、主赏、主周等原则，就一定能够取得经商的成功。

1. 英明预见，商机无限

《鬼谷子·符言》曰：“一曰天之，二曰地之，三曰人之。四方上下、左右前后，荧熄之处安在？有主问。”这段话的大意为：“一叫作天时，二叫作地利，三叫作人和。四方上下、左右前后方位的关系也应知晓，还应知荧惑星运行到了何处。所以君主发问必须针对天时、地利、人和。”鬼谷子的这段话，用到现代经商领域，就是要求经商者要善于掌握市场行情，善于根据市场的现状而采取相应的对策。

经商过程中，总会有危机相伴，对此经商者不应惊慌失措，而应顺应天时地利，巧妙构想，英明预测，从而走向成功。卡尔·舒尔茨曾经是一个小镇上的普通鞋匠，生活平淡且安稳。然而，随着工业革命的浪潮席卷欧洲，他的小镇也受到了冲击。机器生产逐渐取代了手工制鞋，卡尔的生意开始一落千丈。

面对突如其来的危机，卡尔并没有选择放弃。他深知，如果不做出改变，他将永远被时代淘汰。于是，他决定走出小镇，去大城市寻找新的机遇。

在大城市，卡尔遇到了无数的困难和挑战。他尝试着转型为机器制鞋商，但很快发现市场竞争激烈，自己毫无优势。他的资金有限，无法与大型企业竞争。

正当卡尔陷入绝望之际，他遇到了一位富有洞察力的商人。这位商人告诉他：“舒尔茨，你的优势不在于机器，而在于你的手艺和独特的设计。你可以专注于制作那些机器无法复制的鞋子。”

卡尔被这番话深深触动。他意识到，自己的独特之处在于对鞋子的热爱和对设计的理解。他决定回归初心，专注于手工制鞋，并融入自己的创新设计。

经过数月的努力，卡尔推出了一系列独特的手工鞋款，迅速在市场上获得了认可。他的鞋子不仅外观精美，而且穿着舒适，很快成为了时尚的代表。

随着生意越来越好，卡尔开始扩展自己的业务，开设了多家分店，并雇佣了一批手艺精湛的鞋匠。他的成功不仅拯救了自己的事业，也为小镇带来了繁荣。

卡尔·舒尔茨的故事告诉我们，面对危机，我们不能选择逃避。只有勇敢地面对挑战，并找到自己的独特之处，才能在竞争中脱颖而出。卡尔通过坚持自己的初心和创新精神，成功地将危机转化为了机遇，实现了自己的商业逆袭。

随着卡尔·舒尔茨的手工鞋店逐渐在市场中占据了一席之地，他并没有满足于现状。他深知，要想在这个瞬息万变的市场中保持领先地位，就必须不断创新和进步。

于是，卡尔开始投入更多的时间和精力来研发新的鞋款和设计。他关注时尚潮流的变化，与设计师们紧密合作，不断推出新颖独特的产品。同时，他也非常注重鞋子的质量和舒适度，始终坚持以客户为中心的理念。

除此之外，卡尔还开始关注社会责任和可持续发展。他深知企业的成功不仅仅在于盈利，更在于为社会做出贡献。因此，他开始采用环保材料和生产工艺，以减少对环境的影响。同时，他也积极参与慈善事业，帮助那些需要帮助的人。

卡尔的努力并没有白费。他的鞋店逐渐成为了当地知名的品牌，吸引了越来越多的顾客。他的鞋子不仅在国内市场上大受欢迎，还开始进军国际市场，赢得了全球消费者的喜爱。

然而，成功并没有让卡尔忘记自己的初心和使命。他始终保持着对鞋匠手艺的热爱和执着，坚持将每一双鞋子都做到极致。他说："我不仅仅是一个商人，更是一个手艺人。我希望通过我的鞋子，传递出手艺人的匠心独运和对品质的追求。”

如今，卡尔·舒尔茨已经成为了一位备受尊敬的商业传奇人物。他的故事不仅仅是一个关于商业成功的故事，更是一个关于坚持、创新和责任的故事。他用自己的行动告诉我们：只有不断追求进步和为社会做出贡献，才能真正实现个人和企业的价值。

在意大利的某个古老小镇，阳光如金丝般透过翠绿的橄榄树冠，洒落在一家历史悠久的皮具工坊上。这家工坊名为“马可的皮具世界”，由马可的祖父创立，经过三代人的传承和发展，如今已成为了小镇上的一颗璀璨明珠。

马可，一个充满活力与创意的年轻商人，自幼便对皮具制作产生了浓厚的兴趣。他继承了家族的传统工艺，并在此基础上不断进行创新。他深知，在竞争激烈的市场中立足，不仅需要精湛的工艺，还需要不断的创新和对品质的极致追求。

在马可的工坊里，每一道工序都经过严格的把控。从选材开始，他坚持只选用最优质的皮革材料，确保产品的耐用性和美观性。在设计上，他注重时尚与实用性的结合，使得每一款皮鞋和皮包都独具匠心，深受消费者的喜爱。

然而，命运似乎并不总是眷顾着马可。随着全球经济的波动，意大利的制造业面临着巨大的挑战。马可的工坊也遭受了严重的打击，订单量锐减，资金链岌岌可危。在这个关键时刻，马可展现出了非凡的勇气和决心。

他决定拓展市场，将产品销往国外。带着满腔的热情和对未来的憧憬，马可踏上了前往美国的旅程。在这个陌生的国度里，他面临着语言不通、文化差异和市场竞争等多重挑战。然而，他并没有退缩，而是更加努力地推销自己的产品。

在美国市场上，马可的产品凭借其卓越的品质、独特的设计和合理的价格，逐渐赢得了消费者的认可。他与几家大型零售商建立了稳固的合作关系，产品开始在美国市场上畅销。这些成功的经验让马可更加坚定了自己的信念：只要不断创新、坚持品质、积极适应市场变化，就一定能够在这个竞争激烈的市场中脱颖而出。

然而，就在马可事业蒸蒸日上的时候，一场突如其来的经济危机席卷了全球。这场危机给马可的工坊带来了巨大的压力和挑战。面对困境，马可并没有选择逃避或放弃，而是积极寻求解决方案。

他主动向当地政府申请贷款和税收优惠政策，以缓解资金压力。同时，他与合作伙伴紧密合作，共同分担风险，共渡难关。在马可的努力下，工坊逐渐恢复了元气，并成功度过了这场危机。

经过几年的艰苦努力和不懈奋斗，马可的工坊逐渐恢复了往日的辉煌。他的产品不仅在意大利本土广受欢迎，而且在欧美市场也占据了一席之地。马可用自己的行动证明了：在困境中坚持不懈、勇往直前，最终一定能够取得成功。

2．招贤纳士，金台高筑

经商办企业，关键还是靠人才。没有人才的企业，是很难生存和发展的，所以精明的商人大都知道如何去招贤纳士、挖掘人才。但是，人才之所以是人才，就在于他们的非一般性，所以，如何让人才进到自己的公司、企业中来，这确实需要广大经商者好好思量一番。

鬼谷子在他的《符言》篇中，曾提出“主赏”的策略，这对于当今诸多渴望招贤纳士的经商者来说，无疑是一种很好的启示。这种策略，在当今社会依然可用，只是经商者要结合本公司、企业的一些具体情况，以便做到人才稳进、金台高筑。这方面的例子，在当今社会中是有很多的。

1981年底，微软公司已经控制了PC机的操作系统，并决定进军应用软件这个领域。比尔·盖茨雄心勃勃，认定微软公司不仅能开发软件，还能成为一个具有零售营销能力的公司。他的打算不坏，但人呢？微软公司在软件设计方面，人才济济，不乏高手；但在市场营销方面，却缺少卓越型人才。没有这方面的人才，微软别说要进入市场，连门都找不到。

盖茨虽然看到了光明的前途，却感到寸步难行。但盖茨还是迈出了非凡的一步——招贤纳士。经过四处打听，八方网罗，最后盖茨锁定了肥皂大王尼多格拉公司的一个大人物——营销副总裁罗兰德·汉森。

“汉森是个营销专家，可对软件方面完全是个门外汉呀。”盖茨的幕僚心里没底，有点儿不放心。但盖茨毫不担心，他看中的是汉森对市场营销具有丰富的知识和经验。盖茨将汉森招过来后，委以营销方面的副总裁这一重任，负责微软公司广告、公关、产品服务以及产品的宣传与推销。

汉森上任后做的最重要的一件事就是给微软公司这群只知软件不懂市场的精英们上了一堂统一商标的课。在汉森的努力之下，微软公司决定，从今以后，所有的微软产品都要以“微软”为商标。于是，微软公司的不同类型产品，都打出“微软”的品牌。为时不久，这个品牌在美国、欧洲，乃至全世界，都成为家喻户晓的知名品牌。

软件门外汉汉森用品牌推动了市场销路，比尔·盖茨当然得意，但他的烦恼也是一个接着一个。随着市场的日益扩大，尤其是海外市场的开发，微软公司的经营规模日益增大，公司第一任总裁吉姆斯·汤恩年近半百，已显江郎才尽，跟不上微软的快节奏。好在汤恩主动提出辞掉总裁的职务。盖茨费尽心机，又找到了坦迪电脑公司的副总裁谢利。他直截了当地说："到微软来吧。""我能干什么？"谢利问。"当总裁。"盖茨回答他说。

谢利一来，就对微软的人事进行了大刀阔斧的改革。他把鲍默尔提升为负责市场业务的副总裁，更换了事务用品供应商，削减了20%日常费用。谢利掌管下的微软在许多地方开始"硬"起来。不过，好戏还在后头。1983年，为了抢在可视公司之前开发出具有图形界面功能的软件，占领应用软件市场，微软开始了"视窗"项目，并宣布在1984年底交货。

谁知，1984年过了大半年，"视窗"软件仍然没有开发出来，以至于新闻界把"泡泡软件"的头衔赠给了"视窗"。盖茨并没有对谢利说三道四，他相信谢利一定能行。经过一番仔细调查，谢利终于找到了病根：除了技术上的难度以外，开发"视窗"的组织和管理十分混乱。谢利又一次大刀阔斧地整顿：更换"视窗"的产品经理，把程序设计高手康森调入研究小组，负责图形界面的具体设计；而盖茨则集中精力考虑"视窗"的总体框架和发展方向。谢利的这一番部署切中要害，"视窗"的开发立见奇效，各项工作有条不紊，进展神速。年底，微软向市场推出了"视窗"1.0版，随后便是"视窗"2.0版。

从比尔·盖茨招贤纳士的角度上来看，毫无疑问，他采用的就是鬼谷子的"主赏"之术。在这里，比尔·盖茨取得成功的原因主要有三点：一是会招人，为了招到合适的人才，他甚至不惜去挖人家的"墙角"；二是以高职位招请人才，为了招到心仪的人才，他就用"副总裁""总裁"这样的高职位来诱惑他人；三是对人才给予足够信任，他绝不对自己所招聘的人才轻易地进行指责和批评，而是给以足够的宽松环境，以便让他们安心地工作。(《告诉你一

个比尔·盖茨的故事》，王志艳，天津人民出版社2013年版）

由此看来，经商者必须明白，要想招贤纳士并让人才发挥最大的作用，就应善用经商技巧，让人才充分地为你所用，这样你才能财源滚滚，金台高筑。

3. 把握信息，巧妙经营

“主周”是鬼谷子在《符言》篇中所论述的九大原则之一，它是指决策者要广泛地了解外界事物以求处事周严，要通达人情，使人畅所欲言。

“主周”应用到经商领域，则主要是指经商者要善于把握市场行情和各种信息，以做到胸有成竹、巧妙经营，从而发家致富。吉林省长春市有一名退休老工人带领五名青年办起了一家白山图片社。所谓图片社实际上是一个简易的照相馆，经营拍照和销售照相材料等业务。但小企业也能创出大事业，这个毫不起眼的白山图片社，办成了许多大企业都没有办成的事。

那还是20世纪80年代初，图片社刚开办时，市场上黑白胶卷奇缺，白山图片社抓住了这个“缺货”的信息，做了深入的调查和研究。他们认为爱好摄影的人越来越多，发展黑白胶卷生产，是一个好机会，虽然自己不具备开厂生产的条件，但协助有关厂家生产还是可能的。他们当机立断，同一个胶卷厂挂钩搞联营，很快就生产出了黑白胶卷，适应了群众的消费需求，一年就获利二十二万余元。

市场的需求千变万化，黑白胶卷热销一时后，就开始走了下坡路。但是，黑白电视机热销起来了，如果在黑白电视机前面加上一张滤色片，就能显示出某种“彩色电视”的效果，所以群众很乐意购买，滤色片成了市场的热销货。长春当地并无生产，外地厂家生产的产品在附近地区还供不应求，哪能运销外地呢？白山图片社抓住了这个信息，又考虑到黑白胶卷的生产与电视机前的滤色片的制造比较雷同，改产比较方便，他们又马上转产电视机滤色片。新产品生产出来后，订单像雪片般地飞来，那一年，他们又获利三十多万元。

随着社会经济的发展，人们对消费品的要求越来越趋于高档化，彩色电视机逐渐取代了黑白电视机。在这种情况下，使用于黑白电视机前的滤色片又显得过时了，这时彩色胶卷又时兴起来。白山图片社又抓住了这个信息，立即从日本引进了先进设备，搞起彩色照片的扩印业务，成了东北三省第一家彩扩业务单位。日夜开工还应接不暇，当年纯收入就达六十七万元。第二年，他们又进一步添置设备，提高了经营能力，全年获利猛涨到一百八十万元。

白山图片社紧紧地把握住了市场的信息，不断开拓业务，项目不断更新，业务日益兴旺，他们的成功经验，可归结为善抓信息和巧妙经营这两点。（王骏，《区街工业的一面旗帜——记长春白山图片社》，选自《中国集体经济》1988年04期）

第十三篇　本经阴符

本，事物的根本；经，常见的原则；阴，暗中；符，传达命令或调兵遣将的凭证。阴符，指外界事物的发生与内心所谋暗中契合。“阴符者，私志于内，物应于外，若合符契，故曰阴符。由本以经末，故曰本经。”

本篇分为盛神、养志、实意、分威、散势、转圆、损兑七种修养方法，指导人们培养内在的神气、意志，以调动自身因素解决外在问题。每一部分阐述了一个问题，具有相对独立性，整体来看，又有一定的逻辑关系。文中有明显与道教相通的说法。

《本经阴符》篇具有较强的独立性，可以说是本书的主体和根本，它阐明了纵横家运用谋略时的基本理论问题，如纵横家的自身修养、运用谋略的原则和方法，并强调以人的内在修养为根本去治理外物，作为解决具体问题的根本。

第一章 盛 神

【原文】

盛神法五龙[①]

盛神中有五气[②]，神为之长，心为之舍[③]，德为之人[④]，养神之所，归诸道。道者，天地之始，一其纪也，物之所造，天之所生，包宏无形，化气，先天地而成，莫见其形，莫知其名，谓之神灵。故道者，神明之源。一其化端，是以德养五气[⑤]，心能得一，乃有其术。术者，心气之道所由舍者，神乃为之使。九窍[⑥]十二舍[⑦]者，气之门户，心之总摄也。生受之天，谓之真人[⑧]。真人者，与天为一。而知之者，内修炼而知之，谓之圣人[⑨]。圣人者，以类知之。故人与生一，出于化物。知类在窍[⑩]，有所疑惑，通于心术，术必有不通。其通也，五气得养，务在舍神[⑪]，此之谓化。化有五气者，志也，思也，神也，德也，神其一长也。静和者养气，养气得其和，四者不衰，四边威势，无不为，存而舍之，是谓神化。归于身，谓之真人。真人者，同天而合道[⑫]，执一而养产万类，怀天心，施德养，无为以包志虑思意，而行威势者也。士者[⑬]通达之神盛，乃能养志。

【注释】

①五龙：传说中的龙仙。龙是传说中的神奇动物，古人感触内心的精神却把握不住，因此要涵养精神，也就是效法龙仙。陶弘景注："五龙，五行之龙也。龙则变化无穷，神则阴阳不测，故盛神之道，法五龙也。"

②中有五气：人体内有心、肝、脾、肺、肾五脏之气。

③心为之舍：心是五气所在的处所。陶弘景注："五气，五藏之气也，谓神、魂、魄、精、志也。神居四者之中，故为之长；心能舍容，故为之舍；德能制邪，故为之人。然养事之宜，归之于道。"

④德为之人：德是人感到神的形式。

⑤德养五气：用德涵养五气。五气各有循理，则成功可致，故曰德养五气也。古人认为心、肝、脾、肺、肾各自对应神、魂、魄、精、志五种内在精神。神的居所在心，最为重要。要想养神，就要重视德性的培养。陶弘景注："无名，天地之始。故曰道者，天地之始也。道始所生者一，故曰一其纪也。言天道混成，阴阳陶铸，万物以之造化，天地以生成，包容宏厚，莫见其形，至于化育之气，乃先天地而成，不可以状貌诘，不可以名字寻。妙万物而为言者也，是以谓之神灵。神明禀道而生，故曰道者，神明之源也。化端不一，有时不化，故曰一其化端也。循理有成谓之德，五气各能循理，则成功可致，故曰德养五气也。一者，无为而自然者也。心能无为，其术自生，故曰心能得一，乃有其术也。"

⑥九窍：指人的两眼、两耳、两鼻孔、口、大小便处。

⑦十二舍：指目、耳、鼻、舌、身、意、色、声、香、味、触、事等。

⑧真人：道教中所说修炼得道的人。《淮南子》："莫死莫生，莫虚莫盈，是谓真人。"陶弘景注："真人者，体同于天，故曰与天为一也。"

⑨圣人：智慧卓越，品德高尚的人。圣，无事不通。陶弘景注："内修炼，谓假学而知之者也。然圣人虽圣，犹假学而知，假学即非自然，故曰以类知之也。"

⑩知类在窍：通过感官了解事物。

⑪舍神：使精神得到归宿，保持专一。陶弘景注："心术能通，五气自养。然养五气者，务令来归舍，神既来舍，自然随理而化也。"

⑫同天而合道：跟天与道合一。陶弘景注："一者，无为也。言真人养产万类，怀抱天心，施德养育，皆以无为为之，故曰执一而产养万类。至于志意思虑，运行威势，莫非自然，循理而动，故曰无为以包也。然通达此道，其唯善为士乎！既能盛神，然后乃可养志者也。"

⑬士者：指游说之士。

【译文】

要做到养神，就要效法五行之气。精神旺盛的人，体内的五脏精气较强，其中，神在五气中处于首位。心是神的居所，道德在其中起着重要作用。

养神的方法最终归结于道。道是天地的开端，一是天地的基础。万物都由道创造，天地也由道产生。道可以包容一切，没有形体。化育万物的气，先于天地而生，不能看清它的面目，不能知道它的名称，只能称为"神灵"。据此可知，道生"神明"。一是万物变化的开始。因此，依靠品德培养五脏之气，内心做到清静无为，就能专注于一点，就有了一定的方法。这方法就是，心气是神的通道，把心气导引出来，神也能受其驱使。

人身上的九窍和十二舍是神气进出的门户，心则统领一切。能够天生悟道的人，称为真人。真人和天融为一体。明白道的人，通过内心的修养以成圣人。圣人可以使用类推的方法明白道，人与其他生命是一体的，都是万物自然变化的结果。人可以

通过感官认知万物，遇到疑惑难解的问题，明白道术就能通达事理，如果不通是因为没有明白道术。明白道术，五脏之气就会获得滋养，一定要使神气有所归宿。因此，人和其他生命一样，都是天地变化的结果。这种变化能通过五气显现出来，产生志向、思维、精神、品德，神在其中处于首要地位。

内心平和就能养气，养气可使内心平和。志向、思维、精神、品德四个方面都不衰弱，并且向四方散发威势，就没有什么不可以。保养五气，就能达到和谐一致的境界，这时的人称为真人。真人做事顺应天理，符合道术，遵循清静无为的原则，掌握万物，他们怀着天心，施行道义保养五气，坚守无为之道以包容志向和思虑，并向四周散发威势。游说之人明白了这个道理，就能养足精神，进而修养自己的心志。

【本章解读】

“盛神法五龙”中之盛，在这里是动词，不是形容词。盛神，即旺盛精神。法，是效法。五龙，是指金木水火土五行之龙。盛神法五龙，应读成“盛神——法五龙”，是说要旺盛精神，则必须像五行之龙那样，有活力，有灵气，身心协和，应变无穷。

本章可分三段释读：

第一段中心是论道：

1．“盛神中有五气，神为之长，心为之舍，德为之人。”五气，是指人体五脏所藏魂、神、意、魄、志等五气，即五种功能。其中魂藏于肝，神藏于心，意藏于脾，魄藏于肺，志藏于肾。“中”字，在此作满的解释。本句是说：精神旺盛，是五气充足的表现。其中，神是五气的统帅，心脏是五气的宅舍，德是人区别于动物的特征。

2.“养神之所，归诸道。”如何养神？养神的途径，最终要回归到道上去。

3.“道者，天地之始，一其纪也，物之所造，天之所生，包宏无形，化气，先天地而成，莫见其形，莫知其名，谓之神灵。”一，统一。纪通基。道是什么？道，是天地的开始，是万物的本原，也就是说，万物均由道所创造，天地均由道所产生。道，包容宏大，无形无影，化育万物之气，它在天地形成之前就形成了，人们看不见它的形状，不知道它的名称，只好把它称为“神灵”。

4.“故道者，神明之源，一其化端，是以德养五气，心能得一，乃有其术。”一，是统一。所以说，道是神明的本原，是天地万物变化的统一开端，如果以道来涵养五气，必能使五气归于统一，这就是所谓守一的方术。

5.“术者，心气之道所由舍者，神乃为之使。”所谓守一术，即把心气凝集于心脏之中，可能就是今人所说的“气沉丹田”，如此，则神乃能受心脏所役使，从而显得精神旺盛。这里的心气，即指五气。

第二段中心是论述一种境界——化：

1.“九窍十二舍者，气之门户，心之总摄也。”九窍，指耳、目、鼻、口和前后阴共九个孔。十二舍，是指六根（眼、耳、鼻、舌、身、意）与六境（色、声、香、味、触、事）之间，根境互相停舍，目见色，耳闻声，鼻受香，口知味，身觉触，意思事。本句是说：人的九处孔窍和十二舍，乃五气出入之门户，受心脏所统摄。

2.“生受之天，谓之真人。真人者，与天为一。”本句是说：如果生来就是受之于天，人们称之为真人，就是与天地相通，合而为一体，天人合一。

3．“而知之者，内修炼而知之，谓之圣人。圣人者，以类知之。”如果是学而知之，通过内心修炼而理解天地之道，人们称之为圣人。所谓圣人，是能触类旁通的人。

4．“故人与生一，出于化物。”一，是统一。本句是说：故人与万物都是统一本原，人只是万物变化发展的结果。

5．“知类在窍，有所疑惑。通于心术，术必有不通。”心术，指大脑思维。本句是说：人对世界的认知和触类旁通，均是通过九窍去感知感悟，如果在感知感悟中有疑惑，则要通过大脑思维，如果大脑不能健康思维，则认知就不会通达。

6．“其通也，五气得养，务在舍神，此之谓化。”本句是说：如果大脑指挥通达，则人的五气就会得到滋养，此时的关键，务在使神守舍，这就叫作“化”境。

第三段中心是论神化，是对前段“化”的深入探讨：

1．“化有五气者，志也，思也，神也，德也，神其一长也。”古今学者对这一句均觉费解。仅志思神德，怎么称五气？笔者经过苦苦探究认为：五气是指魂、神、意、魄、志。而志、思、神、德乃是“化”的条件。本句是说：能否有效地化养五气，取决于其人的志、思、神、德等四项功能与操守。因为志、思、神本身就是脏腑的功能，自然要影响到真气转化为功能的效果，如意志坚定与否，思维通达与否，精神振作与否，无不影响到人的身心健康。至于道德涵养，属于人的社会性范畴，它对人体真气的保存和功能转化，则有很大的支配作用。道德高尚，则行为光明，方可维护真气并把真气转化为良好的功能；反之，若道德败坏，行为堕落，则真气不仅得不到涵养，也得不到正常转化。

2．“静和者养气，养气得其和，四者不衰，四边威势，无不为，存而舍之，是谓神化。”四者，是指化五气的志、思、神、

德。四边，是指人的四周、四方。本句是说：宁静平和的心态利于培养五气，培养五气又有利于宁静平和，如此，则人的意志、思维、精神、道德四者就会旺盛不衰，则对四周就会形成威势，无所不可为，把这种状态存于心舍，这就达到了神化的境界。

3．“归于身，谓之真人。真人者，同天而合道，执一而养产万类，怀天心，施德养，无为以包志虑思意，而行威势者也。”接前句，凡能把这种神化境界归之于身的人，就是真人。所谓真人，就是与天地同为一体，并合乎道，执掌宇宙本原之道，而产生万事万物，胸怀天下之心，施道德养育众生，以无为之道包容意志思想，行威势于四方。

4．“士者通达之神盛，乃能养志。”盛神法五龙，不仅对首脑是必要的，对出谋划策的谋士，也要通达上述精神旺盛之理，如此，乃能培养出自己的意志。

补充说明：

1．关于道

道，在古典宇宙观中，是指宇宙的本原。

何谓宇宙?《尸子》中说：“天地四方曰宇，往古来今曰宙。”张衡在《灵宪》篇中进一步指出：“宇之表无极，宙之端无穷。”可见宇宙是指空间与时间。古人认为，空间是无边无际的，时间是无穷无尽的。这与今人的唯物主义时空观是一致的。

宇宙是怎么变化的?《道德经》认为：道生一,一生二,二生三,三生万物。《易经》说：无极生太极，太极生两仪，两仪生四象，四象生八卦。两种学说虽然分级的方法不同，但都把宇宙物质分为五个层次：其最原始层次物质是“道”，是“无极”，它是宇宙之本原，是宇宙中最基本的物质，它是无形的。

其第二层次物质是“一”，是“太极”。《周易正义》说：“太极谓天地未分之前，元气混而为一。”即古人说的“混元之气”，仍是无形的物质。

其第三层次物质是“二”（两仪），即古人说的阴阳二气，仍是无形的物质。

其第四层次物质是“三”（四象）。老子解释：“三”是指阴阳二气与由阴阳和合而成的和气，仍是无形的物质。《易经·系辞》说：“形而上谓之道，形而下为之器。”第四层次物质是从无形的“道”“气”，转化为有形之器的阶梯。

以上四个层次物质，相对于有形的器来说，都属于道的范畴。其第五个层次物质，是有形的。三生万物，首先是生成天与地，再生万物与人。

2. 关于五行学说与五龙

物质由什么组成？战国时期，五行学说颇为流行。五行学说认为，世界万物，均由水火木金土五种基本物质组合变化而来。这五种物质之间，既有相生的作用，又有相克的作用。五行相生是：金生水，水生木，木生火，火生土，土生金。五行相克是：金克木，木克土，土克水，水克火，火克金。

五龙，是由五行学说派生出来的想象。古人以龙为贵，以龙为神，传说龙能腾云驾雾，能呼风唤雨，龙善于变化，善于周应无穷。传说古代有兄弟五人，皆龙面而人身，是五行之神的化身，被人们称为仙人，长曰角龙，又称木仙；次曰徵龙，又称火仙；次曰商龙，又称金仙；次曰羽龙，又称水仙；次曰宫龙，又称土仙。

3. 关于五气

按照中医理论，人体的生命活动，主要是脏腑经络的功能活动。这些功能活动是以气、血、精、津、液等作为物质基础的。由于脏腑经络功能的活动，这些物质不断被消耗，又靠脏腑经络功能活动不断得到补充和滋生。

气有两种含义：一是指维持人体生命活动的基本物质，如饮食中的水谷之气和吸入之清气；二是指生命活动的动力，如脏腑之气。

气从何而来？可分为先天和后天两个来源：先天之气，也称元气，直接禀受于父母，由先天之精化生而成，间接禀受于宇宙；后天之气是由人体吸入之宇宙之气与脾胃运化水谷所产生的水谷精微之气结合而成。先天之气与后天之气合而称为真气，或称正气。《灵枢经》说："真气者，所受于天与谷气并而充身也。"

五气指什么？《黄帝内经·宣明五气》认为：人体五脏及其所藏、所主、所化液、所表，符合五行规律。五行即木火土金水，五脏即肝心脾肺肾，五脏所藏魂神意魄志，五脏所主筋脉肌肉皮骨，五脏化液泪汗涎涕唾，五脏所表爪面色唇毛发。由上可见，本篇所说五气，当指五脏所藏之魂神意魄志。它已不同于一般物质形态的真气，而是由真气转化成的功能。

4．关于真人

在中国神话里，把真人看成不食人间烟火、长生不老的神仙，恕本书不采不评。在《黄帝内经·上古天真论》讲到人的修炼问题，其内容有精神方面的保养、饮食起居的调节、对四季气候和周围环境的适应，以及体格的锻炼等。与此同时，举出了真人、至人、圣人、贤人所采取的四种不同的修炼方法和成效，其意是指出修炼可达到的四种境界。本篇把四种境界归纳为两种境界，即真人与圣人。其意是鼓励人们加强身心修炼，第一步，把自己从凡人修炼成圣人，然后再修炼成为真人。真人与圣人的区别何在？古人认为，圣人有为，着力在去妄以求真；真人无为，真妄不两立，故能体会大道，冥化自然。

第二章 养志

【原文】

养志法灵龟[1]

养志者，心气之思不达也。有所欲，志存而思之。志者，欲之使也。欲多则心散，心散则志衰，志衰则思不达也。故心气一，则欲不徨[2]；欲不徨，则志意不衰；志意不衰，则思理达矣。理达则和通，和通则乱气不烦于胸中。故内以养气，外以知人。养志则心通矣，知人则分职明矣。将欲用之于人，必先知养其气志。知人气盛衰，而养其志气，察其所安[3]，以知其所能。志不养，心气不固[4]；心气不固，则思虑不达；思虑不达，则志意不实；志意不实，则应对不猛；应对不猛，则失志而心气虚；志失而心气虚，则丧其神矣。神丧则仿佛[5]，仿佛则参会[6]不一。养志之始，务在安己。己安，则志意实坚，志意实坚，则威势不分，神明常固守，乃能分之。

【注释】

①灵龟：用来占卜的龟。古人认为龟是灵物，善于调息而安心静意，所以寿命很长。陶弘景注：“志者察是非，龟者知吉凶，故曰养志法灵龟。”

②欲不徨：欲望太多，徘徊不定。

③察其所安：察看他所喜欢做的事。陶弘景注：“将欲用之于人，谓以养志之术用人也。养志则气盛，不养则气衰。盛衰既形，则其所安所能可知矣。然则善于养志者，其唯寡欲乎！”

④不固：不坚定。

⑤仿佛：看不真切，辨别不清。

⑥参会：参，通叁。指志、心、神三者交会。陶弘景注："神不精明，则多违错，故参会不得其一。"

【译文】

培养志向可以效法灵龟。培养志向，是因为内心活动不够畅达。一定要培养志向，才能提高自己。开始培养志向，必须做到安心静意。有了欲望，就会存于内心并设法满足。人的志向受欲望驱使。欲望多了，心志就会分散，意志分散就会消沉，消沉就会使思路不畅。所以心神专一，欲望就不蔓延，欲望不蔓延就不消沉，不消沉就使思路畅通，思路畅通则使内心平和，内心平和就没有烦闷之气郁积于心。因此，人们在内心做到养志，在外要探知他人的实情。养志使内心畅通，知道他人实情就会善用他人。假如要任用一个人，先要看他是如何养志的。了解他的五气盛衰情形，才能观察他的养志情况，然后弄清他内心想做的事情，了解他的才能体现在哪些方面。

如果一个人不养志，精神就不会集中专一；精神不集中专一，思路就不畅达通顺；思路不畅达通顺，内心就不够坚定；内心不够坚定，应付外界的能力就不强；应付外界能力不强，就会意志丧失，心气虚弱；意志丧失，心气虚弱，人就会神志不清；神志不清，意识就会模糊；意识模糊，那么意志、心气、精神三者就不能协调。

所以，养志先要使内心安静。内心安静则意志坚定；意志坚定，威势才不会分散。做到这些，神气就会固守内心，才能分散对手的威势，从而达到分而治之。

【本章解读】

本章是论养志，标题应读为养志——法灵龟，其意是说：养志，应效法灵龟。古人认为，龟是一种通灵而长寿的动物。其爬行速度虽然缓慢，但其朝着既定目标前进的意志，则是非常坚定的，值得效仿。在龟与兔赛跑的传说中，最终胜利者，是龟而不是兔。另外，古人还认为，龟可知吉凶，善于趋福避祸，故用龟板作为占卜的工具。

本篇可分三段释读：

第一段论述内以养志：

1. 首先论述为什么要养志。

“养志者，心气之思不达也。”人之所以需要养志，是因为人对欲望的思虑还没有达到通明的程度。

“有所欲，志存而思之。志者，欲之使也。”人在心里有某种欲望时，就会以此作为志向，就会老想着得到满足。所谓志向，就是欲望的驱使。

“欲多则心散，心散则志衰，志衰则思不达。”如果人的欲望多，则心力就会分散；心力分散，则志向就会衰落；志衰，则表明此人对欲望的思虑尚未通达实情。这就需要养志。

2. 论养志的好处。

“故心气一，则欲不徨；欲不徨，则志意不衰；志意不衰，则思理达矣。理达则和通，和通则乱气不烦于胸中。”一，指专一。徨，指恣纵欲望，或彷徨不定。本句是说，如果通过养志，使心气专一，则其欲望就不会放纵；不彷徨，则其意志就不会衰退；意志不衰，则其思虑就会通达，并做到通情达理；通情达理，则能心和气顺；心和气顺，则胸中就不会被乱气所烦。

3．最后引出结论。

“故内以养气，外以知人。养志则心通矣，知人则分职明矣。”人对内要养好气，对外要做到知人。若能养好志向，则心地就会通明；若能知人之志向，则职责就会分明。

第二段论述外以知人：

这里讲的知人，是要知那些与自己养志相关联的人。因为一个人的养志，往往取决于环境的变化，其中尤其取决于可能决定自己命运的人。

1．“将欲用之于人，必先知养其气志。”此处“将”是将要的意思，不可理解为将领，否则其意就狭窄了。本句是说：如果你将要被人所用，则事先一定要了解该人的养气和养志的情况。为何？因为被人所用，则自己的命运必从属于其志向，若此人无志或志乱，则自己很难有所作为。

2．“知人气盛衰，而养其志气，察其所安，以知其所能。”要了解该人所辖范围内人气盛衰如何，就是了解其环境士气，该人如何在此环境下养气养志，观察该人安于什么现状，以此了解其所能具备的志向。如《三国演义》中，刘备在投奔曹操后，故意表现出安于种菜，为的是隐藏其大志。

3．“志不养，心气不固；心气不固，则思虑不达；思虑不达，则志意不实；志意不实，则应对不猛；应对不猛，则失志而心气虚；志失而心气虚，则丧其神矣。神丧则仿佛，仿佛则参会不一。”若该人没有养志，则其心气不会坚定，则其对欲望的思虑不会通达，则其意志不会坚定，则其言谈应对就不会明确果断，则其志必失，其气必虚，则其精神必颓丧，其神志必恍惚，其魂神意魄志就不会统一。

第三段论述养志之始务：

在自己“养志之始，务在安己；己安，则志意实坚，志意实坚，则威势不分，神明常固守，乃能分之。”养志，首要条件是务必先把自己的身心安定下来。身安者，找好自己的容身之所，确保生存并可能发展。心安者，少欲而心情安定。如果自己身心安定，则自己的意志就会踏实坚定，则自己的威势，就不会因主客观原因而分散，则神明常能固守自己，如此，则能分化和排除前进道路上的一切困难和险阻。

第三章　实　意

【原文】

实意法螣蛇[①]

实意者，气之虑[②]也。心欲安静，虑欲深远。心安静则神明荣[③]，虑深远则计谋成。神明荣则志不可乱，计谋成则功不可间。意虑定，则心遂安，则其所行不错，神者得则凝。识气寄，奸邪得而倚之[④]，诈谋而惑之，言无由心矣。故信心术[⑤]，守真一而不化，待人意虑之交会，听之候之也。计谋者，存亡枢机[⑥]。虑不会，则听不审[⑦]矣；候之不得，计谋失矣，则意无所信，虚而无实。无为而求安静，五脏[⑧]和通六腑[⑨]，精神魂魄固守不动，乃能内视、反听[⑩]、定志。思之太虚，待神往来。以观天地开辟，知万物所造化，见阴阳之终始，原人事之政理。不出户而知天下，不窥牖[⑪]而见天道，不见而命，不行而至，是谓道知，以通神明，应于无方而神宿矣。

【注释】

①螣蛇：传说中的一种蛇。古人认为是龙的一种，能腾云驾雾。人的思想也应效法于此，任意遨游伸展深入。

②气之虑：精神、志向等所进行的思考活动。陶弘景注："意实则气平，气平则虑审，故曰实意者，气之虑。"

③神明荣：指精神清明而旺盛。陶弘景注："心安则物无为而顺理，不思而玄览，故虽心之所不错，神自得之，得之则无不成矣。"

④“识气”句：指思想活动不安而游移在外。

⑤信心术：使心术真诚。

⑥枢机：关键。

⑦审：详细、周密。

⑧五脏：指心、肝、肺、脾、肾。

⑨六腑：人体消化、吸收、排泄的脏器总称，包括胆、胃、小肠、大肠、三焦和膀胱。陶弘景注：“言欲求安心之道，必寂澹无为，如此则五脏安静，六腑通和，精神魂魄，各守所司，澹然不动，则可以内视无形、反听无声，志虑定，太虚至，神明千万，往来归于己也。”

⑩内视、反听：内视反省，听取他人意见。

⑪牖：窗户。

【译文】

要坚定意志思想充实，就要效法螣蛇。这是在五气和思想上下功夫。内心要保持安静，思考要深谋远虑。内心安静，精神才充沛。思考深谋远虑，计谋才能成功。精力充沛心志不乱，计谋成功才会被认可。考虑事情定下心来就会平静，内心平静采取行动就没有差错。这样精神才会有所寄托，精神有了寄托做事情没有不成功的。如果内心不安定，奸邪就会乘虚而入，诡计就会形成迷惑，言语也不听从内心。所以，要使内心安定志向专一，观察对方考虑问题是否同于自己，听从并等待对方反应。计谋是关系生死存亡的大事。考虑不周，就不能探听对方的真情。不等对方反应就行事，计谋就不会成功，以至于内心的意志不坚定，看到的东西也会虚幻不真实。

所以，考虑计谋必须思想充实，思想充实则从内心安静开始。为人要清静无为，使五脏平静，六腑畅通。人的精神和魂魄固守本心，不会妄动，才能从内心审视自己，反听他人，确定心志，考虑问题达到心无杂念的境界，内心的精神就会充沛。以此了解天地阴阳变化，推究考察世间关系，就可以不出门户知道天下事，不打开窗户发现天象运行规律。这就是道。运用此法可以与神明交往，与无限的世界相应和，并使神明长存世间。

【本章解读】

本章标题如何理解？应读为实意——法螣蛇。

意，即意思、思维。实，在这里做动词用。实意，是从实际出发的思维，或实事求是的思维，不是主观臆断。

螣蛇，亦腾蛇，传说中能飞的蛇。古人郭璞注曰：“龙类也，能兴云雾而游其中。”荀子曰：“螣蛇无足而飞。”传说螣蛇能指示祸福。

实意法螣蛇，是说人的思维应效法螣蛇，要像螣蛇的蜿蜒屈伸那样，进行有屈伸的思维，而不要停留于直线思维；要像螣蛇腾飞那样，能进行飞跃式思维，不要停留于简单的思维；要像螣蛇知祸福那样，客观思虑吉凶祸福，不要停留于主观幻想，务必把事情思虑得更加周密深刻，做到胸有成竹。

本章可分四段释读：

第一段论述如何做到实意：

“实意者，气之虑也。”气，是指人的魂神意魄志五气。本句是说：要想做到实意，必须集中魂神意魄志五气的功能，进行思虑。就是俗话说的，要聚精会神做周密而深刻的思虑。

第二段论述如何用心思虑：

1．心静虑深远。“心欲安静，虑欲深远。心安静则神明荣，

虑深远，则计谋成。神明荣则志不可乱，计谋成则功不可间。”欲，是需要。荣，是荣盛。间，是间断。本句是说：心，作为思虑的器官务必要安静，虑是心的活动，务必要深远。人在心安静时，则能精神旺盛而聪明；人的思虑深远时，才能想出好计谋。一个人如果精神旺盛而聪明，则其志气就不会混乱；想出了好计谋，则事业的成功就不会间断。

2．心与虑的辩证关系。“意虑定，则心遂安，则其所行不错，神者得则凝。”要求思虑一定要得出结果，仅当思虑得出结果，心才能安静下来。仅当心安静下来，其所作所为才不会出现错误。当人在精神自得时，心神则可做到稳定集中。

3．切莫做思虑上的懒汉。“识气寄，奸邪得而倚之，诈谋而惑之，言无由心矣。”识气，是指思虑的心理活动。寄，是指寄托于他人。本句是说：如果把思虑活动寄托于他人，自己做思虑上的懒汉，则奸邪之人就会利用你，诡诈的谋略就会蛊惑你，则你的所说所做，就不是出自你的心虑。

4．信心术。“故信心术，守真一而不化，待人意虑之交会，听之候之也。”听，是指听取。候，是侦察。本句是结论，人要有信心术，即自信自己的思虑周密而深远。信心术包括三个内容：一要坚持归真，即要坚持实事求是的原则；二要把自己的心虑与别人的心虑进行交会结合；三要把心虑建立在调查和侦察的基础之上。

第三段论述设谋用计必须精心思虑：

“计谋者，存亡枢机。虑不会，则听不审矣；候之不得，计谋失矣，则意无所信，虚而无实。”枢，比喻事物运动的关键。审，周详慎重。候，侦察情报。本句是说：计谋是存亡的关键。故设谋用计，务必精心思虑，达到实意的要求。如果思虑不周全，则侦察和处理，均不可能做到慎重而周详。如果设计用谋时，得不到随时变化的新情况，则计谋就会有误。如果思虑不全，情报没得到，则心虑的结果，就达不到实事求是的要求。

第四段论述思虑之理想境界——道知：

1．道知的身心状态。

“无为而求安静”，是说要排除各种贪欲和杂念，一切顺乎自然，使心理处于安静状态。

“五脏和通六腑”，是说要全身放松，使五脏六腑处于调和统一的最佳状态。

“精神魂魄固守不动”，是说要聚精会神，气沉丹田。

2．道知的思虑。

“乃能内视、反听、定志。思之太虚，待神往来。以观天地开辟，知万物所造化，见阴阳之终始，原人事之政理。”

“内视”，是指闭目不视外物，专心一意进行心视。

“反听”，是指两耳不听外声，专心一意进行心听。

“定志”，是说集中思维目标，坚持不懈地思虑。

“思之太虚”，是说思虑之远，近乎太虚，太虚是古代的哲学概念，指气的原始状态。

“待神往来”，是说思虑之灵气，如同神之往来。

“以观天地开辟”，是说思虑之深远，以至开天辟地和宇宙起源。

“知万物所造化”，是说要了解万事万物发生和变化的规律。

“见阴阳之终始”，是说要明察矛盾的发生、发展和灭亡的规律。

“原人事之政理”，是说要推究人事之政治道理。

总起来说，道知，是要用心去思，用神去思，用智去思，要思事物与自然界的联系，要思事物的因果关系，要思事物的矛盾和本质，要思社会人情事理，要找出规律性的结论。

3．道知的神奇效果。

“不出户而知天下，不窥牖而见天道，不见而命，不行而至，是谓道知，以通神明，应于无方而神宿矣。”

道知，比一般认知要深远得多，足不出户就能知天下事，眼不窥窗就能看到天体运行的规律，没有看到事物就能算出其命运，不用走到那个地方就能知道那里的事情，这就叫作道知。道知者，心灵可与神明相通，四面八方均会回应他，如同神灵常宿心中。

第四章　分　威

【原文】

分威法伏熊[①]

分威者，神之覆[②]也。故静固志意，神归其舍[③]，则威覆盛矣。威覆盛，则内实坚；内实坚，则莫当；莫当，则能以分人之威，而动其势，如其天[④]。以实取虚，以有取无，若以镒称铢[⑤]。

故动者必随，唱者必和；挠[⑥]其一指，观其余次；动变见形，无能间者。审于唱和，以间见间[⑦]，动变明而威可分。将欲动变，必先养志，伏意以视间[⑧]。知其固实[⑨]者，自养也；让己者，养人也。故神存兵亡，乃为之形势。

【注释】

①伏熊：熊扑击猎物，必先藏于树后或草丛。伏，藏匿。陶弘景注："熊之搏击，必先伏而后动，故分威法伏熊。"

②覆：遮掩、覆盖。

③神归其舍：精神集中而不分散。陶弘景注："言致神之道，必须静意固志，自归其舍，则神之威，覆隆盛矣。舍者，志意之宅也。"

④"莫当"句：威势盛则所向无敌，虽然分散隐藏，但实力雄厚，一旦发动攻势，则会使人敬畏如天。陶弘景注："外威既盛，则内志坚实。表里相副，谁敢当之，物不能当之，物不能当，则我之威分矣。威分动，则物皆肃然，畏其人之若天也。"

⑤以镒称铢：以重驭轻。镒、铢，重量单位，铢比镒小。

⑥挠：弯曲。陶弘景注："言威分势震物犹风，故能动必有随、唱必有和。但挠其指，以名呼之，则群物毕至。然徐徐以次观其余众，犹性安之，各令得所，于是风以动之，变以化之，犹泥之在钧，群器之形自见，如此则天下乐推而不厌，谁能间之也。"

⑦以间见间：用间谍来对付间谍。陶弘景注："言审识唱和之理，故能有间必知，我既知间，亦既见间即能间，故能明于动变，而威可分者。"

⑧视间：中间，引申为间隙。

⑨固实：固守之处。陶弘景注："谓自知志意固实者，此可以自养也；能行礼让于己者，乃可以养人也。如此则神存于内，兵亡于外，乃可为之形势也。"

【译文】

分散自己的威势，效法做好埋伏的熊。所谓分散威势，首先要掩藏自己的内心。内心平静可使心志稳定，精神集中一处而不外露，这样威势就会得到隐藏。得到隐藏的威势旺盛后，就会内部实力雄厚；实力雄厚就会无人可敌。达到无人可敌的程度，就可以用分散的威势出击目标。一旦发动，就可以有效震慑对方，如同上天发威，势不可挡。用实力去战胜虚弱，用威势去战胜虚无，就像用镒称铢，轻而易举达到目的。

所以，将要行动必定有所相随，将要吟唱必定有所应和。歪曲对方的一个指头，就能看清其他指头的情况。掌握了情况的变动，就能看到端倪，就不会被人离间。研究对方的唱和举动加以详察，以发现其间隙，明确其变化规律，就可以发挥威势了。

若要运动变化，就一定要培养心志，隐藏真实意愿就能发现对方的间隙。知道对方的固守之处，进一步培养自己。有时候退让，是为了驯养他人。所以精神存于内心，兵患也能消除，最后达到控制局势的目的。

【本章解读】

分威，何意？分威就是充分发挥自身的威势，压倒对手的威势，分化对方的威势。标题应读为分威——法伏熊。法是效法。伏熊，是指伏在地上充分发挥攻击威势的熊。熊在搏斗之前，必先伏而后动。

本章可分三段释读：

第一段论述如何充分发挥我之威势，震慑对手，分化其威势：

1．何谓分威？“分威者，神之覆也。”分威者，就是要从精神上压倒对手，分化对手的威势。

2．如何充分发挥自身的威势？“故静固志意，神归其舍，则威覆盛矣。”应镇静自己的思维，坚固自己的志气，把自己的精神和力量集中于本舍，则自己的威势就可能压倒对手。

3．精神上压倒对手的结果如何？“威覆盛，则内实坚；内实坚，则莫当；莫当，则能以分人之威，而动其势，如其天。”如果在精神上压倒对手很多，则我内部力量就会充实而坚强；若我内部力量充实而坚强，则莫有人能抵挡，如此，则能分化和动摇对手的威势，使对手敬畏我，如同天覆其地。

第二段论述如何从敌我关联上发挥自己的威势：

1．以实击虚。“以实取虚，以有取无，若以镒称铢。”镒和铢，均是古代计重单位，一镒等于二十四两，一两等于二十四铢。以镒称铢，如同以576.1，有绝对优势。本句是主张：以我之实，击敌之虚；以我之有，击敌之无。在敌我斗争点上，要保持我之绝对优势。

2．掌握主动。“故动者必随，唱者必和。”本句是说：我应掌握主动权，调动敌人，使敌人处于被动。我动，则敌不得不随动；我唱，则敌不得不和。

3．火力侦察。“挠其一指，观其余次；动变见形，无能间者。”本句是说：为了摸清敌人的动向，我应搅动其一部，如牵其一指，观察其余各部如何应变，当敌人之动向和变化暴露于形时，我再对他发起攻击，就没有人可以阻挡我了。此处“间”，是阻隔意。

4．见机而动。“审于唱和，以间见间，动变明而威可分。”前一个间字，是指反间计，后一个间字，是指敌人派来的间谍。本句是说：我应审察敌人如何应对我的火力侦察举措，从而判断其阵势与意向，如果敌人派间谍来侦察我，我应施反间计，利用其间谍，为我所用。有了以上各种侦察得来的情报，则敌之动向和变化，就可以明白，而敌之威势就可以分化。

5．法伏熊。“将欲动变，必先养志，伏意以视间。”间，是指敌之间隙、破绽。本句是说：当我决定发起对敌攻击前，一定要先养志，即要坚定决心信心，坚决果断，而不能三心二意，且一定要伏意，即隐藏好我方的意图，并密切注视敌之破绽，等待有利时机，发起攻击。

第三段论述在敌强我弱的极不对称态势下如何分化敌人的威势：

“知其固实者，自养也，让己者，养人也。故神存兵亡，乃为之形势。”本段文字过于简略，古今学者，对此颇有争议。笔者认为，本段应是对前两段的深入，也离不开分威这个主旨。笔者研究春秋战国一些分威的案例，发现有这样一类情况：当敌强我弱，力量悬殊，敌之兵威加到我方的头上，凶多吉少时，怎么办？常见的做法是：一方面，积蓄力量，准备军事抗争；另一方面，是跳出兵争，运用伐谋伐交的办法，以退为进，化解被灭亡的危险，保存国家和人民。鬼谷子不会不注意到这种情况。本段可能就是讲的在这种情况下怎么办。让己，是指自己退让。神存，是指保家卫国的精神长存，并依靠这种精神支撑，伐谋伐交。兵亡，是指制止和结束战争，避免因兵战而被灭亡。全句的意思是：如果明知对手有坚固的实力，我无法分其威，则我应放弃分威的计划，集中智慧和力量保存自己实力；且我应考虑退让，有条件地答应一些有利于对手的条件。这种放弃和退让，不是投降，目的是化解面临的战争危险，制止和结束战争，保存国家主权、人民安全和自立精神，争取时间，再创有利形势。

第五章 散 势

【原文】

散势法鸷鸟[①]

散势者，神之使也。用之，必循间[②]而动。威肃内盛，推间而行之，则势散。夫散势者，心虚志溢[③]。意失威势，精神不专，其言外而多变。故观其志意为度数，乃以揣说图事，尽圆方，齐短长。无则不散势[④]，散者，待间而动，动势分[⑤]矣。故善思间[⑥]者，必内精五气，外视虚实，动而不失分散之实。动则随其志意，知其计谋。势者，利害之决，权变之威；势败者，不以神肃察也。

【注释】

①鸷鸟：一种鹰隼类猛禽。《孙子兵法》有“鸷鸟之疾，至于毁折者，节也”。分散威力攻击对方，寻找其战阵弱点，要像苍鹰俯冲而下，一举成擒。陶弘景注：“势散而后物服，犹鸟击禽获，故散势法鸷鸟也。势由神发，故势者，神之使。”

②循间：寻找时机。陶弘景注：“无间则势不行，故用之必循间而动。”

③心虚志溢：内心虚静，意志充沛，以此作出决断。陶弘景注：“心虚则物无不包，志溢则事无不决，所以能散其势。”

④无则不散势：没有上面的主客观条件，就不随便散势。陶弘景注：“散不得间，则势不行。故散势者，待间而动，动而得间，势自分矣。”

⑤动势分：一旦行动，威势就能充分发挥。

⑥思间：通过思考发现间隙。

【译文】

散发威势要效法凶猛的鸷鸟。散发威势，要通过思想意识的指导。使用这种方法，必须看准对方的间隙采取行动。自己威势强大，内在的精神旺盛，再依据对方的间隙行动，就能散发自己的威势。散发自己的威势，要思想虚静有所容纳，意志充溢内心。如果意志衰弱，威严丧失，精神不专一，谈论外界的情况时就会变数太多。

所以，要仔细观察对方意图，权衡各种因素，才可以用揣摩之术加以谋划，通过各种手段，观察所有情况进行比较，否则就不能散发威势。散发威势，就是要看准对方间隙，这样才会散发威势。所以，善于思考对方间隙的人，必定积聚五气，摸清对方虚实。这样，采取行动就能分散使用各部威势。对方有所行动，根据其意向，了解其计谋，决定利害关系，权衡威势大小。威势弱而最终衰败，是因为没有深思熟虑、认真考察。

【本章解读】

标题何意？应读为散势——法鸷鸟。

散势，即散发自己的威势，制服对手。为什么用“散”而不用“发”？因为势是一种能量场，势力所能作用之处，即有势场，如同电场、磁场、地球引力场、社会影响场等。势场的作用表现为扩散，故用散，即向外发散。请注意，此处的散，绝不能理解为散失。

鸷鸟，是一种凶猛的鸟，如鹰之类。你看老鹰抓鸡，聚精

会神，严密侦察鸡群活动，瞅准目标和时机，快速俯冲，奋力搏击，抓住一只鸡就飞走。鸷鸟善于散势，值得效法。

本章可分三段释读：

第一段论述散势之法：

1．“散势者，神之使也。”散发自己的威势，要靠精神来支使，势由神发。

2．“用之，必循间而动。”要抓住有利时机，要抓住对方的弱点和失误而动作，以免做无效的虚功。

3．“威肃内盛，推间而行之，则势散。”肃，整肃。推，寻求。本句是说：要保持自己内部精力旺盛和意志的统一，整肃自己的威势，寻求有利于我的机会，推行自己的计谋，则可散发我之威势。

4．“夫散势者，心虚志溢。”要想散发自己的威势，心一定要虚，即清心寡欲，全力以赴集中于散势的目标，保持意志充沛，精力旺盛，耐心等待有利时机。请注意，这里的心虚，不能理解为心亏；志溢，不能理解为骄傲。

5．“意失威势，精神不专，其言外而多变。”若一个人意志衰退，威势丧失，精神不集中，则其言语必表现于外，而难于深沉；则其行为必多有变化，而难以持久执着。

第二段论述如何伐谋伐交为散势创造条件：

1．“故观其志意为度数，乃以揣说图事，尽圆方，齐短长。”圆方何意？萧注曰：谋事周密谓之圆，行事端正谓之方。圆，是指办事的灵活性；方，是指办事的原则性。圆方之术，是说要随机应变，把灵活性和原则性结合起来。齐，是备齐。

本句是说：首先要调查研究对方，观察了解其志向和意图，以此作为散势的度量和依据，这就要用上揣摩游说的本事，然后再根据双方情况，把圆术和方术有机地结合起来，备齐各种有长有短的方案，做到有备无患。

2.“无则不散势，散者，待间而动，动势分矣。”本句是说：如果没有良好的机会，则不要散势，散势一定要等待有利的机会才能行动，确保一动就马到成功，达到散势的目的。

3.“故善思间者，必内精五气，外视虚实，动而不失分散之实。动则随其志意，知其计谋。”本句是说：凡是善于思考和寻找机会的人，必定是对内精明于蓄养五气，对外善于观察对方的虚实。不动则已，一动必能将计就计，随和其人的意志，熟知其人之计谋，收到散势的实效。

第三段论述散势的重要性和失败的原因：

1.“势者，利害之决，权变之威。”是说：散发自己的势能，事关双方利害的较量，且是我进行机动权变的威势，十分重要。

2.“势败者，不以神肃察也。”本句是说：凡散势失败者，主要是没有整肃出自己的神威，没有做出对他人的神察。

第六章 转 圆

【原文】

转圆法猛兽[①]

转圆者，无穷之计。无穷者，必有圣人之心，以原不测[②]之智，以不测之智而通心术。而神道混沌为一[③]，以变论万义类，说义无穷。智略计谋，各有形容：或圆或方，或阴或阳，或吉或凶，事类不同[④]。故圣人怀此之用[⑤]，转圆而求其合。故兴造化者为始，动作无不包大道，以观神明之域[⑥]。天地无极，人事无穷[⑦]，各以成其类。见其计谋，必知其吉凶、成败之所终也。转圆者，或转而吉，或转而凶。圣人以道先知存亡，乃知转圆而从方[⑧]。圆者，所以合语[⑨]；方者，所以错事[⑩]。转化者，所以观计谋；接物[⑪]者，所以观进退之意。皆见其会[⑫]，乃为要结，以接其说也。

【注释】

①转圆法猛兽：转动圆体的事物，操纵自如无所停滞，就像是猛兽的动作。陶弘景注："言圣智之不穷，若转圆之无止。转圆之无止，犹兽威无尽，故转圆法猛兽。"

②不测：不可测度。《易经·系辞》："阴阳不测谓之神。"陶弘景注："圣心若镜，物感斯应，故不测之智，心术之要可通也。"

③神道混沌为一：神秘不测，造化自然，处于原始、混沌而统一的状态。陶弘景注："既以圣心原不测、通心术，故虽

神道混沌，妙物杳冥，而能类其万类之变，说无穷之义也。”

④事类不同：因事件性质不同而采取不同谋略。

⑤怀此之用：即根据情况运用智谋。陶弘景注：“此谓所谋圆方以下六事，既有不同，或多乖谬，故圣人法转圆之思，以求顺通合也。”

⑥神明之域：神妙的领域。陶弘景注：“圣人体道以为用，其动也神，其随也天，故兴造教化，其功动作，先合大道之理，以稽神明之域。神道不违，然后发施号令。”

⑦天地无极，人事无穷：天地无边无际，人事也吉凶循环，无穷无尽。陶弘景注：“天地则独长且久，故无极；人事则吉凶相生，故无穷。天地以日月不过、陵谷不迁为成；人事以长保元亨、考终厥命为成。故见其计谋之得失，则吉凶成败之所终，皆可知也。”

⑧转圆而从方：陶弘景注：“言吉凶无常准，故取类转圆，然圣人坐忘遗鉴，体同乎道，故先知存亡之所在，乃后转圆而从其方，弃凶而从吉，方谓存亡之所在也。”

⑨合语：语言融洽，说话相投。

⑩错事：错，通“措”。错事，安置事物。

⑪接物：与人交际。陶弘景注：“圆者，通变不穷，故能合彼此之语；方者，分位斯定，故可错有为之事。转化者，改祸为福，故可观计谋之得失；接物者，顺通人情，故可以观进退之意、是非之事也。”

⑫其会：指事物或思想的关键。陶弘景注：“谓上四者，必见会之变，然后总其纲要而结之，则情伪之说，可接引而尽矣。”

【译文】

运用计谋像转动圆的事物，要效法猛兽。转动圆的事物，迅速不断想出各种计谋。计谋无穷无尽，要有圣人的心志，才可以探究不可测度的计谋。把不可测度的计谋与心志相结合，使之处于原始而混沌的统一状态，运用权变的办法评论万物，讲述无穷之理。智慧和计谋，各有自己的形象，或圆融或方正，或隐藏或公开，或吉祥或凶险，按照事类各有不同。所以，圣人利用转圆的办法使计谋和自然相符合。体现自然法则的圣人，行动的开始，就符合自然之道，以观察神妙的领域。

天地没有尽头，人世的计谋也无穷无尽，各有种类归属。圣人见到计谋，预先知道是吉是凶，是成是败。使用转圆的办法，或者转到吉的一面，或者转到凶的一面。圣人看问题遵循道术，预先知道存亡的关键，不断想出计谋，但只用一个就成功。

那些内容灵活的计谋，可以适应各种情况。那些内容固定的计谋，可以恰当处理具体事务。计谋实施后，可以相互转化，检验成败。通过计谋与人交往，可以弄清是进还是退。看清事物症结所在，进而把握问题的关键，找到游说他人的办法。

【本章解读】

标题，应读为转圆——法猛兽。

何谓转圆？直译是转动圆的物体。《汉书·梅福传》曰：“昔高祖纳善若不及，从谏若转圆。”这里是以转圆做比喻，说明高祖为人很圆通，善于接受新事物，善于听取各种意见。本篇转圆，说的是灵活的思维。出谋划策时，要似圆，圆满周到，还要转圆，即随着情况变化而转圆，智谋无穷。转圆和转环、周旋，均是一个意思。

为什么要效法猛兽？猛兽如虎、豹，不仅勇猛，而且灵活，善于应对四周的变化和攻击。陶弘景对此注曰：转圆法猛兽，是言“圣智之不穷，若转圆之无止；转圆之无止，犹兽威无尽”。

本章可分三段释读：

第一段论述转圆的科学思维方法：

1．何谓转圆？“转圆者，无穷之计。”是一种科学思维的大智慧，能随机应变，计谋无穷。

2．实现转圆的条件：“无穷者，必有圣人之心，以原不测之智，以不测之智而通心术。”原，是推求本原。本句是说：要想达到这种大智的境界，必须具有圣人之心，即具有远见卓识、广阔胸怀和科学思维方法；还要下功夫推求思究，找出随机应变、令人莫测之智谋。

3．对转圆的要求：

“而神道混沌为一”，道是指宇宙本原，用今天的语言来说，可释为宇宙的客观规律。神是指人的功能，即前述五气之首，可释为人的思维。本句是说：主观思维应与宇宙客观规律基本符合，达到混沌难分的境界。

“以变论万义类”，本句是说：人的计谋应适合万事万物的变化，从哲学上讲，就是要始终抓住事物的特殊性。

“说义无穷”是说：不仅要根据情况变化设计出无穷的计谋，还要能根据不同情况采取不同的游说推销方案。

第二段论述转圆的目的是为求合用：

1．计谋有多样性。“智略计谋，各有形容：或圆或方，或阴或阳，或吉或凶，事类不同。”本句是说：无论什么智慧、方略、计策、谋划，均各有其形式和内容，或是圆略，或是方略；或是阴谋，或是阳谋；或呈吉兆，或呈凶象，皆因为事物类别不同所致。

2. 转圆目的在求合。“故圣人怀此之用，转圆而求其合。”圣人怀揣这些不同的智略计谋，还必须以转圆的思维方法，求得其与客观需要相适合，即达到合用。

3. 如何达到合用。“故兴造化者为始，动作无不包大道，以观神明之域。”大道，是指宇宙的客观规律。本句是说：设谋者，必须从造化事物开始，一切动作无不符合宇宙客观规律，并要能观察到事物神明奥妙的地方。

第三段论述转圆与从方的辩证运用：

1. “天地无极，人事无穷，各以成其类。”本句是说：客观世界是可以认知的。天地无边无际，人事无穷无尽，但凡是成功者，均可据其表现出来的特性分类认知。

2. “见其计谋，必知其吉凶、成败之所终也。”本句是说：计谋也是可以预测的，只要把握计谋的规律性，见其计谋，即可预知其吉凶成败。

3. “转圆者，或转而吉，或转而凶。”本句是说转圆有两重性，可能转为吉，可能转为凶，动机与效果相反的事，是常有的事。

4. “圣人以道先知存亡，乃知转圆而从方。”圣人由于掌握了事物的规律性，故可事先知道某个既定计谋实施的后果是存是亡，因而知道适时地转圆从方。一般来说，在事物急剧变化时，如社会变革时期，多表现为短暂性，故应转圆以应变；而在急剧变化过后，必进入相对稳定发展期，故应转圆以从方。

5．“圆者，所以合语；方者，所以错事。”所谓圆，就是迎合对方，使计谋合乎其心意；所谓方，就是处事有一定之规，易于成事。这里的错应理解为措，为安置或施行意。

6．“转化者，所以观计谋；接物者，所以观进退之意。”所谓转化，就是观察计谋的得失和吉凶如何，化凶为吉，变失为得；所谓接物待人，就是观察对方进退之意，好决定自己的态度。

7．“皆见其会，乃为要结，以接其说也。”圣人高明之处，在于能融会贯通圆、方、转化、接物之妙，把它们有机地结合起来，借以连接其游说和学说。

第七章 损兑

【原文】

损兑法灵蓍[①]

损兑者，几危[②]之决也。事有适然[③]，物有成败，几危之动，不可不察。故圣人以无为待有德[④]，言察辞合于事。兑者，知之也[⑤]；损者，行之也。损之说之，物有不可者，圣人不为辞也。故智者不以言失人之言，故辞不烦[⑥]而心不虚，志不乱而意不邪[⑦]。当其难易[⑧]，而后为之谋，自然之道以为实[⑨]。圆者不行，方者不止，是谓大功。益之损之[⑩]，皆为之辞。用分威散势之权，以见其兑威。其机危，乃为之决。故善损兑者，譬若决水于千仞之堤，转圆石[⑪]于万仞之溪。

【注释】

①损兑法灵蓍：损兑，减少杂念，使思想集中。蓍，多年生草本植物，可以用来占卜吉凶。古人认为灵蓍变化自如，又能自圆其说，所以游说他人时要效法灵蓍。陶弘景注："兑能知得失，蓍能知休咎，故损兑法灵蓍也。"

②几危：危险。陶弘景注："几危之理，兆动之微，非心眼莫能察见，故曰损兑者，几危之决也。"

③适然：偶然。陶弘景注："适然者，有时而然也。物之成败，有时而然；几危之动，自微至著。若非情适远心，知机玄览，则不能知于未兆，察于未形，使风涛潜骇，危机密发，然后河海之量，堙为穷流，一篑之积，叠成山岳，不谋其始，虽悔何

之！故曰不可不察。”

④有德：有德之人。

⑤兑者，知之也：兑能增长知识，加深认识。陶弘景注：“用其心眼，故能知之；减损他虑，故能行之。”

⑥不烦：不烦琐。陶弘景注：“智者听舆人之讼，采蒭荛之言，虽复辨周万物，不自说也。故不以己能言而弃人之言，既有众言，故辞当而不烦，还任众心，故心诚而不伪，心诚言当，志意岂复乱哉。”

⑦邪：偏颇、不正确。

⑧当其难易：遇到难的事情。当，遇到。难易，偏义复词，指难。

⑨实：实际行动。陶弘景注：“失事而后谋生，改常而后计起，故心当其难易之际，然后为之谋。谋失自然之道，则事废而功亏，故必因自然之道，以为用谋之实也。”

⑩益之损之：即增减变化。陶弘景注：“夫谋之妙者，必能转祸为福，因败成功，追彼而成我也。彼用圆者，谋令不行；彼用方者，谋令不止。然则圆行方止，理之常也。吾谋既发，彼不得其常，岂非大功哉！至于谋之损益，皆为生辞以论其得失也。”

⑪转圆石：转动圆石。陶弘景注：“言善损虑以专心眼者，见事审，得理明，意决而不疑，志雄而不滞。其犹决水转石，谁能当御哉。”

【译文】

变换言辞进行游说，要效法灵蓍的变化自如和自圆其说。处理危险的事，要使用损兑法，适当变换言辞。事物的成败有其偶然性。因此，对于事物的细微之处不可不察。所以，圣人用垂拱而治的方式接待有德之人，考察他们的言辞，在对事情的看法上取得一致。说话太直，就会被探知实情。适当减少言辞，就能顺利采取行动。变换言辞，如实际情况并非如此，圣人便不发表意见。因此，智者不说失去人心的话。言辞不烦琐，内心才不空虚。志向不乱，才不会误入歧途。

遇到较难的事情，然后进行谋划，依据自然法则，找到切实可行的方法。对方圆通灵活的方法不停止，我就用坚定固守的方法来对待，这就是大功。不管增加或是减少，都要运用一定的说辞。采用分威和散势的方法，察看事物的隐微征兆，并作出最后的决定。所以，善于使用损兑法的人，处理事情就像挖开千仞高的堤坝放出洪水，在万仞高的溪谷中转动圆石一样。

【本章解读】

标题，应读为损兑——法灵蓍。

损兑何意？这是鬼谷子的一个专用词，其意不是一些学者解释的如《易经》中的损卦和兑卦。鬼谷子的解释：“兑者，知之也。”“损者，行之也。”“损兑者，几危之决也。”损兑，可释为行知，即预测和判断。几危，可释为机遇与危险。可见损兑讲的是预测、判断、决断之术。是转圆的深入。

蓍是什么？是指古人占卦用的蓍草茎。蓍草是多年生的直立草本，夏秋间开白花，可供观赏，可供药用。古人常用蓍草和龟甲占卜，判断未来吉凶祸福。《易经·系辞上》中“蓍之德圆而神”，故有灵蓍、灵龟之说。损兑——法灵蓍，人在研究和决定实施某种行为前，应效法灵蓍，能比较准确地预测和判断其吉凶祸福。

本章可分两段释读：

第一段论损兑之法：

1. 首先指出损兑的意义。

“损兑者，几危之决也。”在面临机遇与危险时，如何预测和决断。

“事有适然，物有成败，几危之动，不可不察。”办事有适合与不适合两种情况，事物有成有败两种可能，故凡是关系到能否抓住机遇和能否避免危险的行动，事前，不可不做周密的考察。

“故圣人以无为待有德，言察辞合于事。”此处“德”应做何解释？有学者释为“等待有德之士到来”，这种解释与前后文不协调，似乎牵强。在《辞海》中，德，还是哲学术语，指事物的特殊规律或特殊性质。笔者认为，此句是紧接上文说：圣人总是以无为的心态，等待认清事物的特殊规律或特殊性质，然后才下决断，（“无为”是指尊重客观规律办事，不做主观强求）其言说用词，均要认真考察，求得合于事理，保证成功。

2. 接着指出损兑的要点：知、行、说、听、谋。

“兑者，知之也”，知是决断的前提，决断产生于调查研究的末尾。要调查清楚有何机遇，有何风险，事物有何特殊规律。知，要做到通达事理的程度。

“损者，行之也。”调查要行动，决断之后更要行动。

“损之说之，物有不可者，圣人不为辞也。”行事，还必须说事，即游说他人共事，圣人做事，一定要事先考察可行性，如果考察到事情不可为，则圣人绝不会说。

“故智者不以言失人之言，故辞不烦而心不虚，志不乱而意不邪。”圣人在行事、说事时，一定要倾听人家的意见，绝不会因一己之言，而忽略和否定人家的言辞。如此，则自已能做到虚心、冷静，言辞才能说到点子上而不烦琐；志向才不会被人搞乱，思想才不会中邪。

“当其难易，而后为之谋，自然之道以为实。”当调查和分辨清楚事情的难易之后，乃为其谋划。谋划的原则是：遵循自然规律，讲求实效。

第二段论述损兑要创造的必胜形势：

1．把分威、散势和损兑结合起来，为之出谋划策。

“圆者不行，方者不止，是谓大功。”为人设谋，若能使其对手的圆谋不能行，方谋不能止，那就是大功。为了说明这个问题，且插一案例。

案例：诸葛亮如何为东吴损兑建大功。《三国演义》中有这样一个故事：周瑜死后，曹操乘机进攻东吴。东吴大都督鲁肃问计于诸葛亮。亮为其设谋，叫东吴派人到北方造谣说西凉马腾将攻曹操。曹操因顾忌两个方面作战，怕对自己不利，只好放弃攻吴的打算，使东吴避免了一场战争，这就是“大功”，就是使曹操“圆者不行”。

“益之损之，皆为之辞。”为人设谋，还要为其分析利益和损失，并为之提出趋利避害、多得少失的方案和说辞。

“用分威散势之权，以见其兑威。”这里的兑，应为兑现意。要用前述分威、散势的权谋，使其在对手面前兑现威势。

“其机危，乃为之决。”这是说：为人设谋时，不仅要为其指出机遇与危险，而且要权衡利害得失，帮其决断。

2．损兑的理想是创造必然胜利的形势。

“故善损兑者，譬若决水于千仞之堤，转圆石于万仞之谿。而能行此者，形势不得不然也。”古代，八千为一仞。设谋与决断应达到这样一种境界：好比掘开八行尺高山上的堤，其水急泻而下，势不可当；好比从八万尺的高山上，滚下圆石形成极大的滚动能量。这是说：设谋决策，归根到底是要造成必然胜利的形势。

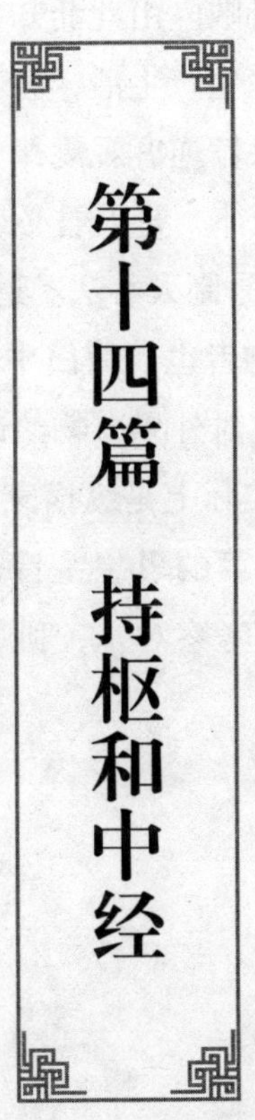

第十四篇　持枢和中经

《持枢》是掌握行动的关键，控制事物的规律。比如春季耕种，夏季生成，秋季收割，冬季储藏乃是天时的正常运作规律。不可悖反这一自然规律，而倒行逆施，凡是违反自然规律的，即使成功一时，也终究必败。由此而知，人君也有他必须遵循的客观规律。他要组织百姓生产生活，教养万民收获、储藏等。也不能违抗这些规律，如果悖逆客观规律，即使表面上看似强大，也必将衰弱。这是客观规律，是人君必须遵守的大纲纪。

《中经》所论述的是制人心法。道藏本题解:“谓由中以经外，发于心，本以弥缝于物者也，故曰中经。”战国时的谋辩之士通过内心活动，阐发出应对外界事物的谋略，用以调解人事，对付敌手，弥补不足。这实际上是纵横家处世决事的心法。“制人而不被人所制”，这是本篇的思想主旨，并列举了七种制人秘诀，指出在与人交往中如何考察对方、利用对方和控制对方。

第一章　持　枢

【原文】

持枢[1]，谓春生、夏长、秋收、冬藏，天之正[2]也，不可干而逆之[3]，逆之者，虽成必败。故人君亦有天枢，生、养、成、藏[4]，亦复不别干而逆之，逆之，虽盛必衰。此天道，人君之大纲也。

【注释】

①持枢：掌管事物的关键。持，掌管、执掌。枢，关键、枢纽。

②天之正：天地运作的正道。正，常例、准则。陶弘景注："言春夏秋冬，四时运行，不为而自然也。不为而自然，所以为正也。"

③不可干而逆之：不可冒犯而违逆。干，触犯。陶弘景注："言理所必有，物之自然者，静而顺之，则四时行焉、万物生焉。若乃干其时令，逆其气候，成者犹败，况未成者？元亮曰：含气之类，顺之必悦，逆之必怒，况天为万物之尊而逆之。"

④生、养、成、藏：保护民力，不过度使用。生，万物萌长，喻百姓富庶。养，养育。成，教化养成。藏，保藏。陶弘景注："言人君法天以运动，故曰亦有天枢。然其生养成藏，天道之行也。人事之正，亦复不别耳。"

【译文】

持枢，即掌握事物发展的关键，自然万物都是春季出生、夏季成长、秋季收获、冬季储藏，这是天地运行的规律，不可触犯违背。如果违背这一准则，即使暂时取得成功，最终也会失败。君主奉天承运，代表天地治理臣民，犹如天地的枢纽，规定百姓生长、养育、成长、收藏的准则，同样不能触犯甚至违背。如果违背这一准则，虽然能强盛一时，最终也会衰弱。这是天道，是君主治国的总纲。

【本章解读】

本章可分两段释读：

第一段教导人们把握住自然界的天枢：

“持枢，谓春生、夏长、秋收、冬藏，天之正也，不可干而逆之，逆之者，虽成必败。”持枢，就是叫人们要把握住春季萌生、夏季成长、秋季收获、冬季储藏这天地间的正常规律，不可违背和抗逆，谁要是抗逆，即使取得了一时的成功，最终也一定会失败。

第二段教导人君把握住社会稳定和发展的天枢：

“故人君亦有天枢，生、养、成、藏，亦复不别干而逆之，逆之，虽盛必衰。此天道，人君之大纲也。”做人君的也有天枢，必须严格遵守，即执政治国的纲领和关键，就是要让老百姓得到生存和生育，得到休养和教养，得到成功和发展，得到生息和财富的贮藏，这四者，不可干扰，不可抗逆，抗逆者，即使一度兴盛，最终必定衰亡。此乃天地间的基本法则，是人君执政绝不可违抗的大纲，是把握生存和发展的关键。

本篇言简意赅，耐人寻味，其味无穷。曾记否，鬼谷子在本书首篇首段，开宗明义提出：应效法古之圣贤，把握存亡的关键。本书在临近结尾时，专写《持枢》，与首篇相呼应，再次强调要把握生存和发展之枢机，足见把握存亡关键是何等重要！

本篇教导人们，务必遵循自然界春生、夏长、秋收、冬藏的规律性，切不可违抗。

在论述过《本经阴符》七术之后，又写《持枢》，这是教导人们：在内炼、外用和决断未来之时，务必遵守生、养、成、藏的自然规律，切不可一意孤行违抗自然，如此，方能盛神、养志、实意、分威、散势、转圆、决机危，否则就会如俗语所说的走火入魔。

更可贵的是鬼谷子在指出自然界的天枢之后，又指出：社会也有天枢。是什么决定人君的存亡？是人民，“国以民为本”“君非民不立”。而民的需求是什么？是生存、安全、公平和发展，“民以食为天”“民以成为乐”“民以藏为安”。简言之，就是生、养、成、藏，任何君王、任何统治者、任何执政者、任何领导者，均不可忽视和违背这个规律，适之者存，逆之者亡。无论古今，无论什么制度，无论什么主义，无论什么英明领袖，谁要是违抗这个社会天枢，谁就会被人民唾骂甚至抛弃。古今中外，概莫能外。

今日之世界，仍有这样的领导者，无视社会天枢，无视人民需求，独断专行，以权谋私，均应读读鬼谷子的《持枢》，悬崖勒马，回归正道。

仅本篇议论之自然界和社会界的天枢，在前人的指导之下，理解和把握并不太难。然而世界上万事万物，又有各自的特殊规律，如何把握其生机呢？我们可否由此天枢进一步发掘什么？思悟什么？我以为，作为领导者，作为首脑，为了生存和发展，有三点切不可忽视。

1．认识客观

鬼谷子所论的天枢，从何而来？是人类在数千年生产实践和社会实践中，不断认识、总结、归纳出来的。规律是客观的，但如果没有祖祖辈辈的认识积累和传播，则不可能认识和总结出这些规律。

人的一生，要遇到各种环境，要处理各种事情。如，今人遇到南极升温，长江防汛，华北沙尘暴，东南亚金融危机等等，要想处理好这些问题，你就必须研究和认识其客观规律。而要找出其规律，是不容易的，特别是那些循环周期很长的事物，往往需要几代甚至几十代人的认识和积累，方可探索到其本质。

认识规律，最重要的是找出主客观之间本质的、必然的联系。如生物，其共同的客观环境是地球，地球围绕太阳公转，而有春夏秋冬四季之分，故一般生物，均须遵守春生、夏长、秋收、冬藏的规律。春夏秋的气候温暖，阳光充足，雨水较多，地气上升，为生物的发展提供了机遇；而冬季严寒，日照少，雨水少，地气下降，给生物的生存带来了危险，故生物不得不冬藏。如果地球因受到星球碰撞，或其他原因，改变了地球生物所处的环境，则春夏秋冬变化的规律，就会被破坏，给生物带来劫难。如果人能改变生物所处的环境，如暖棚温室，则冬天照样可以吃到新鲜蔬菜。

《持枢》篇不仅告诉了生、养、成、藏的规律，而且揭示了研究规律的方法，就是要研究主观所处的环境条件，找出主客观的必然联系，分清哪些是生存发展的机遇，哪些是生存发展的风险。任何事物皆有发生、发展和灭亡的过程。持枢，就是要把握机遇，规避风险。例如，中国的母亲河黄河，《经济日报》组织万里探源，引起国人重视。黄河所处的客观条件是它所处的地形、气象、植被和黄河周边的人民，断流改道，均是客观条件受到破坏的结果。要根治黄河，就必须改善黄河所处的环境条件，植树造林，退牧还草，保护水土资源，为它创造生机，尤其是要靠黄河周边人来保护，为它减少破坏，减少排污。

2. 适应客观

鬼谷子在本篇反复强调：自然规律神圣不可干犯忤逆。逆之者，虽成必败，虽盛必衰。

然而现实生活中，人们常有违背规律的事，最常见的弊端有三：

其一是不知而令。不懂自然和社会规律的人，却掌握着改造自然和改造社会的大权，其危害必然是大面积和长时期的。

领导者不可能是万事通，不懂经济而要领导经济，怎么办？首先要靠科学地用人，大胆启用经济帅才和经济专家；还要靠科学的领导方法，调查、取经、研究、试验、模拟、推广、检验效果、专家论证、倾听一线呼声，等等。历史教训说明，夸大主观能动性，采用群众性政治运动的办法领导国家经济，是不行的。只要谨慎决策，及时调整，就可能把失误减到最小。

其二是夸大主观能动性。作为主要领导者，如果仅是外行，还不可怕，还有办法弥补；但如果不仅外行，而且过于自信、过于浪漫、过于有魄力，并有崇高威信，一旦犯起错误来，那就太可怕了。

人不能没有主观能动性，否则就没有创造，没有发展。但无论主观能动性有多大，均不能超过客观条件所许可的范围，切不可夸大。

其三是贪图鼠利。所谓贪图鼠利，是指贪图私利和局部小利，而不顾全局利益；贪图眼前小利而不顾长远大利，这是明知故犯破坏客观规律，搬起石头砸自己的脚。

领导者，如果仅是外行，仅是夸大主观能动性，一旦出现错

误，还不难纠正；但如果领导者的决策是出于贪图一己之私利，则其逆天枢而行的错误，就不可能自我纠正，只有依靠外力，才能制止。

3．变革客观

鬼谷子在本篇虽然没有直接论及变革，其所论生、养、成、藏的发展规律中，就包含了变革客观的思想。种子发芽是自身变革；禾苗生长也是变革；开花结果更是质的变革；把新种子贮藏再播种，又是一种变革。所谓发展规律，就是不断自我否定、不断从量变到质变的变化规律。适应客观规律，实质是从自发到自觉的变革。人必须不断做自我否定，领导者必须不断自我否定，企业、地区、国家均必须不断自我否定，没有否定，就没有发展。

任何事物的发展，都是在一定客观环境中发生的。适应规律，并不完全是被动的适应，也包括主动适应。有些客观环境，人类是无力改变的，如宇宙、太阳、地球的运动；但有些则是可以部分改变的，如生态环境，人工降雨等；有些条件则是可以人为创造的。如果客观环境改变了，即改变了主客观之间的联系，则规律也是需要重新认识的。所以人类既要认识世界，适应世界，又应科学地改造世界。《持枢》提倡的是无为而无不为，无为而创，并非无所作为。

第二章 中 经

【原文】

中经[①]，谓振穷趋急[②]，施之能言厚德之人。救物执穷者[③]，不忘恩也。能言者，俦善博惠[④]。施德者，依道而救拘执者，养使小人[⑤]。盖士当世异时，或当因免阗坑，或当伐害能言，或当破德为雄，或当抑拘成罪，或当戚戚自善，或当败败自立。故道贵制人，不贵制于人[⑥]也。制人者，握权；制于人者，失命。是以见形为容，象体为貌[⑦]，闻声和音，解仇斗郄，缀去，却语，摄心，守义[⑧]。《本经》纪事者，纪道数，其变要在《持枢》《中经》。

【注释】

①中经：心经，即以内心去经营外物。中，内心。经，经营。陶弘景注："谓由中以经外，发于心本，以弥缝于物者也。故曰中经。"

②振穷趋急：于穷困危难之时救济他人。陶弘景注："物有穷急，当振起而向护之，乃其施之，必在能言之士，厚德之人，若能救彼拘执，则穷者怀终不忘恩也。"

③物执：当为"拘执"，被拘捕的人。

④俦善博惠：成为善人的同伴而广施恩惠。俦，同类。

⑤养使小人：帮助地位低贱的人，使其服从召唤。陶弘景注："言施德之人，勤能修理，所为不失道也。言小人在拘执，而能救养之，则小人可得而使也。"

⑥制于人：被人制约。陶弘景注："贵有术而制人，不贵无术而为人所制者也。"

⑦见形为容、象体为貌：根据对方的神情容貌。陶弘景注："见彼形，象其体，即知其容貌者，谓用爻卦占而知之也。"

⑧缀去，却语，摄心，守义：缀去，对即将离开自己的人，说出真心话，以便使对方留下。却语，察视身边的人有无言语过失，然后找出他错误的地方。摄心，夸奖对方以收拢人心。守义，坚持仁义之道，并用仁义探察人心，以找到与自己志同道合之人。

【译文】

《中经》所论述的是，在对方穷困时施以援助的人，大多能言善辩、道德高尚。拯救那些被拘捕而身陷囹圄的人，那些人就不会忘记恩情。能言善辩的人，乐善好施，广行恩惠。广行恩惠的人，应该依道而行。救助处于困境、地位低贱的人，可以使他们听从自己使唤。有才能的人在世道动乱时，或者幸免于兵患，或者能言善辩但被小人谗言所害，或者冲破道德约束称雄一方，或者犯罪而被拘禁起来，或者心怀忧伤只能独善其身，或者在困境之中始终保持自立。

所以，那些能言厚德的人会控制对方，而不会被人控制；控制对方的人掌握权势，被控制的人稍不留心，就会失去性命。因此，由中经之道产生的制人方法是：看见外形要能判断面容，估量身材要能推知相貌，听到声音就能听出弦外之音，要善于解除斗争和矛盾，要学会挽留想离去之人，应对游说之人，要善于摄取真情、恪守正义。《本经》讲的是各种道术，它的权变要点都记于《持枢》《中经》两部分。

【解读】

本段论述《中经》的内涵和应用，是全篇的纲领：

1．首先点出《中经》的特别应用。

“中经，谓振穷趋急”，振，同赈，救济。穷，穷困。趋，奔赴。在赈济穷困、奔赴急难时，一定要先在内心盘算好。因为在赈穷趋急时，均是时间急促、矛盾紧迫之时，所以不大可能具有从容思考的条件。

“施之能言厚德之人。”前一个之字，是赈穷趋急的代词。无论是领导者亲自赈穷趋急，或是指派专人实施赈穷趋急，均要求施行者能言且具有厚德。若没有这两个条件，则不可能完成赈穷趋急任务。

“救物（拘）执穷者，不忘恩也。”拘，拘禁、拘束。执，控制或解决。如果你能把被囚者从拘禁中解救出来，把穷困者解放出来，他们一定不会忘记你的恩德。

“能言者，俦善博惠。施德者，依道而救拘执者，养使小人。”俦，同辈。本句接上句说：能言者，必在同辈中广为传播善意并博施恩惠；有厚德者，必能遵循道义拯救被拘执者，并养育和役使那些被解救的平民。

2．接着指出当世道发生变异时，士人所面临的几种选择。

“盖士当世异时，或当因免阗坑，或当伐害能言，或当破德为雄，或当抑拘成罪，或当戚戚自善，或当败败自立。”世异，是指世道发生变异。阗，充满。抑，枉屈。戚戚，忧愁。败败，打破失败。本句是说，当世道发生变异时，谋士面临如下几种选择：或借外界帮助，避免尸填沟壑；或者应当游说权贵，晓以利害，谋求生存发展；或者应当打破传统道德的束缚，起兵称雄；

或者遭枉屈被拘禁成了罪犯；或者独善其身，忧愁过一辈子；或者败不气馁，顽强自立。

3．最后指出《中经》的要义。

“故道贵制人、不贵制于人也。制人者，握权；制于人者，失命。”《中经》的要义贵在控制人，而不能被他人控制。要想控制他人，需掌握权柄；受制于他人者，则失去了自身命运的主宰权。

“是以见形为容、象体为貌，闻声和音，解仇斗郄，缀去，却语，摄心，守义。”基于以上所说，要把握《中经》的七项要术：见形为容与象体为貌，闻声和音，解仇斗郄，缀去，却语，摄心，守义。这七项要术，是什么意思？以下逐段说明。

【原文】

见形为容、象体为貌者，谓爻[①]为之主也。可以影响形容象貌而得之也。有守之人，目不视非，耳不听邪，言必《诗》《书》，行不僻淫[②]，以道为形，以听（德）为容，貌庄色温[③]，不可象貌而得也。如是隐情塞郄[④]而待之。

【注释】

①爻：《周易》中组成卦的符号。分阳爻（—）和阴爻（--）。爻有爻位，以爻之位次表明事物之位置关系。爻象，即阴阳两爻所象征之事物。

②僻淫：邪恶淫乱。陶弘景注：“有守之人，动皆正直，举无淫僻，厥后昌盛，晖光日新，虽有辩士之舌，无从而得发，故隐情塞郄，闭藏而去之。”

③貌庄色温：外表端庄，神态温和。

④隐情：隐藏真相。塞郄：堵塞缝隙。意思是隐瞒可能透露的空隙和渠道，隐姓埋名而去，不留一点痕迹。

【译文】

“见形为容、象体为貌”说的是，那些狡猾伪诈的人，可以从他们的身影声音以及形体容貌来辨识。那些有品德的君子，他们眼里不看违背礼节的事，耳朵不听邪恶的声音，说话必定引用《诗经》和《尚书》里的句子，从不为非作歹，用道德作为行事的标准，容貌端庄神色温和，对这些人是不可以通过外表来辨识的。在这种情况下，就要隐藏实情，悄然离去。

【解读】

本段论述内心观察的方法：

1. 首先论述内心观察法——见形为容、象体为貌的训练方法。

“见形为容、象体为貌者，谓爻为之主也。”见，通现，即表现。爻，是构成《易》卦的基本符号，“—”是阳爻，“--”是阴爻；将三爻合成一卦，其排列组合，可得八种结果，《易》称八卦；两卦相重，其排列组合，可得到六十四种结果，《易》称为六十四卦。卦的变化取决于爻的变化，故爻是最基本的矛盾元，有交错和变动的意义。要通过其人的外在表现和外形，观察其人的仪容；从其形象和身体表现，观察其精神面貌，通过这些基础性观察，仿效爻卦的排列组合原理，就不难判断其人的内心世界。

“可以影响形容象貌而得之也。”除了从外在形态推测内心世界外，还可以根据其人的外在影响、外在形容和相貌外观等，

推测和判断其人的内心世界。

2. 接着指出内心观察法的例外情况。

“有守之人，目不视非，耳不听邪，言必《诗》《书》，行不僻淫，以道为形，以听（德）为容，貌庄色温，不可象貌而得也。如是隐情塞郄而去之。”守，操守。非，不正当。《诗》指《诗经》。《书》指《尚书》。僻，同邪。郄，空隙。对于有操守的人，仅凭其外在表现，很难观察到他的内心世界，这种人自有操守之规，眼不看非礼之事，耳不听邪恶之声，说话必以《诗经》《尚书》等经典为依据，总是以道德规范来约束自己的行为，体貌端正，面色温和，不可能从其外形就猜透其内心。怎么办？应当深隐真情，堵塞间隔，耐心等待，在继续观察的同时，再借助其他《中经》之法。

【原文】

闻声和音，谓声气不同，则恩爱不接①。故商、角不二合，徵、羽不相配②，能为四声主者，其唯宫③乎。故音不和则不悲，是以声散、伤、丑、害者，言必逆于耳也。虽有美行、盛誉，不可比目、合翼④相须也。此乃气不合、音不调⑤者也。

【注释】

①接：连接、接通。

②商、角不二合，徵、羽不相配：宫商角徵羽是五音，商属金，角属木，徵属火，羽属水。金木水火土五行相克而不相合，所以乐声不调。陶弘景注：“商金，角木，徵火，羽水，递相克食，性气不同，故不相配合也。”

③宫：五声音阶的第一声，宫音雄浑平和，就五行来说，宫

属土，土属四季。陶弘景注："宫则土也。土主四季，四者由之以生，故为四声主也。"

④比目、合翼：即比目鱼和比翼鸟。陶弘景注："言若音气乖彼，虽行誉美盛，非彼所好，则不可如比目之鱼、合翼之鸟，两相须也。其有能令两相求应，不与同气者乎。"

⑤气不合、音不调：因为性质不合，声音便不协调。

【译文】

"闻声和音"这一方法，说的是如果人们意气不投，双方就不能沟通感情。所以商和角两种声音不和，徵和羽不般配。能主导商、角、徵、羽四种声音的，就只有宫了，所以声音不和就不能感染听众，声音若是散乱、伤人、丑恶、有危害，那么声调听起来一定逆耳。就算这些行为良好和声名盛大，也不能像比目鱼和比翼鸟那样亲密无间，这是意气不投、音律不和的缘故。

【解读】

本段论述闻声和音听测术：

1."闻声和音，谓声气不同，则恩爱不接。"声，是指听到的声响，如语言、哭泣、歌声、吼声等。音，是指声响所包含的信息。和音，是在知音的基础上相和，即常说的共鸣。共鸣在声学上是谐振。在现实生活中，共鸣可使人倾吐心声，故鬼谷子把"闻声和音"视为《中经》的第二要术。本句是说：所谓闻声和音，是说如果两人声气不同，则在思想感情上，就难于相互接纳。

2."故商、角不二合，徵、羽不相配，能为四声主者，其唯宫乎。"宫、商、角、徵、羽是中国古代的五声，相当于现代

简谱中的1、2、3、5、6，对应于五行中的土、金、木、火、水；对应于中、西、东、南、北。

所谓商角不二合，是说金木相克。所谓徵羽不相配，是说水火不容。本句是比方，其意是说：要想做到闻声和音，并成为主声，必须具有如“土”的胸怀，包容万物；如“中”的地位，回应四方。

3．“故音不和则不悲，是以声散、伤、丑、害者，言必逆于耳也。虽有美行、盛誉，不可比目、合翼相须也。此乃气不合、音不调者也。”比目，比目鱼。合翼，比翼鸟。须，等待。如果五声不和，则形不成悲壮的曲调。如果你以散乱、伤人、丑污和有害的言语对人，一定使人恶心逆耳，此时，即使你有美好的行为和荣盛的信誉，你与人家也不可能如比目鱼和比翼鸟那样相互对待，这是因为气息不合、心意不调的缘故。

【原文】

解仇斗郄，谓解羸微之仇[①]；斗郄者，斗强[②]也。强郄既斗，称胜者，高其功，盛其势；弱者哀其负[③]，伤其卑，污其名，耻其宗。故胜者斗其功势，苟进而不知退；弱者闻哀其负，见其伤，则强大力倍，死而是也。郄无极大，御无强大[④]，则皆可胁而并[⑤]。

【注释】

①解羸微之仇：消除那些微不足道的仇隙。陶弘景注：“辩说之道，其犹张弓：高者抑之，下者举之。故羸微为仇，从而解之；强者为郄，从而斗之也。”

②斗强：使强者相互争斗。陶弘景注：“斗而盛者，从而高

其功、盛其势也。”

③哀其负：因失败而哀伤。陶弘景注：“斗而弱者，从而哀其负劣，伤其卑小，污下其名，耻辱其宗也。”

④郄无极大，御无强大：指双方不和，互相对抗争斗。陶弘景注：“言虽为郄，非能强大，其于扞御，亦非强大。如是者，则以兵威胁，令从己，而并其国也。”

⑤并：吞并。这段的意思是我对强者称道其功，则强者兵骄将惰，轻敌冒进，对弱者哀伤其情，则弱者勉力支撑，拼死抵抗，我则取渔翁之利。

【译文】

“解仇斗郄”的方法是消除那些微不足道的仇隙，使强者相互争斗；“斗郄”就是使强者相互争斗。强者已经相互争斗，就要称颂胜利的一方，拔高胜者的功劳，盛赞他的气势。对于弱者，就要为他的失败哀伤，为他的力量卑微，名声受损，祖宗受辱而表示痛心。所以，胜利的一方就会宣扬自己的功劳和气势，一味进取不知退让。弱者听说对方哀怜他的失败，看见他的伤痛，就会加倍增强自己的势力，和对方殊死搏斗。这样，强者的力量不会过于强大，防御也不强大，那“我”就可以从中取利，胁迫双方，将其吞并。

【解读】

本段论述解仇斗郄的结盟术：

1.“解仇斗郄，谓解羸微之仇；斗郄者，斗强也。”羸，瘦弱意。本句是回答何谓解仇斗郄？解仇，是说当双方矛盾微弱时，应解开矛盾，促成联合。斗郄，是说当双方均是强者时，应

挑动两强相斗，促成兼并。

2．“强郄既斗，称胜者，高其功，盛其势。弱者哀其负，伤其卑，污其名，耻其宗。”本句是分析斗强的心理反差：两强相斗，必有一胜一负，胜利者必定抬高其功劳，盛赞其威势；弱者必定哀叹其失败，伤感其卑弱，自认为玷污了名声，辱没了祖宗。

3．“故胜者斗其功势，苟进而不知退；弱者闻哀其负，见其伤，则强大力倍，死而是也。”本句论述斗强后的行为反差：胜利者，总是热衷于宣扬其功劳和威势，必只知前进而不知后退；弱的一方，必经常牢记失败的悲哀，展现失败的创伤，卧薪尝胆，发奋图强，壮大力量，决心拼死复仇。

4．“郄无极大，御无强大，则皆可胁而并。”古今学者，对此句理解各异，殊难令人信服。笔者理解：胁，胁迫。本句是为解仇斗郄画龙点睛，其意是说：只要矛盾不是极大，就有联合的可能；只要一方的抵御不太强大，就有可能通过胁迫达到兼并的可能。

【原文】

缀去者[①]，谓缀己之系言，使有余思[②]也。故接贞信者，称其行，厉其志[③]，言可为可复，会之期喜[④]。以他人之庶，引验以结往，明疑疑而去之[⑤]。

【注释】

①缀去者：交接离去的人。缀，维系、联络。陶弘景注：“系，属也。谓已令去，而欲缀其所属之言，令后思而同也。”

②余思：想念不止。

③称其行，厉其志：称赞他的德行，鼓励他的志向。

④会之期喜：对方就会满怀期望和喜悦。陶弘景注："欲令去后有思，故接贞信之人称其行之盛美，厉其志令不怠，谓此美行，必可常为，必可报复，会通其人，必令至于喜悦者也。"

⑤明疑疑而去之：使远去之人明白自己的心意。陶弘景注："言既称行厉志，令其喜悦，然后以他人庶几于此者，引之以为成验，以结已往之心，又明已疑疑至诚。"

【译文】

"缀去"的方法是，对那些离去的人，用套近乎的言语联络，使他们不忘自己，旧情仍存。对于忠贞信义的人，要称颂他们的行为，鼓励他们再接再厉，说他们将来可以大有作为，也可以回来和自己共事，对方领会意思必然满怀期望和喜悦。要借鉴他人的经验，检验自己的经历，表达依依不舍的心意，和要走的人联络感情。那么，此人虽已离去，必定把"我"的情谊铭记于心。

【解读】

本段论述加深感情的缀去术：

1．"缀去者，谓缀己之系言，使有余思也。"缀，点缀，装饰意。去，是离别。缀去，是点缀离别。如中国传统的临别赠言、临别饯行。系，是维系感情。所谓缀去，就是要好好地点缀自己的临别赠言，维系感情，使人在离去之后，常常怀念思慕。

2．"故接贞信者，称其行，厉其志，言可为可复，会之期喜。"当接待忠贞有信义的朋友时，应称赞其行为，勉励其志向，鼓励其志可为，其行可续，期待听到其成功的喜讯。

3．“以他人之庶，引验以结往，明疑疑而去之。”庶，事务。可以用他人的事例，引证校验以往的经验教训，为其释疑解惑，使其明白无疑地离去。

【原文】

却语者，察伺短也。故多必有数短之处，识其短，验之。动以忌讳，示以时禁[1]，然后结以安其心，收语盖藏[2]而却之。无见己之所不能于多方之人。

【注释】

①时禁：当时的禁令。陶弘景注：“既有其短，则以忌讳动之，时禁示之，其人因以怀惧。”

②收语盖藏：将双方的谈话收起并隐藏。陶弘景注：“其人既以怀惧，必有求服之情，然后结以诚信，以安其惧心，其向语盖利而却之，则其人之恩威，固以深矣。”

【译文】

“却语”的方法是，伺机观察对方的短处。人言多了必然会有过失，将对方的过失加以记录，有朝一日拿来当作证据。要用那些触犯禁令的言谈来威胁他，使他畏惧。然后，向他表明自己没有恶意，让他安心，收起话语为其保密并离开。不要把自己的过失暴露给知识丰富的人。

【解读】

本段论述语亲和术：

1．“却语者，察伺短也。”却，忘却。伺，是伺候，即与你相处之日。何谓却语？是说要忘却别人对你说过的错话。

2.“故多必有数短之处，识其短，验之。”言多必有失，数短，指数次失误。你要识别其言语中有哪些过失，并加以验证，看看是真有错误，还是你听错了。

3.“动以忌讳，示以时禁”，你应告诉他，哪些话是忌讳说的，哪些话是当时被禁止说的，还要指出，如果不顾忌讳和违背禁令，有何危险，使其得知后，因恐惧畏怕而不敢乱说。

4.“然后结以安其心，收语盖藏而却之。无见己之所不能于多方之人。”在规劝之后，应与其结为信义之交，使其安心，叫他把讲出或写出的错误言论收回来，加以掩盖藏匿，淡化之，忘却之，并为他保密，然后离开。不要把自己不能公开的言论暴露给知识渊博的人。如此，则此人一定感恩戴德，信服于你。

【原文】

摄心者，谓逢好学伎术①者，则为之称远②。方验之，惊以奇怪，人系其心于己③。效之于人，验去，乱其前，吾归诚于己。遭淫色酒者，为之术；音乐动之，以为必死，生日少之忧。喜以自所不见之事，终可以观漫澜④之命，使有后会。

【注释】

①伎术：同“技术”。

②为之称远：为他宣传，使其名声远扬。陶弘景注：“欲将摄取彼心，见其好学伎术，则为作声誉，令远近知之也。”

③心于己：心向着自己。陶弘景注：“既为作声誉，方且以道验其伎术，又以奇怪从而惊动之，如此则彼人，心系于己也。”

④漫澜：无边无际。陶弘景注：“又以音乐之事，彼所不见

者，以喜悦之，言终以可观，何必淫于酒色。若能好此，则性命漫澜而无极，终会于永年。愚人非可以道胜说，故惟音乐，可以摄其心。”

【译文】

“摄心”的方法是，见到好学而技艺高超的人，就四处宣扬他的名声；他的才能一旦得到证明，就真心惊叹他的名声，这样对方就会在心里和自己拉近关系。把他的成就显示给众人，用过去的经验证明他的成就，并表示自己真心为他高兴。

碰到贪酒好色的人，要想办法打动他，用音乐感化他，说明沉湎酒色必然会缩短生命，表达人生苦短的忧愁。这样他会因为学到了技艺和音乐而欢喜，同时也因戒绝酒色而延长生命，最终明白自己对他的好心，并相约后会有期。

【解读】

本段论述摄心术，即俗话说的如何笼络人心：

1. 针对好学伎术者。

“摄心者，谓逢好学伎术者，则为之称远。方验之，惊以奇怪，人系其心于己。”对于好学技术者，应称赞其技术，使之扬名远播，可以从各方面验证其技术之高超，使世人惊奇，则此人必以心系于“我”。

“效之于人，验去，乱其前，吾归于诚己。”还要帮助他用技术效力于人民，根据以往的经验搞好当前的服务，把这种人归为自己可诚信之人。这种好学技术的人，一心指望在技术上超人一等，靠技术实现自身价值，由于你帮他实现了理想，他就会对你心悦诚服。

2．针对那些遭淫色酒者。

“遭淫色酒者，为之术；音乐动之，以为必死，生日少之忧。喜以自所不见之事，终可以观漫澜之命，使有后会。”术，道术，即道理。音乐，指令人振奋之音乐，非指靡靡之音。日少，来日无多，将死之意。后会，指希望、憧憬。本句是说，对于已经沉湎于酒色之徒，应为他讲明道理，以振奋人心的音乐打动他，使之认清沉湎于酒色必带来早死的危害，从而产生短命的忧虑；然后再以那些他未曾看见过的美好景象，刺激其情绪，使之心情开朗，并引导他放开眼界，看到波澜壮阔的美好命运，使之产生对美好前途的憧憬。

【原文】

守义者，谓守以人义。探心，在内以合也。探心，深得其主[①]也。从外制内，事有系，由而随也。故小人比人，则左道[②]而用之，至能败家夺国。非贤智，不能守家以义，不能守国以道。圣人所贵道微妙[③]者，诚以其可以转危为安，救亡使存也。

【注释】

①深得其主：深得其人内心的根本。陶弘景注：“义，宜也。宜探其内心，随其人所宜，遂人所欲以合之也。既探知其心，所以得主深也。得心既深，故能从外制内，内由我制，则可何事不行，故事有所属，莫不由随之也。”

②左道：歪门邪道。指巫蛊、方术。陶弘景注：“小人以探心之术，来比于君子，必以左道用权。凡事非公正者，皆曰小人，反道乱常，害贤伐善，所用者左，所违者公，百度昏亡，万机旷紊，家破国夺，不亦宜乎。”

③微妙：精微玄妙。陶弘景注："道谓《中经》之道也。"

【译文】

"守义"的方法是，与人交往要坚守仁义，并且用仁义来打动对方的内心，使其心意相通。既然是探知对方内心，就应该明白对方的心意所在。通过仁义之道，从外在到内里控制他的内心，由此就能无往而不胜，使其跟随。所以，小人和对方勾结，用旁门左道就会败坏国家，夺取政权。不是贤明智慧的人，不可能用道义来保家卫国。圣人崇尚道义的精微玄妙，确实是因为"道"可以转危为安、救亡图存。

【解读】

本段论述守义术：

1. "守义者，谓守以人义。探心，在内以合也。"探心，探测人的内心愿望。合，联合。所谓守义，是说要坚持为人之道义，探测人们的内心愿望，以求联合。守义，也就是今人所说的高举赢得大众人心的旗帜。

2. "探心，深得其主也。"所谓探心，是要探得其人内心深处的愿望和需求。

3. "从外制内，事有系，由而随之。"本句是回答如何联合：要从外部控制人的内心，就必须使之利害相连，他就会听从你而跟随你。用现代语言说，就是要利害相连，荣辱与共。

4. "故小人比人，则左道而用之，至能败家夺国。"如果领导者是小人，必搞歪门邪道，其结果必然是败坏家园，被夺取国家政权。

5. "非贤智，不能守家以义，不能守国以道。"如果不是贤智之人当领导，则不可能为家为国坚持道义。

6.“圣人所贵道微妙者，诚以其可以转危为安，救亡使存也。”圣人之所以非常重视守义之道的微妙性，根本原因在于守义可以团结人民，共同奋斗，使国家和民族转危为安、救亡图存。

【若有所思】

领导者如何经营人格魅力。

鬼谷子在本书末尾，对领导者，包括为领导者出谋划策的谋士，提出了一个重要命题——“中经”。中者，中心也。如果领导者和谋士，想成为群众的中心，成为共同事业的中心，领导东西南北四周，则你就必须经营好自身的领导功夫和策划功夫。如果你想要有效地作用于外界，则你就必须练好内功，提高自身的人格魅力。要想领导好众人，首先必须领导好自己。领导者在踏上领导岗位的初期，一般都比较注意自身的素质，比较注意检点自己的思想和行为。但当官职升到高位，如众星捧月之时，往往忽视对自身的经营。殊不知官位升高，不等于内功自动升高。这时，由于任务的加重和权力的增大，恰恰最需要继续经营自身的素质和领导内功。鬼谷子的教益，极有现实价值。

1.《中经》的要义是什么？

《中经》的着眼点在哪？着眼于“振穷趋急”的需要，着眼于社会变革的需要。这些场合，均关系到许多人的利益，矛盾均很尖锐，困难均较多，时间均较紧迫，均要求领导者具有超乎常人的远见、威信和能力，均要求能当机立断，快速反应。这是一种很高的标准，不可能凭空产生，也不可能临时准备，只能靠平时有计划的苦心经营。

《中经》的素质要求是什么？要求“能言厚德”，善待同辈，普惠众生。这正是《中经》的基础条件，也是担任领导者和策划师的条件。《中经》的长远目标是什么？依道而行，服务民众，赢得人心。《中经》的直接目标是什么？“道贵制人，不贵制于人。”制人的关键在于掌握权力；掌握权力，为的是推行政见，造福人民，绝不是以权谋私。

2.《中经》要术是什么？

鬼谷子所举七种要术，是春秋战国年代政治经验的总结，很有意思。

(1) 见形为容来观测

见形为容就是通过观察其人的外在表现：穿着、打扮、谈吐、风度、举止、体态、姿势、情绪、坐相、步伐、待人、应接、表情等，及其对外部所产生的影响，从而推测判断其人的文化、精神、意志、性格、爱好等内在素质。

这种观形知人法，只适用于那些开放型和表里基本一致的人。而对于那种城府很深和表里不一的人，虽能观测到一些信息，但一时难以做出判断。

这是观察判断的功夫，是需要经过训练的观察判断力，也是一种社会交际艺术。这种功夫，不可能从书本和课堂上学到，只能靠长期观察实践的锻炼，更靠长期经验的积累，逐步修炼而成。修炼有成者，一眼即可知其人之大概。《中经》所要经营的，远不只是见形观测的方法，而是要下大功夫，修炼见形观察力，修炼快速认知力。如此，才能适应“振穷趋急”的需要。这种能力，不仅是为了知人，而且要引申开来，用来认知团体，认知企业，认知社会，认知国家，认知世界。这是领导者人格魅力的重要组成部分。

（2）“闻声和音”听测谐和

闻声和音，首先必须闻声知音。而闻声知音，又必须善于听音。善于听音者，不论对方地位高下、年龄大小，总是静听、恭听，通过其人的言语、声调、气息、歌唱、嘻、笑、怒、骂等声响，听出其思想、爱好、情趣、性格、要求、情绪等，这叫作听音知音。

在闻声知音的基础上，还要善于与人交谈，使人敞开心扉，求得在相同点上的共鸣，从而建立较亲密的感情，达到同志、互助以至共事的目的。这不仅是一种闻声听测力，也是一种人际亲和力，是一种社会交际艺术，是人格魅力的重要组成部分。有亲和力的人，善于交际，易于搞好团结，不仅朋友很多，而且事业易成。有的人浑身是刺，跟谁都搞不好关系，就是缺乏亲和力的表现。

《孙子兵法》说：“知彼知己，百战不殆”“知天知地，胜乃可全。”如何知彼知己、知天知地，离不开观测和听测。鬼谷子提倡领导者和谋士要工于心计，胸有成竹，举措不穷。如何形成心计？仍离不开观测和听测。以上两点是领导者和谋士必不可缺的认知力。

（3）“解仇斗郄”搞联盟

解仇、斗郄，均是处理矛盾。当矛盾不大时，则要善于化解仇隙，促成联合；当矛盾很大时，则要善于挑动斗争，促成其相互削弱，造成可兼并的条件。

这是一种处置矛盾的能力，也是一种联盟的艺术，是领导者必备的特殊魅力，不可不加以修炼。特别是在今日激烈的市场竞争和国际竞争中，解仇斗郄，是经常遇到的。谁善于解仇斗郄，谁就是胜利者。为了进一步认清这个问题的重要性，且

举一个案例，加深认识。

案例：陈寿亭在商场上如何解仇斗郄。2004年，中国上映了一部电视剧《大染坊》，说的是抗日战争前中国民族工业家陈寿亭的故事。乞丐出身的陈寿亭，在周村为义父经营染坊的过程中，不仅学习和钻研出一套染布技术，而且积累了一套经营本领和社交艺术，远近闻名。被张店卢老板看中，请到青岛为他留学回国的儿子卢家驹经营大华染厂，兢兢业业创建飞虎牌。

在飞虎牌小有名气之时，遭到了元亨染厂大老板孙明祖的打压。元亨厂不仅使出美人计拉卢家驹下水，乘机逼他交出大华染布配方，而且还用美人计借日本关东军势力，压日商滕井切断大华的坯布来源，必欲置大华于死地。在染厂生死存亡的关头，陈寿亭将计就计，让卢家驹如约献出配方，使元亨得以提高染布色泽，并迅速扩大市场。而对大华遭坯布来源被切断、市场被压缩的困难，咬牙忍受，等待时机。

令孙明祖始料不及的是，一周之后，原来色泽鲜艳的色布，均告褪色，商家和用户纷纷退货索赔，信誉扫地，资金链断裂。此时，孙明祖才悟到，配方是染厂的命根，怎能强行索取，陈寿亭一定留了一手。情急之下，登门认错，请陈寿亭为他解危。陈寿亭主动解仇，为元亨把褪色的布，重新加上原来留了一手的助剂，帮元亨恢复布泽，挽回信誉。从此陈寿亭与孙明祖成了朋友和伙伴。这是陈寿亭与第一个竞争对手的解仇斗郄。

陈寿亭的第二个竞争对手，是上海林家父子的六合印染厂。九一八事变后，陈寿亭估计日军将要占领青岛，便决定卖掉青岛大华染厂，到济南筹办宏巨印染厂，上花布印染。陈寿亭钦佩民族工业世家林老板，亲自到上海争取同林家合作上印染。不料林公子自恃留过洋，有实力，拒不接见，有意侮辱陈寿亭，其店员也非常傲慢无礼。骂他："你这个乞丐，滚！就算一块钱一件，你也买不起！"

陈寿亭为了购买林家的印花技术，随身带了大量货款，合作没谈成，一气之下，就买下了林家八千件鱼美人牌的色布，逼林公子认错，只要认错，就把这批布奉还。林公子既傲又犟，拒不认错，陈寿亭只得把这批布运回济南，暂寄放在铁路仓库，并主动捎信，邀请林公子把布运回去，重修和好。而林公子恼羞成怒，执意要把陈寿亭搞臭，使用了三项杀手锏：一手是对陈封锁印花技术，陈寿亭只得以高价从上海聘请技工，打破封锁；另一手是对其原料供应商施压，妄图切断其原料来源，因为陈寿亭做生意信誉好，这一手不灵；再一手是收买记者，在报纸上公开丑化、诬蔑陈寿亭和飞虎牌。

在忍无可忍的情况下，陈寿亭决定反击，他以廉价拍卖鱼美人牌色布，同时对比着出售自己的飞虎牌色布。让购买者比较两个品牌的质量，谁优谁劣，一比之下，臭了林家的声誉，提高了飞虎牌的知名度，并把这个对比销售，一直从山东做到南京。所到之处，飞虎牌供不应求，鱼美人身价大跌。但陈寿亭守着一条原则：飞虎牌就是不进上海，婉言谢绝上海客商的订货要求，为的是把上海市场留给林家，并一再表示愿与林家修好合作。此事震撼了林公子，感动了老林老板，他们亲自到济南认错，两家终于握手言和，从此建立了良好的合作关系和深厚的友谊。

陈寿亭的第三个竞争对手，是臭名昭著的訾文海大律师创办的模范印染厂。訾家父子暗中勾结日本有军方背景的商人藤井，一心想挤垮中国民族印染业，在日商的补贴之下，以低于成本的价格挤兑同行，为日本侵略者垄断中国市场扫

清道路。在企业和民族存亡的关头，陈寿亭毅然联合民族印染业，在汉奸厂的大门口，大批收购其布，运到胶东和东北市场，以平价反击日商走私的高价销售。訾家印染厂终于因削价亏损和信用失衡而破产倒闭。陈寿亭和同行，因此挽救了民族印染业。

在陈寿亭的事业生涯中，始终保持着与赵氏兄弟开的三元印染厂的合作与友谊。其实，在合作过程中，赵家老大搞过许多小动作，有两次，甚至出卖了陈寿亭，令其弟都看不下去。但由于陈寿亭胸襟开阔，多次让利于赵家，多次派人帮助赵家，保赵家生意兴隆，感动了赵家老大，得以维持长期的联盟和友谊。

陈寿亭在生意场上结识了日本商人藤井。当藤井只是日商时，他与之称兄道弟，保持合作；而当得知藤井具有日军的侵华背景时，陈寿亭坚决与他斗争。每次斗争，陈寿亭均以智谋取胜。但在关键时刻，陈寿亭对藤井的斗争仍留有余地，使藤井不敢与军方靠得太近，不敢对中国印染业实施杀手，从而避免了流血冲突，也在一定程度上分化了日商与日军的合作。

陈寿亭对不同的人，采取不同的解仇斗郄，从联合的愿望出发，以斗争求联合，斗争方式有理、有利、有节，展现了中国民族企业家的智慧和斗争艺术。（《大染坊》，陈杰，山东文艺出版社2003年版）

（4）“缀去”亲和

缀，具有点缀和连接之意。去，是离去。缀去，就是在与人分别时，要尽可能地给人留下友好而深刻的记忆和思念，建立联系，联络感情。中国传统的临别赠言、赠礼和饯行送别酒会等，都是可行之法。要想给人留下友好而深刻的记忆和思念，最好是适其所需，雪中送炭，助其安居乐业，合家团圆。如赈穷救急，助其迅速摆脱困境等。

如果对离走之人，尚且注意到缀去而亲和，则对于自己的部下和身边工作人员，理当更加注意到连缀和亲和。善于缀去而亲和者，表明具有很强的亲和力。亲和力，是领导者人格魅力的重要组成部分。为了理解这个问题，且举一个案例说明之。东汉末，益州刘璋手下别驾张松，劝刘璋借曹操势力对付张鲁，在出使前，密画西川地图，准备献给曹操。出乎他的意料，一见面，就受到曹操的冷遇和侮辱，只好放弃献图给曹操的计划。归途，顺便从荆州路过，想探听刘备的处境。将到荆州界口，没想到，遇赵云率五百军马迎候。赵云说：奉主公刘玄德之命，为大夫远涉路途，奉献酒食，请到驿馆暂息。前到驿馆，又遇关云长率百人奉刘玄德之命迎候。

当晚，关、赵二将军在驿馆为张松摆宴接风。第二天，没有想到，刘备亲自领着军师卧龙、凤雏前来迎接。迎到馆舍后，设宴招待，畅叙相互仰慕之情。席间，张松把话题引向西川，刘备均把话题岔开。一连三日盛宴款待，礼情甚厚，张松也未提献图之事。三日后，张松辞别，刘备亲率文武众人送到十里长亭，难舍难分，饮泪惜别。就在将别的最后一刻，张松才下决心选择刘备，献西川地图，表示愿为取西川里应外合。正因为有张松献图及其朋友做内应，后来，刘备才得以较顺利地取得西川，奠定魏、蜀、吴三国鼎立的局面。

（5）“却语”宽容

却语，当觉察到他人言行的错误时，即告知他，因其错误将要带来危险，在对方认识和改正错误的原则下，帮其避祸，给予宽容，忘却其错，保其脸面，促成自新，则该人一般都会感恩戴德，信服于你，从而达到团结更多人的目的。

在封建社会里，许多有识之士，只因说了些君主禁忌的话，做了君主不喜欢的事，横遭文字狱和杀身之祸，造成不少冤假错案，扼杀人才，甚为可惜。故鬼谷子把“却语”作为领导者必须经营的一种修养。联想到清代的文字狱，足见“却语”确是领导者不可或缺的胸襟气度。

却语，既要有很强的政治敏锐性，又要有宽广的容人胸怀。是结交同党的社交艺术，也是领导者必须具备的魅力。

在曹操彻底打败袁绍之后，从袁绍府中截获一批曹营官员私通袁绍的效忠信，当时有人建议严加惩办。而曹操不但没有查问，反而当众把这些信付之一炬，使那些曾经动摇者感恩戴德，彻底放下了包袱，并令广大部属和世人敬佩曹操的宽宏大量，在历史上留为佳话。曹操深知，在袁强曹弱的形势下，有些部属思想动摇，同袁营拉关系，留后路，是不足为怪的。如果据信一一追查，则不仅写信者会人人自危，而且可能导致曹营人心浮动。再说，这些都是人才，杀之可惜；且袁绍已灭，只要“却语”宽容，这些人照样可以继续为曹营建功立业，又何必把人家没有见诸行动的过失，在时过境迁之后，仍斤斤计较、抓住不放呢！

（6）“摄心”结众

摄心，字面上是摄取人心。鬼谷子在这里，是劝告领导者要多多帮助人。如帮助好学技术者，助其成功、扬名，则有成人之德；帮助沉溺于酒色者，使他们改掉恶习，重新做人，则有救人之德。有德于人者，必可赢得人心，受到拥护，从而实现团结群众的目的。为百姓服务，助人救人，既是领导者的义务，也是领导者必备的美德，凡乐此不疲者，本身就是一种人格魅力。

（7）"守义"举旗

守义，就是要把众多的人团结在正义的旗帜下，这是一种团结群众的能力，也是领导者必备的领导艺术。守义，必须把握三个要点：举什么旗？一定要利于广大人民群众的愿望，利于国家民族利益，利于社会进步。这样的旗帜，才有号召力。

谁来举旗？一定要选择那种能"守家以义，守国有道"的大贤人，且千万不可被政治骗子窃取成果。骗子得势，必败家祸国。

如何团结民众？务必利害相连，荣辱与共，即有福同享，有难同当。

守义举旗，是政治家的头等大事，具有很深的学问。历史证明，凡成功的政治家和政治集团，都非常重视守义举旗。当年新四军军长叶挺，就是因为高举抗日大旗，浴血奋战，救国救民，才赢得中国人民的尊敬。有一次，新四军与国民党军队在皖南抗击日军侵略，国民党军队的一位师长受其上级的暗示，主动放弃阵地，让日军从他的防线抄后路攻击新四军，导致新四军伤亡惨重，形势严峻。

在危急关头，叶军长冒险亲赴战地前沿，高举抗日旗帜，质问国民党军队师长，大义凛然，并以战地最高长官的身份，执行军纪，当场枪毙了那个卖国的师长，震慑了国民党军队官兵。与此同时，号召和鼓励国共两军英勇作战，打击日本侵略者，保卫皖南，从而迅速扭转了不利形势。（《皖南一九四一》，房列曙，中国青年出版社1999年版）

通观本篇所论：见形为容、闻声和音、解仇斗郄、缀去、却语、摄心、守义等七个方面，从知人到社交，从救人到笼络人心，从联合兼并到举旗图大业，都是领导者不可或缺的心计、内功和人格魅力。

综观《符言》《本经》《持枢》《中经》这几篇内容，从领导与部属的结合上，经营领导智慧和上下关系；从修炼身心上，经营神、志、意、威、势和机动灵活的应变能力；从自然和社会的基本规律上，把握御世之枢纽；从认知和人际关系上，经营认知力、亲和力、联盟力和人格魅力，实在是一部罕见的领导者自身经营的教科书。

本书以《捭阖》开头，以《中经》结尾，它告诉人们，要想“捭阖”成功，领导者就必须“中经”。“中经”正是为了纵横捭阖。前后呼应，体现了鬼谷子教化世人的良苦用心。